2015

国际统计年鉴

INTERNATIONAL STATISTICAL YEARBOOK

中华人民共和国国家统计局 编
Compiled by National Bureau of Statistics of China

中国统计出版社
China Statistics Press

图书在版编目 (CIP) 数据

国际统计年鉴．2015 ：汉英对照 / 中华人民共和国国家统计局编．-- 北京 ：中国统计出版社，2015.11
International Statistical Yearbook-2015
ISBN 978-7-5037-7686-1

Ⅰ．①国… Ⅱ．①中… Ⅲ．①统计资料－世界－2015－年鉴－汉、英 Ⅳ．① C831-54

中国版本图书馆 CIP 数据核字 (2015) 第 256296 号

国际统计年鉴—2015

作　　者 / 中华人民共和国国家统计局
责任编辑 / 郭　栋
封面设计 / 张　冰　李雪燕
出版发行 / 中国统计出版社
通信地址 / 北京市丰台区西三环南路甲 6 号　邮政编码 /100073
电　　话 / 邮购（010）63376909　书店（010）68783171
网　　址 / http://www.zgtjcbs.com/
印　　刷 / 三河市双峰印刷装订有限公司
经　　销 / 新华书店
开　　本 / 880 × 1230 毫米　1/16
字　　数 / 840 千字
印　　张 / 27.75
版　　别 / 2015 年 11 月第 1 版
版　　次 / 2015 年 11 月第 1 次印刷
定　　价 / 498.00 元　　Price: 498.00 yuan (RMB)

本书附同版本 CD-ROM 一张，光盘内容以书面文字为准。
中国统计版图书，如有印装错误，本社发行部负责调换。

《国际统计年鉴-2015》

编委会和编辑出版人员

International Statistical Yearbook - **2015**

编 者 说 明

一、《国际统计年鉴-2015》是一部综合性的国际经济社会统计资料年刊，收录了世界 200 多个国家和地区的统计数据，并对其中 40 多个主要国家和地区的经济社会发展指标及国际组织发布的主要综合评价指标进行了更为详细的收集。

二、本年鉴包括 17 个部分：1.中国在世界的地位；2.自然资源和环境；3.国民经济核算；4.人口；5.就业人员和劳动报酬；6.投资环境；7.能源；8.财政和金融；9.价格指数；10.居民收支和贫困；11.农业；12.工业和建筑业；13.运输和通讯；14.对外贸易和旅游；15.国际收支和外债；16.教育、科技、文化和卫生；17.经济社会综合评价指标。

三、国外的大部分数据经过联合国等国际组织的调整，口径基本可比。

四、许多国家的最新数据是初步数或预计数。

五、中国数据除国土面积外，均未包括中国台湾地区、香港特别行政区和澳门特别行政区。

六、所有数据（含中国）均取自有关国际组织的数据库、光盘、年报、月报。每张表前均注有资料来源。中国个别数据与国内发布数不一致，请使用时注意。

七、个别数据的合计项或相对数，因受进位的影响，不一定等于分项累计数。

八、本年鉴所跨年度内，一些国家的名称和疆域有所改变，除非特别注明，本年鉴中所列国家均为现国家名称及其疆域范围。

九、本年鉴中使用的符号含义如下：“…”表示数据不够本表最小单位数；“空格”表示无该项数据或该项统计数据不详；“#”表示其中的主要项；“|”表示因统计口径调整，前后数据不可比。

PREFACE

I. *International Statistical Yearbook 2015* is an annual comprehensive reference publication on international economic and social statistics. It contains data from as much as 200 countries, regions and territories over the world. More detailed information on the economic and social development of over 40 countries and main comprehensive evaluation indexes of international organizations are also included in the Yearbook.

II. The Yearbook contains the following 17 chapters: China in the World; Geography, Natural Resources and Environmental; National Accounts; Population; Employment and Earnings; Investment Environment; Energy; Government Finance and Banking; Price Index; Household Income and Expenditure and Poverty; Agriculture; Industry and Construction; Transportation and Communication; External Trade and Tourism; Balance of Payments and External Debts; Education, Science and Technology, Culture and Health; Main Comprehensive evaluation indicators.

III. Data for most of the foreign countries or territories have been adjusted by international organizations such as the United Nations, and the scope and coverage is therefore comparable.

IV. The latest data for many countries are preliminary or estimated statistics.

V. All data of China do not cover Taiwan Province, Hong Kong SAR and Macao SAR except data for the surface area.

VI. The data of all (including China) are from the databases, CD-ROMs, yearbooks and monthly publications of international organizations. The sources of data are given at the top of each table in the Yearbook. Please be cautious when using certain data of China considering the possible difference with domestic release.

VII. Several aggregations or rates may not add up to the sum of the series because of rounding.

VIII. Unless otherwise indicated, the countries included in the Yearbook are the countries under their present names with the present territories, although the names or the boundaries may have changed during the period covered by the Yearbook.

IX. The meanings of the symbols used in the Yearbook are as following,

"..." indicates that the figure is not large enough to be measured with the smallest unit in the table;

"(blank)" indicates that data are not available;

"#" indicates the major items of the total;

"|" indicates that the data to the left are not comparable with those to the right because of the adjustment of scope and coverage.

目　录

CONTENTS

一、中国在世界的地位
China in the World

二、自然资源和环境
Natural Resource and Environment

三、国民经济核算
National Accounts

四、人口
Population

五、就业人员和劳动报酬
Employment and Earnings

六、投资环境
Investment Environment

七、能源
Energy

八、财政和金融
Government Finance and Banking

九、价格指数
Price Indices

十、居民收支和贫困
Household Income and Expenditure and Poverty

十一、农业
Agriculture

十二、工业和建筑业
Industry and Construction

十三、运输和通讯
Transportation and Communication

十四、对外贸易和旅游
External Trade and Tourism

十五、国际收支和外债
Balance of Payments and External Debts

十六、教育、科技、文化和卫生
Education, Science and Technology, Culture and Health

十七、经济社会综合评价指标
Comprehensive Evaluation Indicators

附 录
Appendix

中国在世界的地位

China in the World

1-1 中国主要指标居世界的位次

Ranking of China in the World in Terms of Main Indicators

资料来源：联合国贸发会议数据库、世界贸易组织数据库、世界银行WDI数据库、国际货币基金组织数据库。
Source: UNCTAD Database;WTO Database;World Bank WDI Database;IMF Database.

指　标	Indicator	1978	1980	1990	2000	2010	2013	2014
国土面积	Country Area	4	4	4	4	4	4	4
人　口	Population	1	1	1	1	1	1	1
国内生产总值	Gross Domestic Product	11	12	11	6	2	2	2
人均国民总收入①	GNI per capita ①	175(188)	177(188)	178(200)	141(207)	120(215)	109(214)	100(214)
货物进出口贸易总额	Foreign Trade Total	29	26	16	8	2	1	1
出口额	Exports	31	30	15	7	1	1	1
进口额	Imports	29	22	18	8	2	2	2
外商直接投资	Foreign Direct Investment Inflow	128	55	13	9	2	2	1
外汇储备	Foreign Exchange Reserves	38	36	9	2	1	1	1

注：①括号中所列为参加排序的国家和地区数。
Note: ①The number in the parentheses indicates the number of countries or territories the order based on.

1-2 中国主要指标占世界的比重

Major Indicators as Percentage of the World for China

资料来源：联合国贸发会议数据库、世界贸易组织数据库、世界银行WDI数据库、国际货币基金组织数据库。联合国FAO数据库。
Source: UNCTAD Database;WTO Database;World Bank WDI Database;IMF Database;FAO Database.
单位：%　　(%)

指　标	Indicator	1978	1980	1990	2000	2010	2013	2014
国土面积	Country Area	7.1	7.1	7.1	7.1	7.1	7.1	7.1
人　口	Population	22.3	22.1	21.5	20.7	19.4	19.1	18.9
国内生产总值	Gross Domestic Product	1.7	1.7	1.6	3.6	9.2	12.5	13.3
货物进出口贸易总额	Foreign Trade Total	0.8	0.9	1.6	3.6	9.7	11.0	11.3
出口额	Exports	0.8	0.9	1.8	3.9	10.3	11.7	12.4
进口额	Imports	0.8	1.0	1.5	3.3	9.0	10.3	10.3
外商直接投资	Foreign Direct Investment Inflows		0.1	1.7	3.0	8.6	8.4	10.5
外汇储备	Foreign Exchange Reserves				8.6	30.7	32.7	33.2
稻谷产量	Rice Production	36.7	36.2	37.1	31.8	28.0	27.5	
小麦产量	Wheat Production	12.1	12.5	16.6	17.0	17.7	17.0	
玉米产量	Maize Production	14.2	15.8	20.1	17.9	20.9	21.5	
大豆产量	Soybeans Production	10.1	9.8	10.1	9.6	5.7	4.3	

1-3 中国农业主要产品产量居世界的位次

Ranking of China in the World in Terms of Major Agricultural Products

资料来源：联合国FAO数据库。
Source: FAO Database.

项 目	Item	1978	1980	1990	2000	2005	2010	2012	2013
谷物	Cereals	2	1	1	1	1	1	1	1
肉类①	Meat①	3	3	2	1	1	1	1	1
籽棉	Seed Cotton	2	2	1	1	1	1	1	1
大豆	Soybeans	3	3	3	4	4	4	5	4
花生	Groundnuts in Shell	2	2	2	1	1	1	1	1
油菜籽	Rapeseed	2	2	1	1	1	1	2	2
甘蔗	Sugar Cane	7	5	4	3	3	3	3	3
茶叶	Tea	2	2	2	2	1	1	1	1
水果②	Fruit②	9	8	4	1	1	1	1	1

注：①1990年以前为猪、牛、羊肉产量的位次。②不包括瓜类。
Note: ①Data refer to pork,beef and mutton prior to 1990.②Excluding melons.

1-4 中国工业主要产品产量居世界位次

Ranking of China in the World in Terms of Major Industrial Products

资料来源：联合国统计月报数据库、联合国FAO数据库。
Source: UN Monthly Bulletin of Statistics Database,FAO Database.

项 目	Item	1978	1980	1990	2000	2005	2010	2013	2014
粗 钢	Crude Steel	5	5	4	1	1	1	1	1
煤	Coal	3	3	1	1	1	1	1	1
原 油	Crude Petroleum	8	6	5	5	5	4	4	4
发电量	Electricity	7	6	3	2	2	1	1	1
水 泥	Cement	4	4	1	1	1	1	1	1
化 肥	Fertilizer	3	3	3	1	1	1	1	1
棉 布	Woven Cotton Fabrics	1	1	1	2	2	1	1	1

自然资源和环境

Natural Resource and Environment

2-1 国土面积与人口密度

Country Area and Population Density

资料来源：世界银行WDI数据库。
Source: World Bank WDI Database.

国家或地区	Country or Area	国土面积（万平方公里） Surface Area(10 000 sq.km)	人口密度(人/平方公里) Population Density(persons/sq.km)		
		2013	2005	2010	2013
世　界	**World**	**13432.5**	**50.0**	**53.1**	**54.9**
中　国	China	960.0	138.9	142.5	144.6
中国香港	Hong Kong, China	0.1	6488.8	6689.7	6845.2
中国澳门	Macao, China	…	16719.6	18000.9	18942.3
孟加拉国	Bangladesh	14.9	1099.6	1161.0	1203.0
文　莱	Brunei Darussalam	0.6	69.8	76.0	79.3
柬埔寨	Cambodia	18.1	75.7	81.4	85.7
印　度	India	328.7	379.1	405.5	421.1
印度尼西亚	Indonesia	191.1	123.9	132.9	137.9
伊　朗	Iran	174.5	43.1	45.7	47.6
以色列	Israel	2.2	320.3	352.3	372.4
日　本	Japan	37.8	350.5	351.3	349.3
哈萨克斯坦	Kazakhstan	272.5	5.6	6.1	6.3
韩　国	Korea, Rep.	10.0	497.0	508.2	515.9
老　挝	Laos	23.7	25.1	27.7	29.3
马来西亚	Malaysia	33.1	78.7	86.1	90.5
蒙　古	Mongolia	156.4	1.6	1.8	1.8
缅　甸	Myanmar	67.7	76.8	79.5	81.5
巴基斯坦	Pakistan	79.6	204.9	224.6	236.3
菲律宾	Philippines	30.0	287.8	313.4	330.0
新加坡	Singapore	0.1	6191.3	7252.4	7713.1
斯里兰卡	Sri Lanka	6.6	313.3	329.3	326.6
泰　国	Thailand	51.3	128.3	130.0	131.2
越　南	Viet Nam	33.1	265.7	280.4	289.3
埃　及	Egypt	100.2	72.1	78.4	82.4
尼日利亚	Nigeria	92.4	153.3	175.4	190.6
南　非	South Africa	121.9	39.0	41.9	43.8
加拿大	Canada	998.5	3.6	3.7	3.9
墨西哥	Mexico	196.4	57.0	60.6	62.9
美　国	United States	983.2	32.3	33.8	34.6
阿根廷	Argentina	278.0	14.1	14.8	15.2
巴　西	Brazil	851.6	22.3	23.4	24.0
委内瑞拉	Venezuela	91.2	30.3	32.9	34.5
捷　克	Czech Rep.	7.9	132.2	135.6	136.1
法　国	France	54.9	115.4	118.8	120.4
德　国	Germany	35.7	236.5	234.6	231.4
意大利	Italy	30.1	197.1	201.5	204.8
荷　兰	Netherlands	4.2	483.4	493.2	498.4
波　兰	Poland	31.3	124.6	124.2	124.2
俄罗斯	Russia	1709.8	8.8	8.7	8.8
西班牙	Spain	50.6	87.5	93.4	93.5
土耳其	Turkey	78.4	88.0	93.7	97.4
乌克兰	Ukraine	60.4	81.3	79.2	78.5
英　国	United Kingdom	24.4	249.7	259.4	265.0
澳大利亚	Australia	774.1	2.7	2.9	3.0
新西兰	New Zealand	26.8	15.7	16.5	16.9

2-2 土地利用(2013年)

Land Utilization(2013)

资料来源：世界银行WDI数据库。
Source: World Bank WDI Database.
单位：万公顷 (10 000 hectares)

国家或地区	Country or Area	陆地面积 Land Area	耕地面积① Arable Area①	多年生作物面积① Permanent Crop Area①	森林面积① Forest Area①
世　界	**World**	**1297339**	**139589**	**16450**	**394301**
中　国	China	93882	10592	1580	21239
孟加拉国	Bangladesh	1302	768	85	144
文　莱	Brunei Darussalam	53	…	1	38
柬埔寨	Cambodia	1765	410	15	984
印　度	India	29732	15620	1280	6872
印度尼西亚	Indonesia	18116	2350	2200	9306
伊　朗	Iran	16286	1771	194	1108
以色列	Israel	216	29	9	15
日　本	Japan	3646	425	30	2500
哈萨克斯坦	Kazakhstan	26997	2290	8	330
韩　国	Korea, Rep.	974	152	21	621
老　挝	Laos	2308	145	17	1559
马来西亚	Malaysia	3286	96	650	2028
蒙　古	Mongolia	15536	65		1073
缅　甸	Myanmar	6533	1082	146	3115
巴基斯坦	Pakistan	7709	2119	85	160
菲律宾	Philippines	2982	555	535	777
新加坡	Singapore	7	…	…	…
斯里兰卡	Sri Lanka	627	125	100	183
泰　国	Thailand	5109	1656	450	1900
越　南	Viet Nam	3101	640	380	1409
埃　及	Egypt	9955	280	81	7
尼日利亚	Nigeria	9108	3500	670	822
南　非	South Africa	12131	1200	41	924
加拿大	Canada	90935	4592	483	31013
墨西哥	Mexico	19440	2313	268	6449
美　国	United States	91474	15511	260	30479
阿根廷	Argentina	27367	3929	100	2892
巴　西	Brazil	83581	7261	700	51513
委内瑞拉	Venezuela	8821	270	70	4570
捷　克	Czech Rep.	772	316	8	266
法　国	France	5476	1829	100	1605
德　国	Germany	3485	1183	20	1108
意大利	Italy	2941	712	244	931
荷　兰	Netherlands	337	101	4	37
波　兰	Poland	3062	1093	40	939
俄罗斯	Russia	163769	11975	160	80921
西班牙	Spain	4988	1240	456	1853
土耳其	Turkey	7696	2058	321	1157
乌克兰	Ukraine	5793	3252	89	976
英　国	United Kingdom	2419	621	5	290
澳大利亚	Australia	76823	4711	38	14745
新西兰	New Zealand	2633	58	7	825

注：①2012年数据。
Note:①Data refer to 2012.

2-3 淡水资源(2013年)

Freshwater (2013)

资料来源：世界银行WDI数据库。
Source: World Bank WDI Database.

国家或地区	Country or Area	人均可再生淡水资源(立方米) Renewable Internal Freshwater Resources per Capita(cu.m.)	淡水抽取量 Freshwater Withdrawals			
			占水资源总量的比重(%) % of Internal Resources	农业用水 % for Agriculture	工业用水 % for Industry	生活用水 % for Domestic
世　界	**World**	**6055**	**9.1**	**70.7**	**17.7**	**11.6**
高收入国家	**High Income**	**11404**	**7.1**	**44.3**	**39.2**	**16.5**
中等收入国家	**Middle Income**	**4770**	**11.1**	**80.3**	**9.9**	**9.9**
低收入国家	**Low Income**	**4972**	**3.1**	**90.4**	**3.0**	**6.6**
中　国	China	2072	19.7	64.6	23.2	12.2
孟加拉国	Bangladesh	671	34.2	87.8	2.2	10.0
文　莱	Brunei Darussalam	20345	1.1	5.8		
柬埔寨	Cambodia	7968	1.8	94.0	1.5	4.5
印　度	India	1155	52.6	90.4	2.2	7.4
印度尼西亚	Indonesia	8080	5.6	81.9	6.5	11.6
伊　朗	Iran	1659	72.6	92.2	1.2	6.7
以色列	Israel	93	260.5	57.8	5.8	36.4
日　本	Japan	3377	20.9	63.1	17.6	19.3
哈萨克斯坦	Kazakhstan	3777	32.9	66.2	29.6	4.2
韩　国	Korea, Rep.	1291	39.3	62.0	12.0	26.0
老　挝	Laos	28125	1.8	91.4	4.9	3.7
马来西亚	Malaysia	19517	1.9	22.4	42.8	34.8
蒙　古	Mongolia	12258	1.6	43.9	43.2	12.9
缅　甸	Myanmar	18832	3.3	89.0	1.0	10.0
巴基斯坦	Pakistan	302	333.6	94.0	0.8	5.3
菲律宾	Philippines	4868	17.0	82.2	10.1	7.7
新加坡	Singapore	111	31.7	4.0	51.0	45.0
斯里兰卡	Sri Lanka	2578	24.5	87.3	6.4	6.2
泰　国	Thailand	3350	25.5	90.4	4.9	4.8
越　南	Viet Nam	4006	22.8	94.8	3.8	1.5
埃　及	Egypt	22	3794.4	86.4	5.9	7.8
尼日利亚	Nigeria	1273	5.9	53.8	15.0	31.3
南　非	South Africa	843	27.9	62.7	6.1	31.2
加拿大	Canada	81062	1.5			
墨西哥	Mexico	3343	19.6	76.7	9.1	14.3
美　国	United States	8904	17.0	40.2	46.1	13.7
阿根廷	Argentina	7045	12.9	73.9	10.6	15.5
巴　西	Brazil	28254	1.3	60.0	17.0	23.0
委内瑞拉	Venezuela	26476	2.8	73.8	3.5	22.6
捷　克	Czech Rep.	1251	12.9	1.8	56.5	41.7
法　国	France	3034	15.8	12.4	69.3	18.3
德　国	Germany	1327	30.2	0.3	83.9	15.9
意大利	Italy	3030	24.9	44.1	35.9	20.1
荷　兰	Netherlands	655	96.5	0.7	87.5	11.8
波　兰	Poland	1409	22.3	9.7	59.6	30.7
俄罗斯	Russia	30054	1.5	19.9	59.8	20.2
西班牙	Spain	2385	29.2	60.5	21.7	17.8
土耳其	Turkey	3029	17.7	73.8	10.7	15.5
乌克兰	Ukraine	1167	36.2	6.2	69.9	24.0
英　国	United Kingdom	2262	9.0	10.2	32.9	56.9
澳大利亚	Australia	21275	4.6	73.8	10.6	15.6
新西兰	New Zealand	73614	1.5	74.3	4.2	21.5

2-4 不同来源的淡水资源利用情况
Freshwater Withdrawal by Source

资料来源：联合国粮农组织水资源及农业数据库。
Source: AQUASTAT Database.
单位：亿立方米 (100 million cu.m.)

国家或地区	Country or Area	年份 Year	地表水抽取 Surface Water Withdrawal	地下水抽取 Groundwater Withdrawal	淡化水利用 Desalinated Water Produced	城市处理污水的直接利用 Direct Use of Treated Municipal Wastewater
中国	China	2010			0.1①	33.7
孟加拉国	Bangladesh	2008	73.9	284.8		
印度	India	2010	3965.0	2510.0	…	
印度尼西亚	Indonesia	2000	956.6	176.1	0.2	
伊朗	Iran	2004	398.5	531.0	2.0	1.5②
以色列	Israel	2010			1.4③	4.7
日本	Japan	2011	718.5④	93.7④	0.4④	2.0
哈萨克斯坦	Kazakhstan	2010	189.5	10.3	8.5	1.9
韩国	Korea, Rep.	2005	254.8	37.2		
蒙古	Mongolia	2006	1.0	4.4		
缅甸	Myanmar	2000	302.4	29.9		
巴基斯坦	Pakistan	2008	1219.0	616.0		
菲律宾	Philippines	2009	783.5	32.1		
新加坡	Singapore	2013				1.9
泰国	Thailand	2007	474.8	98.3		
越南	Viet Nam	2005	804.6	14.0		1.8②
埃及	Egypt	2012				7.0
南非	South Africa	2009				16.1
墨西哥	Mexico	2011	494.9	299.9	0.2①	8.0
美国	United States	2008	3672.0⑤	1083.0⑤	5.8⑤	27.7
阿根廷	Argentina	2011	263.6	113.3		0.9
巴西	Brazil	2010			0.4	0.1①
委内瑞拉	Venezuela	2007			0.1	
捷克	Czech Rep.	2012	14.6	3.8		
法国	France	2010	265.5	61.4	0.1④	4.1①
德国	Germany	2010	271.6	58.4		
意大利	Italy	2004			1.0⑥	0.5
荷兰	Netherlands	2010	96.6	10.0		
波兰	Poland	2012	88.2	26.5	0.1④	
西班牙	Spain	2010	263.5	66.0	1.0①	5.0⑦
土耳其	Turkey	2008		124.2		0.5⑧
英国	United Kingdom	2011	85.6	20.7	0.3①	1.6①
澳大利亚	Australia	2013			0.3	4.2
新西兰	New Zealand	2010	35.3	16.7		

注：①2008年数据。②2003年数据。③2007年数据。④2009年数据。⑤2005年数据。⑥2000年数据。⑦2006年数据。⑧2004年数据。

Note: ①Data refer to 2008.②Data refer to 2003.③Data refer to 2007.④Data refer to 2009.⑤Data refer to 2005.⑥Data refer to 2000.⑦Data refer to 2006.⑧Data refer to 2004.

2-5 森林资源

Forestation

资料来源：世界银行WDI数据库。
Source: World Bank WDI Database.
单位：%　(%)

国家或地区	Country or Area	森林平均消失率① Average Annual Deforestation Rate①		森林覆盖率 Forest Area as Percentage of Land Area	
		1990-2000	2000-2011	2000	2012
世　界	**World**	**0.18**	**0.11**	**31.4**	**31.0**
高收入国家	**High Income**	**-0.08**	**-0.03**	**34.0**	**34.0**
中等收入国家	**Middle Income**	**0.33**	**0.13**	**29.4**	**28.9**
低收入国家	**Low Income**	**0.64**	**0.61**	**30.0**	**27.9**
中　国	China	-1.20	-1.57	18.9	22.6
孟加拉国	Bangladesh	0.18	0.18	11.3	11.0
文　莱	Brunei Darussalam	0.39	0.44	75.3	71.4
柬埔寨	Cambodia	1.14	1.34	65.4	55.7
印　度	India	-0.22	-0.46	22.0	23.1
印度尼西亚	Indonesia	1.75	0.51	54.9	51.4
伊　朗	Iran			6.8	6.8
以色列	Israel	-1.49	-0.07	7.1	7.1
日　本	Japan	0.03	-0.05	68.3	68.6
哈萨克斯坦	Kazakhstan	0.17	0.17	1.3	1.2
韩　国	Korea, Rep.	0.13	0.11	65.2	63.8
老　挝	Laos	0.46	0.49	71.6	67.6
马来西亚	Malaysia	0.36	0.54	65.7	61.7
蒙　古	Mongolia	0.67	0.73	7.5	6.9
缅　甸	Myanmar	1.17	0.93	53.4	47.7
巴基斯坦	Pakistan	1.76	2.24	2.8	2.1
菲律宾	Philippines	-0.80	-0.75	23.9	26.1
新加坡	Singapore			3.4	3.3
斯里兰卡	Sri Lanka	1.20	1.12	33.2	29.2
泰　国	Thailand	0.28	0.02	37.2	37.2
越　南	Viet Nam	-2.28	-1.65	37.7	45.4
埃　及	Egypt	-2.98	-1.73	0.1	0.1
尼日利亚	Nigeria	2.68	3.67	14.4	9.0
南　非	South Africa			7.6	7.6
加拿大	Canada			34.1	34.1
墨西哥	Mexico	0.52	0.30	34.3	33.2
美　国	United States	-0.13	-0.13	32.8	33.3
阿根廷	Argentina	0.88	0.81	11.6	10.6
巴　西	Brazil	0.51	0.50	65.3	61.6
委内瑞拉	Venezuela	0.57	0.60	55.7	51.8
捷　克	Czech Rep.	-0.03	-0.08	34.1	34.5
法　国	France	-0.55	-0.39	28.0	29.3
德　国	Germany	-0.31		31.7	31.8
意大利	Italy	-0.98	-0.90	28.5	31.6
荷　兰	Netherlands	-0.43	-0.14	10.7	10.8
波　兰	Poland	-0.20	-0.31	29.6	30.7
俄罗斯	Russia			49.4	49.4
西班牙	Spain	-2.09	-0.68	34.0	37.1
土耳其	Turkey	-0.47	-1.11	13.2	15.0
乌克兰	Ukraine	-0.25	-0.21	16.4	16.8
英　国	United Kingdom	-0.68	-0.31	11.6	12.0
澳大利亚	Australia	-0.03	0.37	20.2	19.2
新西兰	New Zealand	-0.69	-0.01	31.4	31.3

注：①负值表示森林面积的增加。
Note: ①The negative represents the forest area increased.

2-6 二氧化碳排放量
Emissions of Carbon Dioxide

资料来源：世界银行WDI数据库。
Source: World Bank WDI Database.
单位：百万吨 (million metric tons)

国家或地区	Country or Area	二氧化碳排放总量（百万吨） Total Emissions of Carbon Dioxide			人均二氧化碳排放量（吨） Emissions of Carbon Dioxide per Capita		
		1990	2000	2011	1990	2000	2011
世　界	**World**	**22200.9**	**24799.9**	**34649.5**	**4.2**	**4.1**	**5.0**
中　国	China	2460.7	3405.2	9019.5	2.2	2.7	6.7
中国香港	Hong Kong, China	27.7	40.5	40.3	4.8	6.1	5.7
中国澳门	Macao, China	1.0	1.6	1.2	2.9	3.8	2.1
孟加拉国	Bangladesh	15.5	27.9	57.1	0.1	0.2	0.4
文　莱	Brunei Darussalam	6.2	6.1	9.7	24.2	18.4	24.0
柬埔寨	Cambodia	0.5	2.0	4.5	0.1	0.2	0.3
印　度	India	690.6	1186.7	2074.3	0.8	1.1	1.7
印度尼西亚	Indonesia	149.6	263.4	564.0	0.8	1.3	2.3
伊　朗	Iran	211.1	372.7	586.6	3.7	5.7	7.8
以色列	Israel	36.5	60.3	69.5	7.8	9.6	9.0
日　本	Japan	1094.3	1219.5	1187.7	8.9	9.6	9.3
哈萨克斯坦	Kazakhstan	294.6	127.8	261.8	18.0	8.6	15.8
韩　国	Korea, Rep.	246.9	447.6	589.4	5.8	9.5	11.8
老　挝	Laos	0.2	1.0	1.2	0.1	0.2	0.2
马来西亚	Malaysia	56.6	126.6	225.7	3.1	5.4	7.8
蒙　古	Mongolia	10.0	7.5	19.1	4.6	3.1	6.9
缅　甸	Myanmar	4.3	10.1	10.4	0.1	0.2	0.2
巴基斯坦	Pakistan	68.6	106.4	163.5	0.6	0.7	0.9
菲律宾	Philippines	41.8	73.3	82.0	0.7	0.9	0.9
新加坡	Singapore	46.9	49.0	22.4	15.4	12.2	4.3
斯里兰卡	Sri Lanka	3.9	10.2	15.2	0.2	0.5	0.7
泰　国	Thailand	95.8	188.4	303.4	1.7	3.0	4.6
越　南	Viet Nam	21.4	53.6	173.2	0.3	0.7	2.0
埃　及	Egypt	75.9	141.3	220.8	1.3	2.1	2.8
尼日利亚	Nigeria	45.4	79.2	88.0	0.5	0.6	0.5
南　非	South Africa	319.8	368.6	477.2	9.1	8.4	9.3
加拿大	Canada	435.2	534.5	485.5	15.7	17.4	14.1
墨西哥	Mexico	314.3	382.5	466.5	3.7	3.7	3.9
美　国	United States	4823.6	5701.8	5305.6	19.3	20.2	17.0
阿根廷	Argentina	112.6	141.1	190.0	3.5	3.8	4.7
巴　西	Brazil	208.9	328.0	439.4	1.4	1.9	2.2
委内瑞拉	Venezuela	122.2	152.4	188.8	6.2	6.2	6.4
捷　克	Czech Rep.	162.6	123.7	109.5	15.7	12.1	10.4
法　国	France	375.6	364.1	338.8	6.4	6.0	5.2
德　国	Germany	980.6	830.0	729.5	12.3	10.1	8.9
意大利	Italy	417.6	450.6	398.0	7.4	7.9	6.7
荷　兰	Netherlands	158.4	165.4	168.0	10.6	10.4	10.1
波　兰	Poland	368.4	299.3	317.3	9.7	7.8	8.3
俄罗斯	Russia	2339.0	1558.1	1808.1	15.8	10.6	12.6
西班牙	Spain	218.6	294.4	270.7	5.6	7.3	5.8
土耳其	Turkey	145.9	216.2	320.8	2.7	3.4	4.4
乌克兰	Ukraine	689.3	320.8	286.2	13.3	6.5	6.3
英　国	United Kingdom	555.9	541.8	448.2	9.7	9.2	7.1
澳大利亚	Australia	263.8	329.5	369.0	15.5	17.2	16.5
新西兰	New Zealand	23.7	32.9	31.2	7.1	8.5	7.1

2-7 每立方米空气中颗粒物含量(直径不足10微米的颗粒物)

Particulate Matter Content per Cubic Meter in the Air (PM Diameter Less Than 10 Microns)

资料来源：世界银行WDI数据库。
Source: World Bank WDI Database.
单位：微克/立方米 (micrograms per cubic meter)

国家或地区	Country or Area	2000	2005	2008	2009	2010	2011
世　界	**World**	**70.9**	**68.2**	**66.7**	**65.2**	**63.3**	**61.4**
中　国	China	100.9	96.5	91.6	86.4	85.2	82.4
中国香港	Hong Kong, China	54.0	36.1	34.5	33.2	33.1	29.8
中国澳门	Macao, China	47.0	38.0	39.1	38.3	35.0	33.2
孟加拉国	Bangladesh	100.3	117.7	120.5	117.9	126.7	120.6
文　莱	Brunei Darussalam	13.1	10.4	11.2	10.9	9.8	9.2
柬埔寨	Cambodia	68.8	74.3	72.6	72.4	87.0	89.0
印　度	India	121.4	114.0	107.7	107.6	105.4	99.7
印度尼西亚	Indonesia	56.3	56.6	52.2	50.1	49.3	46.7
伊　朗	Iran	153.0	116.5	116.1	132.5	124.6	115.4
以色列	Israel	63.6	54.8	53.4	52.3	50.9	46.8
日　本	Japan	27.5	22.9	21.4	20.3	19.0	19.0
哈萨克斯坦	Kazakhstan	59.4	55.0	52.6	48.0	45.1	47.3
韩　国	Korea, Rep.	57.3	56.5	52.2	50.6	48.7	46.3
老　挝	Laos	46.2	48.7	47.7	46.4	46.0	45.7
马来西亚	Malaysia	47.0	53.4	51.1	49.0	48.7	47.1
蒙　古	Mongolia	248.3	271.7	281.6	279.9	275.4	283.7
缅　甸	Myanmar	102.8	102.8	91.5	72.8	66.5	67.4
巴基斯坦	Pakistan	224.8	203.7	210.1	206.6	184.1	171.0
菲律宾	Philippines	53.6	46.4	45.5	45.2	43.0	44.8
新加坡	Singapore	28.1	30.6	25.2	24.5	25.1	25.4
斯里兰卡	Sri Lanka	67.2	74.4	69.3	67.1	65.6	62.4
泰　国	Thailand	46.0	46.2	44.9	44.8	43.8	45.2
越　南	Viet Nam	78.5	75.1	72.4	69.7	68.6	69.3
埃　及	Egypt	151.0	141.5	132.9	129.2	125.4	120.4
尼日利亚	Nigeria	165.7	146.8	150.2	153.2	144.9	148.6
南　非	South Africa	40.2	43.4	45.4	42.4	39.8	40.1
加拿大	Canada	20.5	18.1	16.3	15.4	14.4	13.8
墨西哥	Mexico	63.6	55.9	51.4	48.1	47.6	45.7
美　国	United States	27.4	23.6	21.4	20.1	18.6	18.2
阿根廷	Argentina	43.2	39.2	40.3	39.0	35.6	35.3
巴　西	Brazil	46.1	42.1	41.5	40.6	38.1	36.4
委内瑞拉	Venezuela	38.7	26.9	38.0	39.3	38.7	37.8
捷　克	Czech Rep.	37.2	34.8	32.8	32.2	30.0	29.2
法　国	France	28.3	27.1	25.8	25.2	24.5	23.8
德　国	Germany	28.9	27.0	25.7	25.2	24.4	24.1
意大利	Italy	40.1	39.5	38.4	36.5	34.3	33.8
荷　兰	Netherlands	32.9	30.6	28.4	27.1	26.2	25.3
波　兰	Poland	35.8	37.1	36.7	36.9	35.1	34.3
俄罗斯	Russia	35.7	34.7	31.4	30.4	28.3	27.0
西班牙	Spain	36.8	34.9	33.5	32.2	30.2	27.4
土耳其	Turkey	68.0	72.4	72.7	70.3	65.7	65.4
乌克兰	Ukraine	50.0	56.5	53.2	51.8	49.1	47.4
英　国	United Kingdom	23.8	22.3	20.9	20.4	19.3	19.6
澳大利亚	Australia	17.6	15.7	14.9	14.9	14.2	13.6
新西兰	New Zealand	21.5	20.3	18.2	17.7	16.6	16.0

2-8 国家保护区面积和濒危物种(2014年)
National Protected Areas and Threatened Species(2014)

资料来源：世界银行WDI数据库。
Source: World Bank WDI Database.
单位：% (%)

国家或地区	Country or Area	国家保护区① National Protected ① 陆地保护区面积占陆地面积比重 Terrestrial protected areas (% of total land area)	海洋保护区面积占领海面积比重 Marine protected areas (% of territorial waters)	濒危物种(种) Threatened Species(number) 哺乳动物 Mammals	鸟类 Birds	鱼类 Fish	高植株植物 Higher Plants
中　国	China	16.7	1.6	73	79	122	501
中国香港	Hong Kong, China	41.9		1	19	13	6
中国澳门	Macao, China		16.1		3	5	
孟加拉国	Bangladesh	4.7	2.5	33	28	18	17
文　莱	Brunei Darussalam	44.0	1.4	33	22	7	104
柬埔寨	Cambodia	26.2	0.5	36	24	40	32
印　度	India	5.2	1.6	94	73	213	332
印度尼西亚	Indonesia	14.7	5.8	184	113	145	408
伊　朗	Iran	7.2	2.2	17	17	37	3
以色列	Israel	17.4	0.4	15	12	37	
日　本	Japan	16.5	5.6	27	35	67	20
哈萨克斯坦	Kazakhstan	3.3	10.5	16	17	15	15
韩　国	Korea, Rep.	6.3	3.9	9	26	19	7
老　挝	Laos	16.7	11.5	43	22	55	32
马来西亚	Malaysia	18.4	2.3	70	42	73	706
蒙　古	Mongolia	13.8	0.9	11	16	2	
缅　甸	Myanmar	7.3	0.2	44	41	40	47
巴基斯坦	Pakistan	10.7	5.9	24	23	34	5
菲律宾	Philippines	10.9	2.5	38	66	74	232
新加坡	Singapore	5.4	1.4	10	14	25	58
斯里兰卡	Sri Lanka	22.0	1.3	30	14	43	287
泰　国	Thailand	18.8	5.1	55	44	96	133
越　南	Viet Nam	6.5	1.7	52	40	73	177
埃　及	Egypt	11.2	13.1	18	8	40	2
尼日利亚	Nigeria	14.1	0.2	26	15	60	169
南　非	South Africa	6.2	12.8	24	41	87	101
加拿大	Canada	8.6	1.3	11	13	36	5
墨西哥	Mexico	12.9	18.9	101	58	154	371
美　国	United States	13.8	30.4	35	75	236	277
阿根廷	Argentina	6.9	1.6	38	46	37	70
巴　西	Brazil	26.3	16.3	82	142	84	509
委内瑞拉	Venezuela	53.0	16.0	34	38	37	77
捷　克	Czech Rep.	22.4	4.4	2	7	2	10
法　国	France	24.7	58.5	8	8	46	32
德　国	Germany	48.0	64.5	5	7	23	17
意大利	Italy	21.6	19.9	7	9	47	66
荷　兰	Netherlands	19.5	61.8	3	4	13	
波　兰	Poland	34.2	52.8	5	8	7	10
俄罗斯	Russia	11.3	11.6	31	44	36	54
西班牙	Spain	29.0	9.4	16	9	70	214
土耳其	Turkey	2.1	2.7	17	14	126	103
乌克兰	Ukraine	4.0	10.7	11	13	21	16
英　国	United Kingdom	27.9	16.6	5	4	43	15
澳大利亚	Australia	12.8	33.2	55	47	106	90
新西兰	New Zealand	27.3	12.4	9	64	23	18

注：①2012年数据。
Note:①Data refer to 2012.

2-9 世界主要城市空气污染状况
Air Pollution in Major Cities of the World

资料来源：世界银行《世界发展指标》2014年。
Source:World Bank World Development Indicators 2014.

国家或地区	Country or Area	城市	City	城市人口（万人）Urban Population (10 000 persons)		总悬浮颗粒物（微克/立方米）Total Suspended Particulates (microgram per cubic meter)	
				2009	2010	1990	2011
中国	China	上海	Shanghai	1634	2220	113	74
		北京	Beijing	1221	1863	178	118
		天津	Tianjin	776	1049	137	91
印度	India	孟买	Mumbai	1970	2040	108	87
		德里	Delhi	2172	2416	189	154
		加尔各答	Calcutta	1529	1464	159	127
印度尼西亚	Indonesia	雅加达	Jakarta	912	1004	62	50
伊朗	Iran	德黑兰	Tehran	719	828	130	87
日本	Japan	东京	Tokyo	3651	3758	48	23
		大阪	Osaka-Kobe	1133	1996	45	22
		横滨	Yokohama	365	365	51	24
韩国	Korea Rep.	首尔	Seoul	978	978	55	48
		大丘	Taegu	246	226	54	48
		釜山	Pusan	344	326	52	46
马来西亚	Malaysia	吉隆坡	Kuala Lumpur	149	641	59	47
菲律宾	Philippines	马尼拉	Manila	1145	1254	57	44
新加坡	Singapore	新加坡	Singapore	474	541	42	25
泰国	Thailand	曼谷	Bangkok	690	887	46	46
土耳其	Turkey	伊斯坦布尔	Istanbul	1038	1369	69	51
		安卡拉	Ankara	385	452	86	65
埃及	Egypt	开罗	Cairo	1090	1803	175	134
南非	South Africa	开普敦	Cape Town	335	355	30	24
		德班	Durban	284	285	41	33
		约翰内斯堡	Johannesburg	361	886	80	66
加拿大	Canada	多伦多	Toronto	538	580	28	14
		蒙特利尔	Montreal	375	391	33	17
		温哥华	Vancouver	220	240	21	11

2-9 续表 1 continued

国家或地区	Country or Area	城市	City	城市人口（万人）Urban Population (10 000 persons)		总悬浮颗粒物（微克/立方米）Total Suspended Particulates (microgram per cubic meter)	
				2009	2010	1990	2011
墨西哥	Mexico	墨西哥城	Mexico City	1932.0	2066.3	95	54
美国	United States	纽约	New York	1930.0	1853.4	34	16
		洛杉矶	Los Angeles	1268.0	1227.1	57	27
		芝加哥	Chicago	913.0	870.8	44	21
阿根廷	Argentina	布宜诺斯艾利斯	Buenos Aires		1482.6	52	36
巴西	Brazil	圣保罗	São Paulo	1996.0	2053.2	69	40
		里约热内卢	Rio de Janeiro	1184.0	1271.1	103	60
委内瑞拉	Venezuela	加拉加斯	Caracas	305.0	290.9	53	35
保加利亚	Bulgaria	索非亚	Sofia	119.0	121.6	62	46
捷克	Czech Republic	布拉格	Prague	116.0	129.2	34	30
法国	France	巴黎	Paris	1040.0	1068.8	38	25
德国	Germany	法兰克福	Frankfurt	68.0	70.2	37	23
		柏林	Berlin	344.0	352.9	43	27
		慕尼黑	Munich	133.0	140.4	43	27
意大利	Italy	米兰	Milan	296.0	308.4	73	42
		都灵	Turin	166.0	175.5	77	45
		罗马	Rome	336.0	367.1	58	34
荷兰	Netherlands	阿姆斯特丹	Amsterdam	104.0	107.7	43	24
波兰	Poland	华沙	Warsaw	171.0	171.4	45	33
		罗兹	Lodz	74.0	71.6	47	35
罗马尼亚	Romania	布加勒斯特	Bucharest	193.0	187.6	85	44
俄罗斯	Russia	莫斯科	Moscow	1052.0	1190.9	72	29
		鄂木斯克	Omsk	113.0	116.1	74	30
西班牙	Spain	马德里	Madrid	576.0	604.4	42	26
		巴塞罗那	Barcelona	503.0	513.7	55	34
乌克兰	Ukraine	基辅	Kiev	278.0	288.9	114	53
英国	United Kingdom	伦敦	London	861.0	1006.4	35	22
		伯明翰	Birmingham	230.0	248.0	28	18
		曼彻斯特	Manchester	245.0	260.2	33	21
澳大利亚	Australia	悉尼	Sydney	440.0	444.7	23	14
		墨尔本	Melbourne	381.0	410.0	21	13
		帕斯	Perth	158.0	179.4	22	14
新西兰	New Zealand	奥克兰	Auckland	136.0	131.4	25	17

主要统计指标解释

国土面积 是一个国家包括陆地面积和内陆水域在内的总面积，不包括离岸的领海面积。

陆地面积 是一个国家扣除内陆水域面积、国家宣称拥有的大陆架和专属经济区之后的总面积，内陆水域一般包括主要的河流和湖泊。

人口密度 是特定年份每一平方公里国土面积上的人口数量。

耕地面积 是指种植短期作物的土地（种植两季作物的土地面积只计算一次），割草或放牧的短期性草场，供应市场和自用菜园，以及暂时休耕地，不包括因轮垦而抛荒的土地面积。

多年生作物面积 是几年内不需要再重新种植的长期生长作物的土地面积，如可可和咖啡。它包括花卉型的树木和灌木（如玫瑰和茉莉）及苗圃，但不包括归入森林类的树木和多年生草场和牧场。

林业面积 是指天然的或人工种植林木的面积，与林木是否有生产价值无关。

可再生淡水资源 指国内可再生的淡水资源流量，包括国内江河水流量、降水补给的地下水量。

年度淡水抽取量 指水源总抽取量，不计水库的水蒸发量。在淡化水是水资源的重要来源的国家，水资源抽取量还包括来自淡化水厂的水量。抽取量占可再生资源比重可超过百分之百，更多的抽取量来自一次性的含水层或海水淡化厂或此地有较强的水资源再使用能力。工农业的抽取量指用于灌溉、畜牧生产以及工业直接使用的总抽取量(包括热电厂冷却用水抽取量)。民用抽取量包括饮用水、市政用水或供水、公共设施用水、商业机构用水和家庭用水。

森林消失面积 是指林区永久转换作其他用途，包括农业，畜牧，定居点和基础设施。但不包括为重新种植而砍伐的林区或为薪材、酸雨和森林火灾而减少的林区。

国家级保护区 指总面积或部分面积不少于 1000 公顷的全部或部分被保护区域：限制公众进入的科学保护地、国家公园、自然遗址、自然保护区、野生动植物栖息地、受保护的陆地景观及为可持续使用的管理的区域。不包括海洋保护地区、未分类地区、海滨地区和地方或省法律法规保护地。

濒危物种 是国际自然与自然资源保护联合会划分的有灭绝危险的、脆弱的、稀少的、不确定的、脱离危险的或未充分认知的物种。

高植株植物 形态上有根、茎、叶分化，又称茎叶体植物（仅指开花植物）。

二氧化碳排放量 是指矿物燃料燃烧以及水泥制造等过程中排放的二氧化碳，包括使用固体、液体、气体燃料以及燃烧天然气时产生的二氧化碳。

可吸入颗粒物浓度 是指每平方米内悬浮的、直径小于 10 微米的颗粒物的含量。

Explanatory Notes on Main Statistical Indicators

Surface Area is a country total area including land area and inland water bodies, but excluding offshore territorial waters.

Land Area is a country's total area, excluding area under inland water bodies, national claims to continental shelf, and exclusive economic zones. In most cases the definition of inland water bodies includes major rivers and lakes.

Population Density is number of persons in the total population for a given year per square kilometre of total surface area.

Arable Area includes land defined by the FAO as land under temporary crops (double-cropped areas are counted once), temporary meadows for mowing or for pasture, land under market or kitchen gardens, and land temporarily fallow. Land abandoned as a result of shifting cultivation is excluded. Data for "Arable land" are not meant to indicate the amount of land that is potentially cultivable.

Permanent Crop Area is the land cultivated with long-term crops which do not have to be replanted for several years (such as cocoa and coffee); land under trees and shrubs producing flowers, such as roses and jasmine; and nurseries (except those for forest trees, which should be classified under "forest"). Permanent meadows and pastures are excluded from land under permanent crops.

Forest Area is land under natural or planted stands of trees, whether productive or not.

Renewable Internal Freshwater Resources Flows refer to internal renewable resources (internal river flows and groundwater from rainfall) in the country.

Annual Freshwater Withdrawals refer to total water withdrawals, not counting evaporation losses from storage basins. Withdrawals also include water from desalination plants in countries where they are a significant source. Withdrawals can exceed 100 percent of total renewable resources where extraction from nonrenewable aquifers or desalination plants is considerable or where there is significant water reuse. Withdrawals for agriculture and industry are total withdrawals for irrigation and livestock production and for direct industrial use (including withdrawals for cooling thermoelectric plants). Withdrawals for domestic uses include drinking water, municipal use or supply, and use for public services, commercial establishments, and homes.

Deforested Area is the permanent conversion of natural forest area to other uses, including agriculture, ranching, settlements, and infrastructure. Deforested areas do not include areas logged but intended for regeneration or areas degraded by fuel-wood gathering, acid precipitation, or forest fires.

National Protected Areas are totally or partially protected areas of at least 1,000 hectares that are designated as scientific reserves with limited public access, national parks, natural monuments, nature reserves or wildlife sanctuaries, protected landscapes, and areas managed mainly for sustainable use. Marine areas, unclassified areas, and littoral (intertidal) areas are excluded. The data also do not include sites protected under local or provincial law.

Threatened Species are the number of species classified by the IUCN as endangered, vulnerable, rare, indeterminate, out of danger, or insufficiently known.

Higher Plants are native vascular plant species (flowering plants only).

Carbon Dioxide Emissions are those stemming from the burning of fossil fuels and the manufacture of cement. They include carbon dioxide produced during consumption of solid, liquid, and gas fuels and gas flaring.

Particulate Matter Concentrations refer to the concentrations of fine suspended particulates less than 10 microns in diameter (PM10) per cubic meter.

国民经济核算

National Accounts

3-1 国内生产总值
Gross Domestic Product

资料来源：世界银行WDI数据库。
Source: World Bank WDI Database.
单位：亿美元 (100 million USD)

国家或地区	Country or Area	1990	2000	2005	2010	2013	2014
世　界	**World**	**225467**	**332762**	**470337**	**654892**	**761240**	**778688**
高收入国家	**High Income**	**195880**	**280096**	**384419**	**473856**	**522426**	**529067**
经合组织高收入国家	**OECD Countries**	**182625**	**261511**	**356089**	**424986**	**459085**	**466738**
非经合组织高收入国家	**High Income: nonOECD**	**13277**	**18586**	**28356**	**49061**	**63698**	**62598**
中等收入国家	**Middle Income**	**28668**	**51564**	**84415**	**178497**	**235519**	**245973**
中等偏下收入国家	**Lower Middle Income**	**9063**	**13073**	**21346**	**45212**	**54628**	**57803**
中等偏上收入国家	**Upper Middle Income**	**19569**	**38491**	**63065**	**133278**	**180803**	**188083**
中低收入国家	**Low and Middle Income**	**29486**	**52637**	**85928**	**181308**	**239231**	**249968**
东亚和太平洋	**East Asia and Pacific**	**6704**	**17302**	**30838**	**77865**	**116856**	**125713**
欧洲和中亚	**Europe and Central Asia**	**4166**	**4323**	**8975**	**15234**	**18760**	**18110**
拉丁美洲和加勒比	**Latin America and Caribbean**	**8916**	**16709**	**22334**	**41062**	**47646**	**47639**
中东和北非国家	**Middle East and North Africa**	**5381**	**4410**	**6590**	**13119**	**16211**	**15226**
南　亚	**South Asia**	**4116**	**6292**	**10539**	**20866**	**23553**	**26079**
撒哈拉以南非洲	**Sub-Saharan Africa**	**2997**	**3618**	**6733**	**13329**	**16489**	**17283**
低收入国家	**Low Income**	**899**	**1096**	**1520**	**2793**	**3688**	**3974**
最不发达地区	**Least Developed Countries**	**1505**	**2012**	**3223**	**6313**	**7979**	**8679**
重债穷国	**Heavily Indebted Poor Countries**	**1276**	**1547**	**2404**	**4613**	**5981**	**6326**
中　国	China	3590	12053	22686	60397	94906	103601
中国香港	Hong Kong, China	769	1717	1816	2286	2757	2909
中国澳门	Macao, China	30	61	118	284	513	555
阿富汗	Afghanistan			63	159	203	208
阿尔巴尼亚	Albania	21	37	84	119	129	134
阿尔及利亚	Algeria	621	548	1032	1612	2102	2141
安道尔	Andorra	10	14	33	34	33	
安哥拉	Angola	100	91	282	825	1242	1314
安提瓜和巴布达	Antigua and Barbuda	4	8	10	11	12	13
阿根廷	Argentina	1414	2842	2229	4628	6221	5402
亚美尼亚	Armenia	23	19	49	93	104	109
阿鲁巴岛	Aruba		19	23	25		
澳大利亚	Australia	3109	4150	6933	11413	15604	14538
奥地利	Austria	1661	1964	3147	3897	4283	4363
阿塞拜疆	Azerbaijan	89	53	133	529	736	752
巴哈马	Bahamas	32	63	77	79	84	85
巴　林	Bahrain	42	91	160	257	329	339
孟加拉国	Bangladesh	312	534	694	1153	1500	1738
巴巴多斯	Barbados	20	31	39	45	43	44
白俄罗斯	Belarus	174	127	302	552	731	761
比利时	Belgium	2061	2373	3870	4844	5248	5334
伯利兹	Belize	4	8	11	14	16	
贝　宁	Benin	20	24	44	66	83	88
百慕大	Bermuda	16	35	49	57	56	
不　丹	Bhutan	3	4	8	16	18	18
玻利维亚	Bolivia	49	84	96	197	306	342
波　黑	Bosnia and Herzegovinian		55	109	169	179	183
博茨瓦纳	Botswana	38	58	99	128	150	158
巴　西	Brazil	4620	6572	8921	22094	23921	23461
文　莱	Brunei Darussalam	35	60	95	124	161	173
保加利亚	Bulgaria	207	134	293	487	545	557
布基纳法索	Burkina Faso	31	26	55	90	121	125
布隆迪	Burundi	11	9	11	20	27	31
柬埔寨	Cambodia		37	63	112	152	167
喀麦隆	Cameroon	112	93	166	236	296	326
加拿大	Canada	5920	7395	11641	16140	18390	17867
佛得角	Cape Verde	3	5	10	17		
中　非	Central African Rep.	14	9	14	20	15	18

3-1 续表 1 continued

单位：亿美元 (100 million USD)

国家或地区	Country or Area	1990	2000	2005	2010	2013	2014
乍　得	Chad	17	14	67	107	130	139
海峡群岛	Channel Islands		64	88			
智　利	Chile	316	793	1244	2175	2767	2581
哥伦比亚	Colombia	403	999	1466	2870	3801	3777
科摩罗	Comoros	3	2	4	5	6	7
刚果(金)	Congo, Dem. Rep.	94	191	120	205	300	330
刚果(布)	Congo, Rep.	28	32	61	120	141	141
哥斯达黎加	Costa Rica	74	160	200	363	492	496
科特迪瓦	Cote D'Ivoire	108	107	171	249	313	343
克罗地亚	Croatia	248	218	454	597	579	572
古　巴	Cuba	287	306	426	643	772	
塞浦路斯	Cyprus	56	99	183	253	241	232
捷　克	Czech Rep.	403	615	1360	2070	2088	2055
丹　麦	Denmark	1381	1642	2646	3198	3359	3420
吉布提	Djibouti	5	6	7	11	15	16
多米尼克	Dominica	2	3	4	5	5	5
多米尼加	Dominican Rep.	71	240	334	530	612	640
厄瓜多尔	Ecuador	152	183	415	696	945	1005
埃　及	Egypt	431	998	897	2189	2720	2865
萨尔瓦多	El Salvador	48	131	171	214	243	252
赤道几内亚	Equatorial Guinea	1	11	82	116	156	143
厄立特里亚	Eritrea		7	11	21	34	39
爱沙尼亚	Estonia	50	57	140	195	249	259
埃塞俄比亚	Ethiopia	122	82	124	299	475	548
法罗群岛	Faeroe Islands		11	17	23	26	
斐　济	Fiji	13	17	30	31	39	40
芬　兰	Finland	1415	1255	2044	2478	2682	2707
法　国	France	12753	13684	22037	26470	28103	28292
法属波立尼西亚	French Polynesia	32	35				
加　蓬	Gabon	60	51	95	145	172	172
冈比亚	Gambia	3	8	6	10	9	8
格鲁吉亚	Georgia	78	31	64	116	161	165
德　国	Germany	17650	19472	28576	34122	37303	38526
加　纳	Ghana	59	50	107	322	486	387
希　腊	Greece	983	1306	2477	2996	2422	2376
格陵兰	Greenland	10	11	17			
危地马拉	Guatemala	77	193	272	413	539	587
几内亚	Guinea	27	30	29	47	62	66
几内亚比绍	Guinea-Bissau	2	4	6	9	10	10
圭亚那	Guyana	4	7	8	23	30	32
海　地	Haiti	29	40	43	66	85	87
洪都拉斯	Honduras	31	71	97	158	185	194
匈牙利	Hungary	331	471	1119	1296	1334	1371
冰　岛	Iceland	65	90	168	133	154	171
印　度	India	3266	4766	8342	17085	18618	20669
印度尼西亚	Indonesia	1144	1650	2859	7551	9105	8885
伊　朗	Iran	1160	1013	1920	4226	4938	4153
伊拉克	Iraq	1799	259	500	1385	2325	2205
爱尔兰	Ireland	493	993	2104	2185	2321	2459
马恩岛	Isle of Man		16	30			
以色列	Israel	525	1315	1412	2329	2906	3042
意大利	Italy	11778	11422	18535	21268	21370	21443
牙买加	Jamaica	46	90	112	132	144	
日　本	Japan	31037	47312	45719	54954	49196	46015

3-1 续表 2 continued

单位：亿美元 (100 million USD)

国家或地区	Country or Area	1990	2000	2005	2010	2013	2014
约　旦	Jordan	42	85	126	264	336	358
哈萨克斯坦	Kazakhstan	269	183	571	1481	2319	2123
肯尼亚	Kenya	86	127	187	400	549	609
基里巴斯	Kiribati	…	1	1	2	2	2
韩　国	Korea, Rep.	2848	5616	8981	10945	13056	14104
科威特	Kuwait	184	377	808	1154	1758	
吉尔吉斯斯坦	Kyrgyzstan	27	14	25	48	73	74
老　挝	Laos	9	17	27	72	112	118
拉脱维亚	Latvia	75	99	171	239	309	319
黎巴嫩	Lebanon	28	173	213	380	444	457
莱索托	Lesotho	5	8	14	22	22	21
利比里亚	Liberia	4	5	5	13	20	20
利比亚	Libya	289	383	473	748	655	411
列支敦士登	Liechtenstein	14	25	37	51		
立陶宛	Lithuania	105	114	261	371	464	482
卢森堡	Luxemburg	133	213	370	522	601	
马其顿	Macedonia	45	38	63	94	108	113
马达加斯加	Madagascar	31	39	50	87	106	106
马拉维	Malawi	19	17	28	54	39	43
马来西亚	Malaysia	440	938	1435	2475	3132	3269
马尔代夫	Maldives	2	6	11	23	27	30
马　里	Mali	24	24	53	94	111	121
马耳他	Malta	26	40	60	82	96	
马绍尔群岛	Marshall Islands	1	1	1	2	2	
毛里塔尼亚	Mauritania	10	13	22	43	51	51
毛里求斯	Mauritius	27	46	63	97	119	126
墨西哥	Mexico	2627	6837	8664	10511	12623	12827
密克罗尼西亚	Micronesia, Fed.	2	2	3	3	3	
摩尔多瓦	Moldova	36	13	30	58	80	79
摩纳哥	Monaco	25	27	43	54		
蒙　古	Mongolia	26	11	25	72	126	120
黑　山	Montenegro		10	23	41	44	46
摩洛哥	Morocco	288	370	595	908	1039	1070
莫桑比克	Mozambique	25	43	66	101	155	164
缅　甸	Myanmar					587	643
纳米比亚	Namibia	28	39	73	113	129	134
尼泊尔	Nepal	36	55	81	160	192	196
荷　兰	Netherlands	3130	4134	6724	8364	8535	8695
新喀里多尼亚	New Caledonia	25	27				
新西兰	New Zealand	455	526	1151	1453	1884	
尼加拉瓜	Nicaragua	10	51	63	87	109	118
尼日尔	Niger	25	18	34	57	77	82
尼日利亚	Nigeria	308	464	1123	3691	5150	5685
挪　威	Norway	1198	1713	3087	4285	5224	5001
阿　曼	Oman	117	195	311	586	782	818
巴基斯坦	Pakistan	400	740	1095	1774	2323	2469
帕　劳	Palau	1	2	2	2	2	3
巴拿马	Panama	53	116	155	288	427	462
巴布亚新几内亚	Papua New Guinea	32	35	49	97	154	
巴拉圭	Paraguay	57	82	87	201	289	310
秘　鲁	Peru	257	510	750	1485	2024	2029
菲律宾	Philippines	443	810	1031	1996	2721	2846
波　兰	Poland	647	1719	3044	4767	5261	5480
葡萄牙	Portugal	787	1184	1973	2383	2249	2296

3-1 续表 3 continued

单位：亿美元 (100 million USD)

国家或地区	Country or Area	1990	2000	2005	2010	2013	2014
波多黎各	Puerto Rico	306	617	839	984	1031	
卡 塔 尔	Qatar	74	178	445	1251	2032	2118
罗马尼亚	Romania	383	373	992	1648	1896	1990
俄 罗 斯	Russia	5168	2597	7640	15249	20790	18606
卢 旺 达	Rwanda	26	17	26	57	75	79
圣基茨和尼维斯	Saint Kitts and Nevis	2	4	5	7	8	8
圣卢西亚	Saint Lucia	4	8	9	12	13	14
圣文森特和格林纳丁斯	Saint Vincent and the Grenadines	2	4	6	7	7	7
萨 摩 亚	Samoa	1	3	5	7	8	8
圣马力诺	San Marino		8	14			
圣多美和普林西比	Sao Tome and Principe		1	1	2	3	3
沙特阿拉伯	Saudi Arabia	1168	1884	3285	5268	7443	7463
塞内加尔	Senegal	57	47	87	129	148	156
塞尔维亚	Serbia		65	263	395	455	439
塞 舌 尔	Seychelles	4	6	9	10	14	14
塞拉利昂	Sierra Leone	7	6	16	26	49	49
新 加 坡	Singapore	389	958	1274	2364	3023	3079
斯洛伐克	Slovakia	127	291	627	890	977	998
斯洛文尼亚	Slovenia	174	203	364	480	480	494
所罗门群岛	Solomon Islands	3	4	4	7	11	12
南 非	South Africa	1120	1364	2578	3754	3661	3498
西 班 牙	Spain	5351	5954	11573	14317	13930	14043
斯里兰卡	Sri Lanka	80	163	244	496	672	749
苏 丹	Sudan	124	123	265	656	665	738
苏 里 南	Suriname	4	9	18	44	53	
斯威士兰	Swaziland	11	15	26	35	35	34
瑞 典	Sweden	2582	2598	3890	4884	5795	5706
瑞 士	Switzerland	2574	2717	4075	5812	6854	
叙 利 亚	Syrian Arab Republic	123	193	289	592		
塔吉克斯坦	Tajikistan	26	9	23	56	85	92
坦桑尼亚	Tanzania	43	102	169	311	443	492
泰 国	Thailand	853	1227	1764	3189	3873	3738
东 帝 汶	Timor-Leste		4	5	9	15	16
多 哥	Togo	16	13	21	32	43	45
汤 加	Tonga	1	2	3	4	4	4
特立尼达和多巴哥	Trinidad And Tobago	51	82	160	206	244	
突 尼 斯	Tunisia	123	215	323	444	470	
土 耳 其	Turkey	1507	2666	4830	7312	8232	7995
土库曼斯坦	Turkmenistan	32	29	81	222	410	479
乌 干 达	Uganda	43	62	90	188	247	263
乌 克 兰	Ukraine	815	313	861	1364	1833	1318
阿 联 酋	United Arab Emirates	507	1043	1806	2861	4023	4017
英 国	United Kingdom	10932	15487	24121	24079	26782	29419
美 国	United States	59796	102848	130937	149644	167681	174190
乌 拉 圭	Uruguay	93	228	174	403	575	575
乌兹别克斯坦	Uzbekistan	134	138	143	393	568	626
瓦努阿图	Vanuatu	2	3	4	7	8	
委内瑞拉	Venezuela	470	1172	1455	3938	3713	5100
越 南	Viet Nam	65	336	576	1159	1712	1862
约旦河西岸和加沙	West Bank and Gaza		43	48	89	125	127
也 门	Yemen	57	96	168	309	360	
赞 比 亚	Zambia	33	36	83	203	268	271
津巴布韦	Zimbabwe	88	67	58	95	135	137

3-2 人均国内生产总值
GDP per Capita

资料来源：世界银行WDI数据库。
Source: World Bank WDI Database.

单位：美元 (USD)

国家或地区	Country or Area	1990	2000	2005	2010	2013	2014
世　界	**World**	**4271**	**5453**	**7247**	**9513**	**10684**	**10804**
高收入国家	**High Income**	**16287**	**21843**	**29086**	**34674**	**37636**	**37897**
经合组织高收入国家	**OECD Countries**	**19701**	**26436**	**34921**	**40447**	**43128**	**43619**
非经合组织高收入国家	**High Income: nonOECD**	**4815**	**6342**	**9390**	**15531**	**19683**	**19199**
中等收入国家	**Middle Income**	**764**	**1173**	**1803**	**3595**	**4583**	**4732**
中等偏下收入国家	**Lower Middle Income**	**477**	**570**	**859**	**1686**	**1949**	**2033**
中等偏上收入国家	**Upper Middle Income**	**1055**	**1832**	**2870**	**5836**	**7737**	**7987**
中低收入国家	**Low and Middle Income**	**723**	**1092**	**1663**	**3286**	**4170**	**4301**
东亚和太平洋	**East Asia and Pacific**	**419**	**955**	**1629**	**3966**	**5826**	**6223**
欧洲和中亚	**Europe and Central Asia**	**1756**	**1757**	**3594**	**5934**	**7148**	**6850**
拉丁美洲和加勒比	**Latin America and Caribbean**	**2410**	**3806**	**4751**	**8233**	**9231**	**9127**
中东和北非国家	**Middle East and North Africa**	**2118**	**1594**	**2191**	**3998**	**4693**	**4333**
南　亚	**South Asia**	**363**	**455**	**703**	**1299**	**1410**	**1541**
撒哈拉以南非洲	**Sub-Saharan Africa**	**591**	**545**	**889**	**1542**	**1760**	**1796**
低收入国家	**Low Income**	**279**	**258**	**313**	**505**	**617**	**648**
最不发达地区	**Least Developed Countries**	**296**	**303**	**431**	**753**	**888**	**944**
重债穷国	**Heavily Indebted Poor Countries**	**361**	**327**	**443**	**742**	**888**	**915**
中　国	China	316	955	1740	4515	6992	7594
中国香港	Hong Kong, China	13486	25757	26650	32550	38364	40170
中国澳门	Macao, China	8312	14128	25190	53046	90600	96444
阿富汗	Afghanistan			252	561	665	666
阿尔巴尼亚	Albania	640	1194	2782	4094	4458	4619
阿尔及利亚	Algeria	2365	1727	3039	4350	5361	5361
安道尔	Andorra	18877	21433	39990	42953	41015	
安哥拉	Angola	968	656	1707	4219	5783	5936
安提瓜和巴布达	Antigua and Barbuda	6325	10095	12080	13017	13342	13961
阿根廷	Argentina	4333	7701	5768	11464	15009	12922
亚美尼亚	Armenia	637	621	1625	3125	3504	3647
澳大利亚	Australia	18221	21667	33996	51801	67473	61887
奥地利	Austria	21629	24517	38242	46593	50513	51127
阿塞拜疆	Azerbaijan	1237	655	1578	5843	7812	7884
巴哈马	Bahamas	12351	21251	23417	21941	22343	22246
巴　林	Bahrain	8529	13563	18156	20546	24695	25198
孟加拉国	Bangladesh	291	403	485	763	958	1097
巴巴多斯	Barbados	7802	11675	14225	15854	15040	15199
白俄罗斯	Belarus	1705	1273	3126	5819	7722	8040
比利时	Belgium	20679	23152	36928	44361	46927	47517
伯利兹	Belize	2202	3486	4098	4527	4894	
贝　宁	Benin	392	340	533	690	805	825
百慕大	Bermuda	26842	56284	75882	88207	85748	
不　丹	Bhutan	560	778	1259	2211	2363	2379
玻利维亚	Bolivia	716	989	1021	1935	2868	3151
波　黑	Bosnia and Herzegovinian		1436	2810	4381	4662	4796
博茨瓦纳	Botswana	2739	3298	5294	6493	7411	7757
巴　西	Brazil	3087	3766	4793	11318	11939	11613
文　莱	Brunei Darussalam	13702	18087	25914	30882	38563	40776
保加利亚	Bulgaria	2377	1634	3786	6581	7499	7713
布基纳法索	Burkina Faso	352	227	407	578	716	720
布隆迪	Burundi	202	130	144	220	267	295
柬埔寨	Cambodia		299	471	783	1006	1084
喀麦隆	Cameroon	924	583	915	1145	1329	1426
加拿大	Canada	21302	24032	36028	47464	52305	50271
佛得角	Cape Verde	872	1219	2031	3403		
中　非	Central African Rep.	495	251	341	457	335	379
乍　得	Chad	292	167	664	909	1010	1054
海峡群岛	Channel Islands		43299	57209			

3-2 续表 1 continued

单位：美元 (USD)

国家或地区	Country or Area	1990	2000	2005	2010	2013	2014
智　　利	Chile	2388	5133	7615	12684	15703	14520
哥伦比亚	Colombia	1209	2504	3394	6180	7865	7720
科 摩 罗	Comoros	606	382	633	777	842	861
刚果(金)	Congo, Dem. Rep.	268	407	222	330	445	475
刚果(布)	Congo, Rep.	1174	1030	1718	2920	3167	3101
哥斯达黎加	Costa Rica	2405	4058	4621	7773	10106	10035
科特迪瓦	Cote D'Ivoire	891	664	982	1311	1540	1646
克罗地亚	Croatia	5185	4920	10224	13506	13598	13507
古　　巴	Cuba	2702	2744	3777	5702	6848	
塞浦路斯	Cyprus	9642	14307	24738	30439	27911	27194
捷　　克	Czech Rep.	3902	5995	13318	19764	19858	19554
丹　　麦	Denmark	26862	30744	48817	57648	59819	60634
吉 布 提	Djibouti	767	763	913	1353	1668	1784
多米尼克	Dominica	2345	4820	5250	6927	7176	7434
多米尼加	Dominican Rep.	976	2770	3578	5295	5882	6076
厄瓜多尔	Ecuador	1505	1462	3013	4637	6003	6291
埃　　及	Egypt	766	1510	1250	2804	3315	3436
萨尔瓦多	El Salvador	898	2204	2815	3445	3826	3951
赤道几内亚	Equatorial Guinea	300	2019	13613	16612	20581	18389
厄立特里亚	Eritrea		179	226	369	544	590
爱沙尼亚	Estonia	3193	4070	10336	14632	18877	19720
埃塞俄比亚	Ethiopia	253	125	163	344	505	568
斐　　济	Fiji	1836	2075	3656	3649	4375	4543
芬　　兰	Finland	28381	24253	38969	46205	49310	49541
法　　国	France	21834	22466	34881	40709	42631	42736
法属波立尼西亚	French Polynesia	16037	14530				
加　　蓬	Gabon	6287	4135	6857	9302	10292	10068
冈 比 亚	Gambia	346	637	435	566	482	423
格鲁吉亚	Georgia	1619	692	1470	2614	3597	3670
德　　国	Germany	22220	23685	34651	41726	46255	47627
加　　纳	Ghana	403	265	502	1326	1876	1462
希　　腊	Greece	9673	11961	22327	26863	21966	21683
格 陵 兰	Greenland	18327	19004	29903			
格林纳达	Grenada	2296	5118	6754	7367	7890	8299
危地马拉	Guatemala	861	1722	2146	2882	3481	3703
几 内 亚	Guinea	443	343	307	435	531	550
几内亚比绍	Guinea-Bissau	240	291	413	534	556	586
圭 亚 那	Guyana	547	957	1084	2874	3739	4017
罗马教廷	Holy See						
洪都拉斯	Honduras	622	1140	1402	2078	2284	2347
匈 牙 利	Hungary	3186	4614	11092	12958	13487	13903
冰　　岛	Iceland	25675	31820	56611	41696	47549	52111
印　　度	India	376	457	740	1417	1487	1631
印度尼西亚	Indonesia	641	790	1274	3137	3644	3515
伊　　朗	Iran	2059	1537	2737	5675	6376	5293
伊 拉 克	Iraq	10270	1086	1825	4474	6957	6433
爱 尔 兰	Ireland	14017	26101	50569	47904	50470	53314
马 恩 岛	Isle of Man		20359	36980			
以 色 列	Israel	11264	20902	20378	30551	36051	37032
意 大 利	Italy	20765	20059	31974	35878	35478	34960
牙 买 加	Jamaica	1921	3479	4252	4917	5291	
日　　本	Japan	25124	37300	35781	42909	38634	36194
约　　旦	Jordan	1312	1763	2327	4371	5200	5423
哈萨克斯坦	Kazakhstan	1648	1229	3771	9071	13612	12276
肯 尼 亚	Kenya	366	406	524	978	1239	1338
基里巴斯	Kiribati	400	816	1173	1539	1651	1604

3-2 续表 2 continued

单位：美元 (USD)

国家或地区	Country or Area	1990	2000	2005	2010	2013	2014
韩 国	Korea, Rep.	6643	11948	18658	22151	25998	27971
科威特	Kuwait	8947	19787	35186	38580	52196	
吉尔吉斯斯坦	Kyrgyzstan	609	280	477	880	1282	1269
老 挝	Laos	204	321	472	1123	1653	1708
拉脱维亚	Latvia	2796	4170	7634	11379	15357	16038
黎巴嫩	Lebanon	1050	5335	5339	8756	9928	10139
莱索托	Lesotho	341	416	711	1089	1035	996
利比里亚	Liberia	183	183	166	327	453	461
利比亚	Libya	6786	7394	8461	12379	10564	6575
列支敦士登	Liechtenstein	49452	75058	105335	140707		
立陶宛	Lithuania	2841	3267	7864	11977	15689	16445
卢森堡	Luxemburg	34872	48827	79596	102863	110665	
马其顿	Macedonia	2225	1839	2995	4475	5110	5371
马达加斯加	Madagascar	267	246	276	414	463	449
马拉维	Malawi	199	154	213	360	237	253
马来西亚	Malaysia	2417	4005	5554	8754	10538	10830
马尔代夫	Maldives	996	2289	3763	7162	7841	8625
马 里	Mali	304	236	444	674	726	766
马耳他	Malta	7192	10377	14834	19694	22776	
马绍尔群岛	Marshall Islands	1659	2127	2646	3127	3627	
毛里塔尼亚	Mauritania	504	478	694	1202	1300	1270
毛里求斯	Mauritius	2506	3861	5116	7772	9477	10006
墨西哥	Mexico	3052	6582	7824	8917	10318	10361
密克罗尼西亚	Micronesia, Fed.	1528	2171	2353	2838	3054	
摩尔多瓦	Moldova	972	354	831	1632	2244	2234
摩纳哥	Monaco	84290	82537	126599	145221		
蒙 古	Mongolia	1172	474	999	2650	4419	4170
黑 山	Montenegro		1627	3675	6637	7111	7371
摩洛哥	Morocco	1159	1276	1948	2823	3095	3140
莫桑比克	Mozambique	185	236	313	422	598	619
缅 甸	Myanmar					1101	1198
纳米比亚	Namibia	1981	2059	3582	5174	5615	5720
尼泊尔	Nepal	200	237	322	596	692	698
荷 兰	Netherlands	20937	25958	41200	50341	50793	51590
新喀里多尼亚	New Caledonia	14800	12580				
新西兰	New Zealand	13663	13641	27834	33394	42409	
尼加拉瓜	Nicaragua	244	1001	1159	1501	1785	1914
尼日尔	Niger	320	164	258	360	431	441
尼日利亚	Nigeria	322	378	804	2311	2966	3185
挪 威	Norway	28243	38147	66775	87646	102832	97363
阿 曼	Oman	6456	8897	12323	20923	21523	20832
巴基斯坦	Pakistan	360	514	693	1025	1275	1334
帕 劳	Palau	5096	7827	9722	9005	10927	11880
巴拿马	Panama	2137	3804	4595	7834	11037	11771
巴布亚新几内亚	Papua New Guinea	774	655	798	1417	2105	
巴拉圭	Paraguay	1340	1532	1479	3104	4248	4479
秘 鲁	Peru	1181	1961	2703	5076	6662	6594
菲律宾	Philippines	715	1044	1201	2136	2765	2843
波 兰	Poland	1698	4493	7976	12530	13829	14423
葡萄牙	Portugal	7885	11502	18785	22540	21508	22081
波多黎各	Puerto Rico	8653	16192	21959	26436	28682	
卡塔尔	Qatar	15446	29914	54229	71510	93714	93397
罗马尼亚	Romania	1651	1662	4652	8139	9490	9997
俄罗斯	Russia	3485	1772	5324	10675	14487	12736
卢旺达	Rwanda	354	207	274	526	639	652
圣基茨和尼维斯	Saint Kitts and Nevis	3899	9224	11054	13227	14284	15210

3-2 续表 3 continued

单位：美元 (USD)

国家或地区	Country or Area	1990	2000	2005	2010	2013	2014
圣卢西亚	Saint Lucia	2875	4976	5656	7014	7328	7437
圣文森特和格林纳丁斯	Saint Vincent and the Grenadines	1844	3673	5064	6233	6573	6663
萨摩亚	Samoa	772	1541	2588	3531	4181	4173
圣马力诺	San Marino		28696	46194			
圣多美和普林西比	Sao Tome and Principe		550	797	1128	1610	1692
沙特阿拉伯	Saudi Arabia	7206	9355	13303	19327	25819	25409
塞内加尔	Senegal	761	475	773	999	1047	1071
塞尔维亚	Serbia		870	3528	5412	6354	6153
塞舌尔	Seychelles	5266	7579	11087	10805	15696	15359
塞拉利昂	Sierra Leone	161	154	318	448	809	788
新加坡	Singapore	12766	23793	29870	46570	55980	56287
斯洛伐克	Slovakia	2396	5402	11666	16510	18050	18417
斯洛文尼亚	Slovenia	8699	10228	18169	23418	23297	23963
所罗门群岛	Solomon Islands	970	1055	882	1276	1888	2022
南非	South Africa	3182	3099	5444	7390	6886	6478
西班牙	Spain	13773	14788	26511	30738	29881	30262
斯里兰卡	Sri Lanka	472	855	1242	2400	3281	3631
苏丹	Sudan	482	357	669	1440	1751	1904
苏里南	Suriname	955	1912	3591	8321	9826	
斯威士兰	Swaziland	1292	1433	2339	2957	2825	2682
瑞典	Sweden	30162	29283	43085	52076	60365	58887
瑞士	Switzerland	38332	37813	54798	74277	84733	
叙利亚	Syrian Arab Republic	989	1181	1589	2747		
塔吉克斯坦	Tajikistan	496	139	340	740	1036	1099
坦桑尼亚	Tanzania	172	308	449	712	927	998
泰国	Thailand	1508	1969	2690	4803	5779	5561
东帝汶	Timor-Leste		431	500	876	1244	1280
多哥	Togo	430	266	382	503	636	646
汤加	Tonga	1193	1926	2563	3553	4110	4106
特立尼达和多巴哥	Trinidad And Tobago	4148	6431	12323	15495	18219	
突尼斯	Tunisia	1507	2248	3218	4212	4317	
土耳其	Turkey	2791	4220	7130	10136	10986	10543
土库曼斯坦	Turkmenistan	881	645	1707	4393	7827	9032
图瓦卢	Tuvalu	980	1459	2253	3239	3880	
乌干达	Uganda	246	255	314	553	657	677
乌克兰	Ukraine	1570	636	1829	2974	4030	3083
阿联酋	United Arab Emirates	28066	34476	43534	33886	43049	42522
英国	United Kingdom	19096	26296	39935	38362	41777	45603
美国	United States	23954	36450	44308	48374	52980	54630
乌拉圭	Uruguay	2990	6873	5222	11947	16884	16811
乌兹别克斯坦	Uzbekistan	651	558	547	1377	1878	2038
瓦努阿图	Vanuatu	1080	1470	1886	2966	3172	
委内瑞拉	Venezuela	2382	4800	5445	13559	12213	16530
越南	Viet Nam	98	433	700	1334	1909	2052
约旦河西岸和加沙	West Bank and Gaza		1477	1456	2339	2992	2966
也门	Yemen	479	550	832	1358	1473	
赞比亚	Zambia	419	357	726	1533	1845	1802
津巴布韦	Zimbabwe	840	535	453	723	953	936

3-3 人均国民总收入(美元)
GNI per Capita (USD)

资料来源：世界银行WDI数据库。
Source: World Bank WDI Database.
单位：美元 (USD)

国家或地区	Country or Area	1990	2000	2005	2010	2013	2014
世界	**World**	**4190**	**5442**	**7315**	**9382**	**10792**	**10858**
高收入国家	**High Income**	**16046**	**21955**	**29728**	**34985**	**38477**	**38392**
经合组织高收入国家	**OECD Countries**	**19434**	**26658**	**35970**	**41073**	**44410**	**44290**
非经合组织高收入国家	**High Income: nonOECD**	**8502**	**6073**	**8650**	**14835**	**19139**	**19236**
中等收入国家	**Middle Income**	**728**	**1127**	**1718**	**3335**	**4528**	**4690**
中等偏下收入国家	**Lower Middle Income**	**483**	**546**	**850**	**1527**	**1985**	**2037**
中等偏上收入国家	**Upper Middle Income**	**975**	**1761**	**2700**	**5457**	**7578**	**7893**
中低收入国家	**Low and Middle Income**	**689**	**1047**	**1584**	**3051**	**4119**	**4263**
东亚和太平洋	**East Asia and Pacific**	**426**	**912**	**1636**	**3744**	**5680**	**6122**
欧洲和中亚	**Europe and Central Asia**	**1535**	**1803**	**3232**	**5816**	**6859**	**6864**
拉丁美洲和加勒比	**Latin America and Caribbean**	**2164**	**3606**	**4302**	**7473**	**9290**	**9051**
中东和北非国家	**Middle East and North Africa**	**1296**	**1494**	**2007**	**3869**	**8597**	
南亚	**South Asia**	**382**	**452**	**707**	**1206**	**1478**	**1527**
撒哈拉以南非洲	**Sub-Saharan Africa**	**583**	**502**	**795**	**1284**	**1694**	**1731**
低收入国家	**Low Income**	**272**	**226**	**292**	**498**	**599**	**635**
最不发达地区	**Least Developed Countries**	**286**	**279**	**401**	**728**	**888**	**928**
重债穷国	**Heavily Indebted Poor Countries**	**349**	**298**	**409**	**707**	**839**	**873**
中国	China	330	930	1750	4300	6740	7380
中国香港	Hong Kong, China	12660	26930	28890	33620	38520	40320
中国澳门	Macao, China	8530	14640	24080	46510	71270	
阿富汗	Afghanistan			250	510	690	680
阿尔巴尼亚	Albania	680	1170	2690	4360	4510	4460
阿尔及利亚	Algeria	2330	1540	2660	4350	5330	5340
安道尔	Andorra	16880	19930	40040	45150	41460	
安哥拉	Angola	590	420	1270	3850	5170	5300
安提瓜和巴布达	Antigua and Barbuda	5740	8620	11920	12620	13050	13360
阿根廷	Argentina	3180	7470	5060	10820	14590	14560
亚美尼亚	Armenia		660	1520	3370	3800	3810
澳大利亚	Australia	17340	21110	30320	46490	65410	64680
奥地利	Austria	20560	26690	38500	49340	50390	
阿塞拜疆	Azerbaijan		610	1270	5370	7350	7590
巴哈马	Bahamas	14040	20340	23520	21680	21210	21010
巴林	Bahrain	7220	10880	16730	18810	21330	
孟加拉国	Bangladesh	300	420	540	780	1010	1080
巴巴多斯	Barbados	6810	11110	13640	15760		
白俄罗斯	Belarus		1380	2820	5990	6780	7340
比利时	Belgium	19370	25980	37630	47200	46340	47030
伯利兹	Belize	2230	3270	3830	4140	4510	
贝宁	Benin	360	360	530	710	790	810
百慕大	Bermuda	27060			110440	106140	
不丹	Bhutan	580	780	1230	1990	2330	2390
玻利维亚	Bolivia	730	980	1000	1760	2550	2830
波黑	Bosnia and Herzegovinian		1450	2940	4680	4780	4770
博茨瓦纳	Botswana	2530	2970	4730	5700	8080	7880
巴西	Brazil	2720	3880	3950	9810	12550	11760
文莱	Brunei Darussalam	12550	14740	22920			
保加利亚	Bulgaria	2260	1680	3700	6630	7280	7420
布基纳法索	Burkina Faso	330	250	410	610	660	710
布隆迪	Burundi	210	130	130	200	260	270
柬埔寨	Cambodia		300	460	740	950	1010
喀麦隆	Cameroon	920	600	900	1170	1290	1350
加拿大	Canada	20430	22530	33950	44450	52570	51690
佛得角	Cape Verde	870	1330	2050	3340		
中非	Central African Rep.	460	260	340	480	320	330
乍得	Chad	270	180	470	920	1000	1010
海峡群岛	Channel Islands		42430	55320			

3-3 续表 1 continued

单位：美元 (USD)

国家或地区	Country or Area	1990	2000	2005	2010	2013	2014
智　　利	Chile	2240	4920	6250	10720	15230	14900
哥伦比亚	Colombia	1250	2340	2930	5480	7610	7780
科 摩 罗	Comoros	570	410	640	790	840	840
刚果(金)	Congo, Dem. Rep.	240	140	210	320	400	410
刚果(布)	Congo, Rep.	920	570	970	2210	2590	2680
哥斯达黎加	Costa Rica	2340	3700	4810	6910	9450	9750
科特迪瓦	Cote D'Ivoire	760	660	980	1290	1450	1550
克罗地亚	Croatia		5290	9870	13740	13470	13020
古　　巴	Cuba	2650	2620	3950	5590		
塞浦路斯	Cyprus	9510	14070	23580	30690	27520	26370
捷　　克	Czech Rep.		6320	12380	19210	18970	
丹　　麦	Denmark	24530	32660	49620	60820	61740	61310
吉 布 提	Djibouti		760	1030			
多米尼克	Dominica	2300	3600	5140	6810	6860	7070
多米尼加	Dominican Rep.	860	2600	2860	5110	5770	5950
厄瓜多尔	Ecuador	1390	1550	2890	4390	5760	6040
埃　　及	Egypt	750	1470	1290	2510	3140	3280
萨尔瓦多	El Salvador	890	2110	2810	3350	3720	3780
赤道几内亚	Equatorial Guinea	290	900	4830	13590	14320	13340
厄立特里亚	Eritrea		180	230	310	490	530
爱沙尼亚	Estonia	3190	4130	9720	14570	17970	18530
埃塞俄比亚	Ethiopia	260	130	160	380	470	550
斐　　济	Fiji	1790	2230	3590	3650	4370	4540
芬　　兰	Finland	26000	26420	40100	49330	48910	
法　　国	France	20700	25150	36010	43800	43550	43080
法属波立尼西亚	French Polynesia	15390	15990				
加　　蓬	Gabon	4830	3100	5570	8330	9670	9320
冈 比 亚	Gambia	320	670	410	580	500	450
格鲁吉亚	Georgia		750	1360	2680	3560	3720
德　　国	Germany	21330	26170	35880	44780	47250	47640
加　　纳	Ghana	400	340	470	1250	1770	1620
希　　腊	Greece	9000	13180	22510	27580	22610	22090
格 陵 兰	Greenland	15690	20290	29690			
格林纳达	Grenada	2250	3860	6760	7050	7490	7850
危地马拉	Guatemala	950	1730	2070	2750	3340	3440
几 内 亚	Guinea	430	380	340	400	460	480
几内亚比绍	Guinea-Bissau	210	200	400	560	590	570
圭 亚 那	Guyana	390	880	1030	2780	3750	3970
海　　地	Haiti	350	470	420	660	810	830
洪都拉斯	Honduras	690	930	1380	1890	2120	2190
匈 牙 利	Hungary	2880	4650	10410	13050	13260	13470
冰　　岛	Iceland	24680	31540	50730	36710	46650	47640
印　　度	India	390	460	740	1290	1560	1610
印度尼西亚	Indonesia	620	570	1230	2540	3760	3650
伊　　朗	Iran	2380	1620	2530		6820	
爱 尔 兰	Ireland	12560	23920	44070	44100	43080	44660
马 恩 岛	Isle of Man		21920	38690			
以 色 列	Israel	10860	18790	21230	29480	33930	34990
意 大 利	Italy	18610	21820	32390	37700	35430	34280
牙 买 加	Jamaica	1790	3310	3920	4590	5220	
日　　本	Japan	27560	34980	39140	41980	46330	42000
约　　旦	Jordan	1430	1790	2490	4120	4940	5160
哈萨克斯坦	Kazakhstan		1260	2950	7440	11560	11670
肯 尼 亚	Kenya	380	420	520	990	1160	1280
基里巴斯	Kiribati	730	1410	1800	1980	2880	2280
韩　　国	Korea, Rep.	6480	10750	17800	21320	25870	27090

3-3 续表 2 continued

单位：美元 (USD)

国家或地区	Country or Area	1990	2000	2005	2010	2013	2014
科 威 特	Kuwait		19290	34110	42480	55470	
吉尔吉斯斯坦	Kyrgyzstan		280	450	850	1220	1250
老 挝	Laos	190	280	450	980	1450	1600
拉脱维亚	Latvia	2790	3740	7760	12720	15280	15660
黎 巴 嫩	Lebanon	1360	5470	5740	8440	9670	9880
莱 索 托	Lesotho	550	580	910	1160	1590	1350
利比里亚	Liberia		180	120	270	390	400
利 比 亚	Libya			7110	12710	10610	7920
列支敦士登	Liechtenstein	45550	79080	92660			
立 陶 宛	Lithuania		3200	7580	12350	15100	15380
卢 森 堡	Luxemburg	26450	39100	70340	69350	69880	
马 其 顿	Macedonia		1830	2950	4630	4900	5070
马达加斯加	Madagascar	240	250	290	420	440	440
马 拉 维	Malawi	180	150	220	350	270	250
马来西亚	Malaysia	2370	3420	5240	8150	10420	10660
马尔代夫	Maldives		2140	3870	6090	6850	7290
马 里	Mali	290	250	440	660	690	720
马 耳 他	Malta	7600	10510	14390	20090	21000	
马绍尔群岛	Marshall Islands		2850	3570	3770	4310	
毛里塔尼亚	Mauritania	490	520	690	1130	1320	1260
毛里求斯	Mauritius	2440	3870	5420	7970	9570	9710
墨 西 哥	Mexico	2740	5690	7650	8780	9880	9980
密克罗尼西亚	Micronesia, Fed.		2210	2550	2870	3280	
摩尔多瓦	Moldova		370	890	1820	2470	2550
摩 纳 哥	Monaco	79560	90840	128380			
蒙 古	Mongolia	1430	470	900	2000	4390	4320
黑 山	Montenegro			3660	6870	7250	7240
摩 洛 哥	Morocco	1110	1320	1980	2870	3030	3020
莫桑比克	Mozambique	170	230	290	460	610	630
缅 甸	Myanmar						1270
纳米比亚	Namibia	2020	2110	3390	4380	5850	5820
尼 泊 尔	Nepal	220	230	320	540	720	730
荷 兰	Netherlands	20140	28470	42010	53320	51060	51210
新喀里多尼亚	New Caledonia	14760	14020				
新 西 兰	New Zealand	13640	14070	25490	29390	39300	
尼加拉瓜	Nicaragua	310	960	1160	1460	1750	1830
尼 日 尔	Niger	310	170	250	370	410	430
尼日利亚	Nigeria	290	270	660	1460	2690	2950
挪 威	Norway	26510	36560	63790	88430	104260	103050
阿 曼	Oman	5710	7320	10580	17990	18150	
巴基斯坦	Pakistan	410	470	710	1060	1360	1410
帕 劳	Palau		5770	9410	8900	10000	11110
巴 拿 马	Panama	2140	3610	4460	8050	10700	10970
巴布亚新几内亚	Papua New Guinea	820	620	700	1290	2020	
巴 拉 圭	Paraguay	1190	1350	1210	2820	3980	4150
秘 鲁	Peru	880	1960	2530	4390	6270	6410
菲 律 宾	Philippines	720	1230	1530	2740	3270	3440
波 兰	Poland		4690	7330	12630	13440	13730
葡 萄 牙	Portugal	7140	12140	18550	22930	21310	21320
波多黎各	Puerto Rico	6150	10310	14750	16640	19310	
卡 塔 尔	Qatar			40320	66430	87150	90420
罗马尼亚	Romania	1710	1700	3920	8430	9050	9370
俄 罗 斯	Russia		1710	4450	9980	13810	13210
卢 旺 达	Rwanda	350	230	260	520	630	650
圣基茨和尼维斯	Saint Kitts and Nevis	3720	6910	10970	12650	13760	14540
圣卢西亚	Saint Lucia	2730	4400	5280	6580	7060	7090

3-3 续表 3 continued

单位：美元 (USD)

国家或地区	Country or Area	1990	2000	2005	2010	2013	2014
圣文森特和格林纳丁斯	Saint Vincent and the Grenadines	1740	3070	4950	6030	6540	6560
萨摩亚	Samoa	1050	1600	2370	3220	3960	4050
圣马力诺	San Marino			41080			
圣多美和普林西比	Sao Tome and Principe			770	1140	1470	1570
沙特阿拉伯	Saudi Arabia	7300	8350	12480	19040	26340	
塞内加尔	Senegal	710	510	770	1040	1050	1050
塞尔维亚	Serbia		1530	3630	5850	6050	5820
塞舌尔	Seychelles	5000	7290	11140	10190	13430	13990
塞拉利昂	Sierra Leone	200	160	310	470	680	720
新加坡	Singapore	12040	23670	28370	44790	54580	55150
斯洛伐克	Slovakia	2060	5520	11330	17130	17810	
斯洛文尼亚	Slovenia		11350	18460	24540	23220	
所罗门群岛	Solomon Islands	710	1010	900	910	1830	1830
南非	South Africa	3390	3140	5050	6240	7410	6800
西班牙	Spain	12220	15900	25930	32130	29940	
斯里兰卡	Sri Lanka	470	860	1210	2260	3180	3400
苏丹	Sudan	530	330	570	1210	1690	1740
苏里南	Suriname	1430	1930	3330	7800	9370	
斯威士兰	Swaziland	1230	1520	2390	2600	2760	2700
瑞典	Sweden	27760	31220	45350	53810	61750	61600
瑞士	Switzerland	36900	43490	61550	77360	90670	
叙利亚	Syrian Arab Republic	910	970	1520	2610		
塔吉克斯坦	Tajikistan		170	320	730	990	1060
坦桑尼亚	Tanzania	200	310	340	690	840	930
泰国	Thailand	1490	1960	2600	4320	5360	5410
东帝汶	Timor-Leste			900	3000	4250	3120
多哥	Togo	400	300	370	460	530	580
汤加	Tonga	1220	2030	2500	3470	4310	4280
特立尼达和多巴哥	Trinidad And Tobago	3710	5300	11040	15660	15640	
突尼斯	Tunisia	1430	2310	3190	4160	4210	
土耳其	Turkey	2300	4190	6520	9980	10980	10850
土库曼斯坦	Turkmenistan	830	600	1600	4070	6880	8020
图瓦卢	Tuvalu			3740	4720	5840	
乌干达	Uganda	320	260	290	510	600	660
乌克兰	Ukraine	1610	700	1540	2990	3760	3560
阿联酋	United Arab Emirates	20720	20630	41470	33690	42420	43480
英国	United Kingdom	17160	27230	41010	40470	41590	42690
美国	United States	24150	36070	46340	48950	54070	55200
乌拉圭	Uruguay	2840	7050	4720	10400	15640	16360
乌兹别克斯坦	Uzbekistan		630	530	1300	1940	2090
瓦努阿图	Vanuatu	1200	1430	1780	2700	3090	
委内瑞拉	Venezuela	2570	4090	4920	11520	11730	12820
越南	Viet Nam	130	400	680	1270	1740	1890
约旦河西岸和加沙	West Bank and Gaza		1580	1660	2310	3060	
也门	Yemen		420	700	1300	1370	
赞比亚	Zambia	450	350	580	1380	1780	1760
津巴布韦	Zimbabwe	860	490	430	560	860	860

3-4 按购买力平价法计算的国民经济核算主要指标(2014年)
Main Economic Indicators of National Accounts Based on PPP(2014)

资料来源：世界银行WDI数据库。
Source: World Bank WDI Database.

国家或地区	Country or Area	国内生产总值(现价亿国际元) GDP (100 million international $)	人均国内生产总值(现价国际元) GDP per Capita (current price international $)	国民总收入(现价亿国际元) GNI (100 million international $)	人均国民总收入(现价国际元) GNI per capita (current price iternational $)
世　界	**World**	**1084640**	**15048**	**1083477**	**15032**
高收入国家	**High Income**	**566249**	**40560**	**570182**	**40842**
经合组织高收入国家	**High Income: OECD**	**456985**	**42708**	**462845**	**43255**
欧元区	**Euro area**	**131069**	**38694**	**132353**	**39074**
非经合组织高收入国家	**High Income: nonOECD**	**110839**	**33995**	**109216**	**33498**
中等收入国家	**Middle Income**	**510170**	**9814**	**505734**	**9729**
中等偏下收入国家	**Lower Middle Income**	**173494**	**6101**	**172677**	**6073**
中等偏上收入国家	**Upper Middle Income**	**337475**	**14331**	**334027**	**14184**
中低收入国家	**Low and Middle Income**	**520026**	**8948**	**515406**	**8868**
东亚和太平洋	**East Asia and Pacific**	**240046**	**11882**	**238427**	**11802**
欧洲和中亚	**Europe and Central Asia**	**36752**	**13901**	**35883**	**13573**
拉丁美洲和加勒比	**Latin America and Caribbean**	**75430**	**14452**	**73582**	**14098**
中东和北非国家	**Middle East and North Africa**	**42259**	**12027**	**71984①**	**17879①**
南　亚	**South Asia**	**91433**	**5403**	**91296**	**5395**
撒哈拉以南非洲	**Sub-Saharan Africa**	**34776**	**3614**	**33525**	**3484**
低收入国家	**Low Income**	**9961**	**1624**	**9767**	**1593**
重债穷国	**Heavily Indebted Poor Countries**	**14684**	**2123**	**14171**	**2049**
最不发达地区	**Least Developed Countries**	**21017**	**2287**	**20832**	**2267**
中　国	China	180309	13217	179190	13130
中国香港	Hong Kong, China	3989	55084	4097	56570
中国澳门	Macao, China	808	140358	671①	118460①
孟加拉国	Bangladesh	4970	3136	5301	3340
文　莱	Brunei Darussalam	320	75700	293②	71020②
柬埔寨	Cambodia	500	3242	475	3080
印　度	India	73931	5833	73025	5760
印度尼西亚	Indonesia	26761	10585	25923	10250
伊　朗	Iran	12809	16323	12453①	16080①
以色列	Israel	2717	33072	2674	32550
日　本	Japan	46309	36426	48211	37920
哈萨克斯坦	Kazakhstan	4185	24205	3731	21580
韩　国	Korea, Rep.	17324	34356	17458	34620
老　挝	Laos	356	5162	338	4910
马来西亚	Malaysia	7461	24715	7200	23850
蒙　古	Mongolia	348	12064	324	11230
巴基斯坦	Pakistan	8964	4842	9449	5100
菲律宾	Philippines	6922	6916	8306	8300
新加坡	Singapore	4527	82763	4390	80270
斯里兰卡	Sri Lanka	2173	10528	2119	10270
泰　国	Thailand	9855	14661	9376	13950
越　南	Viet Nam	5107	5629	4852	5350
埃　及	Egypt	9433	11312	9192	11020
尼日利亚	Nigeria	10491	5877	10137	5680
南　非	South Africa	7045	13046	6857	12700
加拿大	Canada	15669	44089	15424	43400
墨西哥	Mexico	21253	17167	20683	16710
美　国	United States	174190	54629	178127	55860
阿根廷③	Argentina③	7205	17674	7033	17250
巴　西	Brazil	32639	16155	32127	15900
委内瑞拉	Venezuela	5389	17469	5288	17140
捷　克	Czech Rep.	3200	30445	2836①	26970①
法　国	France	25720	38851	26295	39720
德　国	Germany	36898	45616	37890	46840
意大利	Italy	21319	34758	21289	34710
荷　兰	Netherlands	7943	47131	8032	47660
波　兰	Poland	9454	24882	9152	24090
俄罗斯	Russia	37452	25636	36097	24710
西班牙	Spain	15668	33763	15321①	32860①
土耳其	Turkey	14599	19250	14439	19040
乌克兰	Ukraine	3705	8665	3662	8560
英　国	United Kingdom	25247	39137	24751	38370
澳大利亚	Australia	10313	43902	10074	42880
新西兰①	New Zealand①	1564	35217	1500	33760

注：①2013年数据。②2012年数据。③2011年数据。
Note:①Data refer to 2013.②Data refer to 2012.③Data refer to 2011.

3-5 国内生产总值增长率
Growth Rate of GDP

资料来源：世界银行WDI数据库。
Source: World Bank WDI Database.

单位：% (%)

国家或地区	Country or Area	1990	2000	2005	2010	2013	2014
世　界	**World**	**3.0**	**4.3**	**3.6**	**4.1**	**2.4**	**2.5**
高收入国家	**High Income**	**2.9**	**4.0**	**2.8**	**3.0**	**1.4**	**1.7**
经合组织高收入国家	**OECD Countries**	**3.0**	**3.9**	**2.6**	**2.8**	**1.3**	**1.7**
非经合组织高收入国家	**High Income: nonOECD**	**1.4**	**6.3**	**6.6**	**5.7**	**2.5**	**1.9**
中等收入国家	**Middle Income**	**3.3**	**5.5**	**7.1**	**7.9**	**5.3**	**4.8**
中等偏下收入国家	**Lower Middle Income**	**3.6**	**4.2**	**6.8**	**7.5**	**5.8**	**5.8**
中等偏上收入国家	**Upper Middle Income**	**3.2**	**5.9**	**7.2**	**8.0**	**5.1**	**4.5**
中低收入国家	**Low and Middle Income**	**3.2**	**5.4**	**7.1**	**7.9**	**5.3**	**4.8**
东亚和太平洋	**East Asia and Pacific**	**5.6**	**7.5**	**9.8**	**9.9**	**7.2**	**6.8**
欧洲和中亚	**Europe and Central Asia**	**1.0**	**6.2**	**7.4**	**6.4**	**3.8**	**2.1**
拉丁美洲和加勒比	**Latin America and Caribbean**	**0.9**	**4.6**	**3.6**	**6.1**	**2.7**	**1.7**
中东和北非国家	**Middle East and North Africa**	**11.0**	**3.6**	**5.2**	**5.1**	**1.1**	
南　亚	**South Asia**	**5.4**	**4.1**	**8.8**	**9.1**	**6.6**	**7.1**
撒哈拉以南非洲	**Sub-Saharan Africa**	**1.5**	**3.5**	**5.7**	**5.2**	**4.5**	**4.2**
低收入国家	**Low Income**	**0.5**	**2.0**	**6.7**	**6.8**	**5.8**	**6.3**
最不发达地区	**Least Developed Countries**	**0.8**	**4.0**	**8.1**	**5.4**	**5.5**	**5.5**
重债穷国	**Heavily Indebted Poor Countries**	**-1.0**	**2.7**	**6.1**	**5.7**	**5.7**	**5.8**
中　国	China	3.9	8.4	11.3	10.6	7.7	7.3
中国香港	Hong Kong, China	3.8	7.7	7.4	6.8	3.1	2.5
中国澳门	Macao, China	8.0	5.7	8.6	27.5	10.7	-0.4
阿富汗	Afghanistan			11.2	8.4	1.9	2.0
阿尔巴尼亚	Albania	-9.6	7.3	5.5	3.7	1.4	1.9
阿尔及利亚	Algeria	0.8	2.2	5.9	3.6	2.8	4.1
安道尔	Andorra	3.8	1.2	7.8	-5.3	-0.1	
安哥拉	Angola	-0.3	3.0	18.3	3.4	6.8	3.9
安提瓜和巴布达	Antigua and Barbuda	2.5	5.0	6.1	-7.1	-0.1	3.2
阿根廷	Argentina	-2.4	-0.8	9.2	9.5	2.9	0.5
亚美尼亚	Armenia		5.9	13.9	2.2	3.5	3.4
澳大利亚	Australia	3.5	3.9	3.2	2.0	2.5	2.5
奥地利	Austria	4.3	3.4	2.1	1.9	0.2	0.3
阿塞拜疆	Azerbaijan	-11.7	11.1	26.4	4.9	5.8	2.0
巴哈马	Bahamas	-1.6	4.1	3.4	1.5		1.0
巴　林	Bahrain	4.4	5.3	6.8	4.3	5.3	4.5
孟加拉国	Bangladesh	5.6	5.3	6.5	5.6	6.0	6.1
巴巴多斯	Barbados	-4.8	2.3	4.0	0.3	-15.3	0.2
白俄罗斯	Belarus		5.8	9.4	7.7	1.1	1.6
比利时	Belgium	3.1	3.6	1.9	2.5	0.3	1.1
伯利兹	Belize	10.6	13.0	2.6	3.3	1.5	
贝　宁	Benin	9.0	4.9	2.9	2.6	5.6	5.4
百慕大	Bermuda		9.3	1.7	-2.1	-2.5	
不　丹	Bhutan	10.9	6.9	7.1	11.7	2.0	6.3
玻利维亚	Bolivia	4.6	2.5	4.4	4.1	6.8	5.4
波　黑	Bosnia and Herzegovinian		5.5	5.0	0.7	2.5	1.2
博茨瓦纳	Botswana	6.8	2.0	4.6	8.6	9.3	4.4
巴　西	Brazil	-3.1	4.4	3.1	7.6	2.7	0.1
文　莱	Brunei Darussalam	1.1	2.8	0.4	2.6	-1.8	5.3
保加利亚	Bulgaria	-9.1	6.0	6.0	0.7	1.1	1.7
布基纳法索	Burkina Faso	-0.6	1.8	8.7	8.4	6.7	4.1
布隆迪	Burundi	3.5	-0.9	0.9	3.8	4.6	4.7
柬埔寨	Cambodia		8.8	13.3	6.0	7.4	7.0
喀麦隆	Cameroon	-6.1	4.2	2.3	3.3	5.6	5.9
加拿大	Canada	0.1	5.1	3.2	3.4	2.0	2.5
佛得角	Cape Verde	0.7	7.3	6.5	5.2		
中　非	Central African Rep.	-2.1	-2.5	0.9	3.0	-36.0	1.0
乍　得	Chad	-4.2	-0.9	17.3	13.6	5.7	7.3
海峡群岛	Channel Islands		5.8	1.4			

3-5 续表 1 continued

单位：%　　　　(%)

国家或地区	Country or Area	1990	2000	2005	2010	2013	2014
智　利	Chile	3.7	4.5	5.6	5.8	4.2	1.9
哥伦比亚	Colombia	6.0	4.4	4.7	4.0	4.9	4.6
科摩罗	Comoros	5.1	1.4	2.8	2.2	3.5	3.0
刚果(金)	Congo, Dem. Rep.	-6.6	-6.9	6.1	7.1	8.5	9.0
刚果(布)	Congo, Rep.	1.0	7.6	7.8	8.8	3.4	6.5
哥斯达黎加	Costa Rica	3.9	1.8	5.9	5.0	3.4	3.5
科特迪瓦	Cote D'Ivoire	-1.1	-2.1	1.7	2.0	9.2	9.0
克罗地亚	Croatia		3.8	4.2	-1.7	-0.9	-0.4
古　巴	Cuba	-2.9	5.9	11.2	2.4	2.7	
塞浦路斯	Cyprus	7.4	5.7	3.9	1.4	-5.4	-2.3
捷　克	Czech Rep.		4.3	6.4	2.3	-0.7	2.0
丹　麦	Denmark	1.6	3.7	2.4	1.6	-0.5	1.1
吉布提	Djibouti		0.4	3.2	4.5	5.0	5.5
多米尼克	Dominica	5.3	0.4	-0.1	1.1	-0.9	2.4
多米尼加	Dominican Rep.	-5.5	5.7	9.3	8.3	4.8	7.3
厄瓜多尔	Ecuador	3.7	1.1	5.3	3.5	4.6	3.8
埃　及	Egypt	5.7	5.4	4.5	5.1	2.1	2.2
萨尔瓦多	El Salvador	4.8	2.2	3.6	1.4	1.7	2.0
赤道几内亚	Equatorial Guinea	-1.8	18.2	16.7	-1.3	-4.8	-3.1
厄立特里亚	Eritrea		-3.1	2.6	2.2	1.3	1.7
爱沙尼亚	Estonia	-7.1	9.7	9.5	2.5	1.6	2.1
埃塞俄比亚	Ethiopia	2.7	6.1	11.8	12.6	10.5	9.9
斐　济	Fiji	5.8	-1.7	0.7	3.0	3.5	3.8
芬　兰	Finland	0.7	5.6	2.8	3.0	-1.3	-0.1
法　国	France	2.9	3.9	1.6	2.0	0.7	0.2
法属波立尼西亚	French Polynesia	2.2	4.0				
加　蓬	Gabon	5.2	-1.9	3.9	7.4	4.3	4.3
冈比亚	Gambia	3.6	5.5	-0.9	6.5	4.8	-0.2
格鲁吉亚	Georgia	-14.8	1.8	9.6	6.3	3.3	4.8
德　国	Germany	5.3	3.0	0.7	4.1	0.1	1.6
加　纳	Ghana	3.3	3.7	5.9	7.9	7.3	4.2
希　腊	Greece		4.0	0.9	-5.4	-3.9	0.8
格陵兰	Greenland	-11.7	7.1	2.0			
格林纳达	Grenada	5.2	1.9	13.3	-0.5	2.5	1.5
危地马拉	Guatemala	3.1	3.6	3.3	2.9	3.7	4.2
几内亚	Guinea	4.3	2.5	3.0	1.9	2.3	-0.3
几内亚比绍	Guinea-Bissau	6.1	5.4	4.3	4.4	0.3	2.5
圭亚那	Guyana	-3.0	-1.4	-2.0	4.4	5.2	3.8
海　地	Haiti		0.9	1.8	-5.5	4.2	2.8
洪都拉斯	Honduras	0.1	5.7	6.1	3.7	2.6	3.5
匈牙利	Hungary	-3.5	4.2	4.3	0.8	1.5	3.6
冰　岛	Iceland	1.2	4.7	6.0	-3.1	3.6	1.9
印　度	India	5.5	3.8	9.3	10.3	6.9	7.4
印度尼西亚	Indonesia	9.0	4.9	5.7	6.2	5.6	5.0
伊　朗	Iran	13.7	5.1	4.6	6.6	-1.9	1.5
爱尔兰	Ireland	8.5	9.5	5.7	-0.3	0.2	4.8
马恩岛	Isle of Man	4.2	5.3	5.9			
以色列	Israel	6.8	8.9	4.3	5.8	3.2	2.8
意大利	Italy	2.0	3.7	1.0	1.7	-1.7	-0.4
牙买加	Jamaica	4.2	0.9	1.0	-1.5	1.3	
日　本	Japan	5.6	2.3	1.3	4.7	1.6	-0.1
约　旦	Jordan	1.0	4.2	8.2	2.3	2.8	3.1
哈萨克斯坦	Kazakhstan		9.8	9.7	7.3	6.0	4.3
肯尼亚	Kenya	4.2	0.6	5.9	8.4	5.7	5.3
基里巴斯	Kiribati	2.1	9.5	-0.2	-0.5	3.0	3.0
韩　国	Korea, Rep.	9.3	8.8	3.9	6.5	2.9	3.3

3-5 续表 2 continued

单位：% (%)

国家或地区	Country or Area	1990	2000	2005	2010	2013	2014
科威特	Kuwait		4.7	10.1	-2.4	1.5	
吉尔吉斯斯坦	Kyrgyzstan	5.7	5.4	-0.2	-0.5	10.9	3.6
老挝	Laos	6.7	5.8	7.1	8.5	8.5	7.5
拉脱维亚	Latvia	-7.9	5.4	10.2	-2.9	4.2	2.4
黎巴嫩	Lebanon	26.5	1.3	2.7	8.0	0.9	2.0
莱索托	Lesotho	5.6	5.1	2.7	7.9	4.6	2.0
利比里亚	Liberia	-51.0	25.7	9.5	10.9	14.6	9.3
利比亚	Libya		3.7	11.9	5.0	-13.6	-24.0
列支敦士登	Liechtenstein	2.3	3.2	4.8			
立陶宛	Lithuania		3.3	7.8	1.6	3.3	3.0
卢森堡	Luxemburg	5.3	8.4	4.1	5.1	2.0	
马其顿	Macedonia		4.5	4.7	3.4	2.7	3.8
马达加斯加	Madagascar	3.1	4.8	4.6	0.3	2.4	3.0
马拉维	Malawi	5.7	1.6	2.8	6.5	5.2	5.7
马来西亚	Malaysia	9.0	8.9	5.3	7.4	4.7	6.0
马尔代夫	Maldives		4.8	-7.8	7.2	7.7	7.6
马里	Mali	-1.9	3.2	6.1	5.8	2.1	7.2
马耳他	Malta	6.3	6.8	3.7	4.3	2.9	
马绍尔群岛	Marshall Islands	2.7	5.9	2.8	6.1	3.0	
毛里塔尼亚	Mauritania	-1.8	-0.4	9.0	4.8	5.7	6.4
毛里求斯	Mauritius	7.2	9.0	1.2	4.1	3.2	3.6
墨西哥	Mexico	5.1	5.3	3.0	5.1	1.4	2.1
密克罗尼西亚	Micronesia, Fed.	3.7	4.6	2.2	2.5	-4.0	
摩尔多瓦	Moldova	-2.4	2.1	7.5	7.1	9.4	4.6
摩纳哥	Monaco	2.6	3.9	1.9			
蒙古	Mongolia	-3.2	1.1	7.3	6.4	11.6	7.8
黑山	Montenegro		3.1	4.2	2.5	3.3	1.5
摩洛哥	Morocco	2.8	1.6	3.0	3.6	4.4	2.6
莫桑比克	Mozambique	1.0	1.1	8.7	6.8	7.3	7.4
缅甸	Myanmar	2.8	13.7	13.5	10.4	8.2	8.5
纳米比亚	Namibia	2.0	3.5	2.5	6.0	5.1	4.5
尼泊尔	Nepal	4.6	6.2	3.5	4.8	3.8	5.5
荷兰	Netherlands	4.2	4.4	2.3	1.1	-0.7	0.9
新喀里多尼亚	New Caledonia	3.6	2.1				
新西兰	New Zealand	0.1	2.8	3.4	1.4	2.5	
尼加拉瓜	Nicaragua	-0.1	4.1	4.3	3.2	4.5	4.7
尼日尔	Niger	-1.3	-1.4	4.5	8.4	4.6	6.9
尼日利亚	Nigeria	12.8	5.3	3.4	7.8	5.4	6.3
挪威	Norway	1.9	3.2	2.6	0.6	0.7	2.2
阿曼	Oman	-0.1	5.4	2.5	4.8	3.9	
巴基斯坦	Pakistan	4.5	4.3	7.7	1.6	4.4	5.4
帕劳	Palau		-5.5	2.5	1.8	-2.0	8.0
巴拿马	Panama	8.1	2.7	7.2	5.9	8.4	6.2
巴布亚新几内亚	Papua New Guinea	-3.0	-2.5	6.3	7.7	5.5	
巴拉圭	Paraguay	4.1	-2.3	2.1	13.1	14.2	4.4
秘鲁	Peru	-5.0	2.7	6.3	8.5	5.8	2.4
菲律宾	Philippines	3.0	4.4	4.8	7.6	7.2	6.1
波兰	Poland		4.3	3.5	3.7	1.7	3.4
葡萄牙	Portugal	4.0	3.8	0.8	1.9	-1.6	0.9
波多黎各	Puerto Rico	2.5	1.5	0.6	-2.6	-0.6	
卡塔尔	Qatar			7.5	16.7	6.2	6.2
罗马尼亚	Romania	-5.6	2.1	4.3	-0.9	3.5	1.8
俄罗斯	Russia	-3.0	10.0	6.4	4.5	1.3	0.6
卢旺达	Rwanda	-2.4	8.3	6.9	7.3	4.7	7.0
圣基茨和尼维斯	Saint Kitts and Nevis	2.3	2.3	9.3	-3.2	3.8	6.3
圣卢西亚	Saint Lucia	23.5	4.4	-1.7	-1.0	-0.4	-1.6

3-5 续表 3 continued

单位：% (%)

国家或地区	Country or Area	1990	2000	2005	2010	2013	2014
圣文森特和格林纳丁斯	Saint Vincent and the Grenadines	5.0	-0.8	2.5	-3.4	1.8	-0.5
萨摩亚	Samoa	-4.4	6.9	4.2	0.5	-1.9	1.2
圣马力诺	San Marino	2.1	2.2	2.3			
圣多美和普林西比	Sao Tome and Principe			1.6	4.5	4.0	4.2
沙特阿拉伯	Saudi Arabia	8.3	4.9	7.3	4.8	2.7	3.5
塞内加尔	Senegal	-0.7	3.2	5.6	4.3	3.5	3.9
塞尔维亚	Serbia	-8.0	7.8	5.5	0.6	2.6	-1.8
塞舌尔	Seychelles	7.0	1.5	9.0	5.9	6.6	2.8
塞拉利昂	Sierra Leone	3.4	6.7	4.3	5.3	20.1	7.0
新加坡	Singapore	10.0	8.9	7.5	15.2	4.4	2.9
斯洛伐克	Slovakia	-2.7	1.2	6.5	4.8	1.4	2.4
斯洛文尼亚	Slovenia		4.2	4.0	1.2	-1.0	2.6
所罗门群岛	Solomon Islands		-14.3	5.4	6.9	3.0	1.5
南非	South Africa	-0.3	4.2	5.3	3.0	2.2	1.5
西班牙	Spain	3.8	5.3	3.7		-1.2	1.4
斯里兰卡	Sri Lanka	6.4	6.0	6.2	8.0	7.2	7.4
苏丹	Sudan	-5.5	6.3	7.5	3.5	3.3	3.1
苏里南	Suriname	-0.5	-0.1	4.6	5.2	2.9	
斯威士兰	Swaziland	21.0	1.8	2.5	1.7	3.0	2.5
瑞典	Sweden	0.8	4.7	2.8	6.0	1.3	2.3
瑞士	Switzerland	3.7	3.9	3.0	3.0	1.9	
叙利亚	Syrian Arab Republic	7.6	2.7	6.2	3.2		
塔吉克斯坦	Tajikistan	-0.6	8.3	6.7	6.5	7.4	6.7
坦桑尼亚	Tanzania	7.0	4.9	8.2	6.4	7.3	7.0
泰国	Thailand	11.2	4.8	4.6	7.8	2.9	0.7
东帝汶	Timor-Leste		17.5	6.2	9.4	5.4	6.7
多哥	Togo	-0.2	-0.8	1.2	4.0	5.1	5.7
汤加	Tonga	-2.0	3.4	1.6	4.2	-2.7	2.1
特立尼达和多巴哥	Trinidad And Tobago	1.5	6.1	5.8	0.2	1.6	
突尼斯	Tunisia	8.0	4.7	3.8	3.2	2.5	
土耳其	Turkey	9.3	6.8	8.4	9.2	4.2	2.9
土库曼斯坦	Turkmenistan	35.4	5.5	13.0	9.2	10.2	10.3
图瓦卢	Tuvalu		-1.0	-3.8	-2.7	1.3	
乌干达	Uganda	6.5	3.1	6.3	5.2	3.3	4.5
乌克兰	Ukraine	-6.3	5.9	2.7	4.2		-6.8
阿联酋	United Arab Emirates	18.3	10.9	4.9	1.6	5.2	3.6
英国	United Kingdom	0.5	3.8	2.8	1.9	1.7	2.6
美国	United States	1.9	4.1	3.3	2.5	2.2	2.4
乌拉圭	Uruguay	0.3	-1.9	7.5	7.8	5.1	3.5
乌兹别克斯坦	Uzbekistan	1.6	3.8	7.0	8.5	8.0	8.1
瓦努阿图	Vanuatu	11.7	5.9	5.3	1.6	2.0	
委内瑞拉	Venezuela	6.5	3.7	10.3	-1.5	1.3	-4.0
越南	Viet Nam	5.1	6.8	7.5	6.4	5.4	6.0
约旦河西岸和加沙	West Bank and Gaza		-9.9	11.0	2.3	-4.3	-1.5
也门	Yemen		6.2	5.6	3.3	4.2	
赞比亚	Zambia	-0.5	3.9	7.2	10.3	6.7	6.0
津巴布韦	Zimbabwe	7.0	-3.1	-5.7	11.4	4.5	3.2

3-6 人均国内生产总值增长率
Growth Rate of GDP per Capita

资料来源：世界银行WDI数据库。
Source: World Bank WDI Database.
单位：% (%)

国家或地区	Country or Area	1990	2000	2005	2010	2013	2014
世　界	**World**	**1.2**	**2.9**	**2.3**	**2.9**	**1.2**	**1.3**
高收入国家	**High Income**	**2.1**	**3.5**	**2.2**	**2.4**	**0.9**	**1.1**
经合组织高收入国家	**OECD Countries**	**2.3**	**3.3**	**2.0**	**2.3**	**0.8**	**1.2**
非经合组织高收入国家	**High Income: nonOECD**	**0.4**	**5.9**	**5.9**	**4.8**	**1.7**	**1.2**
中等收入国家	**Middle Income**	**1.3**	**4.0**	**5.8**	**6.7**	**4.1**	**3.6**
中等偏下收入国家	**Lower Middle Income**	**1.3**	**2.5**	**5.1**	**5.9**	**4.3**	**4.3**
中等偏上收入国家	**Upper Middle Income**	**1.6**	**4.8**	**6.3**	**7.2**	**4.3**	**3.7**
中低收入国家	**Low and Middle Income**	**1.2**	**3.9**	**5.6**	**6.5**	**3.9**	**3.5**
东亚和太平洋	**East Asia and Pacific**	**4.0**	**6.5**	**8.9**	**9.1**	**6.4**	**6.1**
欧洲和中亚	**Europe and Central Asia**	**0.2**	**5.8**	**7.0**	**5.6**	**3.1**	**1.4**
拉丁美洲和加勒比	**Latin America and Caribbean**	**-1.0**	**3.0**	**2.3**	**4.9**	**1.6**	**0.6**
中东和北非国家	**Middle East and North Africa**	**7.4**	**1.7**	**3.5**	**3.3**	**-0.7**	**-1.7**
南　亚	**South Asia**	**3.2**	**2.3**	**7.2**	**7.6**	**5.2**	**5.8**
撒哈拉以南非洲	**Sub-Saharan Africa**	**-1.2**	**0.8**	**2.9**	**2.4**	**1.7**	**1.5**
低收入国家	**Low Income**	**-2.3**	**-0.7**	**3.9**	**4.0**	**3.1**	**3.6**
最不发达地区	**Least Developed Countries**	**-1.9**	**1.4**	**5.6**	**3.1**	**3.1**	**3.1**
重债穷国	**Heavily Indebted Poor Countries**	**-3.9**	**-0.1**	**3.2**	**2.9**	**2.9**	**3.0**
中　国	China	2.4	7.6	10.7	10.1	7.2	6.8
中国香港	Hong Kong, China	3.5	6.7	6.9	6.0	2.6	1.7
中国澳门	Macao, China	4.6	4.1	6.3	24.4	8.8	-1.9
阿富汗	Afghanistan			7.4	5.8	-0.5	-0.4
阿尔巴尼亚	Albania	-11.2	8.0	6.0	4.2	1.5	2.0
阿尔及利亚	Algeria	-1.8	0.8	4.3	1.7	0.9	2.2
安道尔	Andorra	-0.1	-0.9	5.0	-4.4	-1.2	
安哥拉	Angola	-3.0	-0.1	14.2	0.1	3.6	0.8
安提瓜和巴布达	Antigua and Barbuda	2.7	2.9	5.0	-8.1	-1.1	2.2
阿根廷	Argentina	-3.8	-1.8	8.2	8.5	2.0	-0.4
亚美尼亚	Armenia		6.5	14.3	2.4	3.2	3.1
澳大利亚	Australia	2.0	2.6	1.9	0.4	0.8	0.9
奥地利	Austria	3.6	3.1	1.5	1.6	-0.4	-0.4
阿塞拜疆	Azerbaijan	-12.6	10.2	25.1	3.6	4.4	0.7
巴哈马	Bahamas	-3.3	2.6	1.3	-0.2	-1.4	-0.4
巴　林	Bahrain	1.3	1.0	-0.4	-0.7	4.2	3.6
孟加拉国	Bangladesh	3.1	3.4	5.1	4.4	4.7	4.8
巴巴多斯	Barbados	-5.1	1.9	3.5	-0.2	-15.7	-0.3
白俄罗斯	Belarus		6.1	10.2	7.9	1.1	1.6
比利时	Belgium	2.8	3.3	1.3	1.3	-0.2	0.7
伯利兹	Belize	8.2	9.9	0.0	0.8	-0.9	
贝　宁	Benin	5.4	1.7	-0.4	-0.3	2.9	2.6
百慕大	Bermuda	-0.8	8.4	1.0	-1.3	-2.8	
不　丹	Bhutan	9.6	4.0	4.4	9.8	0.4	4.6
玻利维亚	Bolivia	2.2	0.4	2.6	2.5	5.0	3.7
波　黑	Bosnia and Herzegovinian		3.2	5.2	0.9	2.6	1.4
博茨瓦纳	Botswana	3.7	0.2	3.4	7.6	8.4	3.5
巴　西	Brazil	-4.8	2.9	2.0	6.6	1.9	-0.7
文　莱	Brunei Darussalam	-1.7	0.6	-1.5	1.0	-3.1	4.0
保加利亚	Bulgaria	-7.5	6.6	6.5	1.3	1.6	2.3
布基纳法索	Burkina Faso	-3.2	-1.0	5.5	5.3	3.7	1.2
布隆迪	Burundi	0.6	-2.8	-2.5	0.4	1.4	1.5
柬埔寨	Cambodia		6.4	11.5	4.3	5.4	5.1
喀麦隆	Cameroon	-8.9	1.5	-0.3	0.7	2.9	3.3
加拿大	Canada	-1.4	4.2	2.2	2.2	0.8	1.4
佛得角	Cape Verde	-0.9	5.3	5.2	4.8		
中　非	Central African Rep.	-4.2	-4.3	-0.8	1.1	-37.3	-1.0
乍　得	Chad	-7.2	-4.4	13.2	10.2	2.6	4.2
海峡群岛	Channel Islands		5.1	0.6			

3-6 续表 1 continued

单位：% (%)

国家或地区	Country or Area	1990	2000	2005	2010	2013	2014
智　　利	Chile	1.9	3.2	4.5	4.8	3.3	1.0
哥伦比亚	Colombia	4.0	2.7	3.1	2.5	3.6	3.3
科 摩 罗	Comoros	2.5	-1.1	0.2	-0.3	1.1	0.6
刚果(金)	Congo, Dem. Rep.	-9.7	-9.0	3.1	4.1	5.6	6.1
刚果(布)	Congo, Rep.	-1.7	4.8	4.9	5.7	0.9	4.0
哥斯达黎加	Costa Rica	1.3	-0.5	4.1	3.4	2.0	2.1
科特迪瓦	Cote D'Ivoire	-4.4	-4.1	0.3		6.7	6.4
克罗地亚	Croatia		6.8	4.1	-1.5	-0.7	0.1
古　　巴	Cuba	-3.8	5.6	11.0	2.5	2.7	
塞浦路斯	Cyprus	5.1	4.6	2.4	-1.2	-5.1	-1.4
捷　　克	Czech Rep.		4.6	6.3	2.0	-0.7	2.0
丹　　麦	Denmark	1.4	3.4	2.2	1.2	-0.9	0.7
吉 布 提	Djibouti		-1.1	1.7	2.9	3.4	3.9
多米尼克	Dominica	5.7	0.7	-0.4	0.8	-1.4	2.0
多米尼加	Dominican Rep.	-7.4	4.0	7.7	6.9	3.5	6.1
厄瓜多尔	Ecuador	1.3	-0.9	3.4	1.8	3.0	2.2
埃　　及	Egypt	3.6	3.7	2.8	3.4	0.5	0.6
萨尔瓦多	El Salvador	3.4	1.6	3.2	0.8	1.0	1.3
赤道几内亚	Equatorial Guinea	-4.8	14.6	13.3	-4.0	-7.5	-5.7
厄立特里亚	Eritrea		-6.7	-1.4	-1.1	-1.9	-1.5
爱沙尼亚	Estonia	-7.1	8.4	10.1	2.7	2.0	2.4
埃塞俄比亚	Ethiopia	-0.7	3.1	8.7	9.6	7.7	7.2
斐　　济	Fiji	5.2	-2.3	0.3	2.0	2.7	3.1
芬　　兰	Finland	0.2	5.4	2.4	2.5	-1.8	-0.6
法　　国	France	2.4	3.2	0.9	1.5	0.2	-0.3
法属波立尼西亚	French Polynesia	0.1	2.1				
加　　蓬	Gabon	2.4	-4.3	1.5	4.9	1.9	1.9
冈 比 亚	Gambia	-0.5	2.4	-4.0	3.2	1.5	-3.3
格鲁吉亚	Georgia	-14.8	2.6	8.5	5.3	3.4	4.4
德　　国	Germany	4.4	2.9	0.8	4.3	-0.2	1.3
加　　纳	Ghana	0.5	1.3	3.2	5.4	5.1	2.1
希　　腊	Greece	-0.7	3.6	0.6	-5.2	-3.3	1.4
格 陵 兰	Greenland	-12.2	6.9	1.9			
格林纳达	Grenada	5.8	1.7	13.0	-0.8	2.1	1.1
危地马拉	Guatemala	0.8	1.2	0.7	0.3	1.1	1.7
几 内 亚	Guinea	-0.3	0.8	0.9	-0.7	-0.3	-2.8
几内亚比绍	Guinea-Bissau	3.8	3.1	2.0	2.1	-2.1	0.1
圭 亚 那	Guyana	-2.6	-1.8	-2.5	3.7	4.7	3.3
海　　地	Haiti	-2.1	-0.8	0.4	-6.8	2.8	1.3
洪都拉斯	Honduras	-2.7	3.6	4.0	1.7	0.6	1.4
匈 牙 利	Hungary	-2.5	4.5	4.5	1.0	1.8	4.0
冰　　岛	Iceland	0.4	3.3	4.3	-2.9	2.6	0.7
印　　度	India	3.4	2.1	7.7	8.8	5.6	6.1
印度尼西亚	Indonesia	7.1	3.4	4.2	4.8	4.3	3.8
伊　　朗	Iran	10.8	3.5	3.4	5.3	-3.2	0.1
爱 尔 兰	Ireland	8.4	8.1	3.4	-0.8	-0.1	4.5
马 恩 岛	Isle of Man	2.6	4.1	5.0			
以 色 列	Israel	3.6	6.1	2.5	3.8	1.3	0.8
意 大 利	Italy	1.9	3.7	0.5	1.4	-2.8	-2.2
牙 买 加	Jamaica	3.5	0.3	0.6	-1.8	1.0	
日　　本	Japan	5.2	2.1	1.3	4.6	1.8	0.1
约　　旦	Jordan	-2.7	1.7	5.8	0.1	0.6	0.8
哈萨克斯坦	Kazakhstan		10.1	8.7	5.8	4.5	2.8
肯 尼 亚	Kenya	0.7	-2.0	3.1	5.5	2.9	2.6
基里巴斯	Kiribati	-0.1	7.6	-1.9	-2.0	1.4	1.5
韩　　国	Korea, Rep.	8.2	7.9	3.7	6.0	2.5	2.9

3-6 续表 2 continued

单位：% (%)

国家或地区	Country or Area	1990	2000	2005	2010	2013	2014
科威特	Kuwait		-0.1	5.3	-7.0	-2.1	
吉尔吉斯斯坦	Kyrgyzstan	3.7	4.2	-1.3	-1.7	8.7	1.6
老挝	Laos	3.6	4.0	5.4	6.4	6.5	5.5
拉脱维亚	Latvia	-7.8	6.4	11.4	-0.8	5.4	3.5
黎巴嫩	Lebanon	25.3	-1.1	-0.7	5.7	-0.1	1.0
莱索托	Lesotho	3.8	4.2	2.0	6.8	3.5	0.9
利比里亚	Liberia	-50.2	19.2	6.6	7.1	11.8	6.8
利比亚	Libya		2.0	10.1	3.7	-14.2	-24.7
列支敦士登	Liechtenstein	1.0	1.9	3.9			
立陶宛	Lithuania		4.0	9.6	3.8	4.3	4.0
卢森堡	Luxemburg	4.0	7.0	2.5	3.2	-0.3	
马其顿	Macedonia		3.7	4.5	3.3	2.6	3.7
马达加斯加	Madagascar	0.1	1.6	1.6	-2.5	-0.4	0.2
马拉维	Malawi	1.9	-1.2	…	3.4	2.3	2.8
马来西亚	Malaysia	6.0	6.4	3.4	5.6	3.1	4.4
马尔代夫	Maldives		3.0	-9.4	5.2	5.7	5.6
马里	Mali	-3.6	0.4	2.8	2.6	-0.9	4.1
马耳他	Malta	5.3	6.2	3.0	3.8	2.0	
马绍尔群岛	Marshall Islands	-0.6	5.7	2.8	6.0	2.8	
毛里塔尼亚	Mauritania	-4.4	-3.4	5.8	2.1	3.1	3.9
毛里求斯	Mauritius	6.4	8.0	0.6	3.9	3.0	3.4
墨西哥	Mexico	2.9	3.7	1.8	3.8	0.2	0.9
密克罗尼西亚	Micronesia, Fed.	1.3	4.9	2.5	2.9	-4.1	
摩尔多瓦	Moldova	-2.8	2.3	7.8	7.2	9.4	4.7
摩纳哥	Monaco	2.2	3.0	0.5			
蒙古	Mongolia	-5.1	0.3	6.0	4.8	10.0	6.2
黑山	Montenegro		3.1	4.0	2.3	3.2	1.4
摩洛哥	Morocco	0.9	0.4	2.0	2.4	2.8	1.0
莫桑比克	Mozambique	-0.3	-1.6	5.7	4.1	4.7	4.8
缅甸	Myanmar	1.2	12.5	12.9	9.6	7.3	7.6
纳米比亚	Namibia	-1.9	1.3	1.3	4.2	3.1	2.5
尼泊尔	Nepal	2.1	3.9	2.0	3.6	2.6	4.3
荷兰	Netherlands	3.5	3.6	2.0	0.6	-1.0	0.6
新喀里多尼亚	New Caledonia	1.2	0.2				
新西兰	New Zealand	-0.8	2.2	2.3	0.3	1.7	
尼加拉瓜	Nicaragua	-2.3	2.5	3.0	1.8	3.0	3.2
尼日尔	Niger	-4.3	-4.9	0.7	4.3	0.6	2.8
尼日利亚	Nigeria	9.9	2.7	0.8	4.9	2.5	3.4
挪威	Norway	1.6	2.5	1.9	-0.6	-0.5	1.1
阿曼	Oman	-3.8	4.4	0.1	-0.4	-5.2	
巴基斯坦	Pakistan	1.4	1.9	5.8	-0.2	2.7	3.7
帕劳	Palau		-7.0	2.0	1.2	-2.8	7.0
巴拿马	Panama	5.9	0.7	5.2	4.1	6.6	4.5
巴布亚新几内亚	Papua New Guinea	-5.4	-5.0	3.8	5.3	3.3	
巴拉圭	Paraguay	1.4	-4.3	0.2	11.1	12.3	2.6
秘鲁	Peru	-6.9	1.2	5.1	7.2	4.4	1.0
菲律宾	Philippines	0.5	2.2	2.8	5.8	5.3	4.3
波兰	Poland		5.4	3.6	4.0	1.8	3.5
葡萄牙	Portugal	4.2	3.1	0.6	1.9	-1.1	1.5
波多黎各	Puerto Rico	1.6	1.2	0.7	-2.1	0.7	
卡塔尔	Qatar			-5.7	4.4	0.5	1.5
罗马尼亚	Romania	-5.8	2.2	4.9	-0.4	3.9	2.1
俄罗斯	Russia	-3.4	10.5	6.8	4.5	1.1	-1.1
卢旺达	Rwanda	-2.3	1.3	4.9	4.3	1.9	4.1
圣基茨和尼维斯	Saint Kitts and Nevis	2.3	1.0	7.7	-4.4	2.6	5.2
圣卢西亚	Saint Lucia	21.6	3.2	-2.8	-2.3	-1.2	-2.3

3-6 续表 3 continued

单位：% (%)

国家或地区	Country or Area	1990	2000	2005	2010	2013	2014
圣文森特和格林纳丁斯	Saint Vincent and the Grenadines	4.6	-0.9	2.3	-3.4	1.8	-0.5
萨摩亚	Samoa	-4.9	6.4	3.5	-0.2	-2.7	0.4
圣马力诺	San Marino	0.8	0.8	0.7			
圣多美和普林西比	Sao Tome and Principe			-0.9	1.6	1.4	1.7
沙特阿拉伯	Saudi Arabia	4.7	2.1	3.6	3.0	0.7	1.6
塞内加尔	Senegal	-3.7	0.6	2.8	1.3	0.5	1.0
塞尔维亚	Serbia	-8.1	8.1	5.9	1.0	3.1	-1.3
塞舌尔	Seychelles	6.1	0.6	8.5	3.0	4.7	0.9
塞拉利昂	Sierra Leone	2.1	3.8	0.4	3.3	17.9	5.0
新加坡	Singapore	5.9	7.0	5.0	13.2	2.8	1.6
斯洛伐克	Slovakia	-3.1	1.4	6.5	4.7	1.3	2.3
斯洛文尼亚	Slovenia		3.9	3.8	0.8	-1.1	2.5
所罗门群岛	Solomon Islands	-1.0	-16.6	2.8	4.6	0.9	-0.6
索马里	Somalia	-2.1					
南非	South Africa	-2.3	1.7	3.9	1.6	0.6	-0.1
西班牙	Spain	3.6	4.4	2.0	-0.5	-0.9	1.9
斯里兰卡	Sri Lanka	5.2	5.8	5.1	7.0	6.4	6.6
苏丹	Sudan	-8.1	3.5	4.5	0.7	1.2	1.0
苏里南	Suriname	-2.1	-1.5	3.3	4.2	2.0	
斯威士兰	Swaziland	17.0	0.3	1.6	…	1.5	1.0
瑞典	Sweden	0.0	4.6	2.4	5.1	0.4	1.3
瑞士	Switzerland	2.6	3.4	2.4	1.9	0.8	
叙利亚	Syrian Arab Republic	4.5	0.4	3.3	0.8		
塔吉克斯坦	Tajikistan	-3.2	6.7	4.5	4.0	4.8	4.2
坦桑尼亚	Tanzania	3.7	2.4	5.2	3.2	4.1	3.8
泰国	Thailand	9.7	3.5	3.9	7.6	2.6	0.4
东帝汶	Timor-Leste		16.8	4.5	7.6	2.6	3.8
多哥	Togo	-3.0	-3.3	-1.4	1.3	2.4	3.1
汤加	Tonga	-2.3	2.8	0.9	3.6	-3.0	1.7
特立尼达和多巴哥	Trinidad And Tobago	0.8	5.9	5.2	-0.2	1.3	
突尼斯	Tunisia	5.4	3.7	2.8	2.2	1.5	
土耳其	Turkey	7.4	5.2	7.0	7.8	2.9	1.6
土库曼斯坦	Turkmenistan	31.8	4.3	11.8	7.8	8.8	8.9
图瓦卢	Tuvalu		-1.4	-4.3	-2.9	1.1	
乌干达	Uganda	2.8	-0.1	2.8	1.7	-0.1	1.1
乌克兰	Ukraine	-6.6	7.0	3.5	4.6	0.2	-0.9
阿联酋	United Arab Emirates	11.8	6.0	-7.5	-7.1	3.6	2.5
英国	United Kingdom	0.2	3.4	2.1	1.1	1.0	1.9
美国	United States	0.8	2.9	2.4	1.7	1.5	1.6
乌拉圭	Uruguay	-0.4	-2.3	7.4	7.4	4.7	3.2
乌兹别克斯坦	Uzbekistan	-0.6	2.4	5.8	5.5	6.3	6.3
瓦努阿图	Vanuatu	8.8	3.8	2.7	-0.7	-0.3	
委内瑞拉	Venezuela	3.9	1.7	8.4	-3.1	-0.2	-5.4
越南	Viet Nam	3.1	5.4	6.3	5.3	4.3	4.8
约旦河西岸和加沙	West Bank and Gaza		-12.2	8.2	-0.6	-7.1	-4.4
也门	Yemen		3.2	2.8	0.9	1.8	
赞比亚	Zambia	-3.0	1.2	4.5	7.0	3.3	2.6
津巴布韦	Zimbabwe	4.0	-4.0	-5.8	9.8	1.3	…

3-7 资本形成率
Capital Formation Rate

资料来源：世界银行WDI数据库。
Source: World Bank WDI Database.

单位：% (%)

国家或地区	Country or Area	1990	2000	2005	2010	2013	2014
世　界	**World**	**25.1**	**23.9**	**23.7**	**22.2**	**22.2**	
高收入国家	**High Income**	**24.6**	**23.6**	**22.6**	**20.3**	**20.3**	
非经合组织成员国	**High Income: nonOECD**	**23.6**	**21.8**	**21.3**	**23.9**	**22.6**	
经合组织成员国	**OECD Countries**	**24.7**	**23.7**	**22.7**	**20.0**	**20.2**	
中等收入国家	**Middle Income**	**27.5**	**25.2**	**28.8**	**31.7**	**31.4**	
中等偏下收入国家	**Lower Middle Income**	**23.6**	**21.7**	**27.0**	**29.5**	**27.4**	**27.5**
中等偏上收入国家	**Upper Middle Income**	**28.8**	**26.5**	**29.5**	**32.5**	**32.8**	
中低收入国家	**Low and Middle Income**	**27.3**	**25.1**	**28.7**	**31.6**	**31.3**	
东亚和太平洋	**East Asia and Pacific**	**34.7**	**31.8**	**37.9**	**42.5**	**43.0**	
欧洲和中亚	**Europe and Central Asia**	**26.1**	**20.3**	**22.5**	**22.0**	**21.8**	**20.9**
拉丁美洲和加勒比	**Latin America and Caribbean**	**21.1**	**20.2**	**19.7**	**21.8**	**21.4**	**21.6**
中东和北非国家	**Middle East and North Africa**	**29.2**	**25.3**	**26.0**			
南　亚	**South Asia**	**23.6**	**23.5**	**31.8**	**33.4**	**30.2**	**29.3**
撒哈拉以南非洲	**Sub-Saharan Africa**	**17.4**	**16.8**	**17.4**	**21.1**	**21.0**	**22.3**
低收入国家	**Low Income**	**17.9**	**19.3**	**20.7**	**24.7**	**25.4**	**26.8**
最不发达地区	**Least Developed Countries**	**16.3**	**21.7**	**22.8**	**25.1**	**26.1**	**26.5**
重债穷国	**Heavily Indebted Poor Countries**	**15.8**	**20.1**	**22.4**	**22.7**	**24.0**	**24.4**
中　国	China	35.9	34.9	41.9	47.3	46.5	46.1
中国香港	Hong Kong, China	27.2	27.6	21.1	23.9	24.0	24.0
中国澳门	Macao, China	25.0	11.6	26.5	13.3	14.1	19.1
孟加拉国	Bangladesh	16.5	23.8	25.8	26.2	28.4	28.7
文　莱	Brunei Darussalam	18.7	13.1	11.4	15.9	15.3	
柬埔寨	Cambodia		17.5	18.5	17.4	19.1	23.0
印　度	India	24.9	24.1	34.3	36.5	32.5	31.4
印度尼西亚	Indonesia	30.7	22.2	25.1	32.9	34.0	34.7
伊　朗	Iran	37.2	33.0	32.7			
以色列	Israel	25.1	22.0	20.0	17.9	19.6	19.0
日　本	Japan	32.5	25.1	22.5	19.8	21.1	
哈萨克斯坦	Kazakhstan		18.1	31.0	25.4	23.9	
韩　国	Korea, Rep.	34.8	32.9	32.2	32.0	29.1	29.2
老　挝	Laos		13.9	23.1	24.3	29.2	35.3
马来西亚	Malaysia	32.4	26.9	22.4	23.3	26.1	25.2
蒙　古	Mongolia	29.1	29.0	37.5	42.1	52.6	32.0
缅　甸	Myanmar	13.4	12.4				
巴基斯坦	Pakistan	18.9	17.2	19.1	15.8	14.6	14.0
菲律宾	Philippines	24.2	18.4	21.6	20.5	19.7	19.7
新加坡	Singapore	35.6	34.9	21.4	27.9	29.0	27.6
斯里兰卡	Sri Lanka	22.2	28.0	26.8	27.6	29.6	
泰　国	Thailand	41.4	22.8	31.4	25.9	29.2	25.6
越　南	Viet Nam	12.6	27.4	33.8	35.7	26.7	26.8
埃　及	Egypt	28.8	19.6	18.0	19.5	14.2	14.0
尼日利亚	Nigeria	14.4	7.0	5.5	17.3	14.7	
南　非	South Africa	17.7	16.4	18.3	19.5	20.1	20.4
加拿大	Canada	21.5	20.8	22.8	23.3	24.5	24.1
墨西哥	Mexico	23.1	22.5	22.3	22.1	21.7	21.9
美　国	United States	21.5	23.6	23.2	18.4	19.3	
阿根廷	Argentina	14.0	16.2	19.1	19.1	18.5	19.6
巴　西	Brazil	20.2	19.1	17.4	21.8	20.7	20.1
委内瑞拉	Venezuela	10.2	24.2	23.0	22.0	27.3	
捷　克	Czech Rep.	24.3	31.5	29.2	27.2	25.0	25.1
法　国	France	24.3	22.4	22.4	21.9	22.3	22.2
德　国	Germany	24.7	23.9	18.8	19.5	19.0	19.0
意大利	Italy	22.3	20.7	21.1	20.5	17.3	16.5
荷　兰	Netherlands	24.3	22.9	20.8	20.4	18.3	18.4
波　兰	Poland	24.1	24.6	19.6	21.0	19.1	
俄罗斯	Russia	30.1	18.7	20.1	22.6	22.8	
西班牙	Spain	26.7	26.6	30.0	23.5	19.0	19.5
土耳其	Turkey	24.5	20.8	20.0	19.5	20.6	20.4
乌克兰	Ukraine	27.5	19.6	22.6	19.6	17.9	14.1
英　国	United Kingdom	21.8	19.9	18.2	16.3	17.1	17.7
澳大利亚	Australia	29.0	26.3	27.4	27.6	28.5	27.0
新西兰	New Zealand	20.5	22.0	25.3	20.3	22.7	

3-8 居民消费率

Household Final Consumption Rate

资料来源：世界银行WDI数据库。
Source: World Bank WDI Database.
单位：%

国家或地区	Country or Area	1990	2000	2005	2010	2013	2014
中　　国	China	47.8	47.4	39.4	36.6	37.3	37.7
中国香港	Hong Kong, China	57.5	58.6	57.5	61.4	66.1	66.4
中国澳门	Macao, China	39.2	40.2	31.1	22.5	18.9	19.4
孟加拉国	Bangladesh	86.6	75.9	74.6	74.4	73.7	71.6
文　　莱	Brunei Darussalam	34.8	29.6	27.3	13.1	22.7	
柬 埔 寨	Cambodia		89.2	86.1	81.7	83.8	79.1
印　　度	India	64.6	64.2	57.6	56.4	59.2	59.2
印度尼西亚	Indonesia	58.9	60.7	62.7	56.2	57.2	56.6
伊　　朗	Iran	59.3	47.9	45.9			
以 色 列	Israel	55.6	53.6	56.2	57.6	56.5	56.9
日　　本	Japan	53.3	56.5	57.8	59.3	61.1	
哈萨克斯坦	Kazakhstan		62.3	49.2	49.5	54.2	
韩　　国	Korea, Rep.	55.3	53.6	52.1	50.3	50.9	50.4
老　　挝	Laos		93.5	81.2	68.6	65.3	60.1
马来西亚	Malaysia	51.8	43.8	44.2	47.5	51.1	51.8
蒙　　古	Mongolia	68.7	69.6	55.2	55.2	54.3	58.8
巴基斯坦	Pakistan	73.8	75.4	76.9	79.7	81.2	80.5
菲 律 宾	Philippines	71.5	72.2	75.0	71.6	73.3	72.0
新 加 坡	Singapore	44.8	42.1	38.6	35.5	37.7	37.9
斯里兰卡	Sri Lanka	75.9	72.1	69.0	65.2	66.8	
泰　　国	Thailand	56.8	57.2	57.8	53.7	53.7	52.8
越　　南	Viet Nam	84.3	69.9	64.1	66.5	65.0	63.6
埃　　及	Egypt	72.6	75.9	71.6	74.6	80.9	82.8
尼日利亚	Nigeria	63.0	52.5	75.2	66.1	72.1	
南　　非	South Africa	57.1	62.4	62.5	59.0	61.9	61.2
加 拿 大	Canada	55.8	54.6	54.1	56.5	55.6	
墨 西 哥	Mexico	69.6	66.8	68.5	67.5	67.1	66.7
美　　国	United States	64.0	66.0	67.2	68.2	68.5	
阿 根 廷	Argentina	77.1	70.7	65.6	65.3	65.9	64.4
巴　　西	Brazil	59.3	64.5	60.4	60.2	62.1	62.5
委内瑞拉	Venezuela	62.1	51.7	46.8	55.9	65.1	
捷　　克	Czech Rep.	51.8	50.9	48.1	49.2	49.5	48.5
法　　国	France	55.6	54.4	55.2	56.1	55.6	55.5
德　　国	Germany	56.5	57.1	57.8	56.1	55.9	55.3
意 大 利	Italy	57.9	60.6	59.5	61.0	60.8	60.8
荷　　兰	Netherlands	49.4	50.1	48.6	44.7	45.0	44.8
波　　兰	Poland	47.6	63.6	62.9	61.6	60.9	
俄 罗 斯	Russia	48.9	46.2	49.4	50.6	51.6	
西 班 牙	Spain	61.1	59.7	57.7	57.2	58.2	59.0
土 耳 其	Turkey	68.7	70.5	71.7	71.7	70.8	68.8
乌 克 兰	Ukraine	57.1	54.4	57.9	62.9	73.0	71.4
英　　国	United Kingdom	61.8	64.6	64.2	64.4	64.8	64.4
澳大利亚	Australia	55.9	58.1	57.8	55.4	55.0	55.8
新 西 兰	New Zealand	60.2	58.0	58.3	57.6	56.6	

3-9 国内生产总值产业构成
Composition of Gross Domestic Product by Industry

资料来源：世界银行WDI数据库。
Source: World Bank WDI Database.

单位：% (%)

国家或地区	Country or Area	农业增加值占国内生产总值比重 Agriculture as Percentage of GDP		工业增加值占国内生产总值比重 Industry as Percentage of GDP		服务业增加值占国内生产总值比重 Services as Percentage of GDP	
		2000	2014	2000	2014	2000	2014
世　界	**World**	**4.0**	**3.1①**	**29.1**	**26.4①**	**66.9**	**70.5①**
高收入国家	**High Income**	**1.9**	**1.6①**	**27.6**	**24.6①**	**70.5**	**73.8①**
经合组织高收入国家	**OECD Countries**	**1.8**	**1.5①**	**27.0**	**23.6①**	**71.3**	**74.9①**
非经合组织高收入国家	**High Income: nonOECD**	**3.9**	**2.5①**	**37.2**	**39.2①**	**58.9**	**58.3①**
中等收入国家	**Middle Income**	**13.2**	**9.8**	**36.4**	**34.7**	**50.4**	**55.5**
中等偏下收入国家	**Lower Middle Income**	**21.5**	**16.7**	**31.4**	**31.1**	**47.1**	**52.2**
中等偏上收入国家	**Upper Middle Income**	**10.3**	**7.3**	**38.2**	**36.0**	**51.5**	**56.7**
中低收入国家	**Low and Middle Income**	**13.5**	**10.1**	**36.2**	**34.6**	**50.3**	**55.4**
东亚和太平洋	**East Asia and Pacific**	**14.7**	**10.0**	**44.6**	**42.0**	**40.8**	**48.0**
欧洲和中亚	**Europe and Central Asia**	**13.3**	**8.4**	**32.5**	**28.4**	**54.3**	**63.2**
拉丁美洲和加勒比	**Latin America and Caribbean**	**5.6**	**5.0**	**30.8**	**29.7**	**63.6**	**65.3**
中东和北非国家	**Middle East and North Africa**	**13.3**		**37.8**		**48.8**	
南　亚	**South Asia**	**23.4**	**17.8**	**25.5**	**28.9**	**51.0**	**53.3**
撒哈拉以南非洲	**Sub-Saharan Africa**	**17.1**	**14.0**	**33.8**	**27.6**	**49.1**	**58.4**
低收入国家	**Low Income**	**34.7**	**32.3**	**19.5**	**21.5**	**45.0**	**46.2**
最不发达地区	**Least Developed Countries**	**29.7**	**24.5**	**25.9**	**27.2**	**44.5**	**48.3**
重债穷国	**Heavily Indebted Poor Countries**	**30.2**	**27.1**	**23.9**	**24.2**	**45.9**	**48.7**
中　国	China	14.8	9.2	45.4	42.6	39.8	48.2
中国香港	Hong Kong, China	0.1	0.1①	12.4	7.2①	87.5	92.7①
中国澳门	Macao, China			14.7	6.3②	85.3	93.8②
孟加拉国	Bangladesh	23.8	15.9	23.3	27.9	52.9	56.2
文　莱	Brunei Darussalam	1.0	0.7①	63.7	68.2①	35.3	31.0①
柬埔寨	Cambodia	37.8	29.8	23.0	27.3	39.1	42.9
印　度	India	23.0	17.0	26.0	30.1	51.0	53.0
印度尼西亚	Indonesia	15.6	13.7	45.9	43.0	38.5	43.3
伊　朗	Iran	13.7		36.7		49.5	
日　本	Japan	1.6	1.2①	31.1	26.2①	67.4	72.6①
哈萨克斯坦	Kazakhstan	8.7	4.6	40.5	36.0	50.9	59.4
韩　国	Korea, Rep.	4.4	2.3	38.1	38.2	57.5	59.4
老　挝	Laos	45.2	27.5	16.6	31.3	38.2	41.2
马来西亚	Malaysia	8.6	9.1	48.3	40.5	43.1	50.4
蒙　古	Mongolia	30.9	15.8	25.0	37.2	44.1	47.0
缅　甸	Myanmar	57.2		9.7		33.1	
巴基斯坦	Pakistan	25.9	25.1	23.3	21.3	50.8	53.6
菲律宾	Philippines	14.0	11.3	34.5	31.2	51.6	57.5
新加坡	Singapore	0.1		34.8	25.1①	65.1	74.9①
斯里兰卡	Sri Lanka	19.9	9.9	27.3	33.8	52.8	56.3
泰　国	Thailand	9.0	11.6	42.0	42.0	49.0	46.3
越　南	Viet Nam	22.7	18.1	34.2	38.5	43.1	43.4
埃　及	Egypt	16.7	14.5	33.1	40.0	50.1	45.6
尼日利亚	Nigeria	26.0	20.2	52.2	20.7	21.8	59.1
南　非	South Africa	3.3	2.5	31.9	29.5	64.8	68.1
加拿大	Canada	2.3		32.5		64.5	
墨西哥	Mexico	3.5	3.5	34.9	33.8	61.6	62.7
美　国	United States	1.2	1.5①	23.2	20.5①	75.6	78.1①
阿根廷	Argentina	5.1	8.2	28.1	28.8	66.9	63.0
巴　西	Brazil	5.5	5.6	26.5	23.4	68.0	71.0
委内瑞拉	Venezuela	4.2	5.5②	49.7	49.3②	46.1	
捷　克	Czech Rep.	3.4	2.6	37.2	37.9	59.4	59.5
法　国	France	2.3	1.7	23.3	19.4	74.3	78.9
德　国	Germany	1.1	0.8	30.8	30.7	68.2	68.6
意大利	Italy	2.9	2.2	27.1	23.4	70.0	74.4
荷　兰	Netherlands	2.5	2.0	25.4	21.4	72.2	76.6
波　兰	Poland	3.3	3.3①	32.8	33.2①	63.9	63.5①
俄罗斯	Russia	6.4	4.0①	38.0	36.3①	55.6	59.8①
西班牙	Spain	4.1	2.5	30.7	23.1	65.1	74.4
土耳其	Turkey	11.3	8.0	31.3	27.1	57.4	64.9
乌克兰	Ukraine	17.1	11.8	36.3	25.4	46.6	62.8
英　国	United Kingdom	0.9	0.6	26.9	19.8	72.2	79.6
澳大利亚	Australia	3.4	2.5	26.8	27.1	69.8	70.4
新西兰	New Zealand	8.3	6.9③	25.3	23.4③	66.4	69.7③

注：①2013年数据。②2012年数据。③2011年数据。
Note:①Data refer to 2013.②Data refer to 2012.③Data refer to 2011.

3-10 生产法国内生产总值

Gross Domestic Product by Production Approach

资料来源：联合国NAOCD数据库。
Source: UN NAOCD Database.

单位：亿美元 (100 million USD)

国家或地区	Country or Area	2000	2005	2010	2012	2013
中　国	**China**					
按当年价格计算	at Current Prices					
增加值总额	Total Value Added	11985	22569	59305	79560	91812
农业、狩猎业、林业和渔业	Agriculture, Hunting, Forestry, Fishing	1805	2736	5987	8297	9193
采掘、制造、电、煤气和水供应业	Mining, Manufacturing, Utilities	4836	9425	23739	31632	34005
制造业	Manufacturing		7337	19250	25557	27407
建筑业	Construction	667	1265	3938	5623	6294
批发、零售贸易、旅馆和饭店业	Wholesale, Retail Trade, Restaurants and Hotels	1245	2216	6472	9483	10841
运输、仓储和通讯业	Transport, Storage and Communication	744	1302	2826	3907	4403
其他服务业	Other Activities	2687	5625	16343	20619	27076
按2005年价格计算	at Constant Prices of 2005					
增加值总额	Total Value Added	14300	22600	38100	44800	48300
农业、狩猎业、林业和渔业	Agriculture, Hunting, Forestry, Fishing	2260	2740	3410	3720	3870
采掘、制造、电、煤气和水供应业	Mining, Manufacturing, Utilities	5620	9420	16200	19300	20700
制造业	Manufacturing		7340	13700	16400	17600
建筑业	Construction	775	1270	2540	3040	3330
批发、零售贸易、旅馆和饭店业	Wholesale, Retail Trade, Restaurants and Hotels	1380	2220	4440	5440	5950
运输、仓储和通讯业	Transport, Storage and Communication	827	1300	1960	2310	2470
其他服务业	Other Activities	3340	5620	9730	11300	12200
中国香港	**Hong Kong, China**					
按当年价格计算	at Current Prices					
增加值总额	Total Value Added	1647	1772	2236	2595	2715
农业、狩猎业、林业和渔业	Agriculture, Hunting, Forestry, Fishing	1	1	1	1	1
采掘、制造、电、煤气和水供应业	Mining, Manufacturing, Utilities	127	104	84	85	86
制造业	Manufacturing	79	51	39	39	40
建筑业	Construction	80	50	73	95	97
批发、零售贸易、旅馆和饭店业	Wholesale, Retail Trade, Restaurants and Hotels	404	511	605	752	790
运输、仓储和通讯业	Transport, Storage and Communication	180	207	248	247	258
其他服务业	Other Activities	853	899	1226	1415	1482
按2005年价格计算	at Constant Prices of 2005					
增加值总额	Total Value Added	1470	1770	2130	2290	2350
农业、狩猎业、林业和渔业	Agriculture, Hunting, Forestry, Fishing	1	1	1	1	1
采掘、制造、电、煤气和水供应业	Mining, Manufacturing, Utilities	114	104	100	101	101
制造业	Manufacturing	67	51	45	45	45
建筑业	Construction	65	50	52	67	68
批发、零售贸易、旅馆和饭店业	Wholesale, Retail Trade, Restaurants and Hotels	351	511	656	728	754
运输、仓储和通讯业	Transport, Storage and Communication	158	207	239	257	265
其他服务业	Other Activities	768	899	1080	1130	1160

3-10 续表 1 continued

单位: 亿美元 (100 million USD)

国家或地区	Country or Area	2000	2005	2010	2012	2013
中国澳门	**Macao, China**					
按当年价格计算	at Current Prices					
增加值总额	Total Value Added	52	87	185	275	333
农业、狩猎业、林业和渔业	Agriculture, Hunting, Forestry, Fishing					
采掘、制造、电、煤气和水供应业	Mining, Manufacturing, Utilities	6	5	3	4	5
制造业	Manufacturing	5	4	2	2	2
建筑业	Construction	1	8	10	13	17
批发、零售贸易、旅馆和饭店业	Wholesale, Retail Trade, Restaurants and Hotels	5	9	27	43	51
运输、仓储和通讯业	Transport, Storage and Communication	4	4	7	8	11
其他服务业	Other Activities	36	60	137	207	249
按2005年价格计算	at Constant Prices of 2005					
增加值总额	Total Value Added	55	87	135	175	197
农业、狩猎业、林业和渔业	Agriculture, Hunting, Forestry, Fishing					
采掘、制造、电、煤气和水供应业	Mining, Manufacturing, Utilities	7	5	3	3	3
制造业	Manufacturing	5	4	1	1	1
建筑业	Construction	1	8	7	8	10
批发、零售贸易、旅馆和饭店业	Wholesale, Retail Trade, Restaurants and Hotels	5	9	20	27	30
运输、仓储和通讯业	Transport, Storage and Communication	4	4	5	5	7
其他服务业	Other Activities	38	60	100	132	148
孟加拉国	**Bangladesh**					
按当年价格计算	at Current Prices					
增加值总额	Total Value Added	499	628	1093	1220	1461
农业、狩猎业、林业和渔业	Agriculture, Hunting, Forestry, Fishing	122	121	195	209	238
采掘、制造、电、煤气和水供应业	Mining, Manufacturing, Utilities	85	116	215	243	298
制造业	Manufacturing	72	98	185	205	252
建筑业	Construction	30	40	71	83	106
批发、零售贸易、旅馆和饭店业	Wholesale, Retail Trade, Restaurants and Hotels	63	88	163	180	212
运输、仓储和通讯业	Transport, Storage and Communication	42	67	116	138	159
其他服务业	Other Activities	156	195	334	368	448
按2005年价格计算	at Constant Prices of 2005					
增加值总额	Total Value Added	484	628	856	974	1030
农业、狩猎业、林业和渔业	Agriculture, Hunting, Forestry, Fishing	107	121	158	171	175
采掘、制造、电、煤气和水供应业	Mining, Manufacturing, Utilities	83	116	172	207	228
制造业	Manufacturing	70	98	146	177	195
建筑业	Construction	27	40	58	67	72
批发、零售贸易、旅馆和饭店业	Wholesale, Retail Trade, Restaurants and Hotels	64	88	125	143	151
运输、仓储和通讯业	Transport, Storage and Communication	47	67	95	113	120
其他服务业	Other Activities	156	195	248	275	288

3-10 续表 2 continued

单位：亿美元 (100 million USD)

国家或地区	Country or Area	2000	2005	2010	2012	2013
文　莱	**Brunei Darussalam**					
按当年价格计算	at Current Prices					
增加值总额	Total Value Added	60	95	124	170	161
农业、狩猎业、林业和渔业	Agriculture, Hunting, Forestry, Fishing	1	1	1	1	1
采掘、制造、电、煤气和水供应业	Mining, Manufacturing, Utilities	36	66	79	116	104
制造业	Manufacturing	9	12	15	20	20
建筑业	Construction	2	3	4	5	6
批发、零售贸易、旅馆和饭店业	Wholesale, Retail Trade, Restaurants and Hotels	3	3	5	6	7
运输、仓储和通讯业	Transport, Storage and Communication	2	3	4	5	6
其他服务业	Other Activities	16	20	31	36	37
按2005年价格计算	at Constant Prices of 2005					
增加值总额	Total Value Added	86	95	98	103	101
农业、狩猎业、林业和渔业	Agriculture, Hunting, Forestry, Fishing	1	1	1	1	1
采掘、制造、电、煤气和水供应业	Mining, Manufacturing, Utilities	63	66	57	58	54
制造业	Manufacturing	11	12	11	11	11
建筑业	Construction	2	3	3	3	3
批发、零售贸易、旅馆和饭店业	Wholesale, Retail Trade, Restaurants and Hotels	3	3	4	4	5
运输、仓储和通讯业	Transport, Storage and Communication	2	3	4	4	4
其他服务业	Other Activities	17	20	26	27	28
柬 埔 寨	**Cambodia**					
按当年价格计算	at Current Prices					
增加值总额	Total Value Added	35	60	106	132	144
农业、狩猎业、林业和渔业	Agriculture, Hunting, Forestry, Fishing	13	19	38	47	48
采掘、制造、电、煤气和水供应业	Mining, Manufacturing, Utilities	6	12	18	23	26
制造业	Manufacturing	6	11	17	21	24
建筑业	Construction	2	4	7	9	11
批发、零售贸易、旅馆和饭店业	Wholesale, Retail Trade, Restaurants and Hotels	5	9	15	19	21
运输、仓储和通讯业	Transport, Storage and Communication	2	5	9	11	12
其他服务业	Other Activities	6	11	19	23	25
按2005年价格计算	at Constant Prices of 2005					
增加值总额	Total Value Added	38	60	81	93	100
农业、狩猎业、林业和渔业	Agriculture, Hunting, Forestry, Fishing	15	19	25	27	27
采掘、制造、电、煤气和水供应业	Mining, Manufacturing, Utilities	6	12	17	21	24
制造业	Manufacturing	6	11	16	20	22
建筑业	Construction	2	4	4	5	6
批发、零售贸易、旅馆和饭店业	Wholesale, Retail Trade, Restaurants and Hotels	6	9	13	14	16
运输、仓储和通讯业	Transport, Storage and Communication	3	5	6	7	7
其他服务业	Other Activities	6	11	16	18	19

3-10 续表 3 continued

单位：亿美元 (100 million USD)

国家或地区	Country or Area	2000	2005	2010	2012	2013
印　度	**India**					
按当年价格计算	at Current Prices					
增加值总额	Total Value Added	4348	7819	16164	17570	17872
农业、狩猎业、林业和渔业	Agriculture, Hunting, Forestry, Fishing	1010	1461	2885	3078	3253
采掘、制造、电、煤气和水供应业	Mining, Manufacturing, Utilities	899	1602	3175	3182	3030
制造业	Manufacturing	686	1220	2435	2472	2304
建筑业	Construction	250	613	1312	1422	1397
批发、零售贸易、旅馆和饭店业	Wholesale, Retail Trade, Restaurants and Hotels	627	1293	2746	3000	2967
运输、仓储和通讯业	Transport, Storage and Communication	334	641	1172	1350	1316
其他服务业	Other Activities	1229	2209	4874	5537	5909
按2005年价格计算	at Constant Prices of 2005					
增加值总额	Total Value Added	5560	7820	11900	13000	13600
农业、狩猎业、林业和渔业	Agriculture, Hunting, Forestry, Fishing	1280	1460	1760	1860	1950
采掘、制造、电、煤气和水供应业	Mining, Manufacturing, Utilities	1170	1600	2460	2560	2560
制造业	Manufacturing	867	1220	1950	2050	2030
建筑业	Construction	371	613	929	991	1010
批发、零售贸易、旅馆和饭店业	Wholesale, Retail Trade, Restaurants and Hotels	830	1290	2010	2200	2270
运输、仓储和通讯业	Transport, Storage and Communication	347	641	1180	1260	1300
其他服务业	Other Activities	1580	2210	3510	4050	4450
印度尼西亚	**Indonesia**					
按当年价格计算	at Current Prices					
增加值总额	Total Value Added	1650	2859	7066	8767	8683
农业、狩猎业、林业和渔业	Agriculture, Hunting, Forestry, Fishing	257	375	1084	1271	1253
采掘、制造、电、煤气和水供应业	Mining, Manufacturing, Utilities	667	1129	2597	3202	3100
制造业	Manufacturing	458	783	1754	2101	2058
建筑业	Construction	91	201	727	899	867
批发、零售贸易、旅馆和饭店业	Wholesale, Retail Trade, Restaurants and Hotels	267	445	969	1224	1244
运输、仓储和通讯业	Transport, Storage and Communication	77	186	459	585	609
其他服务业	Other Activities	291	522	1229	1586	1610
按2005年价格计算	at Constant Prices of 2005					
增加值总额	Total Value Added	2260	2860	3760	4260	4500
农业、狩猎业、林业和渔业	Agriculture, Hunting, Forestry, Fishing	320	375	450	485	502
采掘、制造、电、煤气和水供应业	Mining, Manufacturing, Utilities	949	1130	1350	1490	1560
制造业	Manufacturing	615	783	949	1070	1130
建筑业	Construction	149	201	291	332	353
批发、零售贸易、旅馆和饭店业	Wholesale, Retail Trade, Restaurants and Hotels	340	445	607	717	759
运输、仓储和通讯业	Transport, Storage and Communication	111	186	370	452	498
其他服务业	Other Activities	388	522	695	789	840

3-10 续表 4 continued

单位：亿美元 (100 million USD)

国家或地区	Country or Area	2000	2005	2010	2012	2013
伊　朗	**Iran**					
按当年价格计算	at Current Prices					
增加值总额	Total Value Added	1023	2089	4182	5526	4895
农业、狩猎业、林业和渔业	Agriculture, Hunting, Forestry, Fishing	137	188	371	488	414
采掘、制造、电、煤气和水供应业	Mining, Manufacturing, Utilities	335	857	1437	1981	1820
制造业	Manufacturing	136	235	424	591	523
建筑业	Construction	35	73	200	269	225
批发、零售贸易、旅馆和饭店业	Wholesale, Retail Trade, Restaurants and Hotels	140	231	500	638	568
运输、仓储和通讯业	Transport, Storage and Communication	83	165	407	504	436
其他服务业	Other Activities	293	575	1267	1646	1433
按2005年价格计算	at Constant Prices of 2005					
增加值总额	Total Value Added	1530	2090	2620	2510	2470
农业、狩猎业、林业和渔业	Agriculture, Hunting, Forestry, Fishing	147	188	228	218	216
采掘、制造、电、煤气和水供应业	Mining, Manufacturing, Utilities	586	857	1100	1050	1030
制造业	Manufacturing	133	235	336	318	315
建筑业	Construction	55	73	103	98	96
批发、零售贸易、旅馆和饭店业	Wholesale, Retail Trade, Restaurants and Hotels	152	231	281	270	266
运输、仓储和通讯业	Transport, Storage and Communication	106	165	279	270	265
其他服务业	Other Activities	492	575	602	579	561
以 色 列	**Israel**					
按当年价格计算	at Current Prices					
增加值总额	Total Value Added	1159	1250	2060	2305	2598
农业、狩猎业、林业和渔业	Agriculture, Hunting, Forestry, Fishing	17	23	35	32	41
采掘、制造、电、煤气和水供应业	Mining, Manufacturing, Utilities	231	226	348	390	430
制造业	Manufacturing	208	197	307	358	386
建筑业	Construction	64	56	106	126	139
批发、零售贸易、旅馆和饭店业	Wholesale, Retail Trade, Restaurants and Hotels	106	120	195	233	257
运输、仓储和通讯业	Transport, Storage and Communication	178	180	274	305	346
其他服务业	Other Activities	563	646	1101	1218	1385
按2005年价格计算	at Constant Prices of 2005					
增加值总额	Total Value Added	1120	1250	1530	1640	1700
农业、狩猎业、林业和渔业	Agriculture, Hunting, Forestry, Fishing	17	23	23	26	26
采掘、制造、电、煤气和水供应业	Mining, Manufacturing, Utilities	220	226	300	301	320
制造业	Manufacturing	197	197	259	281	285
建筑业	Construction	64	56	76	88	89
批发、零售贸易、旅馆和饭店业	Wholesale, Retail Trade, Restaurants and Hotels	102	120	148	159	165
运输、仓储和通讯业	Transport, Storage and Communication	148	180	227	253	259
其他服务业	Other Activities	574	646	763	819	849

3-10 续表 5 continued

单位：亿美元 (100 million USD)

国家或地区	Country or Area	2000	2005	2010	2012	2013
日　本	**Japan**					
按当年价格计算	at Current Prices					
增加值总额	Total Value Added	47137	45420	54543	59074	48698
农业、狩猎业、林业和渔业	Agriculture, Hunting, Forestry, Fishing	749	554	644	718	577
采掘、制造、电、煤气和水供应业	Mining, Manufacturing, Utilities	11272	10144	12035	11784	10147
制造业	Manufacturing	9979	9046	10747	10733	9168
建筑业	Construction	3371	2633	2984	3340	2722
批发、零售贸易、旅馆和饭店业	Wholesale, Retail Trade, Restaurants and Hotels	6403	6788	7517	8538	6907
运输、仓储和通讯业	Transport, Storage and Communication	4530	4595	5633	6263	5084
其他服务业	Other Activities	20812	20705	25730	28431	23261
按2005年价格计算	at Constant Prices of 2005					
增加值总额	Total Value Added	43100	45400	45700	46000	46800
农业、狩猎业、林业和渔业	Agriculture, Hunting, Forestry, Fishing	685	554	557	570	578
采掘、制造、电、煤气和水供应业	Mining, Manufacturing, Utilities	9250	10100	11000	10300	10900
制造业	Manufacturing	8250	9050	9960	9660	10000
建筑业	Construction	3160	2630	2320	2370	2400
批发、零售贸易、旅馆和饭店业	Wholesale, Retail Trade, Restaurants and Hotels	6250	6790	5960	6160	6190
运输、仓储和通讯业	Transport, Storage and Communication	3880	4600	4670	4820	4830
其他服务业	Other Activities	19900	20700	21200	21700	21900
哈萨克斯坦	**Kazakhstan**					
按当年价格计算	at Current Prices					
增加值总额	Total Value Added	172	548	1433	1912	2087
农业、狩猎业、林业和渔业	Agriculture, Hunting, Forestry, Fishing	15	36	67	89	103
采掘、制造、电、煤气和水供应业	Mining, Manufacturing, Utilities	60	170	487	627	658
制造业	Manufacturing	30	69	168	230	240
建筑业	Construction	9	45	114	128	131
批发、零售贸易、旅馆和饭店业	Wholesale, Retail Trade, Restaurants and Hotels	24	73	205	329	370
运输、仓储和通讯业	Transport, Storage and Communication	21	67	165	208	225
其他服务业	Other Activities	44	157	395	531	600
按2005年价格计算	at Constant Prices of 2005					
增加值总额	Total Value Added	331	548	743	831	877
农业、狩猎业、林业和渔业	Agriculture, Hunting, Forestry, Fishing	28	36	39	40	44
采掘、制造、电、煤气和水供应业	Mining, Manufacturing, Utilities	106	170	219	230	236
制造业	Manufacturing	44	69	86	94	96
建筑业	Construction	17	45	76	79	81
批发、零售贸易、旅馆和饭店业	Wholesale, Retail Trade, Restaurants and Hotels	43	73	95	121	136
运输、仓储和通讯业	Transport, Storage and Communication	41	67	99	119	128
其他服务业	Other Activities	94	157	224	254	262

3-10 续表 6 continued

单位：亿美元 (100 million USD)

国家或地区	Country or Area	2000	2005	2010	2012	2013
韩 国	**Korea, Rep.**					
按当年价格计算	at Current Prices					
增加值总额	Total Value Added	5042	8105	9905	11110	11910
农业、狩猎业、林业和渔业	Agriculture, Hunting, Forestry, Fishing	221	255	245	273	279
采掘、制造、电、煤气和水供应业	Mining, Manufacturing, Utilities	1618	2520	3284	3697	4001
制造业	Manufacturing	1461	2292	3043	3444	3704
建筑业	Construction	303	520	507	532	590
批发、零售贸易、旅馆和饭店业	Wholesale, Retail Trade, Restaurants and Hotels	704	989	1190	1326	1412
运输、仓储和通讯业	Transport, Storage and Communication	375	632	716	797	847
其他服务业	Other Activities	1821	3189	3965	4484	4780
按2005年价格计算	at Constant Prices of 2005					
增加值总额	Total Value Added	6420	8100	10000	10600	10900
农业、狩猎业、林业和渔业	Agriculture, Hunting, Forestry, Fishing	245	255	281	273	289
采掘、制造、电、煤气和水供应业	Mining, Manufacturing, Utilities	1840	2520	3410	3710	3820
制造业	Manufacturing	1670	2290	3140	3430	3540
建筑业	Construction	441	520	520	483	500
批发、零售贸易、旅馆和饭店业	Wholesale, Retail Trade, Restaurants and Hotels	909	989	1170	1270	1310
运输、仓储和通讯业	Transport, Storage and Communication	437	632	760	826	851
其他服务业	Other Activities	2550	3190	3860	4040	4150
老 挝	**Laos**					
按当年价格计算	at Current Prices					
增加值总额	Total Value Added	16	26	65	91	105
农业、狩猎业、林业和渔业	Agriculture, Hunting, Forestry, Fishing	7	9	19	23	25
采掘、制造、电、煤气和水供应业	Mining, Manufacturing, Utilities	2	5	15	27	28
制造业	Manufacturing	1	2	7	8	8
建筑业	Construction	1	1	3	6	7
批发、零售贸易、旅馆和饭店业	Wholesale, Retail Trade, Restaurants and Hotels	3	5	13	18	20
运输、仓储和通讯业	Transport, Storage and Communication	1	1	3	4	4
其他服务业	Other Activities	2	4	11	15	20
按2005年价格计算	at Constant Prices of 2005					
增加值总额	Total Value Added	19	26	38	45	48
农业、狩猎业、林业和渔业	Agriculture, Hunting, Forestry, Fishing	8	9	11	12	13
采掘、制造、电、煤气和水供应业	Mining, Manufacturing, Utilities	3	5	9	11	11
制造业	Manufacturing	1	2	3	4	5
建筑业	Construction	1	1	2	3	4
批发、零售贸易、旅馆和饭店业	Wholesale, Retail Trade, Restaurants and Hotels	3	5	8	9	10
运输、仓储和通讯业	Transport, Storage and Communication	1	1	2	2	2
其他服务业	Other Activities	3	4	7	8	9

3-10 续表 7 continued

单位：亿美元 (100 million USD)

国家或地区	Country or Area	2000	2005	2010	2012	2013
马来西亚	**Malaysia**					
按当年价格计算	at Current Prices					
增加值总额	Total Value Added	977	1419	2452	3014	3090
农业、狩猎业、林业和渔业	Agriculture, Hunting, Forestry, Fishing	83	119	256	306	291
采掘、制造、电、煤气和水供应业	Mining, Manufacturing, Utilities	403	623	935	1127	1136
制造业	Manufacturing	280	395	607	739	748
建筑业	Construction	38	43	84	118	130
批发、零售贸易、旅馆和饭店业	Wholesale, Retail Trade, Restaurants and Hotels	142	197	398	496	527
运输、仓储和通讯业	Transport, Storage and Communication	66	96	159	193	204
其他服务业	Other Activities	246	341	619	773	802
按2005年价格计算	at Constant Prices of 2005					
增加值总额	Total Value Added	1140	1420	1770	1960	2050
农业、狩猎业、林业和渔业	Agriculture, Hunting, Forestry, Fishing	101	119	135	145	148
采掘、制造、电、煤气和水供应业	Mining, Manufacturing, Utilities	513	623	671	710	730
制造业	Manufacturing	315	395	450	493	510
建筑业	Construction	40	43	57	70	78
批发、零售贸易、旅馆和饭店业	Wholesale, Retail Trade, Restaurants and Hotels	154	197	295	331	352
运输、仓储和通讯业	Transport, Storage and Communication	73	96	130	148	159
其他服务业	Other Activities	258	341	479	553	583
蒙　古	**Mongolia**					
按当年价格计算	at Current Prices					
增加值总额	Total Value Added	10	23	55	90	101
农业、狩猎业、林业和渔业	Agriculture, Hunting, Forestry, Fishing	3	5	9	15	17
采掘、制造、电、煤气和水供应业	Mining, Manufacturing, Utilities	2	8	20	27	31
制造业	Manufacturing	1	1	4	6	7
建筑业	Construction		1	1	2	3
批发、零售贸易、旅馆和饭店业	Wholesale, Retail Trade, Restaurants and Hotels	1	2	5	12	14
运输、仓储和通讯业	Transport, Storage and Communication	1	3	7	9	8
其他服务业	Other Activities	2	4	13	26	29
按2005年价格计算	at Constant Prices of 2005					
增加值总额	Total Value Added	17	23	30	38	43
农业、狩猎业、林业和渔业	Agriculture, Hunting, Forestry, Fishing	5	5	6	7	8
采掘、制造、电、煤气和水供应业	Mining, Manufacturing, Utilities	5	8	9	11	12
制造业	Manufacturing	1	1	2	2	3
建筑业	Construction		1		1	2
批发、零售贸易、旅馆和饭店业	Wholesale, Retail Trade, Restaurants and Hotels	1	2	3	6	7
运输、仓储和通讯业	Transport, Storage and Communication	1	3	6	7	7
其他服务业	Other Activities	3	4	6	7	8

3-10 续表 8 continued

单位：亿美元 (100 million USD)

国家或地区	Country or Area	2000	2005	2010	2012	2013
缅　甸	**Myanmar**					
按当年价格计算	at Current Prices					
增加值总额	Total Value Added	73	119	415	616	630
农业、狩猎业、林业和渔业	Agriculture, Hunting, Forestry, Fishing	42	56	152	188	209
采掘、制造、电、煤气和水供应业	Mining, Manufacturing, Utilities	6	16	91	167	159
制造业	Manufacturing	5	15	82	123	125
建筑业	Construction	1	4	19	30	30
批发、零售贸易、旅馆和饭店业	Wholesale, Retail Trade, Restaurants and Hotels	17	26	83	119	123
运输、仓储和通讯业	Transport, Storage and Communication	4	14	54	82	82
其他服务业	Other Activities	2	3	16	30	27
按2005年价格计算	at Constant Prices of 2005					
增加值总额	Total Value Added	64	119	203	231	248
农业、狩猎业、林业和渔业	Agriculture, Hunting, Forestry, Fishing	35	56	77	78	89
采掘、制造、电、煤气和水供应业	Mining, Manufacturing, Utilities	6	16	40	47	50
制造业	Manufacturing	5	15	38	46	48
建筑业	Construction	1	4	9	11	11
批发、零售贸易、旅馆和饭店业	Wholesale, Retail Trade, Restaurants and Hotels	15	26	43	48	52
运输、仓储和通讯业	Transport, Storage and Communication	5	14	28	37	36
其他服务业	Other Activities	2	3	5	7	7
巴基斯坦	**Pakistan**					
按当年价格计算	at Current Prices					
增加值总额	Total Value Added	723	1105	1672	2078	2127
农业、狩猎业、林业和渔业	Agriculture, Hunting, Forestry, Fishing	210	269	406	508	539
采掘、制造、电、煤气和水供应业	Mining, Manufacturing, Utilities	112	206	309	417	415
制造业	Manufacturing	76	148	228	300	295
建筑业	Construction	17	27	36	41	44
批发、零售贸易、旅馆和饭店业	Wholesale, Retail Trade, Restaurants and Hotels	140	222	331	429	429
运输、仓储和通讯业	Transport, Storage and Communication	79	135	215	210	223
其他服务业	Other Activities	166	247	375	474	477
按2005年价格计算	at Constant Prices of 2005					
增加值总额	Total Value Added	864	1110	1340	1450	1500
农业、狩猎业、林业和渔业	Agriculture, Hunting, Forestry, Fishing	242	269	312	329	341
采掘、制造、电、煤气和水供应业	Mining, Manufacturing, Utilities	137	206	243	265	274
制造业	Manufacturing	92	148	181	190	196
建筑业	Construction	24	27	37	35	37
批发、零售贸易、旅馆和饭店业	Wholesale, Retail Trade, Restaurants and Hotels	161	222	239	248	254
运输、仓储和通讯业	Transport, Storage and Communication	113	135	171	191	197
其他服务业	Other Activities	189	247	336	380	397

3-10 续表 9 continued

单位：亿美元 (100 million USD)

国家或地区	Country or Area	2000	2005	2010	2012	2013
菲 律 宾	**Philippines**					
按当年价格计算	at Current Prices					
增加值总额	Total Value Added	817	1037	1996	2502	2721
农业、狩猎业、林业和渔业	Agriculture, Hunting, Forestry, Fishing	113	131	246	296	306
采掘、制造、电、煤气和水供应业	Mining, Manufacturing, Utilities	233	300	528	632	676
制造业	Manufacturing	198	248	428	514	555
建筑业	Construction	47	50	125	150	170
批发、零售贸易、旅馆和饭店业	Wholesale, Retail Trade, Restaurants and Hotels	117	154	346	443	484
运输、仓储和通讯业	Transport, Storage and Communication	50	81	130	162	172
其他服务业	Other Activities	257	321	621	820	913
按2005年价格计算	at Constant Prices of 2005					
增加值总额	Total Value Added	830	1040	1310	1450	1560
农业、狩猎业、林业和渔业	Agriculture, Hunting, Forestry, Fishing	109	131	145	153	155
采掘、制造、电、煤气和水供应业	Mining, Manufacturing, Utilities	244	300	363	398	435
制造业	Manufacturing	204	248	295	326	359
建筑业	Construction	51	50	82	86	94
批发、零售贸易、旅馆和饭店业	Wholesale, Retail Trade, Restaurants and Hotels	118	154	219	244	258
运输、仓储和通讯业	Transport, Storage and Communication	49	81	95	108	114
其他服务业	Other Activities	259	321	412	469	508
新 加 坡	**Singapore**					
按当年价格计算	at Current Prices					
增加值总额	Total Value Added	878	1197	2201	2675	2781
农业、狩猎业、林业和渔业	Agriculture, Hunting, Forestry, Fishing	1	1	1	1	1
采掘、制造、电、煤气和水供应业	Mining, Manufacturing, Utilities	252	341	508	584	559
制造业	Manufacturing	236	321	473	542	516
建筑业	Construction	51	38	92	114	122
批发、零售贸易、旅馆和饭店业	Wholesale, Retail Trade, Restaurants and Hotels	139	232	468	561	576
运输、仓储和通讯业	Transport, Storage and Communication	122	173	269	296	305
其他服务业	Other Activities	313	414	863	1119	1219
按2005年价格计算	at Constant Prices of 2005					
增加值总额	Total Value Added	943	1200	1660	1800	1880
农业、狩猎业、林业和渔业	Agriculture, Hunting, Forestry, Fishing	1	1	1	1	1
采掘、制造、电、煤气和水供应业	Mining, Manufacturing, Utilities	277	341	477	516	524
制造业	Manufacturing	261	321	454	490	498
建筑业	Construction	51	38	66	75	80
批发、零售贸易、旅馆和饭店业	Wholesale, Retail Trade, Restaurants and Hotels	158	232	315	329	345
运输、仓储和通讯业	Transport, Storage and Communication	132	173	208	227	236
其他服务业	Other Activities	325	414	598	653	691

3-10 续表 10 continued

单位：亿美元 (100 million USD)

国家或地区	Country or Area	2000	2005	2010	2012	2013
斯里兰卡	**Sri Lanka**					
按当年价格计算	at Current Prices					
增加值总额	Total Value Added	149	244	496	594	672
农业、狩猎业、林业和渔业	Agriculture, Hunting, Forestry, Fishing	26	29	63	66	72
采掘、制造、电、煤气和水供应业	Mining, Manufacturing, Utilities	34	57	108	131	149
制造业	Manufacturing	29	48	89	106	119
建筑业	Construction	11	17	37	56	69
批发、零售贸易、旅馆和饭店业	Wholesale, Retail Trade, Restaurants and Hotels	32	58	100	124	134
运输、仓储和通讯业	Transport, Storage and Communication	18	29	63	77	90
其他服务业	Other Activities	29	55	124	140	157
按2005年价格计算	at Constant Prices of 2005					
增加值总额	Total Value Added	201	244	333	383	423
农业、狩猎业、林业和渔业	Agriculture, Hunting, Forestry, Fishing	28	29	38	40	42
采掘、制造、电、煤气和水供应业	Mining, Manufacturing, Utilities	48	57	78	91	98
制造业	Manufacturing	42	48	62	71	76
建筑业	Construction	14	17	25	34	39
批发、零售贸易、旅馆和饭店业	Wholesale, Retail Trade, Restaurants and Hotels	48	58	74	86	103
运输、仓储和通讯业	Transport, Storage and Communication	20	29	46	54	59
其他服务业	Other Activities	43	55	73	79	83
泰　国	**Thailand**					
按当年价格计算	at Current Prices					
增加值总额	Total Value Added	1261	1888	3388	3932	4561
农业、狩猎业、林业和渔业	Agriculture, Hunting, Forestry, Fishing	107	174	359	435	449
采掘、制造、电、煤气和水供应业	Mining, Manufacturing, Utilities	428	675	1261	1394	1440
制造业	Manufacturing	361	564	1060	1144	1174
建筑业	Construction	38	56	96	109	114
批发、零售贸易、旅馆和饭店业	Wholesale, Retail Trade, Restaurants and Hotels	266	340	593	701	1142
运输、仓储和通讯业	Transport, Storage and Communication	104	141	232	260	285
其他服务业	Other Activities	318	503	847	1033	1130
按2005年价格计算	at Constant Prices of 2005					
增加值总额	Total Value Added	1450	1890	2260	2450	2530
农业、狩猎业、林业和渔业	Agriculture, Hunting, Forestry, Fishing	152	174	183	204	207
采掘、制造、电、煤气和水供应业	Mining, Manufacturing, Utilities	493	675	842	867	870
制造业	Manufacturing	412	564	704	718	719
建筑业	Construction	43	56	63	65	65
批发、零售贸易、旅馆和饭店业	Wholesale, Retail Trade, Restaurants and Hotels	290	340	412	453	478
运输、仓储和通讯业	Transport, Storage and Communication	101	141	178	202	218
其他服务业	Other Activities	368	503	577	651	685

3-10 续表 11 continued

单位：亿美元 (100 million USD)

国家或地区	Country or Area	2000	2005	2010	2012	2013
越　南	**Viet Nam**					
按当年价格计算	at Current Prices					
增加值总额	Total Value Added	312	529	1159	1558	1712
农业、狩猎业、林业和渔业	Agriculture, Hunting, Forestry, Fishing	76	111	219	306	315
采掘、制造、电、煤气和水供应业	Mining, Manufacturing, Utilities	98	186	368	514	564
制造业	Manufacturing	58	108	208	271	300
建筑业	Construction	17	34	75	87	92
批发、零售贸易、旅馆和饭店业	Wholesale, Retail Trade, Restaurants and Hotels	54	89	196	262	296
运输、仓储和通讯业	Transport, Storage and Communication	12	24	47	59	64
其他服务业	Other Activities	54	86	254	329	381
按2005年价格计算	at Constant Prices of 2005					
增加值总额	Total Value Added	383	529	719	804	847
农业、狩猎业、林业和渔业	Agriculture, Hunting, Forestry, Fishing	92	111	132	141	144
采掘、制造、电、煤气和水供应业	Mining, Manufacturing, Utilities	125	186	248	285	301
制造业	Manufacturing	63	108	169	198	213
建筑业	Construction	20	34	51	52	55
批发、零售贸易、旅馆和饭店业	Wholesale, Retail Trade, Restaurants and Hotels	61	89	132	152	163
运输、仓储和通讯业	Transport, Storage and Communication	17	24	38	44	47
其他服务业	Other Activities	65	86	119	133	141
埃　及	**Egypt**					
按当年价格计算	at Current Prices					
增加值总额	Total Value Added	898	898	2047	2594	2472
农业、狩猎业、林业和渔业	Agriculture, Hunting, Forestry, Fishing	124	129	286	355	344
采掘、制造、电、煤气和水供应业	Mining, Manufacturing, Utilities	257	294	674	879	813
制造业	Manufacturing	161	155	346	408	394
建筑业	Construction	42	37	94	112	110
批发、零售贸易、旅馆和饭店业	Wholesale, Retail Trade, Restaurants and Hotels	155	127	309	343	348
运输、仓储和通讯业	Transport, Storage and Communication	76	103	196	216	221
其他服务业	Other Activities	244	208	487	689	638
按2005年价格计算	at Constant Prices of 2005					
增加值总额	Total Value Added	747	898	1220	1270	1300
农业、狩猎业、林业和渔业	Agriculture, Hunting, Forestry, Fishing	109	129	152	161	166
采掘、制造、电、煤气和水供应业	Mining, Manufacturing, Utilities	247	294	401	404	416
制造业	Manufacturing	130	155	208	207	210
建筑业	Construction	34	37	72	77	78
批发、零售贸易、旅馆和饭店业	Wholesale, Retail Trade, Restaurants and Hotels	119	127	185	187	193
运输、仓储和通讯业	Transport, Storage and Communication	75	103	158	175	174
其他服务业	Other Activities	163	208	258	273	277

3-10 续表 12 continued

单位：亿美元 (100 million USD)

国家或地区	Country or Area	2000	2005	2010	2012	2013
尼日利亚	**Nigeria**					
按当年价格计算	at Current Prices					
增加值总额	Total Value Added	695	1799	3634	4553	5091
农业、狩猎业、林业和渔业	Agriculture, Hunting, Forestry, Fishing	148	460	868	1004	1069
采掘、制造、电、煤气和水供应业	Mining, Manufacturing, Utilities	185	379	815	1105	1156
制造业	Manufacturing	54	111	238	355	460
建筑业	Construction	23	47	105	139	170
批发、零售贸易、旅馆和饭店业	Wholesale, Retail Trade, Restaurants and Hotels	114	307	615	774	912
运输、仓储和通讯业	Transport, Storage and Communication	79	214	442	520	598
其他服务业	Other Activities	146	392	788	1011	1186
按2005年价格计算	at Constant Prices of 2005					
增加值总额	Total Value Added	1140	1800	2560	2800	2960
农业、狩猎业、林业和渔业	Agriculture, Hunting, Forestry, Fishing	234	460	631	693	713
采掘、制造、电、煤气和水供应业	Mining, Manufacturing, Utilities	283	379	394	429	431
制造业	Manufacturing	73	111	169	225	274
建筑业	Construction	36	47	86	108	124
批发、零售贸易、旅馆和饭店业	Wholesale, Retail Trade, Restaurants and Hotels	169	307	575	633	688
运输、仓储和通讯业	Transport, Storage and Communication	74	214	516	542	584
其他服务业	Other Activities	289	392	542	597	647
南　非	**South Africa**					
按当年价格计算	at Current Prices					
增加值总额	Total Value Added	1243	2310	3408	3581	3286
农业、狩猎业、林业和渔业	Agriculture, Hunting, Forestry, Fishing	41	62	90	86	76
采掘、制造、电、煤气和水供应业	Mining, Manufacturing, Utilities	362	633	897	929	852
制造业	Manufacturing	238	419	490	470	435
建筑业	Construction	34	67	130	135	131
批发、零售贸易、旅馆和饭店业	Wholesale, Retail Trade, Restaurants and Hotels	183	327	506	537	488
运输、仓储和通讯业	Transport, Storage and Communication	126	251	313	357	329
其他服务业	Other Activities	497	971	1471	1537	1411
按2005年价格计算	at Constant Prices of 2005					
增加值总额	Total Value Added	1930	2310	2680	2830	2890
农业、狩猎业、林业和渔业	Agriculture, Hunting, Forestry, Fishing	57	62	70	71	72
采掘、制造、电、煤气和水供应业	Mining, Manufacturing, Utilities	563	633	647	657	668
制造业	Manufacturing	360	419	455	477	481
建筑业	Construction	46	67	102	105	108
批发、零售贸易、旅馆和饭店业	Wholesale, Retail Trade, Restaurants and Hotels	271	327	385	414	421
运输、仓储和通讯业	Transport, Storage and Communication	185	251	298	314	321
其他服务业	Other Activities	798	971	1190	1280	1320

3-10 续表 13 continued

单位：亿美元 (100 million USD)

国家或地区	Country or Area	2000	2005	2010	2012	2013
加 拿 大	**Canada**					
按当年价格计算	at Current Prices					
增加值总额	Total Value Added	6880	10868	15183	17243	17307
农业、狩猎业、林业和渔业	Agriculture, Hunting, Forestry, Fishing	157	200	231	280	284
采掘、制造、电、煤气和水供应业	Mining, Manufacturing, Utilities	1943	2873	3104	3513	3586
制造业	Manufacturing	1323	1625	1621	1838	1841
建筑业	Construction	342	644	1099	1233	1245
批发、零售贸易、旅馆和饭店业	Wholesale, Retail Trade, Restaurants and Hotels	916	1509	1915	2167	2164
运输、仓储和通讯业	Transport, Storage and Communication	483	779	1131	1283	1281
其他服务业	Other Activities	3040	4863	7703	8767	8747
按2005年价格计算	at Constant Prices of 2005					
增加值总额	Total Value Added	9630	10900	11600	12100	12300
农业、狩猎业、林业和渔业	Agriculture, Hunting, Forestry, Fishing	187	200	199	207	212
采掘、制造、电、煤气和水供应业	Mining, Manufacturing, Utilities	2790	2870	2630	2760	2810
制造业	Manufacturing	1650	1620	1370	1430	1460
建筑业	Construction	503	644	760	825	819
批发、零售贸易、旅馆和饭店业	Wholesale, Retail Trade, Restaurants and Hotels	1240	1510	1670	1750	1780
运输、仓储和通讯业	Transport, Storage and Communication	662	779	843	885	899
其他服务业	Other Activities	4220	4860	5510	5730	5840
墨 西 哥	**Mexico**					
按当年价格计算	at Current Prices					
增加值总额	Total Value Added	6227	8285	10069	11479	12095
农业、狩猎业、林业和渔业	Agriculture, Hunting, Forestry, Fishing	248	264	337	384	397
采掘、制造、电、煤气和水供应业	Mining, Manufacturing, Utilities	1944	2541	3035	3612	3662
制造业	Manufacturing	1275	1431	1741	2053	2125
建筑业	Construction	482	670	824	939	913
批发、零售贸易、旅馆和饭店业	Wholesale, Retail Trade, Restaurants and Hotels	1126	1462	1721	2034	2214
运输、仓储和通讯业	Transport, Storage and Communication	569	720	911	983	1065
其他服务业	Other Activities	1858	2629	3243	3526	3844
按2005年价格计算	at Constant Prices of 2005					
增加值总额	Total Value Added	7510	8290	9120	9860	10000
农业、狩猎业、林业和渔业	Agriculture, Hunting, Forestry, Fishing	245	264	294	299	307
采掘、制造、电、煤气和水供应业	Mining, Manufacturing, Utilities	2430	2540	2570	2740	2770
制造业	Manufacturing	1420	1430	1490	1620	1640
建筑业	Construction	617	670	749	798	760
批发、零售贸易、旅馆和饭店业	Wholesale, Retail Trade, Restaurants and Hotels	1300	1460	1570	1790	1830
运输、仓储和通讯业	Transport, Storage and Communication	571	720	874	985	1020
其他服务业	Other Activities	2330	2630	3100	3290	3360

3-10 续表 14 continued

单位：亿美元 (100 million USD)

国家或地区	Country or Area	2000	2005	2010	2012	2013
美　国	**United States**					
按当年价格计算	at Current Prices					
增加值总额	Total Value Added	102847	130939	149645	161632	167680
农业、狩猎业、林业和渔业	Agriculture, Hunting, Forestry, Fishing	985	1286	1602	1953	2266
采掘、制造、电、煤气和水供应业	Mining, Manufacturing, Utilities	18460	21322	24293	26659	27446
制造业	Manufacturing	15553	17042	18306	19946	20285
建筑业	Construction	4623	6541	5416	5867	6199
批发、零售贸易、旅馆和饭店业	Wholesale, Retail Trade, Restaurants and Hotels	13206	16082	17373	18983	19699
运输、仓储和通讯业	Transport, Storage and Communication	7778	10167	11553	12057	12606
其他服务业	Other Activities	57795	75541	89408	96113	99464
按2005年价格计算	at Constant Prices of 2005					
增加值总额	Total Value Added	117000	131000	135000	139000	142000
农业、狩猎业、林业和渔业	Agriculture, Hunting, Forestry, Fishing	1070	1290	1420	1310	1470
采掘、制造、电、煤气和水供应业	Mining, Manufacturing, Utilities	20200	21300	22500	23200	23600
制造业	Manufacturing	15400	17000	17400	17600	17900
建筑业	Construction	6510	6540	4670	4830	4920
批发、零售贸易、旅馆和饭店业	Wholesale, Retail Trade, Restaurants and Hotels	13500	16100	15200	15700	16000
运输、仓储和通讯业	Transport, Storage and Communication	8100	10200	11400	11700	12000
其他服务业	Other Activities	67500	75500	79700	82800	84100
阿 根 廷	**Argentina**					
按当年价格计算	at Current Prices					
增加值总额	Total Value Added	3117	1964	4025	5182	5194
农业、狩猎业、林业和渔业	Agriculture, Hunting, Forestry, Fishing	131	166	329	358	362
采掘、制造、电、煤气和水供应业	Mining, Manufacturing, Utilities	662	579	1017	1251	1184
制造业	Manufacturing	502	430	732	864	793
建筑业	Construction	168	102	226	284	294
批发、零售贸易、旅馆和饭店业	Wholesale, Retail Trade, Restaurants and Hotels	579	320	602	743	714
运输、仓储和通讯业	Transport, Storage and Communication	231	151	287	344	336
其他服务业	Other Activities	1345	645	1564	2203	2303
按2005年价格计算	at Constant Prices of 2005					
增加值总额	Total Value Added	1800	1960	2580	2820	2900
农业、狩猎业、林业和渔业	Agriculture, Hunting, Forestry, Fishing	143	166	177	161	178
采掘、制造、电、煤气和水供应业	Mining, Manufacturing, Utilities	509	579	744	801	802
制造业	Manufacturing	368	430	578	634	635
建筑业	Construction	85	102	134	143	146
批发、零售贸易、旅馆和饭店业	Wholesale, Retail Trade, Restaurants and Hotels	302	320	474	556	571
运输、仓储和通讯业	Transport, Storage and Communication	124	151	220	241	248
其他服务业	Other Activities	636	645	829	922	964

3-10 续表 15 continued

单位：亿美元 (100 million USD)

国家或地区	Country or Area	2000	2005	2010	2012	2013
巴　西	**Brazil**					
按当年价格计算	at Current Prices					
增加值总额	Total Value Added	5585	7568	18344	19073	19032
农业、狩猎业、林业和渔业	Agriculture, Hunting, Forestry, Fishing	313	432	973	1014	1088
采掘、制造、电、煤气和水供应业	Mining, Manufacturing, Utilities	1241	1845	4112	3872	3705
制造业	Manufacturing	962	1369	2976	2470	2480
建筑业	Construction	308	371	1037	1091	1031
批发、零售贸易、旅馆和饭店业	Wholesale, Retail Trade, Restaurants and Hotels	1024	1390	3733	4050	4152
运输、仓储和通讯业	Transport, Storage and Communication	473	677	1512	1581	1509
其他服务业	Other Activities	2226	2854	6978	7465	7546
按2005年价格计算	at Constant Prices of 2005					
增加值总额	Total Value Added	6570	7570	9270	9570	9830
农业、狩猎业、林业和渔业	Agriculture, Hunting, Forestry, Fishing	352	432	520	528	551
采掘、制造、电、煤气和水供应业	Mining, Manufacturing, Utilities	1570	1840	2100	2100	2200
制造业	Manufacturing	1190	1370	1510	1470	1560
建筑业	Construction	369	371	487	511	521
批发、零售贸易、旅馆和饭店业	Wholesale, Retail Trade, Restaurants and Hotels	1230	1390	1790	1870	1910
运输、仓储和通讯业	Transport, Storage and Communication	574	677	831	864	885
其他服务业	Other Activities	2460	2850	3510	3670	3740
委内瑞拉	**Venezuela**					
按当年价格计算	at Current Prices					
增加值总额	Total Value Added	1122	1358	3739	3624	3525
农业、狩猎业、林业和渔业	Agriculture, Hunting, Forestry, Fishing	46	54	212	191	191
采掘、制造、电、煤气和水供应业	Mining, Manufacturing, Utilities	453	679	1587	1404	1465
制造业	Manufacturing	217	219	509	482	474
建筑业	Construction	90	94	319	318	295
批发、零售贸易、旅馆和饭店业	Wholesale, Retail Trade, Restaurants and Hotels	107	151	580	623	565
运输、仓储和通讯业	Transport, Storage and Communication	78	78	213	197	194
其他服务业	Other Activities	348	302	828	891	816
按2005年价格计算	at Constant Prices of 2005					
增加值总额	Total Value Added	1180	1360	1620	1810	1860
农业、狩猎业、林业和渔业	Agriculture, Hunting, Forestry, Fishing	47	54	59	59	58
采掘、制造、电、煤气和水供应业	Mining, Manufacturing, Utilities	649	679	664	693	694
制造业	Manufacturing	209	219	225	237	239
建筑业	Construction	99	94	152	185	181
批发、零售贸易、旅馆和饭店业	Wholesale, Retail Trade, Restaurants and Hotels	118	151	184	211	219
运输、仓储和通讯业	Transport, Storage and Communication	61	78	133	152	157
其他服务业	Other Activities	238	302	381	440	467

3-10 续表 16 continued

单位：亿美元 (100 million USD)

国家或地区	Country or Area	2000	2005	2010	2012	2013
白俄罗斯	**Belarus**					
按当年价格计算	at Current Prices					
增加值总额	Total Value Added	91	263	499	571	643
农业、狩猎业、林业和渔业	Agriculture, Hunting, Forestry, Fishing	13	26	51	54	57
采掘、制造、电、煤气和水供应业	Mining, Manufacturing, Utilities	31	94	151	191	195
制造业	Manufacturing	25	77	133	166	168
建筑业	Construction	7	20	53	47	70
批发、零售贸易、旅馆和饭店业	Wholesale, Retail Trade, Restaurants and Hotels	12	32	72	94	94
运输、仓储和通讯业	Transport, Storage and Communication	9	24	42	48	59
其他服务业	Other Activities	19	67	131	136	169
按2005年价格计算	at Constant Prices of 2005					
增加值总额	Total Value Added	192	263	375	416	417
农业、狩猎业、林业和渔业	Agriculture, Hunting, Forestry, Fishing	20	26	32	36	35
采掘、制造、电、煤气和水供应业	Mining, Manufacturing, Utilities	60	94	136	154	147
制造业	Manufacturing	44	77	117	136	129
建筑业	Construction	13	20	48	46	49
批发、零售贸易、旅馆和饭店业	Wholesale, Retail Trade, Restaurants and Hotels	18	32	51	57	63
运输、仓储和通讯业	Transport, Storage and Communication	19	24	32	38	37
其他服务业	Other Activities	60	67	82	89	89
捷　克	**Czech Rep.**					
按当年价格计算	at Current Prices					
增加值总额	Total Value Added	562	1231	1876	1861	1873
农业、狩猎业、林业和渔业	Agriculture, Hunting, Forestry, Fishing	19	30	32	48	49
采掘、制造、电、煤气和水供应业	Mining, Manufacturing, Utilities	173	382	561	581	583
制造业	Manufacturing	146	314	440	463	466
建筑业	Construction	36	82	129	108	104
批发、零售贸易、旅馆和饭店业	Wholesale, Retail Trade, Restaurants and Hotels	82	166	234	230	230
运输、仓储和通讯业	Transport, Storage and Communication	63	139	212	203	202
其他服务业	Other Activities	188	432	708	690	705
按2005年价格计算	at Constant Prices of 2005					
增加值总额	Total Value Added	1060	1230	1370	1390	1380
农业、狩猎业、林业和渔业	Agriculture, Hunting, Forestry, Fishing	25	30	23	24	21
采掘、制造、电、煤气和水供应业	Mining, Manufacturing, Utilities	298	382	469	493	479
制造业	Manufacturing	228	314	428	465	454
建筑业	Construction	71	82	86	77	77
批发、零售贸易、旅馆和饭店业	Wholesale, Retail Trade, Restaurants and Hotels	129	166	187	193	193
运输、仓储和通讯业	Transport, Storage and Communication	121	139	151	143	140
其他服务业	Other Activities	402	432	465	472	483

3-10 续表 17 continued

单位：亿美元 (100 million USD)

国家或地区	Country or Area	2000	2005	2010	2012	2013
法　国	**France**					
按当年价格计算	at Current Prices					
增加值总额	Total Value Added	12282	19800	23853	24134	25185
农业、狩猎业、林业和渔业	Agriculture, Hunting, Forestry, Fishing	288	371	425	447	426
采掘、制造、电、煤气和水供应业	Mining, Manufacturing, Utilities	2264	3173	3229	3341	3480
制造业	Manufacturing	1932	2635	2684	2758	2856
建筑业	Construction	603	1085	1447	1475	1512
批发、零售贸易、旅馆和饭店业	Wholesale, Retail Trade, Restaurants and Hotels	1946	3105	3623	3600	3720
运输、仓储和通讯业	Transport, Storage and Communication	910	1563	1879	1881	1935
其他服务业	Other Activities	6271	10503	13250	13391	14111
按2005年价格计算	at Constant Prices of 2005					
增加值总额	Total Value Added	18300	19800	20700	21200	21300
农业、狩猎业、林业和渔业	Agriculture, Hunting, Forestry, Fishing	374	371	395	377	372
采掘、制造、电、煤气和水供应业	Mining, Manufacturing, Utilities	2940	3170	3040	3150	3140
制造业	Manufacturing	2450	2630	2580	2700	2670
建筑业	Construction	1010	1090	1050	1010	994
批发、零售贸易、旅馆和饭店业	Wholesale, Retail Trade, Restaurants and Hotels	2920	3100	3270	3420	3420
运输、仓储和通讯业	Transport, Storage and Communication	1270	1560	1710	1790	1790
其他服务业	Other Activities	9790	10500	11200	11500	11600
德　国	**Germany**					
按当年价格计算	at Current Prices					
增加值总额	Total Value Added	17563	25855	30691	31739	33534
农业、狩猎业、林业和渔业	Agriculture, Hunting, Forestry, Fishing	190	202	227	277	288
采掘、制造、电、煤气和水供应业	Mining, Manufacturing, Utilities	4500	6560	7874	8300	8752
制造业	Manufacturing	4007	5763	6749	7179	7452
建筑业	Construction	903	1006	1332	1439	1547
批发、零售贸易、旅馆和饭店业	Wholesale, Retail Trade, Restaurants and Hotels	2080	3101	3490	3564	3709
运输、仓储和通讯业	Transport, Storage and Communication	1536	2353	2784	2953	3080
其他服务业	Other Activities	8354	12633	14984	15206	16158
按2005年价格计算	at Constant Prices of 2005					
增加值总额	Total Value Added	25100	25900	27400	28500	28500
农业、狩猎业、林业和渔业	Agriculture, Hunting, Forestry, Fishing	216	202	210	207	203
采掘、制造、电、煤气和水供应业	Mining, Manufacturing, Utilities	6230	6560	6950	7450	7470
制造业	Manufacturing	5450	5760	6100	6610	6630
建筑业	Construction	1260	1010	1040	1080	1080
批发、零售贸易、旅馆和饭店业	Wholesale, Retail Trade, Restaurants and Hotels	2770	3100	3090	3130	3130
运输、仓储和通讯业	Transport, Storage and Communication	2060	2350	2860	3130	3140
其他服务业	Other Activities	12500	12600	13300	13600	13600

3-10 续表 18 continued

单位：亿美元 (100 million USD)

国家或地区	Country or Area	2000	2005	2010	2012	2013
意 大 利	**Italy**					
按当年价格计算	at Current Prices					
增加值总额	Total Value Added	10233	16718	19130	18795	19343
农业、狩猎业、林业和渔业	Agriculture, Hunting, Forestry, Fishing	291	376	376	410	447
采掘、制造、电、煤气和水供应业	Mining, Manufacturing, Utilities	2283	3336	3584	3401	3487
制造业	Manufacturing	1999	2879	3023	2815	2875
建筑业	Construction	493	980	1076	1034	1014
批发、零售贸易、旅馆和饭店业	Wholesale, Retail Trade, Restaurants and Hotels	1844	2827	3132	3075	3139
运输、仓储和通讯业	Transport, Storage and Communication	809	1386	1536	1507	1539
其他服务业	Other Activities	4512	7813	9426	9368	9716
按2005年价格计算	at Constant Prices of 2005					
增加值总额	Total Value Added	16000	16700	16500	16300	16000
农业、狩猎业、林业和渔业	Agriculture, Hunting, Forestry, Fishing	395	376	374	371	373
采掘、制造、电、煤气和水供应业	Mining, Manufacturing, Utilities	3330	3340	3110	3050	2960
制造业	Manufacturing	2890	2880	2690	2630	2560
建筑业	Construction	838	980	864	776	730
批发、零售贸易、旅馆和饭店业	Wholesale, Retail Trade, Restaurants and Hotels	2790	2830	2820	2770	2710
运输、仓储和通讯业	Transport, Storage and Communication	1140	1390	1390	1370	1340
其他服务业	Other Activities	7480	7810	7960	7960	7910
荷 兰	**Netherlands**					
按当年价格计算	at Current Prices					
增加值总额	Total Value Added	3698	6020	7520	7438	7681
农业、狩猎业、林业和渔业	Agriculture, Hunting, Forestry, Fishing	92	121	143	133	151
采掘、制造、电、煤气和水供应业	Mining, Manufacturing, Utilities	728	1125	1260	1303	1351
制造业	Manufacturing	585	825	888	904	931
建筑业	Construction	204	324	404	356	351
批发、零售贸易、旅馆和饭店业	Wholesale, Retail Trade, Restaurants and Hotels	633	1003	1250	1227	1259
运输、仓储和通讯业	Transport, Storage and Communication	283	492	581	572	586
其他服务业	Other Activities	1757	2955	3880	3848	3983
按2005年价格计算	at Constant Prices of 2005					
增加值总额	Total Value Added	5630	6020	6550	6600	6580
农业、狩猎业、林业和渔业	Agriculture, Hunting, Forestry, Fishing	116	121	129	127	130
采掘、制造、电、煤气和水供应业	Mining, Manufacturing, Utilities	1050	1120	1170	1170	1180
制造业	Manufacturing	801	825	868	893	889
建筑业	Construction	347	324	325	301	288
批发、零售贸易、旅馆和饭店业	Wholesale, Retail Trade, Restaurants and Hotels	943	1000	1110	1130	1120
运输、仓储和通讯业	Transport, Storage and Communication	417	492	521	533	526
其他服务业	Other Activities	2760	2960	3300	3330	3330

3-10 续表 19 continued

单位：亿美元 (100 million USD)

国家或地区	Country or Area	2000	2005	2010	2012	2013
波　兰	**Poland**					
按当年价格计算	at Current Prices					
增加值总额	Total Value Added	1522	2673	4198	4397	4672
农业、狩猎业、林业和渔业	Agriculture, Hunting, Forestry, Fishing	50	88	124	141	154
采掘、制造、电、煤气和水供应业	Mining, Manufacturing, Utilities	368	674	1036	1109	1206
制造业	Manufacturing	275	491	734	789	880
建筑业	Construction	131	183	348	335	347
批发、零售贸易、旅馆和饭店业	Wholesale, Retail Trade, Restaurants and Hotels	343	595	918	979	1030
运输、仓储和通讯业	Transport, Storage and Communication	109	213	333	356	374
其他服务业	Other Activities	520	919	1440	1476	1560
按2005年价格计算	at Constant Prices of 2005					
增加值总额	Total Value Added	2310	2670	3370	3610	3680
农业、狩猎业、林业和渔业	Agriculture, Hunting, Forestry, Fishing	74	88	90	87	91
采掘、制造、电、煤气和水供应业	Mining, Manufacturing, Utilities	548	674	941	1040	1090
制造业	Manufacturing	368	491	768	856	907
建筑业	Construction	197	183	255	273	276
批发、零售贸易、旅馆和饭店业	Wholesale, Retail Trade, Restaurants and Hotels	519	595	718	774	778
运输、仓储和通讯业	Transport, Storage and Communication	168	213	271	292	293
其他服务业	Other Activities	808	919	1100	1140	1150
俄罗斯	**Russia**					
按当年价格计算	at Current Prices					
增加值总额	Total Value Added	2287	6547	13185	17191	18053
农业、狩猎业、林业和渔业	Agriculture, Hunting, Forestry, Fishing	155	325	510	675	713
采掘、制造、电、煤气和水供应业	Mining, Manufacturing, Utilities	753	2143	3723	5034	5241
制造业	Manufacturing	512	1198	1954	2558	2676
建筑业	Construction	150	350	852	1300	1306
批发、零售贸易、旅馆和饭店业	Wholesale, Retail Trade, Restaurants and Hotels	546	1336	2774	3361	3472
运输、仓储和通讯业	Transport, Storage and Communication	208	671	1206	1491	1534
其他服务业	Other Activities	477	1722	4120	5329	5786
按2005年价格计算	at Constant Prices of 2005					
增加值总额	Total Value Added	5020	6550	7770	8370	8490
农业、狩猎业、林业和渔业	Agriculture, Hunting, Forestry, Fishing	287	325	320	352	363
采掘、制造、电、煤气和水供应业	Mining, Manufacturing, Utilities	1640	2140	2190	2340	2360
制造业	Manufacturing	892	1200	1250	1360	1380
建筑业	Construction	227	350	441	487	476
批发、零售贸易、旅馆和饭店业	Wholesale, Retail Trade, Restaurants and Hotels	877	1340	1850	1990	2010
运输、仓储和通讯业	Transport, Storage and Communication	500	671	783	866	874
其他服务业	Other Activities	1470	1720	2220	2370	2450

3-10 续表 20 continued

单位：亿美元 (100 million USD)

国家或地区	Country or Area	2000	2005	2010	2012	2013
西 班 牙	**Spain**					
按当年价格计算	at Current Prices					
增加值总额	Total Value Added	5402	10375	13111	12455	12726
农业、狩猎业、林业和渔业	Agriculture, Hunting, Forestry, Fishing	223	314	334	304	353
采掘、制造、电、煤气和水供应业	Mining, Manufacturing, Utilities	1115	1956	2251	2148	2239
制造业	Manufacturing	964	1632	1741	1640	1680
建筑业	Construction	545	1202	1159	781	731
批发、零售贸易、旅馆和饭店业	Wholesale, Retail Trade, Restaurants and Hotels	1029	1911	2371	2385	2423
运输、仓储和通讯业	Transport, Storage and Communication	496	916	1152	1133	1135
其他服务业	Other Activities	1994	4076	5842	5704	5846
按2005年价格计算	at Constant Prices of 2005					
增加值总额	Total Value Added	8850	10400	11100	10800	10700
农业、狩猎业、林业和渔业	Agriculture, Hunting, Forestry, Fishing	355	314	341	310	358
采掘、制造、电、煤气和水供应业	Mining, Manufacturing, Utilities	1740	1960	1890	1820	1790
制造业	Manufacturing	1490	1630	1490	1420	1400
建筑业	Construction	1040	1200	975	729	670
批发、零售贸易、旅馆和饭店业	Wholesale, Retail Trade, Restaurants and Hotels	1670	1910	1990	2000	1980
运输、仓储和通讯业	Transport, Storage and Communication	797	916	1010	1040	1030
其他服务业	Other Activities	3260	4080	4850	4900	4850
土 耳 其	**Turkey**					
按当年价格计算	at Current Prices					
增加值总额	Total Value Added	2495	4255	6525	7031	7288
农业、狩猎业、林业和渔业	Agriculture, Hunting, Forestry, Fishing	269	452	617	622	608
采掘、制造、电、煤气和水供应业	Mining, Manufacturing, Utilities	614	980	1420	1528	1575
制造业	Manufacturing	535	834	1145	1223	1262
建筑业	Construction	134	214	304	346	362
批发、零售贸易、旅馆和饭店业	Wholesale, Retail Trade, Restaurants and Hotels	402	705	994	1148	1204
运输、仓储和通讯业	Transport, Storage and Communication	325	663	942	1085	1139
其他服务业	Other Activities	751	1242	2248	2302	2400
按2005年价格计算	at Constant Prices of 2005					
增加值总额	Total Value Added	3410	4260	5110	5690	5960
农业、狩猎业、林业和渔业	Agriculture, Hunting, Forestry, Fishing	418	452	472	516	534
采掘、制造、电、煤气和水供应业	Mining, Manufacturing, Utilities	789	980	1180	1320	1360
制造业	Manufacturing	669	834	1000	1110	1150
建筑业	Construction	169	214	244	274	293
批发、零售贸易、旅馆和饭店业	Wholesale, Retail Trade, Restaurants and Hotels	578	705	807	908	949
运输、仓储和通讯业	Transport, Storage and Communication	456	663	772	867	907
其他服务业	Other Activities	994	1240	1650	1830	1950

3-10 续表 21 continued

单位：亿美元 (100 million USD)

国家或地区	Country or Area	2000	2005	2010	2012	2013
乌 克 兰	**Ukraine**					
按当年价格计算	at Current Prices					
增加值总额	Total Value Added	276	789	1250	1579	1650
农业、狩猎业、林业和渔业	Agriculture, Hunting, Forestry, Fishing	45	79	105	142	165
采掘、制造、电、煤气和水供应业	Mining, Manufacturing, Utilities	91	235	316	392	380
制造业	Manufacturing	56	165	185	223	211
建筑业	Construction	11	35	46	51	48
批发、零售贸易、旅馆和饭店业	Wholesale, Retail Trade, Restaurants and Hotels	29	114	217	277	296
运输、仓储和通讯业	Transport, Storage and Communication	38	100	152	185	195
其他服务业	Other Activities	62	227	414	532	566
按2005年价格计算	at Constant Prices of 2005					
增加值总额	Total Value Added	525	789	829	874	906
农业、狩猎业、林业和渔业	Agriculture, Hunting, Forestry, Fishing	66	79	87	100	101
采掘、制造、电、煤气和水供应业	Mining, Manufacturing, Utilities	166	235	228	236	240
制造业	Manufacturing	101	165	153	155	159
建筑业	Construction	24	35	19	17	19
批发、零售贸易、旅馆和饭店业	Wholesale, Retail Trade, Restaurants and Hotels	59	114	144	154	160
运输、仓储和通讯业	Transport, Storage and Communication	65	100	120	126	130
其他服务业	Other Activities	150	227	242	256	270
英 国	**United Kingdom**					
按当年价格计算	at Current Prices					
增加值总额	Total Value Added	13785	21621	21643	23315	23846
农业、狩猎业、林业和渔业	Agriculture, Hunting, Forestry, Fishing	121	135	147	158	156
采掘、制造、电、煤气和水供应业	Mining, Manufacturing, Utilities	2867	3518	3177	3368	3368
制造业	Manufacturing	2181	2568	2212	2320	2312
建筑业	Construction	847	1465	1292	1401	1446
批发、零售贸易、旅馆和饭店业	Wholesale, Retail Trade, Restaurants and Hotels	2409	3757	3557	3801	3921
运输、仓储和通讯业	Transport, Storage and Communication	1285	1847	1759	1881	1940
其他服务业	Other Activities	6255	10900	11711	12706	13016
按2005年价格计算	at Constant Prices of 2005					
增加值总额	Total Value Added	18800	21600	22200	22700	23100
农业、狩猎业、林业和渔业	Agriculture, Hunting, Forestry, Fishing	128	135	130	134	129
采掘、制造、电、煤气和水供应业	Mining, Manufacturing, Utilities	3660	3520	3250	3140	3140
制造业	Manufacturing	2640	2570	2440	2450	2450
建筑业	Construction	1260	1460	1380	1310	1330
批发、零售贸易、旅馆和饭店业	Wholesale, Retail Trade, Restaurants and Hotels	3100	3760	3810	3940	4050
运输、仓储和通讯业	Transport, Storage and Communication	1650	1850	1890	1950	2000
其他服务业	Other Activities	9030	10900	11700	12300	12400

3-10 续表 22 continued

单位：亿美元 (100 million USD)

国家或地区	Country or Area	2000	2005	2010	2012	2013
澳大利亚	**Australia**					
按当年价格计算	at Current Prices					
增加值总额	Total Value Added	3736	7017	12046	14736	14315
农业、狩猎业、林业和渔业	Agriculture, Hunting, Forestry, Fishing	143	209	297	354	348
采掘、制造、电、煤气和水供应业	Mining, Manufacturing, Utilities	759	1444	2479	2775	2830
制造业	Manufacturing	451	755	960	1050	1080
建筑业	Construction	211	513	953	1218	1165
批发、零售贸易、旅馆和饭店业	Wholesale, Retail Trade, Restaurants and Hotels	482	872	1382	1692	1656
运输、仓储和通讯业	Transport, Storage and Communication	348	624	1018	1222	1187
其他服务业	Other Activities	1793	3356	5918	7475	7130
按2005年价格计算	at Constant Prices of 2005					
增加值总额	Total Value Added	5950	7020	8050	8570	8810
农业、狩猎业、林业和渔业	Agriculture, Hunting, Forestry, Fishing	191	209	229	225	229
采掘、制造、电、煤气和水供应业	Mining, Manufacturing, Utilities	1360	1440	1630	1770	1840
制造业	Manufacturing	709	755	761	752	737
建筑业	Construction	323	513	622	693	718
批发、零售贸易、旅馆和饭店业	Wholesale, Retail Trade, Restaurants and Hotels	713	872	955	1020	1020
运输、仓储和通讯业	Transport, Storage and Communication	505	624	735	760	762
其他服务业	Other Activities	2860	3360	3880	4100	4240
新 西 兰	**New Zealand**					
按当年价格计算	at Current Prices					
增加值总额	Total Value Added	507	1067	1337	1609	1737
农业、狩猎业、林业和渔业	Agriculture, Hunting, Forestry, Fishing	42	52	96	109	121
采掘、制造、电、煤气和水供应业	Mining, Manufacturing, Utilities	105	214	240	289	310
制造业	Manufacturing	84	168	162	198	211
建筑业	Construction	23	61	77	94	100
批发、零售贸易、旅馆和饭店业	Wholesale, Retail Trade, Restaurants and Hotels	65	137	163	196	211
运输、仓储和通讯业	Transport, Storage and Communication	46	95	106	128	139
其他服务业	Other Activities	226	507	656	793	855
按2005年价格计算	at Constant Prices of 2005					
增加值总额	Total Value Added	885	1070	1110	1170	1210
农业、狩猎业、林业和渔业	Agriculture, Hunting, Forestry, Fishing	47	52	46	55	56
采掘、制造、电、煤气和水供应业	Mining, Manufacturing, Utilities	191	214	207	209	211
制造业	Manufacturing	143	168	146	152	154
建筑业	Construction	42	61	60	71	80
批发、零售贸易、旅馆和饭店业	Wholesale, Retail Trade, Restaurants and Hotels	114	137	141	149	154
运输、仓储和通讯业	Transport, Storage and Communication	77	95	106	111	112
其他服务业	Other Activities	412	507	558	577	592

3-11 支出法国内生产总值

Gross Domestic Product by Expenditure Approach

资料来源：世界银行WDI数据库。
Source: World Bank WDI Database.
单位：亿美元 (100 million USD)

国家或地区	Country or Area	2000	2005	2010	2013	2014
中　　国	**China**					
按当年价格计算	At Current USD					
居民消费支出	Household Final Consumption Expenditure	5539	8904	20791	34247	
政府消费支出	General Government Final Consumption Expenditure	1892	3222	7881	12908	
资本形成总额	Gross Capital Formation	4209	9501	28596	45249	
货物和服务出口	Exports of Goods and Services	2493	7645	15808	22133	23425
货物和服务进口	Imports of Goods and Services	2251	6623	13987	19535	19602
国内生产总值	Gross Domestic Product	12053	22686	60397	94906	103601
按2005年价格计算	At Constant 2005 USD					
居民消费支出	Household Final Consumption Expenditure	6504	8904	13717	17748	
政府消费支出	General Government Final Consumption Expenditure	2221	3222	5200	6689	
资本形成总额	Gross Capital Formation	5143	9501	18364	23650	
货物和服务出口	Exports of Goods and Services	3198	7645	15846	20334	
货物和服务进口	Imports of Goods and Services	2789	6623	12624	16936	
国内生产总值	Gross Domestic Product	14239	22686	38674	49130	52741
中国香港	**Hong Kong, China**					
按当年价格计算	At Current USD					
居民消费支出	Household Final Consumption Expenditure	1007	1044	1403	1822	1932
政府消费支出	General Government Final Consumption Expenditure	161	168	203	257	277
资本形成总额	Gross Capital Formation	474	382	546	662	698
货物和服务出口	Exports of Goods and Services	2434	3534	5017	6285	6389
货物和服务进口	Imports of Goods and Services	2358	3312	4882	6269	6387
国内生产总值	Gross Domestic Product	1717	1816	2286	2757	2909
按2005年价格计算	At Constant 2005 USD					
居民消费支出	Household Final Consumption Expenditure	952	1044	1303	1538	1587
政府消费支出	General Government Final Consumption Expenditure	152	168	189	206	212
资本形成总额	Gross Capital Formation	381	382	501	544	554
货物和服务出口	Exports of Goods and Services	2300	3534	4515	5077	5119
货物和服务进口	Imports of Goods and Services	2296	3312	4308	4943	4992
国内生产总值	Gross Domestic Product	1476	1816	2201	2418	2478
中国澳门	**Macao, China**					
按当年价格计算	At Current USD					
居民消费支出	Household Final Consumption Expenditure	25	37	64	97	108
政府消费支出	General Government Final Consumption Expenditure	8	12	23	33	39
资本形成总额	Gross Capital Formation	7	31	38	72	106
货物和服务出口	Exports of Goods and Services	61	112	300	552	550
货物和服务进口	Imports of Goods and Services	39	73	141	242	248
国内生产总值	Gross Domestic Product	61	118	284	513	555
按2005年价格计算	At Constant 2005 USD					
居民消费支出	Household Final Consumption Expenditure	29	37	49	64	68
政府消费支出	General Government Final Consumption Expenditure	9	12	18	21	22
资本形成总额	Gross Capital Formation	9	31	27	42	56
货物和服务出口	Exports of Goods and Services	61	112	242	372	352
货物和服务进口	Imports of Goods and Services	43	73	119	180	183
国内生产总值	Gross Domestic Product	68	118	207	303	302

3-11 续表 1 continued

单位：亿美元 (100 million USD)

国家或地区	Country or Area	2000	2005	2010	2013	2014
孟加拉国	**Bangladesh**					
按当年价格计算	At Current USD					
居民消费支出	Household Final Consumption Expenditure	400	512	854	1093	1241
政府消费支出	General Government Final Consumption Expenditure	27	36	59	77	90
资本形成总额	Gross Capital Formation	127	179	303	426	499
货物和服务出口	Exports of Goods and Services	66	100	185	293	343
货物和服务进口	Imports of Goods and Services	91	139	251	401	439
国内生产总值	Gross Domestic Product	534	694	1153	1500	1738
按2005年价格计算	At Constant 2005 USD					
居民消费支出	Household Final Consumption Expenditure	414	512	655	764	785
政府消费支出	General Government Final Consumption Expenditure	24	36	47	55	61
资本形成总额	Gross Capital Formation	121	179	270	345	367
货物和服务出口	Exports of Goods and Services	33	100	153	228	243
货物和服务进口	Imports of Goods and Services	47	139	183	265	262
国内生产总值	Gross Domestic Product	542	694	932	1121	1190
文　莱	**Brunei Darussalam**					
按当年价格计算	At Current USD					
居民消费支出	Household Final Consumption Expenditure	15	21	29	36	
政府消费支出	General Government Final Consumption Expenditure	15	18	28	30	
资本形成总额	Gross Capital Formation	8	11	20	25	
货物和服务出口	Exports of Goods and Services	40	67	101	123	
货物和服务进口	Imports of Goods and Services	21	26	41	52	
国内生产总值	Gross Domestic Product	60	95	124	161	173
按2005年价格计算	At Constant 2005 USD					
居民消费支出	Household Final Consumption Expenditure	16	21	25	28	
政府消费支出	General Government Final Consumption Expenditure	16	18	25	25	
资本形成总额	Gross Capital Formation	9	11	15	17	
货物和服务出口	Exports of Goods and Services	62	67	51	53	
货物和服务进口	Imports of Goods and Services	23	26	34	42	
国内生产总值	Gross Domestic Product	86	95	98	101	106
柬埔寨	**Cambodia**					
按当年价格计算	At Current USD					
居民消费支出	Household Final Consumption Expenditure	32	54	91	126	132
政府消费支出	General Government Final Consumption Expenditure	2	3	7	8	9
资本形成总额	Gross Capital Formation	6	12	20	29	39
货物和服务出口	Exports of Goods and Services	18	40	61	100	114
货物和服务进口	Imports of Goods and Services	23	46	67	112	127
国内生产总值	Gross Domestic Product	37	63	112	152	167
按2005年价格计算	At Constant 2005 USD					
居民消费支出	Household Final Consumption Expenditure	36	54	74	91	95
政府消费支出	General Government Final Consumption Expenditure	2	3	6	10	11
资本形成总额	Gross Capital Formation	7	12	18	17	27
货物和服务出口	Exports of Goods and Services	18	40	67	73	81
货物和服务进口	Imports of Goods and Services	23	46	77	74	89
国内生产总值	Gross Domestic Product	40	63	87	107	115

3-11 续表 2 continued

单位：亿美元 (100 million USD)

国家或地区	Country or Area	2000	2005	2010	2013	2014
印　度	**India**					
按当年价格计算	At Current USD					
居民消费支出	Household Final Consumption Expenditure	3079	4862	9570	11113	12484
政府消费支出	General Government Final Consumption Expenditure	598	907	1954	2096	2428
资本形成总额	Gross Capital Formation	1149	2860	6241	6055	6486
货物和服务出口	Exports of Goods and Services	609	1608	3754	4685	4877
货物和服务进口	Imports of Goods and Services	651	1837	4500	5236	5367
国内生产总值	Gross Domestic Product	4766	8342	17085	18618	20669
按2005年价格计算	At Constant 2005 USD					
居民消费支出	Household Final Consumption Expenditure	3686	4862	7217	8835	9461
政府消费支出	General Government Final Consumption Expenditure	763	907	1371	1612	1773
资本形成总额	Gross Capital Formation	1463	2860	4912	5081	
货物和服务出口	Exports of Goods and Services	725	1608	2679	3543	3576
货物和服务进口	Imports of Goods and Services	864	1837	3415	4013	3994
国内生产总值	Gross Domestic Product	6027	8342	12437	14898	16003
印度尼西亚	**Indonesia**					
按当年价格计算	At Current USD					
居民消费支出	Household Final Consumption Expenditure	1017	1840	4245	5216	5087
政府消费支出	General Government Final Consumption Expenditure	108	232	680	865	847
资本形成总额	Gross Capital Formation	367	717	2483	3100	3079
货物和服务出口	Exports of Goods and Services	676	974	1835	2183	2108
货物和服务进口	Imports of Goods and Services	503	855	1692	2255	2175
国内生产总值	Gross Domestic Product	1650	2859	7551	9105	8885
按2005年价格计算	At Constant 2005 USD					
居民消费支出	Household Final Consumption Expenditure	1510	1840	2306	2695	2838
政府消费支出	General Government Final Consumption Expenditure	156	232	338	399	407
资本形成总额	Gross Capital Formation	519	717	928	1156	1206
货物和服务出口	Exports of Goods and Services	699	974	1319	1602	1618
货物和服务进口	Imports of Goods and Services	566	855	1112	1407	1438
国内生产总值	Gross Domestic Product	2269	2859	3779	4491	4717
以 色 列	**Israel**					
按当年价格计算	At Current USD					
居民消费支出	Household Final Consumption Expenditure	704	793	1342	1643	1732
政府消费支出	General Government Final Consumption Expenditure	320	340	523	653	693
资本形成总额	Gross Capital Formation	289	282	416	569	579
货物和服务出口	Exports of Goods and Services	472	579	816	957	967
货物和服务进口	Imports of Goods and Services	471	581	768	917	929
国内生产总值	Gross Domestic Product	1315	1412	2329	2906	3042
按2005年价格计算	At Constant 2005 USD					
居民消费支出	Household Final Consumption Expenditure	689	793	972	1065	1109
政府消费支出	General Government Final Consumption Expenditure	321	340	390	429	448
资本形成总额	Gross Capital Formation	301	282	359	442	440
货物和服务出口	Exports of Goods and Services	506	579	722	788	796
货物和服务进口	Imports of Goods and Services	542	581	676	766	784
国内生产总值	Gross Domestic Product	1274	1412	1771	1962	2016

3-11 续表 3 continued

单位：亿美元 (100 million USD)

国家或地区	Country or Area	2000	2005	2010	2013	2014
日　本	**Japan**					
按当年价格计算	At Current USD					
居民消费支出	Household Final Consumption Expenditure	26740	26414	32566	30078	
政府消费支出	General Government Final Consumption Expenditure	8009	8390	10837	10121	
资本形成总额	Gross Capital Formation	11878	10271	10894	10394	
货物和服务出口	Exports of Goods and Services	5146	6544	8337	7946	
货物和服务进口	Imports of Goods and Services	4461	5900	7680	9343	
国内生产总值	Gross Domestic Product	47312	45719	54954	49196	46015
按2005年价格计算	At Constant 2005 USD					
居民消费支出	Household Final Consumption Expenditure	24893	26414	27258	28534	
政府消费支出	General Government Final Consumption Expenditure	7530	8390	8831	9263	
资本形成总额	Gross Capital Formation	10774	10271	8824	9347	
货物和服务出口	Exports of Goods and Services	4917	6544	7476	7550	
货物和服务进口	Imports of Goods and Services	4984	5900	5928	6814	
国内生产总值	Gross Domestic Product	43081	45719	46485	47845	47795
哈萨克斯坦	**Kazakhstan**					
按当年价格计算	At Current USD					
居民消费支出	Household Final Consumption Expenditure	113	285	672	1175	
政府消费支出	General Government Final Consumption Expenditure	22	64	160	239	
资本形成总额	Gross Capital Formation	33	177	376	555	
货物和服务出口	Exports of Goods and Services	104	304	655	887	
货物和服务进口	Imports of Goods and Services	90	255	443	619	
国内生产总值	Gross Domestic Product	183	571	1480	2319	2122
按2005年价格计算	At Constant 2005 USD					
居民消费支出	Household Final Consumption Expenditure	181	285	427	592	
政府消费支出	General Government Final Consumption Expenditure	44	64	84	107	
资本形成总额	Gross Capital Formation	70	177	262	330	
货物和服务出口	Exports of Goods and Services	220	304	324	340	
货物和服务进口	Imports of Goods and Services	210	255	278	365	
国内生产总值	Gross Domestic Product	349	571	772	924	964
韩　国	**Korea, Rep.**					
按当年价格计算	At Current USD					
居民消费支出	Household Final Consumption Expenditure	3019	4689	5508	6647	7112
政府消费支出	General Government Final Consumption Expenditure	637	1193	1584	1959	2128
资本形成总额	Gross Capital Formation	1850	2889	3505	3800	4113
货物和服务出口	Exports of Goods and Services	1966	3306	5409	7034	7142
货物和服务进口	Imports of Goods and Services	1850	3087	5060	6384	6390
国内生产总值	Gross Domestic Product	5616	8981	10945	13056	14104
按2005年价格计算	At Constant 2005 USD					
居民消费支出	Household Final Consumption Expenditure	3913	4689	5462	5836	5941
政府消费支出	General Government Final Consumption Expenditure	938	1193	1560	1702	1750
资本形成总额	Gross Capital Formation	2377	2889	3325	3357	3526
货物和服务出口	Exports of Goods and Services	2021	3306	5041	6359	6536
货物和服务进口	Imports of Goods and Services	2080	3087	4369	5204	5313
国内生产总值	Gross Domestic Product	7128	8981	10987	11990	12387

3-11 续表 4 continued

单位：亿美元 (100 million USD)

国家或地区	Country or Area	2000	2005	2010	2013	2014
老　挝	**Laos**					
按当年价格计算	At Current USD					
居民消费支出	Household Final Consumption Expenditure	16	22	49	73	71
政府消费支出	General Government Final Consumption Expenditure	1	2	7	16	16
资本形成总额	Gross Capital Formation	2	6	17	33	42
货物和服务出口	Exports of Goods and Services	5	9	26	42	47
货物和服务进口	Imports of Goods and Services	8	13	27	52	58
国内生产总值	Gross Domestic Product	17	27	72	112	118
按2005年价格计算	At Constant 2005 USD					
居民消费支出	Household Final Consumption Expenditure	19	22	28	33	33
政府消费支出	General Government Final Consumption Expenditure	1	2	4	7	8
资本形成总额	Gross Capital Formation	3	6	10	15	19
货物和服务出口	Exports of Goods and Services	6	9	14	19	22
货物和服务进口	Imports of Goods and Services	9	13	15	24	27
国内生产总值	Gross Domestic Product	20	27	40	51	55
马来西亚	**Malaysia**					
按当年价格计算	At Current USD					
居民消费支出	Household Final Consumption Expenditure	410	634	1176	1600	1694
政府消费支出	General Government Final Consumption Expenditure	95	165	303	424	432
资本形成总额	Gross Capital Formation	252	321	577	817	824
货物和服务出口	Exports of Goods and Services	1124	1620	2310	2558	2604
货物和服务进口	Imports of Goods and Services	943	1306	1890	2267	2285
国内生产总值	Gross Domestic Product	938	1435	2475	3132	3269
按2005年价格计算	At Constant 2005 USD					
居民消费支出	Household Final Consumption Expenditure	457	634	872	1082	1159
政府消费支出	General Government Final Consumption Expenditure	102	165	215	279	291
资本形成总额	Gross Capital Formation	320	321	440	571	579
货物和服务出口	Exports of Goods and Services	1248	1620	1805	1862	1958
货物和服务进口	Imports of Goods and Services	984	1306	1545	1715	1781
国内生产总值	Gross Domestic Product	1139	1435	1787	2080	2205
蒙　古	**Mongolia**					
按当年价格计算	At Current USD					
居民消费支出	Household Final Consumption Expenditure	9	14	40	70	70
政府消费支出	General Government Final Consumption Expenditure	2	3	9	17	14
资本形成总额	Gross Capital Formation	3	9	30	66	38
货物和服务出口	Exports of Goods and Services	6	15	34	50	64
货物和服务进口	Imports of Goods and Services	8	16	41	76	67
国内生产总值	Gross Domestic Product	11	25	72	125	120
按2005年价格计算	At Constant 2005 USD					
居民消费支出	Household Final Consumption Expenditure		14	24	36	40
政府消费支出	General Government Final Consumption Expenditure		3	4	7	7
资本形成总额	Gross Capital Formation		9	15	28	19
货物和服务出口	Exports of Goods and Services		15	24	34	52
货物和服务进口	Imports of Goods and Services		16	32	58	61
国内生产总值	Gross Domestic Product	18	25	35	51	55

3-11 续表 5 continued

单位：亿美元 (100 million USD)

国家或地区	Country or Area	2000	2005	2010	2013	2014
巴基斯坦	**Pakistan**					
按当年价格计算	At Current USD					
居民消费支出	Household Final Consumption Expenditure	557	843	1414	1886	1987
政府消费支出	General Government Final Consumption Expenditure	64	86	183	255	296
资本形成总额	Gross Capital Formation	127	209	280	338	345
货物和服务出口	Exports of Goods and Services	99	172	240	307	305
货物和服务进口	Imports of Goods and Services	109	214	343	463	465
国内生产总值	Gross Domestic Product	740	1095	1774	2323	2469
按2005年价格计算	At Constant 2005 USD					
居民消费支出	Household Final Consumption Expenditure	668	843	944	1063	1127
政府消费支出	General Government Final Consumption Expenditure	72	86	140	165	186
资本形成总额	Gross Capital Formation	177	209	237	228	231
货物和服务出口	Exports of Goods and Services	101	172	205	202	199
货物和服务进口	Imports of Goods and Services	142	214	227	223	231
国内生产总值	Gross Domestic Product	858	1095	1295	1438	1516
菲律宾	**Philippines**					
按当年价格计算	At Current USD					
居民消费支出	Household Final Consumption Expenditure	585	773	1428	1994	2063
政府消费支出	General Government Final Consumption Expenditure	93	93	194	302	304
资本形成总额	Gross Capital Formation	149	222	410	535	561
货物和服务出口	Exports of Goods and Services	416	476	695	759	829
货物和服务进口	Imports of Goods and Services	432	533	731	870	895
国内生产总值	Gross Domestic Product	810	1031	1996	2721	2846
按2005年价格计算	At Constant 2005 USD					
居民消费支出	Household Final Consumption Expenditure	605	773	924	1099	1159
政府消费支出	General Government Final Consumption Expenditure	91	93	127	162	165
资本形成总额	Gross Capital Formation	155	222	278	352	356
货物和服务出口	Exports of Goods and Services	395	476	620	649	727
货物和服务进口	Imports of Goods and Services	425	533	642	706	747
国内生产总值	Gross Domestic Product	824	1031	1311	1556	1651
新加坡	**Singapore**					
按当年价格计算	At Current USD					
居民消费支出	Household Final Consumption Expenditure	398	499	840	1108	1132
政府消费支出	General Government Final Consumption Expenditure	103	130	241	305	309
资本形成总额	Gross Capital Formation	334	272	659	876	851
货物和服务出口	Exports of Goods and Services	1813	2881	4711	5790	5777
货物和服务进口	Imports of Goods and Services	1695	2501	4086	5088	5025
国内生产总值	Gross Domestic Product	958	1274	2364	3022	3079
按2005年价格计算	At Constant 2005 USD					
居民消费支出	Household Final Consumption Expenditure	407	499	592	659	676
政府消费支出	General Government Final Consumption Expenditure	110	130	176	190	191
资本形成总额	Gross Capital Formation	348	272	501	595	581
货物和服务出口	Exports of Goods and Services	1816	2881	3952	4446	4539
货物和服务进口	Imports of Goods and Services	1687	2501	3423	3833	3887
国内生产总值	Gross Domestic Product	1004	1274	1765	2024	2083

3-11 续表 6 continued

单位：美元 (USD)

国家或地区	Country or Area	2000	2005	2010	2013	2014
斯里兰卡	**Sri Lanka**					
按当年价格计算	At Current USD					
居民消费支出	Household Final Consumption Expenditure		168	323	449	
政府消费支出	General Government Final Consumption Expenditure	17	32	77	88	
资本形成总额	Gross Capital Formation	46	65	137	199	
货物和服务出口	Exports of Goods and Services	64	79	111	151	167
货物和服务进口	Imports of Goods and Services	81	101	152	215	231
国内生产总值	Gross Domestic Product	163	244	496	672	749
按2005年价格计算	At Constant 2005 USD					
居民消费支出	Household Final Consumption Expenditure	136	168	221		
政府消费支出	General Government Final Consumption Expenditure	29	32	49		
资本形成总额	Gross Capital Formation	52	65	98	123	
货物和服务出口	Exports of Goods and Services	66	79	84	99	
货物和服务进口	Imports of Goods and Services	80	101	118	142	
国内生产总值	Gross Domestic Product	201	244	333	411	441
泰 国	**Thailand**					
按当年价格计算	At Current USD					
居民消费支出	Household Final Consumption Expenditure	689	1010	1714	2108	2046
政府消费支出	General Government Final Consumption Expenditure	139	210	413	535	533
资本形成总额	Gross Capital Formation	280	554	827	1132	957
货物和服务出口	Exports of Goods and Services	820	1297	2273	2849	2805
货物和服务进口	Imports of Goods and Services	714	1317	2036	2722	2530
国内生产总值	Gross Domestic Product	1227	1764	3189	3873	3738
按2005年价格计算	At Constant 2005 USD					
居民消费支出	Household Final Consumption Expenditure	777	1010	1130	1225	1229
政府消费支出	General Government Final Consumption Expenditure	169	210	278	316	325
资本形成总额	Gross Capital Formation	353	554	562	672	595
货物和服务出口	Exports of Goods and Services	989	1297	1610	1894	1894
货物和服务进口	Imports of Goods and Services	915	1317	1476	1825	1737
国内生产总值	Gross Domestic Product	1375	1764	2101	2304	2320
越 南	**Viet Nam**					
按当年价格计算	At Current USD					
居民消费支出	Household Final Consumption Expenditure	207	377	772	1121	1225
政府消费支出	General Government Final Consumption Expenditure	20	31	69	105	117
资本形成总额	Gross Capital Formation	92	195	414	457	500
货物和服务出口	Exports of Goods and Services	168	367	835	1432	1609
货物和服务进口	Imports of Goods and Services	179	386	930	1395	1548
国内生产总值	Gross Domestic Product	336	576	1159	1712	1862
按2005年价格计算	At Constant 2005 USD					
居民消费支出	Household Final Consumption Expenditure	271	377	530	609	646
政府消费支出	General Government Final Consumption Expenditure	22	31	48	60	64
资本形成总额	Gross Capital Formation	113	195	338	340	370
货物和服务出口	Exports of Goods and Services	160	367	538	809	902
货物和服务进口	Imports of Goods and Services	168	386	637	849	957
国内生产总值	Gross Domestic Product	413	576	783	923	978

3-11 续表 7 continued

单位：亿美元 (100 million USD)

国家或地区	Country or Area	2000	2005	2010	2013	2014
埃　及	**Egypt**					
按当年价格计算	At Current USD					
居民消费支出	Household Final Consumption Expenditure	757	642	1632	2199	2373
政府消费支出	General Government Final Consumption Expenditure	112	114	244	318	344
资本形成总额	Gross Capital Formation	195	161	427	386	402
货物和服务出口	Exports of Goods and Services	162	272	467	491	435
货物和服务进口	Imports of Goods and Services	228	292	582	674	689
国内生产总值	Gross Domestic Product	998	897	2189	2720	2865
按2005年价格计算	At Constant 2005 USD					
居民消费支出	Household Final Consumption Expenditure	552	642	850	980	1020
政府消费支出	General Government Final Consumption Expenditure	98	114	133	147	156
资本形成总额	Gross Capital Formation	147	161	256	238	251
货物和服务出口	Exports of Goods and Services	145	272	434	453	397
货物和服务进口	Imports of Goods and Services	191	292	458	543	550
国内生产总值	Gross Domestic Product	754	897	1210	1286	1314
南　非	**South Africa**					
按当年价格计算	At Current USD					
居民消费支出	Household Final Consumption Expenditure	861	1597	2215	2220	2119
政府消费支出	General Government Final Consumption Expenditure	250	502	759	742	711
资本形成总额	Gross Capital Formation	223	472	732	737	712
货物和服务出口	Exports of Goods and Services	370	682	1074	1134	1093
货物和服务进口	Imports of Goods and Services	331	688	1027	1217	1159
国内生产总值	Gross Domestic Product	1364	2578	3753	3661	3498
按2005年价格计算	At Constant 2005 USD					
居民消费支出	Household Final Consumption Expenditure	1290	1597	1897	2116	2145
政府消费支出	General Government Final Consumption Expenditure	398	502	624	678	692
资本形成总额	Gross Capital Formation	310	472	580	677	687
货物和服务出口	Exports of Goods and Services	590	682	717	783	804
货物和服务进口	Imports of Goods and Services	471	688	835	997	991
国内生产总值	Gross Domestic Product	2136	2578	3002	3237	3287
加拿大	**Canada**					
按当年价格计算	At Current USD					
居民消费支出	Household Final Consumption Expenditure	4028	6297	9113	10215	9951
政府消费支出	General Government Final Consumption Expenditure	1407	2231	3556	3960	
资本形成总额	Gross Capital Formation	1535	2656	3767	4502	4300
货物和服务出口	Exports of Goods and Services	3284	4303	4690	5553	5639
货物和服务进口	Imports of Goods and Services	2867	3849	4997	5846	5801
国内生产总值	Gross Domestic Product	7395	11641	16140	18390	17867
按2005年价格计算	At Constant 2005 USD					
居民消费支出	Household Final Consumption Expenditure	5392	6297	7291	7793	8005
政府消费支出	General Government Final Consumption Expenditure	1983	2231	2623	2687	
资本形成总额	Gross Capital Formation	2029	2656	2846	3254	3229
货物和服务出口	Exports of Goods and Services	4135	4303	3893	4264	4496
货物和服务进口	Imports of Goods and Services	3276	3849	4303	4775	4855
国内生产总值	Gross Domestic Product	10268	11641	12400	13274	13610

3-11 续表 8 continued

单位：亿美元 (100 million USD)

国家或地区	Country or Area	2000	2005	2010	2013	2014
墨西哥	**Mexico**					
按当年价格计算	At Current USD					
居民消费支出	Household Final Consumption Expenditure	4841	5860	7043	8654	8794
政府消费支出	General Government Final Consumption Expenditure	769	926	1225	1537	1575
资本形成总额	Gross Capital Formation	1539	1929	2318	2734	2813
货物和服务出口	Exports of Goods and Services	1796	2302	3140	4006	4198
货物和服务进口	Imports of Goods and Services	1836	2427	3266	4119	4318
国内生产总值	Gross Domestic Product	6836	8663	10511	12622	12827
按2005年价格计算	At Constant 2005 USD					
居民消费支出	Household Final Consumption Expenditure	5084	5860	6417	7210	7353
政府消费支出	General Government Final Consumption Expenditure	922	926	1052	1130	1158
资本形成总额	Gross Capital Formation	1742	1929	2138	2338	2429
货物和服务出口	Exports of Goods and Services	2006	2302	2695	3155	3384
货物和服务进口	Imports of Goods and Services	1964	2427	2936	3429	3623
国内生产总值	Gross Domestic Product	7987	8663	9531	10457	10679
美国	**United States**					
按当年价格计算	At Current USD					
居民消费支出	Household Final Consumption Expenditure	67924	87941	102022	114843	
政府消费支出	General Government Final Consumption Expenditure	14442	19801	25222	25476	
资本形成总额	Gross Capital Formation	24240	30408	27526	32443	
货物和服务出口	Exports of Goods and Services	10968	13089	18523	22622	
货物和服务进口	Imports of Goods and Services	14726	20301	23650	27704	
国内生产总值	Gross Domestic Product	102848	130937	149644	167681	174190
按2005年价格计算	At Constant 2005 USD					
居民消费支出	Household Final Consumption Expenditure	75383	87941	92596	98716	
政府消费支出	General Government Final Consumption Expenditure	17669	19801	21616	20647	
资本形成总额	Gross Capital Formation	26851	30408	25764	28952	
货物和服务出口	Exports of Goods and Services	11919	13089	16827	19131	
货物和服务进口	Imports of Goods and Services	16286	20301	20968	22890	
国内生产总值	Gross Domestic Product	115533	130937	135993	144515	147966
阿根廷	**Argentina**					
按当年价格计算	At Current USD					
居民消费支出	Household Final Consumption Expenditure	1970	1462	3022	4100	3478
政府消费支出	General Government Final Consumption Expenditure	392	230	606	969	850
资本形成总额	Gross Capital Formation	460	425	884	1154	1058
货物和服务出口	Exports of Goods and Services	312	466	804	891	802
货物和服务进口	Imports of Goods and Services	331	354	687	896	789
国内生产总值	Gross Domestic Product	2842	2229	4628	6221	5402
按2005年价格计算	At Constant 2005 USD					
居民消费支出	Household Final Consumption Expenditure	1393	1462	2021	2425	2413
政府消费支出	General Government Final Consumption Expenditure	220	230	315	378	389
资本形成总额	Gross Capital Formation	388	425	647	694	650
货物和服务出口	Exports of Goods and Services	342	466	555	531	488
货物和服务进口	Imports of Goods and Services	368	354	582	694	606
国内生产总值	Gross Domestic Product	2020	2229	2945	3310	3326

3-11 续表 9 continued

单位：亿美元 (100 million USD)

国家或地区	Country or Area	2000	2005	2010	2013	2014
巴　西	**Brazil**					
按当年价格计算	At Current USD					
居民消费支出	Household Final Consumption Expenditure	4241	5392	13308	14845	14659
政府消费支出	General Government Final Consumption Expenditure	1223	1670	4201	4686	4737
资本形成总额	Gross Capital Formation	1257	1556	4816	4949	4711
货物和服务出口	Exports of Goods and Services	668	1359	2372	2875	2702
货物和服务进口	Imports of Goods and Services	816	1056	2602	3434	3349
国内生产总值	Gross Domestic Product	6572	8921	22094	23921	23461
按2005年价格计算	At Constant 2005 USD					
居民消费支出	Household Final Consumption Expenditure	4920	5392	7130	7984	8055
政府消费支出	General Government Final Consumption Expenditure	1456	1670	1966	2119	2148
资本形成总额	Gross Capital Formation	1580	1556	2408	2707	2588
货物和服务出口	Exports of Goods and Services	839	1359	1540	1657	1639
货物和服务进口	Imports of Goods and Services	999	1056	2148	2545	2519
国内生产总值	Gross Domestic Product	7746	8921	11085	12043	12061
委内瑞拉	**Venezuela**					
按当年价格计算	At Current USD					
居民消费支出	Household Final Consumption Expenditure	606	680	2201	2417	
政府消费支出	General Government Final Consumption Expenditure	146	161	441	460	
资本形成总额	Gross Capital Formation	283	335	865	1013	
货物和服务出口	Exports of Goods and Services	348	577	1124	920	
货物和服务进口	Imports of Goods and Services	212	298	693	1096	
国内生产总值	Gross Domestic Product	1171	1455	3938	3713	5100
按2005年价格计算	At Constant 2005 USD					
居民消费支出	Household Final Consumption Expenditure	540	680	930	1084	
政府消费支出	General Government Final Consumption Expenditure	115	161	218	254	
资本形成总额	Gross Capital Formation	277	335	488	601	
货物和服务出口	Exports of Goods and Services	589	577	385	384	
货物和服务进口	Imports of Goods and Services	207	298	423	548	
国内生产总值	Gross Domestic Product	1283	1455	1746	1947	1869
捷　克	**Czech Rep.**					
按当年价格计算	At Current USD					
居民消费支出	Household Final Consumption Expenditure	313	654	1020	1035	996
政府消费支出	General Government Final Consumption Expenditure	120	277	424	410	402
资本形成总额	Gross Capital Formation	194	397	563	522	516
货物和服务出口	Exports of Goods and Services	297	847	1370	1613	1719
货物和服务进口	Imports of Goods and Services	308	815	1306	1492	1578
国内生产总值	Gross Domestic Product	615	1360	2070	2088	2055
按2005年价格计算	At Constant 2005 USD					
居民消费支出	Household Final Consumption Expenditure	552	654	730	721	733
政府消费支出	General Government Final Consumption Expenditure	236	277	292	287	294
资本形成总额	Gross Capital Formation	324	397	432	402	415
货物和服务出口	Exports of Goods and Services	460	847	1161	1325	1441
货物和服务进口	Imports of Goods and Services	453	815	1082	1186	1299
国内生产总值	Gross Domestic Product	1122	1360	1533	1540	1571

3-11 续表 10 continued

单位：亿美元 (100 million USD)

国家或地区	Country or Area	2000	2005	2010	2013	2014
法　国	**France**					
按当年价格计算	At Current USD					
居民消费支出	Household Final Consumption Expenditure	7450	12157	14861	15613	15700
政府消费支出	General Government Final Consumption Expenditure	3022	5040	6307	6745	6844
资本形成总额	Gross Capital Formation	3063	4931	5800	6267	6269
货物和服务出口	Exports of Goods and Services	3855	5811	6894	8009	8117
货物和服务进口	Imports of Goods and Services	3707	5902	7392	8532	8638
国内生产总值	Gross Domestic Product	13684	22037	26470	28102	28292
按2005年价格计算	At Constant 2005 USD					
居民消费支出	Household Final Consumption Expenditure	10943	12157	13055	13137	13221
政府消费支出	General Government Final Consumption Expenditure	4641	5040	5455	5694	5781
资本形成总额	Gross Capital Formation	4538	4931	4851	5080	5066
货物和服务出口	Exports of Goods and Services	5148	5811	6128	6828	6988
货物和服务进口	Imports of Goods and Services	4965	5902	6583	7162	7433
国内生产总值	Gross Domestic Product	20300	22037	22899	23571	23614
德　国	**Germany**					
按当年价格计算	At Current USD					
居民消费支出	Household Final Consumption Expenditure	11126	16508	19148	20866	21285
政府消费支出	General Government Final Consumption Expenditure	3645	5262	6542	7186	7460
资本形成总额	Gross Capital Formation	4648	5359	6663	7084	7305
货物和服务出口	Exports of Goods and Services	6012	10798	14432	16997	17580
货物和服务进口	Imports of Goods and Services	5959	9352	12664	14829	15105
国内生产总值	Gross Domestic Product	19472	28576	34122	37303	38526
按2005年价格计算	At Constant 2005 USD					
居民消费支出	Household Final Consumption Expenditure	16166	16508	16944	17588	17788
政府消费支出	General Government Final Consumption Expenditure	5162	5262	5816	5971	6040
资本形成总额	Gross Capital Formation	6271	5359	5856	5845	5969
货物和服务出口	Exports of Goods and Services	8089	10798	13267	14966	15531
货物和服务进口	Imports of Goods and Services	7882	9352	11518	12725	13165
国内生产总值	Gross Domestic Product	27774	28576	30378	31620	32127
意大利	**Italy**					
按当年价格计算	At Current USD					
居民消费支出	Household Final Consumption Expenditure	6919	11019	12982	12984	13044
政府消费支出	General Government Final Consumption Expenditure	2042	3627	4340	4192	4173
资本形成总额	Gross Capital Formation	2365	3910	4365	3698	3545
货物和服务出口	Exports of Goods and Services	2930	4567	5353	6158	6297
货物和服务进口	Imports of Goods and Services	2833	4588	5771	5662	5616
国内生产总值	Gross Domestic Product	11422	18535	21267	21369	21443
按2005年价格计算	At Constant 2005 USD					
居民消费支出	Household Final Consumption Expenditure	10614	11019	11148	10407	10442
政府消费支出	General Government Final Consumption Expenditure	3340	3627	3695	3574	3540
资本形成总额	Gross Capital Formation	3577	3910	3641	2947	2823
货物和服务出口	Exports of Goods and Services	4225	4567	4659	5041	5174
货物和服务进口	Imports of Goods and Services	4076	4588	4916	4434	4515
国内生产总值	Gross Domestic Product	17688	18535	18251	17546	17471

3-11 续表 11 continued

单位：亿美元 (100 million USD)

国家或地区	Country or Area	2000	2005	2010	2013	2014
荷　兰	**Netherlands**					
按当年价格计算	At Current USD					
居民消费支出	Household Final Consumption Expenditure	2073	3268	3742	3845	3896
政府消费支出	General Government Final Consumption Expenditure	844	1514	2215	2248	2259
资本形成总额	Gross Capital Formation	946	1398	1708	1561	1597
货物和服务出口	Exports of Goods and Services	2775	4465	6019	7079	7229
货物和服务进口	Imports of Goods and Services	2504	3922	5319	6198	6286
国内生产总值	Gross Domestic Product	4134	6724	8364	8535	8695
按2005年价格计算	At Constant 2005 USD					
居民消费支出	Household Final Consumption Expenditure	3138	3268	3288	3194	3197
政府消费支出	General Government Final Consumption Expenditure	1323	1514	1884	1845	1839
资本形成总额	Gross Capital Formation	1435	1398	1465	1357	1393
货物和服务出口	Exports of Goods and Services	3822	4465	5217	5739	5969
货物和服务进口	Imports of Goods and Services	3387	3922	4594	4927	5123
国内生产总值	Gross Domestic Product	6338	6724	7257	7208	7271
波　兰	**Poland**					
按当年价格计算	At Current USD					
居民消费支出	Household Final Consumption Expenditure	1091	1916	2935	3202	
政府消费支出	General Government Final Consumption Expenditure	312	559	918	954	
资本形成总额	Gross Capital Formation	423	598	1001	1003	
货物和服务出口	Exports of Goods and Services	468	1063	1929	2425	
货物和服务进口	Imports of Goods and Services	577	1092	2016	2325	
国内生产总值	Gross Domestic Product	1719	3044	4767	5261	5480
按2005年价格计算	At Constant 2005 USD					
居民消费支出	Household Final Consumption Expenditure	1671	1916	2404	2521	
政府消费支出	General Government Final Consumption Expenditure	483	559	683	683	
资本形成总额	Gross Capital Formation	603	598	845	874	
货物和服务出口	Exports of Goods and Services	749	1063	1533	1811	
货物和服务进口	Imports of Goods and Services	891	1092	1632	1741	
国内生产总值	Gross Domestic Product	2630	3044	3829	4155	4295
俄罗斯	**Russia**					
按当年价格计算	At Current USD					
居民消费支出	Household Final Consumption Expenditure	1200	3816	7851	10891	
政府消费支出	General Government Final Consumption Expenditure	392	1289	2855	4098	
资本形成总额	Gross Capital Formation	485	1534	3449	4736	
货物和服务出口	Exports of Goods and Services	1144	2690	4455	5948	
货物和服务进口	Imports of Goods and Services	624	1643	3224	4716	
国内生产总值	Gross Domestic Product	2597	7640	15249	20790	18606
按2005年价格计算	At Constant 2005 USD					
居民消费支出	Household Final Consumption Expenditure	2393	3816	5397	6501	
政府消费支出	General Government Final Consumption Expenditure	1195	1289	1371	1461	
资本形成总额	Gross Capital Formation	961	1534	1845	2128	
货物和服务出口	Exports of Goods and Services	1745	2690	3147	3335	
货物和服务进口	Imports of Goods and Services	716	1643	2529	3432	
国内生产总值	Gross Domestic Product	5674	7640	9093	9935	9998

3-11 续表 12 continued

单位：亿美元 (100 million USD)

国家或地区	Country or Area	2000	2005	2010	2013	2014
西 班 牙	**Spain**					
按当年价格计算	At Current USD					
居民消费支出	Household Final Consumption Expenditure	3554	6674	8195	8103	8286
政府消费支出	General Government Final Consumption Expenditure	996	2003	2937	2711	2689
资本形成总额	Gross Capital Formation	1583	3474	3372	2641	2734
货物和服务出口	Exports of Goods and Services	1704	2855	3654	4396	4498
货物和服务进口	Imports of Goods and Services	1883	3433	3840	3921	4164
国内生产总值	Gross Domestic Product	5954	11573	14317	13930	14043
按2005年价格计算	At Constant 2005 USD					
居民消费支出	Household Final Consumption Expenditure	5640	6674	6867	6382	6537
政府消费支出	General Government Final Consumption Expenditure	1576	2003	2500	2332	2334
资本形成总额	Gross Capital Formation	2651	3474	3007	2485	2589
货物和服务出口	Exports of Goods and Services	2476	2855	3131	3548	3695
货物和服务进口	Imports of Goods and Services	2567	3433	3323	3074	3309
国内生产总值	Gross Domestic Product	9796	11573	12199	11725	11888
土 耳 其	**Turkey**					
按当年价格计算	At Current USD					
居民消费支出	Household Final Consumption Expenditure	1879	3464	5242	5829	5498
政府消费支出	General Government Final Consumption Expenditure	313	569	1048	1243	1223
资本形成总额	Gross Capital Formation	554	965	1427	1699	1627
货物和服务出口	Exports of Goods and Services	536	1056	1551	2110	2216
货物和服务进口	Imports of Goods and Services	616	1224	1957	2649	2569
国内生产总值	Gross Domestic Product	2666	4830	7312	8232	7995
按2005年价格计算	At Constant 2005 USD					
居民消费支出	Household Final Consumption Expenditure	2685	3464	3974	4477	4537
政府消费支出	General Government Final Consumption Expenditure	514	569	736	870	911
资本形成总额	Gross Capital Formation	739	965	1167	1390	1369
货物和服务出口	Exports of Goods and Services	741	1056	1218	1525	1630
货物和服务进口	Imports of Goods and Services	804	1224	1436	1726	1723
国内生产总值	Gross Domestic Product	3866	4830	5651	6541	6728
乌 克 兰	**Ukraine**					
按当年价格计算	At Current USD					
居民消费支出	Household Final Consumption Expenditure	170	477	874	1306	932
政府消费支出	General Government Final Consumption Expenditure	65	161	277	334	245
资本形成总额	Gross Capital Formation	61	195	267	328	186
货物和服务出口	Exports of Goods and Services	195	443	692	787	648
货物和服务进口	Imports of Goods and Services	179	436	731	955	702
国内生产总值	Gross Domestic Product	313	861	1364	1833	1318
按2005年价格计算	At Constant 2005 USD					
居民消费支出	Household Final Consumption Expenditure	267	477	667	894	809
政府消费支出	General Government Final Consumption Expenditure	139	161	172	173	174
资本形成总额	Gross Capital Formation	140	195	146	132	106
货物和服务出口	Exports of Goods and Services	341	443	372	332	284
货物和服务进口	Imports of Goods and Services	338	436	444	513	399
国内生产总值	Gross Domestic Product	595	861	906	955	890

3-11 续表 13 continued

单位：亿美元 (100 million USD)

国家或地区	Country or Area	2000	2005	2010	2013	2014
英　国	**United Kingdom**					
按当年价格计算	At Current USD					
居民消费支出	Household Final Consumption Expenditure	10008	15484	15515	17376	18954
政府消费支出	General Government Final Consumption Expenditure	2708	4868	5201	5396	5798
资本形成总额	Gross Capital Formation	3075	4399	3935	4568	5215
货物和服务出口	Exports of Goods and Services	4075	6213	6908	8065	8340
货物和服务进口	Imports of Goods and Services	4379	6842	7480	8592	8876
国内生产总值	Gross Domestic Product	15487	24121	24079	26782	29419
按2005年价格计算	At Constant 2005 USD					
居民消费支出	Household Final Consumption Expenditure	12939	15484	15705	16164	16488
政府消费支出	General Government Final Consumption Expenditure	4087	4868	5197	5304	5386
资本形成总额	Gross Capital Formation	4015	4399	4303	4651	5022
货物和服务出口	Exports of Goods and Services	5077	6213	6768	7303	7330
货物和服务进口	Imports of Goods and Services	5274	6842	7180	7584	7723
国内生产总值	Gross Domestic Product	20875	24121	24775	25770	26428
澳大利亚	**Australia**					
按当年价格计算	At Current USD					
居民消费支出	Household Final Consumption Expenditure	2410	4011	6320	8581	8063
政府消费支出	General Government Final Consumption Expenditure	733	1208	2055	2769	2571
资本形成总额	Gross Capital Formation	1092	1903	3149	4446	3928
货物和服务出口	Exports of Goods and Services	807	1253	2221	3102	3041
货物和服务进口	Imports of Goods and Services	891	1441	2332	3294	3114
国内生产总值	Gross Domestic Product	4150	6933	11413	15604	14538
按2005年价格计算	At Constant 2005 USD					
居民消费支出	Household Final Consumption Expenditure	3287	4011	4646	5038	5147
政府消费支出	General Government Final Consumption Expenditure	1039	1208	1409	1513	1548
资本形成总额	Gross Capital Formation	1434	1903	2417	2881	2789
货物和服务出口	Exports of Goods and Services	1113	1253	1478	1661	1758
货物和服务进口	Imports of Goods and Services	997	1441	2012	2492	2448
国内生产总值	Gross Domestic Product	5910	6933	7970	8672	8886
新 西 兰	**New Zealand**					
按当年价格计算	At Current USD					
居民消费支出	Household Final Consumption Expenditure	305	671	837	1069	
政府消费支出	General Government Final Consumption Expenditure	90	205	287	356	
资本形成总额	Gross Capital Formation	116	292	295	428	
货物和服务出口	Exports of Goods and Services	188	324	444	551	
货物和服务进口	Imports of Goods and Services	172	341	410	519	
国内生产总值	Gross Domestic Product	526	1151	1453	1884	
按2005年价格计算	At Constant 2005 USD					
居民消费支出	Household Final Consumption Expenditure	529	671	726	787	
政府消费支出	General Government Final Consumption Expenditure	165	205	236	244	
资本形成总额	Gross Capital Formation	194	292	262	329	
货物和服务出口	Exports of Goods and Services	277	324	363	384	
货物和服务进口	Imports of Goods and Services	226	341	363	423	
国内生产总值	Gross Domestic Product	944	1151	1212	1297	

3-12 收入法国内生产总值

Gross Domestic Product by Income Approach

资料来源：经合组织OLIS数据库。
Source: OECD OLIS Database.
单位：亿美元 (100 million USD)

国家或地区	Country or Area	2000	2005	2010	2013	2014
以色列	**Israel**					
劳动者报酬	Compensation of Employees	638	658	1067		
营业盈余和混合收入	Gross Operating Surplus and Gross Mixed Income	462	518	912		
税减产品补贴	Taxes Less Subsidies on Production and Imports	189	214	337		
收入法国内生产总值	Gross Domestic Product	1291	1391	2317		
日本	**Japan**					
劳动者报酬	Compensation of Employees	24955	23032	27737	25395	
营业盈余和混合收入	Gross Operating Surplus and Gross Mixed Income	18673	19012	22875	19887	
税减产品补贴	Taxes Less Subsidies on Production and Imports	3580	3548	4187	3920	
统计误差(现价美元)	Statistical discrepancy:Current prices, current exchange rates	105	126	155	-6	
收入法国内生产总值	Gross Domestic Product	47312	45719	54954	49196	
韩国	**Korea, Rep.**					
劳动者报酬	Compensation of Employees	2304	3920	4639	5749	
营业盈余和混合收入	Gross Operating Surplus and Gross Mixed Income	2687	4111	5148	6012	
税减产品补贴	Taxes Less Subsidies on Production and Imports	625	950	1158	1296	1401
收入法国内生产总值	Gross Domestic Product	5616	8981	10945	13056	14104
南非	**South Africa**					
劳动者报酬	Compensation of Employees	637	1099	1657	1633	
营业盈余和混合收入	Gross Operating Surplus and Gross Mixed Income	544	1059	1609	1453	
税减产品补贴	Taxes Less Subsidies on Production and Imports	147	312	386	420	
收入法国内生产总值	Gross Domestic Product	1329	2471	3652	3506	
加拿大	**Canada**					
劳动者报酬	Compensation of Employees	3683	5727	8148	9324	8988
营业盈余和混合收入	Gross Operating Surplus and Gross Mixed Income	2857	4640	6349	7218	7078
税减产品补贴	Taxes Less Subsidies on Production and Imports	863	1279	1654	1844	1790
统计误差(现价美元)	Statistical discrepancy:Current prices, current exchange rates	-8	-4	-11	3	-2
收入法国内生产总值	Gross Domestic Product	7395	11642	16141	18390	17854
墨西哥	**Mexico**					
劳动者报酬	Compensation of Employees	1926	2468	2896	3456	
营业盈余和混合收入	Gross Operating Surplus and Gross Mixed Income	4203	5767	7107	8562	
税减产品补贴	Taxes Less Subsidies on Production and Imports	367	412	496	574	
收入法国内生产总值	Gross Domestic Product	6485	8648	10499	12592	
美国	**United States**					
统计误差	Statistical Discrepancy	-995	-355	492	-2119	
劳动者报酬	Compensation of Employees	58631	70979	79695	88536	
营业盈余和混合收入	Gross Operating Surplus and Gross Mixed Income	38584	51577	59444	70241	
税减产品补贴	Taxes Less Subsidies on Production and Imports	6627	8736	10012	11023	
统计误差(现价美元)	Statistical discrepancy:Current prices, current exchange rates	-995	-355	492	-2119	
收入法国内生产总值	Gross Domestic Product	102848	130937	149644	167681	
捷克	**Czech Rep.**					
劳动者报酬	Compensation of Employees	237	542	832	856	825
营业盈余和混合收入	Gross Operating Surplus and Gross Mixed Income	329	698	1060	1027	1050
税减产品补贴	Taxes Less Subsidies on Production and Imports	49	119	178	200	178
收入法国内生产总值	Gross Domestic Product	615	1360	2070	2083	2053

3-12 续表 1 continued

单位：亿美元 (100 million USD)

国家或地区	Country or Area	2000	2005	2010	2013	2014
法　国	**France**					
劳动者报酬	Compensation of Employees	6924	11232	13777	14698	14934
营业盈余和混合收入	Gross Operating Surplus and Gross Mixed Income	4925	7848	9383	9611	9598
税减产品补贴	Taxes Less Subsidies on Production and Imports	1835	2956	3308	3793	3760
收入法国内生产总值	Gross Domestic Product	13684	22036	26468	28102	28292
德　国	**Germany**					
劳动者报酬	Compensation of Employees	10324	14250	16979	18937	19631
营业盈余和混合收入	Gross Operating Surplus and Gross Mixed Income	7388	11723	13871	14666	15092
税减产品补贴	Taxes Less Subsidies on Production and Imports	1761	2603	3271	3700	3802
收入法国内生产总值	Gross Domestic Product	19472	28576	34120	37303	38526
意大利	**Italy**					
劳动者报酬	Compensation of Employees	4220	7080	8507	8449	8517
营业盈余和混合收入	Gross Operating Surplus and Gross Mixed Income	5741	9134	10140	10161	10082
税减产品补贴	Taxes Less Subsidies on Production and Imports	1461	2321	2619	2760	2845
收入法国内生产总值	Gross Domestic Product	11422	18535	21266	21369	21443
荷　兰	**Netherlands**					
劳动者报酬	Compensation of Employees	2080	3293	4112	4297	4359
营业盈余和混合收入	Gross Operating Surplus and Gross Mixed Income	1635	2770	3430	3491	3526
税减产品补贴	Taxes Less Subsidies on Production and Imports	413	722	822	853	908
收入法国内生产总值	Gross Domestic Product	4128	6785	8364	8642	8793
波　兰	**Poland**					
劳动者报酬	Compensation of Employees	709	1119	1794	1950	
营业盈余和混合收入	Gross Operating Surplus and Gross Mixed Income	797	1540	2393	2720	
税减产品补贴	Taxes Less Subsidies on Production and Imports	212	385	580	589	
收入法国内生产总值	Gross Domestic Product	1717	3044	4767	5259	
俄罗斯	**Russia**					
劳动者报酬	Compensation of Employees	1044	3350	7572	10877	
营业盈余和混合收入	Gross Operating Surplus and Gross Mixed Income	1106	2789	4970	6129	
税减产品补贴	Taxes Less Subsidies on Production and Imports	444	1502	2707	3962	
收入法国内生产总值	Gross Domestic Product	2594	7640	15249	20968	
西班牙	**Spain**					
劳动者报酬	Compensation of Employees	2886	5522	7171	6509	6592
营业盈余和混合收入	Gross Operating Surplus and Gross Mixed Income	2495	4811	5905	6089	6077
税减产品补贴	Taxes Less Subsidies on Production and Imports	573	1239	1239	1332	1374
收入法国内生产总值	Gross Domestic Product	5954	11572	14316	13930	14043
英　国	**United Kingdom**					
劳动者报酬	Compensation of Employees	8100	12505	12623	13693	14867
营业盈余和混合收入	Gross Operating Surplus and Gross Mixed Income	5439	8866	8680	9771	10912
税减产品补贴	Taxes Less Subsidies on Production and Imports	1947	2750	2776	3296	3635
统计误差(现价美元)	Statistical discrepancy:Current prices, current exchang				21	72
收入法国内生产总值	Gross Domestic Product	15486	24121	24079	26782	29486
澳大利亚	**Australia**					
劳动者报酬	Compensation of Employees	2009	3643	6118	7289	
营业盈余和混合收入	Gross Operating Surplus and Gross Mixed Income	1612	3157	5547	6478	
税减产品补贴	Taxes Less Subsidies on Production and Imports	468	822	1249	1545	
统计误差(现价美元)	Statistical discrepancy:Current prices, current exchang				-25	
收入法国内生产总值	Gross Domestic Product	4089	7621	12914	15288	
新西兰	**New Zealand**					
劳动者报酬	Compensation of Employees	219	491	640		
营业盈余和混合收入	Gross Operating Surplus and Gross Mixed Income	261	520	633	821	
税减产品补贴	Taxes Less Subsidies on Production and Imports	65	139	180	242	
收入法国内生产总值	Gross Domestic Product	544	1151	1453		

3-13 三次产业对国内生产总值的贡献率

Share of the Contributions of the Three Strata of Industry to the Increase of GDP

资料来源：世界银行WDI数据库。
Source: World Bank WDI Database.
单位：% (%)

国家或地区	Country or Area	第一产业 Primary Industry		第二产业 Secondary Industry		第三产业 Tertiary Industry	
		2000	2014	2000	2014	2000	2014
中　国	China	3.6	4.8	57.2	47.1	39.2	48.1
中国香港	Hong Kong, China		-0.1		15.4		84.7
中国澳门	Macao, China						
孟加拉国	Bangladesh	26.2	9.1	24.0	39.5	49.8	51.4
文　莱	Brunei Darussalam	2.3	4.6①	66.5	168.0①	31.2	-72.6①
柬 埔 寨	Cambodia	-1.7	-5.4	64.2	49.1	37.4	56.3
印　度	India	-0.1	2.6	47.0	25.1	53.1	72.4
印度尼西亚	Indonesia	6.6	11.3	57.2	36.4	36.3	52.2
伊　朗	Iran	10.2		60.1		29.7	
日　本	Japan	1.5	2.7①	37.8	20.8①	60.7	76.5①
哈萨克斯坦	Kazakhstan	-3.1	10.0①	56.7	21.0①	46.5	69.0①
韩　国	Korea, Rep.	0.6	1.8	49.9	41.2	49.5	57.0
老　挝	Laos	38.5	27.7	26.1	33.9	35.5	38.4
马来西亚	Malaysia	6.3	3.0①	57.9	30.3①	35.9	66.7①
蒙　古	Mongolia	224.0	18.5	-29.2	58.7	-94.8	22.8
巴基斯坦	Pakistan	38.5	11.0	6.0	28.9	55.5	60.1
菲 律 宾	Philippines	10.8	4.7②	50.1	33.5②	39.1	61.9②
新 加 坡	Singapore	-0.1	0.0①	36.1	15.4①	63.9	84.6①
斯里兰卡	Sri Lanka	4.4	0.5	34.2	48.2	61.4	51.3
泰　国	Thailand	15.2	13.0	49.2	-56.0	35.6	143.0
越　南	Viet Nam	17.4	10.3	50.6	46.0	32.0	43.7
埃　及	Egypt	9.8	21.2	31.8	74.9	58.4	3.9
尼日利亚	Nigeria	11.9	16.0	68.6	-48.1	19.5	132.1
南　非	South Africa	3.7	9.0	34.9	-2.9	61.4	93.9
加 拿 大	Canada	-0.7	1.0③	47.8	50.1③	52.9	48.9③
墨 西 哥	Mexico	1.1	4.2	34.7	30.1	64.2	65.8
美　国	United States	3.7	7.2①	26.4	19.9①	69.8	72.9①
阿 根 廷	Argentina	15.7	71.0	115.4	-65.9	-31.1	94.8
巴　西	Brazil	3.8	10.9	30.0	-206.2	66.2	295.3
委内瑞拉	Venezuela	9.6	-4.9①	50.2	-8.9①	40.2	113.8①
捷　克	Czech Rep.		3.5	39.6	64.9	60.4	31.6
法　国	France	-0.5	48.5	28.2	-98.1	72.3	149.6
德　国	Germany	-1.1	3.3	42.7	29.9	58.4	66.9
意 大 利	Italy	-0.9	14.5	21.8	101.7	79.1	-16.3
荷　兰	Netherlands	0.4	9.3	31.5	-21.1	68.0	111.8
波　兰	Poland	0.2	6.5①	31.5	84.4①	68.3	9.1①
俄 罗 斯	Russia	8.5	-6.9①	48.2	1.8①	43.3	105.1①
西 班 牙	Spain	5.4	7.5	28.2	11.8	66.4	80.7
土 耳 其	Turkey	13.5	-5.5	31.4	35.0	55.1	70.5
乌 克 兰	Ukraine	22.7	-7.1	49.0	73.1	28.3	34.0
英　国	United Kingdom	-0.3	0.5	11.3	20.2	89.0	79.4
澳大利亚	Australia	4.7	5.4	25.1	35.4	70.2	59.2
新 西 兰	New Zealand	6.5	-5.9①	4.2	35.4①	89.3	70.5①

注：①2013年数据。②2012年数据。③2010年数据。
Note:①Data refer to 2013.②Data refer to 2012.③Data refer to 2010.

3-14 资本形成总额、最终消费支出及净出口对国内生产总值增长的贡献率

Share of the Contributions of Gross Capital Formation,Final Consumption Expenditure and External Balance on Goods and Services to the Increase of GDP

资料来源：世界银行数据库。
Source: World Bank Database.
单位：% (%)

国家或地区	Country or Area	资本形成总额 Gross Capital Formation		最终消费支出 Final Consumption Expenditure		净出口 External Balance on Goods and Services	
		2000	2014	2000	2014	2000	2014
中　国	China	24.5	48.5	70.8	50.2	4.7	1.3
中国香港①	Hong Kong, China①		22.4		111.0		-33.4
中国澳门	Macao, China	-266.1	7.9①	-109.3	14.3①	475.4	77.8①
孟加拉国①	Bangladesh①		28.6		66.1		5.3
文　莱	Brunei Darussalam	-122.5	-11.3②	-0.5	-45.9②	223.0	157.2②
印度尼西亚	Indonesia	67.3	24.5①	21.3	63.3①	11.5	12.2①
伊　朗	Iran	37.5		74.7		-12.2	
以色列③	Israel③		71.1		51.8		-22.9
日　本①	Japan①		14.4		99.1		-13.6
哈萨克斯坦	Kazakhstan	41.4	43.5②	46.4	82.5②	12.1	-26.0②
韩　国①	Korea, Rep.①		-1.2		47.5		53.7
马来西亚	Malaysia	69.8	28.1①	49.2	94.4①	-18.9	-22.5①
菲律宾①	Philippines①		76.4		67.3		-43.8
新加坡	Singapore	72.2	-5.3①	77.7	59.5①	-49.9	45.8①
斯里兰卡	Sri Lanka						
泰　国	Thailand	52.5	18.0①	72.1	23.0①	-24.6	59.0①
越　南①	Viet Nam①		29.9		68.6		1.5
埃　及②	Egypt②		53.3		230.0		-183.3
尼日利亚①	Nigeria①		21.5		338.3		-259.7
南　非	South Africa	10.7	53.3③	58.6	94.9③	30.6	-48.2③
加拿大	Canada	30.6		52.4		17.0	
墨西哥	Mexico	42.7		96.8		-39.5	
阿根廷④	Argentina④		65.1		68.0		-33.1
委内瑞拉	Venezuela	49.8		84.1		-33.9	
捷　克	Czech Rep.	78.1	178.8①	17.5	-76.1①	4.4	-2.7①
法　国	France	47.6		63.1		-10.7	
德　国①	Germany①		26.6		441.1		-367.7
意大利	Italy	32.7	42.3①	55.7	112.0①	11.6	-54.3①
荷　兰	Netherlands	3.1	134.1①	62.8	98.2①	34.1	-132.4①
波　兰①	Poland①		-54.9		64.9		90.0
俄罗斯	Russia	85.8	870.2④	36.2	560.3④	-22.0	-1330.4④
西班牙①	Spain①		62.4		141.9		-104.3
土耳其④	Turkey④		93.8		54.0		-47.8
澳大利亚	Australia	24.8	78.3②	61.6	55.1②	13.6	-33.4②
新西兰	New Zealand	-43.5	66.8③	46.5	79.1③	97.0	-45.9③

注：①2013年数据。②2012年数据。③2011年数据。④2010年数据。
Note:①Data refer to 2013.②Data refer to 2012.③Data refer to 2011.④Data refer to 2010.

主要统计指标解释

国内生产总值 指生产活动总成果，等于所有常住单位创造的增加值的总和(包括产出价值中未包括的产品税，不包括各项产品补贴，不包括未计入产值的产品)。等于按购买者价格计算的货物和服务最终使用价值（不包括中间消费)减去进口的货物和服务价值，或等于常住生产单位初次收入分配的总和。计算国内生产总值不扣除折旧折的资产或自然资源的枯竭和退化。

按当年价格计算的国内生产总值 是按报告期价格计算的国内生产总值，即名义国内生产总值。

不变价格国内生产总值 指国内生产总值的物量水平。不变价格国内生产总值估计值等于按基期价格衡量的价值。理论上，价格和数量是价值量的两个组成部分，价格量中的基期价格可用当期价格替代。

按市场价格计算的国内生产总值 是按市场价格计算的所有居民生产者的增加值总和加上税减产品补贴。

支出法国内生产总值 指按购买者价格计算的总支出，包括最终消费支出，总固定资本形成，库存变动，耐用品及以离岸价计算的货物和服务出口，减去货物和服务的进口。

收入法国内生产总值 指雇员报酬加上生产税减补贴，加上混合收入和营业盈余。

生产法国内生产总值 是按基本价格计算的常住居民生产者增加值合计加上各种税减产品补贴。各行业增加值分类依据国际标准产业分类。

人均国内生产总值 指国内生产总值除以年中人口。数据用现价美元表示。

国民总收入 指国内生产总值减去生产税和进口税净额，减去支付给国外的雇员报酬和财产收入，加来自国外的雇员报酬和财产收入（即国内生产总值减去支付给非常住单位的初次收入，加上收到的非常住单位的初次收入）。按市场价格计算国民总收入的另一种方法是各部门所有初次收入的总和（国民总收入即国民生产总值，后者是以往国民核算中使用的概念）。为便于比较，用本币计算的国民总收入通常用官方汇率转换成以美元为单位，尽管官方汇率作为转换比率时被认为大大偏离国际交易实际采用比率。为平抑价格和汇率的波动，世界银行采用了特别的图表集法转换。图表集法用给定年份和其前两年的平均汇率作为转换因子，该转换因子根据该国及几个主要国家的通货膨胀率差异加以调整。到 2000 年为止，这些国家指法国、德国、日本、英国和美国等 5 个国家，2001 年开始，这些国家为欧元区、日本、英国和美国。

人均国民总收入 是用世界银行图表集法转换成美元计量的国民总收入除以年中人口，即原人均国民生产总值。

按购买力平价计算的人均国民总收入 指根据购买力平价计算的人均国民总收入。购买力平价国民总收入是用购买力平价比率转换成国际元计量的国民总收入。国民总收入中一国际元的购买力等于美国一美元购买力。

增加值总额 等于总产出减去中间消耗。用于衡量单个生产者、行业或部门生产活动对国内生产总值的贡献；增加值总额是国民核算账户（SNA）中初次收入形成的来源，因此被（从生产账户）结转到初次收入分配账户中进行反映。

按基本价格计算的增加值总额 等于按基本价格计算的总产出减去按购买者价格计算的中间消耗。基本价格等于生产者出售一个单位的货物和服务得到的收入，减去由此应付的税金，加上应收的补贴。基本价格作为生产或销售的价格单位，不包括生产者开具发票时单列的运输费用。

按要素成本计算的增加值总额 等于按市场价格计算的增加值总额减间接税与产品补贴。

按生产者价格计算的增加值总额 等于按生产者价格计算的总产出减去按购买者价格计算的中间消耗。

三次产业 根据《国际标准产业分类》(ISIC）第三版划分。

第一产业，即农业，指《国际标准产业分类》第三版中第 1 类至第 5 类，包括林业、狩猎业、渔业、种植业和畜牧业。

第二产业，指《国际标准产业分类》第三版中第 10 类至第 45 类，包括制造业（第 15-37 类）。第二产业包括采掘业，制造业，电力、煤气和水的供应业以及建筑业。

第三产业，即服务业，指《国际标准产业分类》第三版中第 50 类至第 99 类。包括批发零售贸易业（包括旅馆和饭店业）、交通运输业以及政府、金融、专业服务和个人服务，例如教育、卫生、房地产服务；还包括估算的银行服务费、进口税和加工或调整数据时的统计误差。

资本形成总额 是固定资产形成总额、存货变动和贵重物品获得减处置的价值合计。

资本形成率 即投资率，指资本形成总额占国内生产总值的比重。

居民消费率 居民最终消费支出占国内生产总值的比重。居民最终消费支出是居民购买的所有商品和服务的市场价值。包括耐用商品（如汽车、洗衣机和家用计算机）；不包括购买住房支出，但包括自有住房的估算租金；还包括支付给政府的获得许可权的费用。居民消费支出包括服务于居民的非盈利机构的支出。

消费支出 是居民消费支出、政府消费支出之和。它包括资源利用与供给之间的统计误差。

政府消费支出 包括政府购买商品和服务的经常性支出（包括雇员报酬），主要包括国家防卫和安全支出，但是不包括政府军队支出中属于政府资本形成部分。

营业盈余 指核算企业为借入或租赁金融资产或有形非生产性资产而支付利息、租金或类似支出以及企业拥有的金融资产或有形非生产性资产获得的利息、租金或类似收入前，企业生产方面的盈亏（居民拥有的非公司性企业营业盈余称为混合收入）。

Explanatory Notes on Main Statistical Indicators

Gross Domestic Product An aggregate measure of production equal to the sum of the gross values added of all resident institutional units engaged in production (plus any taxes, and minus any subsidies, on products not included in the value of their outputs). The sum of the final uses of goods and services (all uses except intermediate consumption) measured in purchasers' prices, less the value of imports of goods and services, or the sum of primary incomes distributed by resident producer units. It is calculated without making deductions for depreciation of fabricated assets or for depletion and degradation of natural resources.

Gross Domestic Product at Current Price is GDP at prices of the current reporting period. Also known as nominal GDP

Gross Domestic Product at Constant Price refers to the volume level of GDP. Constant price estimates of GDP are obtained by expressing values in terms of a base period. In theory, the price and quantity components of a value are identified and the price in the base period is substituted for that in the current period. Two main methods are adopted in practice.

Expenditure-based GDP is total final expenditure at purchasers' prices (including final consumption expenditure, gross fixed capital formation, changes in inventories, valuables and f.o.b. value of exports of goods and services), less the f.o.b. value of imports of goods and services.

Income-based GDP is compensation of employees, plus taxes less subsidies on production and imports, plus gross mixed income, plus gross operating surplus.

Output-based GDP is the sum of the gross values added of all resident producers at basic prices, plus all taxes less subsidies on products. Describes the generation of gross value added by industrial classification of economic activities according to the International Standard Industrial Classification.

GDP at Market Prices is the sum of the gross values added of all resident producers at market prices, plus taxes less subsidies on imports.

GDP per capita is gross domestic product divided by midyear population. Data are in current U.S. dollars.

Gross National Income is GDP less net taxes on production and imports, less compensation of employees and property income payable to the rest of the world plus the corresponding items receivable from the rest of the world (in other words, GDP less primary incomes payable to non- resident units plus primary incomes receivable from non-resident units). An alternative approach to measuring GNI at market prices is as the aggregate value of the balances of gross primary incomes for all sectors (note that gross national income is identical to gross national product (GNP) as previously used in national accounts generally). GNI, calculated in national currency, is usually converted to U.S. dollars at official exchange rates for comparisons across economies, although an alternative rate is used when the official exchange rate is judged to diverge by an exceptionally large margin from the rate actually applied in international transactions. To smooth fluctuations in prices and exchange rates, a special Atlas method of conversion is used by the World Bank. This applies a conversion factor that averages the exchange rate for a given year and the two preceding years, adjusted for differences in rates of inflation between the country, and through 2000, the G-5 countries (France, Germany, Japan, the United Kingdom, and the United States). From 2001, these countries include the Euro area, Japan, the United Kingdom, and the United States.

GNI per Capita in PPP GNI per capita based on purchasing power parity (PPP). PPP GNI is gross national income (GNI) converted to international dollars using purchasing power parity rates. An international dollar has the same purchasing power over GNI as a U.S. dollar has in the United States.

Gross Value Added is the value of output less the value of intermediate consumption; it is a measure of the contribution to GDP made by an individual producer, industry or sector; gross value added is the source from which the primary incomes of the SNA are generated and is therefore carried forward into the primary distribution of income account.

Gross Value Added at Basic Prices Output valued at basic prices less intermediate consumption valued at purchasers prices. The basic price is the amount receivable by the producer from the purchaser for a unit of a good or service produced as output minus any tax payable, and plus any subsidy receivable, on that unit as a consequence of its production or sale; it excludes any transport charges invoiced separately by the producer.

Gross Value Added at Factor Cost is GVA at market prices less any indirect taxes plus any subsidies.

Gross Value Added at Producer Prices is output valued at producer prices less intermediate consumption valued at purchasers of prices.

Three Strata of Industry The origin is determined by the International Standard Industrial Classification (ISIC), revision 3.

Primary Industry named as agriculture, corresponds to ISIC divisions 1-5 and includes forestry, hunting, and fishing, as well as cultivation of crops and livestock production.

Secondary Industry corresponds to ISIC divisions 10-45 and includes manufacturing (ISIC divisions 15-37). It comprises value added in mining, manufacturing (also reported as a separate subgroup), electricity, gas and water supply, construction.

Tertiary Industry named as services, corresponds to ISIC divisions 50-99. They include value added in wholesale and retail trade (including hotels and restaurants), transport, and government, financial, professional, and personal services such as education, health care, and real estate services. Also included are imputed bank service charges, import duties, and any statistical discrepancies noted by national compilers as well as discrepancies arising from rescaling.

Gross Capital Formation is the total value of the gross fixed capital formation, changes in inventories and acquisitions less disposals of valuables.

Capital Formation Rate namely investment rate, refers to gross capital formation as percentage of gross domestic product.

Household Final Consumption Rate refers to household final consumption expenditure as percentage of gross domestic of product.

Household Final Consumption Expenditure is the market value of all goods and services, including durable products (such as cars, washing machines, and home computers), purchased by households. It excludes purchases of dwellings but includes imputed rent for owner-occupied dwellings. It also includes payments and fees to governments to obtain permits and licenses. Here, household consumption expenditure includes the expenditures of nonprofit institutions serving households, even when reported separately by the country.

Consumption Expenditure is the sum of household final consumption expenditure and general government final consumption expenditure. This estimate includes any statistical discrepancy in the use of resources relative to the supply of resources.

General Government Final Consumption Expenditure includes all government current expenditures for purchases of goods and services (including compensation of employees). It also includes most expenditure on national defense and security, but excludes government military expenditures that are part of government capital formation.

Operating Surplus measures the surplus or deficit accruing from production before taking account of any interest, rent or similar charges payable on financial or tangible non-produced assets borrowed or rented by the enterprise, or any interest, rent or similar receipts receivable on financial or tangible non-produced assets owned by the enterprise (for unincorporated enterprises owned by households, this component is called mixed income).

人　口

Population

4-1　年中人口
Mid-year Population

资料来源：世界银行WDI数据库。
Source: World Bank WDI Database.

国家或地区	Country or Area	年中人口（万人） Mid-year Population (10 000 persons)				增长率（%） Growth Rate (%)
		2000	2005	2010	2014	2014
世　界	**World**	**610195.7**	**649029.0**	**688434.9**	**720773.5**	**1.2**
高收入国家	**High Income**	**128229.8**	**132167.6**	**136660.5**	**139607.3**	**0.6**
中等收入国家	**Middle Income**	**439465.6**	**468312.0**	**496512.3**	**519847.1**	**1.2**
中低收入国家	**Low and Middle Income**	**481966.0**	**516861.4**	**551774.3**	**581166.2**	**1.3**
低收入国家	**Low Income**	**42500.4**	**48549.4**	**55262.1**	**61319.2**	**2.6**
中　国	China	126264.5	130372.0	133770.5	136427.0	0.5
中国香港	Hong Kong, China	666.5	681.3	702.4	724.2	0.8
中国澳门	Macao, China	43.2	46.8	53.5	57.5	1.6
阿富汗	Afghanistan	2059.5	2486.1	2839.8	3128.1	2.4
阿尔巴尼亚	Albania	308.9	301.1	291.3	289.4	-0.1
阿尔及利亚	Algeria	3171.9	3396.1	3706.3	3992.9	1.8
美属萨摩亚	American Samoa	5.8	5.9	5.6	5.5	0.3
安道尔	Andorra	6.5	8.1	7.8	8.0	1.2
安哥拉	Angola	1392.5	1654.4	1954.9	2213.7	3.1
安提瓜和巴布达	Antigua and Barbuda	7.8	8.3	8.7	9.1	1.0
阿根廷	Argentina	3690.3	3864.8	4037.4	4180.3	0.9
亚美尼亚	Armenia	307.6	301.5	296.3	298.4	0.2
阿鲁巴岛	Aruba	9.1	10.0	10.2	10.3	0.5
澳大利亚	Australia	1915.3	2039.5	2203.2	2349.1	1.6
奥地利	Austria	801.2	822.8	836.3	853.4	0.6
阿塞拜疆	Azerbaijan	804.9	839.2	905.4	953.8	1.3
巴哈马	Bahamas	29.8	32.9	36.0	38.3	1.4
巴　林	Bahrain	66.8	88.0	125.2	134.4	0.9
孟加拉国	Bangladesh	13238.3	14313.5	15112.5	15851.3	1.2
巴巴多斯	Barbados	26.7	27.4	28.0	28.6	0.5
白俄罗斯	Belarus	1000.5	966.3	949.0	947.0	
比利时	Belgium	1025.1	1047.9	1092.0	1122.5	0.4
伯利兹	Belize	23.9	27.2	30.9	34.0	2.3
贝　宁	Benin	694.9	818.2	951.0	1060.0	2.6
百慕大	Bermuda	6.2	6.4	6.5	6.5	0.3
不　丹	Bhutan	56.4	65.0	71.7	76.6	1.5
玻利维亚	Bolivia	849.5	935.5	1015.7	1084.8	1.6
波　黑	Bosnia and Herzegovinian	383.4	388.0	384.6	382.5	-0.1
博茨瓦纳	Botswana	175.5	187.6	196.9	203.9	0.9
巴　西	Brazil	17450.5	18614.2	19521.0	20203.4	0.8
文　莱	Brunei Darussalam	33.2	36.8	40.1	42.3	1.3
保加利亚	Bulgaria	817.0	774.0	739.6	722.6	-0.5
布基纳法索	Burkina Faso	1160.8	1342.2	1554.0	1742.0	2.8
布隆迪	Burundi	667.4	777.0	923.3	1048.3	3.1
柬埔寨	Cambodia	1222.3	1335.6	1436.5	1540.8	1.8
喀麦隆	Cameroon	1592.8	1813.8	2062.4	2281.9	2.5
加拿大	Canada	3077.0	3231.2	3400.5	3554.0	1.1
佛得角	Cape Verde	44.2	47.9	48.8		
开曼群岛	Cayman Islands	4.2	4.9	5.6	5.9	1.3
中　非	Central African Rep.	363.8	396.1	435.0	470.9	2.0
乍　得	Chad	830.1	1001.4	1172.1	1321.1	3.0
海峡群岛	Channel Islands	14.9	15.4	16.0	16.3	0.5
智　利	Chile	1545.4	1633.8	1715.1	1777.3	0.9
哥伦比亚	Colombia	3989.8	4318.4	4644.5	4893.0	1.3
科摩罗	Comoros	52.8	60.1	68.3	75.2	2.4
刚果(金)	Congo, Dem. Rep.	4694.9	5402.8	6219.1	6936.0	2.7
刚果(布)	Congo, Rep.	312.6	354.3	411.2	455.9	2.5
哥斯达黎加	Costa Rica	393.0	432.0	467.0	493.8	1.3
科特迪瓦	Cote D'Ivoire	1613.1	1739.4	1897.7	2080.5	2.4
克罗地亚	Croatia	442.6	444.2	441.8	423.6	-0.5

4-1 续表 1 continued

国家或地区	Country or Area	年中人口（万人）Mid-year Population (10 000 persons)				增长率 (%) Growth Rate (%)
		2000	2005	2010	2014	2014
古　巴	Cuba	1113.8	1129.2	1128.2	1125.9	-0.1
塞浦路斯	Cyprus	94.3	103.3	110.4	115.3	1.0
捷　克	Czech Rep.	1025.5	1021.1	1047.4	1051.1	
丹　麦	Denmark	534.0	541.9	554.8	564.0	0.4
吉布提	Djibouti	72.3	77.7	83.4	88.6	1.5
多米尼克	Dominica	7.0	7.1	7.1	7.2	0.5
多米尼加	Dominican Rep.	866.3	934.3	1001.7	1052.9	1.2
厄瓜多尔	Ecuador	1253.3	1377.7	1500.1	1598.3	1.5
埃　及	Egypt	6613.7	7177.8	7807.6	8338.7	1.6
萨尔瓦多	El Salvador	595.9	607.3	621.8	638.4	0.7
赤道几内亚	Equatorial Guinea	51.8	60.4	69.6	77.8	2.7
厄立特里亚	Eritrea	393.9	485.4	574.1	653.6	3.2
爱沙尼亚	Estonia	139.7	135.5	133.1	131.4	-0.3
埃塞俄比亚	Ethiopia	6602.4	7616.7	8709.5	9650.6	2.5
法罗群岛	Faeroe Islands	4.6	4.9	5.0	4.9	
斐　济	Fiji	81.2	82.2	86.1	88.7	0.7
芬　兰	Finland	517.6	524.6	536.3	546.4	0.5
法　国	France	6091.1	6317.6	6502.3	6620.1	0.4
法属波立尼西亚	French Polynesia	23.7	25.5	26.8	28.0	1.1
加　蓬	Gabon	122.6	137.9	155.6	171.1	2.3
冈比亚	Gambia	122.9	143.7	168.1	190.9	3.2
格鲁吉亚	Georgia	441.8	436.1	445.3	450.4	0.4
德　国	Germany	8221.2	8246.9	8177.7	8089.0	0.3
加　纳	Ghana	1882.5	2138.4	2426.3	2644.2	2.1
直布罗陀	Gibraltar	2.7	2.9	2.9		
希　腊	Greece	1091.7	1109.3	1115.3	1095.8	-0.6
格陵兰	Greenland	5.6	5.7	5.7	5.6	-0.3
格林纳达	Grenada	10.2	10.3	10.5	10.6	0.4
关　岛	Guam	15.5	15.8	15.9	16.8	1.5
危地马拉	Guatemala	1120.4	1267.9	1434.2	1586.0	2.5
几内亚	Guinea	874.6	957.6	1087.6	1204.4	2.5
几内亚比绍	Guinea-Bissau	127.3	142.2	158.7	174.6	2.4
圭亚那	Guyana	74.4	76.1	78.6	80.4	0.5
海　地	Haiti	857.8	926.1	989.6	1046.1	1.4
洪都拉斯	Honduras	623.6	689.9	762.1	826.1	2.0
匈牙利	Hungary	1021.1	1008.7	1000.0	986.2	-0.3
冰　岛	Iceland	28.1	29.7	31.8	32.8	1.2
印　度	India	104226.2	112714.4	120562.5	126740.2	1.2
印度尼西亚	Indonesia	20893.9	22448.1	24067.6	25281.2	1.2
伊　朗	Iran	6591.1	7015.2	7446.2	7847.0	1.3
伊拉克	Iraq	2380.1	2737.7	3096.2	3427.8	2.5
爱尔兰	Ireland	380.5	416.0	456.0	461.3	0.3
马恩岛	Isle of Man	7.7	8.0	8.4	8.6	0.7
以色列	Israel	628.9	693.0	762.4	821.5	1.9
意大利	Italy	5694.2	5796.9	5927.7	6133.6	1.8
牙买加	Jamaica	258.9	264.4	269.1	272.1	0.2
日　本	Japan	12684.3	12777.3	12807.0	12713.2	-0.2
约　旦	Jordan	479.7	541.1	604.6	660.7	2.3
哈萨克斯坦	Kazakhstan	1488.4	1514.7	1632.2	1728.9	1.5
肯尼亚	Kenya	3128.5	3578.6	4090.9	4554.6	2.7
基里巴斯	Kiribati	8.3	9.0	9.8	10.4	1.5
朝　鲜	Korea, Dem.	2284.0	2381.3	2450.1	2502.7	0.5
韩　国	Korea, Rep.	4700.8	4813.8	4941.0	5042.4	0.4
科威特	Kuwait	190.6	229.6	299.2	347.9	3.2
吉尔吉斯斯坦	Kyrgyzstan	489.8	516.3	544.8	583.4	2.0

4-1　续表 2　continued

国家或地区	Country or Area	年中人口（万人） Mid-year Population (10 000 persons)				增长率 (%) Growth Rate (%)
		2000	2005	2010	2014	2014
老　挝	Laos	538.8	579.1	639.6	689.4	1.8
拉脱维亚	Latvia	236.8	223.9	209.8	199.0	-1.1
黎巴嫩	Lebanon	323.5	398.7	434.1	451.0	1.0
莱索托	Lesotho	185.6	192.6	200.9	209.8	1.1
利比里亚	Liberia	289.2	327.0	395.8	439.7	2.4
利比亚	Libya	517.6	559.4	604.1	625.3	0.8
列支敦士登	Liechtenstein	3.3	3.5	3.6	3.7	0.7
立陶宛	Lithuania	350.0	332.3	309.7	292.9	-1.0
卢森堡	Luxemburg	43.6	46.5	50.7	55.6	2.3
前南马其顿	Macedonia, FYR	205.2	209.0	210.2	210.8	0.1
马达加斯加	Madagascar	1574.5	1829.0	2108.0	2357.2	2.8
马拉维	Malawi	1132.1	1292.5	1501.4	1682.9	2.8
马来西亚	Malaysia	2342.1	2584.3	2827.6	3018.8	1.6
马尔代夫	Maldives	27.3	29.8	32.6	35.2	1.9
马　里	Mali	1026.1	1194.1	1398.6	1576.8	3.0
马耳他	Malta	38.1	40.4	41.5	42.7	0.9
马绍尔群岛	Marshall Islands	5.2	5.2	5.2	5.3	0.3
毛里塔尼亚	Mauritania	270.8	314.6	360.9	398.4	2.4
毛里求斯	Mauritius	118.7	122.8	125.0	126.1	0.2
马约特岛	Mayotte	14.9	17.5	20.4		
墨西哥	Mexico	10387.4	11073.2	11788.6	12379.9	1.2
密克罗尼西亚	Micronesia, Fed.	10.7	10.6	10.4	10.4	0.3
摩尔多瓦	Moldova	364.0	359.5	356.2	355.6	-0.1
摩纳哥	Monaco	3.2	3.4	3.7	3.8	0.6
蒙　古	Mongolia	239.7	252.7	271.3	288.1	1.5
黑　山	Montenegro	60.5	61.4	61.9	62.2	0.1
摩洛哥	Morocco	2871.0	3012.5	3164.2	3349.3	1.5
莫桑比克	Mozambique	1827.6	2101.0	2396.7	2647.3	2.4
缅　甸	Myanmar	4845.3	5018.1	5193.1	5371.9	0.9
纳米比亚	Namibia	189.8	202.7	217.9	234.8	1.9
尼泊尔	Nepal	2318.4	2529.2	2684.6	2812.1	1.2
荷　兰	Netherlands	1592.6	1632.0	1661.5	1685.4	0.3
荷属安的列斯	Netherlands Antilles	18.1	18.6			
新喀里多尼亚	New Caledonia	21.3	23.2	25.0	26.6	1.5
新西兰	New Zealand	385.8	413.4	435.1	451.0	1.5
尼加拉瓜	Nicaragua	510.1	545.5	582.2	616.9	1.5
尼日尔	Niger	1099.0	1318.4	1589.4	1853.5	3.9
尼日利亚	Nigeria	12287.7	13958.6	15970.8	17851.7	2.8
北马里亚纳群岛	Northern Mariana Islands	6.8	6.4	5.4	5.5	1.2
挪　威	Norway	449.1	462.3	488.9	513.6	1.1
阿　曼	Oman	219.3	252.2	280.3	392.6	7.8
巴基斯坦	Pakistan	14383.2	15797.1	17314.9	18513.3	1.6
帕　劳	Palau	1.9	2.0	2.0	2.1	0.9
巴拿马	Panama	305.5	336.6	367.8	392.6	1.6
巴布亚新几内亚	Papua New Guinea	537.9	609.6	685.9	747.6	2.1
巴拉圭	Paraguay	535.0	590.4	646.0	691.8	1.7
秘　鲁	Peru	2600.0	2772.3	2926.3	3076.9	1.3
菲律宾	Philippines	7765.2	8582.1	9344.4	10009.6	1.7
波　兰	Poland	3825.9	3816.5	3804.3	3799.6	-0.1
葡萄牙	Portugal	1029.0	1050.3	1057.3	1039.7	-0.6
波多黎各	Puerto Rico	381.1	382.1	372.2	354.8	-1.3
卡塔尔	Qatar	59.4	82.1	175.0	226.8	4.5
罗马尼亚	Romania	2244.3	2132.0	2024.7	1991.1	-0.4
俄罗斯	Russia	14659.7	14351.9	14284.9	14382.0	0.2
卢旺达	Rwanda	839.6	942.9	1083.7	1210.0	2.7

4-1 续表 3 continued

国家或地区	Country or Area	年中人口（万人） Mid-year Population (10 000 persons)				增长率 (%) Growth Rate (%)
		2000	2005	2010	2014	2014
圣基茨和尼维斯	Saint Kitts and Nevis	4.6	4.9	5.2	5.5	1.1
圣卢西亚	Saint Lucia	15.7	16.5	17.7	18.4	0.7
圣文森特和格林纳丁斯	Saint Vincent and the Grenadines	10.8	10.9	10.9	10.9	
萨摩亚	Samoa	17.5	18.0	18.6	19.2	0.8
圣马力诺	San Marino	2.7	3.0	3.1	3.2	0.6
圣多美和普林西比	Sao Tome and Principe	13.9	15.5	17.8	19.8	2.5
沙特阿拉伯	Saudi Arabia	2014.5	2469.0	2725.8	2936.9	1.9
塞内加尔	Senegal	986.2	1127.1	1295.1	1454.8	2.9
塞尔维亚	Serbia	751.6	744.1	729.1	712.9	-0.5
塞舌尔	Seychelles	8.1	8.3	9.0	9.2	1.8
塞拉利昂	Sierra Leone	414.0	512.0	575.2	620.5	1.8
新加坡	Singapore	402.8	426.6	507.7	547.0	1.3
斯洛伐克	Slovakia	538.9	537.3	539.1	541.9	0.1
斯洛文尼亚	Slovenia	198.9	200.0	204.9	206.2	0.1
所罗门群岛	Solomon Islands	41.2	46.9	52.6	57.3	2.1
索马里	Somalia	738.5	846.7	963.6	1080.6	2.9
南非	South Africa	4400.0	4734.9	5079.2	5400.2	1.6
西班牙	Spain	4026.3	4365.3	4657.7	4640.5	-0.5
斯里兰卡	Sri Lanka	1910.2	1964.4	2065.3	2063.9	0.8
苏丹	Sudan	2773.0	3158.6	3565.2	3876.4	2.1
苏里南	Suriname	46.7	50.0	52.5	54.4	0.9
斯威士兰	Swaziland	106.4	110.5	119.3	126.8	1.4
瑞典	Sweden	887.2	903.0	937.8	969.0	0.9
瑞士	Switzerland	718.4	743.7	782.5	819.0	1.2
叙利亚	Syrian Arab Republic	1637.1	1816.7	2153.3	2330.1	2.0
塔吉克斯坦	Tajikistan	618.6	680.6	762.7	840.9	2.4
坦桑尼亚	Tanzania	3402.1	3882.4	4497.3	5075.7	3.0
泰国	Thailand	6234.3	6555.9	6640.2	6722.3	0.3
东帝汶	Timor-Leste	85.4	98.3	106.6	121.2	2.7
多哥	Togo	486.5	554.0	630.6	699.3	2.6
汤加	Tonga	9.8	10.1	10.4	10.6	0.4
特立尼达和多巴哥	Trinidad And Tobago	126.8	129.7	132.8	134.4	0.2
突尼斯	Tunisia	955.3	1002.9	1054.7	1099.7	1.0
土耳其	Turkey	6317.4	6774.3	7213.8	7583.7	1.2
土库曼斯坦	Turkmenistan	450.1	474.8	504.2	530.7	1.3
特克斯和凯科斯群岛	Turks and Caicos Islands	1.9	2.6	3.1	3.4	1.9
图瓦卢	Tuvalu	0.9	1.0	1.0	1.0	0.2
乌干达	Uganda	2427.6	2872.5	3398.7	3884.5	3.3
乌克兰	Ukraine	4917.6	4710.5	4587.1	4536.3	-0.3
阿联酋	United Arab Emirates	302.6	414.9	844.2	944.6	1.1
英国	United Kingdom	5889.3	6040.1	6276.6	6451.0	0.6
美国	United States	28216.2	29551.7	30934.7	31885.7	0.7
美属维尔京群岛	Virgin Islands(US)	10.9	10.8	10.6	10.4	-0.5
乌拉圭	Uruguay	332.1	332.5	337.2	341.9	0.3
乌兹别克斯坦	Uzbekistan	2465.0	2616.7	2856.2	3074.3	1.6
瓦努阿图	Vanuatu	18.5	20.9	23.6	25.8	2.2
委内瑞拉	Venezuela	2440.8	2672.6	2904.3	3085.1	1.5
越南	Viet Nam	7763.1	8239.2	8693.3	9073.0	1.1
约旦河西岸和加沙	West Bank and Gaza	292.2	332.0	381.1	429.5	3.0
也门	Yemen	1752.3	2014.0	2276.3	2496.9	2.3
赞比亚	Zambia	1010.1	1147.0	1321.7	1502.1	3.3
津巴布韦	Zimbabwe	1250.4	1271.1	1307.7	1459.9	3.1

4-2　女性人口比重

Female Population as Percentage of Total

资料来源：世界银行WDI数据库。
Source: World Bank WDI Database.
单位：%　　(%)

国家或地区	Country or Area	2000	2005	2010	2012	2013	2014
世　界	**World**	**49.6**	**49.6**	**49.6**	**49.6**	**49.6**	**49.6**
中　国	China	48.3	48.3	48.2	48.2	48.2	48.2
中国香港	Hong Kong, China	51.4	52.3	53.2	53.2	53.2	53.2
中国澳门	Macao, China	51.7	52.1	52.0	52.0	51.9	51.9
孟加拉国	Bangladesh	48.4	48.7	49.2	49.4	49.4	49.4
文　莱	Brunei Darussalam	49.2	49.2	49.3	49.3	49.3	49.4
柬埔寨	Cambodia	51.4	51.4	51.3	51.2	51.2	51.2
印　度	India	48.2	48.2	48.3	48.3	48.3	48.3
印度尼西亚	Indonesia	50.0	49.8	49.7	49.7	49.7	49.7
伊　朗	Iran	49.2	48.8	49.4	49.6	49.7	49.7
以色列	Israel	50.7	50.7	50.6	50.5	50.5	50.4
日　本	Japan	51.1	51.2	51.3	51.3	51.3	51.4
哈萨克斯坦	Kazakhstan	52.0	51.9	51.8	51.8	51.9	51.9
韩　国	Korea, Rep.	49.8	50.1	50.2	50.3	50.3	50.3
老　挝	Laos	50.1	50.5	50.3	50.3	50.2	50.2
马来西亚	Malaysia	49.2	50.4	51.4	51.5	51.5	51.4
蒙　古	Mongolia	50.1	50.2	50.4	50.4	50.5	50.5
缅　甸	Myanmar	51.0	51.3	51.5	51.5	51.5	51.4
巴基斯坦	Pakistan	48.4	48.5	48.6	48.6	48.6	48.6
菲律宾	Philippines	49.6	49.7	49.9	49.9	49.9	49.9
新加坡	Singapore	50.0	50.4	50.7	50.7	50.6	50.6
斯里兰卡	Sri Lanka	50.1	50.4	50.9	51.1	51.1	51.2
泰　国	Thailand	50.9	50.9	51.0	51.0	51.0	51.0
越　南	Viet Nam	50.8	50.8	50.6	50.6	50.6	50.6
埃　及	Egypt	49.7	49.7	49.8	49.8	49.8	49.8
尼日利亚	Nigeria	49.4	49.3	49.2	49.1	49.1	49.1
南　非	South Africa	51.0	51.3	51.5	51.5	51.5	51.4
加拿大	Canada	50.5	50.4	50.4	50.4	50.4	50.4
墨西哥	Mexico	51.6	51.8	51.6	51.6	51.6	51.5
美　国	United States	50.9	50.9	50.8	50.8	50.8	50.8
阿根廷	Argentina	51.0	51.1	51.1	51.1	51.1	51.1
巴　西	Brazil	50.6	50.7	50.8	50.8	50.8	50.8
委内瑞拉	Venezuela	49.7	49.7	49.8	49.8	49.9	49.9
捷　克	Czech Rep.	51.3	51.3	50.9	50.8	50.8	50.8
法　国	France	51.6	51.7	51.6	51.6	51.6	51.6
德　国	Germany	51.2	51.1	51.0	50.9	50.9	50.9
意大利	Italy	51.6	51.5	51.5	51.4	51.4	51.4
荷　兰	Netherlands	50.5	50.5	50.5	50.4	50.4	50.4
波　兰	Poland	51.5	51.6	51.7	51.7	51.7	51.7
俄罗斯	Russia	53.3	53.6	53.8	53.8	53.9	53.9
西班牙	Spain	51.0	50.8	50.6	50.6	50.6	50.6
土耳其	Turkey	50.8	50.8	50.9	50.9	50.9	50.9
乌克兰	Ukraine	53.6	53.7	53.9	53.9	53.9	53.9
英　国	United Kingdom	51.3	51.0	50.8	50.8	50.7	50.7
澳大利亚	Australia	50.4	50.3	50.2	50.2	50.2	50.2
新西兰	New Zealand	50.9	51.0	50.9	50.9	50.9	50.9

4-3 人口年龄构成和抚养比(2014年)

Age Composition and Dependency Ratio of Population(2014)

资料来源：世界银行WDI数据库。
Source: World Bank WDI Database.

单位：% (%)

国家或地区	Country or Area	年龄构成 Age Composition			抚养比 Age Dependency Ratio
		0-14岁人口占比 Persons ages 14 and below	15-64岁人口占比 Persons ages 15 to 64	65岁以上人口占比 Persons ages 65 and above	
世　界	**World**	**26.2**	**65.7**	**8.1**	**53.6**
中　国	China	18.1	72.8	9.1	37.4
中国香港	Hong Kong, China	11.7	73.8	14.5	35.5
中国澳门	Macao, China	12.4	79.0	8.6	26.6
孟加拉国	Bangladesh	29.5	65.7	4.8	52.2
文　莱	Brunei Darussalam	24.9	70.5	4.6	41.8
柬埔寨	Cambodia	31.1	63.4	5.5	57.6
印　度	India	28.8	65.9	5.4	51.8
印度尼西亚	Indonesia	28.5	66.2	5.3	51.0
伊　朗	Iran	23.9	70.7	5.4	41.5
以色列	Israel	27.9	61.3	10.8	63.1
日　本	Japan	13.0	61.2	25.8	63.3
哈萨克斯坦	Kazakhstan	26.0	67.3	6.7	48.7
韩　国	Korea, Rep.	14.5	72.9	12.6	37.1
老　挝	Laos	34.7	61.5	3.8	62.6
马来西亚	Malaysia	25.7	68.8	5.6	45.5
蒙　古	Mongolia	27.4	68.8	3.8	45.5
缅　甸	Myanmar	24.5	70.2	5.3	42.5
巴基斯坦	Pakistan	33.3	62.3	4.4	60.4
菲律宾	Philippines	33.8	62.2	4.0	60.7
新加坡	Singapore	15.7	73.7	10.7	35.8
斯里兰卡	Sri Lanka	25.2	66.1	8.7	51.3
泰　国	Thailand	17.8	72.2	10.1	38.6
越　南	Viet Nam	22.6	70.8	6.7	41.3
埃　及	Egypt	31.0	63.2	5.9	58.4
尼日利亚	Nigeria	44.4	52.9	2.7	89.2
南　非	South Africa	29.4	65.0	5.6	53.9
加拿大	Canada	16.5	68.0	15.6	47.2
墨西哥	Mexico	28.0	65.5	6.6	52.7
美　国	United States	19.5	66.2	14.3	51.0
阿根廷	Argentina	24.0	64.9	11.1	54.1
巴　西	Brazil	23.6	68.6	7.8	45.8
委内瑞拉	Venezuela	28.2	65.4	6.4	52.9
捷　克	Czech Rep.	15.1	67.7	17.2	47.7
法　国	France	18.2	63.5	18.3	57.4
德　国	Germany	13.0	65.7	21.3	52.1
意大利	Italy	14.1	64.5	21.5	55.0
荷　兰	Netherlands	17.0	65.5	17.6	52.8
波　兰	Poland	15.0	70.1	14.9	42.6
俄罗斯	Russia	16.1	70.8	13.1	41.3
西班牙	Spain	15.5	66.5	18.0	50.3
土耳其	Turkey	25.3	67.2	7.5	48.9
乌克兰	Ukraine	14.7	70.4	14.9	42.0
英　国	United Kingdom	17.6	64.6	17.8	54.8
澳大利亚	Australia	19.1	66.2	14.7	51.0
新西兰	New Zealand	20.1	65.6	14.3	52.5

4-4 人口粗出生率和死亡率

Crude Birth Rate and Crude Death Rate

资料来源：世界银行WDI数据库。
Source: World Bank WDI Database.

单位：‰ (‰)

国家或地区	Country or Area	粗出生率 Crude Birth Rate			粗死亡率 Crude Death Rate		
		2000	2005	2013	2000	2005	2013
世　界	**World**	**21.4**	**20.2**	**19.2**	**8.6**	**8.3**	**8.0**
中　国	China	14.0	12.4	12.1	6.5	6.5	7.2
中国香港	Hong Kong, China	8.1	8.4	7.9	5.1	5.7	6.0
中国澳门	Macao, China	9.1	7.9	10.2	4.9	4.8	4.8
孟加拉国	Bangladesh	27.0	23.4	20.0	7.2	6.4	5.7
文　莱	Brunei Darussalam	22.8	19.6	15.5	2.8	2.8	3.1
柬埔寨	Cambodia	27.5	26.2	25.7	8.5	6.9	6.0
印　度	India	25.6	23.3	20.4	8.9	8.3	7.9
印度尼西亚	Indonesia	21.5	21.4	18.8	6.8	6.6	6.2
伊　朗	Iran	18.7	18.1	18.8	5.3	5.3	5.2
以色列	Israel	21.7	20.8	21.3	6.0	5.6	5.1
日　本	Japan	9.4	8.4	8.2	7.7	8.5	10.1
哈萨克斯坦	Kazakhstan	14.7	18.4	22.7	10.1	10.4	8.0
韩　国	Korea, Rep.	13.3	8.9	8.6	5.2	5.0	5.3
老　挝	Laos	30.9	28.4	26.8	8.4	7.2	5.9
马来西亚	Malaysia	22.7	18.5	17.7	4.4	4.5	4.7
蒙　古	Mongolia	19.3	20.4	22.7	7.7	7.0	6.8
缅　甸	Myanmar	20.9	19.0	17.2	8.8	8.5	8.5
巴基斯坦	Pakistan	31.2	28.0	25.2	8.0	7.4	6.9
菲律宾	Philippines	29.6	27.3	24.4	6.1	6.0	6.0
新加坡	Singapore	11.8	10.2	9.3	3.9	4.4	4.6
斯里兰卡	Sri Lanka	18.5	18.6	17.9	7.0	6.4	7.1
泰　国	Thailand	14.6	12.6	10.2	6.8	7.0	7.7
越　南	Viet Nam	17.3	17.0	15.5	5.4	5.4	5.7
埃　及	Egypt	24.8	24.4	23.2	6.9	6.8	6.5
尼日利亚	Nigeria	42.9	42.5	41.2	17.6	16.0	13.2
南　非	South Africa	24.1	22.8	20.9	11.7	14.7	13.0
加拿大	Canada	10.9	10.7	10.9	7.1	7.1	7.2
墨西哥	Mexico	24.1	21.7	18.4	4.6	4.5	4.5
美　国	United States	14.4	14.0	12.5	8.7	8.3	8.2
阿根廷	Argentina	18.8	17.7	16.8	7.8	7.8	7.7
巴　西	Brazil	20.9	18.1	14.9	6.4	6.3	6.5
委内瑞拉	Venezuela	23.6	22.1	19.8	5.0	5.1	5.3
捷　克	Czech Rep.	8.9	10.0	10.2	10.6	10.6	10.4
法　国	France	13.3	12.8	12.3	8.9	8.5	8.7
德　国	Germany	9.3	8.3	8.5	10.2	10.1	11.1
意大利	Italy	9.5	9.6	8.5	9.8	9.8	10.0
荷　兰	Netherlands	13.0	11.5	10.2	8.8	8.4	8.4
波　兰	Poland	9.9	9.5	9.6	9.6	9.6	10.1
俄罗斯	Russia	8.7	10.2	13.2	15.3	16.1	13.0
西班牙	Spain	9.9	10.6	9.1	9.0	8.8	8.3
土耳其	Turkey	21.5	19.4	16.8	6.4	5.9	5.7
乌克兰	Ukraine	7.8	9.0	11.1	15.3	16.6	14.6
英　国	United Kingdom	11.5	12.0	12.2	10.3	9.6	9.0
澳大利亚	Australia	13.0	12.8	13.2	6.7	6.4	6.3
新西兰	New Zealand	14.7	14.0	13.1	6.9	6.5	6.6

4-5 生殖健康(2013年)
Reproductive Health(2013)

资料来源：世界银行WDI数据库。
Source: World Bank WDI Database.

国家或地区	Country or Area	总和生育率 Total Fertility Rate	少女生育率(‰) Adolescent Fertility Rate (‰)	15-49岁妇女避孕普及率(%) Contraceptive Prevalence (% of women ages 15-49)	产妇死亡率(1/10 0000) Maternal Mortality Ratio(1/10 0000)
世　界	**World**	**2.5**	**45.3**	**63.4①**	**210.0**
中　国	China	1.7	8.6	87.9②	32.0
中国香港	Hong Kong, China	1.1	3.3		
中国澳门	Macao, China	1.1	3.7		
孟加拉国	Bangladesh	2.2	79.4	62.0	170.0
文　莱	Brunei Darussalam	2.0	22.6		27.0
柬埔寨	Cambodia	2.9	43.7	50.5③	170.0
印　度	India	2.5	32.4		190.0
印度尼西亚	Indonesia	2.3	47.8	61.9②	190.0
伊　朗	Iran	1.9	31.5	77.4①	23.0
以色列	Israel	3.0	6.6		2.0
日　本	Japan	1.4	5.5		6.0
哈萨克斯坦	Kazakhstan	2.6	28.7	51.0①	26.0
韩　国	Korea, Rep.	1.2	2.3		27.0
老　挝	Laos	3.0	63.6	49.8②	220.0
马来西亚	Malaysia	2.0	5.6		29.0
蒙　古	Mongolia	2.4	18.2	54.9③	68.0
缅　甸	Myanmar	1.9	11.3	46.0③	200.0
巴基斯坦	Pakistan	3.2	26.7	35.4	170.0
菲律宾	Philippines	3.0	46.5	55.1	120.0
新加坡	Singapore	1.2	5.9		6.0
斯里兰卡	Sri Lanka	2.3	16.8		29.0
泰　国	Thailand	1.4	40.0	79.3②	26.0
越　南	Viet Nam	1.7	28.8	77.8①	49.0
埃　及	Egypt	2.8	42.0		45.0
尼日利亚	Nigeria	6.0	117.6	15.1	560.0
南　非	South Africa	2.4	49.4		140.0
加拿大	Canada	1.6	13.7		11.0
墨西哥	Mexico	2.2	62.4		49.0
美　国	United States	1.9	29.6	76.4③	28.0
阿根廷	Argentina	2.2	53.9		69.0
巴　西	Brazil	1.8	70.0		69.0
委内瑞拉	Venezuela	2.4	82.0		110.0
捷　克	Czech Rep.	1.5	4.7		5.0
法　国	France	2.0	5.5		12.0
德　国	Germany	1.4	3.4		7.0
意大利	Italy	1.4	3.8		4.0
荷　兰	Netherlands	1.7	6.1		6.0
波　兰	Poland	1.3	11.5		3.0
俄罗斯	Russia	1.7	25.5	68.0①	24.0
西班牙	Spain	1.3	10.1		4.0
土耳其	Turkey	2.0	29.4		20.0
乌克兰	Ukraine	1.5	24.7	65.4②	23.0
英　国	United Kingdom	1.9	25.7		8.0
澳大利亚	Australia	1.9	11.4		6.0
新西兰	New Zealand	2.0	23.7		8.0

注：①2011年数据。②2012年数据。③2010年数据。
Note:①Data refer to 2011.②Data refer to 2012.③Data refer to 2010.

4-6 婴儿死亡率和出生时预期寿命

Infant Mortality Rate and Life Expectancy at Birth

资料来源：世界银行WDI数据库。
Source: World Bank WDI Database.
单位：‰ (‰)

国家或地区	Country or Area	婴儿死亡率(‰) Infant Mortality Rate (‰)			出生时预期寿命(岁) Life Expectancy at Birth (years)		
		2000	2005	2013	2000	2005	2013
世 界	**World**	**53.0**	**44.2**	**33.6**	**67.7**	**69.0**	**71.0**
中 国	China	30.2	20.3	10.9	72.1	74.1	75.4
中国香港	Hong Kong, China				80.9	81.6	83.8
中国澳门	Macao, China				77.6	78.7	80.3
孟加拉国	Bangladesh	64.4	50.9	33.2	65.3	67.5	70.7
文 莱	Brunei Darussalam	7.7	7.4	8.4	76.0	77.0	78.6
柬埔寨	Cambodia	81.7	52.1	32.5	61.9	67.0	71.8
印 度	India	66.5	55.9	41.4	62.2	64.1	66.5
印度尼西亚	Indonesia	41.0	33.4	24.5	67.3	68.9	70.8
伊 朗	Iran	28.6	21.7	14.4	69.6	71.5	74.1
以色列	Israel	5.6	4.5	3.2	79.0	80.2	82.1
日 本	Japan	3.3	2.7	2.1	81.1	81.9	83.3
哈萨克斯坦	Kazakhstan	37.5	28.5	14.6	65.5	65.9	70.5
韩 国	Korea, Rep.	5.2	4.8	3.2	75.8	78.4	81.5
老 挝	Laos	83.0	70.0	53.8	61.6	64.5	68.3
马来西亚	Malaysia	8.7	7.0	7.2	72.9	73.7	75.0
蒙 古	Mongolia	49.4	37.0	26.4	62.9	65.3	67.6
缅 甸	Myanmar	58.9	50.8	39.8	62.0	63.5	65.1
巴基斯坦	Pakistan	87.9	80.1	69.0	63.9	65.2	66.6
菲律宾	Philippines	30.1	27.5	23.5	66.8	67.5	68.7
新加坡	Singapore	3.1	2.3	2.2	78.0	80.0	82.4
斯里兰卡	Sri Lanka	14.0	11.8	8.2	71.2	73.6	74.2
泰 国	Thailand	19.1	15.2	11.3	70.9	72.3	74.4
越 南	Viet Nam	27.0	23.6	19.0	73.6	74.6	75.8
埃 及	Egypt	35.9	25.5	18.6	68.6	69.4	71.1
尼日利亚	Nigeria	112.5	97.1	74.3	46.6	48.7	52.5
南 非	South Africa	51.7	51.4	32.8	55.8	51.6	56.7
加拿大	Canada	5.2	5.3	4.6	79.2	80.3	81.4
墨西哥	Mexico	21.6	16.7	12.5	74.3	75.5	77.4
美 国	United States	7.1	6.8	5.9	76.6	77.3	78.8
阿根廷	Argentina	18.0	15.3	11.9	73.8	74.8	76.2
巴 西	Brazil	28.9	20.4	12.3	70.3	71.7	73.9
委内瑞拉	Venezuela	18.2	15.8	12.9	72.4	73.3	74.6
捷 克	Czech Rep.	5.6	4.4	2.9	75.0	75.9	78.3
法 国	France	4.4	3.8	3.5	79.1	80.2	82.0
德 国	Germany	4.4	3.9	3.2	77.9	78.9	81.0
意大利	Italy	4.7	3.7	3.0	79.8	80.8	82.3
荷 兰	Netherlands	5.1	4.5	3.3	78.0	79.4	81.1
波 兰	Poland	8.1	6.6	4.5	73.8	75.0	76.9
俄罗斯	Russia	19.7	14.4	8.6	65.3	65.5	71.1
西班牙	Spain	5.4	4.8	3.6	79.0	80.2	82.4
土耳其	Turkey	33.7	25.7	16.5	70.0	72.4	75.2
乌克兰	Ukraine	15.8	12.5	8.6	67.9	68.0	71.2
英 国	United Kingdom	5.6	5.1	3.9	77.7	79.1	81.0
澳大利亚	Australia	5.1	4.8	3.4	79.2	80.8	82.2
新西兰	New Zealand	6.1	5.4	5.2	78.6	79.9	81.4

4-7 结婚率与离婚率

Marriage Rate and Divorce Rate

资料来源：联合国人口统计数据库。
Source: UN Demographic Statistics Database.
单位：‰ (‰)

国家或地区	Country or Area	结婚率 Marriage Rate			离婚率 Divorce Rate		
		2005	2010	2013	2005	2010	2013
中　国	**China**	**6.3**	**9.3**	**9.6①**	**1.4**	**2.0**	**1.8①**
中国香港	Hong Kong, China	6.3	7.5	7.7			
中国澳门	Macao, China	3.7	5.8	7.3	1.2	1.7	2.1
伊　朗	Iran	11.2	12.0	10.9①	1.2	1.8	2.0①
日　本	Japan	5.6	5.5	5.2①	2.0	2.0	1.8①
哈萨克斯坦	Kazakhstan	8.1	9.0	9.7②	2.1	2.5	2.7②
韩　国	Korea, Rep.	6.5	6.6	6.5①	2.7	2.4	2.3①
蒙　古	Mongolia	5.8	3.4	5.6	0.6	1.1	1.2
新加坡	Singapore	5.4	4.8	4.9	1.5	1.4	1.3
埃　及	Egypt	7.3	11.1	11.4①	0.9	1.9	1.9①
墨西哥	Mexico	5.4	4.8	4.8①	0.6	0.7	0.8①
美　国	United States	7.6	6.8	6.8②	2.9	2.8	2.8②
阿根廷	Argentina	3.4	3.1	3.2②			
委内瑞拉	Venezuela	3.2	3.3	3.5②			
白俄罗斯	Belarus	7.6	8.1	8.1①	3.2	3.9	4.1①
保加利亚	Bulgaria	4.3	3.3	2.9①	1.9	1.5	1.6①
捷　克	Czech Rep.	5.1	4.5	4.3①	3.1	2.9	2.5①
法　国	France	4.4	3.8	3.7①	2.4	2.0	1.9①
德　国	Germany	4.7	4.7	4.8①	2.4	2.3	2.2①
意大利	Italy	4.3	3.7	3.5①	0.8	0.9	0.9②
荷　兰	Netherlands	4.4	4.5	4.2①	2.0	2.0	2.1①
波　兰	Poland	5.4	6.0	5.4①	1.8	1.6	1.7①
罗马尼亚	Romania	6.7	5.7	5.4①	1.6	1.6	1.6①
俄罗斯	Russia	7.4	8.5	8.5①	4.2	4.5	4.5①
西班牙	Spain	4.7	3.6	3.5①	1.7	2.2	2.2①
土耳其	Turkey	9.5	8.1	8.0	1.4	1.6	1.7①
乌克兰	Ukraine	7.1	6.7	6.1①	3.9	2.7	1.1①
英　国	United Kingdom	4.7	4.5	4.5②	2.6	2.1	2.1②
澳大利亚	Australia	5.4	5.5	5.4①	2.6	2.3	2.2①
新西兰	New Zealand	5.0	4.8	4.7①	2.4	2.0	2.0①

注：①2012年数据。②2011年数据。
Note:①Data refer to 2012.②Data refer to 2011.

4-8　农村和城市人口比重

Rural and Urban Population as Percentage of Total

资料来源：世界银行WDI数据库。
Source: World Bank WDI Database.

单位：%　(%)

国家或地区	Country or Area	农村人口 Rural Population			城市人口 Urban Population		
		2005	2010	2014	2005	2010	2014
世　界	**World**	**51.0**	**48.5**	**46.5**	**49.0**	**51.5**	**53.5**
中　国	China	57.5	50.8	45.6	42.5	49.2	54.4
中国香港	Hong Kong, China				100.0	100.0	100.0
中国澳门	Macao, China				100.0	100.0	100.0
孟加拉国	Bangladesh	73.2	69.5	66.5	26.8	30.5	33.5
文　莱	Brunei Darussalam	26.5	24.5	23.1	73.5	75.5	76.9
柬埔寨	Cambodia	80.8	80.2	79.5	19.2	19.8	20.5
印　度	India	70.8	69.1	67.6	29.2	30.9	32.4
印度尼西亚	Indonesia	54.1	50.1	47.0	45.9	49.9	53.0
伊　朗	Iran	32.4	29.4	27.1	67.6	70.6	72.9
以色列	Israel	8.5	8.2	7.9	91.5	91.8	92.1
日　本	Japan	14.0	9.5	7.0	86.0	90.5	93.0
哈萨克斯坦	Kazakhstan	45.3	46.3	46.7	54.7	53.7	53.3
韩　国	Korea, Rep.	18.7	18.1	17.6	81.3	81.9	82.4
老　挝	Laos	72.6	66.9	62.4	27.4	33.1	37.6
马来西亚	Malaysia	33.4	29.1	26.0	66.6	70.9	74.0
蒙　古	Mongolia	37.5	32.4	28.8	62.5	67.6	71.2
缅　甸	Myanmar	71.1	68.6	66.4	28.9	31.4	33.6
巴基斯坦	Pakistan	65.3	63.4	61.7	34.7	36.6	38.3
菲律宾	Philippines	53.4	54.7	55.5	46.6	45.3	44.5
新加坡	Singapore				100.0	100.0	100.0
斯里兰卡	Sri Lanka	81.6	81.7	81.7	18.4	18.3	18.3
泰　国	Thailand	62.5	55.9	50.8	37.5	44.1	49.2
越　南	Viet Nam	72.7	69.6	67.0	27.3	30.4	33.0
埃　及	Egypt	57.0	57.0	56.9	43.0	43.0	43.1
尼日利亚	Nigeria	60.9	56.5	53.1	39.1	43.5	46.9
南　非	South Africa	40.5	37.8	35.7	59.5	62.2	64.3
加拿大	Canada	19.9	19.1	18.4	80.1	80.9	81.7
墨西哥	Mexico	23.7	22.2	21.0	76.3	77.8	79.0
美　国	United States	20.1	19.2	18.6	79.9	80.8	81.4
阿根廷	Argentina	9.9	9.0	8.4	90.1	91.0	91.6
巴　西	Brazil	17.2	15.7	14.6	82.8	84.3	85.4
委内瑞拉	Venezuela	11.4	11.2	11.1	88.6	88.8	88.9
捷　克	Czech Rep.	26.4	26.7	27.0	73.6	73.3	73.0
法　国	France	22.9	21.7	20.7	77.1	78.3	79.3
德　国	Germany	26.6	25.7	24.9	73.4	74.3	75.1
意大利	Italy	32.3	31.7	31.2	67.7	68.3	68.8
荷　兰	Netherlands	17.4	12.9	10.1	82.6	87.1	89.9
波　兰	Poland	38.5	39.1	39.4	61.5	60.9	60.6
俄罗斯	Russia	26.5	26.3	26.1	73.5	73.7	73.9
西班牙	Spain	22.7	21.6	20.6	77.3	78.4	79.4
土耳其	Turkey	32.2	29.3	27.1	67.8	70.7	72.9
乌克兰	Ukraine	32.2	31.3	30.5	67.8	68.7	69.5
英　国	United Kingdom	20.1	18.7	17.7	79.9	81.3	82.3
澳大利亚	Australia	12.0	11.3	10.7	88.0	88.7	89.3
新西兰	New Zealand	13.9	13.8	13.7	86.1	86.2	86.3

主要统计指标解释

人口 指实际具有的所有人口，无论其法律地位或公民身份均包括在内，不包括非永久居住在庇护地的难民，难民通常被认为是来源国的人口。人口用年中的估计值表示。

抚养比 指0－14岁和65岁及以上被抚养人口与15－64岁劳动年龄人口之比。

（粗）出生率 指一年内活产数量与年中人口数之比。粗出生率减去粗死亡率为自然增长率，等于没有人口迁移情况下的自然增长率。

（粗）死亡率 指一年内死亡数量与年中人口数之比。粗出生率减去粗死亡率为自然增长率，等于没有人口迁移情况下的自然增长率。

总和生育率 是一个妇女活到育龄期结束，并按当前的特定年龄生育率生育孩子的话，她可能生育的孩子数量。

少女生育率 指每千名15－19岁妇女中生育的妇女人数。

避孕普及率 指采取了某种避孕措施的15－49岁已婚妇女或其性伙伴所占的百分比。

产妇死亡率 是每年每10万例活产中怀孕和分娩期间死亡的妇女人数。

婴儿死亡率 指某年里每千名活产婴儿生存至一周岁前死亡的比率。

出生时预期寿命 指一名新生儿如果其出生时各年龄组的死亡率在其终生保持不变的话，他可能存活的年数。

结婚率 指在一定时期（通常为一个日历年）、给定地域、给定年份内平均每千名年中人口中的结婚次数。

离婚率 指在一定时期（通常为一个日历年）、给定地域、给定年份内平均每千名年中人口中的离婚次数。

城市人口 指向联合国报告的各国定义为城市的区域内的年中人口。

Explanatory Notes on Main Statistical Indicators

Total population is based on the de facto definition of population, which counts all residents regardless of legal status or citizenship--except for refugees not permanently settled in the country of asylum, who are generally considered part of the population of their country of origin. The values shown are midyear estimates.

Age Dependency Ratio is the ratio of dependents--people younger than 15 or older than 64--to the working-age population--those ages 15-64.

Crude Birth Rate is the number of live births occurring during the year, per 1,000 population estimated at midyear. Subtracting the crude death rate from the crude birth rate provides the rate of natural increase, which is equal to the population growth rate in the absence of migration.

Crude Death Rate is the number of deaths occurring during the year, per 1,000 population estimated at midyear. Subtracting the crude death rate from the crude birth rate provides the rate of natural increase, which is equal to the population growth rate in the absence of migration.

Total Fertility Rate is the number of children that would be born to a woman if she were to live to the end of her childbearing years and bear children in accordance with current age-specific fertility rates.

Adolescent Fertility Rate is the number of births per 1,000 women ages 15-19.

Contraceptive Prevalence Rate is the percentage of women who are practicing, or whose sexual partners are practicing, any form of contraception. It is usually measured for married women ages 15-49 only.

Maternal Mortality Ratio is the number of women who die during pregnancy and childbirth, per 100,000 live births.

Infant Mortality Rate is the number of infants dying before reaching one year of age, per 1000 live births in a given year.

Life Expectancy at Birth is the number of years a newborn infant would live if prevailing patterns of mortality at the time of its birth were to stay the same throughout its life.

Crude Marriage Rate is the number of marriages occurring in a population during a given period of time, usually a calendar year, i.e., the number of marriages occurring among the population of a given geographical area during a given year per 1000 mid-year total population of the given geographical area during the same year.

Crude Divorce Rate is the number of divorces occurring in a population during a given period of time, usually a calendar year, i.e., the number of divorces occurring among the population of a given geographical area during a given year per 1000 mid-year total population of the given geographical area during the same year.

Urban Population is the midyear population of areas defined as urban in each country and reported to the United Nations.

就业人员和劳动报酬

Employment and Earnings

5-1 劳动参与率
Labor Force Participation Rate

资料来源：世界银行WDI数据库。
Source: World Bank WDI Database.

国家或地区	Country or Area	劳动力人口（万人）Total Labor Force (10 000 persons)		劳动参与率（%）Labor Force Participation Rate (%)		女性劳动参与率（%）Female Labor Force Participation Rate(%)	
		2000	2013	2000	2013	2000	2013
世　界	**World**	**276639**	**331485**	**65.3**	**63.5**	**51.9**	**50.2**
高收入国家	**High Income**	**61263**	**68369**	**60.5**	**60.7**	**50.9**	**52.6**
经合组织高收入国家	**OECD Countries**	**48825**	**53261**	**60.6**	**60.1**	**51.3**	**52.9**
欧元区	**Euro Area**	**14778**	**16250**	**55.1**	**56.9**	**45.5**	**50.1**
非经合组织高收入国家	**High Income: nonOECD**	**12438**	**15108**	**60.0**	**63.0**	**49.2**	**51.6**
中等收入国家	**Middle Income**	**197527**	**237019**	**66.0**	**63.0**	**50.7**	**47.5**
中等偏上收入国家	**Upper Middle Income**	**107112**	**123090**	**70.7**	**67.0**	**60.3**	**56.7**
中等偏下收入国家	**Lower Middle Income**	**90416**	**113930**	**61.2**	**59.1**	**40.9**	**38.8**
中低收入国家	**Low and Middle Income**	**215376**	**263116**	**66.8**	**64.2**	**52.2**	**49.6**
东亚和太平洋	**East Asia and Pacific**	**99116**	**111561①**	**80.3**	**71.0①**	**73.4**	**62.5①**
欧洲和中亚	**Europe and Central Asia**	**17684**	**11940①**	**66.5**	**56.7①**	**58.2**	**45.8①**
拉丁美洲和加勒比	**Latin America and Caribbean**	**22455**	**27989①**	**67.7**	**66.5①**	**51.6**	**53.8①**
中东和北非国家	**Middle East and North Africa**	**8029**	**10955①**	**47.9**	**46.3①**	**19.3**	**19.8①**
南　亚	**South Asia**	**53221**	**65635**	**59.7**	**56.2**	**34.7**	**30.5**
撒哈拉以南非洲	**Sub-Saharan Africa**	**25493**	**36907**	**69.4**	**70.0**	**61.8**	**63.6**
低收入国家	**Low Income**	**17849**	**26097**	**76.9**	**77.7**	**70.6**	**72.2**
中　国	China	72433	79331	77.1	71.3	70.7	63.9
中国香港	Hong Kong, China	335	374	60.7	58.9	49.1	51.3
中国澳门	Macao, China	22	36	65.0	71.5	55.7	66.0
孟加拉国	Bangladesh	5899	7761	70.7	70.8	54.2	57.4
文　莱	Brunei Darussalam	16	20	67.7	64.0	55.5	52.6
柬埔寨	Cambodia	568	861	78.5	82.5	76.0	78.8
印　度	India	40519	48124	59.1	54.2	33.9	27.0
印度尼西亚	Indonesia	9765	12029	67.4	67.7	50.3	51.4
伊　朗	Iran	1903	2661	44.2	45.1	13.9	16.6
以色列	Israel	245	369	54.2	63.4	48.2	57.9
日　本	Japan	6758	6555	62.4	59.2	49.3	48.8
哈萨克斯坦	Kazakhstan	754	917	70.1	72.5	64.8	67.7
韩　国	Korea, Rep.	2267	2607	61.0	61.0	48.9	50.1
老　挝	Laos	243	341	79.9	77.7	78.8	76.3
马来西亚	Malaysia	981	1304	62.8	59.4	44.6	44.4
蒙　古	Mongolia	95	130	60.7	62.9	55.8	56.6
缅　甸	Myanmar	2574	3143	76.7	78.6	73.4	75.2
巴基斯坦	Pakistan	4295	6557	51.0	54.4	16.0	24.6
菲律宾	Philippines	3113	4225	65.2	65.2	48.7	51.1
新加坡	Singapore	207	307	65.4	67.8	52.6	58.8
斯里兰卡	Sri Lanka	795	843	56.9	55.0	37.3	35.1
泰　国	Thailand	3441	3965	72.8	72.3	65.4	64.3
越　南	Viet Nam	4132	5374	77.8	77.5	73.1	73.0
埃　及	Egypt	1969	2774	46.1	49.1	19.3	23.7
尼日利亚	Nigeria	3888	5420	56.0	56.1	44.8	48.2
南　非	South Africa	1675	1953	56.8	52.1	49.6	44.5
加拿大	Canada	1624	1945	65.3	66.2	58.7	61.6
墨西哥	Mexico	4081	5390	59.6	61.6	39.1	45.1
美　国	United States	14713	15915	66.3	62.5	59.0	56.3
阿根廷	Argentina	1537	1909	57.8	60.8	42.5	47.5
巴　西	Brazil	8379	10617	68.2	69.8	54.9	59.4
委内瑞拉	Venezuela	1061	1414	65.6	65.1	48.9	51.1
捷　克	Czech Rep.	518	533	60.5	59.5	51.7	51.1
法　国	France	2730	3013	55.3	55.9	48.4	50.7
德　国	Germany	4031	4198	58.1	59.9	49.2	53.6
意大利	Italy	2327	2542	47.7	49.1	35.4	39.6
荷　兰	Netherlands	816	897	62.9	64.4	53.3	58.5
波　兰	Poland	1728	1828	56.0	56.5	49.2	48.9
俄罗斯	Russia	7279	7698	60.7	63.7	54.1	57.1
西班牙	Spain	1819	2328	53.0	59.0	40.7	52.5
土耳其	Turkey	2138	2752	48.8	49.4	26.3	29.4
乌克兰	Ukraine	2354	2311	58.0	59.4	52.2	53.2
英　国	United Kingdom	2953	3281	61.9	62.1	54.1	55.7
澳大利亚	Australia	962	1220	63.4	65.2	54.7	58.8
新西兰	New Zealand	193	240	64.8	67.8	56.8	62.0

注：①2012年数据。
Note: ①Data refer to 2012.

5-2 就业人数
Employment

资料来源：联合国ILO数据库。
Source: ILO Database.
单位：万人 (10 000 persons)

国家或地区	Country or Area	2000	2005	2010	2011	2012	2013
中　国	China	72085	74647	76105	76420	76704	76977
中国香港	Hong Kong, China	321	334	350	358	366	373
中国澳门	Macao, China	20	24	31	33	34	
孟加拉国	Bangladesh	5176	4736	5408			
柬埔寨	Cambodia	528		768	789	771	
印　度	India	33020	37199	37429		39267	
印度尼西亚	Indonesia	8984	9396	10821	10967	11301	11276
伊　朗	Iran		2062	2066			
以色列	Israel	222	249	294	302	336	345
日　本	Japan	6446	6356	6256	6289	6270	6311
哈萨克斯坦	Kazakhstan		726	811	830	851	857
韩　国	Korea, Rep.	2116	2286	2383	2424	2468	2507
马来西亚	Malaysia	932	1005	1113	1228	1272	
蒙　古	Mongolia	81	97	103	104	106	
巴基斯坦	Pakistan	3685	4282				
菲律宾	Philippines	2745	3231	3604	3719	3762	3792
新加坡	Singapore	209	165		200	204	
斯里兰卡	Sri Lanka		752	771	820	813	848
泰　国	Thailand	3300	3630	3804	3846	3894	
越　南	Viet Nam	3837			5088	5169	
埃　及	Egypt	1720	1934	2383	2335	2360	2397
南　非	South Africa	1224	1230	1306	1326	1352	
加拿大	Canada	1476	1617	1704	1731	1751	
墨西哥	Mexico	3950	4079	4387	4607	4900	
美　国	United States	13521	14173	13906			
阿根廷	Argentina	826	964	1053	1077	1084	
巴　西	Brazil	6563	8719	2202	9247	2296	2312
委内瑞拉	Venezuela	896	1073	1207		1239	
捷　克	Czech Rep.	473	476	489	490	489	494
法　国	France	2312	2495	2569	2578	2580	2575
德　国	Germany	3632	3636	3874	3974	4006	3953
意大利	Italy	2093	2256	2287	2297	2290	2219
荷　兰	Netherlands	786	811	837	837	842	
波　兰	Poland	1453	1412	1596	1613	1559	
俄罗斯	Russia	6507	6817	6980	7086	7155	
西班牙	Spain	1544	1897	1846	1810	1728	1714
土耳其	Turkey	2158	2205	2259	2410	2482	
乌克兰	Ukraine	2127	2068	2027	2032	2035	
英　国	United Kingdom	2740	2867	2894	2908	2943	2995
澳大利亚	Australia	895	997	1121	1136	1148	
新西兰	New Zealand	181	207	218	222	222	

5-3 按产业类型划分的就业构成

Composition of Employment by Industry

资料来源：世界银行WDI数据库。
Source: World Bank WDI Database.
单位：% (%)

国家或地区	Country or Area	第一产业 Primary Industry 2000	第一产业 Primary Industry 2013	第二产业 Secondary Industry 2000	第二产业 Secondary Industry 2013	第三产业 Tertiary Industry 2000	第三产业 Tertiary Industry 2013
中　国	China	50.0	34.8①	22.5	29.5①	27.5	35.7①
中国香港	Hong Kong, China	0.3		20.3	11.6②	79.4	87.7②
中国澳门	Macao, China	0.2		28.2		71.5	
孟加拉国	Bangladesh	62.1		10.3		23.5	
柬埔寨	Cambodia	73.7	51.0②	8.4	18.6②	17.9	30.4②
印　度	India	59.9	47.2②	16.0	24.7②	24.0	28.1②
印度尼西亚	Indonesia	45.3	35.1②	17.4	21.7②	37.3	43.2②
以色列	Israel	2.2		23.7		73.0	
日　本	Japan	5.1	3.7③	31.2	25.3③	63.1	69.7③
哈萨克斯坦	Kazakhstan		25.5		19.4		55.1
韩　国	Korea, Rep.	10.6	6.6③	28.1	17.0③	61.2	76.4③
马来西亚	Malaysia	18.4	12.6②	32.2	28.4②	49.5	59.0②
蒙　古	Mongolia	48.6	32.6①	14.1	17.3①	37.2	49.6①
巴基斯坦	Pakistan	48.4	43.7	18.0	21.5	33.5	33.2
菲律宾	Philippines	37.1	32.2②	16.2	15.4②	46.7	52.5②
新加坡	Singapore			33.8		65.5	
斯里兰卡	Sri Lanka		39.4		17.7		41.5
泰　国	Thailand	48.8	39.6②	19.0	20.9②	32.2	39.4②
越　南	Viet Nam	65.3	47.4②	12.4	21.1②	22.3	31.5②
埃　及	Egypt	29.6	29.2①	21.3	23.5①	49.1	47.1①
南　非	South Africa	15.6	4.6①	24.2	24.3①	59.4	62.7①
加拿大	Canada	3.3		22.5		74.2	
墨西哥	Mexico	18.0	13.4①	26.8	24.1①	55.2	61.9①
美　国	United States	2.6	1.6③	23.2	16.7③	74.3	81.2③
阿根廷	Argentina	0.7	0.6②	22.7	23.4②	76.2	75.3②
巴　西	Brazil	18.5	15.3①	21.2	21.9①	59.1	62.7①
委内瑞拉	Venezuela	10.6	7.7②	22.8	21.2②	66.5	70.7②
捷　克	Czech Rep.	5.1	3.1②	39.5	38.1②	55.4	58.8②
法　国	France	4.1	2.9②	26.3	21.7②	69.6	74.9②
德　国	Germany	2.6	1.5②	33.5	28.2②	63.8	70.2②
意大利	Italy	5.2	3.7②	31.8	27.8②	63.0	68.5②
荷　兰	Netherlands	3.0	2.5①	20.2	15.3①	70.4	71.5①
波　兰	Poland	18.8	12.6②	30.8	30.4②	50.4	57.0②
俄罗斯	Russia	14.5		28.4		57.1	
西班牙	Spain	6.7	4.4②	30.8	20.7②	62.5	74.9②
土耳其	Turkey	36.0	23.6②	24.0	26.0②	40.0	50.4②
乌克兰	Ukraine	23.4	17.2②	20.8	20.7②	13.3	62.1②
英　国	United Kingdom	1.5	1.2②	25.1	18.9②	73.1	78.9②
澳大利亚	Australia	5.0		21.7		73.3	
新西兰	New Zealand	8.7		23.2		67.7	

注：①2011年数据。②2012年数据。③2010年数据。
Note:①Data refer to 2011.②Data refer to 2012.③Data refer to 2010.

5-4 按行业分类的就业人口

Employment by Economic Activity

资料来源：联合国ILO数据库。
Source: ILO Database.
单位：万人 (10 000 persons)

国家或地区	Country or Area	2000	2005	2010	2011	2012	2013
中国香港	**Hong Kong, China**						
按第四版ISIC分类	ISIC-Rev.4						
总　计	Total	320.7	333.7	349.9	357.9	366.4	372.8
制造业	Manufacturing	33.4	22.4	13.3	13.3	13.4	12.6
建筑业	Construction	30.2	26.4	26.5	27.7	29.1	30.9
批发和零售贸易；机动车辆和摩托车的修理	Wholesale and Retail Trade; Repair of Motor Vehicles and Motorcycles			84.7	85.1	88.7	84.8
运输和储存	Transportation and Storage			31.7	31.7	31.4	32.3
信息和通讯业	Information and Communication			10.5	11.7	11.9	12.2
金融和保险业	Financial and Insurance Activities			20.6	22.1	22.5	23.2
房地产业	Real Estate Activities			14.6	14.7	14.9	15.1
教育	Education			18.5	19.6	19.7	20.0
艺术、娱乐和文娱活动	Arts, Entertainment and Recreation			5.2	5.4	5.4	5.7
印度尼西亚	**Indonesia**						
按第三版ISIC分类	ISIC-Rev.3						
总　计	Total	8983.8	9535.6	10959.0	10816.6	11301.2	11276.1
农业、狩猎业、林业和渔业	Agriculture, Hunting, Forestry; Fishing	4054.6	771.3				
农业、狩猎业和林业	Agriculture, Hunting, Forestry	3901.2	3976.6	3962.0			
渔业	Fishing	166.5	154.4	187.5			
采掘业	Mining and Quarrying	45.2	94.8	128.1	145.7	160.6	142.6
制造业	Manufacturing	1164.2	1138.1	1347.4	1454.0	1561.8	1496.0
电、煤气和水供应业	Electricity, Gas and Water Supply	7.1	19.5	23.4			
建筑业	Construction	349.7	455.5	548.5	632.5	687.0	634.9
批发、零售贸易；机动车及个人、家庭用品修理业	Wholesale, Retail Trade, Repair of Motor Vehicles, Motorcycles and Personal and Household Goods	1522.5	1674.8	1839.0			
旅馆和饭店业	Hotels and Restaurants	326.4	116.1	410.2			
运输、仓储和通讯	Transport, Storage and Communications	455.4	569.8	548.7	508.5	506.7	509.7
金融中介	Financial Intermediation	46.9	110.2	166.4	258.9	269.4	149.7
房地产、租赁及商业活动	Real Estate, Renting and Business Activities	41.3	58.6	75.0			140.1
公共管理和国防；社会基本保障	Public Administration and Defence; Compulsory Social Security	284.1	258.7	341.2			
教育	Education	241.3	287.2	473.3			499.3
卫生和社会工作	Health and Social Work	43.8	65.1	108.9			
其他团体、社会和个人服务活动	Other Community, Social and Personal Services Activities	181.7	145.0	426.7			537.0
雇人的私人住户	Private Households with Employed Persons	206.5	270.3	240.6			
域外组织和机构	Extra-Territorial Organizations and Bodies		0.4	0.1			
未分类经济活动	Not Classifiable by Economic Activity		6.1	4.9			
非农部门	Non-Agriculture	2411.7					

5-4 续表 1 continued

单位：万人 (10 000 persons)

国家或地区	Country or Area	2000	2005	2010	2011	2012	2013
伊　朗	**Iran**						
按第三版ISIC分类	ISIC-Rev.3						
总　计	Total		2061.9	2065.7			
农业、狩猎业和林业	Agriculture, Hunting, Forestry		503.1	390.6			
渔业	Fishing		6.9	6.4			
采掘业	Mining and Quarrying		12.7	11.2			
制造业	Manufacturing		378.9	352.2			
电、煤气和水供应业	Electricity, Gas and Water Supply		19.8	19.8			
建筑业	Construction		214.3	282.0			
批发、零售贸易；机动车及个人、家庭用品修理业	Wholesale, Retail Trade, Repair of Motor Vehicles, Motorcycles and Personal and Household Goods		295.9	323.3			
旅馆和饭店业	Hotels and Restaurants		18.2	24.7			
运输、仓储和通讯	Transport, Storage and Communications		181.7	212.6			
金融中介	Financial Intermediation		26.0	24.3			
房地产、租赁及商业活动	Real Estate, Renting and Business Activities		41.8	66.4			
公共管理和国防；社会基本保障	Public Administration and Defence; Compulsory Social Security		131.7	125.4			
教育	Education		136.9	123.3			
卫生和社会工作	Health and Social Work		46.4	49.2			
其他团体、社会和个人服务活动	Other Community, Social and Personal Services Activities		43.3	51.0			
雇人的私人住户	Private Households with Employed Persons		2.8	3.1			
域外组织和机构	Extra-Territorial Organizations and Bodies			0.1			
未分类经济活动	Not Classifiable by Economic Activity		0.4	0.1			
以 色 列	**Israel**						
按第三版ISIC分类	ISIC-Rev.3						
总　计	Total	222.1	249.4	293.8	302.5	335.9	345.0
农业、狩猎业、林业和渔业	Agriculture, Hunting, Forestry; Fishing	4.8	5.0				
农业、狩猎业和林业	Agriculture, Hunting, Forestry	4.8	5.0	4.6			
渔业	Fishing						
采掘业	Mining and Quarrying	0.5	0.4	0.2	0.3	0.5	0.3
制造业	Manufacturing	38.5	38.1	40.7	40.6	41.1	40.8
电、煤气和水供应业	Electricity, Gas and Water Supply	1.9	2.1	2.0			
建筑业	Construction	11.6	12.7	15.7	16.2	15.0	16.5
批发、零售贸易；机动车及个人、家庭用品修理业	Wholesale, Retail Trade, Repair of Motor Vehicles, Motorcycles and Personal and Household Goods	29.6	33.7	38.9			
旅馆和饭店业	Hotels and Restaurants	10.2	11.5	13.5			
运输、仓储和通讯	Transport, Storage and Communications	14.5	16.3	19.1	19.7	20.8	
金融中介	Financial Intermediation	7.3	8.2	11.6	11.9	11.6	
房地产、租赁及商业活动	Real Estate, Renting and Business Activities	25.9	33.5	42.9	42.9	45.1	
公共管理和国防；社会基本保障	Public Administration and Defence; Compulsory Social Security	12.0	11.6	13.5			
教育	Education	27.2	31.4	36.8	38.5	41.7	41.3
卫生和社会工作	Health and Social Work	21.4	26.6	30.4			
其他团体、社会和个人服务活动	Other Community, Social and Personal Services Activities	10.6	11.7	14.7	15.4	16.1	
雇人的私人住户	Private Households with Employed Persons	3.5	4.0	5.5			
域外组织和机构	Extra-Territorial Organizations and Bodies		0.2	0.2			
未分类经济活动	Not Classifiable by Economic Activity	2.5	2.3	3.3			

5-4 续表 2 continued

单位：万人 (10 000 persons)

国家或地区	Country or Area	2000	2005	2010	2011	2012	2013
日　本	**Japan**						
按第三版ISIC分类	ISIC-Rev.3						
总　计	Total	6446.0	6356.0	6257.0	6289.0	6270.0	6311.0
农业、狩猎业、林业和渔业	Agriculture, Hunting, Forestry; Fishing	326.0					
农业、狩猎业和林业	Agriculture, Hunting, Forestry		259.0				
渔业	Fishing		23.0				
采掘业	Mining and Quarrying	5.0	3.0	3.0	3.0	3.0	3.0
制造业	Manufacturing	1321.0	1169.0	1104.0	1078.0	1059.0	1066.0
电、煤气和水供应业	Electricity, Gas and Water Supply		35.0				
建筑业	Construction	653.0	568.0	498.0	502.0	503.0	499.0
批发、零售贸易；机动车及个人、家庭用品修理业	Wholesale, Retail Trade, Repair of Motor Vehicles, Motorcycles and Personal and Household Goods		1186.0				
旅馆和饭店业	Hotels and Restaurants		343.0				
运输、仓储和通讯	Transport, Storage and Communications	414.0	385.0				
金融中介	Financial Intermediation		157.0				
房地产、租赁及商业活动	Real Estate, Renting and Business Activities		729.0				
公共管理和国防；社会基本保障	Public Administration and Defence; Compulsory Social Security		229.0				
教育	Education		286.0	288.0	294.0	295.0	299.0
卫生和社会工作	Health and Social Work		553.0				
其他团体、社会和个人服务活动	Other Community, Social and Personal Services Activities		355.0				
未分类经济活动	Not Classifiable by Economic Activity		74.0	61.0			
哈萨克斯坦	**Kazakhstan**						
按第四版ISIC分类	ISIC-Rev.4						
总　计	Total		726.1	811.4	830.2	850.7	857.1
农业、林业和渔业	Agriculture, Forestry and Fishing			229.5	219.6	217.3	207.4
采掘业	Mining and Quarrying		18.4	19.4	20.7	22.5	24.9
制造业	Manufacturing		54.1	56.6	54.2	54.4	54.8
电、煤气、蒸汽和空调供应	Electricity, Gas, Steam and Air Conditioning Supply						
供水；污水处理、废物管理和补救活动	Water Supply; Sewerage, Waste Management and Remediation Activities			5.7	6.5	7.7	8.0
建筑业	Construction		41.6	57.0	61.4	64.5	66.0
批发和零售贸易；机动车辆和摩托车的修理	Wholesale and Retail Trade; Repair of Motor Vehicles and Motorcycles			122.4	123.4	120.1	125.7
运输和储存	Transportation and Storage			51.2	54.6	57.1	56.9
住宿和餐饮业	Accommodation and Food Service Activities		8.7				
信息和通讯业	Information and Communication			10.9	12.6	13.4	13.3
金融和保险业	Financial and Insurance Activities			10.5	11.9	13.9	13.8
房地产业	Real Estate Activities			13.9	13.6	11.2	10.5
专业和科技活动	Professional, Scientific and Technical Activities						
公共行政和国防；强制性社会保障	Public Administration and Defence; Compulsory Social Security						
教育	Education		69.0	81.6	85.2	89.2	92.3
卫生和社会福利业	Human Health and Social Work Activities		32.8				
艺术、娱乐和文娱活动	Arts, Entertainment and Recreation			9.0	9.7	11.2	10.7
家庭作为雇主的活动；家庭自用、未加区分的生产货物及服务的活动	Activities of Households as Employers; Undifferentiated Goods-and Services-Producing Activities of Households for Own Use			2.3	2.4	1.9	1.5

5-4 续表 3 continued

单位：万人 (10 000 persons)

国家或地区	Country or Area	2000	2005	2010	2011	2012	2013
韩 国	**Korea, Rep.**						
按第三版ISIC分类	ISIC-Rev.3						
总 计	Total	2115.6	2285.6	2382.9	2424.4	2468.1	2506.6
农业、狩猎业、林业和渔业	Agriculture, Hunting, Forestry; Fishing						
农业、狩猎业和林业	Agriculture, Hunting, Forestry	216.2	174.7				
渔业	Fishing	8.1	6.8				
采掘业	Mining and Quarrying	1.7	1.7	2.1	1.7	1.5	1.6
制造业	Manufacturing	429.3	423.4	402.8	409.1	410.5	418.4
电、煤气和水供应业	Electricity, Gas and Water Supply	6.4	7.1				
建筑业	Construction	158.0	181.4	175.3	175.1	177.3	175.4
批发、零售贸易；机动车及个人、家庭用品修理业	Wholesale, Retail Trade, Repair of Motor Vehicles, Motorcycles and Personal and Household Goods	383.3	374.8				
旅馆和饭店业	Hotels and Restaurants	191.9	205.8				
运输、仓储和通讯	Transport, Storage and Communications	126.0	142.9				
金融中介	Financial Intermediation	75.2	74.6				
房地产、租赁及商业活动	Real Estate, Renting and Business Activities	136.1	203.7				
公共管理和国防；社会基本保障	Public Administration and Defence; Compulsory Social Security	75.8	79.1				
教育	Education	119.1	156.8	179.9	168.6	174.4	174.8
卫生和社会工作	Health and Social Work	42.8	64.6				
其他团体、社会和个人服务活动	Other Community, Social and Personal Services Activities	125.1	172.7				
雇人的私人住户	Private Households with Employed Persons	18.6	13.0				
域外组织和机构	Extra-Territorial Organizations and Bodies	1.9	2.4				
未分类经济活动	Not Classifiable by Economic Activity	0.2					
马来西亚	**Malaysia**						
按第三版ISIC分类	ISIC-Rev.3						
总 计	Total	932.2	1004.5	1112.9	1228.4	1272.3	
农业、狩猎业、林业和渔业	Agriculture, Hunting, Forestry; Fishing	171.2					
农业、狩猎业和林业	Agriculture, Hunting, Forestry		135.5				
渔业	Fishing		11.5				
采掘业	Mining and Quarrying	2.7	3.6	5.7			
电、煤气和水供应业	Electricity, Gas and Water Supply		5.7				
建筑业	Construction	79.9	90.4	112.1			
批发、零售贸易；机动车及个人、家庭用品修理业	Wholesale, Retail Trade, Repair of Motor Vehicles, Motorcycles and Personal and Household Goods		162.0				
旅馆和饭店业	Hotels and Restaurants		67.2				
运输、仓储和通讯	Transport, Storage and Communications	42.3	54.5				
金融中介	Financial Intermediation		24.7				
房地产、租赁及商业活动	Real Estate, Renting and Business Activities		45.9				
公共管理和国防；社会基本保障	Public Administration and Defence; Compulsory Social Security		72.9				
教育	Education		60.7	77.3			
卫生和社会工作	Health and Social Work		21.3				
其他团体、社会和个人服务活动	Other Community, Social and Personal Services Activities		23.5				
雇人的私人住户	Private Households with Employed Persons		26.1				
域外组织和机构	Extra-Territorial Organizations and Bodies		0.2				

5-4 续表 4 continued

单位：万人 (10 000 persons)

国家或地区	Country or Area	2000	2005	2010	2011	2012	2013
蒙　古	**Mongolia**						
按第三版ISIC分类	ISIC-Rev.3						
总　计	Total	80.9	96.8	103.4	103.4	105.6	
农业、狩猎业、林业和渔业	Agriculture, Hunting, Forestry; Fishing	39.4	38.6				
采掘业	Mining and Quarrying	1.9	4.0	3.4		4.7	
制造业	Manufacturing	5.5	4.6	6.5		6.5	
电、煤气和水供应业	Electricity, Gas and Water Supply	1.8	2.9				
建筑业	Construction	2.3	4.9	4.9		5.9	
批发、零售贸易；机动车及个人、家庭用品修理业	Wholesale, Retail Trade, Repair of Motor Vehicles, Motorcycles and Personal and Household Goods	8.4	14.2				
旅馆和饭店业	Hotels and Restaurants	1.3	3.0				
运输、仓储和通讯	Transport, Storage and Communications	3.4	4.2				
金融中介	Financial Intermediation	0.7	1.6				
房地产、租赁及商业活动	Real Estate, Renting and Business Activities	0.7	0.9				
公共管理和国防；社会基本保障	Public Administration and Defence; Compulsory Social Security	3.5	4.7				
教育	Education	5.4	5.9	6.9	8.5	8.6	
卫生和社会工作	Health and Social Work	3.4	4.0				
其他团体、社会和个人服务活动	Other Community, Social and Personal Services Activities	2.9	2.7				
雇人的私人住户	Private Households with Employed Persons	0.4	0.9				
巴基斯坦	**Pakistan**						
按第三版ISIC分类	ISIC-Rev.3						
总　计	Total	3684.7	4281.6				
农业、狩猎业、林业和渔业	Agriculture, Hunting, Forestry; Fishing	1784.1	1843.1				
采掘业	Mining and Quarrying	2.5	2.9				
建筑业	Construction	213.0	249.6				
运输、仓储和通讯	Transport, Storage and Communications	185.3	245.5				
菲律宾	**Philippines**						
按第三版ISIC分类	ISIC-Rev.3						
总　计	Total	2745.2	3231.3	3603.5	3719.1	3762.2	3791.7
农业、狩猎业、林业和渔业	Agriculture, Hunting, Forestry; Fishing	1018.1					
农业、狩猎业和林业	Agriculture, Hunting, Forestry		1023.4	1058.2	1048.8		
渔业	Fishing		139.4	146.2	146.9		
采掘业	Mining and Quarrying	10.8	12.3	19.9	21.1		25.0
制造业	Manufacturing	274.5	307.7	289.4	303.3		315.0
电、煤气和水供应业	Electricity, Gas and Water Supply		11.7	14.2	15.0		
建筑业	Construction	147.9	170.8	201.6	209.1		236.4
批发、零售贸易；机动车及个人、家庭用品修理业	Wholesale, Retail Trade, Repair of Motor Vehicles, Motorcycles and Personal and Household Goods		614.7	673.5	703.4		
旅馆和饭店业	Hotels and Restaurants		86.1	101.0	106.2		
运输、仓储和通讯	Transport, Storage and Communications	198.6	245.1	272.3	277.5		
金融中介；房地产、租赁及商务活动	Financial Intermediation; Real Estate, Renting and Business Activities						
金融中介	Financial Intermediation		34.1	40.0	43.4		
房地产、租赁及商业活动	Real Estate, Renting and Business Activities		73.4	114.6	125.7		
公共管理和国防；社会基本保障	Public Administration and Defence; Compulsory Social Security		148.1	184.7			
教育	Education		97.8	117.6	119.9		122.0
卫生和社会工作	Health and Social Work		37.5	45.1			

5-4 续表 5 continued

单位：万人 (10 000 persons)

国家或地区	Country or Area	2000	2005	2010	2011	2012	2013
菲 律 宾(续)	**Philippines(continued)**						
其他团体、社会和个人服务活动	Other Community, Social and Personal Services Activities		77.5	91.3	93.4		
雇人的私人住户	Private Households with Employed Persons		151.7	188.0	192.6		
域外组织和机构	Extra-Territorial Organizations and Bodies			0.2	0.2		
新 加 坡	**Singapore**						
按第三版ISIC分类	ISIC-Rev.3						
总　计	Total	209.5	164.7		199.9	204.1	
农业、狩猎业和林业	Agriculture, Hunting, Forestry		1.8				
制造业	Manufacturing	43.4	27.5		29.2	28.8	
建筑业	Construction	27.4	8.2		10.0	10.5	
批发、零售贸易；机动车及个人、家庭用品修理业	Wholesale, Retail Trade, Repair of Motor Vehicles, Motorcycles and Personal and Household Goods	28.7	30.4				
旅馆和饭店业	Hotels and Restaurants	11.4	10.3				
运输、仓储和通讯	Transport, Storage and Communications	23.3	22.8				
金融中介	Financial Intermediation	9.6	10.2				
房地产、租赁及商业活动	Real Estate, Renting and Business Activities	19.6	20.7				
公共管理和国防；社会基本保障	Public Administration and Defence; Compulsory Social Security		32.9				
未分类经济活动	Not Classifiable by Economic Activity	1.5			2.4	2.7	
斯里兰卡	**Sri Lanka**						
按第三版ISIC分类	ISIC-Rev.3						
总　计	Total		751.8	770.7	819.7	812.9	847.5
农业、狩猎业、林业和渔业	Agriculture, Hunting, Forestry; Fishing		230.6				
农业、狩猎业和林业	Agriculture, Hunting, Forestry	29.4	230.6	242.6			
渔业	Fishing			9.4			
采掘业	Mining and Quarrying	0.3	54.3	6.9			12.5
制造业	Manufacturing	40.2	138.5	131.8			148.2
电、煤气和水供应业	Electricity, Gas and Water Supply	1.7	1.8	1.4			
建筑业	Construction	1.5	2.3	46.5			
批发、零售贸易；机动车及个人、家庭用品修理业	Wholesale, Retail Trade, Repair of Motor Vehicles, Motorcycles and Personal and Household Goods	7.3	90.4	105.1			
旅馆和饭店业	Hotels and Restaurants		13.9	14.6			
运输、仓储和通讯	Transport, Storage and Communications	7.5	48.5	48.4			
金融中介；房地产、租赁及商务活动	Financial Intermediation; Real Estate, Renting and Business Activities		23.4				
金融中介	Financial Intermediation	6.0	23.4	12.5			
房地产、租赁及商业活动	Real Estate, Renting and Business Activities			13.9			
公共管理和国防；社会基本保障	Public Administration and Defence; Compulsory Social Security		51.3	53.7			
教育	Education		29.7	30.2			29.0
卫生和社会工作	Health and Social Work	9.0	12.9	11.6			
其他团体、社会和个人服务活动	Other Community, Social and Personal Services Activities		13.4	11.9			
其他团体、社会和个人服务活动；雇人的私人住户；境外组织和团体	Other Community, Social and Personal Services Activities; Private Households with Employed Persons;Extra-Territorial Organizations and Bodies		11.3				
雇人的私人住户	Private Households with Employed Persons		5.3	8.4			
域外组织和机构	Extra-Territorial Organizations and Bodies			1.1			
未分类经济活动	Not Classifiable by Economic Activity		39.6	20.7			

5-4 续表 6 continued

单位：万人 (10 000 persons)

国家或地区	Country or Area	2000	2005	2010	2011	2012	2013
泰　国	**Thailand**						
按第三版ISIC分类	ISIC-Rev.3						
总　计	Total	3300.1	3630.2	3803.7	3846.5	3893.9	
农业、狩猎业、林业和渔业	Agriculture, Hunting, Forestry; Fishing	1609.6	1544.9		1611.4	1666.4	
农业、狩猎业和林业	Agriculture, Hunting, Forestry		1500.8				
渔业	Fishing		44.1				
采掘业	Mining and Quarrying	3.9	4.0		4.8		
电、煤气和水供应业	Electricity, Gas and Water Supply		10.7				
建筑业	Construction	128.0	185.3		217.3		
批发、零售贸易；机动车及个人、家庭用品修理业	Wholesale, Retail Trade, Repair of Motor Vehicles, Motorcycles and Personal and Household Goods		529.7				
旅馆和饭店业	Hotels and Restaurants		230.0				
运输、仓储和通讯	Transport, Storage and Communications	95.1	107.6				
金融中介	Financial Intermediation		34.0				
房地产、租赁及商业活动	Real Estate, Renting and Business Activities		65.2				
公共管理和国防；社会基本保障	Public Administration and Defence; Compulsory Social Security		109.6				
教育	Education		112.2		128.4		
卫生和社会工作	Health and Social Work		61.1				
其他团体、社会和个人服务活动	Other Community, Social and Personal Services Activities		71.9				
雇人的私人住户	Private Households with Employed Persons		24.2				
域外组织和机构	Extra-Territorial Organizations and Bodies		0.2				
未分类经济活动	Not Classifiable by Economic Activity		4.8				
越　南	**Viet Nam**						
按第三版ISIC分类	ISIC-Rev.3						
总　计	Total	3836.8	4252.7		5088.1	5168.6	
农业、狩猎业和林业	Agriculture, Hunting, Forestry	2430.8					
渔业	Fishing	72.9					
采掘业	Mining and Quarrying	19.2					
电、煤气和水供应业	Electricity, Gas and Water Supply	7.7					
建筑业	Construction	96.7					
批发、零售贸易；机动车及个人、家庭用品修理业	Wholesale, Retail Trade, Repair of Motor Vehicles, Motorcycles and Personal and Household Goods	411.6					
旅馆和饭店业	Hotels and Restaurants	50.6					
运输、仓储和通讯	Transport, Storage and Communications	112.6					
金融中介	Financial Intermediation	10.5					
房地产、租赁及商业活动	Real Estate, Renting and Business Activities	10.6					
公共管理和国防；社会基本保障	Public Administration and Defence; Compulsory Social Security	59.5					
教育	Education	91.8					
卫生和社会工作	Health and Social Work	26.9					
其他团体、社会和个人服务活动	Other Community, Social and Personal Services Activities	72.4					
雇人的私人住户	Private Households with Employed Persons	9.2					
域外组织和机构	Extra-Territorial Organizations and Bodies	0.3					

5-4 续表 7 continued

单位：万人 (10 000 persons)

国家或地区	Country or Area	2000	2005	2010	2011	2012	2013
埃 及	**Egypt**						
按第三版ISIC分类	ISIC-Rev.3						
总 计	Total	1720.3	1934.2	2382.9	2334.6	2359.6	2397.4
农业、狩猎业和林业	Agriculture, Hunting, Forestry	500.1	581.6				
渔业	Fishing	9.7	15.8				
采掘业	Mining and Quarrying	4.7	2.9	4.7	4.9	4.0	4.1
制造业	Manufacturing	204.8	223.0	288.2	229.2	261.9	257.1
电、煤气和水供应业	Electricity, Gas and Water Supply	20.9	24.5				
建筑业	Construction	135.9	165.0	269.4	271.6	279.5	272.8
批发、零售贸易；机动车及个人、家庭用品修理业	Wholesale, Retail Trade, Repair of Motor Vehicles, Motorcycles and Personal and Household Goods	200.7	214.1				
旅馆和饭店业	Hotels and Restaurants	26.9	36.6				
运输、仓储和通讯	Transport, Storage and Communications	112.6	132.3				
金融中介	Financial Intermediation	18.6	16.9				
房地产、租赁及商业活动	Real Estate, Renting and Business Activities	31.3	40.1				
公共管理和国防；社会基本保障	Public Administration and Defence; Compulsory Social Security	182.5	185.0				
教育	Education	179.0	190.8	208.0	212.3	223.7	229.9
卫生和社会工作	Health and Social Work	53.2	50.3				
其他团体、社会和个人服务活动	Other Community, Social and Personal Services Activities	34.3	46.5				
雇人的私人住户	Private Households with Employed Persons	4.9	5.3				
域外组织和机构	Extra-Territorial Organizations and Bodies		0.3				
未分类经济活动	Not Classifiable by Economic Activity	0.2	3.4				
南 非	**South Africa**						
按第三版ISIC分类	ISIC-Rev.3						
总 计	Total	1223.8	1230.1	1306.1	1326.5	1352.3	
农业、狩猎业、林业和渔业	Agriculture, Hunting, Forestry; Fishing	191.4	92.5				
农业、狩猎业和林业	Agriculture, Hunting, Forestry	191.4	92.5				
采掘业	Mining and Quarrying	60.3	41.1		31.1	35.0	
制造业	Manufacturing					171.4	
电、煤气和水供应业	Electricity, Gas and Water Supply	9.4	10.0				
建筑业	Construction	68.3	93.5		105.4	102.6	
批发、零售贸易；机动车及个人、家庭用品修理业	Wholesale, Retail Trade, Repair of Motor Vehicles, Motorcycles and Personal and Household Goods	247.6	302.4				
运输、仓储和通讯	Transport, Storage and Communications	58.2	61.6				
金融中介；房地产、租赁及商务活动	Financial Intermediation; Real Estate, Renting and Business Activities	97.6	129.6				
金融中介	Financial Intermediation	97.6	129.6				
房地产、租赁及商业活动	Real Estate, Renting and Business Activities						
公共管理和国防；社会基本保障	Public Administration and Defence; Compulsory Social Security	208.4	219.2				
教育	Education				81.9	87.3	
其他团体、社会和个人服务活动	Other Community, Social and Personal Services Activities						
雇人的私人住户	Private Households with Employed Persons	114.6	106.7				
未分类经济活动	Not Classifiable by Economic Activity	10.3	2.9				

5-4 续表 8 continued

单位：万人 (10 000 persons)

国家或地区	Country or Area	2000	2005	2010	2011	2012	2013
加拿大	**Canada**						
按第三版ISIC分类	ISIC-Rev.3						
总计	Total	1476.4	1617.0	1704.1	1730.6	1750.8	
农业、狩猎业和林业	Agriculture, Hunting, Forestry	45.4	40.9	34.9			
渔业	Fishing	3.3	3.1	2.4			
采掘业	Mining and Quarrying	16.0	21.1	25.8	27.1	29.9	
制造业	Manufacturing			181.9	183.6	185.5	
电、煤气和水供应业	Electricity, Gas and Water Supply	11.5	12.5	14.8			
建筑业	Construction	80.3	101.2	121.7	126.2	126.8	
批发、零售贸易；机动车及个人、家庭用品修理业	Wholesale, Retail Trade, Repair of Motor Vehicles, Motorcycles and Personal and Household Goods	254.9	284.0	293.7			
旅馆和饭店业	Hotels and Restaurants	93.8	100.5	105.8			
运输、仓储和通讯	Transport, Storage and Communications	112.3	115.4	102.9	108.4	109.9	
金融中介	Financial Intermediation	60.8	70.7	78.6	76.1	78.5	
房地产、租赁及商业活动	Real Estate, Renting and Business Activities	173.1	199.2	223.5	229.1	227.4	
公共管理和国防；社会基本保障	Public Administration and Defence; Compulsory Social Security	77.0	83.1	95.4			
教育	Education	97.4	110.6	121.8	121.9	128.8	
卫生和社会工作	Health and Social Work	151.4	173.5	203.1			
其他团体、社会和个人服务活动	Other Community, Social and Personal Services Activities	66.0	74.2	90.2	90.4	93.1	
雇人的私人住户	Private Households with Employed Persons	7.9	6.2	7.4			
域外组织和机构	Extra-Territorial Organizations and Bodies	0.3	0.3	0.3			
墨西哥	**Mexico**						
按第三版ISIC分类	ISIC-Rev.3						
总计	Total	3950.2	4079.2	4386.7	4607.0	4900.3	
农业、狩猎业和林业	Agriculture, Hunting, Forestry	654.0	589.8				
渔业	Fishing	15.5	16.2				
采掘业	Mining and Quarrying	15.0	19.4		16.6	20.6	
制造业	Manufacturing					738.3	
电、煤气和水供应业	Electricity, Gas and Water Supply	18.8	18.6				
建筑业	Construction	266.4	318.1		371.7	364.9	
批发、零售贸易；机动车及个人、家庭用品修理业	Wholesale, Retail Trade, Repair of Motor Vehicles, Motorcycles and Personal and Household Goods	834.2	933.3				
旅馆和饭店业	Hotels and Restaurants	180.1	243.8				
运输、仓储和通讯	Transport, Storage and Communications	158.4	184.7				
金融中介	Financial Intermediation	28.4	30.7				
房地产、租赁及商业活动	Real Estate, Renting and Business Activities	128.8	182.9				
公共管理和国防；社会基本保障	Public Administration and Defence; Compulsory Social Security	174.3	191.7				
教育	Education	185.5	218.1		254.4	261.2	
卫生和社会工作	Health and Social Work	106.5	113.6				
其他团体、社会和个人服务活动	Other Community, Social and Personal Services Activities	82.5	132.8				
雇人的私人住户	Private Households with Employed Persons	170.0	169.4				
域外组织和机构	Extra-Territorial Organizations and Bodies	0.2	0.4				
未分类经济活动	Not Classifiable by Economic Activity	15.1	24.8				

5-4 续表 9 continued

单位：万人 (10 000 persons)

国家或地区	Country or Area	2000	2005	2010	2011	2012	2013
美 国	**United States**						
按第三版ISIC分类	ISIC-Rev.3						
总 计	Total	13520.8	14173.0	13906.4			
农业、狩猎业、林业和渔业	Agriculture, Hunting, Forestry; Fishing	345.7	219.7				
农业、狩猎业和林业	Agriculture, Hunting, Forestry		219.7				
采掘业	Mining and Quarrying	52.1	62.4	73.1			
电、煤气和水供应业	Electricity, Gas and Water Supply	60.1	117.6				
建筑业	Construction	943.3	1119.7				
批发、零售贸易；机动车及个人、家庭用品修理业	Wholesale, Retail Trade, Repair of Motor Vehicles, Motorcycles and Personal and Household Goods	2240.7	2140.4				
旅馆和饭店业	Hotels and Restaurants	1007.4	930.6				
运输、仓储和通讯	Transport, Storage and Communications	829.4	618.4				
金融中介	Financial Intermediation	567.6	703.5				
房地产、租赁及商业活动	Real Estate, Renting and Business Activities	1883.8	1746.1				
公共管理和国防；社会基本保障	Public Administration and Defence; Compulsory Social Security	1058.6	653.0				
教育	Education	1171.5	1226.4				
卫生和社会工作	Health and Social Work	1271.8	1691.0				
其他团体、社会和个人服务活动	Other Community, Social and Personal Services Activities	687.9	1318.7				
阿 根 廷	**Argentina**						
按第三版ISIC分类	ISIC-Rev.3						
总 计	Total	826.2	963.9	1053.2	1076.6	1084.4	
农业、狩猎业和林业	Agriculture, Hunting, Forestry	5.0	10.0				
渔业	Fishing	0.6	0.7				
采掘业	Mining and Quarrying	1.5	3.1	7.7	7.6	7.8	
制造业	Manufacturing	115.5	136.0	203.0	215.2	202.7	
电、煤气和水供应业	Electricity, Gas and Water Supply	4.8	4.9				
建筑业	Construction	65.4	82.3	140.6	150.1	149.8	
批发、零售贸易；机动车及个人、家庭用品修理业	Wholesale, Retail Trade, Repair of Motor Vehicles, Motorcycles and Personal and Household Goods	168.3	195.2				
旅馆和饭店业	Hotels and Restaurants	25.5	31.6				
运输、仓储和通讯	Transport, Storage and Communications	67.4	64.9				
金融中介	Financial Intermediation	20.7	16.3				
房地产、租赁及商业活动	Real Estate, Renting and Business Activities	60.0	74.3				
公共管理和国防；社会基本保障	Public Administration and Defence; Compulsory Social Security	63.3	72.9				
教育	Education	62.6	73.6	120.8	122.0	124.3	
卫生和社会工作	Health and Social Work	47.4	62.8				
其他团体、社会和个人服务活动	Other Community, Social and Personal Services Activities	48.5	58.1				
雇人的私人住户	Private Households with Employed Persons	65.5	74.1				
域外组织和机构	Extra-Territorial Organizations and Bodies	0.3	0.3				
未分类经济活动	Not Classifiable by Economic Activity	3.7	2.8				

5-4 续表 10 continued

单位：万人 (10 000 persons)

国家或地区	Country or Area	2000	2005	2010	2011	2012	2013
巴　西	**Brazil**						
按第三版ISIC分类	ISIC-Rev.3						
总　计	Total	6563.0	8718.9		9349.3	9471.3	9665.9
农业、狩猎业、林业和渔业	Agriculture, Hunting, Forestry; Fishing						
农业、狩猎业和林业	Agriculture, Hunting, Forestry	1177.1	1738.7				
渔业	Fishing	34.8	44.4				
采掘业	Mining and Quarrying	23.5	345.2	365.1	369.4	368.6	365.3
制造业	Manufacturing	875.7	1233.6		1178.7	1249.3	1222.3
电、煤气和水供应业	Electricity, Gas and Water Supply	32.9	35.9				
建筑业	Construction	456.8	141.7	165.8	172.2	180.2	177.7
批发、零售贸易；机动车及个人、家庭用品修理业	Wholesale, Retail Trade, Repair of Motor Vehicles, Motorcycles and Personal and Household Goods	1089.9	1550.3				
旅馆和饭店业	Hotels and Restaurants	307.2	318.7				
运输、仓储和通讯	Transport, Storage and Communications	331.9	396.7		510.8	526.6	540.6
金融中介	Financial Intermediation	82.4	271.8	339.3	360.9	370.9	374.3
房地产、租赁及商业活动	Real Estate, Renting and Business Activities	376.4	493.7		689.9	707.3	684.6
公共管理和国防；社会基本保障	Public Administration and Defence; Compulsory Social Security	352.3	426.7				
教育	Education	382.2	468.4		507.4	524.5	574.9
卫生和社会工作	Health and Social Work	215.2	297.7				
其他团体、社会和个人服务活动	Other Community, Social and Personal Services Activities	239.2	330.1		353.8	376.1	378.5
雇人的私人住户	Private Households with Employed Persons	501.6	666.6				
域外组织和机构	Extra-Territorial Organizations and Bodies	0.3	0.7				
未分类经济活动	Not Classifiable by Economic Activity	83.6	19.8				
委内瑞拉	**Venezuela**						
按第二版ISIC分类	ISIC-Rev.2						
总　计	Total	896.1	1073.4	1207.1		1239.0	
农业、狩猎业、林业和渔业	Agriculture, Hunting, Forestry and Fishing	95.0	103.9				
采掘业	Mining and Quarrying	5.3	7.1	11.5	11.3	13.0	
制造业	Manufacturing						
电、煤气和水	Electricity, Gas and Water	5.8	5.7				
批发、零售业、旅馆和饭店业	Wholesale and Retail Trade and Restaurants and Hotels	231.2	262.0				
运输、仓储和通讯	Transport, Storage and Communication	60.8	87.0				
金融保险、房地产和商务服务	Financing, Insurance, Real Estate and Business Services	44.0	51.7				
社会和个人服务	Community, Social and Personal Services	259.8	336.5				
行业不明确	Activities not Adequately Defined	1.0	9.2				

5-4 续表 11 continued

单位：万人 (10 000 persons)

国家或地区	Country or Area	2000	2005	2010	2011	2012	2013
捷　克	**Czech Rep.**						
按第四版ISIC分类	ISIC-Rev.4						
总　计	Total	467.5	476.4	488.5	490.4	489.0	493.7
农业、林业和渔业	Agriculture, Forestry and Fishing			15.1	14.6	14.9	15.0
采掘业	Mining and Quarrying	7.2	4.9	4.8	4.6	4.3	4.1
制造业	Manufacturing	128.0	129.6	123.6	128.8	129.9	128.5
供水；污水处理、废物管理和补救活动	Water Supply; Sewerage, Waste Management and Remediation Activities			5.0	5.1	4.6	5.1
建筑业	Construction	43.7	45.9	46.5	43.1	42.5	42.0
批发和零售贸易；机动车辆和摩托车的修理	Wholesale and Retail Trade; Repair of Motor Vehicles and Motorcycles			59.4	59.7	60.2	60.5
运输和储存	Transportation and Storage			32.8	32.2	30.9	30.2
住宿和餐饮业	Accommodation and Food Service Activities	15.9	18.2				
信息和通讯业	Information and Communication			13.7	14.5	12.5	14.0
金融和保险业	Financial and Insurance Activities			11.5	12.2	13.7	13.7
房地产业	Real Estate Activities			4.0	4.2	4.6	4.9
教育	Education	29.8	29.7	29.6	29.5	31.9	32.3
卫生和社会福利业	Human Health and Social Work Activities	28.6	32.8				
艺术、娱乐和文娱活动	Arts, Entertainment and Recreation			8.3	8.3	8.1	8.0
家庭作为雇主的活动；家庭自用、未加区分的生产货物及服务的活动	Activities of Households as Employers; Undifferentiated Goods-and Services-Producing Activities of Households for Own Use			1.6	1.8	2.0	2.2
域外组织和机构的活动	Activities of Extraterritorial Organizations and Bodies	0.2	0.1				
未分类经济活动	Not Classifiable by Economic Activity	0.2	0.2				
法　国	**France**						
按第四版ISIC分类	ISIC-Rev.4						
总　计	Total	2312.3	2495.2	2569.4	2577.8	2579.8	2574.9
农业、林业和渔业	Agriculture, Forestry and Fishing			74.6	75.0	74.9	78.6
采掘业	Mining and Quarrying	4.6	4.2	2.6	2.5	2.8	2.8
制造业	Manufacturing	433.6	400.9	337.1	339.5	330.2	321.3
供水；污水处理、废物管理和补救活动	Water Supply; Sewerage, Waste Management and Remediation Activities			18.5	19.3	19.0	18.9
建筑业	Construction	150.3	164.0	189.8	188.5	185.9	178.1
批发和零售贸易；机动车辆和摩托车的修理	Wholesale and Retail Trade; Repair of Motor Vehicles and Motorcycles			335.3	324.1	325.9	324.7
运输和储存	Transportation and Storage			134.1	133.5	134.1	139.9
住宿和餐饮业	Accommodation and Food Service Activities	78.3	84.9				
信息和通讯业	Information and Communication			73.9	75.6	74.5	70.1
金融和保险业	Financial and Insurance Activities			86.6	87.0	84.7	84.9
房地产业	Real Estate Activities			30.5	31.7	31.0	37.1
教育	Education	174.3	179.7	175.0	173.0	184.3	184.2
卫生和社会福利业	Human Health and Social Work Activities	241.4	303.4				
艺术、娱乐和文娱活动	Arts, Entertainment and Recreation			34.1	37.4	36.3	41.1
家庭作为雇主的活动；家庭自用、未加区分的生产货物及服务的活动	Activities of Households as Employers; Undifferentiated Goods- and Services-Producing Activities of Households for Own Use			59.3	60.7	59.1	46.8
域外组织和机构的活动	Activities of Extraterritorial Organizations and Bodies	2.0	1.6				
未分类经济活动	Not Classifiable by Economic Activity		29.1				

5-4 续表 12 continued

单位：万人 (10 000 persons)

国家或地区	Country or Area	2000	2005	2010	2011	2012	2013
德　国	**Germany**						
按第四版ISIC分类	ISIC-Rev.4						
总　计	Total	3632.4	3636.2	3873.8	3973.7	4006.2	3953.1
农业、林业和渔业	Agriculture, Forestry and Fishing			63.3	63.8	61.1	57.2
采掘业	Mining and Quarrying	14.6	12.2	9.6	9.7	9.3	8.3
制造业	Manufacturing	863.0	801.7	774.7	769.4	771.8	764.8
供水；污水处理、废物管理和补救活动	Water Supply; Sewerage, Waste Management and Remediation Activities			21.1	22.2	22.0	21.0
建筑业	Construction	309.8	239.6	258.6	257.7	262.4	268.5
批发和零售贸易；机动车辆和摩托车的修理	Wholesale and Retail Trade; Repair of Motor Vehicles and Motorcycles			526.4	523.2	521.5	568.0
运输和储存	Transportation and Storage			181.9	183.4	187.0	191.3
住宿和餐饮业	Accommodation and Food Service Activities	121.0	129.3				
信息和通讯业	Information and Communication			123.3	123.8	128.0	115.3
金融和保险业	Financial and Insurance Activities			132.1	128.9	129.1	127.9
房地产业	Real Estate Activities			26.7	26.9	27.1	22.2
教育	Education	191.2	209.2	237.1	241.9	247.3	254.7
卫生和社会福利业	Human Health and Social Work Activities	360.6	405.9				
艺术、娱乐和文娱活动	Arts, Entertainment and Recreation			55.2	52.9	55.1	53.3
家庭作为雇主的活动；家庭自用、未加区分的生产货物及服务的活动	Activities of Households as Employers; Undifferentiated Goods-and Services-Producing Activities of Households for Own Use			20.8	22.2	21.7	23.6
域外组织和机构的活动	Activities of Extraterritorial Organizations and Bodies	3.4	3.3				
意大利	**Italy**						
按第四版ISIC分类	ISIC-Rev.4						
总　计	Total	2093.0	2240.7	2287.2	2296.7	2289.9	2219.1
农业、林业和渔业	Agriculture, Forestry and Fishing			84.9	83.2	83.3	79.9
采掘业	Mining and Quarrying	6.6	3.9	3.5	3.8	3.5	3.8
制造业	Manufacturing	482.5	478.5	419.6	422.6	413.1	406.3
供水；污水处理、废物管理和补救活动	Water Supply; Sewerage, Waste Management and Remediation Activities			21.1	20.8	22.1	22.5
建筑业	Construction	159.6	188.9	188.9	179.1	170.0	155.3
批发和零售贸易；机动车辆和摩托车的修理	Wholesale and Retail Trade; Repair of Motor Vehicles and Motorcycles			330.5	325.2	333.1	328.8
运输和储存	Transportation and Storage			105.7	107.4	104.5	103.4
住宿和餐饮业	Accommodation and Food Service Activities	77.3	104.9				
信息和通讯业	Information and Communication			52.3	54.4	55.5	54.9
金融和保险业	Financial and Insurance Activities			65.6	64.9	64.0	62.7
房地产业	Real Estate Activities			13.8	14.4	14.1	14.6
教育	Education	151.1	153.7	153.7	153.8	149.5	149.0
卫生和社会福利业	Human Health and Social Work Activities	127.7	154.8				
艺术、娱乐和文娱活动	Arts, Entertainment and Recreation			26.2	26.4	28.3	29.3
家庭作为雇主的活动；家庭自用、未加区分的生产货物及服务的活动	Activities of Households as Employers; Undifferentiated Goods- and Services-Producing Activities of Households for Own Use			52.2	62.4	69.0	70.8
域外组织和机构的活动	Activities of Extraterritorial Organizations and Bodies	1.9	1.7				

5-4 续表 13 continued

单位：万人 (10 000 persons)

国家或地区	Country or Area	2000	2005	2010	2011	2012	2013
荷　兰	**Netherlands**						
按第四版ISIC分类	ISIC-Rev.4						
总　计	Total	786.0	811.1	837.0	836.9	842.4	
农业、林业和渔业	Agriculture, Forestry and Fishing			21.5	20.9	20.8	
采掘业	Mining and Quarrying	1.2	0.8	1.2	1.1	1.0	
制造业	Manufacturing	109.6	103.3	89.8	76.6	77.2	
供水；污水处理、废物管理和补救活动	Water Supply; Sewerage, Waste Management and Remediation Activities				3.9	3.5	
建筑业	Construction	45.0	47.8	50.3	43.8	44.3	
批发和零售贸易；机动车辆和摩托车的修理	Wholesale and Retail Trade; Repair of Motor Vehicles and Motorcycles			123.0	110.1	114.2	
运输和储存	Transportation and Storage			41.2	39.3	39.2	
信息和通讯业	Information and Communication			32.5	28.5	28.4	
金融和保险业	Financial and Insurance Activities			26.0	24.5	22.1	
房地产业	Real Estate Activities			7.5	6.9	6.5	
教育	Education	47.2	54.7	57.6	58.9	56.3	
卫生和社会福利业	Human Health and Social Work Activities	106.4	124.0				
艺术、娱乐和文娱活动	Arts, Entertainment and Recreation			17.8	18.3	17.1	
家庭作为雇主的活动；家庭自用、未加区分的生产货物及服务的活动	Activities of Households as Employers; Undifferentiated Goods- and Services-Producing Activities of Households for Own Use					0.3	
域外组织和机构的活动	Activities of Extraterritorial Organizations and Bodies	0.1	0.1				
未分类经济活动	Not Classifiable by Economic Activity	35.9	39.0				
波　兰	**Poland**						
按第四版ISIC分类	ISIC-Rev.4						
总　计	Total	1452.6	1411.6	1596.1	1613.1	1559.1	
采掘业	Mining and Quarrying	30.2	22.5	23.0	25.5		
建筑业	Construction	107.9	84.3	128.5	131.8		
教育	Education	99.9	110.3	125.4	122.8		
卫生和社会福利业	Human Health and Social Work Activities	93.7	81.9	93.5	92.4		
未分类经济活动	Not Classifiable by Economic Activity		0.5	1.1	0.6		
俄罗斯	**Russia**						
按第三版ISIC分类	ISIC-Rev.3						
总　计	Total	6507.0	6816.9	6980.4	7085.7	7154.5	
农业、狩猎业和林业	Agriculture, Hunting, Forestry	924.3	676.9	541.0			
渔业	Fishing	18.8	16.6	11.8			
采掘业	Mining and Quarrying	129.4	123.6	142.2	144.6	145.1	
制造业	Manufacturing	1217.8	1253.4	1058.2	1060.7	1071.8	

5-4 续表 14 continued

单位：万人 (10 000 persons)

国家或地区	Country or Area	2000	2005	2010	2011	2012	2013
俄 罗 斯(续)	**Russia(continued)**						
电、煤气和水供应业	Electricity, Gas and Water Supply	168.6	195.9	228.8			
建筑业	Construction	332.9	457.5	503.4	510.6	532.0	
批发、零售贸易；机动车及个人、家庭用品修理业	Wholesale, Retail Trade, Repair of Motor Vehicles, Motorcycles and Personal and Household Goods	788.7	1038.3	1087.5			
旅馆和饭店业	Hotels and Restaurants	92.4	129.7	136.7			
运输、仓储和通讯	Transport, Storage and Communications	548.4	624.9	650.0	669.0	671.1	
金融中介	Financial Intermediation	84.3	96.2	130.9	142.7	146.3	
房地产、租赁及商业活动	Real Estate, Renting and Business Activities	202.8	403.9	445.0	475.5	472.6	
公共管理和国防；社会基本保障	Public Administration and Defence; Compulsory Social Security	482.4	481.5	572.2			
教育	Education	591.1	620.4	656.5	650.8	661.7	
卫生和社会工作	Health and Social Work	439.2	470.1	548.5			
其他团体、社会和个人服务活动	Other Community, Social and Personal Services Activities	483.6	224.7	265.2	276.9	273.8	
雇人的私人住户	Private Households with Employed Persons	2.1	2.6	2.3			
域外组织和机构	Extra-Territorial Organizations and Bodies	0.4	0.4	0.1			
西 班 牙	**Spain**						
按第四版ISIC分类	ISIC-Rev.4						
总　计	Total	1544.0	1920.7	1845.7	1810.5	1728.2	1713.9
农业、林业和渔业	Agriculture, Forestry and Fishing			78.6	75.5	74.3	73.7
采掘业	Mining and Quarrying	6.8	6.1	4.6	4.2	3.7	3.0
制造业	Manufacturing	289.4	314.2	240.5	235.0	222.4	211.9
供水；污水处理、废物管理和补救活动	Water Supply; Sewerage, Waste Management and Remediation Activities			11.9	13.3	13.8	12.8
建筑业	Construction	170.1	236.9	165.1	140.4	116.1	102.9
批发和零售贸易；机动车辆和摩托车的修理	Wholesale and Retail Trade; Repair of Motor Vehicles and Motorcycles			293.7	296.2	286.0	284.7
运输和储存	Transportation and Storage			92.6	89.9	85.2	83.2
住宿和餐饮业	Accommodation and Food Service Activities	101.9	130.1				
信息和通讯业	Information and Communication			52.8	53.3	53.5	52.3
金融和保险业	Financial and Insurance Activities			47.7	46.5	43.6	45.4
房地产业	Real Estate Activities			8.4	9.6	9.7	9.2
教育	Education	85.0	111.1	121.1	120.6	120.8	116.4
卫生和社会福利业	Human Health and Social Work Activities	81.5	115.7				
艺术、娱乐和文娱活动	Arts, Entertainment and Recreation			34.1	32.5	31.6	31.6
家庭作为雇主的活动；家庭自用、未加区分的生产货物及服务的活动	Activities of Households as Employers; Undifferentiated Goods- and Services-Producing Activities of Households for Own Use			73.5	68.7	65.3	67.0
域外组织和机构的活动	Activities of Extraterritorial Organizations and Bodies	0.1	0.6				

5-4 续表 15 continued

单位：万人 (10 000 persons)

国家或地区	Country or Area	2000	2005	2010	2011	2012	2013
土 耳 其	**Turkey**						
按第四版ISIC分类	ISIC-Rev.4						
总　计	Total	2158.1	2204.6	2259.3	2409.9	2481.9	
采掘业	Mining and Quarrying	8.2	12.0	11.4	12.4		
建筑业	Construction	136.4	117.3	143.2	167.5		
教育	Education	75.0	90.6	101.9	110.7		
卫生和社会福利业	Human Health and Social Work Activities	47.9	53.0	59.0	69.3		
域外组织和机构的活动	Activities of Extraterritorial Organizations and Bodies	0.4		0.4	0.5		
乌 克 兰	**Ukraine**						
按第三版ISIC分类	ISIC-Rev.3						
总　计	Total	2126.9	2068.0	2026.6	2032.4	2035.4	
农业、狩猎业、林业和渔业	Agriculture, Hunting, Forestry; Fishing	497.7	400.6				
农业、狩猎业和林业	Agriculture, Hunting, Forestry		400.6	406.8			
渔业	Fishing			2.2			
采掘业	Mining and Quarrying	61.8		61.4	2.1	1.7	
制造业	Manufacturing			268.8			
电、煤气和水供应业	Electricity, Gas and Water Supply			55.9			
建筑业	Construction	89.5	94.2	130.4	131.2	128.3	
第三产业	The Tertiary Industry						
批发、零售贸易；机动车及个人、家庭用品修理业	Wholesale, Retail Trade, Repair of Motor Vehicles, Motorcycles and Personal and Household Goods		417.5	330.1			
旅馆和饭店业	Hotels and Restaurants			32.9			
运输、仓储和通讯	Transport, Storage and Communications	122.8	140.1	147.0			
金融中介	Financial Intermediation		24.8	33.6			
房地产、租赁及商业活动	Real Estate, Renting and Business Activities		96.7	69.7			
公共管理和国防；社会基本保障	Public Administration and Defence; Compulsory Social Security		102.9	110.7			
教育	Education		166.8	168.4	6.3	5.2	
卫生和社会工作	Health and Social Work		135.7	133.8			
其他团体、社会和个人服务活动	Other Community, Social and Personal Services Activities		81.7	56.1			
其他团体、社会和个人服务活动；雇人的私人住户；境外组织和团体	Other Community, Social and Personal Services Activities;Private Households with Employed Persons;Extra-Territorial Organizations and Bodies		81.7				
雇人的私人住户	Private Households with Employed Persons			4.0			
域外组织和机构	Extra-Territorial Organizations and Bodies						
未分类经济活动	Not Classifiable by Economic Activity			14.9			

5-4 续表 16 continued

单位：万人 (10 000 persons)

国家或地区	Country or Area	2000	2005	2010	2011	2012	2013
英　国	**United Kingdom**						
按第四版ISIC分类	ISIC-Rev.4						
总　计	Total	2726.4	2866.6	2894.2	2907.8	2942.8	2995.2
农业、林业和渔业	Agriculture, Forestry and Fishing			35.2	35.5	34.8	31.4
采掘业	Mining and Quarrying	9.9	10.8	10.3	10.3	12.5	13.1
制造业	Manufacturing	461.9	378.0	286.5	285.9	290.0	292.2
供水；污水处理、废物管理和补救活动	Water Supply; Sewerage, Waste Management and Remediation Activities			19.5	23.0	23.0	21.1
建筑业	Construction	193.1	228.6	221.6	220.2	215.7	215.9
批发和零售贸易；机动车辆和摩托车的修理	Wholesale and Retail Trade; Repair of Motor Vehicles and Motorcycles			401.0	402.0	406.4	402.3
运输和储存	Transportation and Storage			145.4	143.7	144.2	149.8
住宿和餐饮业	Accommodation and Food Service Activities	112.7	121.4				
信息和通讯业	Information and Communication			101.2	106.7	111.7	116.9
金融和保险业	Financial and Insurance Activities			117.9	118.8	120.1	115.6
房地产业	Real Estate Activities			28.1	29.9	33.4	33.8
教育	Education	219.2	256.4	310.0	305.9	307.4	308.8
卫生和社会福利业	Human Health and Social Work Activities	297.9	350.7				
艺术、娱乐和文娱活动	Arts, Entertainment and Recreation			75.7	75.0	77.4	73.8
家庭作为雇主的活动；家庭自用、未加区分的生产货物及服务的活动	Activities of Households as Employers; Undifferentiated Goods- and Services-Producing Activities of Households for Own Use			6.4	6.8	6.2	6.4
域外组织和机构的活动	Activities of Extraterritorial Organizations and Bodies	2.3	1.2				
未分类经济活动	Not Classifiable by Economic Activity	7.4	6.5				
澳大利亚	**Australia**						
按第三版ISIC分类	ISIC-Rev.3						
总　计	Total	895.1	996.9	1121.5	1135.7	1148.2	
农业、狩猎业和林业	Agriculture, Hunting, Forestry	42.6	34.2	36.1			
渔业	Fishing	1.8	1.3	1.1			
采掘业	Mining and Quarrying	6.7	10.6	16.9			
制造业	Manufacturing			104.3			
电、煤气和水供应业	Electricity, Gas and Water Supply	6.5	8.2	11.3			
建筑业	Construction	69.0	85.5	102.4			
批发、零售贸易；机动车及个人、家庭用品修理业	Wholesale, Retail Trade, Repair of Motor Vehicles, Motorcycles and Personal and Household Goods	175.9	176.5	186.7			

5-4 续表 17 continued

单位：万人 (10 000 persons)

国家或地区	Country or Area	2000	2005	2010	2011	2012	2013
澳大利亚(续)	**Australia(continued)**						
旅馆和饭店业	Hotels and Restaurants	45.5	69.2	75.6			
运输、仓储和通讯	Transport, Storage and Communications	58.8	63.4	70.9			
金融中介	Financial Intermediation	33.3	37.5	39.9			
房地产、租赁及商业活动	Real Estate, Renting and Business Activities	106.2	121.3	141.2			
公共管理和国防；社会基本保障	Public Administration and Defence; Compulsory Social Security	45.7	61.2	69.8			
教育	Education	61.3	72.0	85.4			
卫生和社会工作	Health and Social Work	85.0	101.6	127.4			
其他团体、社会和个人服务活动	Other Community, Social and Personal Services Activities	43.6	46.0	52.1			
雇人的私人住户	Private Households with Employed Persons	0.7		0.4			
域外组织和机构	Extra-Territorial Organizations and Bodies	0.1	0.1				
未分类经济活动	Not Classifiable by Economic Activity	0.2	2.4				
新 西 兰	**New Zealand**						
按第三版ISIC分类	ISIC-Rev.3						
总　计	Total	180.8	207.3	218.0	221.5	221.6	
农业、狩猎业和林业	Agriculture, Hunting, Forestry	15.0	14.6				
渔业	Fishing	0.4	0.3				
采掘业	Mining and Quarrying	0.4	0.4	0.7	0.7	0.7	
制造业	Manufacturing			25.2	25.4	25.2	
电、煤气和水供应业	Electricity, Gas and Water Supply	0.9	0.8				
建筑业	Construction	11.8	16.3	17.9	17.2	17.1	
批发、零售贸易；机动车及个人、家庭用品修理业	Wholesale, Retail Trade, Repair of Motor Vehicles, Motorcycles and Personal and Household Goods	31.1	36.2				
旅馆和饭店业	Hotels and Restaurants	9.3	10.0				
运输、仓储和通讯	Transport, Storage and Communications	11.1	12.1				
金融中介	Financial Intermediation	5.5	6.5				
房地产、租赁及商业活动	Real Estate, Renting and Business Activities	17.6	23.4				
公共管理和国防；社会基本保障	Public Administration and Defence; Compulsory Social Security	9.1	12.9				
教育	Education	13.0	16.6	19.0	20.2	19.4	
卫生和社会工作	Health and Social Work	14.2	18.9				
其他团体、社会和个人服务活动	Other Community, Social and Personal Services Activities	8.6	10.2				
雇人的私人住户	Private Households with Employed Persons	0.9	0.3				
域外组织和机构	Extra-Territorial Organizations and Bodies	0.1					
未分类经济活动	Not Classifiable by Economic Activity	0.8	0.5	0.8			

5-5 失业人数

Unemployment

资料来源：联合国ILO数据库。
Source: ILO Database.

单位：万人 (10 000 persons)

国家或地区	Country or Area	2000	2005	2010	2011	2012	2013
中　　国①	China①	595.0	839.0	908.0	922.0	917.0	926.0
中国香港	Hong Kong, China	16.6	19.8	15.8	12.6	12.5	13.1
中国澳门	Macao, China	1.4	1.0	0.9	0.9		
孟加拉国	Bangladesh	174.9	210.4	256.6			
文　　莱	Brunei Darussalam	0.7			0.3		
柬 埔 寨	Cambodia	13.3		2.7	1.6	1.2	2.4
印　　度	India	1481.3	1710.6	1373.4		1458.6	
印度尼西亚	Indonesia	581.3	1189.9	832.0	770.0	724.5	741.1
伊　　朗	Iran	159.8	265.9	321.8			248.8
以 色 列	Israel	21.4	24.6	20.9	17.9	24.7	
日　　本	Japan	323.0	293.0	333.0	283.0	285.0	
哈萨克斯坦	Kazakhstan	90.6	64.1	49.7	47.3	47.5	47.1
韩　　国	Korea, Rep.	97.9	88.7	92.1	85.5	82.0	
老　　挝	Laos		3.8				
马来西亚	Malaysia	28.7	36.8	38.8	39.1	39.6	
蒙　　古	Mongolia	3.9	3.3	7.2	5.2	9.5	9.5
缅　　甸	Myanmar	38.2	19.0				
巴基斯坦	Pakistan	272.2	324.6				
菲 律 宾	Philippines	345.9	274.8	285.9	281.4	283.3	289.6
新 加 坡	Singapore	5.9	7.5	6.5	6.1	6.0	6.0
斯里兰卡	Sri Lanka	51.7	62.3	40.0	35.8	33.6	39.1
泰　　国	Thailand	80.7	49.6	40.2	26.4	25.9	30.6
越　　南	Viet Nam	88.6		134.4	104.2	92.6	103.8
埃　　及	Egypt	169.8	245.0	235.1	318.3	341.4	364.9
尼日利亚	Nigeria			1394.7	1607.4		
南　　非	South Africa	433.3	399.7	456.9	464.2	478.0	
加 拿 大	Canada	108.1	116.7	148.3	139.2	136.7	
墨 西 哥	Mexico	98.9	147.0	253.5	259.0	247.1	
美　　国	United States	569.2	758.9	1482.2	1374.8	1250.4	1146.0
阿 根 廷	Argentina	146.1	114.2	88.0	83.3	84.3	114.0
巴　　西	Brazil	1183.8	878.0		671.8	626.6	
委内瑞拉	Venezuela	136.6	137.4	112.8	110.6	108.6	107.6
白俄罗斯	Belarus	9.6	6.8				
捷　　克	Czech Rep.	45.5	41.0	38.4	35.4	36.7	36.9
法　　国	France	263.1	243.2	262.7	259.9	280.7	281.5
德　　国	Germany	306.3	457.5	294.9	250.2	231.1	226.7
意 大 利	Italy	254.5	188.9	210.2	210.8	274.4	311.3
荷　　兰	Netherlands	24.5	43.9	39.0	38.8	46.9	60.0
波　　兰	Poland	278.7	304.6	165.0	165.9	174.9	179.3
俄 罗 斯	Russian Fed.	770.0	524.2	554.4	492.2	413.1	
西 班 牙	Spain	248.7	193.4	464.0	501.3	581.1	605.1
土 耳 其	Turkey	149.9	238.8	304.6	261.6	251.8	274.6
乌 克 兰	Ukraine	265.6	160.1	178.6	173.3	165.7	
英　　国	United Kingdom	157.4	139.8	243.0	247.3	251.9	246.2
澳大利亚	Australia	59.7	52.4	60.6	60.0	62.5	
新 西 兰	New Zealand	11.8	8.2	15.2	15.5	16.4	

注：①城镇登记失业人数。
Note:①Urban Registered Unemployed Persons.

5-6 失业率

Unemployment Rate

资料来源：联合国ILO数据库。
Source: ILO Database.

单位：% (%)

国家或地区	Country or Area	2000	2005	2010	2011	2012	2013
中　国①	China①	3.1	4.2	4.1	4.1	4.1	4.1
中国香港	Hong Kong, China	4.9	5.6	4.3	3.4	3.3	3.4
中国澳门	Macao, China	6.7	4.2	2.8	2.6	2.0	1.8
中国台湾	Taiwan, China	3.0	4.1	5.2	4.4	4.2	4.2
阿尔巴尼亚	Albania	16.8	14.1	14.2	14.0	13.4	15.6
阿尔及利亚	Algeria	29.8	15.3	10.0	10.0	11.0	9.8
阿 根 廷	Argentina	15.0	10.6	7.7	7.2	7.2	6.6
亚美尼亚	Armenia	11.7	8.2	19.0	18.4		
澳大利亚	Australia	6.3	5.0	5.2	5.1	5.2	5.7
奥 地 利	Austria	3.5	5.2	4.4	4.1	4.3	4.9
阿塞拜疆	Azerbaijan	11.8	7.3	5.6	5.4	5.2	5.0
巴 哈 马	Bahamas		10.2		13.7	14.0	16.2
孟加拉国	Bangladesh	3.3	4.3	4.5			
巴巴多斯	Barbados	9.3	9.1	10.8	11.2	11.6	11.6
比 利 时	Belgium	6.6	8.4	8.3	7.1	7.5	8.4
百 慕 大	Bermuda	2.7		6.5		8.4	6.7
不　丹	Bhutan		3.1	3.3	3.1	2.1	2.9
玻利维亚	Bolivia	4.8	5.4	6.0	2.7		
波　黑	Bosnia and Herzegovinian			27.2	27.6	28.1	27.5
巴　西	Brazil		9.3	6.7	6.7	6.2	6.5
保加利亚	Bulgaria	16.2	10.1	10.2	11.3	12.3	12.9
柬 埔 寨	Cambodia	2.5		0.4	0.2	0.2	0.3
加 拿 大	Canada	6.8	6.7	8.0	7.4	7.2	7.1
开曼群岛	Cayman Islands		3.5	6.7	6.8	6.2	6.3
智　利	Chile	9.2	8.0	8.1	7.1	6.4	6.0
哥伦比亚	Colombia	16.6	12.0	12.0	11.1	10.6	8.9
哥斯达黎加	Costa Rica	5.1	6.6	7.3	7.7	7.8	8.5
克罗地亚	Croatia	16.1	12.6	11.8	13.4	15.8	17.3
古　巴	Cuba	5.4	1.9	2.5	3.2		
塞浦路斯	Cyprus	5.0	5.3	6.3	7.9	11.8	15.9
捷　克	Czech Rep.	8.8	7.9	7.3	6.7	7.0	7.0
丹　麦	Denmark	4.5	4.8	7.5	7.6	7.5	7.0
多米尼加	Dominican Rep.	14.2	18.0	12.4	14.7	14.7	15.0
厄瓜多尔	Ecuador	9.0	7.7	5.0	4.2	4.1	4.2
埃　及	Egypt	9.0	11.2	9.0	12.0	12.7	13.2
萨尔瓦多	El Salvador	7.0	7.2	7.0	6.6	6.1	5.9
爱沙尼亚	Estonia	13.4	8.0	16.7	12.3	10.0	8.6
埃塞俄比亚	Ethiopia		5.4	18.9	18.0	17.5	4.5

5-6 续表 1 continued

单位：%　　(%)

国家或地区	Country or Area	2000	2005	2010	2011	2012	2013
芬　兰	Finland	9.7	8.4	8.4	7.7	7.6	8.2
法　国	France	10.2	8.9	9.3	9.2	9.8	9.9
法属圭亚那	French Guiana	25.8	24.8	21.0	21.0	22.3	21.3
加　蓬	Gabon			20.4			
格鲁吉亚	Georgia	10.8	13.8	16.3	15.1	15.0	14.6
德　国	Germany	7.7	11.1	7.1	5.9	5.5	5.3
希　腊	Greece	11.1	9.8	12.5	17.7	24.2	27.3
格陵兰	Greenland	11.0	9.3				
瓜德罗普	Guadeloupe	25.7	25.9	23.8	22.6	22.9	26.2
危地马拉	Guatemala	1.4		3.7	4.1	2.9	3.0
洪都拉斯	Honduras		4.2	4.8	4.4		3.9
匈牙利	Hungary	6.4	7.2	11.2	10.9	10.9	10.2
冰　岛	Iceland	2.3	2.6	7.6	7.1	6.0	5.4
印　度	India	4.3	4.4	3.5		3.6	
印度尼西亚	Indonesia	6.1	11.2	7.1	6.6	6.1	6.2
伊　朗	Iran		12.1	13.5			10.4
伊拉克	Iraq		18.0				
爱尔兰	Ireland	4.3	4.3	13.9	14.6	14.7	13.0
马恩岛	Isle of Man	0.6	1.4		3.3		
以色列	Israel	8.8	9.0	6.6	5.6	6.9	6.2
意大利	Italy	10.8	7.7	8.4	8.4	10.7	12.2
牙买加	Jamaica	15.5	10.9	12.4	12.7	13.7	15.3
日　本	Japan	4.8	4.4	5.0	4.5	4.3	4.0
约　旦	Jordan	13.7		12.5	12.9	12.2	
哈萨克斯坦	Kazakhstan	12.8	8.1	5.8	5.4	5.3	5.2
韩　国	Korea, Rep.	4.4	3.7	3.7	3.4	3.2	3.1
科威特	Kuwait	0.8	2.0	1.8	3.6		
吉尔吉斯斯坦	Kyrgyzstan	7.5	8.1	8.6	8.5	8.4	8.3
拉脱维亚	Latvia	14.2	8.9	19.5	16.2	15.0	11.9
立陶宛	Lithuania	15.9	8.3	17.8	15.4	13.4	11.8
卢森堡	Luxemburg	2.3	4.5	4.4	4.9	5.1	5.8
马其顿	Macedonia	53.7	37.3	32.0	31.4	31.0	29.0
马达加斯加	Madagascar	5.8	2.6	3.8			
马来西亚	Malaysia	3.0	3.5	3.4	3.1	3.0	3.1
马耳他	Malta	6.3	6.9	6.8	6.4	6.3	6.4
马提尼克	Martinique	26.3	18.7	21.0	20.8	21.0	22.8
毛里求斯	Mauritius	8.8	9.6	7.7	7.9	8.7	7.6
荷属安的列斯	Netherlands Antilles	14.0	18.2		9.8		
新西兰	New Zealand	6.2	3.8	6.5	6.5	6.9	6.2
尼加拉瓜	Nicaragua	9.8	5.6	8.0			5.3

5-6 续表 2 continued

单位：% (%)

国家或地区	Country or Area	2000	2005	2010	2011	2012	2013
挪 威	Norway	3.4	4.6	3.6	3.3	3.2	3.5
巴基斯坦	Pakistan	7.2					
巴拿马	Panama	13.5	9.8	6.5	4.5	4.0	4.1
巴拉圭	Paraguay	7.6	5.8	5.7	4.3	4.9	5.0
秘 鲁	Peru	7.8	5.2	4.0	3.9	3.6	4.0
菲律宾	Philippines	11.2	7.7	7.3	7.0	7.0	7.1
波 兰	Poland	16.1	17.7	9.6	9.6	10.1	10.3
葡萄牙	Portugal	3.9	7.6	10.8	12.7	15.5	16.2
波多黎各	Puerto Rico	10.1	11.3	16.1	15.7	14.5	
留尼汪	Reunion	36.5	30.1	28.9	29.6	28.5	
罗马尼亚	Romania	7.0	7.2	7.3	7.4	7.0	7.3
俄罗斯联邦	Russian Fed.	10.6	7.1	7.3	6.5	5.5	5.5
沙特阿拉伯	Saudi Arabia	4.6	6.1	5.6	4.4	5.6	5.6
塞尔维亚	Serbia		20.8	19.2	23.0	23.9	22.1
新加坡	Singapore	3.7	4.1	3.1	2.9	2.8	2.8
斯洛伐克	Slovakia	18.8	16.2	14.4	13.6	13.9	14.2
斯洛文尼亚	Slovenia	6.9	6.5	7.2	8.2	8.8	10.1
南 非	South Africa	26.7	23.8	24.7	24.6	24.7	24.9
西班牙	Spain	13.9	9.1	19.9	21.4	24.8	26.1
斯里兰卡	Sri Lanka	7.7	7.7	4.9	4.2	4.0	4.4
瑞 典	Sweden	5.8	7.7	8.6	7.8	8.0	8.0
瑞 士	Switzerland	2.7	4.4	4.5	4.0	4.2	4.4
叙利亚	Syrian Arab Republic	2.3		8.4	14.9		
泰 国	Thailand	2.4	1.3	1.0	0.7	0.7	0.8
特立尼达和多巴哥	Trinidad And Tobago	12.1	8.0	5.9	4.7	5.0	3.6
突尼斯	Tunisia	15.7	14.2	13.0	18.3	17.6	15.8
土耳其	Turkey	6.5	10.6	11.9	9.8	9.2	9.7
乌克兰	Ukraine	11.6	7.2	8.1	7.9	7.5	7.4
阿联酋	United Arab Emirates	2.3	3.1				
英 国	United Kingdom	5.5	4.7	7.8	7.8	7.9	7.7
美 国	United States	4.0	5.1	9.6	8.9	8.1	7.4
乌拉圭	Uruguay	13.6	12.2	7.2	6.3	6.5	6.4
委内瑞拉	Venezuela	13.2	11.4	8.6	8.3	8.1	7.8
越 南	Viet Nam	2.3		2.6	2.0	1.8	2.0
约旦河西岸和加沙	West Bank and Gaza	14.1	23.5	23.7	20.9	23.0	24.2
也 门	Yemen		16.1	17.8			
赞比亚	Zambia	12.9	15.9			7.8	
津巴布韦	Zimbabwe				5.4	11.1	

注：①城镇登记失业率。
Note:①Urban Registered Unemployment Rate.

5-7 每月实际平均工资
Real Average Monthly Wages

资料来源：联合国ILO数据库。
Source: ILO Database.
单位：本币 (local currency units)

国家或地区	Country or Area	2000	2005	2007	2008	2009	2010	2011
中国	China	600	1109	1420	1572	1770	1943	
中国香港	Hong Kong, China		11685	12118	11628	11287	11500	11972
中国澳门	Macao, China	4902	5214	5291	5247	5340	5880	6074
孟加拉国	Bangladesh		935				1111	
柬埔寨	Cambodia			274970		239975		
印度	India		6402	6387	6918			
印度尼西亚	Indonesia	731925	1102777	1018990	998811	1002981	1070097	
伊朗	Iran		1224486	1322394	1201957	1237554	1203327	1053240
以色列	Israel	8241	8032	8502	8406	8160	8100	
日本	Japan	321349	329426	328247	322037	315810	323000	
哈萨克斯坦	Kazakhstan	14374	24264	31081	30741	31726	34136	36554
韩国	Korea, Rep.	2281117	2791285	2835563	2792608	2699528	2780735	2734178
马来西亚	Malaysia	1808	2119	2185	2115	2115	2199	2286
蒙古	Mongolia	85218	101225	153050	191291	197278	203512	230912
缅甸	Myanmar	1252	721	1774	1972			
巴基斯坦	Pakistan	2673		3343	3459	3396	3483	3452
菲律宾	Philippines		6760	6757	6534	6536	6639	6564
新加坡	Singapore	3498	3808	4047	4001	3873	3978	4006
斯里兰卡	Sri Lanka	7926	7436	7161	6844			
泰国	Thailand		7908	8088	8453	8317	8579	8865
越南	Viet Nam				793941	1097882	1202410	
埃及	Egypt	702	704	742	867	821	891	
南非	South Africa			5771	5770	5971	6553	6728
加拿大	Canada	2978	2988	3065	3080	3118	3174	3163
墨西哥	Mexico	5452	6279	6474	6487	6419	6363	6415
美国	United States	1211	1208	1233	1224	1247	1266	1262
巴西	Brazil		969	1040	1075	1109		
捷克	Czech Rep.	14779	18353	19879	20152	20610	20707	20760
法国	France	1816	1927	1963	1969	2007	1998	2002
德国	Germany	2287	2227	2187	2176	2163	2184	2202
意大利	Italy	1955	1941	1961	1945	1932	1937	1906
荷兰	Netherlands	1452	1454	1392	1407	1454	1451	
波兰	Poland	187	203	222	235	239	243	245
俄罗斯联邦	Russian Fed.	776	1495	1987	2215	2139	2250	2346
西班牙	Spain	1562	1572	1609	1623	1679	1661	1629
土耳其	Turkey		1116	1157	1160	1180	1066	
乌克兰	Ukraine	338	806	1098	1172	1067		
英国	United Kingdom	1650	1832	1876	1890	1881	1845	1780
澳大利亚	Australia	2149	2302	2373	2355	2411	2464	2480
新西兰	New Zealand	2526	2747	2875	2874	2876	2925	2882

5-8 每个就业者创造的国内生产总值(购买力平价法，1990年不变价美元)

GDP per Person Employed (constant 1990 PPP $)

资料来源：世界银行WDI数据库。
Source: World Bank WDI Database.

单位：美元 (USD)

国家或地区	Country or Area	2000	2005	2009	2010	2011	2012
世　界	**World**	**13937**	**15766**	**17371**	**18075**	**18577**	**18987**
高收入国家	**High Income**	**40246**	**43232**	**43635**	**44858**	**45362**	**45682**
经合组织高收入国家	**OECD Countries**	**45580**	**49026**	**49378**	**50822**	**51352**	**51669**
非经合组织高收入国家	**High Income: nonOECD**	**17866**	**20779**	**22433**	**23153**	**23870**	**24481**
中等收入国家	**Middle Income**	**6531**	**8488**	**10733**	**11424**	**12013**	**12549**
中等偏上收入国家	**Upper Middle Income**	**7347**	**10083**	**13225**	**14236**	**15112**	**15909**
中等偏下收入国家	**Lower Middle Income**	**5567**	**6692**	**7988**	**8347**	**8632**	**8894**
中低收入国家	**Low and Middle Income**	**6249**	**8073**	**10162**	**10801**	**11344**	**11835**
东亚和太平洋	**East Asia and Pacific**	**5366**	**8090**	**11309**	**12270**	**13175**	**14037**
欧洲和中亚	**Europe and Central Asia**	**11265**	**15284**	**17134**	**17836**	**18569**	**19052**
拉丁美洲和加勒比	**Latin America and Caribbean**	**15184**	**15574**	**16501**	**17001**	**17313**	**17533**
中东和北非国家	**Middle East and North Africa**	**12259**	**13056**	**14828**	**15121**	**15021**	**14952**
南　亚	**South Asia**	**5098**	**6185**	**7628**	**8038**	**8354**	**8631**
撒哈拉以南非洲	**Sub-Saharan Africa**	**2907**	**3383**	**3808**	**3905**	**3981**	**4039**
低收入国家	**Low Income**	**2221**	**2566**	**3087**	**3215**	**3357**	**3458**
中　国	China	4660	7825	11864	13056	14203	15250
中国香港	Hong Kong, China	45741	53841	58668	62775	63888	64960
孟加拉国	Bangladesh	2886	3164	3707	3841	4004	4146
柬埔寨	Cambodia	3103	3343	4761	4988	5224	5449
印　度	India	5063	6285	8018	8515	8875	9200
印度尼西亚	Indonesia	7588	9140	10186	10474	11002	11461
伊　朗	Iran	15581	15893	18641	19182	19256	18802
以色列	Israel	40910	41831	43452	44239	44856	45557
日　本	Japan	39790	43109	42375	44795	44628	44851
哈萨克斯坦	Kazakhstan	13694	19149	22172	23172	24347	25447
韩　国	Korea, Rep.	33234	38283	42233	44293	45116	45478
马来西亚	Malaysia	19253	22394	23920	23728	24226	24857
缅　甸	Myanmar	3003	4599	6301	6765	7335	7670
巴基斯坦	Pakistan	7496	8353	8212	8259	8405	8483
菲律宾	Philippines	6931	7398	8024	8401	8457	8667
新加坡	Singapore	41245	48122	44756	48981	49704	49719
斯里兰卡	Sri Lanka	11121	12143	15092	16085	16958	17985
泰　国	Thailand	12608	14591	15157	16152	15988	16764
越　南	Viet Nam	3803	4801	5654	5877	6061	6272
埃　及	Egypt	10915	10972	12757	13079	13057	13051
尼日利亚	Nigeria	3293	4981	5743	6025	6299	6567
南　非	South Africa	11598	12388	13154	13736	14203	14659
加拿大	Canada	47199	48997	48337	49226	49635	50125
墨西哥	Mexico	19108	19564	18966	19797	20125	20275
美　国	United States	58601	63741	65250	67190	68039	68374
阿根廷	Argentina	24303	23618	26171	27871	28412	28551
巴　西	Brazil	12100	12087	12965	13495	13592	13557
委内瑞拉	Venezuela	23653	26468	29888	28713	29299	30376
捷　克	Czech Rep.	19909	24020	25735	26648	27081	26781
法　国	France	48744	51259	51148	52031	52668	52535
德　国	Germany	39949	41583	41231	42699	43393	43243
意大利	Italy	47335	46722	44544	45680	45727	45053
荷　兰	Netherlands	43434	45613	45741	46670	46798	46691
波　兰	Poland	19480	23394	25219	26075	26934	27502
俄罗斯联邦	Russian Fed.	11991	15597	17585	18318	19012	19656
西班牙	Spain	38938	38805	40578	41483	42312	43297
土耳其	Turkey	19826	26593	26920	27710	28214	28490
乌克兰	Ukraine	6319	8925	9237	9585	10170	10552
英　国	United Kingdom	44035	48672	48903	49673	49796	49428
澳大利亚	Australia	45307	48089	49029	49196	49366	50652
新西兰	New Zealand	34723	36166	36523	36588	36201	36586

5-9 制造业每小时人工成本

Hourly Compensation Costs of all Employees in Manufacturing

资料来源：联合国ILO数据库。
Source: ILO Database.
单位：美元 (USD)

国家或地区	Country or Area	2000	2005	2008	2009	2010	2011	2012
以色列	Israel	12.3	13.3	18.5	17.6	19.2	21.1	20.1
日本	Japan	25.0	25.3	27.5	30.0	31.8	35.7	35.3
韩国	Korea, Rep.	9.6	14.8	16.9	15.1	17.9	19.3	20.7
菲律宾	Philippines	1.0	1.2	1.8	1.7	1.9	2.0	2.1
新加坡	Singapore	11.7	13.3	18.9	17.5	19.4	23.1	24.2
加拿大	Canada	18.3	26.3	32.1	29.4	34.4	36.3	36.6
墨西哥	Mexico	4.7	5.6	6.5	5.7	6.1	6.5	6.4
美国	United States	25.0	30.1	32.8	34.2	34.8	35.5	35.7
阿根廷	Argentina	8.2	5.5	10.0	10.2	12.8	16.0	18.9
巴西	Brazil	4.4	5.0	8.4	8.1	10.0	11.7	11.2
捷克	Czech Rep.	3.4	7.3	12.2	11.4	11.4	12.7	12.0
法国	France	21.4	32.7	41.8	40.4	39.1	42.1	39.8
德国	Germany	25.4	38.0	47.5	45.8	43.8	47.4	45.8
意大利	Italy	16.6	27.7	35.1	34.3	33.6	36.2	34.2
荷兰	Netherlands	21.0	33.3	43.1	41.4	39.5	42.3	39.6
波兰	Poland	3.4	5.6	9.6	7.7	8.2	8.7	8.3
西班牙	Spain	12.4	20.7	27.8	27.9	26.7	28.4	26.8
英国	United Kingdom	20.7	29.7	34.2	29.5	29.1	30.8	31.2
澳大利亚	Australia	16.5	28.6	35.9	33.4	39.7	46.5	47.7
新西兰	New Zealand	9.0	16.3	19.2	17.5	20.4	23.4	24.8

5-10 劳动力人口教育程度构成
Educational Composition of Labor Force

资料来源：世界银行WDI数据库。
Source: World Bank WDI Database.
单位：% (%)

国家或地区	Country or Area	初等教育 Primary Education		中等教育 Secondary Education		高等教育 Tertiary Education	
		2000	2012	2000	2012	2000	2012
中　国	China			17.3		12.7	
中国香港	Hong Kong, China		25.5		49.0		25.5
中国澳门	Macao, China	60.7		16.3		12.2	
柬埔寨	Cambodia		28.0		20.5		2.8
印　度	India	11.6	14.4①	28.3	35.5①	6.1	9.8①
印度尼西亚	Indonesia	53.2		19.4		4.6	
以色列	Israel	16.5		41.4		40.9	
日　本	Japan	17.2		47.7		35.0	
韩　国	Korea, Rep.	32.5		43.5		24.0	
马来西亚	Malaysia		16.8		55.8		24.4
蒙　古②	Mongolia②		28.4		42.3		26.2
新加坡	Singapore	25.0	20.7	25.3	49.9	36.6	29.4
斯里兰卡	Sri Lanka	67.4		16.6		12.4	
泰　国	Thailand		39.2		14.5		17.1
埃　及②	Egypt②		10.4		37.2		19.2
南　非②	South Africa②		41.2		31.0		16.5
加拿大	Canada	18.0		42.6		39.4	
墨西哥	Mexico	20.2	26.8②	29.1	45.0②	25.4	23.3②
美　国	United States	13.7		51.5		34.8	
阿根廷	Argentina		35.0		39.7		20.6
巴　西②	Brazil②		37.0		36.4		17.2
委内瑞拉②	Venezuela②		41.1		27.4		28.3
捷　克	Czech Rep.	10.3	5.6	77.8	74.4	11.8	20.0
法　国	France	31.8	22.8	44.1	43.6	24.0	33.7
德　国	Germany	17.2	14.0	54.6	57.8	23.5	28.1
意大利	Italy	45.2	35.4	42.2	46.7	11.4	17.9
荷　兰	Netherlands	30.7	25.3	44.6	41.2	24.1	32.1
波　兰	Poland	15.6	7.6	72.1	64.3	12.3	28.2
西班牙	Spain	54.3	41.6	19.0	23.6	26.7	34.8
土耳其	Turkey	71.4	61.4	18.9	20.3	9.7	18.3
英　国	United Kingdom	28.0	17.8	37.0	42.9	26.0	38.1
澳大利亚	Australia	29.4		43.0		27.6	
新西兰	New Zealand	0.6		43.1		33.2	

注：①2010年数据。②2011年数据。
Note:①Data refer to 2010.②Data refer to 2011.

5-11 失业人口教育程度构成

Educational Composition of Unemployment

资料来源：世界银行WDI数据库。
Source: World Bank WDI Database.

单位：% (%)

国家或地区	Country or Area	初等教育 Primary Education		中等教育 Secondary Education		高等教育 Tertiary Education	
		2000	2012	2000	2012	2000	2012
中国香港	Hong Kong, China	47.9	38.0①	41.9	43.8①	8.4	17.1①
中国澳门	Macao, China	65.5	54.5①	11.3	21.8①	6.3	15.8①
孟加拉国	Bangladesh	54.3		22.7		8.4	
印　度	India	29.5	12.3②	40.4	41.8②	30.1	23.1②
印度尼西亚	Indonesia	44.5	43.5	43.8	39.7	7.9	8.8
伊　朗	Iran	36.3	40.4①	40.7	31.0①	17.2	25.5①
以色列	Israel	26.9	22.1①	46.9	48.0①	24.3	28.1①
日　本	Japan	23.8	66.8①	52.0		24.2	33.2①
哈萨克斯坦①	Kazakhstan①		45.1		39.7		15.2
韩　国	Korea, Rep.	24.9	15.3①	62.5	63.7①	12.6	21.1①
马来西亚	Malaysia	15.3	9.3	66.0	60.0	15.2	27.3
蒙　古	Mongolia	30.6	25.1③	48.4	47.9③	18.1	25.1③
巴基斯坦	Pakistan	15.1	14.7①	13.0	10.1①	20.6	28.0①
菲律宾	Philippines	21.8	13.1	42.3	45.1	32.9	41.3
新加坡	Singapore		22.8		51.3		25.8
斯里兰卡	Sri Lanka	49.7	45.4①		22.8①	49.9	31.8①
泰　国	Thailand	70.6	36.5	7.2	19.4	19.2	36.1
埃　及	Egypt		8.7		51.9		33.2
南　非	South Africa	53.8	51.3③	35.3	33.7③	5.6	5.8③
加拿大	Canada	33.0	26.3①	42.3	41.0①	24.6	32.7①
墨西哥	Mexico	55.2	20.4③	22.5	52.4③	18.3	24.8③
美　国	United States	21.8	17.9①	36.3	35.5①	41.9	46.5①
阿根廷	Argentina	51.5	39.7	32.4	46.9	14.8	8.5
巴　西③	Brazil③		34.1		47.2		12.0
委内瑞拉③	Venezuela③		35.4		28.7		33.4
捷　克	Czech Rep.	25.5	29.6①	69.9	64.8①	3.5	5.7①
法　国①	France①		39.5		41.7		18.3
德　国	Germany	28.6	32.3①	58.6	56.5①	12.9	11.0①
意大利	Italy	51.7	47.2①	39.7	40.3①	6.8	11.2①
荷　兰	Netherlands	47.2	42.0①	33.7	36.6①	16.7	18.7①
波　兰	Poland	20.4	15.9①	73.2	71.8①	6.4	12.1①
俄罗斯	Russia	16.6	13.1①	43.7	52.8①	39.6	34.1①
西班牙	Spain	57.7	58.4①	19.3	22.6①	21.9	17.7①
土耳其	Turkey	54.7	52.5①	28.4	26.0①	9.6	13.9①
乌克兰	Ukraine	8.6	7.4①	58.0	52.9①	33.3	39.7①
英　国	United Kingdom	43.0	37.1①	43.6	46.5①	11.2	14.3①
澳大利亚	Australia	44.4	47.4①	40.8	33.6①	14.9	19.0①
新西兰	New Zealand	0.9	30.6①	49.3	39.2①	11.9	25.7①

注：①2008年数据。②2010年数据。③2011年数据。
Note:①Data refer to 2008.②Data refer to 2010.③Data refer to 2011.

主要统计指标解释

劳动力人口 即国际劳工组织定义的15岁及以上的经济活动人口。指在报告期内能提供商品生产和服务的人员。包括就业和失业人员。在不同国家，对军人、季节性就业和兼职就业者处理方法不同。通常，劳动力人口包括军人，失业人员和首次寻找工作者，不包括家务劳动者、和其他无偿护理者和在非正规部门的工作者。

就业人员 为一定年龄以上，在特定时期内（一星期或一天），属于下列类型的所有人：

（1）有酬从业人员，包括两类：① 正在工作的人，指在报告期内做某些工作以得到现金或实物形式工资或薪金的人员； ②有工作岗位但目前不工作的人，指现在有工作，却在短期内暂时不上班，但同时与工作单位有正式联系的人。这种正式联系，可以按照如下的一项或多项标准，根据各国的不同情况予以判断：1）持续领到工资或薪金；2）保证在暂时的不上班状态终止后返回该岗位，或对返回的时间有协议；3）在不工作的这段时间里，该从业者能得到补偿而无须接受其他工作。

（2）自营就业者，包括两类： ①正在工作，指在短期时间内以利润或家庭收入为目的，从事某些工作得到现金或实物的人； ②拥有企业而不工作的人，指自己拥有企业（如商业企业，农场，服务性企业），在一定时期内因特殊原因暂不工作的人。

失业人员 在报告期内，适龄劳动人口中的失业者分为：

(1)没有工作，即没有得到有报酬的工作，又没有自营就业的人；

(2)目前有工作能力，即在报告期内可从事有酬工作和自营就业的人；

(3)正在寻找工作，在最近特定时期已采取具体步骤寻求有酬工作或自营就业的人。这些具体步骤包括：在公共或私人职业介绍所登记；向雇主提出就业申请；在工地、农场、工厂大门外、市场或其他聚集地寻找工作；通过报纸刊登广告或应聘；寻求亲友帮助就业；寻找土地、厂房、机器或设备自己创业；筹集资金；申请许可证和执照等。

失业率 反映了失业的严重程度。失业率是参考期内（一般是特定的一天或一周）特定分组的失业人数和同一时间该组就业、失业人数之和相比得出的。

收入 定期以现金或以实物形式支付给雇员的报酬，包括对雇员工作时间、完成的工作量和未工作的有酬时间（如年休假，法定假日）支付的劳动报酬。收入不包括雇主为雇员支付的社会保险、养老金缴款以及雇员因此得到的收益，也不包括解雇和辞职时加发的工资。

劳动成本 指雇主在雇用劳动力过程中发生的成本。包括向雇员支付的工作报酬，为雇员未从事工作的时间支付的报酬，奖金和赏金，食品、饮料和其他实物费用，雇主负担的雇员住房费用、社会保障费、职业培训费、福利费及其他各项支出，如工人交通费、工作服费用、招工费和被作为人工成本的税金。

Explanatory Notes on Main Statistical Indicators

Total Labor Force comprises people ages 15 and older who meet the International Labour Organization definition of the economically active population: all people who supply labor for the production of goods and services during a specified period. It includes both the employed and the unemployed. While national practices vary in the treatment of such groups as the armed forces and seasonal or part-time workers, in general the labor force includes the armed forces, the unemployed, and first-time job-seekers, but excludes homemakers and other unpaid caregivers and workers in the informal sector.

Employment comprise all persons above a specific age who during a specified brief period, either one week or one day, were in the following categories:

(1)paid employment: ① at work: persons who during the reference period performed some work for wage or salary, in cash or in kind; ② with a job but not at work: persons who, having already worked in their present job, were temporarily not at work during the reference period and had a formal attachment to their job. This formal job attachment should be determined in the light of national circumstance, according to one or more of the following criteria: 1) the continued receipt of wage or salary; 2) an assurance of return to work following the end of the contingency, or an agreement as to the data of return; 3) the elapsed duration of absence from the job which, wherever relevant, may be that duration for which workers can receive compensation benefits without obligations to accept other jobs.

(2)self-employment: ① at work: person who during the reference period performed some work for profit or family gain, in cash or in kind; ② with an enterprise but not at work: persons with an enterprise, which may be a business enterprise, a farm or a service undertaking ,who were temporarily not at work during the reference period for any specific reason.

Unemployment comprises all persons above a specified age who during the reference period were: (1) Without works were not in paid employment or self-employment; (2) Currently available for work were available for paid employment or self-employment during the reference period; (3) Seeking work had taken specific steps in a specified reference period to seek paid employment or self-employment. The specific steps may include registration at a pubic or private employment exchange; application to employers; checking at worksites, farms, factory gates, market or other assembly places; placing or answering newspaper advertisement; seeking assistance of friends or relatives; looking for land, building, machinery or equipment to establish own enterprise; arranging for financial resources; applying for permits and licenses, etc.

Unemployment Rate illustrates the relative severity of unemployment. These rates are calculated by relating the number of persons in the given group who are unemployed during the reference period (usually a particular day or a given week) to the total of employed and unemployed persons in the group at the same date.

Earnings relates to remuneration in cash and in kind paid to employees, as a rule at regular intervals, for time worked or work done together with remuneration for time not worked, such as for annual vacation, other paid leave or holidays. Earnings exclude employers' contribution in respect of their employees paid to social security and pension schemes and also the benefits received by employees under these schemes. Earnings also exclude severance and termination pay.

Labour Cost is the cost incurred by the employer in the employment of labour. The statistical concept of labour cost comprises remuneration for work performed, payments in respect of time paid for but not worked, bonuses and gratuities, the cost of food, drink and other payments in kind, cost of workers' housing borne by employers, employers' social security expenditures, cost to the employer for vocational training, welfare services and miscellaneous items, such as transport of workers, work clothes and recruitment, together with taxes regarded as labour cost.

投资环境

Investment Environment

6-1 企业开业成本

Cost of Business Start-up

资料来源：世界银行《全球营商环境报告》。
Source: World Bank Doing Business.

单位：个 (number)

国家或地区	Country or Area	开办企业所需手续数(个) Starting a Business-Procedures (number)		开办企业所需时间(天) Time Required to Start a Business (days)		开办企业成本占人均收入比重(%) Cost of Business Start-up as Percentage of Income per capita (%)	
		2005	2014	2005	2014	2005	2014
中　　国	China	13	11	48	31	13.6	0.9
中国香港	Hong Kong, China	5	3	11	3	3.4	1.4
孟加拉国	Bangladesh	8	9	50	20	56.1	16.8
文　　莱	Brunei Darussalam		15		101		10.4
柬埔寨	Cambodia	10	11	86	101	276.1	139.5
印　　度	India	11	12	71	28	62.0	12.2
印度尼西亚	Indonesia	12	10	151	53	101.7	21.1
伊　　朗	Iran	8	6	28	12	6.3	3.1
以色列	Israel	5	5	34	13	5.3	3.5
日　　本	Japan	11	8	31	11	10.7	7.5
哈萨克斯坦	Kazakhstan	8	6	25	10	8.6	0.5
韩　　国	Korea, Rep.	10	3	17	4	15.7	14.5
老　　挝	Laos	7	6	153	92	17.4	5.7
马来西亚	Malaysia	10	3	37	6	26.6	7.2
蒙　　古	Mongolia	7	5	13	11	9.6	1.2
缅　　甸	Myanmar		11		72		155.9
巴基斯坦	Pakistan	11	10	24	19	23.9	9.6
菲律宾	Philippines	17	16	47	34	23.9	16.6
新加坡	Singapore	6	3	6	3	0.9	0.6
斯里兰卡	Sri Lanka	8	9	50	11	10.4	20.7
泰　　国	Thailand	8	4	33	28	9.2	6.6
越　　南	Viet Nam	11	10	50	34	27.6	5.3
埃　　及	Egypt	10	7	22	8	104.9	9.2
尼日利亚	Nigeria	9	9	43	31	73.8	31.6
南　　非	South Africa	9	5	35	19	8.6	0.3
加拿大	Canada	2	1	3	5	0.9	0.4
墨西哥	Mexico	9	6	58	6	15.6	18.6
美　　国	United States	6	6	6	6	0.8	1.2
阿根廷	Argentina	13	14	30	25	12.5	15.2
巴　　西	Brazil	17	12	152	84	10.1	4.3
委内瑞拉	Venezuela	16	17	141	144	27.8	49.9
捷　　克	Czech Rep.	10	9	40	19	9.5	8.0
法　　国	France	5	5	7	5	1.2	0.9
德　　国	Germany	9	9	24	15	4.7	8.8
意大利	Italy	9	5	13	5	20.7	14.1
荷　　兰	Netherlands	7	4	9	4	13.0	5.0
波　　兰	Poland	10	4	31	30	22.2	12.9
俄罗斯联邦	Russian Fed.	10	4	31	11	8.2	1.2
西班牙	Spain	10	6	47	13	16.5	4.6
土耳其	Turkey	6	7	6	7	27.4	16.4
乌克兰	Ukraine	15	6	34	21	10.6	1.2
英　　国	United Kingdom	6	6	13	6	0.7	0.3
澳大利亚	Australia	2	3	2	3	1.9	0.7
新西兰	New Zealand	2	1	12	1	0.2	0.3

6-2 企业经营环境排名(2014年)

Ease of Doing Businesses Rank(2014)

资料来源：世界银行《全球营商环境报告》。
Source: World Bank Doing Business.

国家或地区	Country or Area	企业经营环境排名 Ease of Doing Business Rank	开办企业排名 Starting a Business Rank	申请建筑许可 Dealing with Construction Permits			注册财产 Registering Property			获得信贷排名 Getting Credit Rank	缴纳税款排名 Paying Taxes Rank
				排名 Rank	手续(个) Procedures (number)	时间(天) Time (days)	排名 Rank	手续(个) Procedures (number)	时间(天) Time (days)		
新加坡	Singapore	1	6	2	10	26	24	4	5	17	5
新西兰	New Zealand	2	1	13	10	93	2	2	1	1	22
中国香港	Taiwan, China	3	8	1	5	66	96	5	36	23	4
丹麦	Denmark	4	25	5	7	64	8	3	4	23	12
韩国	Korea, Rep.	5	17	12	10	29	79	7	7	36	25
挪威	Norway	6	22	27	10	123	5	1	3	61	15
美国	United States	7	46	41	16	79	29	4	15	2	47
英国	United Kingdom	8	45	17	9	105	68	6	22	17	16
芬兰	Finland	9	27	33	15	64	38	3	32	36	21
澳大利亚	Australia	10	7	19	10	112	53	5	5	4	39
瑞典	Sweden	11	32	18	7	116	18	1	14	61	35
冰岛	Iceland	12	31	56	17	84	23	3	4	52	46
爱尔兰	Ireland	13	19	128	10	150	50	5	32	23	6
德国	Germany	14	114	8	8	96	89	5	40	23	68
格鲁吉亚	Georgia	15	5	3	8	69	1	1	1	7	38
加拿大	Canada	16	2	118	12	249	55	6	17	7	9
爱沙尼亚	Estonia	17	26	20	11	103	13	3	18	23	28
马来西亚	Malaysia	18	13	28	13	74	75	8	14	23	32
中国台湾	China	19	15	11	10	93	40	3	4	52	37
瑞士	Switzerland	20	69	45	11	154	16	4	16	52	18
奥地利	Austria	21	101	78	11	192	35	3	21	52	72
阿联酋	United Arab Emirates	22	58	4	10	44	4	2	2	89	1
拉脱维亚	Latvia	23	36	47	12	149	32	5	18	23	24
立陶宛	Lithuania	24	11	15	11	91	9	3	3	23	44
葡萄牙	Portugal	25	10	58	14	113	25	1	1	89	64
泰国	Thailand	26	75	6	7	113	28	2	2	89	62
荷兰	Netherlands	27	21	100	13	161	58	5	3	71	23
毛里求斯	Mauritius	28	29	117	13	245	98	4	14	36	13
日本	Japan	29	83	83	12	197	73	6	13	71	122
前南马其顿	Macedonia, FYR	30	3	89	11	89	74	7	31	36	7
法国	France	31	28	86	8	183	126	8	49	71	95
波兰	Poland	32	85	137	19	212	39	6	33	17	87
西班牙	Spain	33	74	105	7	229	66	5	12	52	76
哥伦比亚	Colombia	34	84	61	10	73	42	6	16	2	146
秘鲁	Peru	35	89	87	14	174	26	4	7	12	57
黑山	Montenegro	36	56	138	8	158	87	6	69	4	98
斯洛伐克	Slovakia	37	77	110	10	286	11	3	17	36	100
保加利亚	Bulgaria	38	49	101	16	110	57	7	10	23	89
墨西哥	Mexico	39	67	108	11	88	110	7	64	12	105
以色列	Israel	40	53	121	15	209	135	6	81	36	97
智利	Chile	41	59	62	13	152	45	6	29	71	29
比利时	Belgium	42	14	82	10	212	171	8	64	89	81
南非	South Africa	43	61	32	16	48	97	7	23	52	19
捷克	Czech Rep.	44	110	139	24	143	31	3	24	23	119
亚美尼亚	Armenia	45	4	81	19	83	7	3	7	36	41
卢旺达	Rwanda	46	112	34	10	77	15	3	32	4	27

6-2 续表 1 continued

国家或地区	Country or Area	中小投资者保护 Protecting Minority Investors			跨境贸易排名 Trading Across Borders Rank	合同执行 Enforcing Contracts			解决破产 Resolving Insolvency		
		排名 Rank	披露指数 disclosure index	中小投资者保护指数 Strength of minority investor protection index		排名 Rank	手续数（个） Procedures (number)	时间（天） Time (days)	排名 Rank	时间（天） Time (days)	收回率（美分/美元） Recovery rate (cents/dollar)
新加坡	Singapore	3	10	8.0	1	1	21	150	19	1	89.7
新西兰	New Zealand	1	10	8.2	27	9	30	216	28	1	83.6
中国香港	Hong Kong, China	2	10	8.1	2	6	26	360	25	1	87.2
丹麦	Denmark	17	7	6.8	7	34	35	410	9	1	87.5
韩国	Korea, Rep.	21	7	6.7	3	4	32	230	5	2	83.1
挪威	Norway	12	7	7.0	24	8	34	280	8	1	92.3
美国	United States	25	7	6.6	16	41	34	420	4	2	80.4
英国	United Kingdom	4	10	7.8	15	36	29	437	13	1	88.6
芬兰	Finland	76	6	5.6	14	17	33	375	1	1	90.2
澳大利亚	Australia	71	8	5.7	49	12	28	395	14	1	81.9
瑞典	Sweden	32	8	6.3	4	21	31	321	17	2	76.1
冰岛	Iceland	28	7	6.5	39	3	27	417	15	1	84.6
爱尔兰	Ireland	6	10	7.3	5	18	21	650	21	0	87.7
德国	Germany	51	5	5.9	18	13	31	394	3	1	83.4
格鲁吉亚	Georgia	43	9	6.1	33	23	33	285	122	2	38.7
加拿大	Canada	7	8	7.3	23	65	36	570	6	1	87.3
爱沙尼亚	Estonia	56	8	5.8	6	32	35	425	37	3	39.3
马来西亚	Malaysia	5	10	7.4	11	29	29	425	36	1	81.3
中国台湾	Taiwan, China,	30	9	6.4	32	93	45	510	18	2	81.8
瑞士	Switzerland	78		5.5	22	22	32	390	41	3	47.6
奥地利	Austria	32	5	6.3	19	5	25	397	16	1	82.6
阿联酋	United Arab Emirates	43	10	6.1	8	121	49	524	92	3	28.6
拉脱维亚	Latvia	49	5	6.0	28	16	27	469	40	2	48.2
立陶宛	Lithuania	78	7	5.5	21	14	31	300	67	2	43.6
葡萄牙	Portugal	51	6	5.9	29	27	34	547	10	2	72.2
泰国	Thailand	25	10	6.6	36	25	36	440	45	3	42.3
荷兰	Netherlands	94	4	5.2	13	19	26	514	12	1	88.9
毛里求斯	Mauritius	28	6	6.5	17	44	34	519	43	2	67.4
日本	Japan	35	7	6.3	20	26	32	360	2	1	92.9
马其顿	Macedonia, FYR	21	8	6.7	85	87	38	604	35	2	44.1
法国	France	17	9	6.8	10	10	29	395	22	2	77.2
波兰	Poland	35	7	6.3	41	52	33	685	32	3	57.0
西班牙	Spain	30	5	6.4	30	69	40	510	23	2	71.3
哥伦比亚	Colombia	10	9	7.2	93	168	33	1288	30	2	72.0
秘鲁	Peru	40	9	6.2	55	100	41	426	76	3	28.5
黑山	Montenegro	43	5	6.1	52	136	49	545	33	1	48.4
斯洛伐克	Slovakia	100	3	5.1	71	55	33	545	31	4	54.4
保加利亚	Bulgaria	14	10	6.8	57	75	38	564	38	3	33.2
墨西哥	Mexico	62	8	5.8	44	57	37	389	27	2	68.1
以色列	Israel	11	7	7.1	12	111	35	890	24	2	61.4
智利	Chile	56	8	5.8	40	64	36	480	73	3	30.0
比利时	Belgium	40	8	6.2	26	10	26	505	11	1	89.1
南非	South Africa	17	8	6.8	100	46	29	600	39	2	35.7
捷克	Czech Rep.	83	2	5.4	58	37	27	611	20	2	65.6
亚美尼亚	Armenia	49	5	6.0	110	119	49	570	69	2	37.2
卢旺达	Rwanda	117	7	4.7	164	62	23	230	101	3	19.5

6-2 续表 2 continued

国家或地区	Country or Area	企业经营环境排名 Ease of Doing Business Rank	开办企业排名 Starting a Business Rank	申请建筑许可 Dealing with Construction Permits			注册财产 Registering Property			获得信贷排名 Getting Credit Rank	缴纳税款排名 Paying Taxes Rank
				排名 Rank	手续(个) Procedures (number)	时间(天) Time (days)	排名 Rank	手续(个) Procedures (number)	时间(天) Time (days)		
波多黎各	Puerto Rico	47	48	158	20	165	163	8	194	7	133
罗马尼亚	Romania	48	38	140	14	255	63	8	19	7	52
沙特阿拉伯	Saudi Arabia	49	109	21	11	102	20	5	8	71	3
卡塔尔	Qatar	50	103	23	15	58	36	7	13	131	1
斯洛文尼亚	Slovenia	51	15	90	11	213	90	5	110	116	42
巴拿马	Panama	52	38	63	15	101	61	7	23	17	166
巴林	Bahrain	53	131	7	11	60	17	2	31	104	8
匈牙利	Hungary	54	57	103	23	91	52	4	17	17	88
土耳其	Turkey	55	79	136	18	169	54	6	6	89	56
意大利	Italy	56	46	116	10	233	41	4	16	89	141
白俄罗斯	Belarus	57	40	51	14	114	3	2	4	104	60
牙买加	Jamaica	58	20	26	7	135	126	6	36	12	147
卢森堡	Luxemburg	59	82	50	11	157	137	7	27	165	20
突尼斯	Tunisia	60	100	85	17	93	71	4	39	116	82
希腊	Greece	61	52	88	18	124	116	10	20	71	59
俄罗斯联邦	Russian Fed.	62	34	156	20	238	12	3	19	61	49
摩尔多瓦	Moldova	63	35	175	27	247	22	5	6	23	70
塞浦路斯	Cyprus	64	64	148	8	677	112	6	8	61	50
克罗地亚	Croatia	65	88	178	21	188	92	5	72	61	36
阿曼	Oman	66	123	49	11	157	19	2	16	116	10
萨摩亚	Samoa	67	33	57	18	61	48	5	15	151	96
阿尔巴尼亚	Albania	68	41	157	19	228	118	6	22	36	131
汤加	Tonga	69	51	14	11	62	174	4	112	36	73
加纳	Ghana	70	96	106	13	201	43	5	46	36	101
摩洛哥	Morocco	71	54	54	12	94	115	8	40	104	66
蒙古	Mongolia	72	42	74	16	137	30	5	11	61	84
危地马拉	Guatemala	73	98	122	11	158	65	6	24	12	54
博茨瓦纳	Botswana	74	149	93	20	110	51	4	15	61	67
科索沃	Kosovo	75	42	135	15	152	34	6	27	23	63
瓦努阿图	Vanuatu	76	137	80	12	55	91	4	58	36	48
哈萨克斯坦	Kazakhstan	77	55	154	25	156	14	4	11	71	17
越南	Viet Nam	78	125	22	10	114	33	4	57	36	173
特立尼达和多巴哥	Trinidad and Tobago	79	71	113	13	250	159	9	77	36	113
阿塞拜疆	Azerbaijan	80	12	150	21	151	10	3	9	104	33
斐济	Fiji	81	160	73	15	141	64	4	69	71	107
乌拉圭	Uruguay	82	60	162	21	251	146	8	66	52	140
哥斯达黎加	Costa Rica	83	118	52	13	113	47	5	19	89	121
多米尼加	Dominican Rep.	84	113	96	13	184	82	6	51	89	80
塞舌尔	Seychelles	85	127	48	14	119	78	4	33	171	43
科威特	Kuwait	86	150	98	20	96	69	8	47	116	11
所罗门群岛	Solomon Islands	87	93	36	13	98	156	10	87	71	58
纳米比亚	Namibia	88	156	25	10	122	173	8	52	61	85
安提瓜和巴布达	Antigua and Barbuda	89	102	30	12	106	141	7	25	151	159
中国	Macao, China	90	128	179	22	244	37	4	19	71	120
塞尔维亚	Serbia	91	66	186	16	264	72	6	54	52	165
巴拉圭	Paraguay	92	126	43	12	136	60	6	46	71	111

6-2 续表 3 continued

国家或地区	Country or Area	中小投资者保护 Protecting Minority Investors			跨境贸易排名 Trading Across Borders Rank	合同执行 Enforcing Contracts			解决破产 Resolving Insolvency		
		排名 Rank	披露指数 disclosure index	中小投资者保护指数 Strength of minority investor protection index		排名 Rank	手续数(个) Procedures (number)	时间(天) Time (days)	排名 Rank	时间(天) Time (days)	收回率(美分/美元) Recovery rate (cents/dollar)
波多黎各	Puerto Rico	78	7	5.5	84	92	39	620	7	3	73.4
罗马尼亚	Romania	40	9	6.2	65	51	34	512	46	3	30.7
沙特阿拉伯	Saudi Arabia	62	8	5.8	92	108	40	635	163	3	28.7
卡塔尔	Qatar	122	5	4.6	61	104	43	570	47	3	56.0
斯洛文尼亚	Slovenia	14	5	6.8	53	122	32	1270	42	2	50.1
巴拿马	Panama	76	4	5.6	9	84	32	686	132	3	27.7
巴林	Bahrain	104	8	5.0	64	123	48	635	87	3	41.6
匈牙利	Hungary	110	2	4.8	72	20	34	395	64	2	40.2
土耳其	Turkey	13	9	6.9	90	38	35	420	109	3	27.9
意大利	Italy	21	7	6.7	37	147	37	1185	29	2	62.8
白俄罗斯	Belarus	94	7	5.2	145	7	29	275	68	3	37.3
牙买加	Jamaica	71	4	5.7	115	117	35	655	59	1	64.2
卢森堡	Luxemburg	117	6	4.7	35	2	26	321	62	2	44.0
突尼斯	Tunisia	78	5	5.5	50	78	39	565	54	1	52.3
希腊	Greece	62	7	5.8	48	155	38	1580	52	4	34.3
俄罗斯联邦	Russian Fed.	100	6	5.1	155	14	35	267	65	2	43.0
摩尔多瓦	Moldova	56	7	5.8	152	42	31	567	58	3	29.4
塞浦路斯	Cyprus	14	8	6.8	34	113	43	735	51	2	70.5
克罗地亚	Croatia	62	3	5.8	86	54	38	572	56	3	30.5
阿曼	Oman	122	8	4.6	60	130	51	598	112	4	37.7
萨摩亚	Samoa	71	5	5.7	80	83	44	455	124	2	18.1
阿尔巴尼亚	Albania	7	7	7.3	95	102	39	525	44	2	41.5
汤加	Tonga	161	3	4.0	78	48	37	350	133	3	27.1
加纳	Ghana	56	7	5.8	120	96	38	710	161	2	24.3
摩洛哥	Morocco	122	6	4.6	31	81	40	510	113	4	27.9
蒙古	Mongolia	17	6	6.8	173	24	32	374	90	4	17.8
危地马拉	Guatemala	174	3	3.2	102	143	31	1402	155	3	27.6
博茨瓦纳	Botswana	106	7	4.9	157	61	28	625	49	2	62.7
科索沃	Kosovo	62	6	5.8	118	138	53	330	164	2	36.5
瓦努阿图	Vanuatu	135	5	4.4	113	77	30	430	103	3	42.2
哈萨克斯坦	Kazakhstan	25	7	6.6	185	30	36	370	63	2	43.3
越南	Viet Nam	117	7	4.7	75	47	36	400	104	5	18.6
特立尼达和多巴哥	Trinidad And Tobago	62	4	5.8	76	180	42	1340	66	3	27.1
阿塞拜疆	Azerbaijan	51	7	5.9	166	31	40	277	94	2	39.3
斐济	Fiji	110	2	4.8	116	59	34	397	91	2	46.2
乌拉圭	Uruguay	110	3	4.8	83	106	40	725	57	2	44.2
哥斯达黎加	Costa Rica	181	2	2.8	47	129	40	852	89	3	26.5
多米尼加	Dominican Rep.	83	5	5.4	24	73	34	460	158	4	9.3
塞舌尔	Seychelles	56	4	5.8	42	103	36	915	61	2	38.9
科威特	Kuwait	43	4	6.1	117	131	50	566	127	4	32.1
所罗门群岛	Solomon Islands	92	3	5.3	87	150	37	455	139	1	24.4
纳米比亚	Namibia	87	5	5.3	136	53	33	460	81	3	35.2
安提瓜和巴布达	Antigua and Barbuda	35	4	6.3	89	76	44	351	114	3	36.1
中国	China	132	10	4.5	98	35	37	453	53	2	36.0
塞尔维亚	Serbia	32	7	6.3	96	96	36	635	48	2	29.2
巴拉圭	Paraguay	166	6	3.8	150	90	38	591	106	4	20.8

6-2 续表 4 continued

国家或地区	Country or Area	企业经营环境排名 Ease of Doing Business Rank	开办企业排名 Starting a Business Rank	申请建筑许可 Dealing with Construction Permits 排名 Rank	手续(个) Procedures (number)	时间(天) Time (days)	注册财产 Registering Property 排名 Rank	手续(个) Procedures (number)	时间(天) Time (days)	获得信贷排名 Getting Credit Rank	缴纳税款排名 Paying Taxes Rank
圣马力诺	San Marino	93	132	112	14	146	111	9	43	180	34
马耳他	Malta	94	136	109	15	167	83	7	15	171	26
菲律宾	Philippines	95	161	124	24	94	108	9	35	104	127
乌克兰	Ukraine	96	76	70	8	64	59	7	27	17	108
巴哈马	Bahamas	97	95	92	14	178	179	7	122	131	31
多米尼克	Dominica	97	63	43	10	175	149	5	42	131	94
斯里兰卡	Sri Lanka	99	104	60	12	169	131	9	51	89	158
圣卢西亚	Saint Lucia	100	72	39	13	115	132	9	17	151	69
文莱	Brunei Darussalam	101	179	53	17	88	162	7	298	89	30
吉尔吉斯斯坦	Kyrgyzstan	102	9	42	10	141	6	3	5	36	136
圣文森特和格林纳丁斯	Saint Vincent and the Grenadines	103	80	35	14	92	155	7	38	151	93
洪都拉斯	Honduras	104	138	103	15	82	81	6	22	7	153
黎巴嫩	Lebanon	104	119	164	18	244	106	8	25	116	40
巴巴多斯	Barbados	106	94	147	9	442	144	6	118	116	92
波黑	Bosnia and Herzegovinian	107	147	182	15	179	88	7	24	36	151
尼泊尔	Nepal	108	104	91	10	86	27	3	5	116	126
萨尔瓦多	El Salvador	109	121	155	25	115	56	5	31	71	161
斯威士兰	Swaziland	110	145	55	13	96	129	9	21	61	74
赞比亚	Zambia	111	68	99	10	208	152	5	45	23	78
埃及	Egypt	112	73	142	20	179	84	8	63	71	149
帕劳	Palau	113	111	66	19	72	21	5	14	71	132
印度尼西亚	Indonesia	114	155	153	17	211	117	5	27	71	160
厄瓜多尔	Ecuador	115	165	59	15	114	80	8	39	89	138
马尔代夫	Maldives	116	50	24	9	140	169	6	57	116	134
约旦	Jordan	117	86	126	16	63	107	7	21	185	45
伯利兹	Belize	118	148	69	15	110	120	8	59	160	61
尼加拉瓜	Nicaragua	119	120	134	16	207	134	9	58	89	164
巴西	Brazil	120	167	174	18	426	138	14	32	89	177
圣基茨和尼维斯	Saint Kitts and Nevis	121	87	16	10	104	170	6	82	151	137
佛得角	Cape Verde	122	78	114	16	140	62	6	22	104	91
圭亚那	Guyana	123	99	38	7	195	103	6	75	165	115
阿根廷	Argentina	124	146	181	21	341	119	7	52	71	170
不丹	Bhutan	125	92	131	21	150	86	3	92	71	86
格林纳达	Grenada	126	80	40	13	128	128	8	32	131	106
莫桑比克	Mozambique	127	107	84	11	144	101	6	40	131	123
莱索托	Lesotho	128	108	161	10	179	93	4	43	151	109
巴基斯坦	Pakistan	128	116	125	10	249	114	6	50	131	172
伊朗	Iran	130	62	172	15	319	161	9	35	89	124
坦桑尼亚	Tanzania	131	124	169	18	205	123	8	67	151	148
埃塞俄比亚	Ethiopia	132	168	28	7	125	104	10	41	165	112
巴布亚新几内亚	Papua New Guinea	133	130	141	17	217	85	4	72	165	110
基里巴斯	Kiribati	134	122	65	14	149	139	5	513	160	14
柬埔寨	Cambodia	135	184	183	20	652	100	7	56	12	90
肯尼亚	Kenya	136	143	95	8	125	136	9	72	116	102
也门	Yemen	137	140	68	11	184	44	6	19	185	135
冈比亚	Gambia	138	159	71	12	144	113	5	66	160	180

6-2 续表 5 continued

国家或地区	Country or Area	中小投资者保护 Protecting Minority Investors			跨境贸易排名 Trading Across Borders Rank	合同执行 Enforcing Contracts			解决破产 Resolving Insolvency		
		排名 Rank	披露指数 disclosure index	中小投资者保护指数 Strength of minority investor protection index		排名 Rank	手续数(个) Procedures (number)	时间(天) Time (days)	排名 Rank	时间(天) Time (days)	收回率(美分/美元) Recovery rate (cents/dollar)
圣马力诺	San Marino	110	3	4.8	59	33	34	575	111	2	46.5
马耳他	Malta	51	3	5.9	43	107	40	505	86	3	39.6
菲律宾	Philippines	154	2	4.2	65	124	37	842	50	3	21.2
乌克兰	Ukraine	109	4	4.8	154	43	30	378	142	3	8.6
巴哈马	Bahamas	141	2	4.3	63	125	49	427	60	3	63.5
多米尼克	Dominica	87	4	5.3	88	148	46	681	121	4	28.3
斯里兰卡	Sri Lanka	51	6	5.9	69	165	40	1318	72	2	42.4
圣卢西亚	Saint Lucia	141	4	4.3	122	145	46	635	100	2	42.9
文莱	Brunei Darussalam	110	4	4.8	46	139	47	540	88	3	47.2
吉尔吉斯斯坦	Kyrgyzstan	35	7	6.3	183	56	38	260	157	4	19.2
圣文森特和格林纳丁斯	Saint Vincent and the Grenadines	71	4	5.7	45	101	44	394	189		
洪都拉斯	Honduras	174		3.2	70	166	47	920	140	4	18.5
黎巴嫩	Lebanon	106	9	4.9	97	110	37	721	136	3	32.3
巴巴多斯	Barbados	177	2	3.1	38	160	38	1340	26	2	65.1
波黑	Bosnia and Herzegovinian	83	3	5.4	104	95	37	595	34	3	35.9
尼泊尔	Nepal	71	6	5.7	171	134	39	910	82	2	43.7
萨尔瓦多	El Salvador	154	3	4.2	73	82	35	786	79	4	33.2
斯威士兰	Swaziland	110	2	4.8	127	173	40	956	80	2	38.7
赞比亚	Zambia	83	4	5.4	177	98	35	611	95	2	39.3
埃及	Egypt	135	8	4.4	99	152	42	1010	126	3	26.6
帕劳	Palau	183		2.7	105	127	37	810	167	2	30.3
印度尼西亚	Indonesia	43	10	6.1	62	172	40	471	75	2	31.7
厄瓜多尔	Ecuador	117	2	4.7	114	88	39	588	151	5	17.9
马尔代夫	Maldives	135		4.4	132	91	41	665	135	2	49.9
约旦	Jordan	154	4	4.2	54	114	39	689	145	3	27.0
伯利兹	Belize	169	3	3.6	91	170	51	892	71	2	54.2
尼加拉瓜	Nicaragua	172	1	3.3	74	70	37	519	110	2	33.0
巴西	Brazil	35	5	6.3	123	118	44	731	55	4	25.8
圣基茨和尼维斯	Saint Kitts and Nevis	87	4	5.3	67	116	46	578	189		
佛得角	Cabo Verde	170	1	3.5	101	39	37	425	189		
圭亚那	Guyana	135	5	4.4	82	71	36	581	150	3	18.1
阿根廷	Argentina	62	7	5.8	128	63	36	590	83	3	28.6
不丹	Bhutan	104	4	5.0	165	74	47	225	189		
格林纳达	Grenada	141	4	4.3	51	144	46	688	189		
莫桑比克	Mozambique	94	5	5.2	129	164	30	760	107	5	17.6
莱索托	Lesotho	106	3	4.9	147	115	41	615	120	3	29.0
巴基斯坦	Pakistan	21	6	6.7	108	161	46	993	78	3	39.4
伊朗	Iran	154	7	4.2	148	66	40	505	138	5	19.5
坦桑尼亚	Tanzania	141	2	4.3	137	45	38	515	105	3	21.2
埃塞俄比亚	Ethiopia	154	3	4.2	168	50	38	530	74	2	38.3
巴布亚新几内亚	Papua New Guinea	94	4	5.2	138	181	42	591	141	3	24.0
基里巴斯	Kiribati	154	6	4.2	81	60	32	660	189		
柬埔寨	Cambodia	92	5	5.3	124	178	44	483	84	6	8.2
肯尼亚	Kenya	122	3	4.6	153	137	44	465	134	5	27.1
也门	Yemen	162	6	3.9	134	85	36	645	154	3	22.0
冈比亚	Gambia	162	2	3.9	77	49	33	407	102	2	27.8

6-2 续表 6 continued

国家或地区	Country or Area	企业经营环境排名 Ease of Doing Business Rank	开办企业排名 Starting a Business Rank	申请建筑许可 Dealing with Construction Permits			注册财产 Registering Property			获得信贷排名 Getting Credit Rank	缴纳税款排名 Paying Taxes Rank
				排名 Rank	手续(个) Procedures (number)	时间(天) Time (days)	排名 Rank	手续(个) Procedures (number)	时间(天) Time (days)		
马绍尔群岛	Marshall Islands	139	70	10	11	42	189			71	128
塞拉利昂	Sierra Leone	140	91	120	16	166	158	7	56	151	130
乌兹别克斯坦	Uzbekistan	141	65	149	23	160	143	13	55	104	118
印　度	India	142	158	184	25	186	121	7	47	36	156
约旦河西岸和加沙	West Bank and Gaza	143	162	173	15	82	99	8	56	116	51
加　蓬	Gabon	144	135	76	11	194	181	6	103	104	154
密克罗尼西亚	Micronesia, Fed.	145	151	37	14	99	189			61	114
马　里	Mali	146	169	97	10	119	133	5	29	131	145
科特迪瓦	Cote D'Ivoire	147	44	180	23	347	124	6	30	131	175
老　挝	Laos	148	154	107	22	107	77	5	98	116	129
多　哥	Togo	149	134	170	12	165	182	5	295	131	163
乌干达	Uganda	150	166	163	15	154	125	11	43	131	104
贝　宁	Benin	151	117	64	13	111	165	4	120	116	178
布隆迪	Burundi	152	18	133	14	99	48	5	23	171	124
圣多美和普林西比	Sao Tome and Principe	153	23	46	12	104	148	7	62	185	162
阿尔及利亚	Algeria	154	141	127	17	204	157	10	55	171	176
吉布提	Djibouti	155	163	146	18	117	154	6	39	180	75
伊拉克	Iraq	156	142	9	8	119	109	5	51	180	52
玻利维亚	Bolivia	157	171	129	12	275	130	7	91	116	189
喀麦隆	Cameroon	158	133	166	15	136	172	5	86	116	181
科摩罗	Comoros	159	173	31	11	113	105	4	30	131	167
苏　丹	Sudan	160	139	160	15	270	46	6	9	165	139
塞内加尔	Senegal	161	90	151	13	200	167	5	71	131	183
苏里南	Suriname	162	181	79	10	223	178	6	106	171	71
马达加斯加	Madagascar	163	37	177	13	123	153	6	74	180	65
马拉维	Malawi	164	157	72	13	153	76	6	69	151	103
赤道几内亚	Equatorial Guinea	165	186	94	13	144	145	6	23	104	171
塔吉克斯坦	Tajikistan	166	106	168	24	228	70	6	37	116	169
布基纳法索	Burkina Faso	167	153	75	11	112	147	4	67	131	152
尼日尔	Niger	168	177	119	12	130	95	4	35	131	155
几内亚	Guinea	169	175	159	26	166	122	6	44	131	184
尼日利亚	Nigeria	170	129	171	17	106	185	12	70	52	179
津巴布韦	Zimbabwe	171	180	176	10	448	94	5	36	104	143
东帝汶	Timor-Leste	172	96	115	16	207	189			160	55
孟加拉国	Bangladesh	173	115	144	13	269	184	8	244	131	83
利比里亚	Liberia	174	30	143	22	74	177	10	44	160	77
叙利亚	Syrian Arab Republic	175	152	189			140	4	19	165	117
毛里塔尼亚	Mauritania	176	164	77	13	104	66	4	49	171	187
缅　甸	Myanmar	177	189	130	13	128	151	6	113	171	116
刚果(布)	Congo, Rep.	178	170	102	11	168	168	6	55	104	182
几内亚比绍	Guinea-Bissau	179	176	165	11	116	160	8	51	131	150
海　地	Haiti	180	188	132	8	71	175	5	312	171	142
安哥拉	Angola	181	174	67	10	203	164	7	190	180	144
委内瑞拉	Venezuela	182	182	152	9	380	102	9	52	104	188
阿富汗	Hong Kong, China	183	24	185	11	323	183	9	250	89	79
刚果(金)	Congo, Dem. Rep.	184	172	111	8	119	142	7	44	131	168
乍　得	Chad	185	185	123	10	207	166	6	44	131	186
南苏丹	South Sudan	186	178	167	23	124	180	9	50	171	98
中　非	Central African Rep.	187	187	145	15	200	150	5	75	131	185
利比亚	Libya	188	144	189			189			185	157
厄立特里亚	Eritrea	189	183	189			176	11	78	185	174

6-2 续表 7 continued

国家或地区	Country or Area	中小投资者保护 Protecting Minority Investors			跨境贸易排名 Trading Across Borders Rank	合同执行 Enforcing Contracts			解决破产 Resolving Insolvency		
		排名 Rank	披露指数 disclosure index	中小投资者保护指数 Strength of minority investor protection index		排名 Rank	手续数(个) Procedures (number)	时间(天) Time (days)	排名 Rank	时间(天) Time (days)	收回率(美分/美元) Recovery rate (cents/dollar)
马绍尔群岛	Marshall Islands	183	2	2.7	68	58	36	476	168	2	17.1
塞拉利昂	Sierra Leone	62	6	5.8	133	109	39	515	143	2	10.6
乌兹别克斯坦	Uzbekistan	100	7	5.1	189	28	41	195	77	2	39.9
印　　度	India	7	7	7.3	126	186	46	1420	137	4	25.7
约旦河西岸和加沙	West Bank and Gaza	141	6	4.3	130	105	44	540	189		
加　　蓬	Gabon	146	7	4.3	135	156	38	1070	125	5	15.2
密克罗尼西亚	Micronesia, Fed.	186		2.3	106	162	34	885	118	5	3.3
马　　里	Mali	146	7	4.3	163	128	36	620	108	4	22.7
科特迪瓦	Cote D'Ivoire	146	7	4.3	158	72	32	525	85	2	31.3
老　　挝	Laos	178	6	2.9	156	99	42	443	189		
多　　哥	Togo	122	7	4.6	112	134	40	588	93	3	27.9
乌 干 达	Uganda	110	3	4.8	161	80	38	490	98	2	37.9
贝　　宁	Benin	135	7	4.4	121	167	41	750	115	4	18.5
布 隆 迪	Burundi	94	8	5.2	169	158	44	832	144	5	7.4
圣多美和普林西比	Sao Tome and Principe	183	3	2.7	111	179	43	1065	162	6	5.5
阿尔及利亚	Algeria	132	5	4.5	131	120	45	630	97	3	41.7
吉 布 提	Djibouti	162	4	3.9	56	171	40	1225	70	2	37.0
伊 拉 克	Iraq	146	4	4.3	178	141	51	520	189		
玻利维亚	Bolivia	160	1	4.1	125	111	40	591	96	2	38.9
喀 麦 隆	Cameroon	117	7	4.7	160	159	42	800	123	3	15.4
科 摩 罗	Comoros	122	7	4.6	144	177	43	506	189		
苏　　丹	Sudan	174		3.2	162	163	53	810	156	2	31.9
塞内加尔	Senegal	122	7	4.6	79	142	43	740	99	3	25.5
苏 里 南	Suriname	171	1	3.4	106	184	44	1715	130	5	8.5
马达加斯加	Madagascar	87	6	5.3	109	146	38	871	129	2	11.7
马 拉 维	Malawi	132	4	4.5	170	154	42	432	166	3	12.1
赤道几内亚	Equatorial Guinea	122	7	4.6	143	67	40	475	189		
塔吉克斯坦	Tajikistan	56	8	5.8	188	40	35	430	149	2	36.9
布基纳法索	Burkina Faso	122	7	4.6	174	153	37	446	115	4	18.5
尼 日 尔	Niger	146	7	4.3	179	132	39	545	128	5	14.7
几 内 亚	Guinea	162	7	3.9	141	133	49	276	119	4	17.6
尼日利亚	Nigeria	62	4	5.8	159	140	40	510	131	2	27.9
津巴布韦	Zimbabwe	87	8	5.3	180	157	38	410	148	3	13.8
东 帝 汶	Timor-Leste	100	5	5.1	94	189	51	1285	189		
孟加拉国	Bangladesh	43	6	6.1	140	188	41	1442	147	4	25.8
利比里亚	Liberia	181	4	2.8	149	174	40	1280	169	3	8.6
叙 利 亚	Syrian Arab Republic	78	7	5.5	146	175	55	872	146	4	27.0
毛里塔尼亚	Mauritania	166	6	3.8	151	86	46	370	189		
缅　　甸	Myanmar	178	3	2.9	103	185	45	1160	160	5	14.7
刚果(布)	Congo, Rep.	146	7	4.3	181	151	44	560	117	3	17.9
几内亚比绍	Guinea-Bissau	122	7	4.6	119	169	40	1715	189		
海　　地	Haiti	187	2	2.0	142	89	35	530	189		
安 哥 拉	Angola	94	4	5.2	167	187	46	1296	189		
委内瑞拉	Venezuela	178	3	2.9	176	79	30	610	165	4	6.7
阿 富 汗	Hong Kong, China	189	1	1.0	184	183	46	1642	159	2	26.4
刚果(金)	Congo, Dem. Rep.	146	7	4.3	175	176	43	610	189		
乍　　得	Chad	146	7	4.3	182	149	41	743	152	4	
南 苏 丹	South Sudan	173	2	3.3	187	94	48	228	189		
中　　非	Central African Rep.	135	7	4.4	186	182	43	660	152	5	
利 比 亚	Libya	188	1	1.3	139	126	43	690	189		
厄立特里亚	Eritrea	166	4	3.8	172	68	39	490	189		

6-3 新注册企业数

New Businesses Registered

资料来源：世界银行WDI数据库。
Source: World Bank WDI Database.
单位：个 (number)

国家或地区	Country or Area	2000	2005	2008	2009	2010	2011	2012
中国香港	Hong Kong, China	38086	73359	98645	109424	139530	148329	150165
孟加拉国	Bangladesh		5157	7425	8007	8755	9884	9193
柬埔寨	Cambodia		1509	2744	2003			
印度	India		38129	84800	46000	64900	70450	99587
印度尼西亚	Indonesia		23348	37106	28998	38122	43775	47549
以色列	Israel		14364	14836	15211	16898	16383	14504
日本	Japan		112201	91635	85673	87688	89373	91751
哈萨克斯坦	Kazakhstan		20431	17341	16734	16875	18563	19568
韩国	Korea, Rep.		31879	50505	56337	60593	65973	73972
老挝	Laos			80	286	265	398	
马来西亚	Malaysia	33149	37672	41623	41638	44202	45455	45441
巴基斯坦	Pakistan	1051	3917	4286	2719	3109	3593	4162
菲律宾	Philippines	12802	13523	13470	11435	11714	12590	16143
新加坡	Singapore		18701	23543	24235	27483	29781	31532
斯里兰卡	Sri Lanka	2567	4754	4321	4062	6110	7662	6975
泰国	Thailand	18481	32243	27680	27587	31806	33940	41210
埃及	Egypt		3867	6291	6308			
尼日利亚	Nigeria		28988	64017	65089	65074	72396	81144
南非	South Africa		227624	291323	253217	199754	165323	217624
加拿大	Canada	97000	20868	21431	20191	24661	25985	25723
墨西哥	Mexico		40398	50392	60358	67648	65016	68666
美国	United States		676830					
阿根廷	Argentina	14500	14219	14493	12118	13133	13799	12385
巴西	Brazil	460602	246722	56704	51717	66512	64476	53876
捷克	Czech Rep.		14062	22633	21717	22456	21173	21571
法国	France	90787	117284	147049	128906	132696	132293	121538
德国	Germany		66923	65812	74055	73966	71190	69332
意大利	Italy	60132	84125	87665	83042	87415	80028	75645
荷兰	Netherlands		46514	55419	48660	46366	46578	49425
波兰	Poland		13018	12678	14434			
俄罗斯	Russia	225317	380973	577069	401471	399818	458930	442165
西班牙	Spain	115870	131054	99473	74333	75885	81027	84399
土耳其	Turkey	66236	45775	47983	42237	50414	53383	38823
乌克兰	Ukraine	29777	27659	30762	21120	31433	34135	29650
英国	United Kingdom	225600	333700	372400	330100	365600	400600	455600
澳大利亚	Australia		121994	143153	147258	160615	168170	185009
新西兰	New Zealand		64818	53512	48358	44898	42447	44169

6-4　新注册企业密度
New Business Density

资料来源：世界银行WDI数据库。
Source: World Bank WDI Database.
单位：个/万人　　(unit per 10000 persons)

国家或地区	Country or Area	2005	2008	2009	2010	2011	2012
世　界	**World**	**34.1**	**39.6**	**33.8**	**35.8**	**36.7**	**38.3**
高收入国家	**High Income**	**60.9**	**74.1**	**61.9**	**66.6**	**69.9**	**72.3**
经合组织国家	**OECD Countries**	**46.3**	**45.6**	**43.1**	**43.0**	**45.6**	**52.5**
欧元区	**Euro Area**	**44.7**	**54.7**	**46.9**	**51.5**	**58.3**	**66.2**
非经合组织国家	**High Income: nonOECD**	**91.1**	**131.1**	**100.7**	**123.4**	**118.4**	**113.5**
中等收入国家	**Middle Income**	**20.4**	**24.0**	**20.9**	**19.7**	**21.7**	**21.4**
中等偏上收入国家	**Upper Middle Income**	**32.6**	**38.0**	**32.8**	**28.8**	**32.3**	**30.4**
中等偏下收入国家	**Lower Middle Income**	**6.4**	**8.1**	**7.5**	**9.3**	**8.9**	**10.4**
中低收入国家	**Low and Middle Income**	**17.4**	**20.2**	**17.7**	**17.5**	**18.9**	**18.4**
东亚和太平洋	**East Asia and Pacific**	**13.9**	**10.9**	**17.1**	**16.7**	**11.9**	**13.5**
欧洲和中亚	**Europe and Central Asia**	**18.2**	**25.6**	**20.4**	**20.8**	**27.3**	**21.9**
拉丁美洲和加勒比	**Latin America and Caribbean**	**30.9**	**34.9**	**26.3**	**26.0**	**27.1**	**23.8**
中东和北非国家	**Middle East and North Africa**	**4.3**	**5.8**	**5.9**	**5.9**	**5.9**	**5.5**
南　亚	**South Asia**	**6.7**	**8.6**	**7.3**	**2.4**	**2.7**	**2.5**
撒哈拉以南非洲	**Sub-Saharan Africa**	**15.8**	**18.8**	**18.0**	**18.0**	**18.3**	**20.9**
低收入国家	**Low Income**	**1.6**	**2.2**	**2.6**	**2.6**	**3.2**	**4.0**
中国香港	Hong Kong, China	146.2	189.8	209.5	265.0	280.1	281.2
孟加拉国	Bangladesh	0.6	0.8	0.9	0.9	1.0	0.9
柬埔寨	Cambodia	1.8	3.1	2.2			
印　度	India	0.5	1.1	0.6	0.8	0.9	1.2
印度尼西亚	Indonesia	1.6	2.4	1.9	2.4	2.8	2.9
以色列	Israel	33.4	32.5	32.6	35.6	33.9	29.6
日　本	Japan	13.3	11.1	10.4	10.8	11.1	11.5
哈萨克斯坦	Kazakhstan	19.9	16.2	15.2	15.1	16.4	17.1
韩　国	Korea, Rep.	9.3	14.3	15.8	16.9	18.2	20.3
老　挝	Laos		0.2	0.8	0.7	1.0	
马来西亚	Malaysia	22.3	22.9	22.3	23.2	23.3	22.8
巴基斯坦	Pakistan	0.4	0.4	0.3	0.3	0.3	0.4
菲律宾	Philippines	2.7	2.5	2.1	2.1	2.2	2.7
新加坡	Singapore	60.4	66.3	66.1	73.5	77.9	80.5
斯里兰卡	Sri Lanka	3.4	3.2	3.0	4.4	5.5	5.2
泰　国	Thailand	7.0	5.9	5.8	6.7	7.1	8.6
埃　及	Egypt	0.9	1.3	1.3			
尼日利亚	Nigeria	3.9	7.9	7.9	7.7	8.3	9.1
南　非	South Africa	74.4	91.8	78.9	61.4	50.2	65.4
加拿大	Canada	9.3	9.3	8.6	10.4	10.9	10.7
墨西哥	Mexico	5.9	6.9	8.2	9.0	8.5	8.8
阿根廷	Argentina	5.8	5.7	4.7	5.0	5.2	4.7
巴　西	Brazil	20.0	24.4	21.9	27.7	26.3	21.7
捷　克	Czech Rep.	19.3	30.6	29.2	30.3	28.9	29.6
法　国	France	28.5	35.1	30.7	31.5	31.3	28.8
德　国	Germany	12.2	12.1	13.7	13.8	13.2	12.9
意大利	Italy	21.7	22.2	21.0	22.0	20.1	19.1
荷　兰	Netherlands	42.2	50.0	43.8	41.6	41.8	44.4
波　兰	Poland	4.9	4.7	5.3			
俄罗斯	Russia	37.5	56.6	39.3	39.0	44.7	43.0
西班牙	Spain	43.9	31.9	23.7	24.2	25.9	27.1
土耳其	Turkey	10.4	10.4	9.0	10.6	11.0	7.9
乌克兰	Ukraine	8.5	9.5	6.5	9.7	10.6	9.2
英　国	United Kingdom	83.8	91.7	80.9	89.2	97.3	110.4
澳大利亚	Australia	88.9	98.9	99.9	107.7	111.8	121.6
新西兰	New Zealand	236.0	188.1	168.2	154.6	145.3	150.7

注：新注册企业密度是指1万个15-64岁劳动人口中新注册企业数量。
Note: New registrations per 10,000 people ages 15-64.

6-5 私人部门贷款占国内生产总值比重

Domestic Credit to Private Sector as Percentage of GDP

资料来源：世界银行WDI数据库。
Source: World Bank WDI Database.

单位：% (%)

国家或地区	Country or Area	2000	2005	2010	2011	2012	2013
世　　界	**World**	**132.1**	**126.9**	**124.0**	**119.1**	**121.1**	**123.1**
高收入国家	**High Income**	**151.6**	**142.5**	**143.5**	**137.8**	**139.5**	**140.9**
经合组织国家	**OECD Countries**	**159.1**	**149.0**	**153.1**	**147.7**	**150.5**	**151.7**
非经合组织国家	**High Income: nonOECD**	**45.5**	**43.6**	**53.0**	**52.8**	**53.8**	**58.9**
中等收入国家	**Middle Income**	**52.3**	**57.4**	**75.7**	**76.9**	**82.0**	**87.0**
中等偏上收入国家	**Upper Middle Income**	**60.8**	**65.6**	**87.7**	**88.5**	**95.0**	**100.7**
中等偏下收入国家	**Lower Middle Income**	**27.4**	**33.1**	**39.6**	**39.7**	**39.8**	**41.3**
中低收入国家	**Low and Middle Income**	**51.6**	**56.8**	**75.0**	**76.3**	**81.3**	**86.2**
东亚和太平洋	**East Asia and Pacific**	**98.4**	**99.6**	**116.2**	**115.1**	**121.8**	
欧洲和中亚	**Europe and Central Asia**	**17.4**	**27.3**	**47.8**	**49.1**	**49.8**	
拉丁美洲和加勒比	**Latin America and Caribbean**	**23.6**	**23.1**	**38.8**	**43.5**	**46.7**	
中东和北非国家	**Middle East and North Africa**	**34.2**	**30.4**	**26.3**	**24.4**	**23.6**	
南　亚	**South Asia**	**26.7**	**37.4**	**45.9**	**46.3**	**46.8**	**46.7**
撒哈拉以南非洲	**Sub-Saharan Africa**	**57.3**	**62.1**	**55.4**	**51.7**	**50.6**	**48.0**
低收入国家	**Low Income**	**11.0**	**11.9**	**16.8**	**17.2**	**18.1**	**19.3**
中　　国	China	111.7	112.7	127.6	124.1	130.0	135.4
中国香港	Hong Kong, China	150.4	143.1	185.6	202.3	198.5	218.1
中国澳门	Macao, China	79.9	45.3	56.6	56.5	57.8	62.8
孟加拉国	Bangladesh	21.8	29.3	41.0	42.5	43.0	41.8
文　　莱	Brunei Darussalam	50.3	40.3	40.9	31.2	31.5	35.0
柬 埔 寨	Cambodia	6.4	9.0	27.6	28.3	38.7	45.4
印　　度	India	27.9	39.4	49.6	50.7	51.7	51.9
印度尼西亚	Indonesia	19.9	26.4	27.3	30.1	33.4	39.9
伊　　朗	Iran	28.4	45.2	60.5	55.5	57.7	52.2
以 色 列	Israel	72.9	85.2	89.3	89.4		
日　　本	Japan	219.3	194.2	176.4	175.3	178.4	188.3
哈萨克斯坦	Kazakhstan	11.2	35.7	39.3	36.0	36.7	35.6
韩　　国	Korea, Rep.	73.6	114.8	135.9	138.1	136.7	134.9
老　　挝	Laos	8.9	7.4	20.8			
马来西亚	Malaysia	135.0	106.5	110.4	111.7	117.7	124.0
蒙　　古	Mongolia	6.9	27.6	34.2	43.5	43.7	61.8
巴基斯坦	Pakistan	22.3	28.6	21.4	18.1	16.9	16.0
菲 律 宾	Philippines	36.8	29.1	29.6	31.9	33.4	35.8
新 加 坡	Singapore	96.3	89.5	96.2	106.2	115.0	126.4
斯里兰卡	Sri Lanka	28.8	32.9	26.6	30.6	31.1	29.2
泰　　国	Thailand	108.3	100.7	123.8	140.3	148.3	154.4
越　　南	Viet Nam	32.7	60.5	114.7	101.8	94.8	96.8
埃　　及	Egypt	52.0	51.2	33.1	31.2	29.1	27.8
尼日利亚	Nigeria	12.4	13.2	15.4	12.5	11.8	12.6
南　　非	South Africa	130.3	138.2	149.0	139.5	146.1	149.5
加 拿 大	Canada	93.8	173.5				
墨 西 哥	Mexico	15.6	16.2	24.3	25.7	27.5	30.6
美　　国	United States	162.1	187.8	190.7	182.4	186.0	192.3
阿 根 廷	Argentina	23.9	9.6	11.6	13.2	14.5	15.5
巴　　西	Brazil	31.1	31.0	52.8	58.1	63.9	66.4
委内瑞拉	Venezuela	12.5	13.1	18.8	20.5	25.3	29.9
捷　　克	Czech Rep.	45.2	29.5	46.8	48.8	49.9	51.3
法　　国	France	85.1	79.9	95.7	96.8	96.6	96.0
德　　国	Germany	119.4	105.0	88.1	84.7	83.7	82.2
意 大 利	Italy	75.5	71.0	93.4	94.6	94.3	91.0
荷　　兰	Netherlands	134.2	118.6	115.1	115.9	119.0	117.0
波　　兰	Poland	26.5	27.3	49.0	51.8	50.5	50.9
俄罗斯联邦	Russian Fed.	13.6	25.9	42.8	44.8	48.1	53.0
西 班 牙	Spain	97.8	135.5	170.7	166.0	154.6	142.5
土 耳 其	Turkey	17.8	22.2	47.1	53.1	57.9	70.1
乌 克 兰	Ukraine	11.2	32.2	78.4	71.1	69.6	73.5
英　　国	United Kingdom	123.4	150.9	190.5	175.1	166.4	155.5
澳大利亚	Australia	87.8	108.8	126.0	123.1	122.2	126.1
新 西 兰	New Zealand	107.9	120.3	143.6			

主要统计指标解释

企业开业所要办理的手续数 是开办一个企业所要求办理的手续数量，包括为获得许可证和执照，完成所有的登记、证明和开业通知书所进行的往来手续。数据是关于企业的所有权性质，规模和产品类型。

企业办理开业手续所需时间 为开办一个企业办理法律手续需要的日历天数。如果缴纳额外成本之后能加快手续办理速度，则选择办理速度最快的手续。

企业经营环境排名 是所有经济体按其企业经营环境的宽松程度排名，排名越高说明该国的政策法规环境越有利于企业经营。该指数是一国在开办企业、申请建筑许可、获得电力、注册财产、信贷融资便利程度、投资者保护、缴纳税款、跨境贸易、合同执行和解决破产这 10 类指标的百分等级的简单平均。每类指标由若干指标组成，每类指标的数值也是由其构成要素的百分等级的简单平均所得。

开办企业 反映了一个企业家在建立和登记新企业需要克服的行政和法规障碍。它调查了开办一家拥有 50 名员工、法定资本金相当于 10 倍人均国民收入的工商业企业所涉及的程序、时间和成本。

新注册企业数 是日历年度内登记注册的有限责任公司数量。

新注册企业密度 是日历年度内每万人新登记注册企业数。

申请建筑许可 以建造一幢库房为例，所需的步骤以及相应的时间和成本，包括获取必要的许可、完成所需的公示和检查以及接通公用设施。

注册财产 假定在一个标准化案例中，一名企业家想在最大的商业城市中购买土地和一幢建筑物（该物产已被登记在册并且不存在所有权争议），他在登记房地产物权时所涉及的步骤、时间和成本。

信贷融资便利程度 包含了两方面问题，信贷信息登记系统以及担保和破产法在促进信贷方面的效能。

缴纳税款 反映了一家中型企业在给定年份所需缴付的税负，以及纳税的行政成本。

跨境贸易 研究了有关进口和出口一个标准化集装箱所需的成本和程序。每一步正规程序都计算在内－－从两方达成合同协议到交接货物－－同时统计了完成整个过程所需的时间。

投资者权益保护 针对经理人滥用企业财产为己谋私方面，测量了对保护股东权益监测的力度。

执行合同 通过追踪一件付款纠纷的进展、查询从原告提起诉讼到最终获得赔偿的时间、成本和所需步骤数，研究合同强制执行的效率。

解决破产 研究现有破产法规的缺陷以及破产程序存在的主要程序上和行政上的障碍。

对私人部门的国内贷款 是提供给私营部门的应偿还的金融资源，例如，贷款、购买非股本证券、贸易信贷和其他应收账款。部分国家包括对国有企业的借贷。

Explanatory Notes on Main Statistical Indicators

Number of Procedures for Starting a Business is the number of procedures required to start a business, including interactions to obtain necessary permits and licenses and to complete all inscriptions, verifications, and notifications to start operations. Data are for businesses with specific characteristics of ownership, size, and type of production.

Time Required for Starting a Business is the number of calendar days to complete the procedures for legally operating a business. If a procedure can be expedited at additional cost, the fastest procedure, independent of cost, is chosen.

Ease of Doing Business Rank Economies are ranked on their ease of doing business, with first place being the best. A high ranking means that the regulatory environment is conducive to business operation. The index ranks the simple average of the country's percentile rankings on 10 topics (Starting a business,Dealing with construction permits, Getting electricity, Registering property, Getting credit, Protecting investors, Paying taxes, Trading across borders, Enforcing contracts, Resolving Insolvency). The ranking on each topic is the simple average of the percentile rankings on its component indicators.

Starting a Business identifies the bureaucratic and legal hurdles an entrepreneur must overcome to incorporate and register a new firm. It examines the procedures, time, and cost involved in launching a commercial or industrial firm with up to 50 employees and start-up capital of 10 times the economy's per-capita gross national income (GNI).

New Businesses Registered are the number of limited liability firms registered in the calendar year.

New Businesses Density are the number of new limited liability corporations registered per 10 thousand people in the calendar year.

Dealing with Construction Permits tracks the procedures, time, and costs to build a warehouse, including obtaining necessary licenses and permits, completing required notifications and inspections, and obtaining utility connections.

Registering Property examines the steps, time, and cost involved in registering property, assuming a standardized case of an entrepreneur who wants to purchase land and a building that is already registered and free of title dispute.

Getting Credit explores two sets of issues-credit information registries and the effectiveness of collateral and bankruptcy laws in facilitating lending.

Paying Taxes addresses the taxes and mandatory contributions that a medium-size company must pay or withhold in a given year, as well as measures of administrative burden in paying taxes.

Trading Across Borders looks at the procedural requirements for exporting and importing a standardized cargo of goods. Every official procedure is counted—from the contractual agreement between the 2 parties to the delivery of goods—along with the time necessary for completion.

Protecting Investors measures the strength of minority shareholder protections against misuse of corporate assets by directors for their personal gain.

Enforcing Contracts looks at the efficiency of contract enforcement by following the evolution of a sale of goods dispute and tracking the time, cost, and number of procedures involved from the moment the plaintiff files the lawsuit until actual payment.

Resolving Insolvency identifies weaknesses in existing bankruptcy law and the main procedural and administrative bottlenecks in the bankruptcy process.

Domestic Credit to Private Sector is financial resources provided to the private sector—such as through loans, purchases of non-equity securities, and trade credits and other accounts receivable-that establish a claim for repayment. For some countries these claims include credit to public enterprises.

能　源

Energy

7-1　石油主要指标(2013年)

Main Oil Indicators(2013)

资料来源：美国能源信息署。
Source:U.S. Energy Information Administration .

国家或地区	Country or Area	原油探明储量(亿桶) Crude Oil Proved Reserves (100 million Barrels)	国家或地区	Country or Area	石油存量(万桶) Total Petroleum Stocks (10 000 Barrels)
世　界	**World**	**16489**	**世　界**	**World**	**349339**
委内瑞拉	Venezuela	2980	美　国	United States	176100
沙特阿拉伯	Saudi Arabia	2680	日　本	Japan	57500
加 拿 大	Canada	1730	德　国	Germany	29000
伊　朗	Iran	1550	韩　国	Korea, Rep.	17800
伊 拉 克	Iraq	1410	加 拿 大	Canada	17000
科 威 特	Kuwait	1040	法　国	France	16700
阿 联 酋	United Arab Emirates	980	意 大 利	Italy	12500
俄 罗 斯	Russia	800	荷　兰	Netherlands	11600
利 比 亚	Libya	480	西 班 牙	Spain	11200
尼日利亚	Nigeria	370	英　国	United Kingdom	7800
美　国	United States	330	土 耳 其	Turkey	6200
哈萨克斯坦	Kazakhstan	300	波　兰	Poland	6000
卡 塔 尔	Qatar	250	墨 西 哥	Mexico	4900
中　国	China	240	比 利 时	Belgium	4100
巴　西	Brazil	130	芬　兰	Finland	3900
阿尔及利亚	Algeria	120	澳大利亚	Australia	3700
墨 西 哥	Mexico	100	瑞　士	Switzerland	3600
安 哥 拉	Angola	100	挪　威	Norway	2900
厄瓜多尔	Ecuador	82	瑞　典	Sweden	2800
阿塞拜疆	Azerbaijan	70	希　腊	Greece	2600
印　度	India	55	丹　麦	Denmark	2400
阿　曼	Oman	55	葡 萄 牙	Portugal	2300
挪　威	Norway	54	奥 地 利	Austria	2200
埃　及	Egypt	44	捷　克	Czech Rep.	2000
越　南	Viet Nam	44	匈 牙 利	Hungary	1600
马来西亚	Malaysia	40	爱 尔 兰	Ireland	1000
印度尼西亚	Indonesia	40	智　利	Chile	980
英　国	United Kingdom	31	斯洛伐克	Slovakia	880
也　门	Yemen	30	新 西 兰	New Zealand	830
阿 根 廷	Argentina	28	斯洛文尼亚	Slovenia	470
叙 利 亚	Syrian Arab Republic	25	爱沙尼亚	Estonia	160
加　蓬	Gabon	20	卢 森 堡	Luxemburg	70

7-1 续表 1 continued

单位：万桶/天 (10 000 Barrels per Day)

国家或地区	Country or Area	石油供应量 Total Oil Supply	国家或地区	Country or Area	石油消费量 Total Petroleum Consumption
世　界	**World**	**9033**	**世　界**	**World**	**9120**
美　国	United States	1234	美　国	United States	1896
沙特阿拉伯	Saudi Arabia	1170	中　国	China	1048
俄罗斯	Russia	1076	日　本	Japan	453
中　国	China	454	印　度	India	366
加拿大	Canada	407	俄罗斯	Russia	349
阿联酋	United Arab Emirates	344	巴　西	Brazil	300
伊　朗	Iran	319	沙特阿拉伯	Saudi Arabia	296
伊拉克	Iraq	306	加拿大	Canada	243
墨西哥	Mexico	292	德　国	Germany	240
科威特	Kuwait	281	韩　国	Korea, Rep.	232
巴　西	Brazil	269	墨西哥	Mexico	204
委内瑞拉	Venezuela	269	伊　朗	Iran	189
尼日利亚	Nigeria	237	法　国	France	177
卡塔尔	Qatar	207	印度尼西亚	Indonesia	172
挪　威	Norway	185	英　国	United Kingdom	151
安哥拉	Angola	184	意大利	Italy	132
阿尔及利亚	Algeria	176	新加坡	Singapore	124
哈萨克斯坦	Kazakhstan	166	泰　国	Thailand	117
哥伦比亚	Colombia	103	澳大利亚	Australia	108
利比亚	Libya	98	荷　兰	Netherlands	99
印　度	India	98	中国台湾	Taiwan, China	98
阿　曼	Oman	95	阿根廷	Argentina	77
印度尼西亚	Indonesia	94	埃　及	Egypt	75
阿塞拜疆	Azerbaijan	88	伊拉克	Iraq	75
阿根廷	Argentina	71	委内瑞拉	Venezuela	75
埃　及	Egypt	70	土耳其	Turkey	72
马来西亚	Malaysia	67	阿联酋	United Arab Emirates	69
厄瓜多尔	Ecuador	53	马来西亚	Malaysia	68
澳大利亚	Australia	45	比利时	Belgium	61
泰　国	Thailand	42	南　非	South Africa	61
越　南	Viet Nam	35	波　兰	Poland	51
赤道几内亚	Equatorial Guinea	29	巴基斯坦	Pakistan	43

7-2 能源平衡表(2012年)

Energy Balance Sheet(2012)

资料来源：国际能源机构。
Source: International Energy Agency.
单位：万吨标准油 (10 000 TOE)

国家或地区	Country or Area	能源生产量 Energy Production				能源进口 Imports			
		总计 Total	煤和煤制品 Coal and Coal Products	原油,天然气凝析液和给料 Crude, NGL and Feedstocks	天然气 Natural gas	总计 Total	煤和煤制品 Coal and Coal Products	原油,天然气凝析液和给料 Crude, NGL and Feedstocks	天然气 Natural gas
世　界	**World**	**1346114**	**396001**	**420511**	**284795**	**514553**	**77874**	**229155**	**86352**
中　国	China	252528	188654	20764	8965	51104	15341	27103	3331
中国香港	Hong Kong, China	11				2940	761		230
孟加拉国	Bangladesh	2719	42	24	1757	562	50	127	
文　莱	Brunei Darussalam	1852		802	1050	38		1	
柬 埔 寨	Cambodia	394				158	1		
印　度	India	54455	26052	4333	3334	31148	9063	18886	1559
印度尼西亚	Indonesia	44025	25573	4449	6727	5275	5	1977	
伊　朗	Iran	30290	70	16791	13221	714	66	141	395
以 色 列	Israel	326		1	205	2635	835	1234	5
日　本	Japan	2832		64	305	44936	11316	18239	10203
哈萨克斯坦	Kazakhstan	16464	5276	8261	2855	1316	64	603	365
朝　鲜	Korea, Dem.								
韩　国	Korea, Rep.	4622	93	72	39	28742	7608	13107	4284
马来西亚	Malaysia	8880	186	3110	5145	4642	1422	1018	786
蒙　古	Mongolia	1833	1768	50		123			
缅　甸	Myanmar	2251	50	84	978	146			
巴基斯坦	Pakistan	6599	124	397	2713	2088	245	768	
菲 律 宾	Philippines	2443	388	77	323	2278	710	857	
新 加 坡	Singapore	60				15436	1	4978	733
斯里兰卡	Sri Lanka	593				592	67	167	
泰　国	Thailand	7573	524	2010	2618	7061	1269	4528	898
越　南	Viet Nam	6933	2373	1790	808	1340	80		
埃　及	Egypt	8205		3497	4418	1365	63	297	
尼日利亚	Nigeria	27171	3	12941	3365	844			
南　非	South Africa	16608	14601	15	96	3285	192	2063	308
加 拿 大	Canada	41966	3354	18558	12992	8282	563	3654	2607
墨 西 哥	Mexico	21898	753	15219	4035	5606	438	48	1861
美　国	United States	180648	49548	40737	55878	63532	582	48343	7269
阿 根 廷	Argentina	7517	6	3193	3416	1430	114	22	760
巴　西	Brazil	25190	248	11266	1625	6912	1225	1782	1098
委内瑞拉	Venezuela	19929	88	16539	2522	370			175
白俄罗斯	Belarus	412		167	18	4627	32	2178	1681
捷　克	Czech Rep.	3264	2068	32	21	1929	184	718	611
法　国	France	13447	18	95	45	15508	1103	5688	4235
德　国	Germany	12338	4760	337	957	24056	3328	9540	7407
意 大 利	Italy	3186	5	563	705	16356	1598	7569	5545
荷　兰	Netherlands	6472		179	5746	18867	1499	6036	1869
波　兰	Poland	7143	5782	70	383	4736	612	2520	1004
俄 罗 斯	Russia	133161	20044	52125	54064	2766	1826	84	660
西 班 牙	Spain	3334	246	14	5	12575	1295	6352	3050
土 耳 其	Turkey	3056	1559	231	52	9753	1946	1942	3780
乌 克 兰	Ukraine	8542	4015	341	1540	4652	992	162	2659
英　国	United Kingdom	11748	997	4628	3503	16176	2774	6252	4234
澳大利亚	Australia	31739	23990	2301	4729	4727	2	2409	500
新 西 兰	New Zealand	1604	287	212	380	750	8	562	

7-2 续表 1 continued

单位：万吨标准油 (10 000 TOE)

国家或地区	Country or Area	能源进口 Imports 电力 Electricity	能源进口 Imports 石油产品 Oil products	能源出口 Exports 总计 Total	能源出口 Exports 煤和煤制品 Coal and coal products	能源出口 Exports 原油,天然气凝析液和给料 Crude, NGL and Feedstocks	能源出口 Exports 天然气 Natural gas	能源出口 Exports 电力 Electricity	能源出口 Exports 石油产品 Oil products
世　界	**World**	**5857**	**113740**	**-518103**	**-80560**	**-221962**	**-87126**	**-5822**	**-121337**
中　国	China	59	5270	-4345	-834	-243	-242	-152	-2874
中国香港	Hong Kong, China	102	1848	-99				-16	-83
孟加拉国	Bangladesh		385	-13		-1			-12
文　莱	Brunei Darussalam		38	-1486		-749	-735		-1
柬埔寨	Cambodia	16	140						
印　度	India	41	1599	-6826	-211				-6614
印度尼西亚	Indonesia	26	3267	-27898	-22599	-1522	-3229		-412
伊　朗	Iran	34	79	-8980	-22	-6792	-787	-95	-1283
以色列	Israel		562	-392				-38	-354
日　本	Japan		5178	-1408	-104				-1304
哈萨克斯坦	Kazakhstan	37	247	-10118	-1429	-7122	-899	-25	-643
朝　鲜	Korea, Dem.								
韩　国	Korea, Rep.		3744	-5882		-36			-5846
马来西亚	Malaysia	1	1413	-5259	-23	-1210	-2691		-1330
蒙　古	Mongolia	3	120	-1705	-1656	-49			
缅　甸	Myanmar		145	-872	-2	-14	-856		
巴基斯坦	Pakistan	3	1072	-76					-76
菲律宾	Philippines		697	-300	-167	-69			-63
新加坡	Singapore		9725	-8363		-30			-8333
斯里兰卡	Sri Lanka		358						
泰　国	Thailand	89	266	-1451		-237		-16	-1180
越　南	Viet Nam	28	1232	-1984	-862	-942		-9	-171
埃　及	Egypt	1	1005	-1724	-18	-968	-506	-4	-224
尼日利亚	Nigeria		844	-14820		-12641	-2103		-76
南　非	South Africa	86	636	-5455	-5087			-129	-210
加拿大	Canada	94	1272	-25153	-2079	-12818	-7350	-498	-2338
墨西哥	Mexico	20	3239	-7895	-15	-7078	-7	-57	-738
美　国	United States	510	6829	-26044	-7376	-1386	-3708	-103	-13471
阿根廷	Argentina	70	464	-724	-8	-308	-9	-4	-251
巴　西	Brazil	350	2428	-3548		-2755		-4	-629
委内瑞拉	Venezuela	4	191	-12447	-67	-9965			-2415
白俄罗斯	Belarus	89	647	-1967		-165		-24	-1763
捷　克	Czech Rep.	100	296	-848	-408	-2	-1	-247	-166
法　国	France	105	4334	-3096	-17	-22	-544	-488	-2013
德　国	Germany	398	3264	-4101	-117	-20	-1426	-575	-1861
意大利	Italy	391	973	-3096	-21	-218	-11	-20	-2820
荷　兰	Netherlands	277	9100	-15863	-813	-193	-4328	-129	-10291
波　兰	Poland	84	496	-1643	-936	-21		-109	-573
俄罗斯联邦	Russian Fed.	23	172	-59261	-8517	-24115	-15878	-165	-10555
西班牙	Spain	67	1617	-2529	-138	-245	-243	-163	-1693
土耳其	Turkey	50	2029	-856	-1	-38	-51	-25	-742
乌克兰	Ukraine	1	837	-801	-518	-7		-99	-168
英　国	United Kingdom	119	2646	-7483	-72	-3516	-1114	-15	-2743
澳大利亚	Australia		1817	-23407	-19462	-1462	-2251		-232
新西兰	New Zealand		179	-370	-158	-184			-29

7-2 续表 2 continued

单位：万吨标准油 (10 000 TOE)

国家或地区	Country or Area	国际运输燃料 International Bunkers		能源库存变化 Stock Changes				
		海 运 Marine	空 运 Aviation	总 计 Total	煤和煤制品 Coal and Coal Products	原油,天然气凝析液和给料 Crude, NGL and Feedstocks	天然气 Natural Gas	石油产品 Oil Products
世 界	**World**			**-5462**	**-6204**	**183**	**335**	**165**
中 国	China	-889	-655	-8314	-6258	-923		-1134
中国香港	Hong Kong, China	-825	-579	15				15
孟加拉国	Bangladesh	-9	-33	92	-1	-12	76	28
文 莱	Brunei Darussalam	-6	-9	-3		-3	-1	1
柬埔寨	Cambodia		-3					
印 度	India	-122	-393	550	521	83		-54
印度尼西亚	Indonesia	-20	-77	54		60		-4
伊 朗	Iran	-187	-119	242	0	240		2
以色列	Israel	-32	-84	-27	22	-39		-9
日 本	Japan	-404	-647	-80	6	5	21	-112
哈萨克斯坦	Kazakhstan		-20	-156	-126	-9	11	-32
朝 鲜	Korea, Dem.							
韩 国	Korea, Rep.	-852	-405	119	7	-93	173	32
马来西亚	Malaysia	-6	-253	119	-5	97		38
蒙 古	Mongolia		-4	148	148	-1		
缅 甸	Myanmar	0	-4	6		3		3
巴基斯坦	Pakistan	-9	-19	-7			1	-8
菲律宾	Philippines	-18	-108	-41	-40	6		-9
新加坡	Singapore	-4109	-685	166				166
斯里兰卡	Sri Lanka	-27	-41	9	-15	-3		27
泰 国	Thailand	-77	-407	-44	-49	21		-23
越 南	Viet Nam	-35	-76	307	61	-61		307
埃 及	Egypt	-183	-89	247				247
尼日利亚	Nigeria	-40	-19	237		183		54
南 非	South Africa	-354	-84					
加拿大	Canada	-49	-100	167	-1	64	100	4
墨西哥	Mexico	-93	-290	-387	-239	-29	-42	-78
美 国	United States	-1541	-2134	-400	-251	-442	114	193
阿根廷	Argentina	-170	-71	41	3	33		13
巴 西	Brazil	-377	-223	218	52	54		137
委内瑞拉	Venezuela	-94	-65	-55				-55
白俄罗斯	Belarus			-22	-4	-1	-6	-6
捷 克	Czech Rep.		-29	-51	-113	4	54	4
法 国	France	-232	-564	170	39	-31	85	78
德 国	Germany	-252	-831	42	44	-78	42	33
意大利	Italy	-247	-310	-9	48	11	-104	33
荷 兰	Netherlands	-1342	-338	61	134	20	-9	-78
波 兰	Poland	-14	-54	-382	-372	5	-27	12
俄罗斯	Russia	-180	-660	-167	-38	48	-146	-35
西班牙	Spain	-832	-360	309	115	88	6	98
土耳其	Turkey	-19	-103	-141	-2	-28	-56	-55
乌克兰	Ukraine		-31	-97	-227	8	102	17
英 国	United Kingdom	-309	-1083	174	189	-48	10	23
澳大利亚	Australia	-86	-318	173	159	29		-15
新西兰	New Zealand	-37	-82	32	13	15	4	-1

7-2 续表 3 continued

单位：万吨标准油 (10 000 TOE)

国家或地区	Country or Area	一次能源供应量 Total Primary Energy Supply 总计 Total	煤和煤制品 Coal and Coal Products	原油,天然气凝析液和给料 Crude, NGL and Feedstocks	天然气 Natural Gas	电力 Electricity	石油产品 Oil Products
世 界	**World**	**1337103**	**387112**	**427888**	**284356**	**35**	**-7432**
中 国	China	289428	196904	46701	12054	-93	-282
中国香港	Hong Kong, China	1463	761		230	86	375
孟加拉国	Bangladesh	3317	90	139	1834		359
文 莱	Brunei Darussalam	386		50	314		22
柬埔寨	Cambodia	548	1			16	137
印 度	India	78813	35425	23302	4893	41	-5584
印度尼西亚	Indonesia	21359	2979	4964	3498	26	2754
伊 朗	Iran	21959	113	10380	12828	-61	-1509
以色列	Israel	2428	856	1196	210	-38	83
日 本	Japan	45228	11218	18309	10529		2711
哈萨克斯坦	Kazakhstan	7485	3786	1733	2331	11	-448
韩 国	Korea, Rep.	26344	7708	13050	4497		-3328
马来西亚	Malaysia	8123	1580	3015	3240	1	-136
蒙 古	Mongolia	394	260			3	116
缅 甸	Myanmar	1527	48	73	122		144
巴基斯坦	Pakistan	8576	369	1165	2714	3	960
菲律宾	Philippines	4255	891	871	323		499
新加坡	Singapore	2505	1	4948	733		-3236
斯里兰卡	Sri Lanka	1127	53	164			317
泰 国	Thailand	12656	1744	6322	3517	72	-1420
越 南	Viet Nam	6486	1652	788	808	19	1257
埃 及	Egypt	7821	45	2825	3912	-3	756
尼日利亚	Nigeria	13374	3	483	1261		764
南 非	South Africa	14000	9706	2078	403	-43	-12
加拿大	Canada	25112	1836	9458	8348	-404	-1212
墨西哥	Mexico	18839	936	8161	5847	-36	2040
美 国	United States	214062	42504	87251	59553	406	-10119
阿根廷	Argentina	8024	114	2940	4167	65	-15
巴 西	Brazil	28172	1525	10347	2723	346	1336
委内瑞拉	Venezuela	7638	21	6573	2697	4	-2439
白俄罗斯	Belarus	3050	28	2178	1693	65	-1123
捷 克	Czech Rep.	4265	1731	752	685	-147	105
法 国	France	25233	1142	5729	3821	-383	1603
德 国	Germany	31253	8015	9780	6980	-177	353
意大利	Italy	15880	1630	7925	6134	371	-2371
荷 兰	Netherlands	7858	820	6041	3278	147	-2949
波 兰	Poland	9785	5087	2574	1360	-24	-133
俄罗斯	Russia	75659	13316	28142	38701	-142	-11257
西班牙	Spain	12497	1518	6209	2818	-96	-1169
土耳其	Turkey	11690	3503	2108	3725	25	1111
乌克兰	Ukraine	12266	4262	505	4302	-99	656
英 国	United Kingdom	19223	3887	7316	6633	104	-1466
澳大利亚	Australia	12827	4689	3276	2977		1166
新西兰	New Zealand	1896	152	605	384		30

7-2 续表 4 continued

单位：万吨标准油 (10 000 TOE)

国家或地区	Country or Area	能源最终消费量 Total Final Consumption 总计 Total	煤和煤制品 Coal and Coal Products	原油,天然气凝析液和给料 Crude, NGL and Feedstocks	天然气 Natural Gas	电力 Electricity	石油产品 Oil Products
世 界	**World**	**897886**	**90844**	**2006**	**136587**	**162641**	**363208**
中 国	China	170186	55753	102	8072	35502	42067
中国香港	Hong Kong, China	898	137		61	371	320
孟加拉国	Bangladesh	2487	67		764	372	396
文 莱	Brunei Darussalam	189			95	28	67
柬埔寨	Cambodia	473				26	115
印 度	India	51154	8833		2619	7471	14842
印度尼西亚	Indonesia	15966	468	366	1733	1508	6565
伊 朗	Iran	16262	30		8513	1715	5955
以色列	Israel	1473			16	446	901
日 本	Japan	30877	2690	46	3485	7935	16333
哈萨克斯坦	Kazakhstan	4173	1630	41	302	595	932
朝 鲜	Korea, Dem.						
韩 国	Korea, Rep.	16638	959		2290	4140	8439
马来西亚	Malaysia	4949	174		1020	1037	2530
蒙 古	Mongolia	294	58			32	107
缅 甸	Myanmar	1447	30		72	71	205
巴基斯坦	Pakistan	7183	354		1926	660	1312
菲律宾	Philippines	2404	173		6	509	1159
新加坡	Singapore	1601	1		113	381	1106
斯里兰卡	Sri Lanka	972	7			90	318
泰 国	Thailand	9228	878	48	608	1391	4741
越 南	Viet Nam	5403	1111	54	49	943	1835
埃 及	Egypt	5588	20		1174	1206	3028
尼日利亚	Nigeria	11646	3		310	216	1186
南 非	South Africa	7107	1693		171	1695	2441
加拿大	Canada	20783	306		5623	4317	9456
墨西哥	Mexico	11701	175		1444	1976	7380
美 国	United States	143273	2193	218	29650	32051	71698
阿根廷	Argentina	5936	20		2104	1031	2548
巴 西	Brazil	22435	792		1271	4067	10584
委内瑞拉	Venezuela	5192	21		1362	756	2978
白俄罗斯	Belarus	2300	27		481	261	876
捷 克	Czech Rep.	2571	270		562	487	825
法 国	France	15495	316		3034	3733	6966
德 国	Germany	22098	723		5238	4522	9173
意大利	Italy	12264	261		3581	2552	4950
荷 兰	Netherlands	6105	88	441	2130	916	2249
波 兰	Poland	6664	1191		1068	1055	2155
俄罗斯	Russia	46134	2608	9	12803	6366	11710
西班牙	Spain	8464	90	1	1498	2066	4181
土耳其	Turkey	8733	1582		1812	1659	2982
乌克兰	Ukraine	7311	954	1	2661	1184	1215
英 国	United Kingdom	12757	238		4281	2731	5172
澳大利亚	Australia	7935	332	1	1238	1800	4098
新西兰	New Zealand	1288	57		193	332	577

7-3 万美元国内生产总值能耗(2011年不变价,PPP)

Energy Use per Ten Thousand USD of GDP (Constant 2011 PPP)

资料来源：世界银行WDI数据库。
Source: World Bank WDI Database.
单位：吨标准油/万美元 (ton of oil equivalent per 10 000 USD)

国家或地区	Country or Area	2000	2005	2009	2010	2011	2012
世　界	**World**	**1.56**	**1.48**	**1.38**	**1.38**	**1.36**	**1.34**
高收入国家	**High Income**	**1.50**	**1.39**	**1.29**	**1.30**	**1.26**	**1.24**
中等收入国家	**Middle Income**	**1.66**	**1.61**	**1.48**	**1.47**	**1.46**	**1.45**
中　国	China	2.50	2.40	2.01	2.00	1.99	1.95
中国香港	Hong Kong, China	0.60	0.46	0.48	0.42	0.43	0.41
孟加拉国	Bangladesh	0.84	0.82	0.80	0.82	0.80	0.79
文　莱	Brunei Darussalam	0.96	0.81	1.10	1.15	1.32	1.31
柬埔寨	Cambodia	2.04	1.31	1.44	1.39	1.38	1.32
印　度	India	1.72	1.47	1.40	1.32	1.29	1.28
印度尼西亚	Indonesia	1.27	1.16	1.04	1.02	0.95	0.93
伊　朗	Iran	1.59	1.70	1.75	1.64	1.62	1.79
以色列	Israel	1.13	1.03	1.01	1.03	0.99	1.01
日　本	Japan	1.27	1.20	1.12	1.13	1.05	1.01
哈萨克斯坦	Kazakhstan	2.47	2.15	2.13	2.16	2.25	2.07
韩　国	Korea, Rep.	1.93	1.71	1.62	1.66	1.67	1.65
马来西亚	Malaysia	1.35	1.44	1.36	1.31	1.30	1.27
蒙　古	Mongolia	2.15	1.72	1.64	1.64	1.47	1.43
巴基斯坦	Pakistan	1.32	1.23	1.16	1.16	1.13	1.10
菲律宾	Philippines	1.21	0.94	0.78	0.77	0.74	0.73
新加坡	Singapore	0.90	0.82	0.64	0.69	0.67	0.62
斯里兰卡	Sri Lanka	0.88	0.78	0.63	0.62	0.61	0.63
泰　国	Thailand	1.30	1.39	1.36	1.38	1.40	1.39
越　南	Viet Nam	1.40	1.44	1.46	1.51	1.47	1.49
埃　及	Egypt	0.79	1.00	0.94	0.88	0.90	0.91
尼日利亚	Nigeria	2.47	1.83	1.47	1.47	1.48	1.50
南　非	South Africa	2.50	2.43	2.39	2.32	2.24	2.16
加拿大	Canada	2.19	2.08	1.86	1.81	1.77	1.73
墨西哥	Mexico	0.95	1.02	1.01	0.97	0.97	0.96
美　国	United States	1.75	1.58	1.45	1.45	1.41	1.35
巴　西	Brazil	0.94	0.93	0.90	0.93	0.91	0.93
委内瑞拉	Venezuela	1.60	1.55	1.43	1.57	1.41	1.45
捷　克	Czech Rep.	1.90	1.72	1.46	1.51	1.43	1.43
法　国	France	1.19	1.18	1.08	1.09	1.03	1.03
德　国	Germany	1.11	1.08	0.97	0.99	0.90	0.90
意大利	Italy	0.84	0.85	0.79	0.80	0.79	0.77
荷　兰	Netherlands	1.10	1.11	1.04	1.10	1.00	1.03
波　兰	Poland	1.60	1.43	1.21	1.24	1.19	1.13
俄罗斯	Russia	3.21	2.51	2.18	2.27	2.29	2.27
西班牙	Spain	0.99	0.97	0.83	0.83	0.82	0.84
土耳其	Turkey	0.92	0.82	0.89	0.88	0.86	0.87
乌克兰	Ukraine	5.66	4.18	3.32	3.68	3.34	3.23
英　国	United Kingdom	1.16	1.01	0.88	0.89	0.81	0.83
澳大利亚	Australia	1.60	1.43	1.37	1.35	1.32	1.33
新西兰	New Zealand	1.58	1.29	1.28	1.32	1.29	1.31

7-4 电力装机容量(2011年)

Net Installed Capacity of Electricity Generating Plants(2011)

资料来源：联合国ESD数据库。
Source: UN ESD Database.

单位：万千瓦 (10 000 kilowatts)

国家或地区	Country or Area	总装机容量 Self-producers and Public Utilities				
		总计 Total	热电 Thermal	水电 Hydro	核电 Nuclear	地热 Geothermal
中　　国	China	100554	77600	19400	1100	
中国香港	Hong Kong, China	1262	1262			
中国澳门	Macao, China	50	50			
孟加拉国	Bangladesh	664	641	23		
文　　莱	Brunei Darussalam	80	80			
柬 埔 寨	Cambodia	57	36	21		
印　　度	India	23639	19256	3905	478	
印度尼西亚	Indonesia	3990	3474	395		121
以 色 列	Israel	1399	1366	1		
日　　本	Japan	29206	18681	4842	4896	54
哈萨克斯坦	Kazakhstan	1873	1652	222		
韩　　国	Korea, Rep.	8465	5830	642	1872	
老　　挝	Laos	280	5	257		
马来西亚	Malaysia	2875	2573	302		
蒙　　古	Mongolia	91	91			
缅　　甸	Myanmar	341	89	252		
巴基斯坦	Pakistan	2280	1545	656	79	
菲 律 宾	Philippines	1619	1078	351		178
新 加 坡	Singapore	1022	1022			
斯里兰卡	Sri Lanka	314	170	140		
泰　　国	Thailand	4746	4394	349		
越　　南	Viet Nam	2573	1770	800		
埃　　及	Egypt	3005	2627	304		
尼日利亚	Nigeria	890	697	193		
南　　非	South Africa	4481	4219	71	189	
加 拿 大	Canada	13280	3894	7540	1267	
墨 西 哥	Mexico	6160	4707	1165	137	89
美　　国	United States	105528	79883	10094	10142	241
阿 根 廷	Argentina	3381	2266	1005	102	
巴　　西	Brazil	11713	3124	8246	201	
捷　　克	Czech Rep.	2018	1189	220	397	
法　　国	France	12726	2779	2535	6313	
德　　国	Germany	17590	8942	1144	2047	1
意 大 利	Italy	11844	7598	2174		73
荷　　兰	Netherlands	2805	2497	4	51	
波　　兰	Poland	3455	3041	235		
俄 罗 斯	Russian Fed.	22298	15111	4748	2430	8
西 班 牙	Spain	11011	5679	1874	745	
土 耳 其	Turkey	5291	3393	1714		11
乌 克 兰	Ukraine	5462	3503	547	1384	
英　　国	United Kingdom	9287	7032	442	1066	
澳大利亚	Australia	6112	4963	879		
新 西 兰	New Zealand	974	312	525		73

7-4 续表 1 continued

单位：万千瓦 (10 000 kilowatts)

国家或地区	Country or Area	自备电厂装机容量 Self-producers				
		总计 Total	热电 Thermal	水电 Hydro	风电 Wind	太阳能 Solar
中　国	China	5700	5200	500		
中国香港	Hong Kong, China					
中国澳门	Macao, China	3	3			
孟加拉国	Bangladesh	191	191			
文　莱	Brunei Darussalam	7	7			
柬 埔 寨	Cambodia					
印　度	India	3651	3645	6		
印度尼西亚	Indonesia	592	542	50		
伊　朗	Iran					
以 色 列	Israel	69	39			19
日　本	Japan	6215	5068	425	233	485
哈萨克斯坦	Kazakhstan					
韩　国	Korea, Rep.	570	550		2	18
老　挝	Laos	18				18
马来西亚	Malaysia	300	300			
蒙　古	Mongolia	6	6			
缅　甸	Myanmar					
巴基斯坦	Pakistan	835	835			
菲 律 宾	Philippines	3	1	2		
新 加 坡	Singapore	31	31			
斯里兰卡	Sri Lanka					
泰　国	Thailand	1597	1597			
越　南	Viet Nam	270	270			
埃　及	Egypt	68	68			
尼日利亚	Nigeria	213	209	4		
南　非	South Africa	204	200	4		
加 拿 大	Canada	1019	511	509		
墨 西 哥	Mexico	909	840	15	51	3
美　国	United States	3426	2932	38	3	418
阿 根 廷	Argentina	392	390	2		
巴　西	Brazil	1778	1334	444		
委内瑞拉	Venezuela					
捷　克	Czech Rep.	189	171	17		
法　国	France	729	414	35	71	210
德　国	Germany	976	937	7		
意 大 利	Italy	578	548	17	1	
荷　兰	Netherlands	626	536		71	13
波　兰	Poland	173	173			
俄罗斯联邦	Russian Fed.	1753	1697	56		
西 班 牙	Spain	730	700	20		1
土 耳 其	Turkey	302	247	54		
乌 克 兰	Ukraine	314	313	1		
英　国	United Kingdom	804	558	20	127	99
澳大利亚	Australia	463	406			57
新 西 兰	New Zealand	25	22			

7-5 发电量(2011年)

Electricity Generation (2011)

资料来源：联合国ESD数据库。
Source: UN ESD Database.
单位：百万千瓦时 (million kilowatt hours)

国家或地区	Country or Area	总计 Total	热电 Thermal	水电 Hydro	核电 Nuclear	风电 Wind	太阳能电 Solar
中　国	China	4713019	3833702	698945	86350	70331	23691
中国香港	Hong Kong, China	39026	39024			2	
中国澳门	Macao, China	837	837				
孟加拉国	Bangladesh	44163	43291	872			
文　莱	Brunei Darussalam	3725	3723				2
柬埔寨	Cambodia	1053	1005	45			3
印　度	India	973006	836978	103741	32287		
印度尼西亚	Indonesia	182384	160593	12419			1
以色列	Israel						
日　本	Japan	59679	59371	29		7	192
哈萨克斯坦	Kazakhstan	86586	78703	7883			
韩　国	Korea, Rep.	523286	358505	7831	154723	863	917
老　挝	Laos	3802	300	3309			193
马来西亚	Malaysia	124893	117269	7624			
蒙　古	Mongolia	4536	4536				
缅　甸	Myanmar	10424	2944	7480			
巴基斯坦	Pakistan	95090	61308	28517	5265		
菲律宾	Philippines	69210	49463	9715		88	1
新加坡	Singapore	45994	45994				
斯里兰卡	Sri Lanka	11600	6916	4584		92	9
泰　国	Thailand	151595	143632	7935		3	23
越　南	Viet Nam	105219	63944	41188		87	
埃　及	Egypt	161162	146224	12934		1525	479
尼日利亚	Nigeria	27034	21151	5883			
南　非	South Africa	262538	243907	5019	13502	103	7
加拿大	Canada	639347	158138	375797	93589	10187	260
墨西哥	Mexico	295837	241296	36266	10089	1648	31
美　国	United States	4349571	3037683	344679	821405	120854	6153
阿根廷	Argentina	129892	91592	31901	6371	26	2
巴　西	Brazil	531759	85062	428333	15659	2705	
捷　克	Czech Rep.	87561	54035	2664	28283	397	2182
法　国	France	560343	53488	49865	442383	12052	2078
德　国	Germany	613068	410773	23511	107971	48883	19599
意大利	Italy	302584	227710	47760		9856	10796
荷　兰	Netherlands	112968	103421	57	4141	5100	101
波　兰	Poland	163548	157582	2761		3205	
俄罗斯	Russia	1054765	713689	167608	172941	5	
西班牙	Spain	293848	150730	32911	57718	42918	9400
土耳其	Turkey	229393	171638	52338		4723	
乌克兰	Ukraine	194947	93634	10946	90248	89	30
英　国	United Kingdom	367455	274126	8595	68980	15509	244
澳大利亚	Australia	252623	229154	16807		5807	854
新西兰	New Zealand	44465	11218	25114		1952	

7-6 能源净进口占能源消费比重
Net Energy Imports as Percentage of Energy Use

资料来源：世界银行WDI数据库。
Source: World Bank WDI Database.
单位：%　(%)

国家或地区	Country or Area	2000	2005	2008	2009	2010	2011	2012
世　界	**World**	**-2.5**	**-3.4**	**-3.7**	**-3.3**	**-2.5**	**-3.5**	**26.0**
高收入国家	**High Income**	**5.4**	**3.8**	**2.4**	**1.7**	**2.2**	**-1.1**	**26.6**
经合组织国家	**OECD Countries**	**29.4**	**32.3**	**30.7**	**28.5**	**29.4**	**28.2**	**26.6**
非经合组织国家	**High Income: nonOECD**	**-108.0**	**-118.9**	**-108.1**	**-99.5**	**-96.1**	**-102.6**	
中等收入国家	**Middle Income**	**-16.8**	**-13.9**	**-11.5**	**-9.3**	**-7.9**	**-6.1**	**16.7**
中等偏上收入国家	**Upper Middle Income**	**-23.1**	**-17.7**	**-14.7**	**-11.5**	**-9.2**	**-6.7**	**16.7**
中等偏下收入国家	**Lower Middle Income**	**-5.0**	**-5.7**	**-4.2**	**-4.4**	**-4.7**	**-4.6**	
中低收入国家	**Low and Middle Income**	**-16.1**	**-13.4**	**-11.1**	**-9.0**	**-7.6**	**-5.9**	**16.7**
东亚和太平洋	**East Asia and Pacific**	**-2.8**	**-1.0**	**0.5**	**1.2**			
欧洲和中亚	**Europe and Central Asia**	**-26.2**	**-42.9**	**-44.6**	**-47.1**	**71.1**		
拉丁美洲和加勒比	**Latin America and Caribbean**	**-41.3**	**-42.0**	**-30.3**	**-30.8**	**-13.0**		
中东和北非国家	**Middle East and North Africa**	**-152.7**	**-111.8**	**-96.5**	**-88.3**			
南　亚	**South Asia**	**20.9**	**21.4**	**24.2**	**25.7**	**26.0**	**27.1**	
撒哈拉以南非洲	**Sub-Saharan Africa**	**-61.0**	**-61.6**	**-59.0**	**-58.2**	**-61.4**	**-58.8**	
低收入国家	**Low Income**	**5.7**	**3.7**	**4.2**	**4.1**	**3.6**	**0.7**	
中　国	China	2.7	4.2	5.9	8.5	10.1	10.8	
中国香港	Hong Kong, China	99.6	99.6	99.6	99.7	99.6	99.6	
孟加拉国	Bangladesh	18.5	19.3	16.7	15.9	16.2	16.6	
文　莱	Brunei Darussalam	-725.5	-850.0	-496.5	-522.4	-473.2	-387.8	
柬埔寨	Cambodia	20.3	27.4	35.2	26.6	27.9	28.9	
印　度	India	19.9	21.4	24.5	26.4	26.6	27.8	
印度尼西亚	Indonesia	-52.9	-56.0	-73.4	-76.1	-80.5	-88.8	
伊　朗	Iran	-106.3	-80.0	-65.2	-60.0	-66.2	-66.7	
以色列	Israel	96.5	88.6	82.9	84.8	83.4	79.8	86.5
日　本	Japan	79.6	80.7	82.1	80.1	80.1	88.8	94.0
哈萨克斯坦	Kazakhstan	-120.2	-133.4	-106.3	-133.3	-110.6	-105.1	
韩　国	Korea, Rep.	81.7	79.6	80.3	80.7	82.0	82.0	82.0
马来西亚	Malaysia	-57.7	-43.9	-25.9	-23.2	-18.2	-11.0	
蒙　古	Mongolia	18.7	-32.4	-67.4	-140.8	-325.2	-435.3	
缅　甸	Myanmar	-20.1	-49.8	-50.3	-54.2	-61.0	-59.3	
巴基斯坦	Pakistan	26.8	20.3	24.2	23.5	23.7	23.3	
菲律宾	Philippines	51.0	44.8	42.6	38.4	42.2	41.0	
新加坡	Singapore	99.1	98.5	98.6	97.1	97.5	97.2	
斯里兰卡	Sri Lanka	43.0	45.3	43.3	43.8	43.7	48.9	
泰　国	Thailand	39.2	44.4	39.2	39.8	39.9	42.3	
越　南	Viet Nam	-38.9	-46.6	-25.6	-24.3	-12.7	-8.8	
埃　及	Egypt	-30.6	-24.3	-23.7	-23.1	-20.1	-13.6	
尼日利亚	Nigeria	-122.5	-119.5	-107.0	-108.8	-121.3	-117.1	
南　非	South Africa	-33.3	-23.1	-10.3	-12.1	-14.7	-15.0	
加拿大	Canada	-48.2	-47.3	-53.1	-55.3	-57.8	-62.4	-66.2
墨西哥	Mexico	-52.9	-48.9	-28.4	-25.3	-27.3	-22.6	-17.3
美　国	United States	26.7	29.7	25.3	22.1	22.2	18.6	15.0
阿根廷	Argentina	-35.0	-26.5	-6.1	-6.6	-1.7	3.6	
巴　西	Brazil	21.2	9.6	8.2	4.1	7.2	7.7	
委内瑞拉	Venezuela	-291.8	-250.6	-194.5	-187.1	-163.0	-186.0	
捷　克	Czech Rep.	25.2	26.7	26.8	25.7	28.2	26.2	25.3
德　国	Germany	59.8	59.4	59.2	58.8	59.8	60.2	59.9
意大利	Italy	83.6	84.9	84.7	83.7	82.5	81.2	79.4
荷　兰	Netherlands	21.4	21.1	16.3	19.3	16.3	16.8	17.3
波　兰	Poland	10.7	14.9	27.1	28.2	33.6	32.4	25.9
俄罗斯	Russia	-57.9	-84.6	-82.1	-84.1	-84.1	-79.9	
西班牙	Spain	74.1	78.8	78.2	76.3	73.2	74.7	74.2
土耳其	Turkey	66.1	71.6	70.6	69.0	69.4	71.5	73.1
乌克兰	Ukraine	42.9	43.3	37.4	30.7	40.5	32.4	
英　国	United Kingdom	-22.2	7.9	20.0	19.3	26.5	31.1	39.3
澳大利亚	Australia	-116.0	-133.6	-130.6	-138.0	-151.9	-141.5	-135.4
新西兰	New Zealand	16.3	23.7	14.0	12.4	7.7	11.2	14.3

7-7 世界能源价格

World Energy Price

资料来源：世界银行全球经济监测数据库。
Source: World Bank GEM Database.

年 份 year	三大市场平均原油价格(美元/桶) Crude Oil, Avg,Spot ($/bbl)	北海布伦特原油价格(美元/桶) Crude Oil, Brendt ($/bbl)	迪拜原油价格(美元/桶) Crude Oil, Dubai ($/bbl)	西德克萨斯原油价格(美元/桶) Crude Oil, WTI ($/bbl)	澳大利亚煤炭价格(美元/吨) Coal, Australia ($/mt)	日本液化天然气价格(美元/百万英制热量单位) Natural Gas LNG,Japan ($/mmbtu)	欧洲天然气价格(美元/百万英制热量单位) Natural Gas,Europe ($/mmbtu)	美国天然气价格(美元/百万英制热量单位) Natural Gas,US ($/mmbtu)
1970	1.21		1.21		7.80		0.45	0.17
1971	1.69		1.69		8.68		0.50	0.18
1972	1.82		1.82		9.60		0.54	0.19
1973	2.81		2.81		11.48		0.69	0.21
1974	10.97		10.97		16.89		1.73	0.29
1975	10.43		10.43		26.84		1.68	0.43
1976	11.63		11.63		27.16		1.74	0.58
1977	12.57		12.57		28.68	2.77	1.79	0.79
1978	12.92		12.92		29.06	3.04	2.30	0.91
1979	30.96	32.11	29.82		30.89	3.69	3.26	1.18
1980	36.87	37.89	35.85		40.14	5.70	4.22	1.59
1981	35.48	36.68	34.29		53.62	6.03	4.60	1.98
1982	32.65	33.42	31.76	32.77	54.77	6.05	4.45	2.47
1983	29.66	29.83	28.73	30.41	38.19	5.55	4.05	2.59
1984	28.56	28.80	27.49	29.38	30.96	5.24	3.76	2.66
1985	27.18	27.33	26.46	27.76	33.75	5.23	3.65	2.51
1986	14.35	14.77	13.20	15.08	31.13	4.10	3.65	1.94
1987	18.15	18.34	16.94	19.16	27.50	3.35	2.59	1.66
1988	14.72	14.97	13.22	15.97	34.88	3.34	2.36	1.68
1989	17.84	18.22	15.70	19.60	38.00	3.28	2.09	1.70
1990	22.88	23.68	20.46	24.49	39.67	3.64	2.82	1.70
1991	19.37	20.07	16.56	21.48	39.67	3.99	3.11	1.49
1992	19.02	19.31	17.19	20.56	38.56	3.60	2.56	1.77
1993	16.84	17.02	14.94	18.56	31.33	3.51	2.67	2.12
1994	15.89	15.83	14.67	17.16	32.30	3.18	2.44	1.92
1995	17.18	17.07	16.12	18.37	39.37	3.45	2.73	1.72
1996	20.42	20.65	18.54	22.07	38.07	3.67	2.84	2.73
1997	19.17	19.09	18.10	20.33	35.10	3.91	2.74	2.48
1998	13.06	12.72	12.13	14.35	29.23	3.02	2.42	2.09
1999	18.07	17.81	17.17	19.24	25.89	3.14	2.13	2.27
2000	28.23	28.27	26.08	30.33	26.25	4.71	3.86	4.31
2001	24.35	24.42	22.71	25.92	32.31	4.63	4.06	3.96
2002	24.93	24.97	23.72	26.09	25.31	4.28	3.05	3.36
2003	28.90	28.85	26.74	31.11	26.09	4.73	3.91	5.49
2004	37.73	38.30	33.46	41.44	52.95	5.13	4.28	5.89
2005	53.39	54.43	49.29	56.44	47.62	5.99	6.33	8.92
2006	64.29	65.39	61.43	66.04	49.09	7.08	8.47	6.72
2007	71.12	72.70	68.37	72.28	65.73	7.68	8.56	6.98
2008	96.99	97.64	93.78	99.56	127.10	12.53	13.41	8.86
2009	61.76	61.86	61.75	61.65	71.84	8.94	8.71	3.95
2010	79.04	79.64	78.06	79.43	98.97	10.85	8.29	4.39
2011	104.01	110.94	106.03	95.05	121.45	14.66	10.52	4.00
2012	105.01	111.97	108.90	94.16	96.36	16.55	11.47	2.75
2013	104.08	108.86	105.43	97.94	84.56	15.96	11.79	3.73
2014	96.24	98.94	96.66	93.11	70.13	16.04	10.05	4.37

7-8 核能及其他清洁能源消费占能源总消费比重

Alternative and Nuclear Energy as Percentage of Total Energy Use

资料来源：世界银行WDI数据库。
Source: World Bank WDI Database.
单位：% (%)

国家或地区	Country or Area	2000	2005	2008	2010	2011	2012	2013
中　国	China	2.2	3.0	3.7	3.8	3.7	4.3	
孟加拉国	Bangladesh	0.4	0.3	0.3	0.2	0.2	0.2	
柬埔寨	Cambodia		0.1	0.1	0.1	0.1	0.8	
印　度	India	2.4	2.7	2.4	2.7	3.1	2.9	
印度尼西亚	Indonesia	5.9	6.8	8.2	8.4	8.4	8.1	
伊　朗	Iran	0.3	0.8	0.2	0.4	0.5	0.7	
以色列	Israel	3.3	3.9	4.7	4.9	4.8	4.7	4.7
日　本	Japan	18.4	17.3	15.6	17.2	8.1	3.2	2.9
哈萨克斯坦	Kazakhstan	1.8	1.3	0.9	1.0	0.9	0.9	
韩　国	Korea, Rep.	15.3	18.4	17.5	15.7	15.7	15.1	14.1
马来西亚	Malaysia	1.2	0.7	0.8	0.7	0.8	1.0	
缅　甸	Myanmar	1.3	1.7	2.3	3.1	4.5	4.4	
巴基斯坦	Pakistan	3.1	4.3	3.4	4.3	4.5	4.4	
菲律宾	Philippines	26.7	23.8	25.1	22.8	23.2	22.8	
斯里兰卡	Sri Lanka	3.3	3.3	3.9	5.1	3.9	2.6	
泰　国	Thailand	0.7	0.5	0.6	0.4	0.6	0.6	
越　南	Viet Nam	4.4	3.5	4.6	4.0	5.8	7.1	
埃　及	Egypt	2.9	1.8	1.9	1.7	1.7	1.6	
尼日利亚	Nigeria	0.6	0.6	0.4	0.5	0.4	0.4	
南　非	South Africa	3.2	2.4	2.4	2.4	2.7	2.6	
加拿大	Canada	19.8	20.4	21.9	21.7	22.8	23.3	24.5
墨西哥	Mexico	7.0	6.9	6.7	6.0	6.3	5.6	6.3
美　国	United States	10.8	10.6	11.2	11.7	12.0	12.0	12.1
阿根廷	Argentina	6.6	7.1	5.8	6.1	5.5	5.3	
巴　西	Brazil	14.8	14.7	14.4	14.7	15.4	14.5	
委内瑞拉	Venezuela	9.6	10.7	10.7	8.8	10.2	9.2	
捷　克	Czech Rep.	9.0	14.9	15.9	17.2	18.1	19.6	20.6
法　国	France	45.3	45.2	45.6	45.2	47.9	46.7	47.0
德　国	Germany	14.0	13.9	13.5	13.2	11.6	11.2	11.2
意大利	Italy	4.7	4.4	5.1	6.0	6.5	7.2	8.3
荷　兰	Netherlands	1.6	1.6	1.9	1.7	2.0	2.0	1.7
波　兰	Poland	0.2	0.2	0.3	0.4	0.5	0.6	0.8
俄罗斯	Russia	7.9	8.4	8.3	8.5	8.2	8.1	
西班牙	Spain	15.7	13.0	14.8	19.3	18.1	19.6	21.8
土耳其	Turkey	4.8	5.7	4.6	6.8	6.8	7.3	7.9
乌克兰	Ukraine	15.8	16.9	18.2	18.5	19.5	20.1	
英　国	United Kingdom	10.2	9.9	7.1	8.7	10.7	10.8	11.3
澳大利亚	Australia	1.4	1.3	1.2	1.5	1.9	1.7	2.2
新西兰	New Zealand	23.8	23.9	26.3	32.4	33.7	31.8	31.5

7-9 易燃的可再生能源及废弃物消费占能源总消费比重
Combustible Renewables and Waste as Percentage of Total Energy Use

资料来源：世界银行WDI数据库。
Source: World Bank WDI Database.
单位：% (%)

国家或地区	Country or Area	2000	2005	2008	2010	2011	2012	2013
中　国	China	17.5	11.5	9.7	8.5	7.9	7.5	
中国香港	Hong Kong, China	0.4	0.4	0.5	0.7	0.8	0.8	
孟加拉国	Bangladesh	41.7	36.1	31.9	28.4	27.7	26.8	
柬埔寨	Cambodia	79.7	72.5	64.7	72.0	71.0	71.0	
印　度	India	32.6	29.8	26.9	24.5	24.1	23.5	
印度尼西亚	Indonesia	32.1	28.2	28.0	24.9	26.2	25.3	
伊　朗	Iran	0.1	0.3	0.3	0.3	0.2	0.2	
以色列	Israel			0.1	0.1	0.1	0.2	0.2
日　本	Japan	1.1	1.3	1.4	1.9	2.2	2.3	2.4
哈萨克斯坦	Kazakhstan	0.2		0.1	0.1	0.1	0.1	
韩　国	Korea, Rep.	0.7	1.0	1.3	1.4	1.5	1.6	1.8
马来西亚	Malaysia	5.6	4.6	4.3	4.4	4.3	4.3	
蒙　古	Mongolia	5.5	6.4	5.8	4.3	4.1	3.7	
缅　甸	Myanmar	71.6	68.8	69.2	75.3	74.5	70.2	
巴基斯坦	Pakistan	37.5	34.6	33.9	34.2	34.6	34.9	
菲律宾	Philippines	20.3	18.4	17.3	17.0	17.1	16.5	
新加坡	Singapore	1.1	1.8	1.8	2.3	2.3	2.4	
斯里兰卡	Sri Lanka	53.7	51.4	51.3	52.1	47.9	50.0	
泰　国	Thailand	20.2	17.4	18.8	19.3	18.3	18.5	
越　南	Viet Nam	49.4	35.7	30.1	25.0	24.4	23.2	
埃　及	Egypt	3.2	2.3	2.1	2.1	2.1	2.0	
尼日利亚	Nigeria	81.0	77.7	81.1	81.5	80.6	80.9	
南　非	South Africa	11.6	10.7	9.7	10.2	10.4	10.7	
加拿大	Canada	4.6	5.0	4.6	4.8	4.9	4.9	5.0
墨西哥	Mexico	6.2	5.3	4.8	4.7	4.5	4.5	4.6
美　国	United States	3.2	3.3	3.7	4.0	4.2	4.1	4.2
阿根廷	Argentina	4.8	3.4	2.9	3.5	3.8	4.1	
巴　西	Brazil	24.9	29.4	31.6	30.7	28.9	27.7	
委内瑞拉	Venezuela	1.2	1.2	1.1	1.0	1.1	1.0	
捷　克	Czech Rep.	3.3	3.9	4.9	6.0	6.5	7.1	7.9
法　国	France	4.3	4.4	5.2	5.9	5.6	6.1	6.4
德　国	Germany	2.3	4.3	6.2	7.8	8.2	9.0	8.8
意大利	Italy	1.3	2.2	2.9	5.2	6.1	6.6	8.2
荷　兰	Netherlands	2.4	3.4	4.0	4.2	4.6	4.7	4.5
波　兰	Poland	4.6	5.1	5.8	7.4	8.0	8.8	8.3
俄罗斯	Russia	1.1	1.1	0.9	1.0	1.0	1.0	
西班牙	Spain	3.4	3.6	4.1	5.2	5.7	6.2	5.5
土耳其	Turkey	8.6	6.4	4.9	4.3	3.3	3.2	3.7
乌克兰	Ukraine	0.2	0.2	1.3	1.2	1.3	1.4	
英　国	United Kingdom	0.9	1.7	2.3	2.9	3.4	3.5	3.8
澳大利亚	Australia	4.7	4.5	4.7	3.4	3.3	3.9	4.0
新西兰	New Zealand	6.5	7.6	6.6	6.5	6.7	6.4	6.6

主要统计指标解释

探明储量 是在现有和预期的本地经济条件和现有可用技术下，已探明的可开采的吨数。

能源最终消费量 指各不同经济部门终端能源消费量。

能源生产量 指一定时期内一次能源生产量的总和。

国际运输燃料 指供给国际运输的飞机或轮船的燃料，空运燃料包括航空汽油和喷气发动机燃料，海运燃料,包括硬煤、柴油等。

一次能源供应量 等于“产量+进口－出口－国际运输燃料－库存变化”。

清洁能源 是指在发电时不产生二氧化碳的非碳能源。它包括水电、核电、地热和太阳能等。

易燃的可再生能源和废弃物 包括固态和液态的生物遗体、沼气、工业垃圾和城市垃圾。

Explanatory Notes on Main Statistical Indicators

Proved Reserves are the tonnage of the proved amount in place that can be recovered under present and expected local economic conditions with existing available technology.

Total Final Consumption refers to the sum of consumption by the different end-use sectors.

Energy Production is the production of primary energy.

Bunkers Airs bunkers refer to bunkers of aviation gasoline and jet fuel. Sea bunkers refer to bunkers of hard coal, gas-diesel oil and residual fuel oil.

Total Primary Energy Supply refers to Production +imports-Exports-Bunkers-Changes in stocks.

Clean energy refer to noncarbohydrate energy that does not produce carbon dioxide when generated. It includes hydropower and nuclear, geothermal, and solar power, among others.

Combustible renewables and waste comprise solid biomass, liquid biomass, biogas, industrial waste, and municipal waste.

财政和金融

Government Finance and Banking

8-1 中央政府财政收入占国内生产总值比重

Central Government Revenue as Percentage of GDP

资料来源：世界银行WDI数据库。
Source: World Bank WDI Database.

单位：% (%)

国家或地区	Country or Area	2000	2005	2008	2010	2011	2012	2013
世 界	**World**		**23.0**	**23.4**	**22.5**	**22.6**	**23.6**	
高收入国家	**High Income**		**24.1**	**24.2**	**23.2**	**23.4**	**23.7**	
中等收入国家	**Middle Income**	**13.8**	**16.2**	**19.1**	**18.3**	**18.1**		
低收入国家	**Low Income**		**11.5**	**12.7**	**13.4**	**14.5**		
中 国	China	7.1	9.7	11.2	11.3	11.3		
中国香港	Hong Kong, China		19.6	19.3	22.3	23.8		
中国澳门	Macao, China	19.9	25.2	33.6	36.4	40.1	39.1	36.5
孟加拉国	Bangladesh		9.0	9.5	9.7	10.5		13.5
柬 埔 寨	Cambodia		9.7	12.5	11.5	11.6	13.2	17.3
印 度	India	11.5	12.1	12.5	12.9	11.4	12.5	12.5
印度尼西亚	Indonesia		17.5	19.5	15.0	16.2		
伊 朗	Iran	23.4	36.5	30.6	29.1			
以 色 列	Israel	40.6	36.5	34.6	32.5	33.0	31.7	27.0
日 本	Japan		11.8	12.9	11.2	11.3	11.2	
哈萨克斯坦	Kazakhstan	11.3	21.3	13.4	20.9	24.1		21.3
韩 国	Korea, Rep.	21.2	20.5	22.3	21.0	21.6		23.3
老 挝	Laos			13.5	14.4	15.1	16.6	23.3
马来西亚	Malaysia	17.5	19.6	20.8	20.0	20.9	22.1	21.6
蒙 古	Mongolia	24.4		30.8	29.0	28.6	25.6	22.9
缅 甸	Myanmar	5.3	6.7					
巴基斯坦	Pakistan	13.9	13.0	12.9	13.8	12.2	12.7	14.4
菲 律 宾	Philippines	14.2	14.4	15.2	13.4	14.0	14.5	15.2
新 加 坡	Singapore	25.8	18.2	20.6	17.0	17.3	17.8	17.4
斯里兰卡	Sri Lanka	16.8	15.5	14.9	14.6	14.3	13.9	13.3
泰 国	Thailand		21.1	20.1	20.3	21.3	20.5	19.8
埃 及	Egypt		24.3	27.6	24.8	21.9	21.5	
尼日利亚	Nigeria		11.9	13.0	5.6	5.6	5.0	
南 非	South Africa	26.4	28.8	29.6	28.1	28.5	28.3	27.3
加 拿 大	Canada	21.0	18.7	17.8	17.1	16.9	17.1	17.1
墨 西 哥	Mexico	12.5						
美 国	United States		17.8	17.3	16.2	16.4	16.6	18.3
巴 西	Brazil	19.9	22.4	25.9	25.4	23.6	24.3	
委内瑞拉	Venezuela	21.2	28.3					
捷 克	Czech Rep.	29.4	29.0	28.9	27.4	27.8	28.2	26.7
法 国	France	43.2	42.0	41.0	41.6	41.4	42.5	
德 国	Germany	30.3	27.7	27.3	27.6	28.0	28.2	12.7
意 大 利	Italy	36.9	33.8	36.2	36.6	36.2	37.4	
荷 兰	Netherlands	40.7	37.3	39.2	38.5	38.0	38.9	
波 兰	Poland		31.8	31.9	29.5	30.0	30.3	17.7
俄 罗 斯	Russia	24.6	30.3	33.7	26.1	31.3	29.8	20.4
西 班 牙	Spain	30.3	25.9	23.7	24.6	23.0	20.6	
土 耳 其	Turkey			31.2	33.4	33.2	34.6	25.2
乌 克 兰	Ukraine	26.8	35.1	35.8	34.3	36.3	37.5	23.3
英 国	United Kingdom	36.6	34.8	36.6	34.2	34.7	36.1	36.4
澳大利亚	Australia	25.9	27.1	26.6	23.4	22.8	23.7	
新 西 兰	New Zealand		36.1	36.6	34.7	36.2	35.5	

8-2 中央政府财政收入及构成

Revenue of Central Government and Composition

资料来源：国际货币基金组织GFS数据库。
Source: IMF GFS Database.

		柬埔寨 Cambodia 2013 (亿瑞尔) (100 million Riel)	印度 India 2013 (亿卢比) (100 million Rupee)	印度尼西亚 Indonesia 2013 (亿卢比) (100 million Rupee)	伊朗 Iran 2008 (亿里亚尔) (100 million Rial)
财政总收入	**Total Revenue**	**107032**	**141789**	**14387000**	**10277750**
税收	Taxes	74076	123587	10773100	2409537
收入、利润和资本所得税	Taxes on Income, Profits, and Capital Gains	15615	66044	5064420	1596482
个人	Payable by Individuals	3774	24092		316440
公司和其他企业	Payable by Corporations and Other Enterprises	11840	41952		1279325
工资税	Taxes on Payroll and Workforce				
财产税	Taxes on Property		95	253046	78015
货物和服务税	Taxes on Goods and Services	41745	38709	4931660	167501
增加值、销售和交易税	General Value Added, Sales, or Turnover Taxes	26697			100159
货物税	Excises	13392	19720		15304
国际贸易税	Taxes on International Trade and Transactions	16669	18731	474575	566891
其他税	Other Taxes	48		49371	648
社会缴款	Social Contributions		270		1474765
社会保障缴款	Social Security Contributions				1474765
其它社会缴款	Other Social Contributions		270		
捐赠收入	Grants	22740	146	63078	
来自外国政府捐赠收入	From Foreign Governments	21509	146		
来自国际组织捐赠收入	From International Organizations	18			
来自政府机构捐赠收入	From General Government Units	1213			
其它收入	Other Revenue	10216	17787	3550870	6325660

8-2 续表 1 continued

		以色列 Israel 2013 (亿新谢克尔) (100 million New Sheqalim)	哈萨克斯坦 Kazakhstan 2013 (亿坚戈) (100 million Tenge)	韩 国 Korea, Rep. 2013 (亿韩元) (100 million Won)	马来西亚 Malaysia 2013 (亿林吉特) (100 million Ringgit)
财政总收入	**Total Revenue**	**2832**	**75118**	**3329230**	**2134**
税收	Taxes	2411	67107	2045710	1560
收入、利润和资本所得税	Taxes on Income, Profits, and Capital Gains	1044	24570	943383	1110
个人	Payable by Individuals	576		500936	231
公司和其他企业	Payable by Corporations and Other Enterprises	366	24570	442447	879
工资税	Taxes on Payroll and Workforce	124			
财产税	Taxes on Property	1		59153	
货物和服务税	Taxes on Goods and Services	1220	23094	850120	310
增加值、销售和交易税	General Value Added, Sales, or Turnover Taxes	974	22458	599242	101
货物税	Excises	167	336	220038	122
国际贸易税	Taxes on International Trade and Transactions	23	17642	108385	45
其他税	Other Taxes		1801	84667	95
社会缴款	Social Contributions	76		541433	
社会保障缴款	Social Security Contributions			446490	
其它社会缴款	Other Social Contributions	76		94943	
捐赠收入	Grants	166	1393		
来自外国政府捐赠收入	From Foreign Governments	109			
来自国际组织捐赠收入	From International Organizations		4		
来自政府机构捐赠收入	From General Government Units	56	1389		
其它收入	Other Revenue	180	6618	742090	574

8-2 续表 2 continued

		蒙古 Mongolia 2013 (亿图格里克) (100 million Togrog)	缅甸 Myanmar 2005 (亿缅元) (100 million Kyat)	巴基斯坦 Pakistan 2013 (亿卢比) (100 million Rupee)	新加坡 Singapore 2013 (亿新加坡元) (100 million Dollar)
财政总收入	**Total Revenue**	**40104**	**8195**	**33459**	**648**
税收	Taxes	30163	4769	25036	511
收入、利润和资本所得税	Taxes on Income, Profits, and Capital Gains	6602	2067	9320	220
个人	Payable by Individuals		2067	9140	77
公司和其他企业	Payable by Corporations and Other Enterprises	6602			144
工资税	Taxes on Payroll and Workforce				
财产税	Taxes on Property				42
货物和服务税	Taxes on Goods and Services	19588	2518	12015	157
增加值、销售和交易税	General Value Added, Sales, or Turnover Taxes	14351	2251	10765	
货物税	Excises	4494	49	1250	22
国际贸易税	Taxes on International Trade and Transactions	3814	184	2475	
其他税	Other Taxes	160		1226	92
社会缴款	Social Contributions				
社会保障缴款	Social Security Contributions				
其它社会缴款	Other Social Contributions				
捐赠收入	Grants	1140	3	1120	
来自外国政府捐赠收入	From Foreign Governments		3	1120	
来自国际组织捐赠收入	From International Organizations				
来自政府机构捐赠收入	From General Government Units	1140			
其它收入	Other Revenue	8801	3423	7303	136

8-2 续表 3 continued

		泰国 Thailand 2013 (亿泰株) (100 million Baht)	南非 South Africa 2013 (亿兰特) (100 million Rand)	加拿大 Canada 2013 (亿加元) (100 million Dollar)	墨西哥 Mexico 2000 (亿比索) (100 million Peso)
财政总收入	**Total Revenue**	**23304**	**9242**	**3247**	**8106**
税收	Taxes	20638	8984	2169	6408
收入、利润和资本所得税	Taxes on Income, Profits, and Capital Gains	9512	5078	1677	2766
个人	Payable by Individuals	2679	3109		
公司和其他企业	Payable by Corporations and Other Enterprises	6833	1968		
工资税	Taxes on Payroll and Workforce		125		
财产税	Taxes on Property		105		
货物和服务税	Taxes on Goods and Services	9878	3239	452	5036
增加值、销售和交易税	General Value Added, Sales, or Turnover Taxes	4752	2377		1896
货物税	Excises	4292	746		862
国际贸易税	Taxes on International Trade and Transactions	1099	438	41	329
其他税	Other Taxes	149	0		59
社会缴款	Social Contributions			768	849
社会保障缴款	Social Security Contributions				849
其它社会缴款	Other Social Contributions				
捐赠收入	Grants	22	17	960	
来自外国政府捐赠收入	From Foreign Governments		17		
来自国际组织捐赠收入	From International Organizations	22			
来自政府机构捐赠收入	From General Government Units				
其它收入	Other Revenue	2644	240	297	849

8-2 续表 4 continued

		美　国 United States 2013 (亿美元) (100 million US Dollar)	阿根廷 Argentina 2004 (亿比索) (100 million Peso)	委内瑞拉 Venezuela 2005 (亿博利瓦) (100 million Bolivar)	白俄罗斯 Belarus 2013 (亿卢布) (100 million Rubel)
财政总收入	**Total Revenue**	**30691**	**814**	**859**	**1147400**
税收	Taxes	17717	636	472	895702
收入、利润和资本所得税	Taxes on Income, Profits, and Capital Gains	16322	154	184	52468
个人	Payable by Individuals	13028	46	9	
公司和其他企业	Payable by Corporations and Other Enterprises	3294	108	175	52468
工资税	Taxes on Payroll and Workforce		3		
财产税	Taxes on Property	193	73	29	
货物和服务税	Taxes on Goods and Services	847	238	214	599469
增加值、销售和交易税	General Value Added, Sales, or Turnover Taxes		149	195	393563
货物税	Excises	636	55	17	175186
国际贸易税	Taxes on International Trade and Transactions	353	129	43	233275
其他税	Other Taxes		39	1	10490
社会缴款	Social Contributions	10939	135	19	
社会保障缴款	Social Security Contributions	10843	131	19	
其它社会缴款	Other Social Contributions	96	4		
捐赠收入	Grants		2		8
来自外国政府捐赠收入	From Foreign Governments				
来自国际组织捐赠收入	From International Organizations				
来自政府机构捐赠收入	From General Government Units		2		8
其它收入	Other Revenue	2034	41	369	251690

8-2 续表 5 continued

		捷 克 Czech Rep. 2013 (亿克朗) (100 million Koruna	法 国 France 2012 (亿欧元) (100 million Euro)	德 国 Germany 2013 (亿欧元) (100 million Euro)	意大利 Italy 2013 (亿欧元) (100 million Euro)
财政总收入	**Total Revenue**	**10893**	**8864**	**3492**	**4251**
税收	Taxes	5402	4472	3250	3800
收入、利润和资本所得税	Taxes on Income, Profits, and Capital Gains	1760	2184	1330	2046
个人	Payable by Individuals	945	1720	1130	
公司和其他企业	Payable by Corporations and Other Enterprises	815	460	169	
工资税	Taxes on Payroll and Workforce		224		
财产税	Taxes on Property	2	162		81
货物和服务税	Taxes on Goods and Services	3639	1952	1920	1431
增加值、销售和交易税	General Value Added, Sales, or Turnover Taxes	2148	1396	1052	
货物税	Excises	1365	332	640	
国际贸易税	Taxes on International Trade and Transactions		-1		
其他税	Other Taxes	1	-48		242
社会缴款	Social Contributions	3720		45	23
社会保障缴款	Social Security Contributions	3578	3387		
其它社会缴款	Other Social Contributions	142	475	45	
捐赠收入	Grants	1246		49	138
来自外国政府捐赠收入	From Foreign Governments	2			
来自国际组织捐赠收入	From International Organizations	1240		11	
来自政府机构捐赠收入	From General Government Units	5	45	38	
其它收入	Other Revenue	525		148	290

8-2 续表 6 continued

		荷兰 Netherlands 2012 (亿欧元) (100 million Euro)	波兰 Poland 2013 (亿兹罗提) (100 million Zloty)	俄罗斯 Russia 2013 (亿卢布) (100 million Ruble)	西班牙 Spain 2012 (亿欧元) (100 million Euro)
财政总收入	**Total Revenue**	**2502**	**2890**	**136378**	**2515**
税收	Taxes	1264	2472	94396	747
收入、利润和资本所得税	Taxes on Income, Profits, and Capital Gains	589	650	3366	505
个人	Payable by Individuals	461	418		295
公司和其他企业	Payable by Corporations and Other Enterprises	127	232	3460	209
工资税	Taxes on Payroll and Workforce	2			
财产税	Taxes on Property	27		1	2
货物和服务税	Taxes on Goods and Services	647	1802	41287	240
增加值、销售和交易税	General Value Added, Sales, or Turnover Taxes	429	1169	35817	140
货物税	Excises	157	612	5470	40
国际贸易税	Taxes on International Trade and Transactions		20	49743	
其他税	Other Taxes			-1	
社会缴款	Social Contributions		150	-73	
社会保障缴款	Social Security Contributions	958		-73	1200
其它社会缴款	Other Social Contributions	20	150		131
捐赠收入	Grants	746	78	1125	620
来自外国政府捐赠收入	From Foreign Governments				
来自国际组织捐赠收入	From International Organizations	1	26		18
来自政府机构捐赠收入	From General Government Units	7	52	1125	328
其它收入	Other Revenue	252	190	40930	90

8-2 续表 7 continued

		乌克兰 Ukraine 2013 (亿格里夫尼亚) (100 million Hrywnia)	英国 United Kingdom 2013 (亿英镑) (100 million Pound)	澳大利亚 Australia 2012 (亿澳元) (100 million Dollar)	新西兰 New Zealand 2012 (亿新西兰元) (100 million Dollar)
财政总收入	**Total Revenue**	**3390**	**6230**	**3533**	**978**
税收	Taxes	2573	4402	3179	620
收入、利润和资本所得税	Taxes on Income, Profits, and Capital Gains	619	2035	2308	355
个人	Payable by Individuals	76	1563	1538	251
公司和其他企业	Payable by Corporations and Other Enterprises	543	472	758	104
工资税	Taxes on Payroll and Workforce			5	
财产税	Taxes on Property		311		1
货物和服务税	Taxes on Goods and Services	1819	2034	794	242
增加值、销售和交易税	General Value Added, Sales, or Turnover Taxes	1283	1183	500	190
货物税	Excises	353	558	263	21
国际贸易税	Taxes on International Trade and Transactions	136		71	21
其他税	Other Taxes		22		1
社会缴款	Social Contributions		1298	60	
社会保障缴款	Social Security Contributions		1061		28
其它社会缴款	Other Social Contributions		237		
捐赠收入	Grants	31		1011	249
来自外国政府捐赠收入	From Foreign Governments				
来自国际组织捐赠收入	From International Organizations	15			
来自政府机构捐赠收入	From General Government Units	16	2	6	
其它收入	Other Revenue	785		349	116

8-3 中央政府财政支出

Expense of Central Government

资料来源：国际货币基金组织GFS数据库。
Source: IMF GFS Database.

		柬埔寨 Cambodia 2013 (亿瑞尔) (100 million Riel)	印度 India 2013 (亿卢比) (100 million Rupee)	印度尼西亚 Indonesia 2013 (亿卢比) (100 million Rupee)	伊朗 Iran 2008 (亿里亚尔) (100 million Rial)
财政总支出	**Total Expense**	**72465**	**186911**	**14677200**	**7095488**
雇员报酬	Compensation of Employees	26363	15193	2216880	2634389
工资和薪金	Wages and Salaries	26363	15193		2326488
社会缴款	Social Contributions				307901
商品和服务的使用	Use of Goods and Services	20753	16339	1553390	710658
固定资本消耗	Consumption of Fixed Capital				
利息	Interest	2043	36424	1130330	79741
补贴	Subsidies	1301	42216	3550450	1029776
对国有企业补贴	To Public Corporations	1301			
对私人企业补贴	To Private Enterprises				
捐赠	Grants	6823	75743	5145660	32309
对外国政府捐赠	To Foreign Governments				3300
对国际组织捐赠	To International Organizations	140	5914		372
对政府机构捐赠	To General Government Units	6683	69829		28637
社会福利	Social Benefits	8787		921080	1489232
社会保障福利	Social Security Benefits				
社会救助福利	Social Assistance Benefits	4585			
雇主社会福利	Employer Social Benefits	4203			
其它支出	Other Expense	6395	996	159393	875406
不含利息的财产支出	Property Expense Other Than Interest				
其它杂项支出	Miscellaneous Other Expense				875406

8-3 续表 1 continued

		以色列 Israel 2013 (亿新谢克尔) (100 million New Sheqalim)	哈萨克斯坦 Kazakhstan 2013 (亿坚戈) (100 million Tenge)	韩国 Korea, Rep. 2013 (亿韩元) (100 million Won)	马来西亚 Malaysia 2013 (亿林吉特) (100 million Ringgit)
财政总支出	**Total Expense**	**3334**	**23473**	**3096910**	**2099**
雇员报酬	Compensation of Employees	635	1652	314255	610
工资和薪金	Wages and Salaries	496	1620	302167	610
社会缴款	Social Contributions	139	32	12088	
商品和服务的使用	Use of Goods and Services	525	4799	260195	339
固定资本消耗	Consumption of Fixed Capital	26		122656	
利息	Interest	481	612	189881	208
补贴	Subsidies	87	218	212584	433
对国有企业补贴	To Public Corporations	21			433
对私人企业补贴	To Private Enterprises	66			
捐赠	Grants	951	10307	1402060	348
对外国政府捐赠	To Foreign Governments	10			
对国际组织捐赠	To International Organizations	2	17	1	
对政府机构捐赠	To General Government Units	938	10290	1402060	348
社会福利	Social Benefits	350	5530	427762	148
社会保障福利	Social Security Benefits			427193	148
社会救助福利	Social Assistance Benefits	155		569	
雇主社会福利	Employer Social Benefits	195			
其它支出	Other Expense	280	567	167521	12
不含利息的财产支出	Property Expense Other Than Interest			95	
其它杂项支出	Miscellaneous Other Expense		567		

8-3 续表 2 continued

		蒙古 Mongolia 2013 (亿图格里克) (100 million Togrog)	泰国 Thailand 2013 (亿铢) (100 million Baht)	巴基斯坦 Pakistan 2013 (亿卢比) (100 million Rupee)	加拿大 Canada 2013 (亿加元) (100 million Dollar)
财政总支出	**Total Expense**	**34839**	**23337**	**39907**	**3250**
雇员报酬	Compensation of Employees	8170	7091	1550	401
工资和薪金	Wages and Salaries	7558	6888	1550	
社会缴款	Social Contributions	611	203		
商品和服务的使用	Use of Goods and Services	5816	4462	8842	227
固定资本消耗	Consumption of Fixed Capital		674		95
利息	Interest	2611	963	11417	256
补贴	Subsidies	859	1079	2086	45
对国有企业补贴	To Public Corporations	859	1016		
对私人企业补贴	To Private Enterprises		62		
捐赠	Grants	13940	6062	3123	
对外国政府捐赠	To Foreign Governments		11		
对国际组织捐赠	To International Organizations	36	12		
对政府机构捐赠	To General Government Units	13904	6038		
社会福利	Social Benefits	2779	2039	1441	1192
社会保障福利	Social Security Benefits				
社会救助福利	Social Assistance Benefits	2779	33		
雇主社会福利	Employer Social Benefits		2005		
其它支出	Other Expense	665	968	11447	74
不含利息的财产支出	Property Expense Other Than Interest		2		
其它杂项支出	Miscellaneous Other Expense				

8-3 续表 3 continued

		美国 United States 2013 (亿美元) (100 million US Dollar)	阿根廷 Argentina 2004 (亿比索) (100 million Peso)	委内瑞拉 Venezuela 2005 (亿博利瓦) (100 million Bolivar)	白俄罗斯 Belarus 2013 (亿卢布) (100 million Rubel)
财政总支出	**Total Expense**	**38796**	**819**	**762**	**1111240**
雇员报酬	Compensation of Employees	3968	94	121	226680
工资和薪金	Wages and Salaries			116	190718
社会缴款	Social Contributions		135	6	35962
商品和服务的使用	Use of Goods and Services	3247	38	46	211617
固定资本消耗	Consumption of Fixed Capital	2586			
利息	Interest	4141	215	89	54393
补贴	Subsidies	583	27		106455
对国有企业补贴	To Public Corporations		6		12021
对私人企业补贴	To Private Enterprises		21		94434
捐赠	Grants		109	400	367578
对外国政府捐赠	To Foreign Governments	490		1	624
对国际组织捐赠	To International Organizations		3		5952
对政府机构捐赠	To General Government Units	5094	106	399	361003
社会福利	Social Benefits	18567	275	85	104611
社会保障福利	Social Security Benefits	14989	215		48385
社会救助福利	Social Assistance Benefits	3577	58		56226
雇主社会福利	Employer Social Benefits		1		
其它支出	Other Expense	121	61	21	39906
不含利息的财产支出	Property Expense Other Than Interest				
其它杂项支出	Miscellaneous Other Expense		61	21	

8-3 续表 4 continued

		捷 克 Czech Rep. 2013 (亿克朗) (100 million Koruna)	法 国 France 2012 (亿欧元) (100 million Euro)	德 国 Germany 2013 (亿欧元) (100 million Euro)	意大利 Italy 2013 (亿欧元) (100 million Euro)
财政总支出	**Total Expense**	**11502**	**9815**	**3670**	**4786**
雇员报酬	Compensation of Employees	949	1954	244	935
工资和薪金	Wages and Salaries	711			
社会缴款	Social Contributions	238	3863		
商品和服务的使用	Use of Goods and Services	518	627	254	185
固定资本消耗	Consumption of Fixed Capital		162	165	223
利息	Interest	502	489	296	769
补贴	Subsidies	997	165	53	162
对国有企业补贴	To Public Corporations	698			
对私人企业补贴	To Private Enterprises	299			
捐赠	Grants	2881		2067	2263
对外国政府捐赠	To Foreign Governments			327	
对国际组织捐赠	To International Organizations	358		31	
对政府机构捐赠	To General Government Units	2522	681	1708	
社会福利	Social Benefits	4898	5052	458	49
社会保障福利	Social Security Benefits	4897	4180		
社会救助福利	Social Assistance Benefits			363	
雇主社会福利	Employer Social Benefits	2		95	
其它支出	Other Expense	757		133	199
不含利息的财产支出	Property Expense Other Than Interest				
其它杂项支出	Miscellaneous Other Expense				

8-3 续表 5 continued

		荷兰 Netherlands 2012 (亿欧元) (100 million Euro)	波兰 Poland 2013 (亿兹罗提) (100 million Zloty)	俄罗斯 Russia 2013 (亿卢布) (100 million Ruble)	西班牙 Spain 2012 (亿欧元) (100 million Euro)
财政总支出	**Total Expense**	**2705**	**5436**	**123492**	**3441**
雇员报酬	Compensation of Employees	198	620	24451	258
工资和薪金	Wages and Salaries	139	539	22816	186
社会缴款	Social Contributions	59	1965	1635	72
商品和服务的使用	Use of Goods and Services	186	360	14594	107
固定资本消耗	Consumption of Fixed Capital	56	138	6340	66
利息	Interest	95	399	3700	245
补贴	Subsidies	55	56	9558	53
对国有企业补贴	To Public Corporations		26	5259	8
对私人企业补贴	To Private Enterprises		30	4299	45
捐赠	Grants		160	56497	
对外国政府捐赠	To Foreign Governments		1	282	
对国际组织捐赠	To International Organizations	80	172	654	94
对政府机构捐赠	To General Government Units	666	993	55561	525
社会福利	Social Benefits	1330	2446	7276	1653
社会保障福利	Social Security Benefits	1105	2427		1468
社会救助福利	Social Assistance Benefits	205	19	1939	68
雇主社会福利	Employer Social Benefits	20		5337	117
其它支出	Other Expense	40	250	1076	441
不含利息的财产支出	Property Expense Other Than Interest				
其它杂项支出	Miscellaneous Other Expense	40	250		441

8-3 续表 6 continued

		乌克兰 Ukraine 2013 (亿格里夫尼亚) (100 million Hrywnia)	英国 United Kingdom 2013 (亿英镑) (100 million Pound)	澳大利亚 Australia 2012 (亿澳元) (100 million Dollar)	新西兰 New Zealand 2012 (亿新西兰元) (100 million Dollar)
财政总支出	**Total Expense**	**3963**	**7072**	**3915**	**980**
雇员报酬	Compensation of Employees	643	995	412	194
工资和薪金	Wages and Salaries	486	804	352	
社会缴款	Social Contributions	157	191	60	
商品和服务的使用	Use of Goods and Services	613	1235	404	93
固定资本消耗	Consumption of Fixed Capital		180	68	27
利息	Interest	344	492	204	36
补贴	Subsidies	193	79	106	7
对国有企业补贴	To Public Corporations	193	8	3	
对私人企业补贴	To Private Enterprises		71	103	
捐赠	Grants	1995	1426	1011	249
对外国政府捐赠	To Foreign Governments			41	
对国际组织捐赠	To International Organizations	3	93		
对政府机构捐赠	To General Government Units	1992	1333	971	18
社会福利	Social Benefits	47	2194	1523	321
社会保障福利	Social Security Benefits		965	1124	
社会救助福利	Social Assistance Benefits	47	905	399	
雇主社会福利	Employer Social Benefits		324		
其它支出	Other Expense	127	471	187	54
不含利息的财产支出	Property Expense Other Than Interest				
其它杂项支出	Miscellaneous Other Expense			187	54

8-4 中央政府各项支出比重

Central Government Outlays by Function as Percentage of Total

资料来源：国际货币基金组织政府财政统计数据库。
Source:International Monetary Fund Government Finance Statistics Database.

单位：% (%)

国家或地区	Country or Area	年 份 Year	社会保障支出 Social Protection	公共服务支出 General Public Services	教育支出 Education	经济事务支出 Economic Affairs	环境保护支出 Environment Protection
中 国	China	2007	0.73		0.88		0.07
中国香港	Hong Kong, China	2009	14.19	19.39	18.19	11.52	3.42
中国澳门	Macao, China	2008	18.16		14.00		2.54
孟加拉国	Bangladesh	2008	2.71		15.05		0.08
印 度	India	2006			3.74		
印度尼西亚	Indonesia	2004	5.64		3.97		
伊 朗	Iran	2008	30.09		13.85		0.11
以色列	Israel	2012	27.57	13.99	16.27	6.01	0.35
哈萨克斯坦	Kazakhstan	2008	21.72		7.36		0.52
韩 国	Korea, Rep.	2012					
缅 甸	Myanmar	2005	0.83		6.81		
巴基斯坦	Pakistan	2007	0.21		1.64		0.03
新加坡	Singapore	2008	12.26		18.65		
泰 国	Thailand	2012	17.29	17.56	17.44	19.86	0.09
埃 及	Egypt	2008	38.96		11.01		0.30
南 非	South Africa	2009	13.88	44.55	6.85	11.12	0.60
加拿大	Canada	2007	46.94		2.09		1.28
墨西哥	Mexico	2000	20.12		24.73		
美 国	United States	2010	32.13	10.16	3.50	6.00	
阿根廷	Argentina	2004	39.94	32.65	5.19	7.17	0.29
委内瑞拉	Venezuela	2005	7.64		17.16		
捷 克	Czech Rep.	2008	35.37		9.18		1.33
意大利	Italy	2012	48.54	25.24	8.17	3.66	0.31
荷 兰	Netherlands	2012	36.21	17.34	10.83	8.03	0.35
波 兰	Poland	2012	43.65	15.58	10.68	8.51	0.19
俄罗斯	Russia	2012	38.67	20.26	3.27	7.66	0.11
西班牙	Spain	2012	48.03	27.01	0.50	16.12	0.13
土耳其	Turkey	2012	34.45	18.74	11.66	10.91	0.07
乌克兰	Ukraine	2008	47.44		5.92		0.48
英 国	United Kingdom	2012	35.65	13.47	11.30	5.43	0.88
澳大利亚	Australia	2012	32.14	23.43	10.82	7.93	1.27
新西兰	New Zealand	2012	13.24	19.08	25.55	10.31	0.88

8-4 续表 continued

单位：% (%)

国家或地区	Country or Area	年份 Year	卫生保健支出 Health	文化、娱乐和宗教支出 Recreation, Culture, and Religion	国防支出 Defense	住房和社区设施建设支出 Housing and Community Amenities	公共秩序与安全支出 Public Order and Safety
中国	China	2007	0.08		7.45		
中国香港	Hong Kong, China	2009	12.81	3.84		6.85	9.79
中国澳门	Macao, China	2008	8.22				
孟加拉国	Bangladesh	2008	6.65		9.83		
印度	India	2006	1.71		12.83		
印度尼西亚	Indonesia	2004	1.38		6.59		
伊朗	Iran	2008	6.69		7.52		
以色列	Israel	2012	12.84	2.73	15.58	0.76	3.90
哈萨克斯坦	Kazakhstan	2008	4.43		6.74		
韩国	Korea,Rep.	2012					
缅甸	Myanmar	2005	2.18		19.61		
巴基斯坦	Pakistan	2007	0.86		15.62		
新加坡	Singapore	2008	6.15		24.69		
泰国	Thailand	2012	9.12	0.96	6.33	6.30	5.04
埃及	Egypt	2008	4.30		6.56		
南非	South Africa	2009	2.69	1.19	5.62	4.24	9.25
加拿大	Canada	2007	9.67		6.50		
墨西哥	Mexico	2000	4.95		3.04		
美国	United States	2010	24.31	0.15	18.78	3.11	1.50
阿根廷	Argentina	2004	5.30	0.18	3.04	1.83	4.40
委内瑞拉	Venezuela	2005	7.38		4.99		
捷克	Czech Rep.	2008	16.48		3.40		
意大利	Italy	2012	4.89	0.95	3.31	0.73	4.21
荷兰	Netherlands	2012	19.27	0.78	2.78	0.22	4.21
波兰	Poland	2012	12.10	0.67	3.55	0.56	4.51
俄罗斯	Russia	2012	7.88	1.02	11.00	0.29	9.85
西班牙	Spain	2012	1.17	0.71	2.87	0.04	3.42
土耳其	Turkey	2012	11.63	1.78	4.26	1.10	5.40
乌克兰	Ukraine	2008	2.63		3.11		
英国	United Kingdom	2012	17.69	1.31	5.22	5.08	3.98
澳大利亚	Australia	2012	15.58	0.86	5.95	0.99	1.04
新西兰	New Zealand	2012	22.59	1.13	2.07	0.37	4.78

8-5 社会缴款占财政收入比重
Social Contributions as Percentage of Revenue

资料来源：世界银行WDI数据库。
Source: World Bank WDI Database.
单位：% (%)

国家或地区	Country or Area	2000	2005	2008	2010	2011	2012	2013
中国香港	Hong Kong, China		0.01	0.01				
中国澳门	Macao, China	0.85	0.50	0.29	0.19	0.26	0.13	
印　度	India	0.05	0.18	0.23	0.26	0.26	0.24	
伊　朗	Iran	11.48	10.44	14.91				
以色列	Israel	14.65	16.41	16.58	17.30	17.23	17.23	
日　本	Japan		0.97	0.89	0.83	0.98	1.00	
韩　国	Korea, Rep.	13.31	16.17	15.83	16.11	16.07		
蒙　古	Mongolia	17.79		13.68	13.14	14.41	17.62	
斯里兰卡	Sri Lanka	1.67	1.19	0.99	1.33	1.33	1.10	
泰　国	Thailand		4.89	4.64	6.44	4.39	3.62	
南　非	South Africa	2.07	2.04	2.04	2.10	2.00	2.25	
加拿大	Canada	18.86	21.43	20.86	22.84	22.58	23.08	23.64
墨西哥	Mexico	10.48						
美　国	United States		36.59	38.32	40.16	35.61	34.91	35.64
巴　西	Brazil	24.76	23.25	21.52	22.70	25.04	25.31	
委内瑞拉	Venezuela	3.50	2.20					
捷　克	Czech Rep.	46.51	45.61	44.91	44.24	44.79	43.10	
法　国	France	41.36	41.83	42.70	43.36	43.99	43.58	
德　国	Germany	58.08	58.93	55.33	55.91	54.68	54.84	
意大利	Italy	33.02	35.67	36.25	35.82	36.12	35.53	
荷　兰	Netherlands	39.03	34.15	35.42	34.93	36.96	39.08	
波　兰	Poland		37.66	34.81	35.80	36.15	38.88	
俄罗斯	Russia	28.80	17.72	15.70	20.29	19.50	21.01	
西班牙	Spain	41.15	47.48	52.61	50.54	51.44	52.92	
土耳其	Turkey			27.74	27.70	27.37	27.29	
乌克兰	Ukraine	30.42	35.41	33.84	36.06	33.55	34.40	
英　国	United Kingdom	19.68	21.79	21.03	22.21	21.83	20.59	
新西兰	New Zealand		0.18		2.77	2.83	2.88	

8-6 商品和服务税占财政收入比重
Goods and Services Tax as Percentage of Revenue

资料来源：世界银行WDI数据库。
Source: World Bank WDI Database.
单位：% (%)

国家或地区	Country or Area	2000	2005	2008	2010	2011	2012	2013
世　界	**World**		**31.37**	**31.02**	**32.38**	**33.24**	**34.36**	
中　国	China	65.10	77.34	54.30	62.23	61.36		
中国香港	Hong Kong, China		10.11	8.62	8.54	8.08		
中国澳门	Macao, China	66.81	76.44	83.72	88.65	89.22	88.96	
孟加拉国	Bangladesh		27.50	27.61	29.74	30.95		
柬埔寨	Cambodia		36.90	41.67	35.29	39.28	40.90	
印　度	India	28.92	30.75	26.25	21.66	21.66	25.99	
印度尼西亚	Indonesia		14.99	27.01	29.44	29.34		
伊　朗	Iran	6.59	2.39	1.63				
以色列	Israel	26.26	29.24	30.51	33.21	32.90	32.71	
日　本	Japan		31.37	26.92	34.44	35.36	35.71	
哈萨克斯坦	Kazakhstan	40.03	21.00	20.60	31.21	28.40		
韩　国	Korea, Rep.	28.24	28.32	25.57	26.73	24.89		
老　挝	Laos			42.95	41.88	41.84	40.72	
马来西亚	Malaysia	24.80	20.30	15.86	16.74	15.39	14.65	
蒙　古	Mongolia	36.02		25.27	28.54	36.73	36.29	
缅　甸	Myanmar	32.84	30.73					
巴基斯坦	Pakistan	30.30	34.07	33.31	30.95	34.68	38.41	35.91
菲律宾	Philippines	27.46	23.46	26.15	28.58	26.85	28.08	
新加坡	Singapore	18.04	23.41	21.74	26.20	25.27	23.72	
斯里兰卡	Sri Lanka	56.75	55.28	44.64	42.60	42.92	46.15	
泰　国	Thailand		40.11	36.86	40.22	39.45	38.84	
埃　及	Egypt		23.65	19.99	22.12	25.19	24.25	
尼日利亚	Nigeria		1.52	1.83	2.63	2.63	2.82	
南　非	South Africa	33.10	32.98	30.13	34.09	32.79	34.18	
加拿大	Canada	15.51	17.09	13.77	14.86	14.24	14.02	13.92
墨西哥	Mexico	62.13						
美　国	United States		3.17	2.54	2.82	3.02	3.14	2.76
巴　西	Brazil	33.60	35.52	25.67	24.82	26.85	25.14	
委内瑞拉	Venezuela	24.92	24.94					
捷　克	Czech Rep.	34.32	26.73	25.76	28.12	28.62	28.01	
法　国	France	24.78	23.91	22.75	22.21	22.34	22.02	
德　国	Germany	20.49	22.49	23.62	24.59	24.68	24.18	
意大利	Italy	22.97	22.41	20.76	22.07	22.15	21.97	
荷　兰	Netherlands	25.79	28.08	26.23	27.00	26.39	25.85	
波　兰	Poland		37.34	39.12	39.52	39.13	36.50	
俄罗斯	Russia	30.87	23.62	16.36	21.12	19.52	20.92	
西班牙	Spain	25.30	18.45	14.07	20.52	15.34	9.56	
土耳其	Turkey			36.90	38.84	39.13	37.08	
乌克兰	Ukraine	32.67	27.96	31.34	31.38	35.30	34.36	
英　国	United Kingdom	30.31	29.13	26.83	30.07	31.98	30.18	
澳大利亚	Australia	17.90	24.11	22.51	24.32	23.85	22.46	
新西兰	New Zealand		27.26	23.96	22.05	23.55	24.74	

8-7 所得税占财政收入比重

Income Tax as Percentage of Revenue

资料来源：世界银行WDI数据库。
Source: World Bank WDI Database.

单位：% (%)

国家或地区	Country or Area	2000	2005	2008	2010	2011	2012	2013
世　界	**World**		**21.10**	**22.10**	**21.33**	**21.74**	**21.75**	
中　国	China	8.08	23.80	25.41	23.11	24.90		
中国香港	Hong Kong, China		39.87	44.00	35.77	38.74		
中国澳门	Macao, China	8.58	4.42	5.26	3.89	3.20	3.29	
孟加拉国	Bangladesh		12.34	18.74	20.06	22.36		
柬埔寨	Cambodia		7.10	10.55	10.30	12.19	13.82	
印　度	India	27.01	35.93	45.23	43.39	43.39	44.84	
印度尼西亚	Indonesia		48.84	33.91	36.48			
伊　朗	Iran	13.45	12.72	15.53				
以色列	Israel	33.72	30.18	29.99	27.02	27.78	27.92	
日　本	Japan		49.58	38.14	39.87	42.90	45.96	
哈萨克斯坦	Kazakhstan	23.59	51.27	28.24	23.56			
韩　国	Korea, Rep.	26.28	28.88	30.62	28.12	30.33		
老　挝	Laos			21.75	13.36	15.83	17.60	
马来西亚	Malaysia	43.37	46.66	48.12	45.59	51.15	52.04	
蒙　古	Mongolia	11.82		36.53	27.12	15.34	11.56	
缅　甸	Myanmar	19.47	25.22					
巴基斯坦	Pakistan	19.03	20.49	26.67	24.59	27.41	28.85	27.86
菲律宾	Philippines	39.72	39.64	41.12	40.50	42.07	42.08	
新加坡	Singapore	29.03	30.17	34.43	33.99	34.37	34.72	
斯里兰卡	Sri Lanka	12.69	12.74	18.43	16.26	16.56	16.18	
泰　国	Thailand		32.82	38.97	33.22	38.02	36.23	
埃　及	Egypt		23.75	26.95	25.26	29.67	26.16	
尼日利亚	Nigeria		22.57	40.34	38.11	29.72	28.32	
南　非	South Africa	51.71	48.76	54.46	49.09	49.45	49.38	
加拿大	Canada	54.32	52.97	54.58	52.94	53.07	52.38	51.65
墨西哥	Mexico	34.12						
美　国	United States		55.10	53.25	49.98	54.64	56.51	53.18
巴　西	Brazil	25.15	28.36	27.84	24.40	28.47	26.51	
委内瑞拉	Venezuela	26.67	21.46					
捷　克	Czech Rep.	13.02	19.97	18.20	14.88	14.55	14.50	
法　国	France	25.84	24.00	24.97	22.04	23.67	24.64	
德　国	Germany	17.40	14.89	16.97	15.09	15.58	16.25	
意大利	Italy	34.83	32.80	34.74	32.71	32.26	32.76	
荷　兰	Netherlands	25.35	26.06	25.39	26.04	25.21	23.53	
波　兰	Poland		12.57	15.93	13.23	13.06	13.41	
俄罗斯	Russia	11.52	5.73	4.69	2.16	1.70	1.90	
西班牙	Spain	26.82	29.16	27.76	22.73	21.74	20.07	
土耳其	Turkey			18.64	17.45	17.66	17.59	
乌克兰	Ukraine	12.34	15.39	13.66	10.56	12.81	11.81	
英　国	United Kingdom	38.47	36.90	36.89	35.86	35.38	31.82	
澳大利亚	Australia	66.72	65.16	66.47	61.55	63.65	65.33	
新西兰	New Zealand		54.93	59.45	37.34	34.70	36.31	

8-8 中央政府财政盈余占GDP比重
Surplus of Central Government Revenue as Percentage of GDP

资料来源：世界银行WDI数据库。
Source: World Bank WDI Database.
单位：% (%)

国家或地区	Country or Area	2000	2005	2008	2010	2011	2012	2013
世　界	**World**		**-1.92**	**-2.56**	**-6.32**	**-5.31**	**-4.94**	
中　国	China		-1.39					
中国香港	Hong Kong, China		1.37	0.63	4.14	3.78		
中国澳门	Macao, China	1.64	8.57	17.73	19.33	24.81	24.09	
孟加拉国	Bangladesh		-0.97	-0.83	-0.81	-0.81		
柬埔寨	Cambodia		0.04	-0.31	-3.53	-4.56	-4.37	
印　度	India	-3.74	-3.18	-4.87	-3.41	-3.01	-3.81	
印度尼西亚	Indonesia		-0.13	-0.33	-0.56	-1.14		
伊　朗	Iran	1.79	5.99	2.65				
以色列	Israel	-3.40	-4.54	-3.32	-4.69	-4.20	-5.43	
日　本	Japan		-4.06	-2.95	-6.75	-8.21	-7.97	
哈萨克斯坦	Kazakhstan	0.09	2.58	4.44	4.44	7.81		
韩　国	Korea, Rep.	4.15	0.86	1.52	1.53	1.69		
老　挝	Laos			-2.17	-0.84	-0.95	-0.81	
马来西亚	Malaysia	-4.12	-3.76	-4.41	-5.15	-4.75	-4.52	
蒙　古	Mongolia	0.18		-3.28	2.63	-2.65	-7.09	
缅　甸	Myanmar		-1.49					
巴基斯坦	Pakistan	-4.09	-3.20	-7.16	-4.99	-6.40	-8.01	-5.21
菲律宾	Philippines	-3.66	-2.84	-1.20	-3.46	-1.76	-1.95	
新加坡	Singapore	11.06	6.39	7.69	7.57	9.21	8.61	
斯里兰卡	Sri Lanka	-8.40	-6.98	-6.57	-7.22	-6.41	-6.12	
泰　国	Thailand		2.50	0.50	-0.62	-1.14	-2.15	
埃　及	Egypt		-6.45	-6.36	-7.73	-10.08	-10.63	
尼日利亚	Nigeria		-1.10	-0.19	-1.99	-1.82	-1.34	
南　非	South Africa	-1.91	-0.18	-0.65	-3.96	-4.22	-4.47	
加拿大	Canada	2.26	0.82	0.59	-1.77	-1.04	-0.25	0.04
墨西哥	Mexico	-0.99						
美　国	United States		-3.08	-5.35	-10.13	-9.07	-7.56	-4.91
巴　西	Brazil	-1.80	-3.55	-1.18	-1.62	-2.44	-1.84	
委内瑞拉	Venezuela	-1.24	2.18					
捷　克	Czech Rep.	-3.31	-3.41	-1.37	-4.55	-4.23	-2.33	
法　国	France	-1.57	-2.70	-2.76	-6.80	-5.07	-4.56	
德　国	Germany	1.32	-2.25	-0.38	-3.08	-0.43	0.14	
意大利	Italy	-0.75	-3.52	-2.21	-3.73	-3.38	-2.98	
荷　兰	Netherlands	1.82	-0.11	0.89	-3.91	-3.53	-3.35	
波　兰	Poland		-4.03	-3.69	-6.68	-4.21	-3.55	
俄罗斯	Russia	2.47	9.88	5.62	-1.87	3.29	2.67	
西班牙	Spain	-0.53	1.60	-2.20	-5.07	-3.48	-8.81	
土耳其	Turkey			-1.60	-3.23	-1.05	-0.57	
乌克兰	Ukraine	-0.59	-1.36	-1.47	-6.52	-2.32	-4.07	
英　国	United Kingdom	3.71	-2.89	-4.47	-9.47	-7.20	-5.46	
澳大利亚	Australia	2.02	1.25	1.91	-4.03	-3.68	-3.04	
新西兰	New Zealand		4.33	3.16	-2.05	-7.80	-0.44	

8-9 中央政府公共债务占GDP比重
Central Government Debt as Percentage of GDP

资料来源：世界银行WDI数据库。
Source: World Bank WDI Database.
单位：%　　(%)

国家或地区	Country or Area	2000	2005	2008	2009	2010	2011	2012
中国香港	Hong Kong, China		31.58	29.89	33.22	35.56	39.18	
印　度	India	54.06	61.20	56.11	54.31	50.60	43.72	49.69
印度尼西亚	Indonesia		47.34	33.07	28.37	26.01	26.24	
日　本	Japan		144.31	153.08	166.81	174.75	189.80	195.78
哈萨克斯坦	Kazakhstan	21.62	7.05	6.33	9.51	10.19	9.94	
马来西亚	Malaysia		42.07	39.80	50.84	51.06	51.57	53.29
蒙　古	Mongolia	78.42			59.51	44.98	46.87	
菲律宾	Philippines	49.58						51.46
新加坡	Singapore	85.41	96.77	97.94	109.37	105.00	110.20	115.07
斯里兰卡	Sri Lanka	96.90	90.61			81.93	78.44	79.13
泰　国	Thailand		27.33	24.00	28.61	28.77	30.18	
埃　及	Egypt			76.80	79.26			
尼日利亚	Nigeria		28.65	11.53	15.13	9.52	10.19	10.50
南　非	South Africa	45.27						
加拿大	Canada	60.07	47.15	44.15	52.57	52.65	53.74	54.75
墨西哥	Mexico	19.50						
美　国	United States		56.28	64.02	76.32	85.59	90.05	93.81
巴　西	Brazil			56.63	60.00	52.21	52.79	
捷　克	Czech Rep.	13.22	22.03	25.48	30.87	35.00	38.25	42.90
法　国	France	61.49	72.92	73.30	85.03	89.22	93.22	103.77
德　国	Germany	39.51	44.73	43.15	47.64	55.49	55.14	56.91
意大利	Italy	118.67	112.80	107.19	121.28	119.86	112.93	131.07
荷　兰	Netherlands	52.07	51.49	55.73	58.12	62.05	66.32	72.57
波　兰	Poland		46.91	44.64	48.07			
俄罗斯	Russia		16.66	6.50	8.70	9.10	9.31	9.38
西班牙	Spain	54.66	38.58	34.40	46.96	48.69	56.10	67.59
土耳其	Turkey			43.95	54.02	51.34	46.94	45.14
乌克兰	Ukraine	45.29		13.83	24.88	29.88	27.44	33.60
英　国	United Kingdom	44.91	45.63	56.45	71.73	85.16	99.55	102.64
澳大利亚	Australia	29.55	22.58	18.33	24.08	29.34	30.64	40.86
新西兰	New Zealand		44.52	36.85	48.32	50.27	64.60	69.08

8-10 货币供应量
Money Supply

资料来源：世界银行WDI数据库。
Source: World Bank WDI Database.
单位：亿本币 (100 million local currency units)

国家或地区	Country or Area	2000	2005	2011	2012	2013	2014
中 国	**China**						
广义货币	Money and Quasi Money	135960	283012	851591	974149	1106525	1228375
准货币	Quasi money	75550	176109	561743	665485	769234	880318
货币	Money	54541	106903	289848	308664	337291	348056
中国香港	**Hong Kong, China**						
广义货币	Money and Quasi Money	30012	35545	63494	68459	74962	81631
准货币	Quasi money	28166	32388	56571	60538	66378	72139
货币	Money	1846	3157	6923	7921	8584	9492
孟加拉国	**Bangladesh**						
广义货币	Money and Quasi Money	8204	20214	54710	64023	73537	84837
准货币	Quasi money	6039	16461	44024	52288	60816	70183
货币	Money	2165	3753	10687	11735	12721	14654
文 莱	**Brunei Darussalam**						
广义货币	Money and Quasi Money	89	92	138	140	142	146
准货币	Quasi money	61	56	96	97	97	102
货币	Money	28	36	42	43	45	44
柬埔寨	**Cambodia**						
广义货币	Money and Quasi Money	18305	49625	203455	283637	329009	426526
准货币	Quasi money	12909	20453	135995	194662	211869	283737
货币	Money	5396	29172	67460	88976	117139	142789
印 度	**India**						
广义货币	Money and Quasi Money	116934	238079	688749	764826	878261	971238
准货币	Quasi money	81975	165950	525913	590980	687163	760559
货币	Money	34959	72129	162835	173846	191098	210679
印度尼西亚	**Indonesia**						
广义货币	Money and Quasi Money	7488453	12027622	28772197	33075076	37301971	41733266
准货币	Quasi money	5879222	8511338	20009613	22835502	26007529	29861858
货币	Money	1609231	3516285	8762584	10239574	11294442	11871408
伊 朗	**Iran**						
广义货币	Money and Quasi Money	2333600	8430385	32746468	33240685	44283242	56847560
准货币	Quasi money	1253293	5590674	24867372	33240685	44283242	56847560
货币	Money	1080308	2839711	7879096			
以色列	**Israel**						
广义货币	Money and Quasi Money	4389	5907	8008			
准货币	Quasi money	4078	5296	8008			
货币	Money	310	611				
日 本	**Japan**						
广义货币	Money and Quasi Money	12265221	10412318	11219414	11462714	11896926	12248184
准货币	Quasi money	9263392	5474170	5806704	5855381	5982103	6045405
货币	Money	3001829	4944894	5412710	5607333	5914823	6202779
哈萨克斯坦	**Kazakhstan**						
广义货币	Money and Quasi Money	3970	20653	97522	105227	115981	128163
准货币	Quasi money	1609	11225	50623	59350	72285	81895
货币	Money	2362	9428	46899	45877	43696	46268
韩 国	**Korea, Rep.**						
广义货币	Money and Quasi Money	4130489	10214486	17514584	18356416	19207950	20772340
准货币	Quasi money	3660519	7196980	13093809	13656310	14051516	14914115
货币	Money	469970	3017507	4420775	4700106	5156434	5858226
老 挝	**Laos**						
广义货币	Money and Quasi Money	22556	55603				
准货币	Quasi money	19113	40014				
货币	Money	3444	15589				

8-10 续表 1 continued

单位：亿本币 (100 million local currency units)

国家或地区	Country or Area	2000	2005	2011	2012	2013	2014
马来西亚	**Malaysia**						
广义货币	Money and Quasi Money	4373	6793	12207	13287	14189	15170
准货币	Quasi money	3579	5407	9478	10198	10712	11425
货币	Money	794	1385	2729	3090	3477	3745
蒙　古	**Mongolia**						
广义货币	Money and Quasi Money	2588	11402	64123	76173	94610	106358
准货币	Quasi money	1281	6717	38903	49228	63934	73801
货币	Money	1308	4684	25219	26945	30676	32558
缅　甸	**Myanmar**						
广义货币	Money and Quasi Money	8034	26504	122313	161025	215054	
准货币	Quasi money	3437	6977	55426	84710	119202	
货币	Money	4597	19317	66886	76314	95852	
巴基斯坦	**Pakistan**						
广义货币	Money and Quasi Money	14767	31970	68524	80193	92004	101750
准货币	Quasi money	6007	7271	17838	19686	21008	21713
货币	Money	8760	24699	50686	60507	70996	80037
菲律宾	**Philippines**						
广义货币	Money and Quasi Money	20652	30816	58215	62277	80542	90559
准货币	Quasi money	16747	24549	42961	45834	59723	66948
货币	Money	3905	6267	15254	16443	20819	23612
新加坡	**Singapore**						
广义货币	Money and Quasi Money	1709	2198	4434	4754	4959	5125
准货币	Quasi money	1376	1737	3128	3347	3413	3522
货币	Money	333	461	1306	1407	1546	1602
斯里兰卡	**Sri Lanka**						
广义货币	Money and Quasi Money	4834	10232	24935	29298	34183	38762
准货币	Quasi money	3649	7916	20530	24790	29333	32637
货币	Money	1185	2316	4405	4507	4850	6125
泰　国	**Thailand**						
广义货币	Money and Quasi Money	56381	78995	135139	149168	160090	167526
准货币	Quasi money	51426	70367	121456	133685	144009	151267
货币	Money	4955	8628	13683	15483	16081	16260
越　南	**Viet Nam**						
广义货币	Money and Quasi Money	1969944	6485737	27742811	34552214	41946205	50226393
准货币	Quasi money	1060054	4065718	20881613	26150872	32052996	38232394
货币	Money	909890	2420019	6861198	8401342	9893209	11993999
埃　及	**Egypt**						
广义货币	Money and Quasi Money	2610	5229	10389	11672	13877	16065
准货币	Quasi money	1988	4024	7424	8282	9568	11000
货币	Money	622	1205	2964	3389	4309	5065
尼日利亚	**Nigeria**						
广义货币	Money and Quasi Money	10361	26129	131790	153912	173074	182334
准货币	Quasi money	3864	10895	65306	80244	96085	113174
货币	Money	6497	15234	66484	73668	76989	69160
南　非	**South Africa**						
广义货币	Money and Quasi Money	4988	10978	22567	23734	25139	26969
准货币	Quasi money	2326	8038	17435	17960	18764	20114
货币	Money	2662	2940	5132	5775	6375	6855
加拿大	**Canada**						
广义货币	Money and Quasi Money	7865	20873				
准货币	Quasi money	5652	15821				
货币	Money	2213	5052				

8-10 续表 2 continued

单位：亿本币 (100 million local currency units)

国家或地区	Country or Area	2000	2005	2011	2012	2013	2014
墨 西 哥	**Mexico**						
广义货币	Money and Quasi Money	14986	25436	45023	49563	53666	60210
准货币	Quasi money	10331	15174	23842	26626	28399	31483
货币	Money	4655	10262	21180	22936	25268	28727
美 国	**United States**						
广义货币	Money and Quasi Money	70234	94117	135243	141985	148244	155882
准货币	Quasi money	58118	80067	111579	116182	119926	125199
货币	Money	12115	14051	23664	25803	28319	30683
阿 根 廷	**Argentina**						
广义货币	Money and Quasi Money	905	1670	5301	7147	9081	11792
准货币	Quasi money	707	957	3148	3932	5017	6441
货币	Money	198	712	2153	3215	4065	5351
巴 西	**Brazil**						
广义货币	Money and Quasi Money	5574	11655	30679	35557	38727	43967
准货币	Quasi money	4830	10193	27767	32238	35190	40346
货币	Money	744	1462	2912	3319	3537	3622
委内瑞拉	**Venezuela**						
广义货币	Money and Quasi Money	158	720	4879	7479	11880	
准货币	Quasi money	64	10	190	168	207	
货币	Money	94	710	4689	7311	11673	
白俄罗斯	**Belarus**						
广义货币	Money and Quasi Money	16137	125706	1111953	1612938	1933068	2394427
准货币	Quasi money	11053	57646	760297	1112323	1371661	1742832
货币	Money	5084	68060	351656	500615	561407	651596
捷 克	**Czech Rep.**						
广义货币	Money and Quasi Money	14456	18147	28360	29718	31445	33306
准货币	Quasi money	9466	6519	6862	6356	6302	
货币	Money	4990	11628	21498	23363	25143	28032
波 兰	**Poland**						
广义货币	Money and Quasi Money	3022	4271	8815	9214	9789	10592
准货币	Quasi money	2197	2065	4134	4366	4231	4529
货币	Money	826	2206	4681	4848	5558	6063
俄 罗 斯	**Russia**						
广义货币	Money and Quasi Money	15737	72134	287546	322264	372719	430321
准货币	Quasi money	6999	34002	158972	184728	217353	276434
货币	Money	8692	38387	128574	137536	155366	153887
土 耳 其	**Turkey**						
广义货币	Money and Quasi Money	575	2626	7104	7844	9504	10566
准货币	Quasi money	502	1811	5296	5884	7120	7874
货币	Money	73	816	1808	1960	2384	2692
乌 克 兰	**Ukraine**						
广义货币	Money and Quasi Money	316	1941	6855	7732	9090	9567
准货币	Quasi money	108	856	3226	3930	4728	4335
货币	Money	208	1085	3630	3802	4362	5232
澳大利亚	**Australia**						
广义货币	Money and Quasi Money	4474	7242	14147	15158	16181	17383
准货币	Quasi money	3096	4618	9625	10277	10555	11130
货币	Money	1378	2624	4522	4881	5626	6254
新 西 兰	**New Zealand**						
广义货币	Money and Quasi Money	945	1283				
准货币	Quasi money	789	922				
货币	Money	157	361				

8-11 广义货币占国内生产总值比重

Money and Quasi Money (M_2) as Percentage of GDP

资料来源：世界银行WDI数据库。
Source: World Bank WDI Database.
单位：% (%)

国家或地区	Country or Area	2000	2005	2010	2011	2012	2013	2014
中　国	China	136.3	152.2	177.5	175.9	182.4	188.2	193.0
中国香港	Hong Kong, China	224.4	251.7	325.4	328.2	336.1	350.5	361.9
中国澳门	Macao, China	173.4	143.3	107.0	101.3	109.0	107.6	110.3
孟加拉国	Bangladesh	30.6	47.3	58.7	59.7	60.7	61.3	62.8
文　莱	Brunei Darussalam	85.7	57.8	74.5	65.9	65.9	70.3	66.9
柬埔寨	Cambodia	13.0	19.3	41.6	39.1	50.0	53.6	63.2
印　度	India	53.7	64.5	76.2	78.0	76.6	77.4	76.8
印度尼西亚	Indonesia	53.9	43.4	36.0	36.7	38.4	39.2	39.6
伊　朗	Iran	40.2	49.0	62.9	53.5	48.9	48.7	52.8
以色列	Israel	81.9	93.2	81.8	86.6			
日　本	Japan	240.6	206.6	226.1	238.0	241.3	247.8	251.2
哈萨克斯坦	Kazakhstan	15.3	27.2	38.9	35.4	34.7	32.9	33.7
韩　国	Korea, Rep.	65.0	111.1	131.2	131.4	133.3	134.4	139.9
老　挝	Laos	16.5	19.1	35.9				
马来西亚	Malaysia	122.7	125.0	133.6	137.9	141.1	143.8	141.8
蒙　古	Mongolia	21.1	37.5	48.0	48.7	45.6	49.5	48.7
缅　甸	Myanmar	31.5				33.7	39.3	
巴基斯坦	Pakistan	38.6	49.2	41.1	37.5	40.0	40.9	40.1
菲律宾	Philippines	57.7	54.3	61.4	60.0	58.9	69.7	71.7
新加坡	Singapore	103.4	103.6	125.0	128.0	131.2	131.1	131.4
斯里兰卡	Sri Lanka	38.4	41.7	37.4	38.1	38.7	39.4	39.6
泰　国	Thailand	114.5	111.4	116.2	128.2	131.1	134.5	138.0
越　南	Viet Nam	41.3	71.0	114.9	99.8	106.5	117.0	127.5
埃　及	Egypt	76.7	97.1	80.7	75.8	74.1	79.1	80.4
尼日利亚	Nigeria	22.0	17.7	21.0	20.7	21.2	21.4	20.2
南　非	South Africa	52.7	67.0	75.8	74.6	72.7	71.1	71.0
加拿大	Canada	71.6	148.0					
墨西哥	Mexico	23.2	26.9	30.8	30.9	31.7	33.3	35.3
美　国	United States	68.3	71.9	84.7	87.2	87.8	88.4	89.5
阿根廷	Argentina	31.8	25.8	23.2	22.9	25.8	26.7	26.9
巴　西	Brazil	46.4	53.7	66.6	70.1	75.4	75.1	79.6
委内瑞拉	Venezuela	19.8	23.7	32.2	35.9	45.7	52.9	
捷　克	Czech Rep.	60.9	55.7	69.8	70.5	73.4	77.0	78.1
法　国	France	101.0	76.1	89.9	89.7	90.5	87.7	89.8
德　国	Germany	169.6	73.8	84.0	84.7	88.0	89.2	90.0
意大利	Italy	81.5	64.6	84.2	82.6	87.0	87.6	89.6
荷　兰	Netherlands	138.2	100.6	108.4	110.2	110.0	107.3	117.4
波　兰	Poland	40.5	43.4	54.5	56.7	57.0	58.9	61.3
俄罗斯	Russia	21.5	33.4	51.4	51.4	51.8	56.3	60.3
西班牙	Spain	97.8	94.0	107.2	104.8	109.0	104.6	108.4
土耳其	Turkey	34.5	40.5	56.1	54.7	55.4	60.6	60.4
乌克兰	Ukraine	18.6	44.0	55.2	52.7	55.0	62.0	61.1
英　国	United Kingdom	101.2	122.5	168.7	155.3	153.0	150.9	140.9
澳大利亚	Australia	67.7	78.5	101.1	100.5	101.9	106.4	109.8
新西兰	New Zealand	78.9	78.5	93.5				

8-12 广义货币增长率

Growth Rate of Money and Quasi Money

资料来源：世界银行WDI数据库。
Source: World Bank WDI Database.
单位：% (%)

国家或地区	Country or Area	2000	2005	2010	2011	2012	2013	2014
中　国	China	12.3	16.7	18.9	17.3	14.4	13.6	11.0
中国香港	Hong Kong, China	9.3	3.5	7.4	9.8	7.8	9.5	8.9
中国澳门	Macao, China	-1.4	12.2	14.5	22.6	25.9	17.7	10.9
孟加拉国	Bangladesh	19.3	15.8	21.1	16.9	17.0	14.9	15.4
文　莱	Brunei Darussalam	47.7	-4.5	4.8	10.1	0.9	1.5	3.2
柬埔寨	Cambodia	26.9	15.8	21.3	3.9	39.4	16.0	29.6
印　度	India	15.2	15.6	17.8	16.1	11.0	14.8	10.6
印度尼西亚	Indonesia	16.6	16.3	15.4	16.4	15.0	12.8	11.9
伊　朗	Iran	35.4	32.8	24.6	20.2	1.5	33.2	28.4
以色列	Israel	8.0	11.2	-11.0	12.3			
日　本	Japan	1.3	0.5	2.0	2.9	2.2	3.8	3.0
哈萨克斯坦	Kazakhstan	45.0	25.2	13.3	15.0	7.9	10.2	10.5
韩　国	Korea, Rep.	25.4	7.0	6.0	5.5	4.8	4.6	8.1
老　挝	Laos	46.0	7.9	39.1				
马来西亚	Malaysia	10.0	8.8	7.3	14.6	8.8	6.8	6.9
蒙　古	Mongolia	17.6	34.6	62.5	37.0	18.8	24.2	12.4
缅　甸	Myanmar	42.4	27.3	42.5	30.5	31.7	33.6	
巴基斯坦	Pakistan	12.1	17.2	15.1	12.0	17.0	14.7	10.6
菲律宾	Philippines	8.1	6.8	10.9	5.3	7.0	29.3	12.4
新加坡	Singapore	-2.0	6.2	8.6	10.0	7.2	4.3	3.3
斯里兰卡	Sri Lanka	12.9	19.0	15.8	19.1	17.5	16.7	13.4
泰　国	Thailand	4.9	6.1	11.0	15.1	10.4	7.3	4.6
越　南	Viet Nam	35.4	30.9	29.7	11.9	24.5	21.4	19.7
埃　及	Egypt	11.6	11.5	12.4	6.7	12.3	18.9	15.8
尼日利亚	Nigeria	48.1	22.6	6.8	13.0	16.8	12.5	5.4
南　非	South Africa	7.2	20.7	6.9	8.3	5.2	5.9	7.3
加拿大	Canada	6.6	9.8					
墨西哥	Mexico	-4.5	10.0	12.8	10.0	10.1	8.3	12.2
美　国	United States	8.1	8.2	-2.7	6.7	5.0	4.4	5.2
阿根廷	Argentina	1.5	21.5	33.1	26.0	34.8	27.1	29.8
巴　西	Brazil	19.7	18.5	15.8	18.5	15.9	8.9	13.5
委内瑞拉	Venezuela	33.7	47.4	23.5	49.2	53.3	58.8	
捷　克	Czech Rep.	16.0	11.0	1.9	2.8	4.8	5.8	5.9
法　国	France	3.4	8.5	4.9	2.9	2.2	-1.7	3.2
德　国	Germany	3.6	6.3	3.7	5.5	6.0	3.5	4.3
意大利	Italy	6.3	5.3	-2.8	0.1	3.8	0.4	2.7
荷　兰	Netherlands	11.5	13.9	2.3	3.4	-0.5	-2.1	11.5
波　兰	Poland	11.6	15.0	8.8	12.5	4.5	6.2	8.2
俄罗斯	Russia	58.4	36.4	24.6	20.9	12.1	15.7	15.5
西班牙	Spain	10.0	13.6	-4.4	-2.7	2.1	-4.6	4.6
土耳其	Turkey	40.7	35.8	18.5	15.2	10.4	21.2	11.2
乌克兰	Ukraine	44.5	54.4	22.7	14.7	12.8	17.6	5.3
英　国	United Kingdom	11.1	13.9	4.0	-4.4	0.8	2.1	-2.5
澳大利亚	Australia	3.7	8.5	10.1	8.0	7.1	6.7	7.4
新西兰	New Zealand	1.5	9.5	8.4				

8-13 年平均存款利率和贷款利率

Annual Average Deposit Rate and Lending Rate

资料来源：世界银行WDI数据库。
Source: World Bank WDI Database.

单位：%　　　　(%)

国家或地区	Country or Area	存款利率 Deposit Interest Rate				贷款利率 Lending Interest Rate			
		2000	2005	2013	2014	2000	2005	2013	2014
中　国	China	2.25	2.25	3.00	2.75	5.85	5.58	6.00	5.60
中国香港	Hong Kong, China	4.80	1.26	0.01	0.01	9.50	7.75	5.00	5.00
中国澳门	Macao, China	5.33	1.58	0.05	0.05	9.89	7.05	5.25	5.25
孟加拉国	Bangladesh	8.56	8.09	11.19	9.08	15.50	14.00	13.00	13.00
文　莱	Brunei Darussalam		1.01	0.28	0.30	5.50	5.50	5.50	5.50
柬埔寨	Cambodia	6.83	1.92	1.34	1.42	17.34	17.33		
印　度	India					12.29	10.75	10.29	10.25
印度尼西亚	Indonesia	12.50	8.08	6.26	8.75	18.45	14.05	11.66	12.61
伊　朗	Iran		11.78	14.76	16.94		16.00	11.00	14.00
以色列	Israel	8.63	3.24		0.80	12.85	6.77		3.91
日　本	Japan	0.07	0.27	0.54	0.42	2.07	1.68	1.30	1.22
韩　国	Korea, Rep.	7.94	3.72	2.89	2.54	8.55	5.59	4.64	4.26
老　挝	Laos	12.00	4.75			32.00	26.83		
马来西亚	Malaysia	3.36	3.00	2.97	3.05	7.67	5.95	4.61	4.59
蒙　古	Mongolia	16.80	13.00	12.05	12.32	36.95	30.57	18.48	19.02
缅　甸	Myanmar	9.75	9.50	8.00	8.00	15.25	15.00	13.00	13.00
巴基斯坦	Pakistan		2.60	7.17	7.27		9.07	11.99	11.73
菲律宾	Philippines	8.31	5.56	1.66	1.23	10.91	10.19	5.77	5.53
新加坡	Singapore	1.71	0.44	0.14	0.14	5.83	5.30	5.38	5.35
斯里兰卡	Sri Lanka	9.17	5.64	10.23	7.50	16.16	10.76	12.62	7.84
泰　国	Thailand	3.29	1.88	2.88	1.96	7.83	5.79	6.96	6.77
越　南	Viet Nam	3.65	7.15	7.14	5.76	10.55	11.03	10.37	8.66
埃　及	Egypt	9.46	7.23	7.68	6.92	13.22	13.14	12.29	11.71
尼日利亚	Nigeria	11.69	10.53	7.95	9.34	21.27	17.95	16.72	16.55
南　非	South Africa	9.20	6.04	5.15	5.80	14.50	10.63	8.50	9.13
加拿大	Canada	3.48	0.79	0.55	0.55	7.27	4.42	3.00	3.00
墨西哥	Mexico	8.26	3.46	1.33	0.84	16.93	9.70	4.25	3.55
美　国	United States					9.23	6.19	3.25	3.25
阿根廷	Argentina	8.34	3.76	14.85	20.42	11.09	6.16	17.15	24.01
巴　西	Brazil	17.20	17.63	7.81	10.02	56.83	55.38	27.39	32.01
委内瑞拉	Venezuela	16.30	11.63	14.50	14.68	25.20	16.81	15.90	17.21
捷　克	Czech Rep.	3.42	1.17	0.86	0.70	7.16	5.78	4.97	4.64
法　国	France	2.63	2.15		1.15	6.70			
德　国	Germany	3.40				9.63			
意大利	Italy	1.84				7.02	5.31	5.14	4.87
荷　兰	Netherlands	2.89	2.34			4.79	2.77		
波　兰	Poland	14.17	2.79			20.01	6.83		
俄罗斯	Russia	6.51	3.99	5.59	6.04	24.43	10.68	9.47	11.14
西班牙	Spain	2.95				5.18			
土耳其	Turkey	47.16	20.40	15.76	16.77				
乌克兰	Ukraine	13.72	8.57	10.78	12.10	41.53	16.17	16.65	17.72
英　国	United Kingdom					5.98	4.65	0.50	0.50
澳大利亚	Australia	5.07	3.89	3.25	2.90	9.27	9.06	6.18	5.95
新西兰	New Zealand	6.36	6.68	3.83	4.01	7.82	7.76	5.53	5.80

8-14 银行不良贷款占全部贷款比重
Bank Non-performing Loans as Percentage of Total

资料来源：世界银行WDI数据库。
Source: World Bank WDI Database.
单位：% (%)

国家或地区	Country or Area	2000	2005	2010	2011	2012	2013	2014
世　界	**World**	**9.7**	**3.9**	**4.1**	**4.0**	**3.8**	**4.2**	**4.2**
中　国	China	22.4	8.6	1.1	1.0	1.0	1.0	1.1
中国香港	Hong Kong, China	7.3	1.4	0.8	0.7	0.6	0.5	0.5
孟加拉国	Bangladesh	34.9	13.2		5.9	9.7	8.6	
文　莱	Brunei Darussalam			6.9	6.0	5.4	4.5	3.7
印　度	India	12.8	5.2	2.4	2.7	3.4	4.0	4.4
印度尼西亚	Indonesia	34.4	7.3	2.5	2.1	1.8	1.7	2.1
以色列	Israel	6.9	2.3	3.1	3.4	3.5	2.9	2.4
日　本	Japan	5.3	1.8	2.5	2.4	2.4	2.3	1.9
哈萨克斯坦	Kazakhstan		3.3	23.8	30.8	28.3	31.4	23.6
韩　国	Korea, Rep.	8.9	1.2	0.6	0.5	0.6	0.6	0.6
马来西亚	Malaysia	15.4	9.4	3.4	2.7	2.0	1.9	1.7
巴基斯坦	Pakistan	19.5	9.0	14.8	16.2	14.5	13.0	12.3
菲律宾	Philippines	24.0	10.0	3.4	2.6	2.2	2.4	2.0
新加坡	Singapore	3.4	3.8	1.4	1.1	1.0	0.9	0.8
斯里兰卡	Sri Lanka	15.0	9.6		3.8	3.6	5.6	4.2
泰　国	Thailand	17.7	9.1	3.9	2.9	2.4	2.3	2.5
埃　及	Egypt	13.6	26.5	13.6	10.9	9.8	9.3	8.9
尼日利亚	Nigeria	22.6	18.1	20.1	5.8	3.7	3.4	3.7
南　非	South Africa	4.3	1.8	5.8	4.7	4.0	3.6	3.3
加拿大	Canada	1.3	0.5	1.2	0.9	0.7	0.6	0.5
墨西哥	Mexico	5.8	1.5	2.0	2.1	2.4	3.2	3.0
美　国	United States	1.1	0.7	4.4	3.8	3.3	2.5	2.0
阿根廷	Argentina	16.0	7.6	2.1	1.4	1.7	1.7	2.0
巴　西	Brazil	8.3	3.5	3.1	3.5	3.5	2.9	2.9
委内瑞拉	Venezuela	6.6	1.1	3.4	1.4	0.9	0.7	0.8
捷　克	Czech Rep.	29.3	3.9	5.4	5.2	5.2	5.2	5.6
法　国	France	5.0	3.5	3.8	4.3	4.3	4.5	
德　国	Germany	4.7	4.1	3.2	3.0	2.9	2.7	
意大利	Italy	7.8	7.0	10.0	11.7	13.8	16.5	17.3
荷　兰	Netherlands	1.8	1.2	2.8	2.7	3.1	3.2	3.2
波　兰	Poland	15.5	11.0	4.9	4.7	5.2	5.0	4.9
俄罗斯	Russia	7.7	2.6	8.2	6.6	6.0	6.0	6.7
西班牙	Spain	1.2	0.8	4.7	6.0	7.5	9.4	8.5
土耳其	Turkey	9.2	4.3	3.5	2.6	2.7	2.6	2.8
乌克兰	Ukraine	29.6	58.0	15.3	14.7	16.5	12.9	19.0
英　国	United Kingdom	2.5	1.0	4.0	4.0	3.6	3.1	2.7
澳大利亚	Australia	0.5	0.6	2.1	2.0	1.8	1.5	1.1
新西兰	New Zealand			2.1	1.7	1.4	1.0	0.9

8-15 标准普尔全球股票指数(年变化率)
S&P Global Equity Indices(Annual Change)

资料来源：世界银行WDI数据库。
Source: World Bank WDI Database.
单位：%　　(%)

国家或地区	Country or Area	2000	2005	2008	2010	2011	2012	2013	2014
中　　国	China	-9.8	13.3	-52.7	6.9	-21.7	17.2	7.3	3.0
中国香港	Hong Kong, China	-12.6	8.1	-53.9	21.3	-20.2	22.6	7.6	0.1
孟加拉国	Bangladesh	28.5	-27.8	4.3	37.6	-42.3	-14.3	-1.4	18.5
印　　度	India	-31.1	33.6	-64.1	18.7	-38.1	23.3	-6.3	31.6
印度尼西亚	Indonesia	-61.0	9.1	-61.1	37.9	1.1	2.8	-24.2	20.5
以 色 列	Israel	8.6	23.3	-34.7	7.4	-29.7	3.1	13.6	8.8
日　　本	Japan	-34.9	22.5	-27.7	9.6	-12.2	22.9	56.7	7.1
哈萨克斯坦	Kazakhstan			-47.0	-1.0	-36.4	-12.7	-22.5	-16.0
韩　　国	Korea, Rep.	-57.1	58.8	-55.6	25.3	-10.9	18.9	3.2	-10.0
马来西亚	Malaysia	-23.3	-2.9	-43.7	35.1	-1.1	11.4	4.4	-11.7
巴基斯坦	Pakistan	-16.7	58.5		15.3	-18.8	26.2	30.9	18.1
菲 律 宾	Philippines	-43.6	21.3	-53.7	56.7	0.2	44.4	-7.9	21.7
新 加 坡	Singapore	-25.9	10.0	-53.0	18.4	-21.2	28.9	-3.0	-1.1
斯里兰卡	Sri Lanka	-41.7	29.3		84.6	-23.0	-13.1	3.9	24.2
泰　　国	Thailand	-54.1	3.8	-50.5	52.1	-4.7	39.6	-12.9	15.6
越　　南	Viet Nam			-68.2	0.5	-26.8	19.9	5.1	7.5
埃　　及	Egypt	-45.7	158.1	-55.9	11.5	-49.1	41.2	12.1	26.3
尼日利亚	Nigeria		20.7		20.3	-29.5	53.0	30.2	-31.9
南　　非	South Africa	-17.3	24.8	-41.7	32.1	-17.4	15.8	-7.5	3.9
加 拿 大	Canada	4.0	26.0	-49.0	22.0	-14.7	6.0	3.0	-2.1
墨 西 哥	Mexico	-21.5	43.9	-45.1	26.6	-14.8	26.9	0.2	-9.7
美　　国	United States	-10.1	3.0	-38.5	12.8		13.4	29.6	11.4
阿 根 廷	Argentina	-25.1	45.4	-56.2	55.3	-30.2	-15.9	82.4	7.3
巴　　西	Brazil	-10.3	47.6	-57.2	6.5	-24.4	-0.3	-19.1	-18.4
委内瑞拉	Venezuela	18.7	-22.0						
捷　　克	Czech Rep.	-0.6	43.5	-45.9	0.2	-15.0	-3.2	-15.7	-10.5
法　　国	France	-6.9	7.7	-45.2	-9.9	-19.5	15.2	18.0	-0.5
德　　国	Germany	-13.5	10.3	-42.8	7.4	-16.6	29.1	25.5	2.7
意 大 利	Italy	-2.0	-0.3	-52.6	-17.4	-27.6	11.0	23.1	-12.0
荷　　兰	Netherlands	-6.7	10.8	-50.4	1.2	-16.4	17.5	28.3	-3.3
波　　兰	Poland	-3.5	20.8	-57.8	11.3	-33.4	34.1	3.0	-16.4
俄 罗 斯	Russia	-32.2	64.9	-73.4	21.7	-23.4	7.7	-1.7	-49.0
西 班 牙	Spain	-17.6	3.4	-42.8	-24.5	-16.8	1.5	31.6	-6.7
土 耳 其	Turkey	-51.2	49.5	-62.4	21.4	-37.0	60.7	-26.3	14.4
乌 克 兰	Ukraine	75.2	52.8	-82.2	53.8	-36.3	-4.1	-21.3	-51.5
英　　国	United Kingdom	-16.9	4.7	-49.5	5.2	-6.1	5.8	14.4	-2.7
澳大利亚	Australia	-8.8	11.7	-54.1	12.5	-15.7	15.0	-1.7	-8.3
新 西 兰	New Zealand	-26.6	-2.7	-52.5	5.2	-3.9	26.5	12.3	6.6

8-16 上市公司数和上市公司总市值占国内生产总值比重
Listed Domestic Companies and Market Capitalization of Listed Companies as Percentage of GDP

资料来源：世界银行WDI数据库。
Source: World Bank WDI Database.

国家或地区	Country or Area	上市公司数（个）Listed Domestic Companies (number)			上市公司总市值占国内生产总值的比重（%）Market Capitalization of Listed Companies as Percentage of GDP(%)		
		2000	2005	2012	2000	2005	2012
世　界	**World**	**47751**	**50936**	**47520**	**98.5**	**93.6**	**73.7**
高收入国家	**High Income**	**26446**	**31266**	**30316**	**109.5**	**103.3**	**83.7**
中等收入国家	**Middle Income**	**21122**	**19446**	**16871**	**35.0**	**46.7**	**49.0**
中低收入国家	**Low and Middle Income**	**21305**	**19670**	**17204**	**34.9**	**46.5**	**48.9**
中　国	China	1086	1387	2494	48.2	34.4	43.7
中国香港	Hong Kong, China	779	1020	1459	363.1	381.9	421.9
孟加拉国	Bangladesh	221	262	229	2.2	4.4	13.1
印　度	India	5937	4763	5191	31.1	66.3	69.0
印度尼西亚	Indonesia	290	335	459	16.3	28.5	43.2
伊　朗	Iran	304	420	284	7.3	20.2	25.2
以色列	Israel	654	572	532	48.8	85.1	57.7
日　本	Japan	2561	3279	3470	66.7	103.6	61.8
哈萨克斯坦	Kazakhstan	23	62	74	7.3	18.4	11.6
韩　国	Korea, Rep.	1308	1620	1767	30.6	80.0	96.5
马来西亚	Malaysia	795	1020	921	124.7	126.3	156.2
蒙　古	Mongolia	410	392	329	3.3	1.8	10.5
巴基斯坦	Pakistan	762	661	573	8.9	42.0	19.4
菲律宾	Philippines	228	235	268	32.0	39.0	105.6
新加坡	Singapore	418	685	472	159.5	248.5	142.8
斯里兰卡	Sri Lanka	239	239	287	6.6	23.4	28.7
泰　国	Thailand	381	504	502	24.0	70.8	104.7
越　南	Viet Nam		33	311		0.8	21.1
埃　及	Egypt	1076	744	234	28.8	88.8	22.1
尼日利亚	Nigeria	195	214	192	9.1	17.2	12.2
南　非	South Africa	616	388	348	150.3	219.4	154.1
加拿大	Canada	1418	3721	3876	113.8	127.2	110.0
墨西哥	Mexico	179	151	131	18.3	27.6	44.3
美　国	United States	7524	5143	4102	146.9	129.6	115.5
阿根廷	Argentina	127	101	101	58.4	27.6	5.6
巴　西	Brazil	459	381	353	34.4	53.2	51.0
委内瑞拉	Venezuela	85	50	41	6.9	3.5	6.6
捷　克	Czech Rep.	131	36	17	17.9	28.2	18.0
法　国	France	808	885	862	105.7	79.8	68.0
德　国	Germany	1022	648	665	65.2	42.7	42.1
意大利	Italy	291	275	279	67.3	43.1	23.2
荷　兰	Netherlands	234	237	105	154.9	88.2	79.1
波　兰	Poland	225	248	844	18.2	30.8	35.8
俄罗斯	Russia	249	296	276	15.0	71.8	43.4
西班牙	Spain	1019	3300	3167	84.7	83.0	73.4
土耳其	Turkey	315	302	405	26.1	33.5	39.1
乌克兰	Ukraine	139	221	198	6.0	29.0	11.8
英　国	United Kingdom	1904	2759	2179	166.4	126.8	115.5
澳大利亚	Australia	1330	1643	1959	89.8	116.0	83.8
新西兰	New Zealand	142	154	142	35.9	37.7	45.8

8-17 股票交易额占国内生产总值的比重及股票交易周转率

Stocks Traded Value as Percentage of GDP and Turnover Ratio of Stocks Traded

资料来源：世界银行WDI数据库。
Source: World Bank WDI Database.
单位：% (%)

国家或地区	Country or Area	股票交易额占国内生产总值的比重 Stocks Traded Value as Percentage of GDP			股票交易周转率 Stocks Traded Turnover Ratio		
		2000	2005	2012	2000	2005	2012
世　界	**World**	**146.7**	**102.6**	**68.9**	**140.2**	**116.5**	**99.8**
高收入国家	**High Income**	**165.5**	**118.5**	**80.0**	**142.0**	**121.2**	**101.9**
中低收入国家	**Low and Middle Income**	**37.5**	**25.9**	**41.7**	**105.5**	**63.1**	**91.0**
低收入国家	**Low Income**				**10.7**	**9.7**	**6.7**
中　国	China	59.9	25.8	68.9	158.3	82.6	164.4
中国香港	Hong Kong, China	220.1	162.0	468.1	61.3	43.3	123.1
孟加拉国	Bangladesh	1.4	1.4	9.4	74.8	31.5	61.2
印　度	India	107.0	52.0	34.0	306.5	92.2	54.6
印度尼西亚	Indonesia	8.7	14.7	10.0	31.5	54.2	23.3
伊　朗	Iran	1.1	4.3	4.0	7.4	19.1	17.8
以色列	Israel	17.8	42.4	26.2	36.6	55.6	45.9
日　本	Japan	56.9	109.3	60.6	69.9	118.8	99.9
哈萨克斯坦	Kazakhstan	0.5	1.9	0.6	4.9	14.9	3.3
韩　国	Korea, Rep.	190.2	133.9	123.8	376.6	209.8	139.2
马来西亚	Malaysia	62.4	34.8	40.8	44.6	26.9	28.6
蒙　古	Mongolia	0.7	0.1	0.3	23.2	6.1	2.9
巴基斯坦	Pakistan	44.6	128.8	5.3	486.8	376.3	31.3
菲律宾	Philippines	10.1	6.7	13.9	24.1	20.1	16.2
新加坡	Singapore	95.5	94.0	54.0	52.1	40.4	43.3
斯里兰卡	Sri Lanka	0.9	4.7	2.8	10.9	24.3	9.2
泰　国	Thailand	19.0	50.6	62.7	53.0	73.9	70.4
越　南	Viet Nam		0.2	2.2		24.8	13.2
埃　及	Egypt	11.1	28.3	7.7	36.1	43.0	37.8
尼日利亚	Nigeria	0.6	1.7	0.9	7.3	11.5	8.8
南　非	South Africa	56.8	77.9	78.5	33.2	39.3	54.9
加拿大	Canada	85.8	72.6	65.9	77.3	63.6	61.6
墨西哥	Mexico	6.6	6.1	10.0	32.5	25.7	25.3
美　国	United States	309.8	164.3	132.3	200.8	129.2	124.6
阿根廷	Argentina	2.1	7.4	0.2	4.8	30.4	3.8
巴　西	Brazil	15.4	17.3	34.6	44.6	38.3	67.9
委内瑞拉	Venezuela	0.6	0.2	0.0	8.8	4.5	0.2
捷　克	Czech Rep.	10.7	30.2	4.9	57.7	118.6	27.0
法　国	France	79.2	69.3	42.0	74.1	92.0	66.4
德　国	Germany	54.9	61.7	34.7	79.1	146.0	91.8
意大利	Italy	68.2	60.2	36.6	104.0	140.5	166.6
荷　兰	Netherlands	163.8	124.3	53.6	101.4	147.7	70.9
波　兰	Poland	8.5	9.9	13.6	48.1	36.3	42.6
俄罗斯	Russia	7.8	20.9	36.3	36.6	39.0	87.6
西班牙	Spain	165.6	134.6	79.4	210.7	163.9	106.3
土耳其	Turkey	67.2	41.7	44.2	196.5	154.9	136.5
乌克兰	Ukraine	0.9	0.8	0.7	19.2	3.6	5.2
英　国	United Kingdom	118.5	172.8	95.2	66.6	141.9	84.0
澳大利亚	Australia	54.5	88.9	68.5	56.6	78.0	84.7
新西兰	New Zealand	20.5	15.2	14.3	45.9	40.0	33.0

8-18 银行资本充足率
Bank Capital to Assets Ratio

资料来源：世界银行WDI数据库。
Source: World Bank WDI Database.
单位：%　　(%)

国家或地区	Country or Area	2000	2005	2010	2011	2012	2013	2014
中　国	China		4.4	6.1	6.4	6.5	6.7	6.6
中国香港	Hong Kong, China	9.0	13.3	12.3	8.2	8.8	8.7	9.0
孟加拉国	Bangladesh	3.5	4.7		6.9	5.4	6.0	
文　莱	Brunei Darussalam			10.3	8.9	9.1	11.6	11.3
印　度	India	5.7	6.4	7.1	6.7	7.0	6.9	7.1
印度尼西亚	Indonesia	6.0	8.7	10.7	11.0	12.2	12.5	12.8
以色列	Israel	7.3	8.3	6.7	6.3	6.6	7.0	7.4
日　本	Japan	4.6	4.9	5.3	5.1	5.1	5.5	5.5
哈萨克斯坦	Kazakhstan	13.6	13.0	11.3	13.8	14.5	13.2	11.8
韩　国	Korea, Rep.	4.6	9.3	7.6	8.1	8.2	8.3	8.0
马来西亚	Malaysia	8.5	7.7	9.4	8.9	9.4	9.6	10.0
巴基斯坦	Pakistan	4.9	7.6	9.8	9.6	9.0	8.9	10.0
菲律宾	Philippines	13.6	12.0	10.2	11.1	11.7	9.7	9.9
新加坡	Singapore	10.0	9.6	9.0	8.3	8.9	8.2	8.4
斯里兰卡	Sri Lanka				8.7	8.5	8.2	8.2
泰　国	Thailand	7.5	9.0	8.5	7.8	7.8	8.5	9.5
越　南	Viet Nam			8.9	9.3	9.9		
埃　及	Egypt	5.6	5.0	6.2	6.2	7.2	7.1	6.5
尼日利亚	Nigeria	7.4	12.4	1.5	10.6	10.8	10.4	11.0
南　非	South Africa	8.7	7.9	7.0	7.2	7.8	7.9	7.6
加拿大	Canada	4.7	4.1	4.7	4.9	4.9	5.0	5.0
墨西哥	Mexico	9.6	8.8	10.4	9.9	10.6	10.4	10.8
美　国	United States	8.5	10.3	12.7	12.2	12.0	11.8	11.7
阿根廷	Argentina		12.1	11.3	11.2	11.5	12.1	13.0
巴　西	Brazil	12.1	10.2	10.3	10.1	10.1	9.3	9.0
委内瑞拉	Venezuela	13.0	11.1	9.8	10.4	10.4	10.9	10.5
捷　克	Czech Rep.	5.4	5.4	6.5	6.5	6.9	7.2	7.2
法　国	France	6.7	4.4	4.9	4.8	5.2	5.8	
德　国	Germany	4.2	4.1	4.3	4.4	4.7	5.5	5.6
意大利	Italy	7.0	4.6	5.0	5.4	5.4	5.4	5.9
荷　兰	Netherlands	5.1	3.1	4.4	4.3	4.7	4.8	5.4
波　兰	Poland	7.1	7.9	8.2	7.8	8.7	9.1	9.3
俄罗斯	Russia	12.1	12.8	12.9	11.8	11.8	11.5	8.5
西班牙	Spain	8.5	6.3	6.1	5.9	5.8	6.8	7.2
土耳其	Turkey	6.1	12.3	12.3	11.7	12.1	10.9	11.3
乌克兰	Ukraine	16.2	11.9	14.6	14.8	15.0	15.1	11.2
英　国	United Kingdom	6.5	6.1	5.4	5.1	5.5	6.3	5.9
澳大利亚	Australia	6.9	6.9	6.3	6.1	6.1	6.0	5.9
新西兰	New Zealand			6.0	6.5	7.1	7.3	7.4

8-19 金融部门国内信贷占国内生产总值比重

Domestic Credit Provided by Financial Sector (% of GDP)

资料来源：世界银行WDI数据库。
Source: World Bank WDI Database.
单位：%　　(%)

国家或地区	Country or Area	2000	2005	2010	2011	2012	2013	2014
中　国	China	119.00	133.61	143.63	142.11	150.82	157.65	169.21
中国香港	Hong Kong, China	133.99	139.77	195.36	207.14	201.11	222.56	236.33
中国澳门	Macao, China	41.96	2.43	-21.16	-27.96	-14.91	-12.81	-4.03
孟加拉国	Bangladesh	30.18	47.66	57.41	61.28	60.02	57.92	58.31
文　莱	Brunei Darussalam	38.59	10.38	25.11	7.95	13.51	20.63	25.28
柬埔寨	Cambodia	6.42	7.22	22.74	24.16	33.84	40.28	47.37
印　度	India	51.19	58.36	71.94	75.32	76.83	77.15	74.79
印度尼西亚	Indonesia	60.68	46.21	34.18	36.55	40.77	48.76	48.41
伊　朗	Iran	36.39	34.94	18.01				
以色列	Israel	72.67	74.14					
日　本	Japan	304.74	317.88	328.52	338.09	348.05	366.53	374.24
哈萨克斯坦	Kazakhstan	12.35	24.74	45.41	40.29	41.14	39.08	37.62
韩　国	Korea, Rep.	70.94	125.45	151.04	153.17	155.85	155.80	162.40
老　挝	Laos	9.02	8.06	26.49				
马来西亚	Malaysia	138.37	117.66	127.02	128.12	133.89	142.61	145.30
蒙　古	Mongolia	8.95	26.65	25.92	33.96	25.78	58.41	67.21
巴基斯坦	Pakistan	41.60	46.48	46.19	42.71	45.86	48.98	46.85
菲律宾	Philippines	58.34	47.25	49.23	51.98	50.87	51.86	55.86
新加坡	Singapore	76.65	61.16	80.75	88.31	94.92	111.03	126.29
斯里兰卡	Sri Lanka	43.75	43.63	40.48	46.18	48.43	47.44	45.26
泰　国	Thailand	138.27	119.18	142.68	159.16	169.59	173.30	182.45
越　南	Viet Nam	32.57	65.40	124.66	110.22	104.91	108.23	113.77
埃　及	Egypt	89.01	98.02	69.42	74.61	77.66	86.20	92.83
尼日利亚	Nigeria	10.01	8.60	18.80	22.15	20.80	21.85	21.65
南　非	South Africa	148.57	178.16	185.48	171.46	180.70	182.21	74.64
加拿大	Canada	111.49	197.40					
墨西哥	Mexico	29.00	31.41	44.41	44.87	46.65	49.47	50.78
美　国	United States	190.96	216.33	227.13	227.22	232.40	240.54	245.00
阿根廷	Argentina	34.45	31.45	23.25	24.94	29.19	32.62	35.92
巴　西	Brazil	70.49	73.64	93.37	95.19	103.25	103.43	108.28
委内瑞拉	Venezuela	14.91	12.64	22.51	33.66	48.34	61.93	
捷　克	Czech Rep.	45.58	41.66	62.86	68.44	68.57	69.51	73.36
法　国	France	103.51	105.70	143.62	145.81	147.81	143.86	147.97
德　国	Germany	146.49	132.77	165.04	162.21	157.40	137.70	141.14
意大利	Italy	95.84	104.67	160.34	163.98	177.19	172.19	172.75
荷　兰	Netherlands	147.83	167.74	218.27	227.41	240.83	219.53	232.84
波　兰	Poland	34.31	38.64	63.58	66.47	64.60	66.99	70.74
俄罗斯	Russia	24.93	20.81	37.72	39.59	42.75	48.70	52.38
西班牙	Spain	115.25	155.57	241.00	247.84	242.00	218.60	207.12
土耳其	Turkey	37.91	45.63	71.84	71.62	74.39	84.18	87.95
乌克兰	Ukraine	23.82	33.24	93.89	87.27	87.87	95.02	96.55
英　国	United Kingdom	124.15	153.05	209.09	199.28	195.65	184.11	171.48
澳大利亚	Australia	93.41	113.33	154.44	152.10	152.85	159.10	168.99
新西兰	New Zealand	107.98	125.98	152.03				

主要统计指标解释

中央政府 是全国范围内代表中央政府行使领土管辖权的所有单位。

收入 指由于交易导致的净值增加。政府部门有以下四个收入来源:（1）税收和其他由政府强制实施的转让;（2）来自所有权资产的财产收入;（3）商品和服务的销售收入;（4）来自其他部门的自愿转让。

捐赠 从其他政府和国际组织得到的无报酬的、无须偿还的非强制性的收入。

支出 指由于交易导致的净值减少。政府承担以下两方面的经济责任: (1)以非市场方式把部分商品和服务提供给公众;（2）通过转移支付手段重新分配收入和财富。

货币供应量 货币(Money)由流通中现金和除中央政府以外的常住机构活期存款构成; 准货币(Quasi-Money)指除中央政府以外的外汇现汇与期汇存款和外汇现汇储蓄与期汇存款之和，即由常住居民的现汇、储蓄、与外汇存款构成。货币(Money)通称为 M_1，而货币和准货币之和通称为广义货币，相当于 M_2。

上市公司总市值 所有上市股价 × 总股数。

上市公司 是指年末在股票交易所的国内上市公司。不包括投资公司、共同 基金或其它集体投资工具。

股票交易额 是指在一定时期内股票交易总额。

股票交易周转率 是指一定时期内股票交易总额除以该时期上市公司平均市值。

资本充足率 是指银行资本和储备占总资产的比率。资本和储备包括股东投放的资金、未分配利润、一般和特殊储备、准备金、价值调整。资本包括缴款股票和一般股票等一级资本，以及监管资本。总资产包括所有金融资产和非金融资产。

银行部门国内信贷 是指除发放给中央政府外的其他部门的净贷款之和。银行机构包括货币当局、存款货币银行和其他银行业机构。其他银行业机构包括存款和抵押贷款机构、建房信用协会等。

标准普尔全球股票指数 标准普尔全球股票指数是由美国标准普尔公司编制的衡量股市中美元价格变化的股票指数。

Explanatory Notes on Main Statistical Indicators

Central Government includes all units representing the territorial jurisdiction of the central authority throughout a country.

Revenue is an increase in net worth resulting from a transaction. For general government units, there are four main sources of revenue: taxes and other compulsory transfers imposed by government units, property income derived from the ownership of assets, sales of goods and services, and voluntary transfers received from other units.

Grants are defined as unrequited, nonrepayable, noncompulsory receipts from other governments or international organizations.

Expenditure is a decrease in net worth resulting from a transaction. Governments have two broad economic responsibilities: to assume responsibility for the provision of selected goods and services to the community on a nonmarket basis and to redistribute income and wealth by means of transfer payments.

Money Supply equals the sum of currency outside deposit money banks and demand deposits other than those of the central government. Quasi-Money equals the sum of time & foreign currency outside banks and time, savings & foreign currency deposit, comprising time, savings, and foreign currency deposits of resident sectors other than central government. The data of Money is commonly called M_1,while the sum of Money and Quasi-Money gives a broader measure of money which is commonly called M_2.

Market Capitalization is the share price times the number of shares outstanding.

Listed Domestic Companies are the domestically incorporated companies listed on the country's stock exchanges at the end of the year. This indicator does not include investment companies, mutual funds, or other collective investment vehicles.

Stocks Traded refers to the total value of shares traded during the period.

Turnover Ratio is the total value of shares traded during the period divided by the average market capitalization for the period.

Bank capital to assets is the ratio of bank capital and reserves to total assets. Capital and reserves include funds contributed by owners, retained earnings, general and special reserves, provisions, and valuation adjustments. Capital includes tier 1 capital (paid-up shares and common stock), and total regulatory capital. Total assets include all nonfinancial and financial assets.

Domestic credit provided by the banking sector includes all credit to various sectors on a gross basis, with the exception of credit to the central government, which is net. The banking sector includes monetary authorities and deposit money banks, as well as other banking institutions where data are available. Other banking institutions include savings and mortgage loan institutions and building and loan associations.

S&P Global Equity Indices measure the U.S. dollar price change in the stock markets.

价格指数

Price Indices

9-1 国内生产总值缩减指数

Gross Domestic Product Deflator

资料来源：国际货币基金组织IFS数据库。
Source: IMF IFS Database.

2010年=100 (2010=100)

国家或地区	Country or Area	2000	2010	2011	2012	2013	2014
中　国	China	66.2	100.0	107.4	108.1	110.3	114.1
中国香港	Hong Kong, China	112.2	100.0	103.9	107.6	109.6	112.8
中国澳门	Macao, China	85.6	100.0	111.9	119.9	129.3	140.3
孟加拉国	Bangladesh	52.0	100.0	107.9	116.7	125.0	
文　莱	Brunei Darussalam	50.6	100.0	119.4	120.3	116.5	128.3
柬埔寨	Cambodia	64.2	100.0	103.4	104.9	105.7	
印　度	India	56.0	100.0	108.9	114.9	122.1	125.6
印度尼西亚	Indonesia	35.9	100.0	108.5	113.6	118.6	125.5
伊　朗	Iran	22.5	100.0				
以色列	Israel	85.5	100.0	101.9	106.1	108.7	109.8
日　本	Japan	113.3	100.0	98.1	97.2	96.7	
韩　国	Korea, Rep.	77.4	100.0	101.6	102.7	103.5	104.1
老　挝	Laos	49.0	100.0	107.6	112.0	118.0	
马来西亚	Malaysia	68.1	100.0	105.4	106.5	106.7	109.3
蒙　古	Mongolia	28.6	100.0	112.3	131.0	154.8	
巴基斯坦	Pakistan	38.8	100.0	119.7	126.8	136.2	146.0
菲律宾	Philippines	63.3	100.0	104.0	106.0	108.1	111.5
新加坡	Singapore	90.1	100.0	101.2	102.3	102.3	102.5
斯里兰卡	Sri Lanka	37.1	100.0	107.9	117.5	125.4	131.7
泰　国	Thailand	74.4	100.0	104.3	105.6	107.4	108.8
越　南	Viet Nam	39.9	100.0	121.3	134.5		
埃　及	Egypt	45.6	100.0	111.7	121.1	145.9	
尼日利亚	Nigeria	100.0	100.0	109.5	119.7	126.7	
南　非	South Africa	48.8	100.0	107.7	111.2	116.9	
加拿大	Canada	80.1	100.0	102.9	106.8	108.3	111.2
墨西哥	Mexico	49.4	100.0	105.4	108.8	110.5	115.5
美　国	United States	80.9	100.0	102.1	103.9	104.8	106.6
阿根廷	Argentina	28.7	100.0	117.6	136.9	205.3	
巴　西	Brazil	44.6	100.0	107.0			
委内瑞拉	Venezuela	10.7	100.0	128.2	146.2	198.1	
捷　克	Czech Rep.	78.9	100.0	99.8	101.2	102.9	105.3
法　国	France	83.7	100.0	100.9	101.9	103.0	103.4
德　国	Germany	89.7	100.0	101.1	102.7	104.8	106.6
意大利	Italy	79.5	100.0	101.3	102.2	103.9	105.0
荷　兰	Netherlands	80.8	100.0	100.1	101.6	103.0	103.8
波　兰	Poland	77.0	100.0	102.8	105.4	106.0	108.3
俄罗斯	Russia	25.1	100.0	115.5	124.8	131.2	139.9
西班牙	Spain	74.5	100.0	100.1	100.3	101.0	100.5
土耳其	Turkey	22.2	100.0	108.6	115.9	123.2	133.8
乌克兰	Ukraine		100.0	114.5	123.3	128.7	
英　国	United Kingdom	78.0	100.0	102.1	103.8	105.7	107.5
澳大利亚	Australia	68.2	100.0	104.3	104.0	105.2	105.7
新西兰	New Zealand	77.4	100.0	102.0	101.5	105.8	106.4

9-2 生产者价格指数
Producer Price Indices

资料来源：联合国统计月报数据库。
Source: UN Monthly Bulletin of Statistics Database.
2010年=100 (2010=100)

国家或地区	Country or Area	2010	2011	2012	2013	2014
中国香港	**Hong Kong, China**					
工业产品	Industrial Products	100.0	108.3	108.4	105.0	103.3
孟加拉国①	**Bangladesh①**					
按生产阶段分	by Stage of Processing					
中间产品	Intermediate Products		232.4	271.9	291.1	328.1
按最终用途分	by End-Use					
消费品	Consumers' Goods		311.1	328.8	350.5	351.4
投资用品	Capital Goods		288.2	291.4	293.2	292.6
印　度	**India**					
按供给组成分	by Components of Supply					
国内供应	Domestic Supply	100.0	109.5	117.7	125.2	130.0
农业产品	Agricultural Products	100.0	109.1	118.3	134.1	142.7
工业产品	Industrial Products	100.0	107.3	113.5	117.2	121.0
按生产阶段分	by Stage of Processing					
原材料	Raw Materials	100.0	112.1	122.2	135.2	141.2
印度尼西亚	**Indonesia**					
按供给组成分	by Components of Supply					
农业产品	Agricultural Products	100.0	108.2	112.6	120.0	128.8
工业产品	Industrial Products	100.0	106.9	111.4	115.7	123.3
伊　朗②	**Iran②**					
按供给组成分	by Components of Supply					
国内供应	Domestic Supply		74.5	100.0	132.4	178.1
农业产品	Agricultural Products		85.4	100.0	139.3	199.9
工业产品	Industrial Products		64.8	100.0	137.4	185.4
以色列	**Israel**					
按供给组成分	by Components of Supply					
工业产品	Industrial Products	100.0	107.8	112.4	112.9	111.4
日　本	**Japan**					
按供给组成分	by Components of Supply					
国内供应	Domestic Supply	100.0	102.8	102.0	106.2	108.2
国内生产	Domestic Production	100.0	101.5	100.6	101.9	105.1
农业产品	Agricultural Products	100.0	99.4	103.5	107.1	107.1
工业产品	Industrial Products	100.0	101.3	99.7	100.3	103.2
进口产品	Import Products	100.0	107.5	107.2	122.7	127.9
按生产阶段分	by Stage of Processing					
原材料	Raw Materials	100.0	118.6	120.0	135.9	138.3
中间产品	Intermediate Products	100.0	102.5	101.5	105.2	108.0
按最终用途分	by End-Use					
消费品	Consumers' Goods	100.0	99.6	98.4	100.7	101.4
投资用品	Capital Goods	100.0	97.7	97.3	98.5	99.4

9-2 续表 1 continued

2010年=100 (2010=100)

国家或地区	Country or Area	2010	2011	2012	2013	2014
韩　国	**Korea, Rep.**					
按供给组成分	by Components of Supply					
国内生产	Domestic Production	100.0	108.7	108.9	106.2	104.8
农业产品	Agricultural Products	100.0	107.4	108.3	101.9	102.5
工业产品	Industrial Products	100.0	109.0	108.6	105.3	103.1
按生产阶段分	by Stage of Processing					
原材料	Raw Materials	100.0	125.6	129.3	119.8	111.7
中间产品	Intermediate Products	100.0	108.1	107.5	103.7	101.0
按最终用途分	by End-Use					
消费品	Consumers' Goods	100.0	104.1	105.5	103.7	104.3
投资用品	Capital Goods	100.0	102.1	102.9	100.6	99.0
马来西亚	**Malaysia**					
按供给组成分	by Components of Supply					
国内供应	Domestic Supply	100.0	109.6	109.7	107.8	109.3
国内生产	Domestic Production	100.0	112.3	111.8	108.8	110.4
进口产品	Import Products	100.0	104.1	105.3	105.8	106.9
巴基斯坦	**Pakistan**					
按供给组成分	by Components of Supply					
国内供应	Domestic Supply	100.0	118.8	127.3	137.2	143.7
农业产品	Agricultural Products	100.0	117.9	117.8	131.1	138.4
菲 律 宾	**Philippines**					
按供给组成分	by Components of Supply					
国内供应	Domestic Supply	100.0	108.7	109.9	111.6	114.7
工业产品	Industrial Products	100.0	100.9	100.4	92.8	91.8
新 加 坡	**Singapore**					
按供给组成分	by Components of Supply					
国内供应	Domestic Supply	100.0	108.4	108.9	106.0	102.5
国内生产	Domestic Production	100.0	105.3	105.7	102.5	98.9
进口产品	Import Products	100.0	104.8	104.5	103.8	100.9
泰　国	**Thailand**					
按供给组成分	by Components of Supply					
国内供应	Domestic Supply	100.0	105.5	106.6	106.9	107.0
按生产阶段分	by Stage of Processing					
原材料	Raw Materials	100.0	112.3	103.8	102.9	99.5
按最终用途分	by End-Use					
消费品	Consumers' Goods	100.0	94.7	101.3	107.1	109.9
投资用品	Capital Goods	100.0	101.5	102.5	103.2	103.3

9-2 续表 2 continued

2010年=100 (2010=100)

国家或地区	Country or Area	2010	2011	2012	2013	2014
埃　及④	**Egypt④**					
按供给组成分	by Components of Supply					
国内生产	Domestic Production		180.9	194.1	201.8	208.1
农业产品	Agricultural Products		244.6	260.1	274.6	292.0
按生产阶段分	by Stage of Processing					
原材料	Raw Materials		202.3	237.7	235.8	237.4
中间产品	Intermediate Products		141.5	145.7	155.3	157.9
按最终用途分	by End-Use					
消费品	Consumers' Goods		111.2	116.2	122.9	123.7
投资用品	Capital Goods		156.6	166.2	169.0	170.1
南　非②	**South Africa②**					
按供给组成分	by Components of Supply					
农业产品	Agricultural Products			100.0	102.6	108.0
工业产品	Industrial Products			100.0	106.0	113.9
按生产阶段分	by Stage of Processing					
中间产品	Intermediate Products			100.0	107.9	116.7
加 拿 大	**Canada**					
按供给组成分	by Components of Supply					
农业产品	Agricultural Products	100.0	115.7	120.7	122.7	124.1
工业产品	Industrial Products	100.0	107.0	108.1	108.6	111.3
按生产阶段分	by Stage of Processing					
原材料	Raw Materials	100.0	119.5	114.7	115.7	117.6
墨 西 哥	**Mexico**					
按供给组成分	by Components of Supply					
国内供应	Domestic Supply	100.0	104.9	110.6	111.9	114.9
国内生产	Domestic Production	100.0	105.2	110.1	111.6	114.6
农业产品	Agricultural Products	100.0	105.9	112.4	114.8	115.2
工业产品	Industrial Products	100.0	104.5	109.5	109.4	111.9
进口产品	Import Products	100.0	107.3	108.4	108.3	109.0
按生产阶段分	by Stage of Processing					
中间产品	Intermediate Products	100.0	107.0	112.8	114.7	118.2
按最终用途分	**by End-Use**					
消费品	Consumers' Goods	100.0	104.4	110.7	113.4	116.5
投资用品	Capital Goods	100.0	105.7	110.5	110.0	113.0

9-2 续表 3 continued

2010年=100 (2010=100)

国家或地区	Country or Area	2010	2011	2012	2013	2014
美　国	**United States**					
按供给组成分	by Components of Supply					
国内生产	Domestic Production	100.0	108.8	109.5	110.1	111.2
农业产品	Agricultural Products	100.0	123.6	127.4	129.3	130.8
工业产品	Industrial Products	100.0	108.0	108.1	108.6	109.3
按生产阶段分	by Stage of Processing					
原材料	Raw Materials	100.0	117.5	113.7	116.2	117.5
中间产品	Intermediate Products	100.0	108.9	109.4	109.5	110.2
按最终用途分	by End-Use					
消费品	Consumers' Goods	100.0	107.5	109.6	111.2	113.5
投资用品	Capital Goods	100.0	101.5	103.5	104.4	105.8
阿根廷	**Argentina**					
按供给组成分	by Components of Supply					
国内供应	Domestic Supply	100.0	113.4	128.1	146.8	186.3
国内生产	Domestic Production	100.0	113.7	128.7	147.6	186.6
农业产品	Agricultural Products	100.0	114.3	125.8	150.1	200.6
工业产品	Industrial Products	100.0	112.4	126.7	144.0	180.3
进口产品	Import Products	100.0	110.2	119.9	135.9	181.1
白俄罗斯	**Belarus**					
按供给组成分	by Components of Supply					
工业产品	Industrial Products	100.0	171.4	301.6	342.7	386.6
按生产阶段分	by Stage of Processing					
中间产品	Intermediate Products	100.0	181.5	318.8	361.6	405.8
按最终用途分	by End-Use					
消费品	Consumers' Goods	100.0	160.1	276.1	319.5	370.1
投资用品	Capital Goods	100.0	163.0	300.6	333.5	359.1
捷　克	**Czech Rep.**					
按供给组成分	by Components of Supply					
农业产品	Agricultural Products	100.0	121.2	125.8	131.9	127.0
工业产品	Industrial Products	100.0	105.5	107.8	108.7	107.8
进口产品	Import Products	100.0	98.5	102.7	103.1	104.4
按生产阶段分	by Stage of Processing					
中间产品	Intermediate Products	100.0	106.7	108.2	108.1	109.6
按最终用途分	by End-Use					
消费品	Consumers' Goods	100.0	104.7	107.8	109.6	110.4
投资用品	Capital Goods	100.0	100.0	100.5	101.4	103.4

9-2 续表 4 continued

2010年=100 (2010=100)

国家或地区	Country or Area	2010	2011	2012	2013	2014
法　国	**France**					
按供给组成分	by Components of Supply					
国内供应	Domestic Supply					105.6
农业产品	Agricultural Products	100.0	112.5	118.7	121.6	115.6
工业产品	Industrial Products	100.0	105.3	108.2	108.6	107.1
进口产品	Import Products	100.0	106.2	108.5	106.5	103.4
按生产阶段分	by Stage of Processing					
原材料	Raw Materials	100.0				115.0
中间产品	Intermediate Products	100.0				102.8
按最终用途分	by End-Use					
消费品	Consumers' Goods	100.0				105.9
投资用品	Capital Goods	100.0				101.0
德　国	**Germany**					
按供给组成分	by Components of Supply					
农业产品	Agricultural Products	100.0	113.4	119.4	120.7	111.8
工业产品	Industrial Products	100.0	105.3	107.0	106.9	105.9
进口产品	Import Products	100.0	106.3	108.6	106.9	103.6
按生产阶段分	by Stage of Processing					
中间产品	Intermediate Products	100.0	105.6	105.8	104.7	103.6
按最终用途分	by End-Use					
消费品	Consumers' Goods	100.0	103.5	106.3	108.4	109.0
投资用品	Capital Goods	100.0	101.2	102.2	103.0	103.5
意 大 利	**Italy**					
按供给组成分	by Components of Supply					
工业产品	Industrial Products	100.0	105.1	109.5	108.1	106.2
按生产阶段分	by Stage of Processing					
中间产品	Intermediate Products	100.0	104.9	105.3	104.9	104.3
按最终用途分	by End-Use					
消费品	Consumers' Goods	100.0	102.9	105.3	106.6	107.1
投资用品	Capital Goods	100.0	101.7	102.4	102.8	103.3
荷　兰	**Netherlands**					
按供给组成分	by Components of Supply					
工业产品	Industrial Products	100.0	110.0	114.0	112.4	108.9
按生产阶段分	by Stage of Processing					
中间产品	Intermediate Products	100.0	113.1	116.4	115.1	112.1
按最终用途分	by End-Use					
消费品	Consumers' Goods	100.0	106.9	110.8	111.8	111.5
投资用品	Capital Goods	100.0	102.5	103.2	103.5	103.9
波　兰	**Poland**					
按供给组成分	by Components of Supply					
工业产品	Industrial Products	100.0	107.6	111.5	110.2	108.7
按生产阶段分	by Stage of Processing					
原材料	Raw Materials	100.0	113.6	121.4	116.9	114.4
中间产品	Intermediate Products	100.0	108.7	111.5	110.0	108.7
按最终用途分	by End-Use					
消费品	Consumers' Goods	100.0	105.5	109.3	110.2	109.2
投资用品	Capital Goods	100.0	99.8	100.7	100.3	99.8
俄 罗 斯	**Russia**					
按供给组成分	by Components of Supply					
农业产品	Agricultural Products	100.0	116.2	112.7	120.8	131.5
工业产品	Industrial Products	100.0	117.7	125.7	129.9	137.8

9-2 续表 5 continued

2010年=100 (2010=100)

国家或地区	Country or Area	2010	2011	2012	2013	2014
西班牙	**Spain**					
按供给组成分	by Components of Supply					
工业产品	Industrial Products	100.0	106.9	111.3	111.7	110.2
按生产阶段分	by Stage of Processing					
中间产品	Intermediate Products	100.0	107.3	108.6	108.2	106.6
按最终用途分	by End-Use					
消费品	Consumers' Goods	100.0	102.7	104.9	107.5	107.0
投资用品	Capital Goods	100.0	101.0	101.6	101.4	101.7
土耳其	**Turkey**					
按供给组成分	by Components of Supply					
农业产品	Agricultural Products	100.0	101.4	107.5	106.1	117.7
工业产品	Industrial Products	100.0	111.1	117.9	123.1	135.8
乌克兰③	**Ukraine③**					
按供给组成分	by Components of Supply					
农业产品	Agricultural Products		270.8	268.6	269.3	317.0
工业产品	Industrial Products		271.9	281.8	281.3	329.3
英国	**United Kingdom**					
按供给组成分	by Components of Supply					
农业产品	Agricultural Products	100.0	112.9	119.3	126.8	114.6
工业产品	Industrial Products	100.0	104.8	107.0	108.4	108.4
进口产品	Import Products	100.0	108.9	108.8	109.5	105.0
按生产阶段分	by Stage of Processing					
原材料	Raw Materials	100.0	114.5	116.0	117.4	109.8
中间产品	Intermediate Products	100.0	106.3	107.5	108.3	107.8
按最终用途分	by End-Use					
消费品	Consumers' Goods	100.0	104.2	106.9	109.5	109.9
投资用品	Capital Goods	100.0	102.4	104.4	106.1	107.4
澳大利亚	**Australia**					
按供给组成分	by Components of Supply					
国内供应	Domestic Supply	100.0	103.0	104.2	105.9	107.8
国内生产	Domestic Production	100.0	104.0	105.2	106.9	108.5
农业产品	Agricultural Products	100.0	110.4	104.4	106.3	114.3
工业产品	Industrial Products	100.0	103.3	102.9	103.9	107.2
进口产品	Import Products	100.0	96.3	96.5	98.5	103.1
按生产阶段分	by Stage of Processing					
原材料	Raw Materials	100.0	105.9	107.8	109.7	111.5
中间产品	Intermediate Products	100.0	104.9	106.8	108.6	110.5
按最终用途分	by End-Use					
消费品	Consumers' Goods	100.0	105.1	106.7	108.4	110.1
投资用品	Capital Goods	100.0	101.3	102.1	103.9	106.0
新西兰	**New Zealand**					
按供给组成分	by Components of Supply					
农业产品	Agricultural Products	100.0	108.7	102.0	112.7	114.5
工业产品	Industrial Products	100.0	105.8	103.5	106.7	107.4
按生产阶段分	by Stage of Processing					
中间产品	Intermediate Products	100.0	104.7	105.8	107.4	107.5

注：①1988年7月1日至1989年6月30日为基期。②以2012年为基期。③以2005年为基期。④2004年7月1日至2005年6月30日为基期。

Note: ①The base year is from 1 July 1988 to 30 June 1989.②The base year is 2012.③The base year is 2005.④The base year is from 1 July 2004 to 30 June 2005.

9-3 消费者价格指数

Consumer Price Indices

资料来源：联合国统计月报数据库。
Source: UN Monthly Bulletin of Statistics Database.

2010年=100 (2010=100)

国家或地区	Country or Area	消费者价格指数 Consumer Price Indices			食品消费价格指数 Food Consumer Price Indices		
		2012	2013	2014	2012	2013	2014
中　国①	China①	133.4	136.9	139.9	193.6	202.6	208.9
中国香港	Hong Kong, China	109.6	114.3	119.4	113.3	118.2	123.1
中国澳门	Macao, China	112.3	118.4	125.6	164.5	175.4	
孟加拉国	Bangladesh	117.6	126.4	135.3	237.4①	251.9①	271.8①
柬埔寨	Cambodia	108.6	111.8	116.1	114.2	118.7	
印　度	India	119.0	132.0	140.4	227.9①	259.6①	276.8①
印度尼西亚	Indonesia	109.9	116.9	124.4	157.3	176.1	
伊　朗②	Iran②	119.1	161.4	188.6	131.1	198.1	225.1
以色列	Israel	105.2	106.8	107.3	104.2	109.4	108.7
日　本	Japan	99.7	100.0	102.8	99.7	99.6	103.3
韩　国	Korea, Rep.	106.3	107.7	109.0	112.4	113.4	113.7
老　挝	Laos	112.2	119.3	124.2	168.5③		
马来西亚	Malaysia	104.9	107.1	110.5	107.6	111.5	115.2
缅　甸	Myanmar	106.6	112.5	118.6	102.4	108.6	114.9
巴基斯坦	Pakistan	122.8	132.2	141.7	333.6①	361.8①	
菲律宾	Philippines	108.0	111.2	115.8	107.9	111.1	118.5
新加坡	Singapore	110.0	112.6	113.8	94.9④	97.1④	100.0
斯里兰卡	Sri Lanka	114.8	122.7	126.7	113.9	122.9	127.5
泰　国	Thailand	106.9	109.3	111.3	139.0②	108.4②	112.7②
越　南	Viet Nam	129.5	138.0	143.6	266.5③		
埃　及	Egypt	117.9	129.0	142.1	270.6③	304.1③	341.7③
尼日利亚	Nigeria	124.4	134.9	145.8	436.7①	479.1①	524.5①
南　非	South Africa	110.9	117.3	124.4	114.8	121.3	130.6
加拿大	Canada	104.5	105.5	107.5	106.3	107.6	110.1
墨西哥	Mexico	107.7	111.8	116.2	113.1	119.0	125.0
美　国	United States	105.3	106.8	108.6	107.4	108.4	110.9
阿根廷	Argentina	185.8	205.6		188.5	201.8	
巴　西	Brazil	112.4	119.4	126.9	117.7	130.8	140.7
委内瑞拉	Venezuela	152.7	214.7	348.2	162.1	249.9	466.7
捷　克	Czech Rep.	105.3	106.8	107.2	111.8	117.4	119.7
法　国	France	104.1	105.0	105.5	104.9	106.1	105.3
德　国	Germany	104.1	105.7	106.6	106.3	110.4	111.5
意大利	Italy	105.9	107.2	107.4	105.0	107.5	107.6
荷　兰	Netherlands	104.9	107.5	108.5	104.3	106.8	106.7
波　兰	Poland	107.9	109.0	109.0	109.6	111.7	110.6
俄罗斯	Russia	113.9	121.6	131.2	114.5	121.5	133.6
西班牙③	Spain③	118.8	118.1	117.9	117.1	119.0	118.5
土耳其	Turkey	115.9	124.6	135.7	115.2	125.7	141.5
乌克兰	Ukraine	108.6	108.3	121.5	104.1	101.9	114.3
英　国③	United Kingdom③	126.4	130.3	133.4	138.7	143.8	143.9
澳大利亚	Australia	105.1	107.7	110.4	103.1	104.0	106.6
新西兰	New Zealand	105.1	106.3	107.6	104.8	105.3	105.9

注:①2000年=100。②2011年=100。③2005年=100。④2014年=100。
Note:①2000=100.②2011=100.③2005=100.④2014=100.

9-4 能源消费价格指数

Energy Consumption Price Indices

资料来源：联合国ILO数据库。
Source: ILO Database.

2000年=100 (2000=100)

国家或地区	Country or Area	2006	2007	2008	2009	2010	2011
中国	China	137.7	141.8	150.9			
中国香港	Hong Kong, China	109.6	108.8	101.7			
中国澳门	Macao, China	119.9	114.6	96.1			
柬埔寨	Cambodia	123.8	134.1	160.9	119.2		
印度	India	130.7	144.1	154.0			
伊朗	Iran	179.5					
以色列	Israel	145.9	147.7	168.7			
日本	Japan	103.4	104.2	110.5	105.9	105.7	
韩国	Korea, Rep.	107.8	110.5	119.6			
马来西亚	Malaysia	105.7					
缅甸	Myanmar	370.0	491.7	561.9	432.9	448.9	485.0
巴基斯坦	Pakistan	126.9	133.1	155.1	183.0		
菲律宾	Philippines	176.4	182.1	193.9			
新加坡	Singapore	128.3	125.8	157.5	136.0		
斯里兰卡	Sri Lanka	228.3	286.2				
泰国	Thailand	127.1	126.4	106.2	96.6	105.9	109.7
南非	South Africa	141.9	153.3	182.8			
加拿大	Canada	133.4	134.2	143.6	133.4	139.2	144.8
墨西哥	Mexico	173.1	178.2	190.7			
美国	United States	144.2	148.0	163.5	153.2	154.1	157.7
阿根廷	Argentina	115.9					
捷克	Czech Rep.	146.9	151.6	172.7			
法国	France	121.1	123.4	135.2	127.3	135.7	149.7
德国	Germany	143.4	148.6	165.2	161.3	161.9	177.3
意大利	Italy	124.8	126.5	140.3	133.2	130.9	
荷兰	Netherlands	168.2	175.1	180.5	181.9	167.4	177.3
波兰	Poland	138.1	143.2	157.5			
俄罗斯	Russia	329.2	367.2	417.6			
西班牙	Spain	119.2	121.4	134.1	131.6	140.0	161.9
土耳其	Turkey	446.0	479.1	604.0			
英国	United Kingdom	160.7	172.1	204.7	217.4	211.5	234.0
澳大利亚	Australia	129.4	135.4	148.2	165.6	187.7	206.8
新西兰	New Zealand	140.2	149.5	160.2	167.4		

9-5 初级产品市场价格指数和单位价值指数

Indices of Primary Commodities Market Prices and Unit Values

资料来源：国际货币基金组织国际金融统计数据库。
Source: International Monetary Fund IFS Database.

2010年=100 (2010=100)

商品	Concept	原产国	Country of Origion	2011	2012	2013	2014
全部商品	**All Commodities (Fuel and Non Fuel)**	**世界**	**World**	**126.3**	**122.3**	**120.4**	**112.8**
农业原材料	**Agricultural Raw Materials**	**世界**	**World**	**122.7**	**107.1**	**108.9**	**110.9**
饮料	**Beverages**	**世界**	**World**	**116.6**	**95.0**	**83.7**	**101.0**
原油	**Crude Oil (Petroleum)**	**世界**	**World**	**131.6**	**132.9**	**131.7**	**121.8**
亚麻籽油	**Linseed Oil**	**世界**	**World**	**122.6**	**107.8**	**104.3**	**104.3**
能源	**Energy**	**世界**	**World**	**131.8**	**132.7**	**130.4**	**120.6**
食品	**Food**	**世界**	**World**	**119.9**	**117.0**	**118.3**	**113.4**
非能源	**Non-energy**	**世界**	**World**	**117.9**	**106.0**	**104.8**	**100.6**
金属	**Metals**	**世界**	**World**	**113.5**	**94.4**	**90.4**	**81.1**
糖	**Sugar, Free Market**	**世界**	**World**	**125.6**	**102.3**	**84.8**	**82.0**
铀	**Uranium**	**世界**	**World**	**122.4**	**106.4**	**83.9**	**72.9**
铝	Aluminum	加拿大	Canada	110.5	93.1	85.0	85.9
香蕉	Bananas	厄瓜多尔	Ecuador	110.7	111.7	105.1	105.7
大麦	Barley	加拿大	Canada	130.8	150.8	130.3	92.2
牛肉	Beef	澳大利亚	Australia	120.1	123.3	120.4	146.9
澳大利亚煤炭	Coal, Australian Thermal	澳大利亚	Australia	122.7	97.4	85.4	70.9
南非煤矿	Coal, South African Thermal	南非	South Africa	126.9	101.4	87.6	79.0
粗羊毛	Coarse Wool	英国	United Kingdom	147.4	147.9	137.6	125.6
咖啡	Coffee	哥伦比亚	Colombia	126.8	91.1	66.3	88.4
咖啡	Coffee, Unwash Arabica	巴西	Brazil	168.6	118.6	81.6	111.6
铜	Copper	英国	United Kingdom	117.0	105.6	97.3	91.0
椰肉	Copra	菲律宾	Philippines	154.4	98.8	83.6	114.0
棉	Cotton	美国	United States	149.3	86.2	87.3	80.3
原油(石油)	Crude Oil (Petroleum)	美国	United States	119.7	118.6	123.3	117.3
原油(石油)	Crude Oil (Petroleum), Dubai Fateh	阿联酋	United Arab Emirates	135.8	139.5	135.1	123.8
原油(石油)	Crude Oil (Petroleum), UK Dated Brent	英国	United Kingdom	139.3	140.6	136.7	124.3
细羊毛	Fine Wool	英国	United Kingdom	160.1	131.5	117.1	105.0
鱼	Fish	挪威	Norway	96.1	77.6	109.9	107.4
鱼粉	Fishmeal	秘鲁	Peru	87.4	93.4	98.3	110.5
汽油	Gasoline	美国	United States	133.6	137.0	131.4	121.1
金属	Gold	英国	United Kingdom	128.1	136.3	115.3	103.3
花生	Groundnuts	尼日利亚	Nigeria	139.1	136.2	186.7	173.3
花生油	Groundnuts (Peanuts) Oil	尼日利亚	Nigeria	141.6	173.5	126.3	93.5
硬木原木	Hardwood, Logs	马来西亚	Malaysia	140.4	129.6	109.8	101.4
硬木锯材	Hardwood, Sawnwood	马来西亚	Malaysia	110.7	103.3	100.5	105.9
兽皮	Hides	美国	United States	114.0	115.6	131.6	153.2

9-5 续表 continued

2010年=100 (2010=100)

商品	Concept	原产国	Country of Origion	2011	2012	2013	2014
铁矿石	Iron Ore	中国	China	114.4	87.6	92.3	66.0
黄麻	Jute	孟加拉国	Bangladesh	73.9	60.4	69.4	73.6
羊肉	Lamb	新西兰	New Zealand	102.4	69.3	73.2	89.6
铅	Lead	英国	United Kingdom	111.8	96.1	99.6	97.5
玉米	Maize	美国	United States	156.9	160.4	139.2	103.7
天然气	Natural Gas, Indonesia	印度尼西亚	Indonesia	165.8	193.4	184.8	181.2
天然气	Natural Gas, Russia	俄罗斯	Russian Federation	128.9	145.7	136.1	127.3
天然气	Natural Gas, U.S.A.	美国	United States	91.1	62.8	84.9	99.6
镍	Nickel	加拿大	Canada	105.0	80.4	68.9	77.5
橄榄油	Olive Oil	英国	United Kingdom	96.8	98.9	120.4	123.4
桔子	Oranges	法国	France	86.2	84.0	93.6	75.7
棕榈仁油	Palm Kernel Oil	马来西亚	Malaysia	124.9	110.9	95.1	91.2
棕榈油	Palm Oil	马来西亚	Malaysia	125.2	109.3	88.9	86.0
黑胡椒	Pepper, Black	新加坡	Singapore	157.8	163.4	162.7	209.5
磷矿石	Phosphate Rock	摩洛哥	Morocco	150.3	151.1	120.4	89.6
胶合板	Plywood	菲律宾	Philippines	106.8	107.2	98.4	90.9
钾肥	Potash	加拿大	Canada	131.2	138.3	114.2	89.5
家禽	Poultry	美国	United States	101.8	109.8	121.0	128.3
米	Rice	泰国	Thailand	102.0	109.3	96.6	84.0
橡胶	Rubber	马来西亚	Malaysia	139.4	99.7	81.2	61.2
橡胶	Rubber	泰国	Thailand	126.9	90.7	74.2	54.9
虾	Shrimp	美国	United States	118.0	99.5	138.7	163.9
银	Silver	美国	United States	174.8	154.5	118.3	94.6
软原木	Softwood, Logs	美国	United States	106.0	104.6	116.3	123.2
软木、锯材	Softwoods, Sawnwood	美国	United States	99.7	101.1	107.0	109.1
高粱	Sorghum	美国	United States	162.5	164.4	147.1	125.3
大豆	Soybean	美国	United States	125.8	139.7	134.4	118.9
大豆粉	Soybean Meal	美国	United States	114.4	142.8	144.1	140.9
大豆油	Soybean Oil	美国	United States	131.5	124.5	109.3	87.9
糖	Sugar	菲律宾	Philippines	120.5	104.2	233.6	179.0
糖	Sugar	美国	United States	121.0	93.1	68.3	80.1
糖	Sugar, EU	英国	United Kingdom	103.7	102.5	101.2	106.5
向日葵	Sunflower	英国	United Kingdom	136.7	125.6	113.1	91.1
过磷酸盐	Superphosphate	美国	United States	140.9	121.0	100.0	101.7
猪	Swine	美国	United States	119.6	111.2	116.3	138.1
茶	Tea	英国	United Kingdom	109.3	110.2	84.0	75.1
锡	Tin	马来西亚	Malaysia	123.7	104.8	112.3	116.4
锡	Tin	英国	United Kingdom	127.9	103.6	109.4	107.5
烟草	Tobacco	美国	United States	103.7	99.7	106.0	115.7
尿素	Urea	乌克兰	Ukraine	145.9	140.5	117.9	109.6
小麦	Wheat	美国	United States	141.4	140.0	139.6	127.4
木浆	Wood pulp	瑞典	Sweden	103.3	88.0	94.8	100.9
锌	Zinc	英国	United Kingdom	101.6	90.3	88.4	100.0

主要统计指标解释

国内生产总值缩减指数 衡量在一定时期内整体经济中价格年度变化情况的指标。

生产者价格指数 生产者价格指生产者从购买者那里得到的某一单位货物和服务的价值，具体为总产出减去由购买者支付的增加税等可扣减税。它包括生产者发票上单独列支的运费。

消费者价格指数 是反映报告期经济体为消费目的而获取、使用和支付的货物和服务的价格总体水平随时间变化的指标。每个总指数是通过将大量要素加总指数加权平均而得到，每个要素加总指数是基于某一地区或其居民从某一指定出处或其他消费源获取指定货物和服务的价格的抽样调查数而进行的估算。

Explanatory Notes on Main Statistical Indicators

Gross Domestic Product Deflator measures the average annual rate of price change in the economy as whole for the periods shown.

Producer Price Indices The Amount receivable by the producer from the purchaser for a unit of a good or service produced as output minus any value-added tax, or similar deductible tax, invoiced to the purchaser. It includes any transport charges invoiced separately by the producer.

Consumer Price Indices measures the period-to-period proportional change in the prices of a fixed set of consumer goods and services of constant quantity and characteristics, acquired, used or paid for by the reference population. Each summary measure is constructed as a weighted average of a large number of elementary aggregate indices. Each of the elementary aggregate indices is estimated using a sample of prices for a defined set of goods and services obtained in, or by residents of, a specific region from a given set of outlets or other sources of consumption goods and services.

居民收支和贫困

Household Income and Expenditure and Poverty

10-1 居民消费支出
Household Consumption Expenditure

资料来源：世界银行WDI数据库。
Source: World Bank WDI Database.

单位：亿美元 (100 million USD)

国家或地区	Country or Area	居民最终消费支出(现价，亿美元) Household Final Consumption Expenditure (current 100 million USD)			人均居民最终消费支出(2005年价格，美元) Household Final Consumption Expenditure per capita (constant 2005 US$)		
		2005	2012	2013	2005	2012	2013
世　界	**World**	**278589**	**421720**	**435005**	**4292**	**4599**	**4658**
高收入国家	**High Income**	**229811**	**307397**	**312027**	**17388**	**18290**	**18492**
中等收入国家	**Middle Income**	**47598**	**112760**	**121494**	**1016**	**1387**	**1446**
低收入国家	**Low Income**	**1218**	**2762**	**2904**	**251**	**305**	**311**
中　国	China	8904	30193	34247	683	1222	1307
中国香港	Hong Kong, China	1044	1695	1822	15318	20552	21403
中国澳门	Macao, China	37	86	97	7839	10690	11225
孟加拉国	Bangladesh	512	983	1093	358	470	488
文　莱	Brunei Darussalam	21	35	36	5820	6519	6615
柬埔寨	Cambodia	54	116	126	405	577	598
印　度	India	4862	10774	11113	431	673	706
印度尼西亚	Indonesia	1840	5176	5216	820	1036	1079
伊　朗	Iran	854			1217		
以色列	Israel	793	1455	1643	11444	13031	13217
日　本	Japan	26414	36119	30078	20673	21912	22408
哈萨克斯坦	Kazakhstan	285	932	1175	1880	3131	3474
韩　国	Korea, Rep.	4689	6282	6647	9740	11456	11622
老　挝	Laos	22	62	73	383	470	491
马来西亚	Malaysia	634	1493	1600	2454	3453	3642
蒙　古	Mongolia	14	65	70	551	1143	1284
巴基斯坦	Pakistan	843	1852	1886	533	579	584
菲律宾	Philippines	773	1856	1994	901	1076	1117
新加坡	Singapore	499	1058	1108	11690	11987	12213
斯里兰卡	Sri Lanka	168	413	449	857		
泰　国	Thailand	1010	2025	2108	1540	1829	1828
越　南	Viet Nam	377	1005	1121	458	652	679
埃　及	Egypt	642	2120	2199	894	1183	1194
尼日利亚	Nigeria	844	2692	3715	604	556	699
南　非	South Africa	1597	2405	2220	3374	3929	3981
加拿大	Canada	6297	10142	10215	19487	21882	22166
墨西哥	Mexico	5860	7981	8654	5292	5839	5894
美　国	United States	87941	110831	114843	29758	30693	31190
阿根廷	Argentina	1462	4020	4100	3783	5657	5852
巴　西	Brazil	5392	14891	14845	2897	3907	3985
委内瑞拉	Venezuela	680	2260	2417	2545	3456	3565
捷　克	Czech Rep.	654	1020	1035	6403	6835	6860
法　国	France	12157	14927	15613	19243	19941	19929
德　国	Germany	16508	19780	20866	20018	21691	21809
意大利	Italy	11019	12785	12984	19009	17986	17277
荷　兰	Netherlands	3268	3708	3845	20026	19371	19009
波　兰	Poland	1916	3051	3202	5021	6556	6627
俄罗斯	Russia	3816	10080	10891	2659	4338	4530
西班牙	Spain	6674	7951	8103	15289	13964	13690
土耳其	Turkey	3464	5537	5829	5113	5755	5975
乌克兰	Ukraine	477	1189	1306	1013	1835	1966
英　国	United Kingdom	15484	16943	17376	25635	24953	25214
澳大利亚	Australia	4011	8243	8581	19665	21742	21784
新西兰	New Zealand	671	1021	1069	16227	17351	17713

10-2 居民收入分配
Personal Income Distribution

资料来源：世界银行WDI数据库。
Source: World Bank WDI Database.

国家或地区	Country or Area	年份 Year	基尼系数 GINI index	各组占全部收入或消费的比重(%) As Percentage of Total Income or Consumption(%)				
				最低的20% Lowest 20%(%)	第二个20% Second 20%(%)	第三个20% Third 20%(%)	第四个20% Fourth 20%(%)	最高的20% Highest 20%(%)
中　国	China	2011	0.37					
中国香港	Hong Kong, China	1996	0.43	5.26	9.39	13.85	20.75	50.75
孟加拉国	Bangladesh	2010	0.32	8.88	12.37	16.07	21.27	41.41
柬埔寨	Cambodia	2011	0.32	8.99	12.46	16.11	21.24	41.20
印　度	India	2011	0.34					
印度尼西亚	Indonesia	2011	0.38	7.27	10.71	14.85	21.18	45.99
伊　朗	Iran	2005	0.38	6.43	10.91	15.54	21.96	45.16
以色列	Israel	2010	0.43	4.61	9.61	15.49	22.89	47.40
日　本	Japan	2008	0.32	7.37	12.88	17.32	22.72	39.71
哈萨克斯坦	Kazakhstan	2010	0.29	9.45	13.36	16.88	22.06	38.25
韩　国	Korea, Rep.	1998	0.32	7.91	13.56	17.95	23.13	37.45
老　挝	Laos	2012	0.36	7.62	11.46	15.49	21.13	44.30
马来西亚	Malaysia	2009	0.46	4.54	8.65	13.72	21.64	51.45
蒙　古	Mongolia	2008	0.37	7.10	11.15	15.62	22.09	44.04
巴基斯坦	Pakistan	2010	0.30	9.59	13.13	16.53	21.28	39.47
菲律宾	Philippines	2012	0.43	5.89	9.40	13.91	21.15	49.65
新加坡	Singapore	1998	0.42	5.04	9.42	14.55	22.02	48.97
斯里兰卡	Sri Lanka	2010	0.36	7.72	11.39	15.33	20.97	44.59
泰　国	Thailand	2010	0.39	6.76	10.50	14.61	21.45	46.68
越　南	Viet Nam	2012	0.36	7.03	11.63	16.14	22.17	43.03
埃　及	Egypt	2008	0.31	9.25	13.01	16.37	21.04	40.33
尼日利亚	Nigeria	2011	0.40	5.89	10.46	15.34	22.22	46.09
南　非	South Africa	2011	0.65	2.45	4.29	7.69	15.65	69.92
加拿大	Canada	2010	0.34	7.10	12.39	16.79	22.74	40.98
墨西哥	Mexico	2012	0.48	4.86	8.84	12.75	19.45	54.10
美　国	United States	2010	0.41	4.70	10.40	15.77	23.10	46.03
阿根廷	Argentina	2011	0.44	4.58	9.55	14.78	22.43	48.66
巴　西	Brazil	2012	0.53	3.39	7.65	12.43	19.34	57.19
委内瑞拉	Venezuela	2006	0.45	4.22	9.57	14.60	22.08	49.53
捷　克	Czech Rep.	2011	0.26	9.33	14.59	17.91	21.98	36.19
法　国	France	2005	0.32	7.81	12.79	17.03	22.63	39.74
德　国	Germany	2010	0.31	8.29	13.07	17.06	22.44	39.14
意大利	Italy	2010	0.36	6.07	12.01	17.02	23.15	41.75
荷　兰	Netherlands	2010	0.29	8.40	13.79	17.67	22.68	37.46
波　兰	Poland	2011	0.33	7.89	12.30	16.60	22.35	40.86
俄罗斯	Russia	2009	0.40	6.46	10.58	14.76	21.21	46.99
西班牙	Spain	2010	0.36	5.41	12.13	17.26	23.92	41.28
土耳其	Turkey	2011	0.40	5.80	10.59	15.19	21.93	46.49
乌克兰	Ukraine	2010	0.25	10.21	14.31	17.93	22.38	35.17
英　国	United Kingdom	2010	0.38	5.77	11.38	16.19	22.58	44.08
澳大利亚	Australia	2003	0.34	7.03	12.15	16.50	23.21	41.11
新西兰	New Zealand	1997	0.36	6.45	11.37	15.81	22.61	43.76

10-3 国内贫困率
Domestic Poverty Rate

资料来源：世界银行WDI数据库。
Source: World Bank WDI Database.
单位：% (%)

国家或地区	Country or Area	年份 Year	全国 National	农村 Rural	城市 Urban
中国	China	2012		10.2	
阿富汗	Afghanistan	2011	35.8	38.3	
阿尔巴尼亚	Albania	2012	14.3	15.3	
阿尔及利亚	Algeria	1995	22.6	30.3	14.7
安哥拉	Angola	2008	36.6	58.3	
阿根廷	Argentina	2010			9.9
亚美尼亚	Armenia	2012	32.4	32.1	
阿塞拜疆	Azerbaijan	2012	6.0		
孟加拉国	Bangladesh	2010	31.5	35.2	
白俄罗斯	Belarus	2013	5.5	9.0	
伯利兹	Belize	2002	33.5	44.2	23.7
贝宁	Benin	2011	36.2	39.7	
不丹	Bhutan	2012	12.0	16.7	
玻利维亚	Bolivia	2011	45.0	61.4	
波黑	Bosnia and Herzegovinian	2011	17.9		
博茨瓦纳	Botswana	2009	19.3	24.3	
巴西	Brazil	2012	9.0		
保加利亚	Bulgaria	2011	21.2		
布基纳法索	Burkina Faso	2009	46.7	52.8	
布隆迪	Burundi	2006	66.9	68.9	34.0
柬埔寨	Cambodia	2011	20.5	23.6	
喀麦隆	Cameroon	2007	39.9	55.0	12.2
佛得角	Cape Verde	2007	26.6	44.3	13.2
中非	Central African Rep.	2008	62.0	69.4	49.6
乍得	Chad	2011	46.7	52.5	
智利	Chile	2011	14.4	10.8	
哥伦比亚	Colombia	2012	32.7	46.8	
科摩罗	Comoros	2004	44.8	48.7	34.5
刚果(金)	Congo, Dem. Rep.	2006	71.3	75.7	61.5
刚果(布)	Congo, Rep.	2011	46.5	74.8	
哥斯达黎加	Costa Rica	2013	20.7	26.5	
科特迪瓦	Cote D'Ivoire	2008	42.7	54.2	29.4
克罗地亚	Croatia	2011	20.5		
捷克	Czech Rep.	2012	8.6		
多米尼加	Dominican Rep.	2012	40.9	49.4	
厄瓜多尔	Ecuador	2013	25.6	42.0	
埃及	Egypt	2011	25.2	32.3	
萨尔瓦多	El Salvador	2012	34.5	43.3	
赤道几内亚	Equatorial Guinea	2006	76.8	79.9	
厄立特里亚	Eritrea	1994	53.0		
爱沙尼亚	Estonia	2011	17.5		
埃塞俄比亚	Ethiopia	2011	29.6	30.4	
斐济	Fiji	2009	35.2	44.0	18.6
加蓬	Gabon	2005	32.7	44.6	29.8
冈比亚	Gambia	2010	48.4	73.9	
格鲁吉亚	Georgia	2012	14.8	18.8	
加纳	Ghana	2006	28.5	39.2	10.8
危地马拉	Guatemala	2011	53.7	71.4	
几内亚	Guinea	2012	55.2	64.7	
几内亚比绍	Guinea-Bissau	2010	69.3	75.6	
圭亚那	Guyana	1998	35.0		
海地	Haiti	2012	58.7	75.2	
洪都拉斯	Honduras	2013	64.5	68.5	
匈牙利	Hungàry	2012	14.3		
印度	India	2012	21.9	25.7	
印度尼西亚	Indonesia	2013	11.4	14.3	
伊拉克	Iraq	2012	18.9	30.6	
牙买加	Jamaica	2010	17.6		
约旦	Jordan	2010	14.4	16.8	

10-3 续表 continued

单位：% (%)

国家或地区	Country or Area	年份 Year	全国 National	农村 Rural	城市 Urban
哈萨克斯坦	Kazakhstan	2013	2.9	4.9	
肯尼亚	Kenya	2006	46.6	49.7	34.4
吉尔吉斯斯坦	Kyrgyzstan	2012	38.0	39.6	
老挝	Laos	2008	27.6	31.7	17.4
拉脱维亚	Latvia	2012	19.4		
黎巴嫩	Lebanon	2004	28.6		
莱索托	Lesotho	2003	56.6	60.5	41.5
利比里亚	Liberia	2007	63.8	67.7	55.1
立陶宛	Lithuania	2011	18.6		
前南马其顿	Macedonia, FYR	2010	27.1		
马达加斯加	Madagascar	2010	75.3	81.5	
马拉维	Malawi	2010	50.7	56.6	
马来西亚	Malaysia	2012	1.7	3.4	
马里	Mali	2010	43.6	50.6	
毛里塔尼亚	Mauritania	2008	42.0	59.4	
毛里求斯	Mauritius	1992	10.6		
墨西哥	Mexico	2012	52.3	63.6	
摩尔多瓦	Moldova	2012	16.6	22.8	
蒙古	Mongolia	2012	27.4	35.5	
黑山	Montenegro	2012	11.3	18.1	
摩洛哥	Morocco	2007	8.9	14.4	4.8
莫桑比克	Mozambique	2009	54.7	56.9	
缅甸	Myanmar	2005	32.0		22.0
纳米比亚	Namibia	2009	28.7	37.4	
尼泊尔	Nepal	2011	25.2	27.4	
尼加拉瓜	Nicaragua	2009	42.5	63.3	
尼日尔	Niger	2007	59.5	63.9	36.7
尼日利亚	Nigeria	2010	46.0	52.8	
巴基斯坦	Pakistan	2011	12.4		
巴拿马	Panama	2011	27.6	50.4	
巴布亚新几内亚	Papua New Guinea	2009	39.9	41.6	
巴拉圭	Paraguay	2013	23.8	33.8	
秘鲁	Peru	2013	23.9	48.0	
菲律宾	Philippines	2012	25.2		
波兰	Poland	2011	17.1		
罗马尼亚	Romania	2011	22.6		
俄罗斯	Russia	2013	11.0		
卢旺达	Rwanda	2011	44.9	48.7	
圣多美和普林西比	Sao Tome and Principe	2009	61.7	59.4	
塞内加尔	Senegal	2011	46.7	57.1	
塞尔维亚	Serbia	2011	24.6		
塞舌尔	Seychelles	2006	13.4		
塞拉利昂	Sierra Leone	2011	52.9	66.1	
斯洛伐克	Slovakia	2011	13.2		
斯洛文尼亚	Slovenia	2011	13.5		
所罗门群岛	Solomon Islands	2006	22.7		
南非	South Africa	2008	22.0		
斯里兰卡	Sri Lanka	2013	6.7	7.6	
苏丹	Sudan	2009	46.5	57.6	
斯威士兰	Swaziland	2009	63.0	73.1	
叙利亚	Syrian Arab Republic	2007	35.2	36.9	
塔吉克斯坦	Tajikistan	2009	47.2	49.2	41.8
坦桑尼亚	Tanzania	2012	28.2	33.3	
泰国	Thailand	2011	13.2	16.7	
东帝汶	Timor-Leste	2007	49.9	51.5	
多哥	Togo	2011	58.7	73.4	
特立尼达和多巴哥	Trinidad and Tobago	1992	21.0	20.0	24.0
突尼斯	Tunisia	2010	15.5		
土耳其	Turkey	2012	2.3	5.9	
乌干达	Uganda	2009	24.5	27.2	9.1
乌克兰	Ukraine	2012	9.1		
乌拉圭	Uruguay	2013	11.5	3.0	
乌兹别克斯坦	Uzbekistan	2011	16.0		
委内瑞拉	Venezuela	2012	25.4		
越南	Viet Nam	2012	17.2	22.1	
约旦河西岸和加沙	West Bank and Gaza	2011	25.8	19.4	
也门	Yemen	2005	34.8	40.1	20.7
赞比亚	Zambia	2010	60.5	77.9	
津巴布韦	Zimbabwe	2011	72.3	84.3	

10-4　国际贫困率

International Poverty Ratio

资料来源：世界银行WDI数据库。
Source: World Bank WDI Database.

单位：%　　　　(%)

国家或地区	Country or Area	日均收入不足1.25美元的贫困人口占总人口比重 Poverty Headcount Ratio at $1.25 a Day (PPP) (% of population)		日均收入不足2美元的贫困人口占总人口比重 Poverty Headcount Ratio at $2 a Day (PPP) (% of population)	
		2005	2012	2005	2012
中 国	China	15.8	6.3①	36	18.6①
阿尔巴尼亚	Albania	0.4	0.5	5	3
安 哥 拉②	Angola②		43.4		67.4
阿 根 廷	Argentina	4.6	1.4①	9.8	2.9①
亚美尼亚	Armenia	4.2	1.8	22.5	15.5
阿塞拜疆	Azerbaijan			0.1	
孟加拉国	Bangladesh	50.5	43.3③	80.3	76.5③
白俄罗斯	Belarus	0.1		0.4	
贝 宁①	Benin①		51.6		74.3
不 丹	Bhutan		2.4		15.2
玻利维亚	Bolivia	18.3	8.0	28.2	12.7
博茨瓦纳②	Botswana②		13.4		27.8
巴 西	Brazil	7.2	3.8	15.5	6.8
保加利亚①	Bulgaria①		1.9		3.9
布基纳法索②	Burkina Faso②		44.5		72.4
柬 埔 寨①	Cambodia①		10.1		41.3
乍 得①	Chad①		36.5		60.5
智 利①	Chile①		0.8		1.9
哥伦比亚	Colombia	7.9	5.6	17.7	12
刚果(金)	Congo, Dem. Rep.	87.7		95.2	
刚果(布)	Congo, Rep.	54.1	32.8①	74.4	57.3①
哥斯达黎加	Costa Rica	3.6	1.4	7.3	3.1
多米尼加	Dominican Rep.	5.4	2.3	14.6	8.8
厄瓜多尔	Ecuador	9.2	4.0	18.7	8.4
埃 及	Egypt	2		18.5	
萨尔瓦多	El Salvador	7.1	2.5	15.8	8.8
爱沙尼亚	Estonia	0.7	1.0①	1.2	1.4①
埃塞俄比亚	Ethiopia	39	30.7①	77.6	66.0①
斐 济②	Fiji②		5.9		22.9
加 蓬	Gabon	6.1		20.9	
格鲁吉亚	Georgia	14.9	14.1	32.9	31.3
加 纳	Ghana	28.6		51.8	
危地马拉①	Guatemala①		13.7		29.8
几 内 亚	Guinea		40.9		72.7
洪都拉斯	Honduras	25.9	16.5①	39.5	29.2①
匈 牙 利	Hungary		0.1①		0.2①
印 度	India	41.6	23.6①	75.6	59.2①
印度尼西亚	Indonesia	21.6	16.2①	54.1	43.3①
伊 朗	Iran	1.5		8	
伊 拉 克	Iraq		3.9		21.2
约 旦③	Jordan③		0.1		1.2
哈萨克斯坦	Kazakhstan		0.1③	0.7	0.8③
肯 尼 亚	Kenya	43.4		67.2	
吉尔吉斯斯坦	Kyrgyzstan	19.9	5.1①	45.3	21.1①
老 挝	Laos		30.3		62
拉脱维亚①	Latvia①		1.1		2
莱 索 托③	Lesotho③		56.2		73.4
立 陶 宛	Lithuania	1.7	0.8①	4.1	1.2①

10-4 续表 continued

单位：% (%)

国家或地区	Country or Area	日均收入不足1.25美元的贫困人口占总人口比重 Poverty Headcount Ratio at $1.25 a Day (PPP) (% of population)		日均收入不足2美元的贫困人口占总人口比重 Poverty Headcount Ratio at $2 a Day (PPP) (% of population)	
		2005	2012	2005	2012
前南马其顿	Macedonia, FYR	0.3	0.6③	3.7	9.1③
马达加斯加	Madagascar	82.4	87.7③	93.1	95.1③
马 拉 维③	Malawi③		72.2		88.1
马来西亚②	Malaysia②				2.3
马　　里③	Mali③		50.6		78.8
毛里求斯	Mauritius		0.4		1.9
墨 西 哥	Mexico	4.9	1.0	10.6	4.1
摩尔多瓦	Moldova	12.5	0.2①	35.1	2.8①
蒙　　古	Mongolia	22.4		49.1	
黑　　山	Montenegro	0.3	0.2①	0.6	0.7①
莫桑比克②	Mozambique②		60.7		82.5
纳米比亚②	Namibia②		23.5		43.2
尼 泊 尔③	Nepal③		23.7		56.0
尼加拉瓜	Nicaragua	2.8	8.5②	16.3	20.8②
尼 日 尔	Niger	51.3	40.8①	75.2	76.1①
尼日利亚①	Nigeria①		54.4		78.5
巴基斯坦	Pakistan	22.6	12.7③	61.0	50.7③
巴 拿 马	Panama	9.5	4.0	16.9	8.9
巴 拉 圭	Paraguay	6.1	3.0	13.7	7.7
秘　　鲁	Peru	7.8	2.9	18.9	8.0
菲 律 宾	Philippines		19.0		41.7
波　　兰	Poland	0.1		0.7	0.1①
罗马尼亚	Romania			5.8	1.6
俄 罗 斯	Russia	0.2		1.5	0.3②
卢 旺 达	Rwanda	76.8	63.0①	89.6	82.3①
圣多美和普林西比③	Sao Tome and Principe③		43.5		73.1
塞内加尔	Senegal	33.5	34.1①	60.4	60.3①
塞尔维亚	Serbia	0.6	0.1③	2.2	0.5③
塞拉利昂①	Sierra Leone①		56.6		82.5
斯洛伐克	Slovakia	0.1	0.3①	0.2	0.5①
南　　非①	South Africa①		9.4		26.2
斯里兰卡③	Sri Lanka③		4.1		23.9
苏　　丹②	Sudan②		19.8		44.1
斯威士兰③	Swaziland③		40.6		60.4
塔吉克斯坦②	Tajikistan②		6.5		27.4
坦桑尼亚	Tanzania		43.5		73.0
泰　　国③	Thailand③		0.3		3.5
多　　哥①	Togo①		52.5		72.8
突 尼 斯	Tunisia	1.4	0.7③	7.6	4.5③
土 耳 其	Turkey	1.5	0.1①	7.5	2.6①
乌 干 达	Uganda	51.7	37.8	75.7	62.9
乌 克 兰	Ukraine	0.1		0.5	
乌 拉 圭	Uruguay	1.3	0.3	5.1	1.3
委内瑞拉	Venezuela	13.2		20.9	
越　　南	Viet Nam		2.4		12.5
约旦河西岸和加沙②	West Bank and Gaza②		0.1		0.6
也　　门	Yemen	9.8		37.3	
赞 比 亚③	Zambia③		74.3		86.6

注：①2011年数据。②2009年数据。③2010年数据。

Note:①Data refer to 2011.②Data refer to 2009.③Data refer to 2010.

10-5 贫困人口社会指标(2013)

Social Indicators of Poverty(2013)

资料来源：世界银行WDI数据库。
Source: World Bank WDI Database.

国家或地区	Country or Area	全部人口营养不良发生率(%) Prevalence of Undernourishment (% of population)	5岁以内儿童死亡率(‰) Mortality Rate, Under-5 (‰)	12-23个月儿童麻疹疫苗免疫接种率(%) Immunization, measles (% of children ages 12-23 months)	在熟练医护人员护理下的分娩率(%) Births attended by skilled health staff (% of total)
世　界	**World**	**13.0**	**45.6**	**83.9**	**68.5①**
中　国	China	10.6	12.7	99.0	99.8②
阿富汗	Afghanistan	24.7	97.3	75.0	38.6①
阿根廷	Argentina	5.0	13.3	91.0	98.2②
孟加拉国	Bangladesh	16.7	41.1	93.0	34.4
玻利维亚	Bolivia	19.5	39.1	95.0	84.0①
巴　西	Brazil	5.0	13.7	99.0	98.1①
保加利亚	Bulgaria		11.6	94.0	
柬埔寨	Cambodia	16.1	37.9	90.0	74.0②
古　巴	Cuba	5.0	6.2	99.0	100.0②
塞浦路斯	Cyprus		3.6	86.0	
埃　及	Egypt	5.0	21.8	96.0	
萨尔瓦多	El Salvador	13.5	15.7	94.0	99.5
加　纳	Ghana	5.0	78.4	89.0	68.4①
几内亚	Guinea	18.1	100.7	62.0	45.3②
印　度	India	15.2	52.7	74.0	
印度尼西亚	Indonesia	8.7	29.3	84.0	83.1②
伊　朗	Iran	5.0	16.8	98.0	96.4①
伊拉克	Iraq	23.5	34	63.0	90.9①
哈萨克斯坦	Kazakhstan	5.0	16.3	99.0	99.9①
朝　鲜	Korea, Dem.	37.5	27.4	99.0	
吉尔吉斯斯坦	Kyrgyzstan	6.0	24.2	99.0	99.1②
老　挝	Laos	21.8	71.4	82.0	41.5②
利比亚	Libya		14.5	98.0	
马来西亚	Malaysia	5.0	8.5	95.0	98.7②
墨西哥	Mexico	5.0	14.5	89.0	96.0②
蒙　古	Mongolia	22.4	31.8	97.0	
缅　甸	Myanmar	16.7	50.5	86.0	
尼泊尔	Nepal	13.0	39.7	88.0	36.0①
尼日利亚	Nigeria	6.4	117.4	59.0	38.1
巴基斯坦	Pakistan	21.7	85.5	61.0	52.1
巴拿马	Panama	10.6	17.9	92.0	93.5①
巴拉圭	Paraguay	11.0	21.9	92.0	95.8①
秘　鲁	Peru	8.7	16.7	85.0	86.7②
菲律宾	Philippines	11.5	29.9	90.0	72.8
卢旺达	Rwanda	33.8	52	97.0	
塞拉利昂	Sierra Leone	25.5	160.6	83.0	59.7
南　非	South Africa	5.0	43.9	66.0	
泰　国	Thailand	6.8	13.1	99.0	99.6②
土耳其	Turkey	5.0	19.2	98.0	
乌克兰	Ukraine		10	79.0	99.0②
乌兹别克斯坦	Uzbekistan	5.8	42.5	97.0	
越　南	Viet Nam	12.9	23.8	98.0	92.9①

注：①2011年数据。②2012年数据。
Note:①Data refer to 2011.②Data refer to 2012.

10-6 居民消费支出构成

Composition of Household Final Consumption Expenditure

资料来源：经合组织OLIS数据库。
Source:OECD OLIS Database.
单位：%　　(%)

国家或地区	Country or Area	年份 Year	食品、非酒精饮料 Food and Non-alcoholic Beverages	酒精饮料、烟草和麻醉品 Alcoholic Beverages,Tobacco and Narcotics	服装和鞋类 Clothing and Footwear	住房、水、电、天然气和其他燃料 Housing, Water, Electricity, Gas and other Fuels	家具、家用设备及住房日常维护 Furnishings, Households Equipment and Routine Maintenance of the House
澳大利亚	Australia	2010	10.22	3.63	3.31	22.55	4.54
奥地利	Austria	2014	9.81	3.35	5.87	22.26	6.54
比利时	Belgium	2011	13.42	3.48	5.00	23.88	5.70
加拿大	Canada	2014	9.23	3.38	4.14	24.75	5.40
捷克	Czech Rep.	2011	14.47	9.21	3.10	26.52	5.44
丹麦	Denmark	2011	11.28	3.66	4.32	29.48	5.24
芬兰	Finland	2011	12.19	4.94	4.94	26.86	5.31
法国	France	2012	13.70	3.20	4.18	25.64	5.71
德国	Germany	2012	11.71	3.24	4.90	24.22	6.28
希腊	Greece	2011	16.23	4.36	3.74	23.81	3.98
匈牙利	Hungary	2011	17.06	7.42	2.84	21.91	4.32
冰岛	Iceland	2014	14.49	4.44	3.56	21.80	6.69
爱尔兰	Ireland	2010	10.21	5.66	4.10	21.37	4.90
意大利	Italy	2011	14.24	2.75	7.39	22.44	7.18
日本	Japan	2010	13.69	2.55	3.26	25.37	3.89
韩国	Korea, Rep.	2014	13.20	2.20	6.27	18.57	2.84
卢森堡	Luxemburg	2011	8.53	8.43	4.63	24.04	6.44
墨西哥	Mexico	2010	24.58	2.36	2.40	15.71	5.19
荷兰	Netherlands	2011	11.80	3.09	5.43	23.79	6.02
挪威	Norway	2014	12.26	4.23	4.88	21.44	6.20
波兰	Poland	2010	19.64	6.74	4.11	24.20	4.44
葡萄牙	Portugal	2011	16.91	3.09	6.04	15.37	5.69
斯洛伐克	Slovakia	2011	17.36	5.02	3.97	25.49	6.07
西班牙	Spain	2011	13.82	2.90	5.32	20.41	4.76
瑞典	Sweden	2011	12.17	3.61	4.83	26.88	5.03
瑞士	Switzerland	2010	9.27	3.70	3.52	24.25	4.38
英国	United Kingdom	2013	9.28	3.47	6.01	25.17	5.03
美国	United States	2012	6.80	2.11	3.40	18.71	4.20
爱沙尼亚	Estonia	2011	19.85	9.12	6.31	19.95	4.04
以色列	Israel	2010	15.89	2.53	2.75	24.34	5.76
斯洛文尼亚	Slovenia	2011	14.77	5.44	5.47	19.45	6.10

10-6 续表 continued

单位：% (%)

国家或地区	Country or Area	年 份 Year	医疗保健 Health	交通 Transport	通讯 Communic-ations	休闲与文化 Recreation and Culture	教育 Education	饭店和旅馆 Restaurants and Hotels	其他 Others
澳大利亚	Australia	2010	5.81	10.32	2.46	10.74	4.11	6.89	15.42
奥地利	Austria	2014	3.65	12.49	1.83	4.15	0.78	12.79	
比利时	Belgium	2011	5.58	12.38	2.13	9.01	0.51	6.08	12.82
加拿大	Canada	2014	4.27	15.81	2.56	3.80	1.58	6.96	
捷克	Czech Rep.	2011	2.40	9.38	3.06	9.77	0.65	7.43	8.58
丹麦	Denmark	2011	2.74	12.63	1.91	10.94	0.77	5.03	12.01
芬兰	Finland	2014	4.37	12.02	2.28	3.78	0.38	6.20	
法国	France	2012	3.86	13.95	2.64	8.06	0.83	7.04	11.19
德国	Germany	2012	5.19	13.70	2.65	8.98	0.99	5.91	12.23
希腊	Greece	2011	6.36	11.83	2.93	5.63	2.39	11.72	7.03
匈牙利	Hungary	2011	4.27	12.98	3.74	7.49	1.39	6.68	9.92
冰岛	Iceland	2014	2.90	14.68	2.33	3.49	1.27	9.98	
爱尔兰	Ireland	2010	5.82	11.70	3.16	6.86	2.41	14.08	9.73
意大利	Italy	2011	2.85	12.78	2.37	7.27	0.99	10.15	9.59
日本	Japan	2010	4.47	11.08	2.98	10.37	2.16	6.59	13.58
韩国	Korea, Rep.	2012	6.61	12.01	4.29	7.76	6.68	8.22	13.78
卢森堡	Luxemburg	2011	2.04	19.04	1.70	6.86	0.80	7.00	10.50
墨西哥	Mexico	2010	4.42	21.12	4.47	4.97	2.61	4.05	8.11
荷兰	Netherlands	2011	2.72	12.45	4.10	10.02	0.64	5.15	14.78
挪威	Norway	2010	2.78	14.61	2.72	12.58	0.44	5.82	10.55
波兰	Poland	2010	4.14	9.26	3.05	7.76	1.26	2.85	12.55
葡萄牙	Portugal	2011	5.88	12.65	3.12	7.19	1.34	11.29	11.44
斯洛伐克	Slovakia	2011	3.99	7.26	3.66	9.50	1.54	5.50	10.65
西班牙	Spain	2011	3.45	11.49	2.78	8.07	1.43	17.67	7.90
瑞典	Sweden	2011	3.23	13.28	3.31	11.07	0.29	5.62	10.66
瑞士	Switzerland	2010	14.84	9.03	2.45	8.38	0.56	7.02	12.61
英国	United Kingdom	2013	1.56	14.43	2.16	10.45	1.63	9.88	10.91
美国	United States	2012	20.90	10.18	2.43	8.95	2.43	6.43	13.45
爱沙尼亚	Estonia	2011	2.62	13.18	3.29	6.37	0.63	7.55	7.10
以色列	Israel	2010	3.74	15.07	4.07	7.77	3.00	6.11	8.95
斯洛文尼亚	Slovenia	2011	3.67	15.07	3.23	8.70	1.20	6.90	10.01

主要统计指标解释

居民最终消费支出（私人消费） 是指由家庭购买的包括耐用消费品(比如小汽车、洗衣机和家用电脑)在内的各种产品和服务的市场价值。

基尼系数 反映个人或家庭收入分配（或消费）与完全平均收入分配之间差异程度的指标，介于“0”和“1”之间。“0”表示收入分配绝对平均，即每个家庭或每个人都得到同样份额的收入；“1”表示收入分配极端不平等，一个家庭或个人拥有全社会的收入。

国家贫困线 国家贫困线反映了当地消费或收入水平，它是衡量国民是否处于贫困的数量界限。贫困和非贫困线的界定是随着一个国家平均收入水平而变化的,到目前为止国家间贫困率的比较还没有一个统一的标准来衡量。然而国家贫困线的变化可以在一定程度上反映国家减贫政策及成效。几乎所有国家的贫困线的界定是基于大众化食品消费和非食品支出补助。但平均收入贫困线的提高主要取决于非食品构成，而不是来自于食品构成。

国家贫困率 是指生活在国家贫困线以下的人口的百分比。

城市贫困率 是指生活在国家城市贫困线以下的城市人口的百分比。

农村贫困率 是指生活在农村贫困线以下的农村人口的百分比。

Explanatory Notes on Main Statistical Indicators

Household Final Consumption Expenditure (Private Consumption) is the market value of all goods and services, including durable products (such as cars, washing machines, and home computers), purchased by households.

GINI Index measures the extent to which the distribution of income (or, in some cases, consumption expenditure) among individuals or households within an economy deviates from a perfectly equal distribution. Thus a GINI index of zero represents perfect equality, while an index of 1 implies perfect inequality.

National Poverty Lines The setting of national poverty lines reflects local perceptions of the level of consumption or income needed not to be poor. The perceived boundary between poor and not poor rises with the average income of a country and so does not provide a uniform measure for comparing poverty rates across countries. Nevertheless, national poverty estimates are clearly the appropriate measure for setting national policies for poverty reduction and for monitoring their results. Almost all the national poverty lines use a food bundle based on prevailing diets that attains predetermined nutritional requirements for good health and normal activity levels, plus an allowance for nonfood spending. The rise in poverty lines with average income is driven more by the gradient in the nonfood component of the poverty lines than in the food component, although there is still an appreciable share attributable to the gradient in food poverty lines.

National Poverty Rate is the percentage of the country's population living below the national poverty line.

Urban Poverty Rate is the percentage of the urban population living below the national urban poverty line.

Rural Poverty Rate is the percentage of the rural population living below the national rural poverty line.

农　业

Agriculture

11-1 农业生产指数

Agriculture Production Indices

资料来源：联合国FAO数据库。
Source: FAO Database.

2004-2006年=100 (2004-2006=100)

国家或地区	Country or Area	农业 Agriculture 2000	农业 Agriculture 2010	农业 Agriculture 2013	食品 Food 2000	食品 Food 2010	食品 Food 2013
世　界	**World**	**88.8**	**112.9**	**121.9**	**89.0**	**113.4**	**122.4**
中　国	China	84.7	119.9	130.9	85.0	120.5	131.6
中国香港	Hong Kong, China	109.2	55.9	59.7	109.2	55.9	59.7
中国澳门	Macao, China	103.3	95.4	88.0	103.3	95.4	88.0
孟加拉国	Bangladesh	89.6	129.3	136.3	89.5	129.6	135.7
文　莱	Brunei Darussalam	85.1	139.1	166.6	85.1	139.6	167.2
柬埔寨	Cambodia	75.0	148.2	177.2	73.8	148.1	177.4
印　度	India	90.3	124.5	139.7	91.3	123.4	138.7
印度尼西亚	Indonesia	78.2	122.9	136.9	78.5	123.9	137.6
伊　朗	Iran	78.0	107.9	113.4	77.4	108.0	113.5
以色列	Israel	87.3	104.1	110.0	87.4	104.9	110.6
日　本	Japan	103.6	96.9	97.9	103.6	97.1	98.2
哈萨克斯坦	Kazakhstan	78.4	106.8	127.1	78.8	107.9	126.1
韩　国	Korea, Rep.	103.7	101.9	104.0	103.4	102.0	104.1
老　挝	Laos	83.8	129.8	156.4	81.3	127.7	152.9
马来西亚	Malaysia	78.1	110.7	121.4	78.0	114.8	128.1
蒙　古	Mongolia	143.8	114.6	144.8	143.9	115.4	146.5
缅　甸	Myanmar	68.2	135.3	132.1	67.8	134.9	131.3
巴基斯坦	Pakistan	87.8	110.5	94.8	88.3	113.3	94.4
菲律宾	Philippines	84.6	112.5	119.5	84.4	112.7	120.0
新加坡	Singapore	70.2	92.3	112.1	70.2	92.3	112.1
斯里兰卡	Sri Lanka	95.5	123.6	135.9	95.4	125.3	141.2
泰　国	Thailand	91.6	112.8	128.8	93.8	114.7	129.2
越　南	Viet Nam	77.9	120.1	135.9	78.1	118.9	133.3
埃　及	Egypt	85.5	109.3	118.4	85.3	110.1	119.6
尼日利亚	Nigeria	80.0	103.9	109.9	80.1	103.8	110.5
南　非	South Africa	96.7	117.7	122.3	96.2	118.3	123.0
加拿大	Canada	92.9	102.1	115.0	92.9	102.6	115.4
墨西哥	Mexico	87.8	107.8	115.1	87.4	108.0	115.4
美　国	United States	96.0	105.6	108.2	96.5	106.5	109.9
阿根廷	Argentina	86.3	115.0	119.9	86.2	114.9	120.2
巴　西	Brazil	77.5	122.1	134.6	77.8	123.2	136.1
委内瑞拉	Venezuela	97.7	109.1	134.3	97.5	109.3	134.7
捷　克	Czech Rep.	102.6	90.7	92.6	102.6	90.9	92.7
法　国	France	103.9	97.4	96.9	103.9	97.4	97.0
德　国	Germany	102.0	102.5	105.3	102.0	102.5	105.4
意大利	Italy	100.1	96.7	90.3	100.0	96.8	90.6
荷　兰	Netherlands	106.5	111.5	112.9	106.5	111.5	113.0
波　兰	Poland	102.0	101.1	106.1	102.0	101.1	106.1
俄罗斯	Russia	88.7	93.9	117.3	88.7	93.9	117.1
西班牙	Spain	99.8	103.2	109.5	99.7	103.6	109.8
土耳其	Turkey	94.9	109.9	125.3	94.6	111.3	127.3
乌克兰	Ukraine	85.4	106.1	137.8	85.4	106.1	137.9
英　国	United Kingdom	103.4	101.7	99.5	103.4	101.6	99.5
澳大利亚	Australia	105.8	99.8	115.6	103.2	101.6	115.3
新西兰	New Zealand	88.0	104.0	108.2	86.7	105.1	109.6

11-2 主要农作物收获面积(2013年)
Harvest Areas of Major Farm Crops(2013)

资料来源：联合国FAO数据库。
Source: FAO Database.
单位：千公顷 (1 000 hectares)

国家或地区	Country or Area	谷物 Cereals,Total	稻谷 Rice, Paddy	小麦 Wheat	玉米 Maize	大豆 Soybeans
世　界	**World**	**721817.5**	**165163.4**	**219046.7**	**185121.3**	**111544.7**
中　国	China	93845.0	30311.8	24117.3	36318.4	6790.5
孟加拉国	Bangladesh	12451.0	11770.0	416.4	224.2	40.0
文　莱	Brunei Darussalam	1.8	1.8			
柬埔寨	Cambodia	3310.0	3100.0		210.0	71.5
印　度	India	99250.0	43940.0	29650.0	9500.0	12200.0
印度尼西亚	Indonesia	17656.8	13835.3		3821.5	550.8
伊　朗	Iran	9656.2	570.0	7050.0	425.0	76.0
以色列	Israel	81.7		64.0	4.9	
日　本	Japan	1930.5	1599.0	210.2	0.1	128.8
哈萨克斯坦	Kazakhstan	15583.5	89.4	12953.5	107.9	103.1
朝　鲜	Korea, Dem.	1306.5	547.0	50.0	527.0	305.0
韩　国	Korea, Rep.	896.6	832.6	7.4	15.9	80.0
老　挝	Laos	1100.0	880.0		220.0	4.0
马来西亚	Malaysia	698.0	688.2		9.8	
蒙　古	Mongolia	287.1		275.6		
缅　甸	Myanmar	8532.5	7500.0	104.5	470.0	167.0
巴基斯坦	Pakistan	13389.8	2789.2	8686.6	1168.5	0.1
菲律宾	Philippines	7309.9	4746.1		2563.6	0.2
斯里兰卡	Sri Lanka	1262.1	1188.2		67.7	7.9
泰　国	Thailand	13745.3	12373.2	1.2	1145.9	106.0
越　南	Viet Nam	9074.8	7902.8		1170.3	117.2
埃　及	Egypt	3075.5	640.1	1418.7	750.0	8.0
尼日利亚	Nigeria	17545.0	2600.0	80.0	5200.0	600.0
南　非	South Africa	3992.9	1.2	520.0	3250.0	517.0
加拿大	Canada	15917.1		10441.5	1480.4	1819.6
墨西哥	Mexico	9806.4	33.1	634.2	7095.6	157.4
美　国	United States	59472.7	998.8	18274.2	35478.0	30703.0
阿根廷	Argentina	10962.0	232.7	3451.8	4863.8	19418.8
巴　西	Brazil	20906.1	2353.2	2087.4	15279.7	27906.7
委内瑞拉	Venezuela	1077.8	237.4	0.7	616.0	33.8
白俄罗斯	Belarus	2404.8		686.4	201.2	
捷　克	Czech Rep.	1430.8		829.4	111.9	6.5
法　国	France	9544.2	20.3	5323.0	1849.6	43.0
德　国	Germany	6526.0		3128.2	497.0	1.0
意大利	Italy	3458.6	212.5	1904.4	908.1	184.5
荷　兰	Netherlands	209.3		152.7	21.4	
波　兰	Poland	7475.9		2137.6	613.9	
俄罗斯	Russia	40343.9	189.0	23371.4	2321.9	1202.9
西班牙	Spain	6183.3	113.2	2121.9	434.9	0.5
土耳其	Turkey	11533.2	110.6	7772.6	660.0	43.3
乌克兰	Ukraine	15549.5	24.2	6566.0	4826.9	1351.0
英　国	United Kingdom	3028.0		1615.0		
澳大利亚	Australia	17870.6	113.6	12979.4	78.6	41.1
新西兰	New Zealand	135.2		49.2	18.6	

11-2　续表 1　continued

单位：千公顷　(1 000 hectares)

国家或地区	Country or Area	根茎类作物 Roots and Tubers,Total	花生 Groundnuts, with Shell	油菜籽 Rapeseed	籽棉 Seed Cotton	黄麻及黄麻类纤维 Jute and Jute-like Fibres
世　界	**World**	**56014.2**	**25417.8**	**36498.7**	**32168.3**	**1706.6**
中　国	China	9344.8	4633.0	7519.4	4345.6	17.1
孟加拉国	Bangladesh	468.9	32.0	309.0	17.0	683.4
文　莱	Brunei Darussalam	0.7				
柬埔寨	Cambodia	364.1	18.0		0.2	0.6
印　度	India	2311.0	5250.0	6340.0	11700.0	900.0
印度尼西亚	Indonesia	1360.5	519.0		12.0	2.2
伊　朗	Iran	190.0	1.5	170.0	100.0	
以色列	Israel	20.6	2.5		9.0	
日　本	Japan	147.0	7.0	1.6		
哈萨克斯坦	Kazakhstan	184.2	0.1	254.3	138.0	
朝　鲜	Korea, Dem.	179.0			19.0	
韩　国	Korea, Rep.	49.6	4.4	1.6		
老　挝	Laos	53.8	22.5		1.9	
马来西亚	Malaysia	6.0	0.1			
蒙　古	Mongolia	15.5		4.0		
缅　甸	Myanmar	97.0	890.0		330.0	17.7
巴基斯坦	Pakistan	202.3	93.8	247.0	2805.7	1.1
菲律宾	Philippines	343.0	25.6		0.2	
斯里兰卡	Sri Lanka	34.81	15.20			
泰　国	Thailand	1417.1	32.0		8.0	2.7
越　南	Viet Nam	702.7	216.2		2.8	0.4
埃　及	Egypt	192.2	65.0		140.0	1.0
尼日利亚	Nigeria	8984.0	2360.0		290.0	1.0
南　非	South Africa	85.0	47.0	72.0	7.0	1.2
加拿大	Canada	142.1		8007.0		
墨西哥	Mexico	72.0	56.4	…	124.1	
美　国	United States	471.7	421.0	685.0	3053.1	
阿根廷	Argentina	114.1	404.0	87.6	361.5	
巴　西	Brazil	1718.1	121.0	38.0	943.7	7.0
委内瑞拉	Venezuela	113.5	0.3		26.3	
白俄罗斯	Belarus	305.4		403.1		
捷　克	Czech Rep.	23.2		418.8		
法　国	France	160.7		1437.7		
德　国	Germany	242.8		1465.6		
意大利	Italy	54.1		18.0		
荷　兰	Netherlands	155.8		3.5		
波　兰	Poland	337.2		920.7		
俄罗斯	Russia	2087.8		1119.7		13.2
西班牙	Spain	72.7	0.0	42.0	64.0	
土耳其	Turkey	125.6	39.9	31.1	450.9	
乌克兰	Ukraine	1391.6		996.1		
英　国	United Kingdom	139.0		715.0		
澳大利亚	Australia	34.8	7.6	3271.6	444.0	
新西兰	New Zealand	13.3		2.6		

11-2 续表 2 continued

单位：千公顷 (1 000 hectares)

国家或地区	Country or Area	甘蔗 Sugar cane	甜菜 Sugar Beets	茶叶 Tea	水果(不包括瓜类) Fruit excl Melons
世　界	**World**	**26942.7**	**4368.0**	**3521.2**	**59622.0**
中　国	China	1816.5	181.8	1750.0	13723.7
孟加拉国	Bangladesh	109.3		58.3	422.2
文　莱	Brunei Darussalam				1.5
柬埔寨	Cambodia	28.5			62.1
印　度	India	5060.0		564.0	6939.2
印度尼西亚	Indonesia	450.0		122.4	711.5
伊　朗	Iran	71.0	106.5	24.5	1007.9
以色列	Israel				62.2
日　本	Japan	21.9	58.2	45.4	188.5
哈萨克斯坦	Kazakhstan		2.4		69.9
朝　鲜	Korea, Dem.				214.2
韩　国	Korea, Rep.			2.5	168.8
老　挝	Laos	21.0		2.7	47.6
马来西亚	Malaysia	4.5		2.7	91.5
蒙　古	Mongolia				2.7
缅　甸	Myanmar	156.5		79.9	435.8
巴基斯坦	Pakistan	1128.8	1.0		760.4
菲律宾	Philippines	435.4			1231.6
斯里兰卡	Sri Lanka	20.8		222.0	115.0
泰　国	Thailand	1321.6		21.5	1203.1
越　南	Viet Nam	310.3		121.6	562.9
埃　及	Egypt	141.7	193.4		515.9
尼日利亚	Nigeria	74.3			1839.0
南　非	South Africa	325.0		0.7	298.2
加拿大	Canada		8.9		81.2
墨西哥	Mexico	782.8	0.1		1282.8
美　国	United States	368.6	467.0		1132.6
阿根廷	Argentina	370.0		38.0	513.7
巴　西	Brazil	10195.2		0.4	2294.9
委内瑞拉	Venezuela	129.4	2.8		216.3
白俄罗斯	Belarus		99.4		87.6
捷　克	Czech Rep.		62.4		38.5
法　国	France		393.6		876.4
德　国	Germany		357.4		180.9
意大利	Italy		40.7		1148.8
荷　兰	Netherlands		73.2		21.1
波　兰	Poland		193.7		426.8
俄罗斯	Russia		889.5	0.5	445.4
西班牙	Spain	0.0	31.4		1568.3
土耳其	Turkey		291.0	76.4	1150.2
乌克兰	Ukraine		270.4		274.5
英　国	United Kingdom		117.0		29.4
澳大利亚	Australia	329.3			275.3
新西兰	New Zealand				72.2

11-3 主要农产品产量
Production of Major Farm Crops

资料来源：联合国FAO数据库。
Source:FAO Database.

单位：万吨 (10 000 tons)

国家或地区	Country or Area	谷物 Cereals,Total 2000	2013
世 界	**World**	**205819.8**	**277994.0**
中 国	China	40733.7	55287.6
美 国	United States	34262.8	43655.4
印 度	India	23493.1	29394.0
巴 西	Brazil	4589.3	10090.2
俄罗斯	Russia	6432.6	9037.5
印度尼西亚	Indonesia	6157.5	8979.2
法 国	France	6569.8	6751.8
加拿大	Canada	5109.0	6637.2
乌克兰	Ukraine	2380.7	6320.0
孟加拉国	Bangladesh	3950.3	5425.3
阿根廷	Argentina	3875.5	5179.3
越 南	Viet Nam	3453.7	4923.2
德 国	Germany	4527.1	4775.7
泰 国	Thailand	3052.9	4153.3
土耳其	Turkey	3224.9	3747.5
巴基斯坦	Pakistan	3046.1	3645.0
澳大利亚	Australia	3444.7	3559.8
墨西哥	Mexico	2799.5	3321.0
缅 甸	Myanmar	2212.6	3106.8
波 兰	Poland	2234.1	2842.9
尼日利亚	Nigeria	2137.0	2697.0
菲律宾	Philippines	1690.1	2581.7
西班牙	Spain	2455.6	2523.2
埃塞俄比亚	Ethiopia	802.0	2270.7
伊 朗	Iran	1287.4	2265.0
埃 及	Egypt	2010.6	2230.5
罗马尼亚	Romania	1049.9	2094.6
英 国	United Kingdom	2398.9	2007.6
哈萨克斯坦	Kazakhstan	1154.0	1814.1
意大利	Italy	2066.1	1808.4
南 非	South Africa	1452.7	1487.3
匈牙利	Hungary	1003.6	1362.1
日 本	Japan	1036.7	1178.7
柬埔寨	Cambodia	418.3	1031.7
摩洛哥	Morocco	199.6	987.4
塞尔维亚	Serbia		918.0
丹 麦	Denmark	941.3	911.4
坦桑尼亚	Tanzania	362.7	886.7
尼泊尔	Nepal	711.6	858.0
保加利亚	Bulgaria	438.7	836.5
乌兹别克斯坦	Uzbekistan	391.4	770.5
捷 克	Czech Rep.	646.8	751.8
白俄罗斯	Belarus	456.5	723.5
阿富汗	Afghanistan	194.0	652.0
伊拉克	Iraq	90.5	650.1
巴拉圭	Paraguay	100.3	627.2
韩 国	Korea, Rep.	750.1	581.8
马 里	Mali	231.0	573.6
秘 鲁	Peru	355.4	524.9
朝 鲜	Korea, Dem.	294.2	523.3

国家或地区	Country or Area	稻谷 Rice, Paddy 2000	2013
世 界	**World**	**59692.7**	**74090.3**
中 国	China	18981.4	20361.2
印 度	India	12746.5	15920.0
印度尼西亚	Indonesia	5189.8	7128.0
孟加拉国	Bangladesh	3762.8	5150.0
越 南	Viet Nam	3253.0	4403.9
泰 国	Thailand	2584.4	3606.3
缅 甸	Myanmar	2132.4	2876.7
菲律宾	Philippines	1238.9	1843.9
巴 西	Brazil	1109.0	1178.3
日 本	Japan	943.4	1075.8
柬埔寨	Cambodia	402.6	939.0
美 国	United States	865.8	861.3
巴基斯坦	Pakistan	720.4	679.8
埃 及	Egypt	600.1	610.0
韩 国	Korea, Rep.	719.7	563.2
尼日利亚	Nigeria	329.8	470.0
斯里兰卡	Sri Lanka	286.0	462.1
尼泊尔	Nepal	421.7	450.5
马达加斯加	Madagascar	248.1	361.1
老 挝	Laos	220.2	341.5
秘 鲁	Peru	189.2	305.1
朝 鲜	Korea, Dem.	169.0	290.1
伊 朗	Iran	197.2	290.0
马来西亚	Malaysia	214.1	262.7
马 里	Mali	74.3	221.2
坦桑尼亚	Tanzania	78.2	219.5
几内亚	Guinea	114.1	205.3
哥伦比亚	Colombia	269.4	204.9
科特迪瓦	Cote D'Ivoire	62.2	193.4
中国台湾	Taiwan, China	190.6	159.4
阿根廷	Argentina	90.4	156.4
厄瓜多尔	Ecuador	124.7	151.6
乌拉圭	Uruguay	120.9	135.9
意大利	Italy	123.0	133.9
塞拉利昂	Sierra Leone	19.9	125.6
澳大利亚	Australia	110.1	116.1
委内瑞拉	Venezuela	67.7	100.5
俄罗斯	Russia	58.6	93.5
土耳其	Turkey	35.0	90.0
西班牙	Spain	82.7	85.2
多米尼加	Dominican Rep.	58.1	82.4
圭亚那	Guyana	44.9	82.4
古 巴	Cuba	55.3	67.3
巴拉圭	Paraguay	10.1	61.7
加 纳	Ghana	24.9	57.0
阿富汗	Afghanistan	26.0	51.2
伊拉克	Iraq	6.0	45.2
玻利维亚	Bolivia	29.9	42.6
塞内加尔	Senegal	20.2	42.4
尼加拉瓜	Nicaragua	29.0	37.8

11-3 续表 1 continued

单位：万吨 (10 000 tons)

国家或地区	Country or Area	小麦 Wheat 2000	小麦 Wheat 2013
世界	**World**	**58569.1**	**71590.9**
中国	China	9963.6	12192.6
印度	India	7636.9	9351.0
美国	United States	6063.9	5796.7
俄罗斯	Russia	3445.6	5209.1
法国	France	3735.3	3861.4
加拿大	Canada	2653.6	3753.0
德国	Germany	2162.2	2501.9
巴基斯坦	Pakistan	2107.9	2421.1
澳大利亚	Australia	2210.8	2285.6
乌克兰	Ukraine	1019.7	2279.3
土耳其	Turkey	2100.9	2205.0
伊朗	Iran	808.8	1400.0
哈萨克斯坦	Kazakhstan	907.4	1394.1
英国	United Kingdom	1670.4	1192.1
波兰	Poland	850.3	947.0
埃及	Egypt	656.4	946.0
阿根廷	Argentina	1614.7	918.8
西班牙	Spain	729.4	760.3
罗马尼亚	Romania	445.6	729.6
意大利	Italy	746.4	727.8
摩洛哥	Morocco	138.1	693.4
乌兹别克斯坦	Uzbekistan	353.2	684.2
巴西	Brazil	166.2	573.9
阿富汗	Afghanistan	146.9	516.9
保加利亚	Bulgaria	278.1	509.7
匈牙利	Hungary	369.3	509.6
捷克	Czech Rep.	408.4	470.1
伊拉克	Iraq	38.4	417.8
丹麦	Denmark	469.3	413.9
埃塞俄比亚	Ethiopia	123.5	403.9
墨西哥	Mexico	349.3	335.7
阿尔及利亚	Algeria	76.0	329.9
叙利亚	Syrian Arab Republic	310.6	318.2
立陶宛	Lithuania	123.8	286.2
塞尔维亚	Serbia		269.0
白俄罗斯	Belarus	96.6	210.2
南非	South Africa	242.8	187.9
瑞典	Sweden	237.2	186.9
阿塞拜疆	Azerbaijan	115.0	184.1
比利时	Belgium	168.8	180.4
尼泊尔	Nepal	118.4	172.7
斯洛伐克	Slovakia	125.4	168.4
奥地利	Austria	131.3	159.8
希腊	Greece	232.6	158.6
乌拉圭	Uruguay	32.4	153.3
智利	Chile	149.3	147.5
拉脱维亚	Latvia	42.7	143.5
巴拉圭	Paraguay	22.0	143.0
土库曼斯坦	Turkmenistan	169.0	137.0
荷兰	Netherlands	114.3	133.1

国家或地区	Country or Area	玉米 Maize 2000	玉米 Maize 2013
世界	**World**	**59247.9**	**101811.2**
美国	United States	25185.2	35369.9
中国	China	10617.8	21848.9
巴西	Brazil	3187.9	8027.3
阿根廷	Argentina	1678.1	3211.9
乌克兰	Ukraine	384.8	3095.0
印度	India	1204.3	2329.0
墨西哥	Mexico	1755.7	2266.4
印度尼西亚	Indonesia	967.7	1851.2
法国	France	1601.8	1505.3
加拿大	Canada	695.4	1419.4
南非	South Africa	1143.1	1248.6
俄罗斯	Russia	153.0	1163.5
罗马尼亚	Romania	489.8	1134.8
尼日利亚	Nigeria	410.7	1040.0
意大利	Italy	1013.8	790.0
菲律宾	Philippines	451.1	737.7
匈牙利	Hungary	498.4	672.5
埃塞俄比亚	Ethiopia	268.3	667.4
土耳其	Turkey	230.0	590.0
塞尔维亚	Serbia		586.4
埃及	Egypt	647.5	580.0
坦桑尼亚	Tanzania	196.5	535.6
越南	Viet Nam	200.6	519.1
泰国	Thailand	447.3	506.3
巴基斯坦	Pakistan	164.3	494.4
西班牙	Spain	399.2	492.6
德国	Germany	332.4	438.7
巴拉圭	Paraguay	64.7	412.0
波兰	Poland	92.3	404.2
马拉维	Malawi	250.1	364.0
肯尼亚	Kenya	216.0	339.1
乌干达	Uganda	109.6	274.8
伊朗	Iran	112.0	254.0
赞比亚	Zambia	104.0	253.3
保加利亚	Bulgaria	80.4	230.0
委内瑞拉	Venezuela	169.0	224.7
希腊	Greece	209.4	218.5
朝鲜	Korea, Dem.	104.1	200.2
尼泊尔	Nepal	141.5	199.9
克罗地亚	Croatia	152.6	187.4
哥伦比亚	Colombia	120.5	177.9
加纳	Ghana	101.3	176.5
危地马拉	Guatemala	105.4	173.2
缅甸	Myanmar	35.9	170.0
秘鲁	Peru	124.1	167.1
喀麦隆	Cameroon	74.1	164.7
奥地利	Austria	185.2	163.9
莫桑比克	Mozambique	118.0	163.1
布基纳法索	Burkina Faso	42.4	158.5
安哥拉	Angola	39.5	154.9

11-3　续表 2　continued

单位：万吨　　　　　　　　　　　　　　　　　　　　　　　　(10 000 tons)

国家或地区	Country or Area	大 豆 Soybeans 2000	大 豆 Soybeans 2013	国家或地区	Country or Area	根茎类作物 Roots and Tubers 2000	根茎类作物 Roots and Tubers 2013
世　界	**World**	**16129.8**	**27603.2**	**世　界**	**World**	**69968.7**	**84018.1**
美　国	United States	7505.4	8948.3	中　国	China	18957.4	17290.3
巴　西	Brazil	3273.5	8172.5	尼日利亚	Nigeria	6516.4	10205.0
阿 根 廷	Argentina	2013.6	4930.6	印　度	India	3212.5	5371.3
中　国	China	1541.2	1195.1	泰　国	Thailand	1937.0	3068.2
印　度	India	527.6	1194.8	俄 罗 斯	Russia	3398.0	3019.9
巴 拉 圭	Paraguay	298.0	908.6	印度尼西亚	Indonesia	1926.9	2776.7
加 拿 大	Canada	270.3	519.8	巴　西	Brazil	2663.2	2578.8
乌 拉 圭	Uruguay	0.7	320.0	加　纳	Ghana	1318.7	2446.1
乌 克 兰	Ukraine	6.4	277.4	乌 克 兰	Ukraine	1983.8	2225.9
玻利维亚	Bolivia	119.7	234.7	美　国	United States	2392.2	2097.0
俄 罗 斯	Russia	34.2	163.6	安 哥 拉	Angola	468.4	1828.2
南　非	South Africa	15.4	78.5	刚果(金)	Congo, Dem. Rep.	1687.4	1791.5
印度尼西亚	Indonesia	101.8	78.0	越　南	Viet Nam	391.4	1142.9
意 大 利	Italy	90.4	62.5	莫桑比克	Mozambique	587.8	1109.9
尼日利亚	Nigeria	42.9	60.0	坦桑尼亚	Tanzania	616.0	1000.5
塞尔维亚	Serbia		38.5	德　国	Germany	1369.4	967.0
朝　鲜	Korea, Dem.	35.0	34.0	马 拉 维	Malawi	483.2	935.0
赞 比 亚	Zambia	2.8	26.1	孟加拉国	Bangladesh	331.1	886.3
墨 西 哥	Mexico	10.2	23.9	乌 干 达	Uganda	784.2	859.0
缅　甸	Myanmar	9.7	20.5	埃塞俄比亚	Ethiopia	471.3	852.2
哈萨克斯坦	Kazakhstan	0.4	20.3	科特迪瓦	Cote D'Ivoire	667.9	833.0
日　本	Japan	23.5	20.0	柬 埔 寨	Cambodia	20.2	809.2
泰　国	Thailand	31.2	19.0	喀 麦 隆	Cameroon	354.6	731.3
乌 干 达	Uganda	12.8	19.0	法　国	France	643.4	697.5
伊　朗	Iran	14.2	18.6	贝　宁	Benin	416.1	693.9
土 耳 其	Turkey	4.5	18.0	荷　兰	Netherlands	822.7	680.1
越　南	Viet Nam	14.9	16.8	卢 旺 达	Rwanda	290.8	644.2
韩　国	Korea, Rep.	11.3	15.4	秘　鲁	Peru	470.3	634.8
罗马尼亚	Romania	7.0	15.0	波　兰	Poland	2423.2	633.4
柬 埔 寨	Cambodia	2.8	12.2	白俄罗斯	Belarus	871.8	591.4
马 拉 维	Malawi		11.2	英　国	United Kingdom	663.6	558.0
克罗地亚	Croatia	6.5	11.1	伊　朗	Iran	365.8	556.0
法　国	France	20.1	11.0	埃　及	Egypt	206.6	524.4
澳大利亚	Australia	10.5	9.2	阿尔及利亚	Algeria	120.8	492.8
津巴布韦	Zimbabwe	14.4	9.0	哥伦比亚	Colombia	351.5	479.2
厄瓜多尔	Ecuador	9.4	8.7	马达加斯加	Madagascar	345.3	470.3
哥伦比亚	Colombia	3.9	8.5	加 拿 大	Canada	456.7	462.0
奥 地 利	Austria	3.3	8.3	肯 尼 亚	Kenya	164.3	448.5
匈 牙 利	Hungary	3.1	8.2	巴基斯坦	Pakistan	230.1	426.2
摩尔多瓦	Moldova	1.2	6.6	塞拉利昂	Sierra Leone	34.5	403.9
孟加拉国	Bangladesh		6.2	日　本	Japan	447.9	395.0
埃塞俄比亚	Ethiopia	0.5	4.9	土 耳 其	Turkey	537.0	394.9
斯洛伐克	Slovakia	0.5	4.0	比 利 时	Belgium	292.2	348.0
委内瑞拉	Venezuela	0.5	3.9	哈萨克斯坦	Kazakhstan	169.3	334.4
危地马拉	Guatemala	3.0	3.8	布 隆 迪	Burundi	145.8	333.8
尼 泊 尔	Nepal	1.7	2.9	罗马尼亚	Romania	347.0	329.0
卢 旺 达	Rwanda	1.4	2.5	菲 律 宾	Philippines	252.1	314.6
刚果(金)	Congo, Dem. Rep.	1.1	2.3	巴 拉 圭	Paraguay	278.9	284.9
埃　及	Egypt	1.1	2.3	尼 泊 尔	Nepal	130.9	284.5
布基纳法索	Burkina Faso	0.4	2.2	阿 根 廷	Argentina	265.8	258.9

11-3 续表 3 continued

单位：万吨 (10 000 tons)

国家或地区	Country or Area	花 生 Groundnuts, with Shell		国家或地区	Country or Area	油菜籽 Rapeseed	
		2000	2013			2000	2013
世　界	**World**	**3472.8**	**4565.4**	**世　界**	**World**	**3952.6**	**7270.0**
中　国	China	1451.6	1697.2	加拿大	Canada	720.5	1793.5
印　度	India	648.0	947.2	中　国	China	1138.1	1445.8
尼日利亚	Nigeria	290.1	300.0	印　度	India	578.8	782.0
美　国	United States	148.1	189.3	德　国	Germany	358.6	578.4
缅　甸	Myanmar	63.4	137.5	法　国	France	347.7	437.0
印度尼西亚	Indonesia	129.2	134.0	澳大利亚	Australia	177.5	414.2
阿根廷	Argentina	42.0	102.6	波　兰	Poland	95.8	267.8
坦桑尼亚	Tanzania	5.2	78.5	乌克兰	Ukraine	13.2	235.2
塞内加尔	Senegal	106.2	71.0	英　国	United Kingdom	115.7	212.8
喀麦隆	Cameroon	19.7	63.6	捷　克	Czech Rep.	84.4	144.3
越　南	Viet Nam	35.5	49.2	俄罗斯	Russia	14.8	139.3
乍　得	Chad	35.9	41.4	美　国	United States	90.9	88.0
加　纳	Ghana	20.9	40.9	罗马尼亚	Romania	7.6	70.2
巴　西	Brazil	18.5	39.0	丹　麦	Denmark	29.4	68.8
马拉维	Malawi	12.2	38.1	白俄罗斯	Belarus	7.3	67.6
刚果(金)	Congo, Dem. Rep.	38.2	37.0	立陶宛	Lithuania	8.1	54.9
布基纳法索	Burkina Faso	16.9	35.0	匈牙利	Hungary	17.9	52.7
乌干达	Uganda	13.9	29.5	斯洛伐克	Slovakia	13.4	37.4
尼日尔	Niger	11.3	28.0	伊　朗	Iran	…	35.0
几内亚	Guinea	20.0	26.0	保加利亚	Bulgaria	2.0	32.9
马　里	Mali	19.3	22.0	瑞　典	Sweden	12.2	32.8
埃　及	Egypt	18.7	20.9	拉脱维亚	Latvia	1.0	29.7
安哥拉	Angola	1.3	19.2	孟加拉国	Bangladesh	24.9	29.4
尼加拉瓜	Nicaragua	9.7	19.0	哈萨克斯坦	Kazakhstan	0.3	24.2
中　非	Central African Rep.	10.5	16.2	巴基斯坦	Pakistan	29.7	23.2
土耳其	Turkey	7.8	14.1	奥地利	Austria	12.5	19.7
贝　宁	Benin	12.1	13.4	爱沙尼亚	Estonia	3.9	17.4
赞比亚	Zambia	5.2	10.7	智　利	Chile	4.8	15.6
莫桑比克	Mozambique	12.4	10.6	阿根廷	Argentina	0.6	12.8
埃塞俄比亚	Ethiopia	1.2	10.3	南　非	South Africa	…	11.2
津巴布韦	Zimbabwe	19.1	10.2	西班牙	Spain	5.0	10.8
巴基斯坦	Pakistan	9.1	10.1	土耳其	Turkey	…	10.2
墨西哥	Mexico	14.2	10.0	芬　兰	Finland	7.1	8.0
科特迪瓦	Cote D'Ivoire	7.2	9.5	瑞　士	Switzerland	3.9	7.3
冈比亚	Gambia	13.8	9.4	巴拉圭	Paraguay	0.9	7.0
塞拉利昂	Sierra Leone	1.5	8.6	比利时	Belgium	1.4	6.1
孟加拉国	Bangladesh	3.2	5.1	巴　西	Brazil	4.1	5.8
老　挝	Laos	1.3	4.8	爱尔兰	Ireland	0.9	4.9
泰　国	Thailand	13.2	4.7	克罗地亚	Croatia	2.9	4.8
中国台湾	Taiwan, China	7.9	4.7	阿尔及利亚	Algeria	2.9	4.7
几内亚比绍	Guinea-Bissau	2.0	4.6	摩尔多瓦	Moldova	0.1	4.3
多　哥	Togo	2.6	4.3	意大利	Italy	4.1	3.9
南　非	South Africa	13.6	4.2	埃塞俄比亚	Ethiopia	1.4	3.6
摩洛哥	Morocco	3.9	3.9	乌拉圭	Uruguay	…	3.3
刚果(布)	Congo, Rep.	2.3	3.3	塞尔维亚	Serbia		2.7
马达加斯加	Madagascar	3.5	3.3	卢森堡	Luxemburg	0.8	1.5
巴拉圭	Paraguay	2.2	3.0	斯洛文尼亚	Slovenia	…	1.5
柬埔寨	Cambodia	0.8	3.0	蒙　古	Mongolia		1.2
菲律宾	Philippines	2.7	2.9	挪　威	Norway	0.9	1.1
斯里兰卡	Sri Lanka	0.7	2.8	荷　兰	Netherlands	0.3	1.0

11-3 续表 4 continued

单位：万吨 (10 000 tons)

国家或地区	Country or Area	芝麻 Sesame Seed 2000	芝麻 Sesame Seed 2013	国家或地区	Country or Area	籽棉 Seed Cotton 2000	籽棉 Seed Cotton 2013
世　界	**World**	**279.1**	**484.8**	**世　界**	**World**	**5308.2**	**7305.3**
缅　甸	Myanmar	29.6	89.0	中　国	China	1325.1	1893.0
印　度	India	51.8	63.6	印　度	India	512.8	1891.3
中　国	China	81.2	62.4	美　国	United States	958.1	762.6
坦桑尼亚	Tanzania	3.9	42.0	巴基斯坦	Pakistan	547.6	624.3
埃塞俄比亚	Ethiopia	1.6	18.7	巴　西	Brazil	201.0	341.7
乌干达	Uganda	9.7	18.0	乌兹别克斯坦	Uzbekistan	300.2	336.1
尼日利亚	Nigeria	7.2	16.5	澳大利亚	Australia	178.7	267.6
布基纳法索	Burkina Faso	0.7	13.7	土耳其	Turkey	226.1	225.0
莫桑比克	Mozambique	0.5	11.0	希　腊	Greece	129.7	105.0
尼日尔	Niger	1.4	9.2	布基纳法索	Burkina Faso	21.3	76.6
索马里	Somalia	2.3	9.0	墨西哥	Mexico	22.4	58.7
危地马拉	Guatemala	1.9	5.3	土库曼斯坦	Turkmenistan	103.0	57.0
泰　国	Thailand	3.9	5.2	阿根廷	Argentina	41.8	54.3
喀麦隆	Cameroon	0.6	4.9	马　里	Mali	24.3	48.4
墨西哥	Mexico	4.1	4.2	埃　及	Egypt	55.4	43.5
埃　及	Egypt	3.7	4.0	科特迪瓦	Cote D'Ivoire	40.2	40.5
乍　得	Chad	3.3	3.9	哈萨克斯坦	Kazakhstan	28.7	39.7
马　里	Mali	0.4	3.5	塔吉克斯坦	Tajikistan	33.5	39.3
孟加拉国	Bangladesh	2.2	3.4	坦桑尼亚	Tanzania	12.3	35.7
越　南	Viet Nam	1.7	3.3	贝　宁	Benin	34.0	30.7
委内瑞拉	Venezuela	3.3	3.3	津巴布韦	Zimbabwe	32.7	29.0
巴基斯坦	Pakistan	5.1	3.2	缅　甸	Myanmar	17.6	28.0
阿富汗	Afghanistan	2.3	3.2	喀麦隆	Cameroon	20.4	24.0
巴拉圭	Paraguay	0.8	3.0	尼日利亚	Nigeria	39.9	20.9
伊　朗	Iran	2.7	2.8	伊　朗	Iran	49.7	20.0
中　非	Central African Rep.	3.7	2.8	叙利亚	Syrian Arab Republic	108.2	16.9
柬埔寨	Cambodia	1.0	2.6	马拉维	Malawi	3.7	15.9
也　门	Yemen	1.8	2.5	莫桑比克	Mozambique	3.5	15.0
土耳其	Turkey	2.4	1.6	西班牙	Spain	29.5	14.6
斯里兰卡	Sri Lanka	0.5	1.4	赞比亚	Zambia	6.2	14.0
老　挝	Laos	0.5	1.4	玻利维亚	Bolivia	4.5	11.6
韩　国	Korea, Rep.	3.2	1.2	埃塞俄比亚	Ethiopia	4.6	10.5
肯尼亚	Kenya	1.0	1.2	乍　得	Chad	18.0	10.5
贝　宁	Benin	1.0	1.0	秘　鲁	Peru	15.4	8.3
伊拉克	Iraq	1.4	0.8	多　哥	Togo	11.7	7.0
巴　西	Brazil	1.5	0.7	吉尔吉斯斯坦	Kyrgyzstan	8.8	6.9
尼加拉瓜	Nicaragua	0.4	0.6	哥伦比亚	Colombia	11.1	6.4
沙特阿拉伯	Saudi Arabia	0.3	0.5	乌干达	Uganda	7.6	6.3
乌兹别克斯坦	Uzbekistan	2.0	0.4	孟加拉国	Bangladesh	4.1	5.5
刚果(金)	Congo, Dem. Rep.	0.5	0.4	巴拉圭	Paraguay	24.7	5.0
塞内加尔	Senegal	0.1	0.4	阿塞拜疆	Azerbaijan	9.2	4.5
海　地	Haiti	0.4	0.4	阿富汗	Afghanistan	5.7	4.2
意大利	Italy	…	0.3	几内亚	Guinea	6.6	4.2
塞拉利昂	Sierra Leone	0.2	0.3	朝　鲜	Korea, Dem.	3.5	3.9
科特迪瓦	Cote D'Ivoire	0.4	0.3	伊拉克	Iraq	3.3	3.6
安哥拉	Angola	0.2	0.3	塞内加尔	Senegal	2.0	3.3
萨尔瓦多	El Salvador	0.6	0.3	以色列	Israel	4.4	2.9
哥伦比亚	Colombia	0.4	0.3	刚果(金)	Congo, Dem. Rep.	2.9	2.8
多　哥	Togo	0.1	0.2	委内瑞拉	Venezuela	1.7	2.6
洪都拉斯	Honduras	0.1	0.1	南　非	South Africa	7.0	2.3

11-3 续表 5 continued

单位：万吨 (10 000 tons)

国家或地区	Country or Area	甘蔗 Sugar Cane 2000	甘蔗 Sugar Cane 2013	国家或地区	Country or Area	甜菜 Sugar Beets 2000	甜菜 Sugar Beets 2013
世　界	**World**	**125745.9**	**191118.0**	**世　界**	**World**	**25010.2**	**24652.2**
巴　西	Brazil	32770.5	76809.0	俄罗斯	Russia	1405.4	3932.1
印　度	India	29932.4	34120.0	法　国	France	3112.1	3361.4
中　国	China	6929.9	12820.1	美　国	United States	3254.1	2976.8
泰　国	Thailand	5405.2	10009.6	德　国	Germany	2787.0	2282.9
巴基斯坦	Pakistan	4633.3	6375.0	土耳其	Turkey	1882.1	1648.3
墨西哥	Mexico	4410.0	6118.2	乌克兰	Ukraine	1319.9	1078.9
哥伦比亚	Colombia	3500.0	3487.6	波　兰	Poland	1313.4	1059.1
印度尼西亚	Indonesia	2390.0	3370.0	埃　及	Egypt	289.0	1004.4
菲律宾	Philippines	2449.1	3187.4	中　国	China	807.4	926.0
美　国	United States	3611.4	2790.6	英　国	United Kingdom	907.9	800.0
澳大利亚	Australia	3816.5	2713.6	荷　兰	Netherlands	679.8	572.7
危地马拉	Guatemala	1655.2	2633.5	比利时	Belgium	615.2	442.9
阿根廷	Argentina	1840.0	2370.0	白俄罗斯	Belarus	147.4	434.3
越　南	Viet Nam	1504.4	2013.1	伊　朗	Iran	433.2	418.5
南　非	South Africa	2387.6	1800.0	捷　克	Czech Rep.	280.9	374.4
埃　及	Egypt	1570.6	1610.0	奥地利	Austria	256.0	346.6
古　巴	Cuba	3640.0	1610.0	日　本	Japan	367.3	343.5
秘　鲁	Peru	753.5	1099.2	塞尔维亚	Serbia		298.3
缅　甸	Myanmar	580.1	965.0	西班牙	Spain	793.0	246.9
玻利维亚	Bolivia	360.2	806.6	瑞　典	Sweden	260.2	232.6
委内瑞拉	Venezuela	883.2	734.0	丹　麦	Denmark	334.5	230.0
萨尔瓦多	El Salvador	514.0	716.3	意大利	Italy	1237.0	215.9
厄瓜多尔	Ecuador	540.2	715.8	摩洛哥	Morocco	288.3	214.2
尼加拉瓜	Nicaragua	352.4	704.1	智　利	Chile	309.3	188.6
伊　朗	Iran	236.7	620.0	瑞　士	Switzerland	140.8	137.6
洪都拉斯	Honduras	397.4	608.2	斯洛伐克	Slovakia	96.2	114.5
肯尼亚	Kenya	394.2	590.0	克罗地亚	Croatia	48.2	105.1
巴拉圭	Paraguay	224.5	554.5	罗马尼亚	Romania	66.7	102.9
斯威士兰	Swaziland	388.5	545.0	摩尔多瓦	Moldova	94.4	100.9
哥斯达黎加	Costa Rica	380.0	485.0	立陶宛	Lithuania	88.2	96.7
多米尼加	Dominican Rep.	451.1	477.1	匈牙利	Hungary	197.6	95.0
孟加拉国	Bangladesh	691.0	443.4	加拿大	Canada	82.1	59.9
赞比亚	Zambia	160.0	400.0	芬　兰	Finland	104.6	48.0
津巴布韦	Zimbabwe	422.8	388.0	希　腊	Greece	303.3	33.6
毛里求斯	Mauritius	511.0	381.6	叙利亚	Syrian Arab Republic	117.5	31.7
莫桑比克	Mozambique	39.7	380.0	土库曼斯坦	Turkmenistan	23.0	23.8
乌干达	Uganda	147.6	335.0	吉尔吉斯斯坦	Kyrgyzstan	45.0	19.5
马达加斯加	Madagascar	218.9	325.0	阿塞拜疆	Azerbaijan	4.7	18.8
坦桑尼亚	Tanzania	135.5	299.2	亚美尼亚	Armenia	0.1	6.5
尼泊尔	Nepal	210.3	293.0	哈萨克斯坦	Kazakhstan	27.3	6.5
马拉维	Malawi	210.0	290.0	委内瑞拉	Venezuela	1.7	5.8
埃塞俄比亚	Ethiopia	217.7	275.0	阿尔巴尼亚	Albania	4.2	4.0
巴拿马	Panama	178.9	248.2	哥伦比亚	Colombia	1.2	3.5
圭亚那	Guyana	271.0	246.0	巴基斯坦	Pakistan	15.9	2.5
刚果(金)	Congo, Dem. Rep.	166.9	200.0	伊拉克	Iraq	0.8	1.7
科特迪瓦	Cote D'Ivoire	167.2	196.9	阿富汗	Afghanistan	0.1	1.5
留尼汪	Reunion	184.5	190.0	葡萄牙	Portugal	46.2	1.0
斐　济	Fiji	359.8	160.0	马其顿	Macedonia	5.7	1.0
尼日利亚	Nigeria	69.5	145.5	厄瓜多尔	Ecuador	0.3	0.4
牙买加	Jamaica	202.5	140.3	马　里	Mali	…	0.4

11-3 续表 6 continued

单位：万吨 (10 000 tons)

国家或地区	Country or Area	茶叶 Tea 2000	茶叶 Tea 2013
世界	**World**	**298.8**	**534.6**
中国	China	70.4	192.5
印度	India	82.6	120.9
肯尼亚	Kenya	23.6	43.2
斯里兰卡	Sri Lanka	30.6	34.0
越南	Viet Nam	7.0	21.4
土耳其	Turkey	13.9	21.2
伊朗	Iran	5.0	16.0
印度尼西亚	Indonesia	16.3	14.8
阿根廷	Argentina	7.4	10.5
日本	Japan	8.5	8.5
泰国	Thailand	3.2	7.5
孟加拉国	Bangladesh	4.6	6.4
马拉维	Malawi	4.2	5.4
乌干达	Uganda	2.9	5.3
布隆迪	Burundi	0.7	4.2
坦桑尼亚	Tanzania	2.4	3.4
缅甸	Myanmar	1.9	3.2
莫桑比克	Mozambique	1.1	2.3
卢旺达	Rwanda	1.5	2.2
尼泊尔	Nepal	0.5	2.1
津巴布韦	Zimbabwe	2.2	1.9
马来西亚	Malaysia	0.6	1.8
中国台湾	Taiwan, China	2.0	1.5
埃塞俄比亚	Ethiopia	0.4	0.7
巴布亚新几内亚	Papua New Guinea	0.6	0.5
喀麦隆	Cameroon	0.4	0.5
秘鲁	Peru	0.6	0.4
格鲁吉亚	Georgia	2.4	0.3
韩国	Korea, Rep.	0.1	0.3
厄瓜多尔	Ecuador	0.1	0.3
刚果(金)	Congo, Dem. Rep.	0.2	0.3
毛里求斯	Mauritius	0.1	0.2
玻利维亚	Bolivia	0.1	0.1
老挝	Laos	0.0	0.1
赞比亚	Zambia	0.1	0.1
南非	South Africa	1.3	0.1
留尼汪	R閿nion	0.1	0.1
巴西	Brazil	0.8	0.1
阿塞拜疆	Azerbaijan	0.1	0.1
马达加斯加	Madagascar	0.1	0.1
萨尔瓦多	El Salvador	0.0	0.1
危地马拉	Guatemala	0.1	0.1
马里	Mali		
巴拿马	Panama		
葡萄牙	Portugal		
哥伦比亚	Colombia		
黑山	Montenegro		
俄罗斯	Russia	0.2	
塞舌尔	Seychelles		
阿尔巴尼亚	Albania		

国家或地区	Country or Area	水果(不包括瓜类) Fruit excluding Melons 2000	水果(不包括瓜类) Fruit excluding Melons 2013
世界	**World**	**47917.3**	**67667.0**
中国	China	6427.9	15183.8
印度	India	4300.1	8263.2
巴西	Brazil	3698.7	3777.4
美国	United States	3280.5	2698.6
西班牙	Spain	1611.6	1769.9
墨西哥	Mexico	1331.4	1755.3
意大利	Italy	1799.0	1637.1
印度尼西亚	Indonesia	841.3	1600.3
菲律宾	Philippines	1079.6	1588.7
土耳其	Turkey	1086.1	1534.1
伊朗	Iran	1228.8	1180.7
泰国	Thailand	1046.9	1109.6
尼日利亚	Nigeria	928.3	1090.3
埃及	Egypt	696.6	1090.0
乌干达	Uganda	1009.1	956.0
哥伦比亚	Colombia	731.8	953.3
阿根廷	Argentina	717.4	837.0
法国	France	1128.1	818.3
厄瓜多尔	Ecuador	767.1	735.7
越南	Viet Nam	456.5	712.7
智利	Chile	389.0	680.6
南非	South Africa	511.1	642.1
巴基斯坦	Pakistan	518.6	611.5
哥斯达黎加	Costa Rica	381.5	569.4
喀麦隆	Cameroon	199.4	564.4
秘鲁	Peru	318.7	548.2
加纳	Ghana	239.1	533.4
坦桑尼亚	Tanzania	187.8	490.9
危地马拉	Guatemala	197.3	442.3
阿尔及利亚	Algeria	142.8	423.2
波兰	Poland	224.7	417.7
安哥拉	Angola	44.7	391.9
孟加拉国	Bangladesh	136.1	370.0
卢旺达	Rwanda	230.4	363.6
摩洛哥	Morocco	268.1	363.0
乌兹别克斯坦	Uzbekistan	141.5	358.2
澳大利亚	Australia	308.4	338.2
俄罗斯	Russia	340.2	336.8
希腊	Greece	415.2	333.5
多米尼加	Dominican Rep.	141.2	327.6
委内瑞拉	Venezuela	319.0	303.5
日本	Japan	382.1	298.5
肯尼亚	Kenya	218.0	285.7
刚果(金)	Congo, Dem. Rep.	242.7	276.6
乌克兰	Ukraine	191.7	275.5
韩国	Korea, Rep.	262.6	275.2
中国台湾	Taiwan, China	224.8	252.0
布隆迪	Burundi	159.8	235.6
巴布亚新几内亚	Papua New Guinea	166.6	234.5
德国	Germany	529.1	233.4

11-4 主要林产品产量

Output of Major Forest Products

资料来源：联合国FAO数据库。
Source: FAO Database.
单位：吨 (ton)

国家或地区	Country or Area	栗子 Chestnuts		榛子 Hazelnuts, with Shell		天然橡胶 Natural Rubber		核桃 Walnuts, with Shell	
		2010	2013	2010	2013	2010	2013	2010	2013
世界	**World**	**1964598**	**2009487**	**854918**	**858697**	**10326154**	**11965846**	**2943573**	**3458046**
中国	China	1620000	1650000	19500	23000	690812	864806	1284351	1700000
孟加拉国	Bangladesh					5800	6000		
文莱	Brunei Darussalam					219	243		
柬埔寨	Cambodia					39211	43000		
印度	India					862000	900000	38000	36000
印度尼西亚	Indonesia					2734900	3107544		
伊朗	Iran			20284	21537			433630	453988
日本	Japan	23500	21000						
哈萨克斯坦	Kazakhstan							1180	2300
朝鲜	Korea, Dem.	9628	12000						
韩国	Korea, Rep.	68630	67902					1061	1429
马来西亚	Malaysia					939241	826421		
蒙古	Mongolia			435	528				
缅甸	Myanmar					112079	148000		
巴基斯坦	Pakistan							10838	9926
菲律宾	Philippines					130430	111204		
斯里兰卡	Sri Lanka					152990	130421		
泰国	Thailand					3051781	3863000		
越南	Viet Nam					751700	949100		
埃及	Egypt							20865	21608
尼日利亚	Nigeria					143500	143500		
墨西哥	Mexico					32097	51397	76627	106945
美国	United States			25401	40500			457221	420000
阿根廷	Argentina							10000	11952
巴西	Brazil					133981	185725	5319	5228
白俄罗斯	Belarus			1200	1285			13500	15861
捷克	Czech Rep.							7043	11963
法国	France	9376	9209	10073	7619			31737	33716
德国	Germany							12313	16619
意大利	Italy	48810	49459	90270	112643			14000	11055
波兰	Poland	393	460	2649	5132			9175	8068
俄罗斯	Russia			800	1000①			2000	2250①
西班牙	Spain	17900	17200	15086	15300			13525	14300
土耳其	Turkey	59171	60019	600000	549000			178142	212140
乌克兰	Ukraine	200	300	20	20			87400	115800
澳大利亚	Australia							1900	2500

注：①2012年数据。
Note:①Data refer to 2012.

11-5 牲畜饲养量(2013年)

Number of Livestock(2013)

资料来源：联合国FAO数据库。
Source: FAO Database.
单位：万头(只) (10 000 heads)

国家或地区	Country or Area	牛 Cattle	马 Horses	山羊 Goats	绵羊 Sheep	猪 Pigs
世 界	**World**	**146754.9**	**5976.9**	**97580.3**	**116287.6**	**97727.4**
中 国	China	11350.0	633.5	18270.0	17500.0	47592.2
孟加拉国	Bangladesh	2400.0		5560.0	190.0	
文 莱	Brunei Darussalam	0.1		0.7	0.4	0.1
柬埔寨	Cambodia	290.0	3.0			215.0
印 度	India	18900.0	62.8	13400.0	6380.0	1013.0
印度尼西亚	Indonesia	1660.7	45.4	1857.6	1456.0	824.6
伊 朗	Iran	867.0	14.0	2210.0	5022.0	
以色列	Israel	46.5	0.4	10.0	54.0	17.7
日 本	Japan	406.5	1.6	1.7	1.3	968.5
哈萨克斯坦	Kazakhstan	585.1	178.5	236.3	1519.8	92.2
朝 鲜	Korea, Dem.	57.6	4.8	368.2	16.8	226.5
韩 国	Korea, Rep.	334.2	2.9	26.0	0.3	991.2
老 挝	Laos	170.0	3.3	45.0		280.0
马来西亚	Malaysia	75.2	0.4	48.2	13.0	181.7
蒙 古	Mongolia	290.9	261.9	1922.8	2006.6	5.2
缅 甸	Myanmar	1435.0	11.6	393.0	86.2	1053.0
巴基斯坦	Pakistan	3829.9	35.8	6485.8	2875.5	
菲律宾	Philippines	249.8	24.0	369.4	3.0	1184.3
斯里兰卡	Sri Lanka	114.0	0.1	32.7	0.8	8.0
泰 国	Thailand	514.8	0.8	42.0	4.2	792.4
越 南	Viet Nam	515.7	7.9	134.5		2626.1
埃 及	Egypt	495.0	7.4	435.0	545.0	1.1
尼日利亚	Nigeria	2000.0	21.7	5825.0	3900.0	808.0
南 非	South Africa	1400.0	31.0	620.0	2500.0	160.0
加拿大	Canada	1221.5	40.7	3.0	89.2	1287.9
墨西哥	Mexico	3240.2	635.6	866.5	849.7	1620.2
美 国	United States	8930.0	1035.0	281.1	533.5	6477.5
阿根廷	Argentina	5109.5	362.0	437.5	1457.5	244.0
巴 西	Brazil	21176.4	531.2	877.9	1729.1	3674.4
委内瑞拉	Venezuela	1450.0	52.2	145.0	59.5	390.0
白俄罗斯	Belarus	436.7	9.2	7.3	6.0	424.3
捷 克	Czech Rep.	135.3	3.4	2.4	22.1	158.7
法 国	France	1909.6	40.8	129.1	723.4	1348.8
德 国	Germany	1258.7	46.1	13.0	189.3	2769.0
意大利	Italy	609.2	39.4	89.2	701.6	866.2
荷 兰	Netherlands	399.9	13.7	41.3	103.4	1221.2
波 兰	Poland	586.0	20.7	8.2	24.9	1116.2
俄罗斯	Russia	1993.0	137.8	211.9	2206.1	1881.6
西班牙	Spain	569.7	25.0	261.0	1611.9	2549.5
土耳其	Turkey	1391.7	14.1	835.7	2742.5	0.3
乌克兰	Ukraine	464.6	37.7	66.5	107.3	757.7
英 国	United Kingdom	984.4	39.5	9.8	3285.6	488.5
澳大利亚	Australia	2929.1	26.7	355.0	7554.8	209.8
新西兰	New Zealand	1018.2	5.7	8.0	3078.7	29.8

11-6 畜产品产量(2013年)
Output of Livestock Products(2013)

资料来源：联合国FAO数据库。
Source: FAO Database.
单位：万吨 (10 000 tons)

国家或地区	Country or Area	肉类总产量 Meat,Total	牛肉 Beef and Buffalo Meat	羊肉 Sheep and Goat Meat	猪肉 Pig Meat	禽肉 Poultry Meat
世　界	**World**	**31038.0**	**6770.6**	**1396.2**	**11303.5**	**10866.9**
中　国	China	8346.2	673.0	408.1	5273.3	1826.5
孟加拉国	Bangladesh	64.4	20.0	20.8		22.0
文　莱	Brunei Darussalam	2.8	0.1			2.7
柬埔寨	Cambodia	19.8	7.3		9.9	2.7
印　度	India	621.5	257.7	74.7	35.4	235.8
印度尼西亚	Indonesia	331.7	58.6	11.3	74.3	187.2
伊　朗	Iran	250.8	25.4	27.0		196.7
以色列	Israel	69.5	13.2	1.4	1.6	53.2
日　本	Japan	327.6	50.8		130.9	145.0
哈萨克斯坦	Kazakhstan	87.1	38.3	15.6	10.0	13.6
朝　鲜	Korea, Dem.	34.3	2.2	1.6	11.3	4.4
韩　国	Korea, Rep.	203.6	33.6	0.1	100.7	68.6
老　挝	Laos	13.9	4.8	0.2	6.4	2.5
马来西亚	Malaysia	162.4	3.1	0.2	23.1	136.0
蒙　古	Mongolia	25.1	5.6	15.7	0.1	
缅　甸	Myanmar	212.6	26.2	4.8	62.1	119.6
巴基斯坦	Pakistan	304.0	164.6	45.9		91.2
菲律宾	Philippines	312.8	29.7	5.5	168.1	107.9
新加坡	Singapore	11.7			2.0	9.7
斯里兰卡	Sri Lanka	13.9	2.9	0.2	0.2	10.7
泰　国	Thailand	263.4	19.5	0.2	96.7	147.0
越　南	Viet Nam	426.5	37.9	0.8	321.8	63.3
埃　及	Egypt	206.8	86.2	13.1		95.9
尼日利亚	Nigeria	146.4	40.3	47.2	25.4	17.0
南　非	South Africa	279.8	85.1	17.9	21.6	150.4
加拿大	Canada	433.4	105.6	1.7	197.7	125.4
墨西哥	Mexico	612.2	180.7	9.8	128.4	284.6
美　国	United States	4264.2	1169.8	7.3	1051.0	2008.5
阿根廷	Argentina	521.0	282.2	5.9	41.6	182.6
巴　西	Brazil	2601.1	967.5	11.6	328.0	1291.5
委内瑞拉	Venezuela	232.2	51.6	1.2	24.3	127.6
白俄罗斯	Belarus	117.2	31.6	0.1	46.9	38.5
捷　克	Czech Rep.	50.4	6.5	0.3	24.3	15.3
法　国	France	556.0	140.0	12.3	212.1	174.3
德　国	Germany	820.1	110.6	3.5	549.4	145.7
意大利	Italy	405.3	85.4	3.5	162.5	123.3
荷　兰	Netherlands	266.5	37.4	1.4	128.2	99.3
波　兰	Poland	381.0	38.6	0.1	174.5	165.2
俄罗斯	Russia	854.4	163.3	19.0	281.6	346.3
西班牙	Spain	542.4	58.1	12.7	343.1	120.0
土耳其	Turkey	299.5	87.0	35.1		177.1
乌克兰	Ukraine	239.2	42.8	1.9	74.8	117.1
英　国	United Kingdom	364.2	84.7	28.9	83.3	166.2
澳大利亚	Australia	448.9	231.8	68.6	36.1	109.8
新西兰	New Zealand	125.5	56.4	45.1	3.9	17.1

11-6 续表 continued

单位：万吨 (10 000 tons)

国家或地区	Country or Area	蛋类 Eggs Total	鸡蛋 Hen Eggs	奶类总产量 Milk Total	牛奶 Cow Milk	羊毛 Wool, Greasy	蜂蜜 Natural Honey
世　界	**World**	**7385.5**	**6826.2**	**74670.8**	**63557.6**	**212.7**	**166.4**
中　国	China	2876.0	2444.6	4019.3	3531.0	47.1	45.0
孟加拉国	Bangladesh	39.2	28.7	353.1	83.8	0.2	
文　莱	Brunei Darussalam	0.7	0.7				
柬埔寨	Cambodia	2.3	1.9	2.3	2.3		
印　度	India	383.5	383.5	13560.0	6060.0	4.7	6.1
印度尼西亚	Indonesia	150.4	122.4	138.8	98.2	3.1	
伊　朗	Iran	66.5	66.5	761.3	685.0	6.2	4.4
以色列	Israel	12.4	12.4	143.5	139.1	0.1	0.3
日　本	Japan	252.2	252.2	750.8	750.8		0.3
哈萨克斯坦	Kazakhstan	21.8	21.7	493.0	489.1	3.8	0.2
朝　鲜	Korea, Dem.	12.5	12.5	9.8	9.8		
韩　国	Korea, Rep.	64.7	61.5	209.7	209.3		2.5
老　挝	Laos	1.7	1.7	0.7	0.7		
马来西亚	Malaysia	67.8	66.4	8.8	7.9		
蒙　古	Mongolia			51.0	38.1	1.7	
缅　甸	Myanmar	42.5	38.2	170.8	138.0	0.1	0.2
巴基斯坦	Pakistan	66.1	64.9	1717.2	1389.7	4.4	0.4
菲律宾	Philippines	46.9	42.8	2.0	2.0		
新加坡	Singapore	2.7	2.6				
斯里兰卡	Sri Lanka	11.1	11.1	32.5	25.4		
泰　国	Thailand	106.3	66.8	109.5	109.5		0.9
越　南	Viet Nam	37.8	37.8	48.7	45.6		1.3
埃　及	Egypt	31.5	31.5	590.1	316.5	1.3	0.5
尼日利亚	Nigeria	65.0	65.0	57.0	57.0		
南　非	South Africa	54.0	54.0	340.0	340.0	4.0	0.1
加拿大	Canada	44.3	44.3	839.4	839.4	0.1	3.5
墨西哥	Mexico	251.6	251.6	1111.8	1096.6	0.5	5.7
美　国	United States	563.6	563.6	9127.1	9127.1	1.4	6.8
阿根廷	Argentina	53.9	53.9	1179.6	1179.6	4.5	8.0
巴　西	Brazil	237.7	217.2	3440.8	3425.5	1.2	3.5
委内瑞拉	Venezuela	28.1	28.1	264.0	264.0		0.1
白俄罗斯	Belarus	22.2	22.0	664.0	662.6		0.3
捷　克	Czech Rep.	12.4	12.4	286.0	284.9		0.8
法　国	France	94.4	94.4	2455.4	2371.4	1.4	1.1
德　国	Germany	89.3	89.3	3114.3	3112.2	1.4	1.6
意大利	Italy	77.5	77.5	1100.4	1039.7	0.8	1.0
荷　兰	Netherlands	70.3	70.3	1242.7	1220.7	0.3	
波　兰	Poland	55.8	55.8	1273.5	1271.8	0.1	1.5
俄罗斯	Russia	231.7	228.4	3052.3	3028.6	5.5	6.8
西班牙	Spain	74.4	74.3	763.2	655.9	2.3	3.1
土耳其	Turkey	103.1	103.1	1822.4	1665.5	5.1	9.5
乌克兰	Ukraine	113.9	112.1	1148.8	1118.9	0.4	7.4
英　国	United Kingdom	68.6	67.2	1394.1	1394.1	6.8	0.6
澳大利亚	Australia	24.1	24.1	952.2	952.2	36.1	1.1
新西兰	New Zealand	5.7	5.4	1888.3	1888.3	16.5	1.8

11-7 鱼类产量
Output of Total Fishes

资料来源：联合国FAO数据库。
Source: FAO Database.
单位：万吨 (10 000 tons)

国家或地区	Country or Area	鱼类产量 Output of Total Fishes		海域鱼类产量 Ocean Area		内陆水域鱼类产量 Inland Area	
		2000	2013	2000	2013	2000	2013
中　国	China	2271.3	3740.2	888.0	1092.4	1383.3	2647.9
印度尼西亚	Indonesia	428.7	865.3	362.7	580.6	66.0	284.7
印　度	India	501.3	826.5	230.7	293.6	270.7	532.9
秘　鲁	Peru	1054.1	538.0	1050.7	531.2	3.4	6.7
缅　甸	Myanmar	116.3	460.5	87.3	243.3	29.0	217.2
越　南	Viet Nam	159.4	451.6	104.9	196.3	54.5	255.4
美　国	United States	395.6	437.0	361.4	414.7	34.3	22.3
俄罗斯	Russia	385.2	432.2	348.7	393.2	36.5	38.9
孟加拉国	Bangladesh	159.3	318.3	33.0	61.4	126.3	256.9
挪　威	Norway	311.9	316.9	311.9	316.8	0.1	…
日　本	Japan	396.6	314.3	385.8	309.3	10.8	5.0
菲律宾	Philippines	198.9	282.6	181.5	237.9	17.4	44.7
智　利	Chile	448.7	233.9	448.6	229.5	0.1	4.4
泰　国	Thailand	271.0	197.5	224.9	129.6	46.1	68.0
马来西亚	Malaysia	114.1	143.8	108.8	130.1	5.3	13.8
埃　及	Egypt	70.3	142.5	11.6	9.1	58.8	133.4
墨西哥	Mexico	108.7	141.0	96.6	125.8	12.1	15.2
冰　岛	Iceland	194.0	135.9	193.9	135.9	…	…
韩　国	Korea, Rep.	127.2	119.5	125.2	117.4	2.0	2.1
摩洛哥	Morocco	74.1	115.0	73.9	113.4	0.3	1.6
巴　西	Brazil	73.3	108.0	40.3	45.8	33.0	62.2
西班牙	Spain	98.2	100.9	94.3	98.8	3.9	2.1
中国台湾	Taiwan, China	96.6	98.6	84.3	86.6	12.3	12.0
尼日利亚	Nigeria	44.2	96.1	28.4	34.3	15.8	61.8
柬埔寨	Cambodia	28.6	70.2	2.7	8.8	25.9	61.4
英　国	United Kingdom	76.2	64.4	74.9	63.0	1.3	1.4
丹　麦	Denmark	145.1	64.4	141.5	62.3	3.7	2.0
巴基斯坦	Pakistan	58.6	58.0	39.7	30.9	18.9	27.1
土耳其	Turkey	56.0	56.1	47.7	40.6	8.3	15.5
法罗群岛	Faeroe Islands	47.3	55.3	47.3	55.3	…	…
厄瓜多尔	Ecuador	60.5	54.0	59.5	51.1	1.0	2.8
加拿大	Canada	66.7	53.6	61.4	49.9	5.3	3.7
阿根廷	Argentina	56.4	53.5	53.2	51.9	3.2	1.6
乌干达	Uganda	22.0	51.7			22.0	51.7
斯里兰卡	Sri Lanka	29.5	49.5	26.3	40.2	3.2	9.3
纳米比亚	Namibia	58.7	48.5	58.5	48.2	0.2	0.3
法　国	France	58.8	45.2	53.1	41.2	5.7	4.0
塞内加尔	Senegal	41.0	44.5	35.8	41.2	5.2	3.3
新西兰	New Zealand	52.2	42.0	52.1	41.9	0.2	0.2
南　非	South Africa	63.6	40.9	63.4	40.6	0.3	0.3
加　纳	Ghana	45.4	32.5	37.4	20.3	8.0	12.3
荷　兰	Netherlands	46.9	30.8	46.0	30.3	0.9	0.5
安哥拉	Angola	23.5	27.3	22.8	26.2	0.7	1.1
毛里塔尼亚	Mauritania	9.4	25.7	8.4	24.2	1.0	1.5
波　兰	Poland	23.1	24.9	17.7	19.6	5.3	5.4
德　国	Germany	22.8	23.3	16.5	20.2	6.3	3.1
爱尔兰	Ireland	26.8	22.9	26.6	22.8	0.2	0.1

11-8 农业机械使用量(2009年)

Agricultural Machinery in Use(2009)

资料来源：联合国FAO数据库。
Source: FAO Database.
单位：万部 (10 000 sets)

国家或地区	Country or Area	农用拖拉机 Agricultural Tractors	收割-脱粒机 Combine Harvesters Threshers	挤奶机 Milking Machines
孟加拉国	Bangladesh	0.3①	…	
柬埔寨	Cambodia	0.5②	…	
印度	India	314.9①	47.7①	
印度尼西亚	Indonesia	0.5①	10.8①	
伊朗	Iran	30.8	1.1	2.4
以色列	Israel	2.1②	…	0.2①
日本	Japan	187.7	95.7	16.0
哈萨克斯坦	Kazakhstan	4.0	1.9	0.1
朝鲜	Korea, Dem.	6.4①		
韩国	Korea, Rep.	25.4②	8.5②	
老挝	Laos	0.1①		
蒙古	Mongolia	0.3②	0.1②	
缅甸	Myanmar	1.2②	2.4	
巴基斯坦	Pakistan	47.0①	0.2①	
菲律宾	Philippines	6.3①	0.1①	
斯里兰卡	Sri Lanka	2.2①	…	
泰国	Thailand	83.0①	4.8②	0.1①
越南	Viet Nam	16.3①	22.3①	
埃及	Egypt	10.3②	0.3②	
尼日利亚	Nigeria	2.5	…	…
南非	South Africa	6.3①	1.1①	
加拿大	Canada	73.3①	8.1①	
墨西哥	Mexico	23.9①	2.3①	
美国	United States	439.0①	34.7①	
阿根廷	Argentina	25.4	5.0	0.8
巴西	Brazil	77.7①	5.4①	
委内瑞拉	Venezuela	4.9①	0.6①	
白俄罗斯	Belarus	4.8	1.2	1.4
捷克	Czech Rep.	8.4	1.0	0.7
法国	France	113.5	7.7	20.0
德国	Germany	76.7	8.5	25.0
意大利	Italy	191.3	5.5	15.0
荷兰	Netherlands	14.4	0.6	3.8
波兰	Poland	157.7	16.0①	27.2①
俄罗斯	Russia	33.0	8.6	3.3
西班牙	Spain	103.9	5.2	13.0①
土耳其	Turkey	105.3	1.3	18.4
乌克兰	Ukraine	33.4	5.7	1.1
英国	United Kingdom	44.3	4.0	15.7
澳大利亚	Australia	31.5	5.7	20.0
新西兰	New Zealand	7.7	0.3	1.4

注：①2007年数据。②2008年数据。
Note:①Data refer to 2007.②Data refer to 2008.

11-9 化肥施用量(2013年)
Consumption of Fertilizers(2013)

资料来源：联合国FAO数据库。
Source: FAO Database.
单位：万吨 (10 000 tons)

国家或地区	Country or Area	化肥 Fertilizers	氮肥 Nitrogen Fertilizers	磷肥 Phosphate Fertilizers	钾肥 Potash Fertilizers
世　界	**World**	**16659.4**	**9957.2**	**3818.2**	**2884.1**
中　国	China	3852.2	2394.2	830.6	627.4
孟加拉国	Bangladesh	160.2	75.6	47.3	37.3
文　莱	Brunei Darussalam	0.0	0.0	0.0	0.0
柬埔寨	Cambodia	5.9	4.5	1.2	0.2
印　度	India	2473.1	1673.2	594.1	205.8
印度尼西亚	Indonesia	480.8	282.5	78.3	120.0
伊　朗	Iran	48.7	26.1	21.0	1.7
以色列	Israel	7.7	3.9	0.8	3.0
日　本	Japan	108.7	43.7	37.5	27.5
哈萨克斯坦	Kazakhstan	8.5	5.6	2.6	0.4
韩　国	Korea, Rep.	54.0	23.8	15.1	15.1
马来西亚	Malaysia	164.7	44.4	40.2	80.2
蒙　古	Mongolia	2.5	2.5	0.0	0.0
缅　甸	Myanmar	18.1	13.0	2.2	3.0
巴基斯坦	Pakistan	412.1	323.5	86.6	2.0
菲律宾	Philippines	40.0	28.7	7.3	4.0
新加坡	Singapore	0.2	0.2		
斯里兰卡	Sri Lanka	20.8	12.7	3.7	4.4
泰　国	Thailand	281.9	163.3	60.2	58.3
越　南	Viet Nam	239.6	113.4	64.4	61.7
埃　及	Egypt	174.3	140.6	29.0	4.7
尼日利亚	Nigeria	60.5	47.2	8.0	5.3
南　非	South Africa	72.2	41.7	18.4	12.2
加拿大	Canada	405.2	289.3	80.9	35.0
墨西哥	Mexico	181.0	129.0	30.7	21.3
美　国	United States	2002.8	1200.7	360.7	441.5
阿根廷	Argentina	143.5	77.2	62.2	4.1
巴　西	Brazil	1335.2	395.4	467.6	472.1
委内瑞拉	Venezuela	48.6	28.5	9.0	11.0
白俄罗斯	Belarus	142.5	53.5	20.8	68.3
捷　克	Czech Rep.	40.0	33.1	4.0	2.9
法　国	France	257.4	200.5	25.9	31.0
德　国	Germany	241.6	167.5	28.4	45.7
意大利	Italy	88.1	60.0	17.1	11.0
荷　兰	Netherlands	24.0	20.2	0.9	2.9
波　兰	Poland	218.0	136.8	32.7	48.5
俄罗斯	Russia	186.1	116.7	43.8	25.7
西班牙	Spain	174.9	96.2	43.3	35.5
土耳其	Turkey	233.6	158.4	65.2	10.0
乌克兰	Ukraine	149.0	104.1	23.6	21.3
英　国	United Kingdom	154.5	106.0	20.1	28.4
澳大利亚	Australia	235.2	131.5	82.3	21.5
新西兰	New Zealand	86.4	45.7	30.7	9.9

11-10 农业集约化经营程度

Intensivism Management in Agriculture

资料来源：联合国FAO数据库。
Source: FAO Database.

国家或地区	Country or Area	平均每个农业经济活动人口耕地面积（公顷/人）Arable Areas per Agriculture Economic Activity Population (hectares per capita) 2012	平均每千公顷耕地上拖拉机使用量（部/千公顷）Tractors Used per Thousand Hectares Arable Areas (Units/1 000 hectares) 2009	平均每千公顷耕地上收割机使用量（台/千公顷）Harvest Machines Used per Thousand Hectares Arable Areas (Units/1 000 hectares) 2009	平均每千公顷耕地上化肥施用量（吨/千公顷）Consumption of Fertilizers per Thousand Hectares Arable Areas (tons/1 000 hectre) 2012
中　国	China	0.2	191.1	5.8②	651.6
孟加拉国	Bangladesh	0.2	0.4②	…	278.7
文　莱	Brunei Darussalam		24.0②	3.3②	125.0
柬埔寨	Cambodia	0.8	1.2①	0.01②	16.6
印　度	India	0.6	19.9②	3.0②	163.7
印度尼西亚	Indonesia	0.5	0.2②	4.9②	194.8
伊　朗	Iran	2.7	18.3②	0.6②	26.3
以色列	Israel	6.0	71.0	0.8②	365.0
日　本	Japan	3.4	433.9②	221.2②	259.1
哈萨克斯坦	Kazakhstan	19.7	1.8②	0.8②	1.8
韩　国	Korea, Rep.	1.3	162.0①	54.5①	480.9
马来西亚	Malaysia	0.6			1570.7
蒙　古	Mongolia	3.1	3.9①	0.8①	25.2
缅　甸	Myanmar	0.5	14.9	2.3	15.7
巴基斯坦	Pakistan	0.8	22.3②	0.1②	166.9
菲律宾	Philippines	0.4	12.1②	0.3②	113.5
新加坡	Singapore	0.3	92.9②		3333.3
斯里兰卡	Sri Lanka	0.3	21.5②	0.01②	199.5
泰　国	Thailand	0.9	54.6②	3.2①	153.2
越　南	Viet Nam	0.2	25.8②	35.3②	297.0
埃　及	Egypt	0.4	38.2	1.2①	575.5
尼日利亚	Nigeria	2.8	0.7②	…	4.8
南　非	South Africa	10.5	5.0②	0.8②	62.0
加拿大	Canada	142.6	16.4②	1.8②	74.4
墨西哥	Mexico	2.9	9.8②	0.9②	72.0
美　国	United States	64.4	27.1②	2.1②	131.1
阿根廷	Argentina	28.3	6.9②	1.4②	38.8
巴　西	Brazil	6.9	11.5②	0.8②	181.7
委内瑞拉	Venezuela	3.9	18.5②	2.2②	167.6
白俄罗斯	Belarus	14.0	8.7	2.2	271.4
捷　克	Czech Rep.	10.1	26.2②	3.3②	105.8
法　国	France	35.0	61.6②	4.2②	136.9
德　国	Germany	19.4	57.0	7.2②	198.9
意大利	Italy	9.2	266.8②	7.6②	150.8
荷　兰	Netherlands	5.0	135.9②	5.3②	310.1
波　兰	Poland	3.9	125.8	12.8②	213.3
俄罗斯	Russia	20.1	2.7	0.7	15.7
西班牙	Spain	13.3	105.7	4.2	124.3
土耳其	Turkey	2.6	48.9①	0.6①	106.1
乌克兰	Ukraine	14.2	11.4	1.7	41.3
英　国	United Kingdom	13.4	72.8②	6.6②	234.4
澳大利亚	Australia	102.2	7.1②	1.3②	44.7
新西兰	New Zealand	3.1	177.8②	7.2②	1485.8

注：①2008年数据。②2007年数据。
Note:①Data refer to 2008.②Data refer to 2007.

主要统计指标解释

农业生产指数 表明每年的农业生产总量与基期2004-2006年相比的相对水平。它根据不同农产品扣除种子和饲料用量后的价格加权数量之和计算得出，其中各种种子和饲料也采用同样方法加权汇总。因此，最后汇总结果代表除种子和饲料外各种用途的可支配产量。国家、地区和世界水平的指数用拉氏公式计算。各年份每种商品的生产量均以2004-2006年的国际平均商品价格作为权数进行加总，然后将某年得到的加总量除以基期2004-2006年三年总量的算术平均数，从而求得指数。

谷物 指收获用做干粒粮食的作物，不包括收获后用作干草或未成熟时收割用作食物、饲料或青贮饲料或作牧草用的农作物。

根茎类作物 包括其他的块根作物，如箭叶黄体芋和竹芋。主要用作饲料的根用作物，不包括芜菁、甜菜和甘蓝在内。

除瓜类外的水果总计 指新鲜水果的总产量，无论它们最终是被当作食物或饲料直接消费，还是被加工成干果、果汁、果酱、酒精等各种产品。

茶 指成品茶。

黄麻和麻类纤维 黄麻纤维从黄麻和长蒴黄麻中得到，同类纤维包括许多黄麻纤维的替代品，主要是洋麻纤维和玫瑰茄纤维（木槿属）以及刚果黄麻纤维。

牲畜 包括所有的家养动物，不管年龄、饲养地点和饲养目的。

肉 指不考虑动物的原产地，在一国境内屠宰的动物肉类产量。

牛奶 指全部鲜奶的总产量，不包括被幼畜吸吮的奶，但包括用来饲喂家畜的奶。

蛋 指农业和非农业方面的总产量，包括用于孵化的蛋。

羊毛 羊毛产量统计数字一般以带脂羊毛给出，它包含了 30-65%的杂质。为了便于数字比较，数据也按脱脂羊毛表示。

肥料 包含有机物肥,无机物肥或矿物肥。有机肥在农作物生产中发挥着重要作用，它来源于动物、植物和混合肥。矿物肥是以固体或液体形式提供给农民，并以散装、袋子或压缩容器等方式运送到农场。所有肥料应包含氮、磷、钾三种植物营养素中的至少一种营养物质。

农用拖拉机 数据一般指的是农业中应用的所有轮胎式和履带式拖拉机，园艺用拖拉机除外。

收割－脱粒机 数据指的是收割和打谷可一次操作完成的自动机械。

Explanatory Notes on Main Statistical Indicators

Indices of Agricultural Production The indices of agricultural production show the relative level of the aggregate volume of agricultural production for each year in comparison with the base period 2004-2006. They are based on the sum of price-weighted quantities of different agricultural commodities produced after deductions of quantities used as seed and feed weighted in a similar manner. The resulting aggregate represents, therefore, disposable production for any use except as seed and feed. All the indices at the country, regional and world levels are calculated by the Laspeyres formula. Production quantities of each commodity are weighted by 2004-2006 average international commodity prices and summed for each year. To obtain the index, the aggregate for a given year is divided by the average aggregate for the base period 2004-2006.

Cereals Area and production data on cereals relate to crops harvested for dry grain only. Cereal crops harvested for hay or harvested green for food, feed or silage or used for grazing are therefore excluded.

Roots and Tubers, Total Includes other root crops such as yautia and arrowroot. Root crops grown principally for feed such as turnips, mangels and swedes are not included.

Fruit Excl. Melons Total Data refer to total production of fresh fruit, whether finally used for direct consumption for food or feed, or processed into different products: dry fruit, juice, jam, alcohol, etc.

Tea Production figures relate to made tea.

Jute and Jute-like Fibres are obtained from corchorus capsularis and corchorus olitorius. Allied fibres include a number of jute substitutes, the main ones being kenaf or mesta and roselle (hibiscus spp.) and congo jute or paka (urena lobata).

Livestock Numbers The data on livestock numbers are intended to cover all domestic animals irrespective of their age and the place or purpose of their breeding.

Meat Data relate to animals slaughtered within national boundaries, irrespective of their origin.

Cow Milk Data on cow milk production relate to total production of whole fresh milk, excluding the milk sucked by young animals but including amounts fed to livestock.

Eggs Data generally refer to total production, including eggs for hatching, in both agricultural and nonagricultural sectors.

Wool Wool production statistics are generally given for greasy wool, which contains from 30 to 65 percent impurities. In order to make figures comparable, data are given also on a degreased (scoured) basis.

Fertilizers may be organic, inorganic or mineral. Organic fertilizers play an important role in crop production and are derived from animal, plant and compost. Mineral fertilizers are available to the farmer in solid or liquid form, and are delivered to the farm either in bulk, in bags or in pressurized containers. All fertilizers contain at least one of the major plant nutrients: nitrogen (N), phosphorus (P) and potassium (K).

Tractors Data generally refer to total wheel and crawler tractors (excluding garden tractors) used in agriculture.

Harvester-Threshers Data refer to self-propelled machines that reap and thresh in one operation.

工业和建筑业

Industry and Construction

12-1 工业生产指数
Indices of Industrial Production

资料来源：联合国统计月报数据库。
Source:UN Monthly Bulletin of Statistics Database.

2010年=100 (2010=100)

国家或地区	Country or Area	2010	2011	2012	2013	2014
孟加拉国	Bangladesh	100.0	115.5	127.8	142.3	153.9
印　度	India	100.0	102.9	104.1	104.0	106.9
以色列	Israel	100.0	102.1	106.2	106.7	108.0
日　本	Japan	100.0	97.1	97.7	96.9	98.7
韩　国	Korea, Rep.	100.0	106.0	107.4	108.2	108.2
马来西亚	Malaysia	100.0	102.4	106.7	110.3	116.0
蒙　古	Mongolia	100.0	94.8	94.9	96.2	
加拿大	Canada	100.0	104.1	105.8	107.3	111.5
墨西哥	Mexico	100.0	103.2	106.3	107.0	109.0
美　国	United States	100.0	103.5	107.6	111.0	115.8
巴　西	Brazil	100.0	100.4	98.1	100.1	97.0
俄罗斯	Russia	100.0	105.0	108.6	109.0	110.9
捷　克	Czech Rep.	100.0	105.9	105.0	104.9	110.1
法　国	France	100.0	102.2	99.6	98.8	97.6
德　国	Germany	100.0	107.0	106.2	106.1	107.5
意大利	Italy	100.0	100.4	94.4	91.4	90.5
荷　兰	Netherlands	100.0	99.5	99.0	99.5	96.7
波　兰	Poland	100.0	107.6	108.6	111.0	114.7
西班牙	Spain	100.0	98.0	91.8	90.2	91.6
土耳其	Turkey	100.0	110.1	112.9	116.3	120.5
乌克兰	Ukraine	100.0	108.0	107.2	102.6	92.2
英　国	United Kingdom	100.0	99.2	96.5	96.0	97.6
澳大利亚	Australia	100.0	101.1	104.7	107.5	111.2
新西兰	New Zealand	100.0	101.3	99.0	99.9	101.1

12-2 制造业生产指数

Indices of Manufacturing Production

资料来源：联合国统计月报数据库。
Source: UN Monthly Bulletin of Statistics Database.

2010年=100 (2010=100)

国家或地区	Country or Area	2010	2011	2012	2013	2014
中国香港	Hong Kong, China	100.0	100.7	99.9	100.0	99.6
中国澳门	Macao, China	100.0	126.6	161.0	188.3	214.6
孟加拉国	Bangladesh	100.0	117.0	129.5	144.6	155.8
文　莱	Brunei Darussalam	100.0	103.4	104.2	106.1	98.9
印　度	India	100.0	103.0	104.3	103.5	105.9
以色列	Israel	100.0	102.2	107.1	106.0	106.6
日　本	Japan	100.0	97.2	97.8	97.0	99.0
韩　国	Korea, Rep.	100.0	106.0	107.5	108.2	108.3
马来西亚	Malaysia	100.0	105.7	111.3	116.0	123.0
蒙　古	Mongolia	100.0	88.3	90.1	91.6	
巴基斯坦	Pakistan	100.0	101.2	105.2		
菲律宾	Philippines	100.0	101.1	108.9	124.1	
新加坡	Singapore	100.0	107.8	108.1	109.9	112.9
斯里兰卡	Sri Lanka	100.0	107.7	108.8	108.3	115.1
泰　国	Thailand	100.0	91.5	93.5	90.6	86.4
越　南	Viet Nam	100.0		110.9	121.1	132.4
埃　及	Egypt	100.0	94.5	96.9	96.8	100.2
尼日利亚	Nigeria	100.0	117.8	133.7	162.8	186.8
南　非	South Africa	100.0	102.8	105.2	106.7	106.4
加拿大	Canada	100.0	103.2	105.8	105.3	108.6
墨西哥	Mexico	100.0	104.6	108.9	110.0	114.2
美　国	United States	100.0	103.6	108.2	111.3	115.5
阿根廷	Argentina	100.0	113.7	115.4	119.0	
巴　西	Brazil	100.0	100.3	97.9	100.6	96.4
委内瑞拉	Venezuela	100.0	101.8	103.7		
捷　克	Czech Rep.	100.0	107.5	106.8	107.6	114.8
法　国	France	100.0	103.8	100.2	98.8	98.7
德　国	Germany	100.0	108.5	107.3	107.2	109.3
意大利	Italy	100.0	100.7	94.2	91.4	91.0
荷　兰	Netherlands	100.0	103.3	102.6	101.5	102.6
波　兰	Poland	100.0	108.6	110.0	112.5	117.7
俄罗斯	Russia	100.0	108.0	113.5	114.1	116.5
西班牙	Spain	100.0	98.4	91.0	89.7	91.7
土耳其	Turkey	100.0	110.5	113.0	117.5	121.3
乌克兰	Ukraine	100.0	109.7	107.5	99.6	90.4
英　国	United Kingdom	100.0	101.8	100.5	100.0	102.7
澳大利亚	Australia	100.0	99.8	100.6	98.0	96.2
新西兰	New Zealand	100.0	101.9	101.8	102.7	104.3

12-3 采矿业生产指数

Indices of Mining Production

资料来源：联合国统计月报数据库。
Source: UN Monthly Bulletin of Statistics Database.

2010年=100 (2010=100)

国家或地区	Country or Area	2010	2011	2012	2013	2014
孟加拉国	Bangladesh	100.0	100.7	104.5	112.3	115.2
文　莱	Brunei Darussalam	100.0	103.1	99.3	89.0	86.6
印　度	India	100.0	98.0	95.7	95.1	96.5
印度尼西亚	Indonesia	100.0	104.1	108.4	114.5	120.4
以色列	Israel	100.0	97.1	88.9	117.5	129.8
日　本	Japan	100.0	100.0	101.0	96.6	94.4
韩　国	Korea, Rep.	100.0	104.5	99.8	103.8	95.7
马来西亚	Malaysia	100.0	94.8	96.2	97.0	99.5
蒙　古	Mongolia	100.0	96.9	96.1	97.6	
巴基斯坦	Pakistan	100.0	105.7	106.4	109.1	
越　南	Viet Nam	100.0	101.4	108.0	107.1	104.1
尼日利亚	Nigeria	100.0	102.4	97.5	85.0	84.1
南　非	South Africa	100.0	99.1	96.0	99.5	98.0
加拿大	Canada	100.0	105.6	106.4	109.8	116.4
墨西哥	Mexico	100.0	99.6	100.5	100.4	98.1
美　国	United States	100.0	106.1	112.7	118.1	128.7
巴　西	Brazil	100.0	102.2	101.6	98.0	103.5
捷　克	Czech Rep.	100.0	101.1	96.8	85.9	83.3
法　国	France	100.0	100.3	96.7	96.2	92.5
德　国	Germany	100.0	100.2	94.3	83.4	82.1
意大利	Italy	100.0	102.0	103.2	94.4	91.7
荷　兰	Netherlands	100.0	91.9	91.3	97.6	81.5
波　兰	Poland	100.0	102.1	97.5	101.1	95.0
俄罗斯	Russia	100.0	101.8	102.8	103.9	105.4
西班牙	Spain	100.0	81.3	62.1	53.3	53.3
土耳其	Turkey	100.0	106.6	108.8	104.9	112.7
乌克兰	Ukraine	100.0	106.7	108.3	109.2	94.3
英　国	United Kingdom	100.0	85.9	76.6	74.6	75.0
澳大利亚	Australia	100.0	101.9	109.5	118.9	130.9
新西兰	New Zealand	100.0	96.2	83.0	85.7	86.8

12-4 制造业主要指标

Main Indicators of Manufacturing

资料来源：联合国工发组织数据库。
Source: United Nations Industrial Development Organization Database .

国家或地区	Country or Area	年份 Year	机构数（个）Number of Establishments (number)	雇员数（万人）Number of Employees (10 000 persons)	雇员工资和薪金（亿本币）Wages and Salaries Paid to Employees (100 million LCU)	产出（亿本币）Output (100 million LCU)	增加值（亿本币）Value added (100 million LCU)
中　　国	China	2011	301329			728536	
中国香港	Hong Kong, China	2009	10752	11	197	1467	321
中国澳门	Macao, China	2011	894	1	11	64	15
文　　莱	Brunei Darussalam	2010	671	1	1	65	
印　　度	India	2008	145332	1085	11878	313252	58766
印度尼西亚	Indonesia	2009	24468	435	833967	20009437	7638403
伊　　朗	Iran	2010	15310	124	1191433	20409415	4946300
以 色 列	Israel	2010	21306	37	608	3311	1043
日　　本	Japan	2007	258157	770	265030	3200740	1086290
哈萨克斯坦	Kazakhstan	2007	11209	42	2761	29559	
韩　　国	Korea, Rep.	2008		239	750040	11229880	3676300
马来西亚	Malaysia	2008	32535	257	590	8177	1572
蒙　　古	Mongolia	2011	4167	5	1322	17953	4595
巴基斯坦	Pakistan	2006	6221	93	1311	28708	9121
菲 律 宾	Philippines	2006	5160	99	1647	30397	6729
新 加 坡	Singapore	2009	9296	42	170	2268	485
斯里兰卡	Sri Lanka	2010	2730	55	959	14174	6052
泰　　国	Thailand	2006	457968	382	3230	73045	17588
越　　南	Viet Nam	2010	46984	440	1647257		5132799
埃　　及	Egypt	2006	9196	100	146	2036	609
南　　非	South Africa	2011	72316	116			
加 拿 大	Canada	2008	84048	163	804	5884	1990
墨 西 哥	Mexico	2010	205834	304	3273	48249	15723
美　　国	United States	2008		1278	6071	54803	21940
巴　　西	Brazil	2007	177153	701	1257	13461	5581
捷　　克	Czech Rep.	2007	152645	125	3057	35042	8250
法　　国	France	2009	207040	305	1031	6785	1805
德　　国	Germany	2009	179834	656	2499	13782	3815
意 大 利	Italy	2009	439112	358	907	7427	1803
荷　　兰	Netherlands	2008	47600	74	290	2887	626
波　　兰	Poland	2009	175758	223	754	7726	1979
俄 罗 斯	Russia	2011		777	20320	256314	73855
西 班 牙	Spain	2009	191973	199	544	3941	1008
土 耳 其	Turkey	2008	321652	254	372	4771	938
乌 克 兰	Ukraine	2011	42349	200	632	8811	
英　　国	United Kingdom	2009	128468	250	650	4396	1348
澳大利亚	Australia	2011		94	531	3887	1014
新 西 兰	New Zealand	2008	27640	26	120	862	254

12-5 制造业增加值及构成

Composition of Value Added in Manufacturing

资料来源：世界银行WDI数据库。
Source: World Bank WDI Database.
单位：% (%)

国家或地区	Country or Area	制造业增加值(亿美元) Value Added in Manufacturing (100 million USD)		主要行业所占比重 Major Industry % of Value added in Manafacturing			
				食品、饮料和烟草 Food,Beverages and Tobacco		纺织和服装 Textiles and Clothing	
		2000	2014	2000	2011	2000	2011
中　国	China	3849.4	29225.2①	14.4	11.8②	11.2	10.0②
中国香港	Hong Kong, China	78.8	38.7①	7.2	24.6	19.9	15.5
中国澳门	Macao, China	5.0	1.9③	3.1	27.7	79.1	25.0
孟加拉国	Bangladesh	74.9	284.9		14.8④		19.8④
文　莱	Brunei Darussalam	9.2	19.9①				
柬埔寨	Cambodia	5.9	25.8	6.6		86.5	
印　度	India	670.4	3252.5	13.2	9.5⑤	12.6	8.8⑤
印度尼西亚	Indonesia	457.9	1867.4	18.0	26.2	16.7	10.0
伊　朗	Iran	132.4		10.4	9.7⑤	5.9	3.1⑤
以色列	Israel			11.6	11.2⑤	5.0	2.0⑤
日　本	Japan	9978.7	9045.9①	11.4	12.8⑤	3.0	1.7⑤
哈萨克斯坦	Kazakhstan	30.2	221.5				
韩　国	Korea, Rep.	1461.0	3895.8	8.3	6.4⑥	8.0	4.2⑥
老　挝	Laos	1.1	9.9				
马来西亚	Malaysia	289.5	783.0	8.0	12.0⑤	4.1	1.9⑤
蒙　古	Mongolia	0.8	10.7	49.4	45.9	39.6	13.7
缅　甸	Myanmar						
巴基斯坦	Pakistan	101.0	329.2		22.5④		28.9④
菲律宾	Philippines	198.3	583.9	28.5	25.1⑦	7.5	3.1⑦
新加坡	Singapore	247.8	525.8①	2.5	3.7	1.0	0.3
斯里兰卡	Sri Lanka	24.6	132.4	38.6	33.4⑤	31.3	30.3⑤
泰　国	Thailand	412.3	1216.8	17.7	15.7④	12.4	8.8④
越　南	Viet Nam	57.5	325.0	30.2	21.2	21.0	15.1
埃　及	Egypt	179.7	450.5		16.4⑤		5.8⑤
尼日利亚	Nigeria	16.5	547.8				
南　非	South Africa	238.3	416.8	15.5	21.9⑤	4.9	1.8⑤
加拿大	Canada	1294.7	1620.7⑤	11.9	16.2	3.7	3.7
墨西哥	Mexico	1321.3	2160.7	25.4	24.3⑤	3.9	3.4⑤
美　国	United States	15093.2	19438.1①	13.0	14.7⑦	3.4	1.6⑦
阿根廷	Argentina	468.8	662.4	28.9		8.0	
巴　西	Brazil	854.0	2188.0	16.7	20.9	6.9	6.2
委内瑞拉	Venezuela	217.1	474.4①				
捷　克	Czech Rep.	145.6	466.0①	11.8	9.3⑤	6.2	2.6⑤
法　国	France	1932.4	2836.6	12.9	17.2⑤	4.3	3.0⑤
德　国	Germany	4006.6	7711.8	8.2	7.8⑤	2.3	1.4⑤
意大利	Italy	1999.4	2990.2	8.5	11.2⑤	12.5	9.1⑤
荷　兰	Netherlands	585.3	969.5	17.1	18.3⑤	2.3	1.6⑤
波　兰	Poland	275.3	880.0①	23.5	18.1	6.5	3.2
俄罗斯	Russia		2675.9①	19.4	15.4	2.3	1.6
西班牙	Spain	963.8	1690.0	14.1	19.2⑤	6.7	4.1⑤
土耳其	Turkey	529.2	1263.4	17.8	15.4⑥	15.7	16.1⑥
乌克兰	Ukraine	51.0	150.3				
英　国	United Kingdom	2180.9	2469.0	13.7	18.6⑤	4.0	2.2⑤
澳大利亚	Australia	481.7	927.7		18.8④		2.8
新西兰	New Zealand	81.6	184.7⑧	33.3	24.3⑤		3.2⑤

12-5 续表 continued

单位：% (%)

国家或地区	Country or Area	机器和运输设备 Machinery and Transport Equipment		化工 Chemicals		其他 Other	
		2000	2011	2000	2011	2000	2011
中 国	China	14.1	24.5②	12	10.8②	48.3	42.9②
中国香港	Hong Kong, China	11.7	28.3	3.7	7.8	57.5	23.8
中国澳门	Macao, China	3.5	0.0④	2.4		17.8	47.3
孟加拉国	Bangladesh		10.9④		8.2④		46.4④
柬埔寨	Cambodia	0.1		0.1		6.6	
印 度	India	15.6	19.1⑤	21.1	14.9⑤	37.5	47.7⑤
印度尼西亚	Indonesia	20.2	20.4	10.5	13.7	34.5	29.8
伊 朗	Iran	19.7	21.6⑤	18.6	19.8⑤	45.5	45.9⑤
以色列	Israel	31.9	24.8⑤	10.3	22.4⑤	41.3	39.5⑤
日 本	Japan	33.9	26.7⑤		11.7⑤	41.2	47.1⑤
韩 国	Korea, Rep.	41.3	46.1⑥	9.5	8.7⑦	32.9	43.3⑥
马来西亚	Malaysia	37.8	27.8⑤	7.9	11.6⑤	42.2	46.7⑤
蒙 古	Mongolia	0.3	1.3	2	4.6	8.6	34.5
巴基斯坦	Pakistan		8.5④		14.0④		26.1④
菲律宾	Philippines	30.4	5.2⑦	9.4	5.7⑦	24.2	60.8⑦
新加坡	Singapore	56.9	51.8	14.2	28.6	25.5	15.6
斯里兰卡	Sri Lanka	4	2.1⑤	3.8	6.1⑤	22.4	28.0⑤
泰 国	Thailand	25.9	35.4④	6.2	6.3④	37.8	33.7④
越 南	Viet Nam	11.8	14.9	6.3	5.8	30.8	43
埃 及	Egypt		4.2⑤		14.9⑤		58.7⑤
南 非	South Africa	13.7	14.4⑤	6.5	6.9⑤	59.4	55.1⑤
加拿大	Canada	31.7	19.1	7.6	8.6	45.1	52.3
墨西哥	Mexico	24.2	21.4⑤	15.4	11.1⑤	31.2	39.8⑤
美 国	United States	29.7	25.8⑦	11.8	16.2⑦	42	41.7⑦
阿根廷	Argentina	10.8		15.2		37.1	
巴 西	Brazil	19.1	22.6	12.4	11.2	45	39.2
捷 克	Czech Rep.	23.9	32.1⑤	6.7	5.5⑤	51.4	50.4⑤
法 国	France	26.3	29.8⑤	11.8	12.7⑤	44.7	37.3⑤
德 国	Germany	32.7	39.9⑤	9.8	11.4⑤	47.1	39.5⑤
意大利	Italy	22.7	28.3⑤	7.9	8.7⑤	48.5	42.8⑤
荷 兰	Netherlands	21	27.8⑤	13.7	17.4⑤	45.9	34.9⑤
波 兰	Poland	14.9	24.2	7.5	8.3	47.6	46.1
俄罗斯	Russia	23.4	11.3	8.4	11.1	46.6	60.6
西班牙	Spain	19	21.2⑤	9.5	10.7⑤	50.7	44.7⑤
土耳其	Turkey	14.6	18.0⑥	10.1	7.8⑥	41.8	42.7⑥
英 国	United Kingdom	25.3	30.9⑤	9.9	13.5⑤	47.2	34.9⑤
澳大利亚	Australia		9.9		8.6		78.6
新西兰	New Zealand		11.7⑤		4.0⑤	66.7	56.9⑤

注：①2013年数据。②2007年数据。③2012年数据。④2006年数据。⑤2010年数据。⑥2009年数据。⑦2008年数据。⑧2011年数据。

Note:①Data refer to 2013.②Data refer to 2007.③Data refer to 2012.④Data refer to 2006.⑤Data refer to 2010.⑥Data refer to 2009.⑦Data refer to 2(

12-6 主要工业产品产量

Output of Major Industrial Products

资料来源：联合国统计月报数据库、英国汽车制造商协会。
Source: UN Monthly Bulletin of Statistics Database，Automobile Manufacturer Association of UK.

国家或地区	Country or Area	粗钢(万吨) Crude Steel (10 000 tons)	
		2005	2014
中　国	China	35324	82270
日　本	Japan	11248	11066
美　国	United States	9336	8818
印　度	India	4578	8653
韩　国	Korea, Rep.	4782	7153
俄罗斯	Russia	6614	7032
德　国	Germany	4452	4295
土耳其	Turkey	2096	3395
巴　西	Brazil	3178	3391
意大利	Italy	2893	2374
墨西哥	Mexico	1619	1900
法　国	France	1948	1614
西班牙	Spain	1691	1420
加拿大	Canada	1532	1273
乌克兰	Ukraine	2896	1265
英　国	United Kingdom	1325	1213
波　兰	Poland	834	880
比利时	Belgium	1051	733
荷　兰	Netherlands	691	696
南　非	South Africa	949	655
埃　及	Egypt	562	648
沙特阿拉伯	Saudi Arabia	420	629
捷　克	Czech Rep.	619	536
斯洛伐克	Slovakia	425	470
澳大利亚	Australia	780	461
瑞　典	Sweden	572	454
哈萨克斯坦	Kazakhstan	448	400
芬　兰	Finland	474	383
罗马尼亚	Romania	628	319
白俄罗斯	Belarus	208	259
卢森堡	Luxemburg	220	220
委内瑞拉	Venezuela	487	149
哥伦比亚	Colombia	85	121
匈牙利	Hungary	196	115
智　利	Chile	154	113
希　腊	Greece	228	102
保加利亚	Bulgaria	197	61
斯洛文尼亚	Slovenia	61	61
挪　威	Norway	68	59

国家或地区	Country or Area	煤(万吨) Coal(10 000 tons)	
		2005	2014
中　国	China	236500	387400
美　国	United States	102648	90686
印　度	India	42818	64699
澳大利亚	Australia	39500	53794①
俄罗斯	Russia	29680	35584
南　非	South Africa	24502	27000
德　国	Germany	20592	18614
波　兰	Poland	15954	13688
土耳其	Turkey	5864	6956
加拿大	Canada	6534	6890①
希　腊	Greece	6726	4802
捷　克	Czech Rep.	6202	4514
乌克兰	Ukraine	6076	4469
越　南	Viet Nam	3240	4234
塞尔维亚	Serbia	4036	3006
保加利亚	Bulgaria	2446	2862①
爱沙尼亚	Estonia	1475	2044
泰　国	Thailand	2088	1799
墨西哥	Mexico	701	1255
英　国	United Kingdom	2000	1153
智　利	Chile	54	518
巴基斯坦	Pakistan	487	323③
斯洛文尼亚	Slovenia	454	311
西班牙	Spain	1081	268
斯洛伐克	Slovakia	251	218
罗马尼亚	Romania	3146	170
黑　山	Montenegro		169①
塔吉克斯坦	Tajikistan	7	91
法　国	France	61	26
吉尔吉斯斯坦	Kyrgyzstan	34	11
赞比亚	Zambia		
白俄罗斯	Belarus		
卢森堡	Luxemburg		
委内瑞拉	Venezuela		
哥伦比亚	Colombia		
匈牙利	Hungary		
韩　国	Korea, Rep.		
意大利	Italy		
芬　兰	Finland		

12-6 续表 1 continued

国家或地区	Country or Area	原油(万吨) Crude Petroleum(10 000 tons)		国家或地区	Country or Area	发电量(亿千瓦小时) Electricity (100 million kwh)	
		2005	2014			2005	2014
美国	United States	34084	57814	中国	China	25003	56496
俄罗斯	Russia	46920	50048	美国	United States	40380	40929
沙特阿拉伯	Saudi Arabia	46883	48412	俄罗斯	Russia	9523	10559
中国	China	18135	21143	日本	Japan	8720	9001①
加拿大	Canada	12371	17521	加拿大	Canada	5947	5998
伊朗	Iran	20056	15479	法国	France		5334
伊拉克	Iraq	9086	15279	德国	Germany	5861	4331
阿联酋	United Arab Emirates	11461	14593	意大利	Italy	3090	2777
科威特	Kuwait	12964	14445	西班牙	Spain	2656	2687
委内瑞拉	Venezuela	17291	13992	南非	South Africa	2481	2579②
墨西哥	Mexico	17508	12627	土耳其	Turkey	1616	2500
巴西	Brazil	8306	11491	澳大利亚	Australia	2024	2289
尼日利亚	Nigeria	12450	10653	乌克兰	Ukraine	1861	1819
安哥拉	Angola	6230	8135	墨西哥	Mexico	1721	1728①
挪威	Norway	13052	7615	埃及	Egypt	1117	1702
哈萨克斯坦	Kazakhstan	5087	6792	波兰	Poland	1569	1589
阿尔及利亚	Algeria	6186	5427	瑞典	Sweden	1594	1506①
哥伦比亚	Colombia	2686	4865②	挪威	Norway	1376	1423
利比亚	Libya	8119	4773①	马来西亚	Malaysia	873	1316①
阿曼	Oman		4698	荷兰	Netherlands	999	1018
阿塞拜疆	Azerbaijan	2200	4188	捷克	Czech Rep.	826	862
印度尼西亚	Indonesia	5232	3911	比利时	Belgium	858	702
印度	India	3247	3754	智利	Chile	525	699
英国	United Kingdom	7718	3747	瑞士	Switzerland	596	696
埃及	Egypt	3254	3534①	芬兰	Finland	819	653
卡塔尔	Qatar	3785	3451	奥地利	Austria	658	649
厄瓜多尔	Ecuador	2768	2901	以色列	Israel	498	582①
马来西亚	Malaysia	3460	2721①	罗马尼亚	Romania	594	580①
阿根廷	Argentina	3394	2695	葡萄牙	Portugal	366	513
澳大利亚	Australia	2360	1726①	希腊	Greece	573	479
越南	Viet Nam	1860	1674②	保加利亚	Bulgaria	442	440①
泰国	Thailand	910	1162	秘鲁	Peru	257	432①
秘鲁	Peru	456	896①	新西兰	New Zealand	394	430
丹麦	Denmark	1852	813	中国香港	Hong Kong, China	384	391①
意大利	Italy	614	568	白俄罗斯	Belarus	310	345
文莱	Brunei Darussalam		546	塞尔维亚	Serbia	365	338
德国	Germany	346	489	丹麦	Denmark	360	306
特立尼达和多巴哥	Trinidad and Tobago	748	417	斯洛伐克	Slovakia	313	287
罗马尼亚	Romania	522	399①	匈牙利	Hungary	304	239
巴基斯坦	Pakistan	322	317③	阿塞拜疆	Azerbaijan	229	228
				冰岛	Iceland		178

12-6 续表 2 continued

国家或地区	Country or Area	水泥(万吨) Cement(10 000 tons) 2005	2014	国家或地区	Country or Area	化肥(万吨) Fertilizer(10 000 tons) 2005	2013
中国	China	106885	247614	中国	China	5178	6887
美国	United States	9594	8100	美国	United States	2096	2342
土耳其	Turkey	4300	6982	俄罗斯	Russia	1662	1652
俄罗斯	Russia	4854	6860	印度	India	1531	1624
日本	Japan	6962	5791	加拿大	Canada	1146	1314
越南	Viet Nam	2771	5760②	白俄罗斯	Belarus	570	520
韩国	Korea, Rep.	5222	5249	印度尼西亚	Indonesia	322	425
泰国	Thailand	3787	4379	德国	Germany	470	405
墨西哥	Mexico	4007	4152	沙特阿拉伯	Saudi Arabia	150	345
巴基斯坦	Pakistan	1848	2910③	巴西	Brazil	308	345
马来西亚	Malaysia	1666	2147①	巴基斯坦	Pakistan	277	301
波兰	Poland	1450	1536	埃及	Egypt	181	275
摩洛哥	Morocco	1028	1405	摩洛哥	Morocco	131	254
加拿大	Canada	1418	1188	以色列	Israel	271	248
秘鲁	Peru	578	1112	乌克兰	Ukraine	266	220
澳大利亚	Australia	907	976①	卡塔尔	Qatar	137	209
乌克兰	Ukraine	1217	863	波兰	Poland	233	186
哈萨克斯坦	Kazakhstan	418	798	荷兰	Netherlands	174	183
英国	United Kingdom	1122	796②	西班牙	Spain	177	167
突尼斯	Tunisia	670	750①	约旦	Jordan	152	152
罗马尼亚	Romania	815	745①	比利时	Belgium	145	131
白俄罗斯	Belarus	313	562	土耳其	Turkey	124	130
塞内加尔	Senegal	263	520①	智利	Chile	66	125
克罗地亚	Croatia	348	467	墨西哥	Mexico	45	107
智利	Chile	402	421	立陶宛	Lithuania	107	107
孟加拉国	Bangladesh	215	350①	乌兹别克斯坦	Uzbekistan		105
肯尼亚	Kenya	210	343③	阿曼	Oman	48	99
玻利维亚	Bolivia		334	法国	France	362	92
斯洛伐克	Slovakia	344	332	意大利	Italy	43	89
阿塞拜疆	Azerbaijan	154	295	突尼斯	Tunisia	115	83
乌干达	Uganda		203①	日本	Japan	107	83
中国香港	Hong Kong, China	101	194	英国	United Kingdom	148	82
保加利亚	Bulgaria	362	179①	越南	Viet Nam	64	76
塞尔维亚	Serbia	228	161	韩国	Korea, Rep.	59	74
芬兰	Finland	130	126	挪威	Norway	73	73
吉尔吉斯斯坦	Kyrgyzstan	97	124②	阿联酋	United Arab Emirates	26	62
多哥	Togo		116②	澳大利亚	Australia	94	61
塔吉克斯坦	Tajikistan	25	106	马来西亚	Malaysia	59	61
立陶宛	Lithuania	83	90	伊朗	Iran	87	57
塞浦路斯	Cyprus	180	73	罗马尼亚	Romania	119	54

12-6 续表 3 continued

国家或地区	Country or Area	汽车(万辆) Motor Vehicles (10 000 vehicles) 2005	2014
中国	China	572	2372
美国	United States	1195	1166
日本	Japan	1080	977
德国	Germany	576	591
韩国	Korea,Rep.	370	452
印度	India	164	384
墨西哥	Mexico	168	337
巴西	Brazil	253	315
西班牙	Spain	275	240
加拿大	Canada	269	239
俄罗斯	Russia	135	189
泰国	Thailand	112	188
法国	France	355	182
英国	United Kingdom	180	160
印度尼西亚	Indonesia	50	130
捷克	Czech Rep.	60	125
土耳其	Turkey	88	117
伊朗	Iran	108	109
斯洛伐克	Slovakia	22	99
意大利	Italy	104	70
阿根廷	Argentina	32	62
马来西亚	Malaysia	56	60
波兰	Poland	61	59
南非	South Africa	53	57
比利时	Belgium	93	52
罗马尼亚	Romania	19	39
中国台湾	Taiwan.China	45	38
乌兹别克斯坦	Uzbekistan	10	25
摩洛哥	Morocco		23
匈牙利	Hungary	15	23
澳大利亚	Australia	39	18
葡萄牙	Portugal	22	16
奥地利	Austria	25	15
瑞典	Sweden	34	15
巴基斯坦	Pakistan		15
斯洛文尼亚	Slovenia	18	12
哥伦比亚	Columbia		7
菲律宾	Philippines		6
芬兰	Finland		5

国家或地区	Country or Area	天然气(万亿焦耳) Natural Gas (terajoule) 2005	2014
美国	United States	19633788	27937956
俄罗斯	Russia	24785724	21539124
加拿大	Canada	6566448	5672508
中国	China	1965624	4423380①
挪威	Norway	3527904	4357464
墨西哥	Mexico	2245812	2987808
印度尼西亚	Indonesia	3204684	2978232①
马来西亚	Malaysia	2402160	2552904①
澳大利亚	Australia	1298988	2305644
荷兰	Netherlands	2624388	2073960
埃及	Egypt	1933140	1661400①
英国	United Kingdom	3693300	1529628
巴基斯坦	Pakistan	1290852	1472808③
印度	India	1109412	1273644
泰国	Thailand	753708	1218984
特立尼达和多巴哥	Trinidad and Tobago		1198860
玻利维亚	Bolivia	464424	826788
孟加拉国	Bangladesh	502824	799740①
阿塞拜疆	Azerbaijan	128676	728016
乌克兰	Ukraine	705720	671388
文莱	Brunei Darussalam		507696
秘鲁	Peru		475752①
罗马尼亚	Romania	491508	374580①
越南	Viet Nam	288468	364560②
德国	Germany	661068	353304
意大利	Italy	458004	272304
新西兰	New Zealand	156864	200784
突尼斯	Tunisia	87852	180432①
波兰	Poland	180696	173352
以色列	Israel	59988	166536③
菲律宾	Philippines		140580
日本	Japan	128016	115788
丹麦	Denmark	437592	94704
匈牙利	Hungary	108744	66720
克罗地亚	Croatia	85188	64716
奥地利	Austria	62076	55956①
南非	South Africa		36576②
智利	Chile	74700	35880
塞尔维亚	Serbia	10632	24612

注：①2013年数据。②2012年数据。③2011年数据。

Note:①Data refer to 2013.②Data refer to 2012.③Data refer to 2011.

12-7 竣工房屋建筑

Construction of New Buildings

资料来源：联合国统计月报数据库。
Source: UN Monthly Bulletin of Statistics Database.

国家或地区	Country or Area	2005	2010	2011	2012	2013	2014
竣工房屋建筑面积	**Constrction Area of New Buildings**						
(万平方米)	**(10 000 sq.m.)**						
中　国	China	40004	61216	71693	79043		
伊　朗	Iran		9940	10049	10078		
以色列	Israel	496	617	659	733	796	848
日　本	Japan	11242	7690	7926	8243	9173	8021
哈萨克斯坦	Kazakhstan	499	641	653	674	684	752
韩　国	Korea, Rep.	5028	5147	5656	5926	5024	5710
菲律宾	Philippines	1060	1141	1114	1314	1259	
南　非	South Africa	886	494	487	485	514	484
法　国	France	4562	3666	3752	3539	3427	2953
德　国	Germany	2502	1904	2362	2676	2906	2978
波　兰	Poland	1140	1386	1355	1508	1469	1397
俄罗斯	Russia	4356	5812	6227	6576	6940	8419
土耳其	Turkey	3661	9052	7578	7669	9416	11372
乌克兰	Ukraine		934	941	1075	1122	974
新西兰	New Zealand	497	311	262	334	408	462
竣工房屋建筑(套)	**Number of New Buildings(unit)**						
伊　朗	Iran		804852	683832	727020		
以色列	Israel	32004	33156	34212	37032	42564	44616
日　本	Japan	1294668	815640	834120	882792	980028	892260
哈萨克斯坦	Kazakhstan	20280					
韩　国	Korea, Rep.	37800	81792	99072	98904	93048	101892
菲律宾	Philippines	105348	105228	105732	115452	107832	
南　非	South Africa	70620	39552	40656	42876	33864	38568
美　国	United States	1932000	648000	588000	648000	768000	885996
捷　克	Czech Rep.	32868	36444	28632	29472	25248	23880
法　国	France	444192	414600	422304	397800	393996	354696
德　国	Germany	215304	167784	209292	239460	270360	283128
波　兰	Poland	114072	135720	130956	152904	145140	143172
俄罗斯	Russia	515304	714120	785556	838032	912108	1117920
西班牙	Spain	524484	257448	167916	114996	64632	46836
土耳其	Turkey	249816	584280	514968	528000	688044	757176
乌克兰	Ukraine		76776	82704	91176	102288	105240
英　国	United Kingdom	209580	137268	141888	143940	138072	
澳大利亚	Australia	164964	156744	154764	145980	150888	173748
新西兰	New Zealand	26016	15600	13668	16932	21288	24684

主要统计指标解释

工业生产指数 按国际标准产业分类的大类，包括矿业，制造业，电力、煤气、水，不包括建筑业。工业生产指数反映按美元不变价计算的增加值的变化趋势，采用拉氏公式计算，基期为2005年。

机构数 这里所用的机构的概念大部分情况下指的是经济活动单位，即能够单独核算的、在一个地点经营的、主要从事一种经济活动的单位。

从业人员数 指所有在企业中工作的人，包括企业主本人、合伙人、不领工资的家庭成员和所有雇员，但不包括家务劳动者。

工资和薪金 指报告期内用现金或以货代款方式支付给企业雇员的所有款项。款项包括（1）直接工资和薪金；（2）非工作时间的报酬；（3）奖金和小费；（4）雇主直接支付的住房补贴和家庭补贴；（5）以货代款方式的支付。雇员的补偿相当于工资和薪金加雇主为雇员支付的社会保障、养老金缴款雇员因此而得到的收益、解雇和辞职时加发的工资。

产值 指企业的工业活动所产出的价值。它包括(1)企业创造的全部产品总值;(2)收到或发出的在产品期初期末差额价值或库存品价值;(3)为其他部门提供工业生产或服务价值;(4)收到或发出的商品价值减去支付这些商品的数额;(5)报告期内生产单位自己使用而生产的固定资产价值。发出的制成品库存的期初期末差额价值。

固定资本形成 指报告期内所购买或自建的固定资产减去相应的卖出的固定资产的价值。固定资产包括使用期限在一年或一年以上,企业自产自用的固定资产也包括为延长使用寿命提高生产率而对现有资产进行的更新改造。

Explanatory Notes on Main Statistical Indicators

Industrial Production Indices are classified according to tabulation categories, division and combination of division of the revised version of the International Standard Industrial Classification of All Economic Activities (ISIC) for mining, manufacturing and electricity, gas and water, excluding construction. The indices indicate trends in value added in constant US dollars. Each series is compiled by use of the Laspeyres. The base year is 2005.

Establishment is ideally a unit that engages, under a single ownership or control, in one, or predominantly one, kind of activity at a single location.

Number of Employees is defined as the total number of persons who worked in or for the establishment during the reference year. However, home workers are excluded.

Wages and Salaries Estimates of wages and salaries include all payments in cash or in kind made to "employees" during the reference year in relation to work done for the establishment. Payment include: (a)direct wages and salaries; (b)remuneration for time not worked; (c)bonuses and gratuities; (d)housing allowances and family allowances paid directly by the employer, and (e) payments in kind.

Output The measure of output normally used in the tables is the census concept that covers only activities of an industrial nature. it include:(a)the value of all products of the establishment; (b)the net change between the beginning and the end of the reference period in the value of work in progress and stocks of goods to be shipped in the same condition as received;(c)the value of industrial work done or industrial services rendered to others; (d)the value of goods shipped in the same condition as received less the amount paid for these goods; and(e)the value of fixed assets produced during the period by the unit for its own use. In the case of estimates compiled on a shipment basis, the net change in the value of stocks of finished goods between the beginning and the end of the reference period is also included.

Gross Fixed Capital Formation Estimates refer to the value of purchases and own account construction of fixed assets during the reference year less the value of corresponding sales. The fixed assets covered are those (whether new or used) with a productive life of one year or more. These assets, which are intended for the use of the establishment, including fixed assets made by the establishment, including fixed assets made by the establishment's own labour force for its own use. Major additions, alterations and improvements to existing assets that extend their normal economic life or raise their productivity are also included.

运输和通讯

Transportation and Communication

13-1 公路货运客运周转量

Freight Ton-km and Passenger-km of Road

资料来源：国际公路协会《世界公路统计》2014年。
Source: International Road Federation World Road Statistics 2014.

国家或地区	Country or Area	公路货运周转量(亿吨公里) Roads, Goods Transported (100 million ton-km)			公路客运周转量(亿人公里) Roads, Passengers Carried (100 million passenger-km)		
		2000	2010	2012	2000	2010	2012
中　国	China	6129.4	43389.7	59534.9	6657.4	15020.8	18467.6
柬埔寨	Cambodia				2.0		
印　度	India	8.7①	11065.0	12124.0			63512.0
日　本	Japan	3131.2	2540.8	2099.6	9512.5	8987.2②	
哈萨克斯坦	Kazakhstan	46.4①	802.6			1261.5	
韩　国	Korea, Rep.	114.1	125.5②		745.7	794.4	
老　挝	Laos		5.1	3.6		25.6	26.2
蒙　古	Mongolia	14.8	18.3	44.6	3.9	14.8	22.6
巴基斯坦	Pakistan	902.7①	1634.2		1970.1	2976.9	
新加坡	Singapore					56.8	56.4
斯里兰卡	Sri Lanka				198.6		
越　南	Viet Nam		361.8	439.0		692.0	872.0
埃　及	Egypt					127.9	
南　非	South Africa	4.3					
加拿大	Canada	766.9①	1352.9	1418.7		4930.0②	
墨西哥	Mexico	1940.5	2202.9	2334.6	3817.0	4520.3	4806.9
美　国	United States	17412.1	19292.0②		73234.4	68303.1	68781.4
阿根廷	Argentina				234.3	359.3	
捷　克	Czech Rep.	390.0	518.3	512.3	733.9	799.4	890.9
法　国	France	2665.0	2890.0	2834.0		8610.0	8666.1
德　国	Germany	3463.0	4419.0	4540.0	9269.4	9804.9	
意大利	Italy	1847.6	1757.8			8037.0	
荷　兰	Netherlands	457.0	757.8		1939.0③	1533.0	
波　兰	Poland	750.2	2142.0	2333.1	1904.0	2336.1	2516.3
俄罗斯	Russia	233.0	1990.0	2490.0	1.7③	1407.0	1334.0
西班牙	Spain	1330.8	2727.3	2419.7	4031.7	3953.3	3775.4
土耳其	Turkey	1522.1①	1903.7	2161.2	1779.5	2269.1	2588.7
乌克兰	Ukraine	182.7①	343.9	389.5	310.1	514.6	497.0
英　国	United Kingdom	1504.8	1388.5		6950.0	7100.0	6944.4
澳大利亚	Australia	1326.3	1867.8	1965.2	2838.4	3192.1	3280.9

注：①1998年数据。②2009年数据。③1999年数据。
Note:①Data refer to 1998.②Data refer to 2009.③Data refer to 1999.

13-2 铁路运输
Railway Traffic

资料来源：世界银行WDI数据库。
Source: World Bank WDI Database.

国家或地区	Country or Area	铁路总长度(公里) Rail Lines Total (km)		铁路货运周转量(亿吨公里) Rail. Goods Transported (100 million ton-km)		铁路客运周转量(亿人公里) Rail, Passengers Carried (100 million passenger-km)	
		2005	2012	2005	2012	2005	2012
中　国	China	62200	66298	19346.12	25183.10	5833.20	7956.39
孟加拉国	Bangladesh	2855	2835	8.96	7.10	43.40	73.05
柬埔寨	Cambodia	650		0.92		0.45	
印　度	India	63465	64460	4073.98	6257.23	5757.02	9785.08
印度尼西亚	Indonesia		4684	46.98	71.66	255.35	202.83
伊　朗	Iran	7131	8368	191.27	226.04	111.49	171.72
以色列	Israel	899	1079	11.49	10.99	16.16	19.27
日　本	Japan	20096	20140	219.00	202.55	2392.46	2445.91
哈萨克斯坦	Kazakhstan	14204	14319	1718.55	2358.46	121.29	184.98
韩　国	Korea, Rep.	3392	3650	101.08	99.96	310.04	216.03
马来西亚	Malaysia	1657	2250	11.78	30.71	11.81	32.93
蒙　古	Mongolia	1810	1818	88.57	114.18	12.28	13.99
巴基斯坦	Pakistan	7791	7791	47.96	17.57	230.45	206.19
菲律宾	Philippines	491		0.01①		1.44①	
斯里兰卡	Sri Lanka	1200		1.38		46.82	
泰　国	Thailand	4044	5327	40.37	24.55	91.95	75.04
越　南	Viet Nam	2671	2347	29.28	39.59	45.58	45.58
埃　及	Egypt	5150	5195	39.17	15.92	408.37	408.37
尼日利亚	Nigeria	3528		0.77		1.74	
南　非	South Africa	20047	20500	1085.13	1133.42	9.91	
加拿大	Canada	57671	52002	3386.61	3525.35	27.90	27.81
墨西哥	Mexico	26662	26704	543.87	691.85	0.73	4.49
美　国	United States	228999	228218	27175.13	25245.85	88.69	95.18
阿根廷	Argentina	35753	25023		121.11	69.79	85.88
巴　西	Brazil	29314	29817	2212.11	2677.00		
委内瑞拉	Venezuela			0.32			
捷　克	Czech Rep.	9513	9469	143.85	114.23	66.31	69.07
法　国	France	29286	30013	418.98	316.16	783.06	856.34
德　国	Germany	34228	33509	880.22	1058.94	725.68	802.10
意大利	Italy	16751	17060	210.45	112.49	473.68	386.76
荷　兰	Netherlands	2813	3016	43.31①		147.30	170.98
波　兰	Poland	19599	19617	460.60	329.04	167.42	147.20
俄罗斯	Russia	85542	84249	18016.01	22223.88	1642.62	1446.12
西班牙	Spain	14484	15665	115.86	75.07	210.47	223.87
土耳其	Turkey	8697	9642	89.39	106.91	50.36	45.98
乌克兰	Ukraine	22001	21643	2239.80	2377.22	526.55	492.03
英　国	United Kingdom	16208	16423	221.10		440.36	643.24
澳大利亚	Australia	9528	1829	461.64	596.49	12.90	

注：①2004年数据。
Note:①Data refer to 2004.

13-3 国际海运装货量和卸货量

International Maritime Freight Loaded and Unloaded

资料来源：联合国统计月报数据库。
Source: UN Monthly Bulletin of Statistics Database.

单位：万吨 (10 000 tons)

国家或地区	Country or Area	国际海运装货量 International Maritime Freight Loaded			国际海运卸货量 International Maritime Freight Unloaded		
		2000	2005	2014	2000	2005	2014
中国香港	Hong Kong, China	6770	8918	11342	10693	14095	18508
孟加拉国	Bangladesh	89	79	581	1408		4820
文　莱	Brunei Darussalam	10	8		102	168	
印度尼西亚	Indonesia	14153	27372		4504	8479	
伊　朗	Iran	3065	3446		4486	6073	
以色列	Israel	1387	1663	1999	2920	2107	2825
日　本	Japan	13010			80654		
韩　国	Korea, Rep.	15078	24250		41882	51245	
马来西亚	Malaysia	5483	7940	13253①	6922	10391	15770①
巴基斯坦	Pakistan	617	1126		3080	3955	
新加坡	Singapore	32618	42266				
斯里兰卡	Sri Lanka	919	1315				
埃　及	Egypt		2123			4241	
南　非	South Africa	2598					
美　国	United States	34334	40534		83352	94160	
阿根廷	Argentina	1550					2742
法　国	France	6810	10066	10354	20273	22710	18888
德　国	Germany	8602	10832	12107	14725	16866	17479
荷　兰	Netherlands	9940	12250		32507	36424	
波　兰	Poland	3152	3835	2921	1582	1642	3856
俄罗斯	Russia	828	910		84	74	
西班牙	Spain	5627	8195		19343	26164	
乌克兰	Ukraine	4271	7070	10114	684	1333	1610
澳大利亚	Australia	48750	62401	130394	5418	6989	9893
新西兰	New Zealand	2214	2167	3779	1379	1844	2188

注：①2013年数据。
Note:①Data refer to 2013.

13-4 空运货物周转量和客运量

Freight and Passengers Carried by Air

资料来源：世界银行WDI数据库。
Source: World Bank WDI Database.

国家或地区	Country or Area	空运货物周转量（万吨公里） Air Transport, Freight (10 000 ton-km)			航空客运量（万人） Air Transport, Passengers Carried (10 000 persons)		
		2000	2005	2014	2000	2005	2014
世　界	**World**	**11825721**	**13684292**	**184065301**	**167406**	**197014**	**321366**
高收入国家	**High Income**	**10242328**	**11527648**	**14687306**	**139232**	**153927**	**205646**
中等收入国家	**Middle Income**	**1543636**	**2134113**	**3602915**	**27745**	**42677**	**114116**
低收入国家	**Low Income**	**39756**	**66839**	**116309**	**429**	**1015**	**1605**
中　国	China	390008	757940	1782258	6189	13672	39088
中国香港	Hong Kong, China	511151	776387	1068422	1438	2023	3746
中国澳门	Macao, China	2190	16981	2387	153	204	208
孟加拉国	Bangladesh	19387	18349	26029	133	163	312
文　莱	Brunei Darussalam	14023	13414	12177	86	98	109
柬埔寨	Cambodia		120	84		17	109
印　度	India	54765	77404	173898	1730	2788	8275
印度尼西亚	Indonesia	40854	43977	88685	992	2684	9450
伊　朗	Iran	7372	9822	8345	872	1271	1580
以色列	Israel	88570	121348	77759	444	439	642
日　本	Japan	867205	854924	866176	10912	10228	11054
哈萨克斯坦	Kazakhstan	1175	1583	4554	46	116	492
韩　国	Korea, Rep.	765134	743257	1104718	3433	3389	5907
老　挝	Laos	167	248	137	21	29	131
马来西亚	Malaysia	186384	257758	216020	1656	2037	4756
蒙　古	Mongolia	844	607	842	25	30	68
缅　甸	Myanmar	77	272	401	44	150	127
巴基斯坦	Pakistan	34031	40793	22675	529	536	556
菲律宾	Philippines	28995	32271	34433	576	806	3093
新加坡	Singapore	600489	757126	633585	1670	1774	3288
斯里兰卡	Sri Lanka	25571	31036	38450	176	282	476
泰　国	Thailand	171288	200242	253015	1739	1890	4404
越　南	Viet Nam	11733	23019	58750	288	545	2470
埃　及	Egypt	27806	28695	40097	452	489	901
尼日利亚	Nigeria	882	1003		51	75	429
南　非	South Africa	68757	92338	106232	800	1184	1661
加拿大	Canada	189611	152682	208432	4177	4523	7553
墨西哥	Mexico	30986	39043	72145	2089	2186	4069
美　国	United States	3017198	3735764	3822545	66533	72055	76256
阿根廷	Argentina	29665	13256	20310	892	694	999
巴　西	Brazil	172790	153068	159677	3129	3766	10040
委内瑞拉	Venezuela	3310	211	575	430	504	686
捷　克	Czech Rep.	3222	3876	3082	223	471	501
法　国	France	522434	580244	415129	5258	5248	6343
德　国	Germany	712771	772213	718252	5796	9079	10759
意大利	Italy	174841	136513	96858	3042	3612	2559
荷　兰	Netherlands	436734	489397	572678	2090	2613	3393
波　兰	Poland	7783	7128	9925	234	355	519
俄罗斯	Russia	104141	154122	441356	1769	2652	7219
西班牙	Spain	87950	102174	95831	3971	4986	5304
土耳其	Turkey	38504	38295	271396	1219	1694	9262
乌克兰	Ukraine	1220	3929	2226	95	251	449
英　国	United Kingdom	516087	599843	591867	7044	9360	12507
澳大利亚	Australia	173074	244459	190932	3258	4466	6769
新西兰	New Zealand	81714	78147	95150	1078	1195	1505

13-5 机动车使用量

Vehicles in Use

资料来源：国际公路协会《世界公路统计》2014年。
Source: International Road Federation World Road Statistics 2014.

国家或地区	Country or Area	年 份 Year	总计 (万辆) Total (10 000 units)	乘用车 (万辆) Passenger Cars (10 000 units)	公共汽车 (万辆) Buses (10 000 units)	卡车和货车 (万辆) Lorries and Vans (10 000 units)
中 国	China	2012	10837.8	8683.1	259.9	1894.7
中国香港	Hong Kong,China	2012	58.7	45.5	2.0	11.3
孟加拉国	Bangladesh	2012	57.0	28.9	10.4	17.6
文 莱	Brunei Darussalam	2011	14.4	13.3	0.2	0.9
印 度	India	2012	3078.4	2153.3	159.5	765.6
以色列	Israel	2012	264.1	226.9	2.6	34.6
日 本	Japan	2012	7560.9	5872.9	22.6	1665.4
哈萨克斯坦	Kazakhstan	2011	406.6	355.4	9.8	41.4
韩 国	Korea,Rep.	2012	1887.1	1457.7	98.7	330.6
马来西亚	Malaysia	2012	1157.2	1046.7	7.4	103.2
蒙 古	Mongolia	2012	34.5	22.9	2.2	9.5
缅 甸	Myanmar	2012	37.2	28.2	1.9	7.1
巴基斯坦	Pakistan	2011	357.1	282.2	12.6	62.3
菲律宾	Philippines	2012	334.7	85.2	3.4	246.1
新加坡	Singapore	2012	79.8	62.0	1.7	16.0
斯里兰卡	Sri Lanka	2010	100.0	41.0	8.4	50.6
南 非	South Africa	2010	825.5	559.6	33.3	232.6
加拿大	Canada	2009	2049.0	1417.2		631.8
墨西哥	Mexico	2012	3341.6	2364.5	34.2	942.9
美 国	United States	2012	24518.4	11128.9	76.5	13313.0
巴 西	Brazil	2012	5432.4	4268.2	83.4	1080.8
白俄罗斯	Belarus	2012	319.6	274.8	4.5	40.3
捷 克	Czech Republic	2012	533.0	470.6	1.9	60.4
法 国	France	2012	3813.8	3160.0	8.7	645.1
德 国	Germany	2012	4786.8	4343.1	7.6	436.1
意大利	Italy	2012	4172.8	3703.3	9.8	459.6
荷 兰	Netherlands	2012	889.6	791.6	1.0	96.9
挪 威	Norway	2012	300.4	244.3	1.8	54.3
波 兰	Poland	2012	2202.2	1874.4	9.9	317.8
俄罗斯	Russia	2009	3847.2	3308.4	6.5	532.3
西班牙	Spain	2012	2835.1	2224.8	6.1	604.2
土耳其	Turkey	2012	1178.4	864.9	63.2	250.3
乌克兰	Ukraine	2011	848.8	690.1	24.9	133.8
英 国	United Kingdom	2012	3262.9	2872.2	16.6	374.1
澳大利亚	Australia	2012	1603.2	1271.4	9.1	322.8
新西兰	New Zealand	2012	313.9	264.4	2.1	47.5

13-5 续表 continued

国家或地区	Country or Area	年 份 Year	摩托车 (万辆) Motorcycles (10 000 units)	每千人拥有乘用车数量(辆) Passenger Cars per 1000 Persons (unit)	每千人拥有汽车数量(辆) Total Vehicles per 1000 Persons (unit)	每公里道路汽车数量（辆） Total Vehicles per km of Road (unit)
中 国	China	2012	10211.2	64	80	26
中国香港	Hong Kong,China	2012	3.9	64	82	281
孟加拉国	Bangladesh	2012	116.1	2	4	
文 莱	Brunei Darussalam	2011	0.3	327	355	46
印 度	India	2012	11547.8	17	25	6
以色列	Israel	2012	11.9	287	334	141
日 本	Japan	2012	1198.5	460	593	221
哈萨克斯坦	Kazakhstan	2011	4.9	215	246	42
韩 国	Korea,Rep.	2012		292	377	179
马来西亚	Malaysia	2012	1058.9	358	396	64
蒙 古	Mongolia	2012		82	124	
缅 甸	Myanmar	2012	315.3	5	7	10
巴基斯坦	Pakistan	2011	546.9	16	20	14
菲律宾	Philippines	2012	411.7	9	35	
新加坡	Singapore	2012	14.4	117	150	233
斯里兰卡	Sri Lanka	2010	263.0	20	48	
南 非	South Africa	2010	32.7	110	162	
加拿大	Canada	2009		421	609	15
墨西哥	Mexico	2012	158.9	196	277	88
美 国	United States	2012	845.5	355	781	37
巴 西	Brazil	2012	2006.2	215	273	34
白俄罗斯	Belarus	2012	39.6	290	338	37
捷 克	Czech Republic	2012	97.7	448	507	41
法 国	France	2012		481	581	36
德 国	Germany	2012	398.3	540	595	74
意大利	Italy	2012	895.7	622	701	
荷 兰	Netherlands	2012	65.3	472	531	64
挪 威	Norway	2012	40.5	487	599	32
波 兰	Poland	2012	220.8	486	571	53
俄罗斯	Russia	2009		233	271	39
西班牙	Spain	2012	285.2	476	606	43
土耳其	Turkey	2012	265.8	117	159	30
乌克兰	Ukraine	2011	120.6	151	186	50
英 国	United Kingdom	2012	122.5	451	512	78
澳大利亚	Australia	2012	70.9	560	706	18
新西兰	New Zealand	2012	8.6	596	708	33

13-6 汽车燃料价格

Motor Fuel Prices

资料来源：国际公路协会《世界公路统计》2014年。
Source: International Road Federation World Road Statistics 2014.
单位：美分/升 (USD cent/liter)

国家或地区	Country or Area	高级汽油价格 Super Gasoline Price				
		2000	2006	2008	2010	2012
中　国	China	40	69	99	111	137
中国香港	Hong Kong,China	146	169	195	192	216
孟加拉国	Bangladesh	46	79	117	109	115
印　度	India	60	101	109	115	125
印度尼西亚	Indonesia	17	57	50	79	47
伊　朗	Iran	5	9	10	10	33
以色列	Israel	114	147	137	185	201
日　本	Japan	106	109	142	160	200
哈萨克斯坦	Kazakhstan	36	70	83	71	101
韩　国	Korea,Rep.	92	165	151	152	180
马来西亚	Malaysia	28	53	53	59	62
蒙　古	Mongolia	38	88	138	111	129
缅　甸	Myanmar	33	66	43	80	104
巴基斯坦	Pakistan	53	101	84	86	114
菲律宾	Philippines	37	76	91	105	125
新加坡	Singapore	84	92	107	142	168
斯里兰卡	Sri Lanka	66	88	143	119	129
泰　国	Thailand	39	70	87	141	156
越　南	Vietnam	38	67	80	88	115
埃　及	Egypt	26	30	49	48	45
尼日利亚	Nigeria	27	51	59	44	62
南　非	South Africa	50	85	87	119	138
加拿大	Canada	58	84	76	121	132
墨西哥	Mexico	61	74	74	81	86
美　国	United States	47	63	56	76	97
阿根廷	Argentina	107	62	78	96	146
巴　西	Brazil	92	126	126	158	139
委内瑞拉	Venezuela	12	3	2	2	2
白俄罗斯	Belarus	55	79	133	108	88
捷　克	Czech Republic	77	130	137	175	193
法　国	France	99	148	152	198	191
意大利	Italy	97	156	157	187	228
荷　兰	Netherlands	103	170	168	213	233
波　兰	Poland	76	130	143	157	174
俄罗斯	Russia	33	77	89	84	99
西班牙	Spain	73	115	123	156	175
土耳其	Turkey	88	188	187	252	254
乌克兰	Ukraine	37	81	88	101	135
英　国	United Kingdom	117	163	144	192	217
澳大利亚	Australia	57	93	74	127	139
新西兰	New Zealand	48	98	109	147	177

13-6 续表 continued

单位：美分/升 (USD cent/liter)

国家或地区	Country or Area	柴油价格 Diesel Price				
		2000	2006	2008	2010	2012
中　　国	China	45	78	101	104	128
中国香港	Hong Kong,China	80	106	116	132	157
孟加拉国	Bangladesh	29	45	70	63	76
印　　度	India	39	75	70	82	86
印度尼西亚	Indonesia	6	44	42	51	47
伊　　朗	Iran	2	3	3	2	12
以 色 列	Israel	64	127	170	187	212
日　　本	Japan	76	90	130	137	161
哈萨克斯坦	Kazakhstan	29	45	72	51	67
韩　　国	Korea,Rep.	66	133	140	135	163
马来西亚	Malaysia	16	40	53	56	59
蒙　　古	Mongolia	38	87	142	104	122
缅　　甸	Myanmar	12	75	52	80	
巴基斯坦	Pakistan	27	64	77	92	120
菲 律 宾	Philippines	28	67	81	84	101
新 加 坡	Singapore	38	63	90	104	126
斯里兰卡	Sri Lanka	27	55	75	66	93
泰　　国	Thailand	35	65	64	95	97
越　　南	Vietnam	27	53	77	77	106
埃　　及	Egypt	10	12	20	32	18
尼日利亚	Nigeria	27	66	113	77	109
南　　非	South Africa	50	84	95	114	142
加 拿 大	Canada	47	78	90	108	123
墨 西 哥	Mexico	45	52	54	72	85
美　　国	United States	48	69	78	84	105
阿 根 廷	Argentina	52	48	58	105	133
巴　　西	Brazil	34	84	103	114	102
委内瑞拉	Venezuela	6	2	1	1	1
白俄罗斯	Belarus	36	55	106	86	90
捷　　克	Czech Republic	68	129	145	169	187
法　　国	France	82	133	145	172	178
意 大 利	Italy	83	149	163	169	218
荷　　兰	Netherlands	78	132	145	171	195
波　　兰	Poland	65	130	140	150	173
俄 罗 斯	Russia	29	66	86	72	100
西 班 牙	Spain	65	110	128	147	175
土 耳 其	Turkey	66	162	163	203	233
乌 克 兰	Ukraine	30	87	96	92	125
英　　国	United Kingdom	122	173	165	198	227
澳大利亚	Australia	57	94	94	123	157
新 西 兰	New Zealand	34	70	85	97	124

13-7 港口集装箱吞吐量

Container Port Traffic

资料来源：世界银行WDI数据库。
Source: World Bank WDI Database.
单位：万标准集装箱 (10 000 TEUs)

国家或地区	Country or Area	2000	2008	2009	2010	2011	2012	2013
世　界	**World**	**22477**	**51615**	**47218**	**54225**	**58748**	**61667**	**65110**
高收入国家	**High Income**	**14457**	**28615**	**25349**	**28438**	**29970**	**30510**	**32509**
中等收入国家	**Middle Income**	**7975**	**22659**	**21534**	**25405**	**27628**	**29230**	**32433**
中　国	China	4100	11594	10880	13029	14464	16006	17408
中国香港	Hong Kong, China		2449	2104	2370	2438	2312	2235
孟加拉国	Bangladesh	46	109	118	136	143	144	157
文　莱	Brunei Darussalam		9	9	10	11	11	12
柬埔寨	Cambodia		26	21	22	24	25	27
印　度	India	245	767	801	975	1028	1029	1065
印度尼西亚	Indonesia	380	740	726	848	897	964	1079
伊　朗	Iran		200	221	259	274	295	318
以色列	Israel		209	203	228	239	256	254
日　本	Japan	1310	1894	1629	1810	1942	2012	1969
韩　国	Korea, Rep.	903	1742	1570	1854	2083	2161	2258
马来西亚	Malaysia	464	1609	1592	1827	2014	2090	2143
缅　甸	Myanmar		18	16	19	20	22	23
巴基斯坦	Pakistan		194	206	215	219	238	256
菲律宾	Philippines	303	447	431	495	529	569	586
新加坡	Singapore	1710	3089	2659	2918	3073	3250	3352
斯里兰卡	Sri Lanka	173	369	346	400	426	418	431
泰　国	Thailand	318	673	590	665	717	747	770
越　南	Viet Nam	119	439	494	598	693	294	812
埃　及	Egypt	163	610	625	671	774	736	714
尼日利亚	Nigeria		7	9	10	84	88	101
南　非	South Africa	185	388	373	381	439	432	460
加拿大	Canada	293	472	419	483	491	530	538
墨西哥	Mexico	132	331	287	369	423	480	490
美　国	United States	2830	4241	3735	4234	4292	4421	4426
阿根廷	Argentina	114	200	163	202	216	199	214
巴　西	Brazil	241	726	659	814	871	932	1018
委内瑞拉	Venezuela	67	133	124	123	116	125	135
法　国	France	292	489	467	556	559	594	637
德　国	Germany	770	1718	1330	1482	1722	1888	1904
意大利	Italy	692	1053	953	979	1053	1129	1217
荷　兰	Netherlands	641	1136	1007	1135	1207	1207	1183
波　兰	Poland		86	67	105	136	167	181
俄罗斯	Russia	32	337	243	320	395	393	397
西班牙	Spain	579	1346	1180	1261	1395	1418	1402
土耳其	Turkey	159	522	452	557	599	674	728
乌克兰	Ukraine		112	52	66	70	75	81
英　国	United Kingdom	643	824	767	859	892	850	917
澳大利亚	Australia	354	610	620	667	701	726	731
新西兰	New Zealand	107	232	233	246	252	287	309

13-8 公路长度及密度

Length and Density of Road

资料来源：国际公路协会《世界道路统计》2014年。
Source: International Road Federation World Road Statistics 2014.

国家或地区	Country or Area	公路网长度(公里) Roads, Total Network (km)		有路面公路所占比重(%) Roads, Paved (% of total roads)		公路密度(公里)(每百平方公里土地公路长度) Road Density (km of road per 100 sq. km of land area)	
		2005	2012	2005	2012	2005	2012
中　国	China	3345187	4237508	40.8	66.0	34.8	44.1
中国香港	Hong Kong, China	1955	2090	100.0	100.0	179.0	191.4
中国澳门	Macao, China	368	417	100.0	100.0	1314.3	1489.3
文　莱	Brunei Darussalam	3426	3123	78.4	89.6	59.4	54.1
印　度	India	3809156	4865394	47.0	55.5	115.9	148.0
印度尼西亚	Indonesia	391008	501969	55.4		20.5	26.4
伊　朗	Iran	172028	276597	71.9	63.7	9.9	15.8
以色列	Israel	17589	18716	100.0	100.0	79.7	84.8
日　本	Japan	321346	341509	79.0		85.0	90.4
哈萨克斯坦	Kazakhstan	90845	97155①	91.2	88.7①	3.3	3.6①
韩　国	Korea, Rep.	102293	105703	76.8	83.4	102.7	105.8
老　挝	Laos	33861	43604	13.4		14.3	18.4
马来西亚	Malaysia	87025	180882	78.0	78.1	26.3	54.7
缅　甸	Myanmar	29997	39082	48.1	45.7	4.4	5.8
巴基斯坦	Pakistan	258214	262567①	63.1	72.6	32.4	33.0
新加坡	Singapore	3234	3426	100.0	100.0	462.7	482.5
埃　及	Egypt	98875	137430②		92.2②	9.9	13.7②
墨西哥	Mexico	355796	377660	34.5	38.7	18.1	19.2
美　国	United States	6430351	6586623	64.9		66.8	67.0
阿根廷	Argentina		228542		34.6		8.2
巴　西	Brazil	1610076	1584104	12.2	13.9	18.9	18.6
捷　克	Czech Rep.	128437	130636			162.8	165.6
法　国	France	1005750	1052380	100.0	100.0	183.1	191.6
德　国	Germany	644480	643517			180.5	180.2
意大利	Italy	487700				161.8	
荷　兰	Netherlands	134218	139295			323.1	335.3
波　兰	Poland	381463	412035	66.5	68.1	122.0	131.8
俄罗斯	Russia	858000	1283400	84.4	72.3	5.0	7.5
西班牙	Spain	666699	666648			131.9	131.9
土耳其	Turkey	349238	394748		91.5	44.6	50.4
乌克兰	Ukraine	169323	169694	97.4	97.9	28.1	28.1
英　国	United Kingdom	388008	420346	100.0	100.0	159.3	172.5
澳大利亚	Australia		900083				11.6
新西兰	New Zealand	93148	94160	64.5	66.7	34.8	35.2

注：①2011年数据。②2010年数据。
Note:①Data refer to 2011.②Data refer to 2010.

13-9 公路交通事故

Road Accidents

资料来源：国际公路协会《世界公路统计》2014。
Source: International Road Federation World Road Statistics 2014.

国家或地区	Country or Area	年 份 Year	事故发生数(起) Accidents (case)	受伤人数(人) Persons Injured (person)	死亡人数(人) Persons Killed (person)
中 国	China	2011	210812	237421	62387
中国香港	Hong Kong, China	2012	15894	20090	120
孟加拉国	Bangladesh	2003		403000	4000
文 莱	Brunei Darussalam	2011		699	47
柬 埔 寨	Cambodia	2010			1816
印 度	India	2012	490383	509667	138258
印度尼西亚	Indonesia	2010	66488	90005	19873
伊 朗	Iran	2012	241688	293665	18569
以 色 列	Israel	2012	12484	23641	263
日 本	Japan	2012	665138	820159	5237
哈萨克斯坦	Kazakhstan	2011	11955	14006	3201
韩 国	Korea,Rep.	2012	223656	344565	5392
马来西亚	Malaysia	2011		18693	6877
蒙 古	Mongolia	2007		932	562
缅 甸	Myanmar	2011	10123	17080	2796
菲 律 宾	Philippines	2012		4904	1129
新 加 坡	Singapore	2012	7188	9106	168
泰 国	Thailand	2012		21016	7127
越 南	Vietnam	2009		7900	11500
埃 及	Egypt	2012		21620	6431
尼日利亚	Nigeria	2010		18095	4065
南 非	South Africa	2010			13967
加 拿 大	Canada	2012	122450	168513	2104
墨 西 哥	Mexico	2012	12888	24736	4539
美 国	United States	2012	1664800	2362000	33561
巴 西	Brazil	2009	60989	93851	7376
白俄罗斯	Belarus	2012	5187	5569	1039
捷 克	Czech Republic	2012	20504	25515	742
芬 兰	Finland	2012	5725	7088	255
法 国	France	2012	60437	75851	3653
德 国	Germany	2012	299637	384378	3600
意 大 利	Italy	2010	211404	302735	4090
荷 兰	Netherlands	2012			650
波 兰	Poland	2012	37062	45792	3577
俄 罗 斯	Russia	2012	204000	258600	28000
西 班 牙	Spain	2012	83115	117793	1903
土 耳 其	Turkey	2012	153552	268079	3750
乌 克 兰	Ukraine	2012	30699	37519	5131
英 国	United Kingdom	2012	145571	193969	1754
澳大利亚	Australia	2012	1189		1299
新 西 兰	New Zealand	2012	9604	12122	308

13-9 续表 continued

国家或地区	Country or Area	年 份 Year	每十万人口交通事故死亡人数(人) Number of Deaths per 100 000 Persons (person)	每十万人口交通事故数(起) Number of Injuries per 100 000 Persons (person)	每亿公里车程交通事故数(起) Number of Accidents per 100 Million Vehicle-km (person)
中　国	China	2011	5	16	
中国香港	Hong Kong,China	2012	2	222	128
中国澳门	Macao,China	2012	3	80	
孟加拉国	Bangladesh	2000	3		
印　度	India	2012	11	40	
印度尼西亚	Indonesia	2010	8	28	
伊　朗	Iran	2012	24	316	
以色列	Israel	2012	3	158	25
日　本	Japan	2012	4	521	91
哈萨克斯坦	Kazakhstan	2011	19	72	1693
韩　国	Korea,Rep.	2012	11	447	80
马来西亚	Malaysia	2011	24		
蒙　古	Mongolia	2007	22		
缅　甸	Myanmar	2011	5	19	950
菲律宾	Philippines	2012	1		
新加坡	Singapore	2012	3	135	42
斯里兰卡	SriLanka	2010	12		
泰　国	Thailand	2012	11		
越　南	Vietnam	2009	13		
埃　及	Egypt	2012	8	31①	
尼日利亚	Nigeria	2010	3	7②	
南　非	South Africa	2010	27	300③	111③
加拿大	Canada	2012	6	352	37②
墨西哥	Mexico	2012	4	11	9
美　国	United States	2012	11	530	35
巴　西	Brazil	2009	4	32	
白俄罗斯	Belarus	2012	11	55	352
捷　克	Czech Republic	2012	7	195	43③
法　国	France	2012	6	92	11
德　国	Germany	2012	4	373	44①
意大利	Italy	2011	7	346	
荷　兰	Netherlands	2012	4	42②	5②
波　兰	Poland	2012	9	96	18
俄罗斯	Russia	2012	20	142	
西班牙	Spain	2012	4	178	72
土耳其	Turkey	2012	5	208	163
乌克兰	Ukraine	2012	11	67	212
英　国	United Kingdom	2012	3	229	30
澳大利亚	Australia	2012	6	5	1
新西兰	New Zealand	2012	7	217	24

注：①2010年数据。②2009年数据。③2007年数据。

Note:①Data refer to 2010.②Data refer to 2009.③Data refer to 2007.

13-10　公路支出

Road Expenditure

资料来源：国际公路协会《世界公路统计2014》。
Source: International Road Federation World Road Statistics 2014.
单位：万美元　　(10 000 USD)

国家或地区	Country or Area	年份 Year	支出总计 Total Expenditure	公路支出构成－按行政管理级别分 Road Expenditure by Administration Levels		
				中央政府 Central Government	地方政府 Local Government	私人 Private
中　国	China	2011	21990164	761194	21228970	
中国香港	Hong Kong,China	2012				
柬埔寨	Cambodia	2000	8683	8683		
印　度	India	2012	769774			368072
韩　国	Korea,Rep.	2012		718265		342599
老　挝	Laos	2006	16193	16193		
马来西亚	Malaysia	2003	34656	34656		
蒙　古	Mongolia	2009	91			
新加坡	Singapore	2010	126475	126475		
斯里兰卡	Sri Lanka	2010	79285			
南　非	South Africa	2011	440344	232305	208039	
墨西哥	Mexico	2012	556000	403858	115192	36950
美　国	United States	2010	18967688	114061	14511314	
巴　西	Brazil	2009		423		
白俄罗斯	Belarus	2012	37319			
捷　克	Czech Republic	2000	207814	207814		
法　国	France	2012	3140981	375603	1982258	783120
荷　兰	Netherlands	2000	146859	125173	21686	
波　兰	Poland	2003	219048	122428	96621	
西班牙	Spain	2012	707408	322245	340249	44914
土耳其	Turkey	2012	776824	723397		53427
乌克兰	Ukraine	2012	160324	158563	1762	
英　国	United Kingdom	2012	1243110	451136	791974	
澳大利亚	Australia	2012	2024753	755549	1167130	102073
新西兰	New Zealand	2012	215893	170532	45361	

13-10 续表 continued

单位: 万美元 (10 000 USD)

国家或地区	Country or Area	年份 Year	公路支出构成－按支出性质分 Road Expenditure-by Nature		
			建设 Construction	维护 Maintenance	其它 Others
中国	China	2011			
中国香港	Hong Kong,China	2012	114650		
柬埔寨	Cambodia	2000	1979	6704	
印度	India	2012	742269	26419	8
韩国	Korea,Rep.	2012			11405
老挝	Laos	2006	14352	1842	
马来西亚	Malaysia	2003	69	34061	526
蒙古	Mongolia	2009			
新加坡	Singapore	2010			
斯里兰卡	Sri Lanka	2010	73524	5761	
南非	South Africa	2011	220172		220172
墨西哥	Mexico	2012	403858	115192	36950
美国	United States	2010	18967688	10000330	4625045
巴西	Brazil	2004	31732	31380	10567
白俄罗斯	Belarus	2012	37319	34365	
捷克	Czech Republic	2000	103321	104363	
法国	France	2012	1723546	1417435	
荷兰	Netherlands	2010	168914	63574	231
波兰	Poland	2003	100128	88820	30100
西班牙	Spain	2011	331782	278014	
土耳其	Turkey	2012	675470	64315	37040
乌克兰	Ukraine	2012	61032	59341	39951
英国	United Kingdom	2004	648263	82066	
澳大利亚	Australia	2010	501214		
新西兰	New Zealand	2012	87112	123696	5086

13-11 电话主线和移动电话普及率

Telephone Mainlines and Mobile Phones

资料来源：世界银行WDI数据库。
Source:World Bank WDI Database.

国家或地区	Country or Area	电话主线(条/千人) Telephone Mainlines(lines per 1 000 persons)			移动电话(部/千人) Mobile Phones(sets per 1 000 persons)		
		2000	2005	2014	2000	2005	2014
世　界	**World**	**159.5**	**194.4**	**151.9**	**120.8**	**339.1**	**962.7**
高收入国家	**High Income**	**491.7**	**466.2**	**399.1**	**423.9**	**819.3**	**1233.1**
中等收入国家	**Middle Income**	**77.6**	**134.8**	**102.5**	**43.9**	**234.5**	**936.1**
低收入国家	**Low Income**	**5.3**	**8.4**	**9.1**	**3.0**	**38.5**	**572.5**
中　国	China	113.1	265.9	179.0	66.6	298.5	922.7
中国香港	Hong Kong, China	574.4	550.0	610.9	796.9	1238.9	2393.0
中国澳门	Macao, China	409.4	372.5	266.9	326.6	1138.0	3225.9
孟加拉国	Bangladesh	3.7	7.5	6.9	2.1	62.9	759.3
文　莱	Brunei Darussalam	242.6	228.1	114.0	286.3	633.2	1100.6
柬埔寨	Cambodia	2.5	2.5	28.4	10.7	79.5	1551.1
印　度	India	31.1	44.5	21.3	3.4	80.0	744.8
印度尼西亚	Indonesia	31.9	60.2	117.2	17.6	209.0	1261.8
伊　朗	Iran	143.9	289.9	389.8	14.6	121.3	877.9
以色列	Israel	494.5	444.7	370.7	731.7	1174.7	1214.5
日　本	Japan	492.8	457.2	500.9	531.2	759.8	1202.3
哈萨克斯坦	Kazakhstan	125.8	179.8	261.2	13.5	358.3	1686.2
韩　国	Korea, Rep.	562.5	508.3	595.4	583.3	815.2	1155.4
老　挝	Laos	7.6	15.7	133.6	2.3	113.6	669.9
马来西亚	Malaysia	197.6	168.9	146.1	218.7	756.3	1488.3
蒙　古	Mongolia	49.0	61.8	79.2	64.5	220.5	1050.6
缅　甸	Myanmar	5.6	10.0	9.8	0.3	2.6	494.7
巴基斯坦	Pakistan	21.2	33.1	26.5	2.1	80.9	733.3
菲律宾	Philippines	39.4	39.2	30.9	83.1	405.3	1112.2
新加坡	Singapore	496.7	410.3	355.2	701.2	975.3	1581.3
斯里兰卡	Sri Lanka	40.7	62.4	124.9	22.8	168.5	1031.6
泰　国	Thailand	89.7	107.3	84.6	49.0	464.6	1444.4
越　南	Viet Nam	31.4		60.1	9.8	112.9	1471.1
埃　及	Egypt	82.9	144.8	75.7	20.6	189.9	1143.1
尼日利亚	Nigeria	4.5	8.8	1.0	0.2	133.2	778.4
南　非	South Africa	110.6	101.5	81.0	186.0	704.1	1496.8
加拿大	Canada	678.9	562.7	466.5	284.3	527.6	829.8
墨西哥	Mexico	118.7	176.2	170.4	135.5	425.6	825.4
美　国	United States	676.4	587.5	401.2	384.7	683.2	984.1
阿根廷	Argentina	213.9	244.3	225.8	175.8	573.3	1587.4
巴　西	Brazil	177.2	214.1	218.4	132.9	463.1	1389.5
委内瑞拉	Venezuela	103.9	136.6	253.1	223.2	467.6	989.5
捷　克	Czech Rep.	377.7	314.5	175.7	424.0	1151.0	1300.3
法　国	France	574.0	548.6	600.3	490.6	782.6	1003.6
德　国	Germany	601.4	653.6	568.9	577.2	945.6	1204.2
意大利	Italy	476.5	426.9	336.8	741.3	1218.6	1542.5
荷　兰	Netherlands	623.5	466.2	424.1	678.1	971.3	1164.2
波　兰	Poland	285.4	309.8	131.8	175.9	763.4	1564.5
俄罗斯	Russia	218.5	278.6	276.7	22.2	833.7	1551.4
西班牙	Spain	424.6	448.5	405.6	602.4	984.0	1078.5
土耳其	Turkey	291.2	280.2	165.2	255.4	643.7	947.9
乌克兰	Ukraine	212.3	247.5	246.4	16.7	636.7	1440.8
英　国	United Kingdom	597.6	565.1	523.5	737.1	1085.9	1235.8
澳大利亚	Australia	521.8	493.2	388.9	444.6	897.6	1312.3
新西兰	New Zealand	474.6	418.2	406.5	399.7	853.9	1120.6

13-12 国际互联网用户

Internet Users

资料来源：世界银行WDI数据库。
Source: World Bank WDI Database.
单位：个/千人 (unit per 1 000 persons)

国家或地区	Country or Area	2000	2010	2011	2012	2013	2014
世　界	**World**	**67.7**	**292.0**	**318.2**	**351.5**	**379.9**	**406.9**
高收入国家	**High Income**	**261.0**	**675.7**	**689.3**	**742.1**	**781.4**	**806.1**
中等收入国家	**Middle Income**	**15.0**	**215.1**	**248.1**	**280.0**	**307.8**	**340.5**
低收入国家	**Low Income**	**1.0**	**32.9**	**37.2**	**44.1**	**56.1**	**62.9**
中　国	China	17.8	343.0	383.0	423.0	458.0	493.0
中国香港	Hong Kong, China	278.3	720.0	722.0	729.0	742.0	745.6
中国澳门	Macao, China	136.1	552.0	602.0	613.1	658.0	697.8
孟加拉国	Bangladesh	0.7	37.0	45.0	50.0	66.3	96.0
文　莱	Brunei Darussalam	90.0	530.0	560.0	602.7	645.0	687.7
柬埔寨	Cambodia	0.5	12.6	31.0	49.4	68.0	90.0
印　度	India	5.3	75.0	100.7	125.8	151.0	180.0
印度尼西亚	Indonesia	9.3	109.2	122.8	145.2	149.4	171.4
伊　朗	Iran	9.3	159.0	190.0	227.3	299.5	393.5
以色列	Israel	208.7	675.0	688.7	708.0	708.0	714.5
日　本	Japan	299.9	782.1	790.5	795.0	897.1	905.8
哈萨克斯坦	Kazakhstan	6.7	316.0	506.0	533.2	540.0	548.9
韩　国	Korea, Rep.	447.0	837.0	837.6	840.7	847.7	843.3
老　挝	Laos	1.1	70.0	90.0	107.5	125.0	142.6
马来西亚	Malaysia	213.9	563.0	610.0	658.0	669.7	675.0
蒙　古	Mongolia	12.6	102.0	125.0	164.0	200.0	270.0
缅　甸	Myanmar		2.5	9.8	10.7	16.0	21.0
巴基斯坦	Pakistan		80.0	90.0	99.6	109.0	138.0
菲律宾	Philippines	19.8	250.0	290.0	362.4	370.0	396.9
新加坡	Singapore	360.0	710.0	710.0	720.0	810.0	820.0
斯里兰卡	Sri Lanka	6.5	120.0	150.0	182.9	219.0	258.0
泰　国	Thailand	36.9	224.0	236.7	264.6	289.4	348.9
越　南	Viet Nam	2.5	306.5	350.7	394.9	439.0	483.1
埃　及	Egypt	6.4	216.0	256.0	264.0	294.0	317.0
尼日利亚	Nigeria	0.6	240.0	284.3	328.0	380.0	426.8
南　非	South Africa	53.5	240.0	339.7	410.0	465.0	490.0
加拿大	Canada	513.0	803.0	830.0	830.0	858.0	871.2
墨西哥	Mexico	50.8	310.5	371.8	397.5	434.6	443.9
美　国	United States	430.8	716.9	697.3	793.0	842.0	873.6
阿根廷	Argentina	70.4	450.0	510.0	558.0	599.0	647.0
巴　西	Brazil	28.7	406.5	456.9	485.6	510.4	576.0
委内瑞拉	Venezuela	33.6	373.7	402.2	490.5	549.0	570.0
捷　克	Czech Rep.	97.8	688.2	704.9	734.3	741.1	797.1
法　国	France	143.1	772.8	778.2	814.4	819.2	837.5
德　国	Germany	302.2	820.0	812.7	823.5	841.7	861.9
意大利	Italy	231.1	536.8	543.9	558.3	584.6	619.6
荷　兰	Netherlands	439.8	907.2	914.2	928.6	939.6	931.7
波　兰	Poland	72.9	623.2	619.5	623.1	628.5	666.0
俄罗斯	Russia	19.8	430.0	490.0	638.0	679.7	705.2
西班牙	Spain	136.3	658.0	676.0	698.1	716.4	761.9
土耳其	Turkey	37.6	398.2	430.7	451.3	462.5	510.4
乌克兰	Ukraine	7.2	233.0	287.1	352.7	410.0	434.0
英　国	United Kingdom	268.2	850.0	853.8	874.8	898.4	916.1
澳大利亚	Australia	467.6	760.0	794.9	790.0	830.0	845.6
新西兰	New Zealand	473.8	804.6	812.3	820.0	827.8	855.0

13-13 互联网服务商

Internet Servers

资料来源：世界银行WDI数据库。
Source: World Bank WDI Database.

单位：个/百万人 (number/per 1 000 000 persons)

国家或地区	Country or Area	2005	2010	2011	2012	2013	2014
世　界	**World**	**64.87**	**155.18**	**184.23**	**181.93**	**160.49**	**190.37**
高收入国家	**High Income**	**296.21**	**748.03**	**887.44**	**881.69**	**781.35**	**929.79**
中等收入国家	**Middle Income**	**2.13**	**7.46**	**9.99**	**10.60**	**10.05**	**13.84**
低收入国家	**Low Income**	**0.12**	**0.54**	**0.74**	**0.95**	**0.92**	**1.17**
中　国	China	0.33	1.92	2.42	3.14	3.87	7.04
中国香港	Hong Kong, China	162.33	456.28	570.45	636.65	623.58	790.56
中国澳门	Macao, China	55.54	213.23	243.47		310.75	340.59
孟加拉国	Bangladesh	0.02	0.31	0.63	0.73	0.77	0.86
文　莱	Brunei Darussalam	13.59	64.91	113.16	111.59	117.29	148.86
柬 埔 寨	Cambodia	0.08	1.67	2.47	2.96	2.05	2.99
印　度	India	0.58	2.16	2.90	3.57	3.91	5.66
印度尼西亚	Indonesia	0.46	1.99	3.36	3.95	4.12	6.27
伊　朗	Iran	0.28	0.74	1.01	1.35	1.26	2.13
以 色 列	Israel	162.77	396.66	470.14	396.31	270.36	254.28
日　本	Japan	257.70	646.70	743.93	750.05	736.67	911.68
哈萨克斯坦	Kazakhstan	0.86	5.21	6.34	7.39	9.39	14.46
韩　国	Korea, Rep.	20.03	1128.08	2496.11	2751.54	1994.90	2178.35
老　挝	Laos	0.35	0.78	1.23	0.90	1.03	2.03
马来西亚	Malaysia	14.59	41.66	54.63	65.66	66.83	87.68
蒙　古	Mongolia	3.17	10.69	13.80	19.31	22.19	28.81
缅　甸	Myanmar	0.02	0.06	0.08	0.10	0.13	0.48
巴基斯坦	Pakistan	0.29	0.98	1.12	1.27	1.28	1.85
菲 律 宾	Philippines	2.45	6.66	7.53	8.62	8.06	10.83
新 加 坡	Singapore	275.45	529.67	607.29	635.31	609.35	822.35
斯里兰卡	Sri Lanka	1.78	4.46	6.04	7.67	8.98	11.44
泰　国	Thailand	4.76	13.73	17.29	19.57	18.10	23.52
越　南	Viet Nam	0.15	3.13	4.68	6.70	8.16	11.86
埃　及	Egypt	0.54	2.38	3.12	3.70	3.47	5.15
尼日利亚	Nigeria	0.17	1.20	1.68	1.74	1.68	2.31
南　非	South Africa	20.32	61.60	72.49	81.90	86.07	115.55
加 拿 大	Canada	569.11	1242.69	1374.20	1237.92	1035.26	1210.00
墨 西 哥	Mexico	7.79	19.82	25.80	28.07	26.45	34.55
美　国	United States	785.16	1444.95	1562.51	1473.15	1304.45	1548.21
阿 根 廷	Argentina	10.82	26.11	33.64	41.79	42.88	54.21
巴　西	Brazil	14.17	40.68	54.12	54.29	57.45	70.01
委内瑞拉	Venezuela	4.60	7.37	8.00	10.68	11.08	12.12
捷　克	Czech Rep.	41.62	319.73	389.00	518.80	563.90	691.59
法　国	France	76.07	296.43	354.63	409.34	486.92	683.51
德　国	Germany	274.16	872.03	1022.51	1110.78	1070.61	1420.02
意 大 利	Italy	44.70	157.56	195.34	212.88	201.86	249.20
荷　兰	Netherlands	327.15	2276.68	2750.30	2805.86	2382.11	2635.07
波　兰	Poland	21.96	211.58	270.76	303.39	312.99	429.71
俄 罗 斯	Russia	2.42	20.19	26.93	39.04	51.13	84.42
西 班 牙	Spain	81.19	230.93	281.63	290.92	269.20	316.76
土 耳 其	Turkey	18.14	99.84	143.64	116.76	50.43	57.41
乌 克 兰	Ukraine	1.32	13.23	17.72	23.49	26.49	45.48
英　国	United Kingdom	464.68	1384.15	1576.98	1467.31	1193.28	1291.23
澳大利亚	Australia	498.07	1784.56	2027.80	1721.07	1252.54	1348.57
新 西 兰	New Zealand	489.85	1495.39	1605.16	1474.33	1108.03	1211.17

13-14 宽带用户
Broadband Subscribers

资料来源：世界银行WDI数据库。
Source:World Bank WDI Database.

国家或地区	Country or Area	宽带用户（个） Broadband Subscribers(number)			每千人宽带用户（个/千人） Broadband Subscribers(unit per 1 000 persons)		
		2000	2005	2014	2000	2005	2014
世　界	**World**	**15890822**	**219965597**	**750209527**	**3.56**	**36.78**	**95.97**
高收入国家	**High Income**	**15738054**	**170300200**	**390805992**	**16.31**	**128.82**	**280.12**
中等收入国家	**Middle Income**	**160641**	**49648041**	**358107910**	**0.05**	**11.27**	**43.06**
低收入国家	**Low Income**		**23404**	**1295625**		**0.03**	**2.33**
中　国	China	22660	37350000	200483000	0.02	28.33	
中国香港	Hong Kong, China	444450	1659098	2268576	65.02	240.56	312.49
中国澳门	Macao, China	3731	68030	161405	8.64	145.32	280.47
孟加拉国	Bangladesh			1893171			11.94
文　莱	Brunei Darussalam		8126	30259		22.09	71.50
柬埔寨	Cambodia		1000	31900		0.07	
印　度	India		1348000	15745536		1.20	12.42
印度尼西亚	Indonesia	4000	108200	3009185	0.02	0.48	11.90
伊　朗	Iran	176		7425807			94.63
以色列	Israel		1229626	2048000		186.20	261.82
日　本	Japan	854655	23301105	37224662	6.80	183.50	293.11
哈萨克斯坦	Kazakhstan		2996	2148000		0.20	129.34
韩　国	Korea, Rep.	3870000	12190711	19198934	84.17	259.19	387.76
老　挝	Laos		314	11287		0.05	1.64
马来西亚	Malaysia		483100	3061000		18.69	101.40
蒙　古	Mongolia		1800	197247		0.71	68.45
缅　甸	Myanmar		243	143600			
巴基斯坦	Pakistan		14600	2008684		0.09	10.85
菲律宾	Philippines		123000	23241748		1.43	232.19
新加坡	Singapore	69000	656200	1533000	17.61	145.97	277.86
斯里兰卡	Sri Lanka		21000	567601		1.05	26.47
泰　国	Thailand		555495	5517442		8.47	82.08
越　南	Viet Nam		210024	6000527		2.47	64.84
埃　及	Egypt		140999	3067878		1.96	36.79
尼日利亚	Nigeria		500	15740			0.09
南　非	South Africa		165290	1706313		3.43	32.11
加拿大	Canada	1410932	7004000	12428000	45.96	217.16	
墨西哥	Mexico	15000	1922352	14313339	0.14	17.36	115.62
美　国	United States	7069874	51156350	97981000	24.84	171.57	303.74
阿根廷	Argentina		926722	6140900		23.98	146.90
巴　西	Brazil	100000	3233800	23162259	0.57	17.37	114.65
委内瑞拉	Venezuela	4473	356198	2413104	0.18	13.33	78.22
捷　克	Czech Rep.	2500	709063	2968880	0.24	69.31	276.42
法　国	France	196601	9471000	25970000	3.32	154.14	401.76
德　国	Germany	265000	10786800	29572818	3.17	128.67	357.80
意大利	Italy	115000	6822210	14370000	2.02	116.28	
荷　兰	Netherlands	260000	4100000	6893000	16.39	251.50	410.24
波　兰	Poland		945159	9108000		24.74	238.30
俄罗斯	Russia		1589000	24865209		11.04	174.53
西班牙	Spain	76358	5035203	12834057	1.90	116.05	272.68
土耳其	Turkey		1589768	8866361		23.47	116.91
乌克兰	Ukraine		130000	3573486		2.76	84.17
英　国	United Kingdom	52890	9898653	23729800	0.90	164.18	373.76
澳大利亚	Australia		2016000	6086000		98.24	257.55
新西兰	New Zealand	4658	321000	1386000	1.21	77.65	304.53

主要统计指标解释

航空货物周转量 指承载的每个航班的货物、快递和邮包重量之和乘以飞机从起飞到降落的飞行距离。该指标按航空承运商登记国统计。

航空客运量 指承载的国内或国际飞机乘客人数。该指标按航空承运商登记国统计。

信息和通讯技术支出 包括计算机硬件（计算机、存贮设备、打印机和其它外围设备）；计算机软件（操作系统、开发工具、运行环境、应用程序和内部软件开发）；计算机服务（信息技术咨询、计算机和网络系统集成、网络主机、数据处理服务和其它服务）；通讯服务（声音和数字通讯服务）及有线和无线通讯设备。

国际互联网带宽 指承包能力的国家之间的国际连线传输互联网流量。

固定宽带用户 指互联网的使用者以订购或付费方式以高速率接入公共网络。高速接入是至少以一个或二个方向每秒速率在256kbits.

港口集装箱吞吐量 港口集装箱吞吐量反映的是从陆地到海上或者从海上到陆地流动运输的集装箱数量，一个标准集装箱单位为 20 英尺当量单位。数据包括沿海和国际航运。转运集装箱在中转港作两次计算（一次卸下和再次出境），其中包括空集装箱。

移动电话 指手提式电话用户。利用蜂窝技术，这些用户被接入公共交换电话网的自动公共移动电话服务系统。

电话主线 是指将客户的设备接入公共交换电话网的电话线。

公路货物周转量 指利用公路交通工具进行货物运输。用重量乘以里程，以亿吨公里来衡量。

互联网用户 指进入国际互联网的使用者。

Explanatory Notes on Main Statistical Indicators

Air Freight is the sum of the metric tons of freight, express, and diplomatic bags carried on each flight stage (the operation of an aircraft from takeoff to its next landing) multiplied by the stage distance of air carriers registered in the country.

Air Transport, Passengers Carried Air passengers carried include both domestic and international aircraft passengers of air carriers registered in the country.

Information and Communications Technology Expenditures include computer hardware (computers, storage devices, printers, and other peripherals); computer software (operating systems, programming tools, utilities, applications, and internal software development); computer services (information technology consulting, computer and network systems integration, web hosting, data processing services, and other services); and communications services (voice and data communications services) and wired and wireless communications equipment.

International Internet bandwidth is the contracted capacity of international connections between countries for transmitting Internet traffic.

Fixed broadband subscribers are users of the Internet who subscribe to paid high-speed access to the public Internet. High-speed access is at least 256 kilobits per second in one or both directions.

Container Port Traffic Port container traffic measures the flow of containers from land to sea transport modes and vice versa, in twenty-foot equivalent units (TEUs), a standard-size container. Data refer to coastal shipping as well as international journeys. Transshipment traffic is counted as two lifts at the intermediate port (once to off-load and again as an outbound lift) and includes empty units.

Mobile Phones Mobile phones refers to users of portable telephones subscribing to an automatic public mobile telephone service using cellular technology that provides access to the public switched telephone network.

Telephone Mainlines Telephone mainlines are telephone lines connecting a customer's equipment to the public switched telephone network.

Roads, Goods Transported Goods transported by road are the volume of goods transported by road vehicles, measured in 100 millions of metric tons times kilometers traveled.

Internet Users are people with access to the worldwide network.

对外贸易和旅游

External Trade and Tourism

14-1 世界货物进出口总额

World Merchandise Imports and Exports

资料来源：世界贸易组织数据库。
Source: WTO Database.

单位：亿美元 (100 million USD)

	世 界 World	北美洲 North America	拉丁美洲 South and Central America	欧 洲 Europe	亚 洲 Asia	非 洲 Africa
出口 Exports						
1990	34900	5620	1054	16849	7924	1051
1991	35110	5917	1023	16642	8859	995
1992	37790	6289	1065	17692	9809	973
1993	37950	6619	1106	16711	10654	929
1994	43280	7389	1291	19087	12287	967
1995	51680	8566	1518	23355	14472	1120
1996	54060	9228	1644	24211	14654	1254
1997	55920	10141	1797	24130	15472	1275
1998	55030	10140	1681	25132	14510	1061
1999	57190	10707	1687	25218	15484	1168
2000	64580	12250	2014	26340	18356	1485
2001	61950	11475	1944	26558	16739	1388
2002	64990	11062	1960	28394	18077	1449
2003	75900	11630	2250	33865	21383	1793
2004	92230	13197	2926	40511	26534	2396
2005	105090	14758	3715	44043	30608	3110
2006	121310	16641	4489	49793	35761	3707
2007	140230	18408	5141	58031	41412	4365
2008	161600	20352	6171	64834	47247	5622
2009	125550	16019	4742	50212	38907	3935
2010	153010	19643	5919	56501	50763	5214
2011	183330	22834	7614	66543	59737	6080
2012	184080	23720	7525	63819	61146	6393
2013	188260	24179	7385	66511	62890	6026
2014	189350	24950	6950	67360	64240	5569
进口 Imports						
1990	36000	6845	855	17509	7616	964
1991	36280	6855	948	17648	8304	946
1992	39010	7480	1105	18510	9002	1004
1993	38940	8106	1239	16916	9851	987
1994	44290	9269	1424	19116	11474	1063
1995	52850	10143	1783	23346	14035	1266
1996	55470	10898	1853	24155	14743	1256
1997	57390	12137	2154	24186	14952	1324
1998	56830	12802	2165	25592	12479	1329
1999	59260	14265	1879	25965	13655	1280
2000	67250	16843	2088	27749	16787	1297
2001	64840	15803	2067	27336	15587	1349
2002	67430	16016	1822	28753	16594	1359
2003	78690	17240	1930	34615	19773	1655
2004	95740	20089	2462	41647	24883	2125
2005	108700	22844	3088	45799	28895	2565
2006	124610	25417	3740	52529	33339	3029
2007	143300	27021	4678	61172	38195	3749
2008	165720	29081	6086	68955	45748	4814
2009	127820	21779	4518	52170	36777	4112
2010	155110	26832	5847	59044	48618	4790
2011	185080	30917	7358	69278	59656	5660
2012	186150	31929	7557	65282	62134	6167
2013	189040	31955	7748	66076	63390	6344
2014	190240	32970	7423	67172	63244	6474

14-2 世界主要国家或地区货物进出口总额

Merchandise Imports and Exports by Country or Area

资料来源：世界贸易组织数据库。
Source: WTO Database.
单位：亿美元 (100 million USD)

国家或地区	Country or Area	2000	2005	2010	2012	2013	2014
世　界	**World**	**131830**	**213790**	**308120**	**370230**	**377300**	**379590**
中　国	China	4743	14219	29740	38671	41590	43030
中国香港	Hong Kong, China	4167	5923	8421	10464	11566	11247
中国澳门	Macao, China	52	70	65	100	114	126
孟加拉国	Bangladesh	153	232	470	593	662	726
文　莱	Brunei Darussalam	50	77	114	166	151	139
柬埔寨	Cambodia	33	70	119	192	220	243
印　度	India	939	2425	5766	7865	7802	7778
印度尼西亚	Indonesia	1090	1627	2934	3817	3692	3545
伊　朗	Iran	426	963	1667	1611	1315	1408
以色列	Israel	691	899	1196	1385	1416	1435
日　本	Japan	8588	11108	14638	16844	15483	15061
哈萨克斯坦	Kazakhstan	139	452	911	1328	1335	1195
韩　国	Korea, Rep.	3327	5457	8916	10675	10752	10982
老　挝	Laos	9	14	38	53	53	60
马来西亚	Malaysia	1802	2559	3632	4239	4342	4430
蒙　古	Mongolia	12	22	62	111	106	110
缅　甸	Myanmar	40	57	134	181	233	328
巴基斯坦	Pakistan	199	414	592	687	698	723
菲律宾	Philippines	751	907	1100	1174	1218	1289
新加坡	Singapore	2723	4297	6627	7881	7833	7760
斯里兰卡	Sri Lanka	117	152	221	286	282	309
泰　国	Thailand	1309	2291	3762	4792	4789	4555
越　南	Viet Nam	301	692	1571	2283	2641	2997
埃　及	Egypt	199	354	794	986	868	946
尼日利亚	Nigeria	297	712	1282	1660	1590	1617
南　非	South Africa	597	1139	1882	2268	2223	2130
加拿大	Canada	5214	6829	7902	9305	9326	9492
墨西哥	Mexico	3458	4424	6085	7511	7709	8091
美　国	United States	20412	26338	32477	38822	39087	40326
阿根廷	Argentina	515	690	1250	1483	1553	1372
巴　西	Brazil	1138	1962	3935	4760	4926	4642
委内瑞拉	Venezuela	497	797	1047	1581	1434	1248
捷　克	Czech Rep.	611	1546	2596	2985	3065	3260
法　国	France	6666	9676	11348	12431	12624	12624
德　国	Germany	10490	17480	23137	25683	26434	27283
意大利	Italy	4793	7579	9343	9899	9977	10004
荷　兰	Netherlands	4514	7702	10907	12423	12613	12591
波　兰	Poland	808	1911	3378	3844	4126	4347
俄罗斯	Russia	1499	3692	6493	8647	8646	8047
西班牙	Spain	2714	4814	5814	6326	6584	6787
土耳其	Turkey	823	1903	2994	3890	4035	3998
乌克兰	Ukraine	285	704	1124	1532	1411	1085
英　国	United Kingdom	6335	9101	10071	11634	11968	11897
澳大利亚	Australia	1354	2314	4143	5174	4948	4778
新西兰	New Zealand	272	479	620	756	791	841

14-3 货物出口总额

Merchandise Export

资料来源：世界贸易组织数据库。
Source: WTO Database.
单位：亿美元 (100 million USD)

国家或地区	Country or Area	2000	2005	2010	2012	2013	2014
世　界	**World**	**64580**	**105090**	**153010**	**184080**	**188260**	**189350**
中　国	China	2492	7620	15778	20487	22090	23427
中国香港	Hong Kong, China	2027	2921	4007	4929	5352	5241
中国澳门	Macao, China	25	25	9	10	11	12
孟加拉国	Bangladesh	64	93	192	251	291	304
文　莱	Brunei Darussalam	39	62	89	130	114	105
柬埔寨	Cambodia	14	31	51	78	92	108
印　度	India	424	996	2264	2968	3148	3174
印度尼西亚	Indonesia	654	870	1578	1900	1826	1763
伊　朗	Iran	287	563	1013	1040	825	888
以色列	Israel	314	428	584	631	668	681
日　本	Japan	4792	5949	7698	7986	7151	6838
哈萨克斯坦	Kazakhstan	88	278	600	864	847	782
韩　国	Korea, Rep.	1723	2844	4664	5479	5596	5727
老　挝	Laos	3	6	17	23	23	27
马来西亚	Malaysia	982	1416	1986	2275	2283	2341
蒙　古	Mongolia	5	11	29	44	43	58
缅　甸	Myanmar	16	38	87	89	112	150
巴基斯坦	Pakistan	90	161	214	246	251	247
菲律宾	Philippines	381	413	515	521	567	618
新加坡	Singapore	1378	2296	3519	4084	4102	4098
斯里兰卡	Sri Lanka	54	63	86	94	102	112
泰　国	Thailand	690	1109	1933	2292	2285	2276
越　南	Viet Nam	145	324	722	1145	1320	1505
埃　及	Egypt	53	129	264	294	285	271
尼日利亚	Nigeria	210	505	840	1150	1030	980
南　非	South Africa	300	516	913	996	959	910
加拿大	Canada	2766	3605	3875	4556	4583	4743
墨西哥	Mexico	1664	2142	2983	3706	3800	3975
美　国	United States	7819	9011	12785	15457	15796	16232
阿根廷	Argentina	263	404	682	802	817	719
巴　西	Brazil	551	1185	2019	2426	2420	2251
委内瑞拉	Venezuela	335	557	657	973	890	805
捷　克	Czech Rep.	291	781	1330	1570	1623	1738
法　国	France	3276	4634	5238	5687	5810	5832
德　国	Germany	5518	9709	12589	14051	14518	15109
意大利	Italy	2405	3731	4473	5013	5183	5287
荷　兰	Netherlands	2331	4064	5743	6554	6716	6724
波　兰	Poland	317	894	1597	1854	2050	2167
俄罗斯	Russia	1050	2438	4006	5293	5233	4967
西班牙	Spain	1153	1926	2544	2953	3178	3228
土耳其	Turkey	278	735	1139	1525	1518	1576
乌克兰	Ukraine	146	342	515	685	643	542
英　国	United Kingdom	2854	3909	4160	4728	5410	5068
澳大利亚	Australia	639	1061	2126	2564	2526	2402
新西兰	New Zealand	133	217	314	373	394	416

14-4 货物进口总额

Merchandise Import

资料来源：世界贸易组织数据库。
Source: WTO Database.
单位：亿美元 (100 million USD)

国家或地区	Country or Area	2000	2005	2010	2012	2013	2014
世　界	**World**	**67250**	**108700**	**155110**	**186150**	**189040**	**190240**
中　国	China	2251	6600	13962	18184	19500	19603
中国香港	Hong Kong, China	2140	3002	4414	5535	6214	6006
中国澳门	Macao, China	26	45	56	90	103	114
孟加拉国	Bangladesh	89	139	278	342	371	422
文　莱	Brunei Darussalam	11	15	25	36	36	34
柬埔寨	Cambodia	19	39	68	114	128	135
印　度	India	515	1429	3502	4897	4654	4604
印度尼西亚	Indonesia	436	757	1357	1917	1866	1782
伊　朗	Iran	139	400	654	571	490	520
以色列	Israel	377	471	612	754	749	753
日　本	Japan	3795	5159	6941	8858	8332	8223
哈萨克斯坦	Kazakhstan	50	174	311	464	488	412
韩　国	Korea, Rep.	1605	2612	4252	5196	5156	5255
老　挝	Laos	5	9	21	31	30	33
马来西亚	Malaysia	820	1143	1646	1964	2059	2089
蒙　古	Mongolia	6	12	33	67	64	52
缅　甸	Myanmar	24	19	48	92	120	178
巴基斯坦	Pakistan	109	254	378	442	446	476
菲律宾	Philippines	370	495	585	653	651	671
新加坡	Singapore	1345	2000	3108	3797	3730	3662
斯里兰卡	Sri Lanka	63	88	135	192	180	197
泰　国	Thailand	619	1182	1829	2500	2504	2280
越　南	Viet Nam	156	368	848	1138	1320	1493
埃　及	Egypt	146	224	529	692	583	675
尼日利亚	Nigeria	87	208	442	510	560	637
南　非	South Africa	297	623	968	1272	1264	1219
加拿大	Canada	2448	3224	4027	4749	4743	4749
墨西哥	Mexico	1795	2282	3102	3805	3910	4116
美　国	United States	12593	17327	19692	23365	23291	24094
阿根廷	Argentina	252	287	568	680	737	652
巴　西	Brazil	586	776	1915	2334	2506	2391
委内瑞拉	Venezuela	162	240	390	607	544	443
捷　克	Czech Rep.	320	765	1267	1414	1443	1522
法　国	France	3389	5041	6111	6744	6815	6792
德　国	Germany	4972	7771	10548	11632	11916	12174
意大利	Italy	2388	3848	4870	4886	4794	4717
荷　兰	Netherlands	2183	3638	5164	5869	5897	5868
波　兰	Poland	490	1016	1780	1991	2076	2181
俄罗斯	Russia	449	1254	2486	3354	3413	3080
西班牙	Spain	1561	2888	3270	3373	3406	3560
土耳其	Turkey	545	1168	1855	2365	2517	2422
乌克兰	Ukraine	140	361	609	846	768	543
英　国	United Kingdom	3481	5193	5911	6906	6558	6829
澳大利亚	Australia	715	1253	2016	2609	2421	2376
新西兰	New Zealand	139	262	306	383	396	425

14-5　世界主要国家或地区服务贸易进出口总额

Total of Service Import and Export by Country or Area

资料来源：世界贸易组织数据库。
Source: WTO Database.
单位：亿美元　　(100 million USD)

国家或地区	Country or Area	2000	2005	2010	2012	2013	2014
世　界	**World**	**29548**	**48976**	**75148**	**87161**	**92025**	**96021**
中　国	China	660	1573	3634	4962	5365	6043
中国香港	Hong Kong, China	650	975	1507	1749	1821	1851
中国澳门	Macao, China	41	109	365	567	654	638
孟加拉国	Bangladesh	18	25	58	66	76	91
文　莱	Brunei Darussalam	10	16	24	26	25	25
柬埔寨	Cambodia	7	17	29	46	51	59
印　度	India	349	990	2306	2740	2734	2782
印度尼西亚	Indonesia	204	344	423	567	568	557
伊　朗	Iran	36	153	256	227	188	
以色列	Israel	275	309	438	519	537	556
日　本	Japan	1822	2406	2914	3139	3017	3480
哈萨克斯坦	Kazakhstan	27	94	151	173	171	182
韩　国	Korea, Rep.	639	1073	1788	2101	2117	2197
老　挝	Laos	1	2	7	9	13	
马来西亚	Malaysia	304	412	642	800	842	818
蒙　古	Mongolia	2	9	13	30	27	26
缅　甸	Myanmar	8	7	11	26	37	
巴基斯坦	Pakistan	34	92	95	108	105	110
菲律宾	Philippines	86	103	295	344	386	437
新加坡	Singapore	584	1106	2016	2495	2589	2624
斯里兰卡	Sri Lanka	25	36	55	63	81	92
泰　国	Thailand	291	464	789	1022	1136	1080
越　南	Viet Nam	60	87	171	219	234	256
埃　及	Egypt	168	240	366	369	328	355
尼日利亚	Nigeria	50	78	226	246	226	240
南　非	South Africa	105	229	317	319	298	289
加拿大	Canada	829	1193	1723	2000	1995	1904
墨西哥	Mexico	295	359	377	429	494	529
美　国	United States	4874	6381	9202	10531	10997	11401
阿根廷	Argentina	137	139	276	327	327	309
巴　西	Brazil	245	373	896	1159	1207	1268
委内瑞拉	Venezuela	53	64	142	190	210	182
捷　克	Czech Rep.	121	220	397	444	440	453
法　国	France	1397	2275	3816	4389	4837	5069
德　国	Germany	2163	3683	4820	5224	5785	5940
意大利	Italy	1103	1768	2099	2129	2197	2254
荷　兰	Netherlands	1033	1737	2581	2748	2938	3214
波　兰	Poland	193	316	659	741	790	816
俄罗斯	Russia	258	625	1219	1682	1949	1847
西班牙	Spain	851	1608	1801	1872	1927	2071
土耳其	Turkey	287	368	545	621	690	737
乌克兰	Ukraine	64	159	299	354	374	263
英　国	United Kingdom	2149	3625	4411	4897	5066	5179
澳大利亚	Australia	380	603	962	1165	1186	1140
新西兰	New Zealand	88	167	216	253	258	274

14-6 服务贸易出口总额
Commercial Service Export

资料来源：世界贸易组织数据库。
Source: WTO Database.
单位：亿美元 (100 million USD)

国家或地区	Country or Area	2000	2005	2010	2012	2013	2014
世　界	**World**	**14910**	**25137**	**38204**	**44281**	**46665**	**48616**
中　国	China	301	739	1705	2152	2065	2222
中国香港	Hong Kong, China	404	636	805	984	1054	1070
中国澳门	Macao, China	33	86	290	454	536	531
孟加拉国	Bangladesh	3	5	13	13	15	15
文　莱	Brunei Darussalam	2	6	11	11	11	11
柬埔寨	Cambodia	4	11	19	31	34	39
印　度	India	160	522	1166	1450	1482	1541
印度尼西亚	Indonesia	51	126	163	231	223	225
伊　朗	Iran	14	49	87	65	64	
以色列	Israel	156	174	254	312	337	339
日　本	Japan	683	1080	1285	1311	1326	1581
哈萨克斯坦	Kazakhstan	9	20	39	46	51	56
韩　国	Korea, Rep.	308	483	822	1023	1025	1058
老　挝	Laos	1	2	5	6	8	
马来西亚	Malaysia	138	195	319	378	397	380
蒙　古	Mongolia	1	4	5	10	7	6
缅　甸	Myanmar	5	2	3	12	22	
巴基斯坦	Pakistan	13	20	29	32	33	34
菲律宾	Philippines	34	45	178	204	226	241
新加坡	Singapore	284	555	1006	1252	1298	1329
斯里兰卡	Sri Lanka	9	15	25	38	47	55
泰　国	Thailand	138	197	341	493	586	550
越　南	Viet Nam	27	42	74	95	104	109
埃　及	Egypt	97	144	236	213	179	190
尼日利亚	Nigeria	18	14	26	21	19	15
南　非	South Africa	49	110	136	147	138	138
加拿大	Canada	393	544	753	885	885	848
墨西哥	Mexico	133	156	152	161	201	210
美　国	United States	2824	3643	5429	6306	6629	6856
阿根廷	Argentina	48	65	133	149	144	140
巴　西	Brazil	90	149	301	381	375	398
委内瑞拉	Venezuela	11	12	16	19	18	16
捷　克	Czech Rep.	67	118	219	242	238	239
法　国	France	800	1215	2007	2363	2537	2630
德　国	Germany	796	1574	2202	2355	2553	2672
意大利	Italy	559	883	993	1067	1119	1137
荷　兰	Netherlands	514	901	1239	1303	1412	1561
波　兰	Poland	104	162	353	411	449	456
俄罗斯	Russia	96	247	486	615	691	657
西班牙	Spain	522	940	1121	1221	1282	1352
土耳其	Turkey	202	265	360	427	463	503
乌克兰	Ukraine	38	89	177	214	219	143
英　国	United Kingdom	1184	2041	2688	3052	3154	3290
澳大利亚	Australia	194	304	456	521	523	521
新西兰	New Zealand	43	86	114	130	133	144

14-7 服务贸易进口总额
Commercial Service Import

资料来源：世界贸易组织数据库。
Source: WTO Database.

单位：亿美元 (100 million USD)

国家或地区	Country or Area	2000	2005	2010	2012	2013	2014
世　界	**World**	**14638**	**23838**	**36945**	**42881**	**45361**	**47405**
中　国	China	359	833	1929	2810	3300	3821
中国香港	Hong Kong, China	246	338	702	765	768	781
中国澳门	Macao, China	8	23	75	114	118	107
孟加拉国	Bangladesh	15	20	45	53	61	76
文　莱	Brunei Darussalam	8	9	14	15	14	15
柬埔寨	Cambodia	3	6	9	15	17	20
印　度	India	189	468	1140	1290	1252	1241
印度尼西亚	Indonesia	154	218	260	336	344	332
伊　朗	Iran	22	104	169	162	124	
以色列	Israel	118	135	184	207	200	217
日　本	Japan	1139	1326	1629	1828	1690	1899
哈萨克斯坦	Kazakhstan	18	74	112	127	120	126
韩　国	Korea, Rep.	332	590	965	1078	1092	1140
老　挝	Laos			3	3	5	
马来西亚	Malaysia	166	218	322	422	444	437
蒙　古	Mongolia	2	5	8	20	20	20
缅　甸	Myanmar	3	5	8	14	15	
巴基斯坦	Pakistan	21	72	66	76	72	76
菲律宾	Philippines	52	58	117	140	160	196
新加坡	Singapore	300	551	1010	1243	1291	1296
斯里兰卡	Sri Lanka	16	21	31	25	34	37
泰　国	Thailand	153	266	448	529	550	530
越　南	Viet Nam	33	44	98	124	130	148
埃　及	Egypt	72	95	130	156	149	165
尼日利亚	Nigeria	31	64	199	225	207	225
南　非	South Africa	57	118	181	172	160	151
加拿大	Canada	436	649	970	1114	1111	1056
墨西哥	Mexico	162	203	225	268	293	318
美　国	United States	2050	2738	3774	4225	4368	4545
阿根廷	Argentina	90	74	143	178	183	169
巴　西	Brazil	156	224	595	778	832	870
委内瑞拉	Venezuela	42	52	126	171	192	166
捷　克	Czech Rep.	53	102	178	202	202	214
法　国	France	597	1060	1809	2026	2300	2438
德　国	Germany	1367	2109	2618	2869	3231	3268
意大利	Italy	544	884	1106	1061	1079	1117
荷　兰	Netherlands	518	836	1342	1445	1526	1653
波　兰	Poland	89	154	306	330	341	360
俄罗斯	Russia	162	378	732	1067	1258	1189
西班牙	Spain	329	668	680	651	645	719
土耳其	Turkey	85	103	185	194	226	234
乌克兰	Ukraine	26	70	122	140	155	120
英　国	United Kingdom	965	1584	1723	1845	1912	1888
澳大利亚	Australia	186	299	506	644	663	619
新西兰	New Zealand	44	82	101	123	124	129

14-8 出口和进口单位价值指数
Indices of Export Unit Value and Import Unit Value

资料来源：国际货币基金组织IFS数据库。
Source: IMF IFS Database.

2010年=100 (2010=100)

国家或地区	Country or Area	进口单位价值指数 Import Unit Values Index			出口单位价值指数 Export Unit Values Index		
		2012	2013	2014	2012	2013	2014
世　界	**World**	**113.3**	**111.9**	**110.2**	**108.7**	**108.3**	**106.7**
中国香港	Hong Kong, China	111.6	112.6	114.8	111.7	113.1	115.4
阿根廷	Argentina	105.3	111.0	111.2	121.9	119.7	117.0
荷　兰	Netherlands	107.8	106.3	102.8	107.4	106.5	104.2
澳大利亚	Australia	115.2	109.9	105.9	117.2	108.7	97.8
比利时	Belgium	112.8	112.1	109.4	110.3	110.3	110.1
玻利维亚	Bolivia				152.9	142.6	136.5
巴　西	Brazil	120.4	114.5	107.6	115.7	112.5	101.5
加拿大	Canada	104.7	105.0	110.0	104.5	106.4	112.0
丹　麦	Denmark	104.5	102.5	101.9	107.6	106.6	103.5
厄瓜多尔	Ecuador				129.8	127.9	115.7
芬　兰	Finland	108.0	109.1	106.7	102.2	103.9	102.7
德　国	Germany	111.9	109.8	108.4	107.1	106.1	107.7
希　腊	Greece	109.1	109.6	105.5	109.9	111.6	108.5
洪都拉斯	Honduras				122.8	95.0	100.4
匈牙利	Hungary	101.2	101.2	97.4	98.2	98.8	96.0
印　度	India	188.9	213.2		127.4	139.9	
爱尔兰	Ireland	112.1	110.9	111.4	105.0	103.5	102.9
以色列	Israel	111.3	110.2	108.3	110.7	113.0	112.0
意大利	Italy	115.7	113.5	110.5	112.2	113.4	114.8
牙买加	Jamaica				105.7	101.4	103.1
日　本	Japan	110.8	126.9	133.4	103.3	114.7	119.5
约　旦	Jordan	123.9	125.1	132.5	121.4	111.1	111.1
韩　国	Korea, Rep.	113.0			102.8		
拉脱维亚	Latvia				116.3	118.2	
新西兰	New Zealand	111.6	107.4	103.2	106.1	116.6	112.2
挪　威	Norway	104.4	106.8	112.6	121.5	123.9	120.3
阿　曼	Oman				143.0	137.7	134.7
巴基斯坦	Pakistan	142.0	158.0	156.3	130.3	138.5	142.0
巴布亚新几内亚	Papua New Guinea				98.4	97.5	
秘　鲁	Peru				109.5	105.1	96.6
沙特阿拉伯	Saudi Arabia				132.2	130.6	122.9
新加坡	Singapore	114.0	110.7	106.3	110.6	107.4	103.6
西班牙	Spain	113.5	108.6	106.1	107.0	106.8	105.7
瑞　典	Sweden	107.2	107.1	103.1	105.4	104.4	102.0
泰　国	Thailand	104.4	102.8	107.6	109.8	106.3	110.4
土耳其	Turkey	111.9	110.1	107.0	108.4	108.5	107.0
英　国	United Kingdom	110.9	110.4	111.7	110.1	110.1	111.1
美　国	United States	111.2	110.0	108.8	108.4	108.0	107.4
委内瑞拉	Venezuela	78.6	77.4				

14-9 出口和进口数量指数

Indices of Export Quantum and Import Quantum

资料来源：国际货币基金组织IFS数据库。
Source: IMF IFS Database.

2010年=100 (2010=100)

国家或地区	Country or Area	出口数量指数 Export Quantum Index			进口数量指数 Import Quantum Index		
		2012	2013	2014	2012	2013	2014
中国香港	Hong Kong, China	102.3	105.0	106.6	105.1	108.8	111.3
阿根廷	Argentina				113.7	116.8	103.1
荷兰	Netherlands	108.1	109.8	113.6	109.0	109.7	113.8
澳大利亚	Australia	107.5	113.5	115.1	118.0	117.7	121.2
奥地利	Austria	110.4	96.7		107.0	99.3	
比利时	Belgium	102.6	104.1	105.6	102.8	103.0	106.3
玻利维亚	Bolivia	105.3	119.2	124.4			
巴西	Brazil	105.0	107.4	110.9	102.6	115.5	119.6
加拿大	Canada	109.2	111.2	117.6	109.3	112.2	115.2
丹麦	Denmark	106.8	108.5	111.2	110.6	114.3	116.6
厄瓜多尔	Ecuador	105.0	110.7	118.1	104.1	113.8	126.1
法国	France	105.5	104.4	95.7	101.0	101.4	105.6
德国	Germany	108.9	109.5	112.1	104.3	105.4	109.2
圭亚那	Guyana	128.9					
洪都拉斯	Honduras	141.8	123.8	124.5			
匈牙利	Hungary	110.8	115.5	123.8	106.9	112.3	122.2
爱尔兰	Ireland	97.8	93.9	96.8	94.1	96.5	103.6
以色列	Israel	97.1	85.9	105.2	110.9	110.1	112.9
意大利	Italy	103.3	102.1	102.8	89.6	86.3	87.5
牙买加	Jamaica	110.7	113.4	111.4			
日本	Japan	91.5	90.1	90.7	105.0	105.3	105.9
约旦	Jordan	93.2	103.8	108.9	109.7	112.4	112.4
韩国	Korea, Rep.	120.2	126.0	131.4	106.1	110.6	115.8
毛里求斯	Mauritius	105.0	110.0		105.8	110.4	
新西兰	New Zealand	109.8	109.8	112.2	107.3	119.0	130.5
挪威	Norway	97.8	93.5	95.4	106.5	107.7	108.7
巴基斯坦	Pakistan	101.1	118.6	114.8	90.8	88.7	103.2
巴布亚新几内亚	Papua New Guinea	86.5	89.1				
秘鲁	Peru	108.8	106.7	108.1			
波兰	Poland	103.0	118.6	125.1	97.7	106.6	115.7
新加坡	Singapore	105.2	108.8	112.6	107.3	108.6	111.0
西班牙	Spain	111.1	117.2	122.5	93.9	96.8	104.8
瑞典	Sweden	106.9	103.2	104.4	106.8	104.3	109.6
瑞士	Switzerland	108.8	109.1	110.8	103.5	102.5	101.8
泰国	Thailand	110.9	111.3	112.1	121.4	123.8	115.4
土耳其	Turkey	123.6	122.9	129.4	114.0	123.2	122.2
英国	United Kingdom	106.0	105.5	105.1	104.4	105.1	108.1
美国	United States	111.5	114.4	118.2	106.7	107.5	112.6

14-10 货物和服务进出口占国内生产总值比重

Exports and Imports of Goods and Services as Percentage of GDP

资料来源：世界银行WDI数据库。
Source: World Bank WDI Database.
单位：%　　(%)

国家或地区	Country or Area	货物和服务出口占国内生产总值比重 Exports of Goods and Services as percentage of GDP			货物和服务进口占国内生产总值比重 Imports of Goods and Services as percentage of GDP		
		2000	2010	2013	2000	2010	2013
世　界	**World**	**25.2**	**28.0**	**29.8**	**24.9**	**27.9**	**29.7**
中　国	China	23.3	26.2	23.3	20.9	23.2	20.6
中国香港	Hong Kong, China	141.8	219.4	227.9	137.4	213.5	227.4
中国澳门	Macao, China	100.4	106.0	107.6	64.6	49.8	47.1
孟加拉国	Bangladesh	14.0	16.0	19.5	19.2	21.8	26.8
文　莱	Brunei Darussalam	67.4	81.4	76.2	35.8	32.9	32.5
柬埔寨	Cambodia	49.9	54.1	65.8	61.8	59.5	73.8
印　度	India	12.8	22.0	25.2	13.7	26.3	28.1
印度尼西亚	Indonesia	41.0	24.3	24.0	30.5	22.4	24.8
以色列	Israel	35.9	35.0	32.9	35.8	33.0	31.6
日　本	Japan	10.9	15.2	16.2	9.4	14.0	19.0
哈萨克斯坦	Kazakhstan	56.6	44.2	38.3	49.1	29.9	26.7
韩　国	Korea, Rep.	35.0	49.4	53.9	32.9	46.2	48.9
老　挝	Laos	30.1	35.5	37.2	44.2	37.9	46.2
马来西亚	Malaysia	119.8	93.3	81.7	100.6	76.4	72.4
蒙　古	Mongolia	54.0	46.7	40.0	67.9	56.7	60.4
巴基斯坦	Pakistan	13.4	13.5	13.2	14.7	19.4	19.9
菲律宾	Philippines	51.4	34.8	27.9	53.4	36.6	32.0
新加坡	Singapore	189.2	199.3	191.6	176.9	172.8	168.3
斯里兰卡	Sri Lanka	39.0	22.4	22.5	49.6	30.7	32.0
泰　国	Thailand	66.8	71.3	73.6	58.2	63.9	70.3
越　南	Viet Nam	50.0	72.0	83.6	53.3	80.2	81.5
埃　及	Egypt	16.2	21.4	18.1	22.8	26.6	24.8
尼日利亚	Nigeria	51.7	25.3	18.0	19.7	17.4	13.0
南　非	South Africa	27.2	28.6	31.0	24.3	27.4	33.3
加拿大	Canada	44.4	29.1	30.2	38.8	31.0	31.8
墨西哥	Mexico	26.3	29.9	31.7	26.9	31.1	32.6
美　国	United States	10.7	12.4	13.5	14.3	15.8	16.5
阿根廷	Argentina	11.0	17.4	14.3	11.6	14.9	14.4
巴　西	Brazil	10.0	10.7	12.0	11.7	11.8	14.4
委内瑞拉	Venezuela	29.7	28.5	24.8	18.1	17.6	29.5
捷　克	Czech Rep.	48.3	66.2	77.3	50.2	63.1	71.4
法　国	France	28.2	26.0	28.5	27.1	27.9	30.4
德　国	Germany	30.9	42.3	45.6	30.6	37.1	39.8
意大利	Italy	25.7	25.2	28.8	24.8	27.1	26.5
荷　兰	Netherlands	67.1	72.0	82.9	60.6	63.6	72.6
波　兰	Poland	27.2	40.5	46.1	33.6	42.3	44.2
俄罗斯	Russia	44.1	29.2	28.6	24.0	21.1	22.7
西班牙	Spain	28.6	25.5	31.6	31.6	26.8	28.2
土耳其	Turkey	20.1	21.2	25.6	23.1	26.8	32.2
乌克兰	Ukraine	62.5	50.8	43.0	57.4	53.6	52.1
英　国	United Kingdom	26.3	28.7	30.1	28.3	31.1	32.1
澳大利亚	Australia	19.4	19.5	19.9	21.5	20.4	21.1
新西兰	New Zealand	36.2	30.5	29.2	33.2	28.2	27.5

14-11 出口货物构成(2013年)
Exports by Commodity Groups(2013)

资料来源：世界银行WDI数据库。
Source: World Bank WDI Database.

单位：% (%)

国家或地区	Country or Area	农业原材料 Agricultural Raw Materials	食品 Food	燃料 Fuel	矿物和金属 Ores and Metals	制成品 Manufactures	其他 Others
世　界	**World**	**1.6**	**8.7**	**15.2**	**4.2**	**66.8**	**3.5**
高收入国家	**High Income**	**1.6**	**8.3**	**15.1**	**4.1**	**66.7**	**4.2**
中等收入国家	**Middle Income**	**1.6**	**10.1**	**15.8**	**4.6**	**67.4**	**0.5**
中　国	China	0.4	2.7	1.5	1.2	94.0	0.2
中国香港	Hong Kong, China	3.0	11.9	3.1	11.1	69.8	1.1
孟加拉国①	Bangladesh①	1.8	3.9	1.2	0.4	92.8	-0.1
文　莱	Brunei Darussalam		0.2	96.5	0.1	3.0	0.2
柬埔寨	Cambodia	2.7	4.3		0.2	92.8	
印　度	India	2.1	11.2	20.3	3.0	61.9	1.5
印度尼西亚	Indonesia	5.8	17.7	31.6	7.1	37.8	
伊　朗①	Iran①	0.2	3.7	70.5	2.2	12.1	11.3
以色列	Israel	0.6	3.2	1.6	1.2	92.5	0.9
日　本	Japan	0.9	0.6	2.3	2.9	88.2	5.1
哈萨克斯坦	Kazakhstan	0.2	3.2	76.2	10.1	10.2	0.1
韩　国	Korea, Rep.	1.0	1.1	9.5	2.0	86.2	0.2
马来西亚	Malaysia	2.2	11.0	22.3	3.3	60.8	0.4
蒙　古	Mongolia	6.9	0.9	41.7	47.0	3.5	
缅　甸②	Myanmar②	10.6	19.6	38.5	0.9	30.0	0.4
巴基斯坦	Pakistan	1.8	20.0	2.1	2.1	74.0	
菲律宾	Philippines	1.1	10.9	3.9	6.4	77.7	
新加坡	Singapore	0.3	2.4	17.4	1.2	70.6	8.1
斯里兰卡	Sri Lanka	2.6	26.6	0.3	0.6	69.8	0.1
泰　国	Thailand	4.7	13.0	6.0	1.3	74.9	0.1
越　南	Viet Nam	2.4	14.5	7.4	0.7	74.7	0.3
埃　及	Egypt	2.1	16.4	26.9	5.1	48.7	0.8
尼日利亚	Nigeria	3.2	5.1	87.6	0.6	3.4	0.1
南　非	South Africa	1.9	10.5	11.3	29.9	45.9	0.5
加拿大	Canada	4.2	10.7	27.3	7.2	47.1	3.5
墨西哥	Mexico	0.4	6.4	13.0	3.1	76.3	0.8
美　国	United States	2.4	10.2	10.9	3.4	62.2	10.9
阿根廷	Argentina	0.9	55.2	4.7	3.2	33.1	2.9
巴　西	Brazil	3.5	34.3	7.4	16.4	36.4	2.0
委内瑞拉	Venezuela			97.7	0.4	1.8	0.1
捷　克	Czech Rep.	1.5	4.9	3.0	2.2	88.2	0.2
法　国	France	0.9	13.2	3.9	2.3	77.2	2.5
德　国	Germany	0.8	5.7	2.9	2.8	82.8	5.0
意大利	Italy	0.7	8.2	4.3	2.0	82.4	2.4
荷　兰	Netherlands	2.9	15.6	19.5	2.3	59.4	0.3
波　兰	Poland	1.4	12.9	4.6	4.2	76.8	0.1
俄罗斯	Russia	1.8	3.1	71.2	4.7	16.6	2.6
西班牙	Spain	1.2	15.3	6.8	3.3	69.1	4.3
土耳其	Turkey	0.4	11.2	4.3	4.5	78.1	1.5
乌克兰	Ukraine	1.3	26.8	4.2	8.1	58.7	0.9
英　国	United Kingdom	0.7	6.6	13.4	3.9	68.6	6.8
澳大利亚	Australia	2.9	13.1	27.3	38.2	14.8	3.7
新西兰	New Zealand	12.4	58.8	3.7	3.3	18.8	3.0

注：①2011年数据。②2010年数据。
Note:①Data refer to 2011.②Data refer to 2010.

14-12 进口货物构成(2013年)

Imports by Commodity Groups(2013)

资料来源：世界银行WDI数据库。
Source: World Bank WDI Database.
单位：% (%)

国家或地区	Country or Area	农业原材料 Agricultural Raw Materials	食品 Food	燃料 Fuel	矿物和金属 Ores and Metals	制成品 Manufactures	其他 Others
世　界	**World**	**1.4**	**8.0**	**17.9**	**4.0**	**66.2**	**2.5**
高收入国家	**High Income**	**1.2**	**8.1**	**17.7**	**3.3**	**67.5**	**2.1**
中等收入国家	**Middle Income**	**2.2**	**7.4**	**18.6**	**6.4**	**61.7**	**3.6**
中　国	China	3.6	5.5	17.4	12.7	55.0	5.8
中国香港	Hong Kong, China	0.7	4.7	3.4	1.4	89.8	
中国澳门①	Macao, China①	0.2	14.0	10.8	0.3	72.9	1.7
孟加拉国②	Bangladesh②	7.3	19.5	7.6	1.9	63.5	0.2
文　莱	Brunei Darussalam	0.2	15.0	7.5	1.4	75.2	0.7
柬埔寨	Cambodia	0.7	6.3	11.0	1.2	80.7	0.1
印　度	India	1.8	3.9	43.0	6.3	42.4	2.7
印度尼西亚	Indonesia	2.7	8.8	24.5	3.1	60.0	0.9
伊　朗②	Iran②	2.4	14.1	1.5	1.2	62.1	18.7
以色列	Israel	1.0	7.5	20.2	1.6	69.1	0.6
日　本	Japan	1.4	8.6	33.8	6.5	48.4	1.3
哈萨克斯坦	Kazakhstan	0.5	9.1	11.2	1.4	77.6	0.2
韩　国	Korea, Rep.	1.6	4.9	34.6	7.3	51.6	0.1
马来西亚	Malaysia	2.1	7.7	16.5	6.0	67.2	0.5
蒙　古	Mongolia	0.2	9.1	25.7	0.3	64.8	
缅　甸③	Myanmar③	0.4	8.3	22.4	0.9	67.9	
巴基斯坦	Pakistan	4.3	10.3	35.2	2.9	47.3	
菲律宾	Philippines	0.7	10.4	20.8	3.0	65.1	0.1
新加坡	Singapore	0.4	3.5	31.5	1.6	61.5	1.6
斯里兰卡	Sri Lanka	1.3	12.1	23.7	1.5	61.4	
泰　国	Thailand	1.6	5.5	22.2	3.8	66.9	0.1
越　南	Viet Nam	3.3	8.3	7.7	3.8	76.5	0.5
埃　及	Egypt	2.9	17.8	14.2	5.1	55.9	4.2
尼日利亚	Nigeria	2.8	17.8	20.2	1.8	57.3	
南　非	South Africa	0.9	6.5	21.6	1.7	63.3	6.1
加拿大	Canada	0.9	7.6	11.2	2.5	75.6	2.1
墨西哥	Mexico	1.1	6.6	8.6	2.3	79.1	2.3
美　国	United States	0.9	5.3	16.8	2.2	71.6	3.2
阿根廷	Argentina	0.9	2.3	14.9	2.4	78.7	0.9
巴　西	Brazil	1.0	4.9	19.1	2.7	72.3	
委内瑞拉	Venezuela	0.9	18.4	0.6	1.2	70.9	8.1
捷　克	Czech Rep.	1.5	6.3	9.6	3.9	78.7	0.1
法　国	France	1.2	9.0	16.6	2.6	70.5	0.1
德　国	Germany	1.4	7.8	14.6	4.5	66.4	5.3
意大利	Italy	2.4	10.5	20.4	4.7	60.7	1.3
荷　兰	Netherlands	1.5	12.4	24.1	2.2	59.6	0.1
波　兰	Poland	1.8	8.6	11.7	3.4	72.0	2.5
俄罗斯	Russia	0.9	13.3	1.3	1.7	82.3	0.6
西班牙	Spain	1.3	11.1	22.9	3.9	60.7	0.2
土耳其	Turkey	2.5	4.6	8.6	7.2	61.7	15.5
乌克兰	Ukraine	1.0	10.3	27.8	2.6	57.8	0.5
英　国	United Kingdom	1.2	10.1	13.9	3.7	67.2	4.0
澳大利亚	Australia	0.6	5.8	17.8	1.5	72.0	2.3
新西兰	New Zealand	0.7	10.6	17.0	1.5	69.4	0.8

注：①2012年数据。②2011年数据。③2010年数据。
Note:①Data refer to 2012.②Data refer to 2011.③Data refer to 2010.

14-13 农产品进出口额

Imports and Exports of Agriculture Products

资料来源：世界贸易组织数据库。
Source: WTO Database.

单位：亿美元 (100 million USD)

国家或地区	Country or Area	农产品进口额 Imports			农产品出口额 Exports		
		2000	2010	2013	2000	2010	2013
世　界	**World**	**5962.95**	**13917.77**	**18512.29**	**5508.68**	**13650.93**	**17448.33**
中　国	China	195.44	1082.6	1654.59	163.84	516.07	701.59
中国香港	Hong Kong, China	117.28	206.22	278.31	56.93	80.28	101.11
中国澳门	Macao, China	2.89	9.6	15.32	0.45	0.75	1.32
孟加拉国	Bangladesh	17.16	59.92	103.98	4.98	10.13	15.18
柬埔寨	Cambodia	1.89	4.24	6.91	0.53	2.08	4.84
印　度	India	39.93	178.64	244.17	59.51	231.06	469.54
印度尼西亚	Indonesia	57.27	156.44	215.12	77.64	359.57	426.28
伊　朗	Iran	29.43	94.14	145.67	9.32	49.92	56.61
以色列	Israel	22.88	50.56	61.26	11.82	23.06	25.88
日　本	Japan	621.5	775.59	859.94	43.49	101.66	107.69
哈萨克斯坦	Kazakhstan	5.06	30.49	47.27	7.25	21	28.45
韩　国	Korea, Rep.	128.37	266.14	333.86	42.98	93.46	118.05
马来西亚	Malaysia	46.1	160.53	199.92	80.15	288.69	300.95
蒙　古	Mongolia	1.06	3.26	5.93	1.48	1.49	3.08
缅　甸	Myanmar		3.64	9.21		23.06	29.91
巴基斯坦	Pakistan	18.82	67.37	63.32	12.34	39.4	55.71
菲律宾	Philippines	31.04	68.23	71.57	20.26	41.29	64.25
新加坡	Singapore	48.9	108.71	143.05	37.23	78.89	108.82
斯里兰卡	Sri Lanka	9.34	20.63	23.77	10.93	25.61	29.1
泰　国	Thailand	44.84	119.85	166.45	122.2	351.36	403.57
越　南	Viet Nam	12.69	102.72	158.23	39.54	168.35	284.96
埃　及	Egypt	41.95	118.5	135.9	6.1	51.22	51.54
尼日利亚	Nigeria	12.12	48.82	61.8	0.39	43.03	26.56
南　非	South Africa	16.5	54.23	76.81	32.7	78.66	111.46
加拿大	Canada	152.72	319.69	387.8	347.89	521.28	656.87
墨西哥	Mexico	109.89	235.31	292.02	91	187.91	250.39
美　国	United States	691.15	1164.48	1464.82	714.08	1425.73	1755.67
阿根廷	Argentina	16.44	21.33	24.15	119.54	346.5	414.74
巴　西	Brazil	47.62	107.59	141.74	154.64	685.87	906.64
委内瑞拉	Venezuela	19.7	53.88	100.22	5.22	1.48	0.63
捷　克	Czech Rep.	22.5	88.01	109.43	19.08	72.71	102.22
法　国	France	301.42	601.64	699.96	369.39	667.85	822.66
德　国	Germany	450.24	991.27	1172.05	292.75	802.75	992.32
意大利	Italy	299.05	564.04	613.42	163.57	386.27	460.42
荷　兰	Netherlands	263.63	611.25	759.23	420.1	940.51	1114.58
波　兰	Poland	39.5	167.42	214.83	30.99	193.05	285.08
俄罗斯	Russia	75.61	364.73	447.26	75.54	214.56	295.75
西班牙	Spain	171.37	386.65	418.48	174.66	420.89	528.04
土耳其	Turkey	41.33	128.78	169.14	38.28	123.7	174.26
乌克兰	Ukraine	10.92	62.45	86.74	15.85	104.75	177.63
英　国	United Kingdom	325.41	611.37	718.82	170.69	289.87	343.1
澳大利亚	Australia	42.34	110.85	146.11	164.46	270.48	375.96
新西兰	New Zealand	12.04	33.76	44.7	76.65	195.65	267.46

14-14 出口去向构成(2013年)

Exports by Destination(2013)

资料来源：联合国贸发会议《2014年统计手册》。
Source:UNCTAD Handbook of Statistics 2014.
单位：% (%)

国家或地区	Country or Area	发达国家 Developed Countries	欧洲 Europe	欧盟 European Union	美国 United States	日本 Japan	其他 Other
中国	China	42.7	15.6	15.3	16.7	6.8	3.6
中国香港	Hong Kong, China	25.6	10.2	9.4	9.3	3.8	2.3
孟加拉国	Bangladesh	81.9	55.0	53.5	18.2	2.6	6.0
文莱	Brunei Darussalam	54.3	0.3	0.3	0.1	41.7	12.1
柬埔寨	Cambodia	75.5	35.2	33.9	27.0	5.5	7.8
印度	India	34.7	17.3	16.7	12.5	2.2	2.7
印度尼西亚	Indonesia	35.9	9.3	9.2	8.6	14.8	3.2
伊朗	Iran	11.4	1.5	1.5		9.8	0.1
以色列	Israel	59.0	29.8	27.4	26.2	1.1	1.9
日本	Japan	33.5	10.7	10.0	18.8	..	4.0
哈萨克斯坦	Kazakhstan	64.1	58.7	53.1	0.5	0.8	4.2
朝鲜	Korea, Dem.	5.3	5.3	5.3	..	..	
韩国	Korea, Rep.	30.0	9.2	8.8	11.1	6.2	3.5
老挝	Laos	18.1	11.5	11.3	1.0	3.5	2.0
马来西亚	Malaysia	33.4	9.2	9.1	8.1	11.1	5.0
蒙古	Mongolia	8.1	3.8	3.7	0.4	0.4	3.4
缅甸	Myanmar	8.7	4.2	4.1	..	4.0	0.5
巴基斯坦	Pakistan	43.0	25.2	24.9	14.9	0.7	2.1
菲律宾	Philippines	50.4	12.0	11.4	14.5	21.2	2.7
新加坡	Singapore	23.6	8.5	7.8	5.8	4.3	4.9
斯里兰卡	Sri Lanka	65.8	34.3	32.8	24.9	2.2	4.4
泰国	Thailand	36.4	10.6	9.8	10.1	9.7	6.0
越南	Viet Nam	52.4	20.4	19.6	17.2	9.9	4.9
埃及	Egypt	38.0	29.6	29.3	4.4	1.9	2.0
尼日利亚	Nigeria	56.2	35.9	34.8	13.9	3.1	3.4
南非	South Africa	30.1	17.0	15.5	6.5	5.1	1.5
加拿大	Canada	86.4	7.9	7.0	75.8	2.3	0.5
墨西哥	Mexico	88.1	5.5	5.2	78.9	0.6	3.1
美国	United States	44.9	19.0	16.7	..	4.1	21.8
阿根廷	Argentina	24.7	13.7	12.9	5.6	1.8	3.6
巴西	Brazil	36.2	21.1	19.7	10.3	3.3	1.5
委内瑞拉	Venezuela	40.7	4.8	4.8	34.9	0.5	0.4
白俄罗斯	Belarus	28.9	28.4	27.9	0.2	0.1	0.2
捷克	Czech Republic	86.8	83.1	80.7	2.2	0.5	1.0
法国	France	72.8	63.1	59.5	6.3	1.6	1.7
德国	Germany	72.7	60.9	55.5	8.1	1.6	2.1
意大利	Italy	70.5	59.5	53.0	7.0	1.6	2.4
荷兰	Netherlands	83.1	77.5	75.2	3.4	0.7	1.4
波兰	Poland	81.0	77.3	74.1	2.2	0.3	1.0
俄罗斯	Russia	54.1	47.6	45.5	2.1	3.7	0.6
西班牙	Spain	71.5	64.7	61.2	3.7	0.9	2.1
土耳其	Turkey	50.1	43.4	42.1	3.7	0.3	2.7
乌克兰	Ukraine	30.3	26.9	26.4	1.4	0.7	1.3
英国	United Kingdom	73.0	57.2	43.0	11.4	1.3	3.0
澳大利亚	Australia	23.4	4.8	4.4	3.0	12.4	3.2
新西兰	New Zealand	44.1	9.6	9.3	8.5	5.9	20.2

14-14 续表 continued

单位：% (%)

国家或地区	Country or Area	经济转型国家 Economies in Transition	发展中国家 Developing Countries					
				非洲 Africa	美洲 America	除西亚以外的亚洲国家 Asia except West Asia	西亚 West Asia	大洋洲 Oceania
中国	China	3.8	53.5	4.2	6.0	38.9	4.2	0.1
中国香港	Hong Kong, China	0.7	73.7	0.7	1.8	69.6	1.6	
孟加拉国	Bangladesh	1.8	16.4	0.9	1.6	8.9	5.0	
文莱	Brunei Darussalam		45.7	0.1		45.6		
柬埔寨	Cambodia	1.4	23.1	0.5	1.8	19.8	1.0	
印度	India	1.2	61.7	10.1	4.3	29.0	18.2	
印度尼西亚	Indonesia	0.9	63.2	3.1	2.0	54.8	3.2	0.2
伊朗	Iran	2.4	86.2	1.7	0.1	63.2	21.2	
以色列	Israel	2.8	33.5	2.2	4.0	23.3	4.0	
日本	Japan	1.8	64.6	1.6	4.8	54.3	3.7	0.2
哈萨克斯坦	Kazakhstan	13.1	22.7	0.1	0.1	19.3	3.2	
朝鲜	Korea, Dem.	0.5	94.1	2.3	3.9	87.8	0.1	0.1
韩国	Korea, Rep.	2.8	67.2	2.7	6.2	51.9	5.0	1.5
老挝	Laos	0.1	81.8		0.1	81.6	0.1	
马来西亚	Malaysia	0.5	66.0	2.4	1.6	58.2	3.3	0.4
蒙古	Mongolia	1.3	90.6		0.1	90.4	0.1	
缅甸	Myanmar	0.1	90.5	0.3	0.2	89.5	0.4	
巴基斯坦	Pakistan	1.5	55.5	7.5	2.2	32.3	13.6	
菲律宾	Philippines	0.1	49.4	0.8	1.2	46.3	1.0	0.1
新加坡	Singapore	0.2	76.3	2.1	4.2	66.4	2.2	1.3
斯里兰卡	Sri Lanka	4.3	29.6	2.1	2.8	16.4	8.3	0.1
泰国	Thailand	0.7	62.6	3.5	3.6	50.7	4.6	0.2
越南	Viet Nam	2.1	45.5	1.7	1.6	38.5	3.7	
埃及	Egypt	1.8	57.4	14.2	1.5	17.3	24.4	
尼日利亚	Nigeria	0.1	43.7	11.6	11.9	19.9	0.3	
南非	South Africa	0.7	69.1	22.7	1.4	41.8	3.1	
加拿大	Canada	0.4	13.2	0.9	2.9	8.5	0.9	
墨西哥	Mexico	0.2	11.7	0.2	7.2	3.9	0.4	
美国	United States	1.0	54.0	2.2	25.9	21.4	4.5	
阿根廷	Argentina	1.2	71.1	6.5	41.4	19.5	3.6	
巴西	Brazil	1.8	60.3	4.6	22.2	29.4	4.1	
委内瑞拉	Venezuela		59.2	0.3	21.2	37.4	0.3	
白俄罗斯	Belarus	61.6	6.6	0.6	1.9	3.4	0.7	
捷克	Czech Republic	6.0	7.1	1.0	0.8	2.9	2.3	
法国	France	2.5	24.5	6.5	3.1	10.3	4.3	0.4
德国	Germany	4.8	21.2	2.0	3.0	11.7	4.4	
意大利	Italy	4.9	23.7	5.2	3.7	8.0	6.6	0.1
荷兰	Netherlands	1.9	13.4	2.8	2.1	6.0	2.6	
波兰	Poland	10.9	8.0	1.3	1.2	2.9	2.4	0.1
俄罗斯	Russia	11.8	21.4	1.4	1.6	14.7	3.7	
西班牙	Spain	1.8	22.8	7.0	6.5	4.6	4.7	
土耳其	Turkey	13.0	35.3	9.3	2.1	7.6	16.2	0.1
乌克兰	Ukraine	36.0	33.6	8.0	1.9	12.3	11.3	
英国	United Kingdom	2.3	24.0	3.0	2.1	12.4	6.4	
澳大利亚	Australia	0.2	63.5	1.0	0.7	58.0	2.6	1.3
新西兰	New Zealand	0.9	53.4	3.6	3.2	40.3	3.5	2.9

14-15 进口来源构成(2013年)
Imports by Origin(2013)

资料来源：联合国贸发会议《2014年统计手册》。
Source:UNCTAD Handbook of Statistics 2014.
单位：% (%)

国家或地区	Country or Area	发达国家 Developed Countries	欧洲 Europe	欧盟 European Union	美国 United States	日本 Japan	其他 Other
中国	China	37.5	14.3	11.3	7.9	8.3	7.0
中国香港	Hong Kong, China	23.7	9.7	7.8	5.4	7.1	1.4
孟加拉国	Bangladesh	16.7	7.3	6.4	1.9	3.4	4.0
文莱	Brunei Darussalam	29.6	9.9	9.4	11.9	5.8	1.9
柬埔寨	Cambodia	5.7	2.1	2.1	1.9	1.4	0.2
印度	India	25.2	14.3	11.1	5.1	2.2	3.6
印度尼西亚	Indonesia	25.3	7.2	6.7	4.7	9.4	4.0
伊朗	Iran	25.0	21.6	19.5	0.3	2.4	0.7
以色列	Israel	53.8	40.2	33.9	11.3	1.6	0.7
日本	Japan	27.3	10.6	9.4	8.6	..	8.1
哈萨克斯坦	Kazakhstan	24.6	19.5	18.9	2.9	1.6	0.7
朝鲜	Korea, Dem.	1.1	1.0	0.8	0.2	..	
韩国	Korea, Rep.	37.3	12.1	10.9	8.1	11.6	5.4
老挝	Laos	5.8	2.8	2.7	0.4	2.0	0.7
马来西亚	Malaysia	32	12.0	10.9	7.9	8.7	3.5
蒙古	Mongolia	29.1	11.6	11.4	8.1	7.0	2.4
缅甸	Myanmar	8.0	1.0	0.8	0.5	4.9	1.6
巴基斯坦	Pakistan	20.5	10.8	10.1	3.8	4.5	1.4
菲律宾	Philippines	33.4	10.6	10.0	10.9	8.6	3.3
新加坡	Singapore	31.8	13.9	12.4	10.4	5.5	2.0
斯里兰卡	Sri Lanka	20.9	10.7	9.3	2.0	3.7	4.4
泰国	Thailand	38.2	13.0	9.1	5.9	16.4	3.0
越南	Viet Nam	17.7	5.2	4.7	3.3	6.9	2.3
埃及	Egypt	42.8	31.1	29.5	7.8	1.9	2.0
尼日利亚	Nigeria	44.7	27.6	25.2	13.5	1.4	2.2
南非	South Africa	40.4	28.5	27.5	6.6	3.4	2.0
加拿大	Canada	69.3	12.8	11.2	52.1	2.9	1.4
墨西哥	Mexico	68.5	11.8	11.3	49.3	4.5	3.0
美国	United States	40.6	18.5	17.0	..	6.1	16.0
阿根廷	Argentina	33.4	19.2	18.4	10.9	2.1	1.2
巴西	Brazil	43.2	22.8	21.2	15.1	3.0	2.3
委内瑞拉	Venezuela	46.8	15.8	14.8	27.4	1.4	2.2
白俄罗斯	Belarus	27.7	25.5	24.3	1.3	0.5	0.3
捷克	Czech Republic	71.4	67.0	65.6	2.2	1.9	0.4
法国	France	71.7	62.5	58.8	6.5	1.6	1.2
德国	Germany	69.7	60.9	55.4	5.6	2.3	1.0
意大利	Italy	63.3	58.4	54.7	3.2	0.7	0.9
荷兰	Netherlands	61.3	51.2	46.9	6.6	2.2	1.3
波兰	Poland	64.9	60.3	57.4	2.7	1.4	0.5
俄罗斯	Russia	56.7	47.6	45.9	4.2	3.8	1.1
西班牙	Spain	58.4	52.4	50.5	4.1	1.0	0.9
土耳其	Turkey	49.4	41.0	36.7	5.0	1.4	2.0
乌克兰	Ukraine	42.7	36.9	35.1	3.6	1.3	0.9
英国	United Kingdom	72.1	58.7	53.0	8.3	1.7	3.4
澳大利亚	Australia	41.4	18.9	17.5	10.2	7.7	4.6
新西兰	New Zealand	48.5	17.6	16.8	9.4	6.4	15.1

14-15 续表 continued

单位：%　　(%)

国家或地区	Country or Area	经济转型国家 Economies in Transition	发展中国家 Developing Countries	非洲 Africa	美洲 America	除西亚以外的亚洲国家 Asia except West Asia	西亚 West Asia	大洋洲 Oceania
中　　国	China	3.7	58.6	6.0	6.5	39.3	6.7	0.1
中国香港	Hong Kong, China	0.3	76.1	0.3	1.3	73.4	1.1	
孟加拉国	Bangladesh	4.2	79.1	2.4	4.5	63.2	9.1	0.1
文　　莱	Brunei Darussalam		69.9	0.1	0.5	68.8	0.5	
柬 埔 寨	Cambodia	0.1	94.2		0.2	93.9	0.2	
印　　度	India	2.1	72.7	8.2	7.0	29.4	28.0	0.1
印度尼西亚	Indonesia	2.4	72.3	2.7	2.4	60.8	6.4	
伊　　朗	Iran	6.5	68.6	0.4	3.6	31.4	33.2	..
以 色 列	Israel	1.7	24.6	0.4	1.5	19.1	3.7	
日　　本	Japan	3.0	69.7	2.3	3.8	45.1	18.3	0.2
哈萨克斯坦	Kazakhstan	44.6	30.8	0.4	0.7	27.5	2.2	
朝　　鲜	Korea, Dem.	3.1	95.8	0.3	1.1	94.3	0.2	
韩　　国	Korea, Rep.	2.4	60.3	1.7	3.5	32.2	22.8	0.1
老　　挝	Laos	0.6	93.6			93.4	0.1	
马来西亚	Malaysia	0.7	66.7	1.4	3.5	57.0	4.7	0.1
蒙　　古	Mongolia	28.6	42.3	0.2	0.4	41.1	0.7	
缅　　甸	Myanmar	0.8	90.9		0.2	90.5	0.2	..
巴基斯坦	Pakistan	1.3	77.5	2.7	0.8	34.8	39.1	
菲 律 宾	Philippines	2.1	64.5	0.2	1.7	54.0	8.3	0.3
新 加 坡	Singapore	1.5	66.7	0.5	3.4	50.2	12.5	
斯里兰卡	Sri Lanka	1.4	77.5	0.6	1.0	62.3	13.6	
泰　　国	Thailand	2.4	59.4	1.7	1.9	41.5	14.0	0.2
越　　南	Viet Nam	1.2	81.1	0.3	2.0	77.5	1.4	..
埃　　及	Egypt	8.0	49.2	2.5	5.9	25.1	15.7	
尼日利亚	Nigeria	1.3	53.9	6.9	3.4	39.8	3.7	0.1
南　　非	South Africa	0.5	59.1	13.8	3.0	31.9	10.3	
加 拿 大	Canada	0.9	29.8	2.0	9.1	17.1	1.6	
墨 西 哥	Mexico	0.4	31.1	0.3	3.9	26.4	0.4	
美　　国	United States	1.4	58.0	2.2	19.2	32.5	4.0	
阿 根 廷	Argentina	2.4	63.1	1.0	38.0	22.1	2.1	
巴　　西	Brazil	1.5	55.0	7.3	17.0	27.6	3.1	
委内瑞拉	Venezuela	1.5	51.7	0.2	36.0	15.2	0.3	
白俄罗斯	Belarus	58.1	11.0	0.4	1.1	8.3	1.1	
捷　　克	Czech Republic	8.4	19.7	0.6	1.0	17.2	0.9	
法　　国	France	3.8	23.7	5.4	1.7	13.2	3.3	
德　　国	Germany	4.6	21.2	2.5	2.4	14.5	1.8	
意 大 利	Italy	10.3	25.9	7.5	2.5	11.0	4.9	
荷　　兰	Netherlands	9.7	28.9	4.0	4.6	17.6	2.7	
波　　兰	Poland	14.5	20.0	0.9	1.9	15.8	1.3	0.1
俄 罗 斯	Russia	13.2	30.1	0.7	2.9	24.0	2.5	
西 班 牙	Spain	4.6	36.0	11.3	7.6	12.0	5.0	0.1
土 耳 其	Turkey	13.8	30.9	2.4	2.0	23.0	3.5	
乌 克 兰	Ukraine	36.8	20.4	1.0	1.7	14.9	2.8	
英　　国	United Kingdom	2.0	25.1	4.4	1.8	15.8	3.0	
澳大利亚	Australia	0.6	53.2	2.4	2.1	45.1	2.3	1.4
新 西 兰	New Zealand	1.2	50.3	1.0	1.5	40.5	7.0	0.2

14-16 按行业划分的服务出口额(2014年)

Exports of Services by Sector(2014)

资料来源：联合国贸发会议数据库。
Source: UNCTAD Database.
单位：亿美元 (100 million USD)

国家或地区	Country or Area	服务总额 Total Services	交通运输 Transport	旅游 Travel	其他服务 Other Services	通讯、计算机和信息服务 Communications、Computer and Information Services	建筑 Construction
中国	China	2335.1	382.4	569.1	1154.3	201.7	153.6
中国香港	Hong Kong, China	1060.5	316.5	383.7	357.1	26.4①	3.9①
中国澳门	Macao, China	531.1	6.3	509.4	15.3	0.6	
孟加拉国	Bangladesh	27.5	5.0①	1.3①	22.7①	3.8①	0.3①
柬埔寨	Cambodia	40.1	4.2	29.5	6.5	0.5	0.1
印度	India	1562.1	186.3	197.0	1175.0	556.7	16.1
印度尼西亚	Indonesia	235.3	37.9	102.6	89.5	11.4	7.1
伊朗	Iran	88.8	28.6①	12.9①	24.4①	1.6①	13.6①
以色列	Israel	346.0	42.9	56.9	246.1	61.1①	4.1①
日本	Japan	1625.4	395.0	182.6	1024.7	32.0	115.5
哈萨克斯坦	Kazakhstan	65.1	38.9	14.3	11.3	1.5	1.0
韩国	Korea, Rep.	1068.6	353.2	181.5	499.1	28.8	171.0
老挝①	Laos①	7.8	0.7	6.0	1.2	0.4	0.1
马来西亚	Malaysia	394.8	46.6	221.0	123.6	26.8	9.0
蒙古	Mongolia	5.8	2.0	1.7	2.0	0.1	0.2
缅甸①	Myanmar①	22.7	2.3	9.3	7.4	0.8	
巴基斯坦	Pakistan	57.6	13.4	2.8	41.3	8.1	0.4
菲律宾	Philippines	248.4	17.4	47.7	182.5	34.7	0.5
新加坡	Singapore	1404.3	448.4	192.0	683.5	52.9	17.9
斯里兰卡	Sri Lanka	56.0	19.2	24.3	12.5	7.5	0.6
泰国	Thailand	553.0	57.2	384.5	111.2	5.3	6.1
越南	Viet Nam	109.7	23.2	73.3	13.2	1.5	
埃及	Egypt	219.0	97.9	72.1	49.0	10.1	6.2
尼日利亚	Nigeria	19.7	7.7	5.4	6.7	0.5	
南非	South Africa	168.4	30.3	93.4	43.7	6.0	0.2
加拿大	Canada	862.9	132.7	174.9	540.3	91.8	4.3
墨西哥	Mexico	210.4	8.7	162.6	39.1	1.8	
美国	United States	7094.5	898.8	1774.8	4225.3	342.2	27.1
阿根廷	Argentina	137.2	25.2	46.3	65.7	14.0	
巴西	Brazil	401.7	58.4	68.4	271.1	14.5	2.9
捷克	Czech Rep.	255.8	55.6	70.5	105.2	30.0	7.6
法国	France	2684.0	515.6	562.4	1444.7	183.7	29.0
德国	Germany	2714.8	579.3	431.8	1596.5	294.0	27.5
意大利	Italy	1170.2	154.7	456.2	511.0	86.3	5.5
荷兰	Netherlands	1888.2	321.3①	153.5①	969.0①		35.2①
波兰	Poland	479.4	137.9	109.1	184.9	42.1	16.7
俄罗斯	Russia	658.0	205.4	117.6	302.9	45.0	47.3
西班牙	Spain	1344.3	239.5①	652.1	611.4①		45.0①
土耳其	Turkey	505.8	143.3	295.6	65.2	2.9	12.8
乌克兰	Ukraine	147.8	61.4	16.1	54.6	20.4	2.1
英国	United Kingdom	3415.2	392.9	463.6	2508.3	209.7	40.5
澳大利亚	Australia	542.4	59.5	320.2	162.0	19.2	1.7
新西兰	New Zealand	146.1	20.9	84.0	36.5	6.0	0.2

注：①2013年数据。
Note:①Data refer to 2013.

14-16 续表 continued

单位：亿美元 (100 million USD)

国家或地区	Country or Area	保险 Insurance	金融服务 Financial Services	版税和许可证费用 Royalties and Licence Fees	其他商务服务 Other Business Services	个人、文化和休闲服务 Personal,Cultural and Recreational Services	政府服务及其他 Government Services n.i.e.
中　　国	China	45.7	45.3	6.8	689.0	1.7	10.5
中国香港	Hong Kong, China	11.6	171.0	5.7①	128.3①	2.3①	0.8①
中国澳门	Macao, China	0.6①	8.0①		2.6①		
孟加拉国①	Bangladesh①	0.1	0.6		3.6	0.1	14.1
文　　莱	Brunei Darussalam						
柬 埔 寨	Cambodia		2.2		2.7		0.9
印　　度	India	22.9	56.4	6.6	473.0	12.7	5.8
印度尼西亚	Indonesia	0.3	2.2	0.6	60.3	1.5	6.1
伊　　朗①	Iran①	0.8	0.9	0.1	3.6	1.7	2.2
以 色 列	Israel	0.3	6.6①	5.2①	127.3①	1.3①	0.2
日　　本	Japan	18.2	72.0	368.3	369.4	4.7	44.6
哈萨克斯坦	Kazakhstan	0.6	0.2		5.6		2.4
韩　　国	Korea, Rep.	6.8	14.1	51.5	206.4	9.5	11.0
老　　挝①	Laos①	0.5					0.2
马来西亚	Malaysia	6.3	1.9	0.7	75.3	2.8	0.7
蒙　　古	Mongolia	0.1			1.4		
缅　　甸①	Myanmar①				5.9		0.7
巴基斯坦	Pakistan	0.9	0.8	0.1	8.3	0.1	22.7
菲 律 宾	Philippines	1.3	1.7	0.1	142.8	1.3	0.1
新 加 坡	Singapore	39.4	205.4	31.5	328.0	5.5	2.9
斯里兰卡	Sri Lanka	1.2	2.6		0.4		0.3
泰　　国	Thailand	0.8	1.8	2.1	91.0	0.6	3.5
越　　南	Viet Nam	0.6	1.8				1.4
埃　　及	Egypt	1.2	1.4		12.8	1.0	16.4
尼日利亚	Nigeria	0.2	0.1		1.0		4.8
南　　非	South Africa	2.4	8.7	1.2	19.9	1.5	3.8
加 拿 大	Canada	16.1	75.7	39.7	274.2	24.5	13.8
墨 西 哥	Mexico	35.5		1.0		0.8	
美　　国	United States	164.3	872.6	1316.4	1276.8	7.5	218.4
阿 根 廷	Argentina	1.3	0.1	1.3	43.7	3.2	2.1
巴　　西	Brazil	6.7	11.8	3.8	215.1	6.8	9.6
捷　　克	Czech Rep.	2.9	5.1	4.9	52.4	2.1	0.2
法　　国	France	68.8	143.8	123.9	840.7	41.8	13.0
德　　国	Germany	97.3	205.6	135.7	768.5	15.6	52.4
意 大 利	Italy	22.1	56.0	35.9	291.9	1.7	11.6
荷　　兰①	Netherlands①	7.0	14.8	329.7	426.7	6.8	23.8
波　　兰	Poland	2.5	7.8	3.1	108.3	4.4	
俄 罗 斯	Russia	4.6	16.0	6.7	167.4	6.8	9.3
西 班 牙①	Spain①	17.2	44.8	11.4	363.7	22.8	8.8
土 耳 其	Turkey	11.6	8.2		3.4	18.0	8.2
乌 克 兰	Ukraine	0.1	2.2	1.2	24.9	0.6	3.0
英　　国	United Kingdom	336.7	757.6	149.3	930.7	40.9	43.0
澳大利亚	Australia	4.9	30.0	8.9	79.7	8.8	8.8
新 西 兰	New Zealand	1.0	5.6	3.2	14.5	4.2	1.9

注：①2013年数据。
Note:①Data refer to 2013.

14-17 货币汇率(年平均价)
Exchange Rate (Period Average)

资料来源：世界银行WDI数据库。
Source: World Bank WDI Database.
单位：1美元合本币数 (local currency unit per US dollar)

国家或地区	Country or Area	2000	2005	2010	2012	2013	2014
中　国	China	8.28	8.19	6.77	6.31	6.20	6.14
中国香港	Hong Kong, China	7.79	7.78	7.77	7.76	7.76	7.75
中国澳门	Macao, China	8.03	8.01	8.00	7.99	7.99	7.99
孟加拉国	Bangladesh	52.14	64.33	69.65	81.86	78.10	77.64
文　莱	Brunei Darussalam	1.72	1.66	1.36	1.25	1.25	1.27
柬埔寨	Cambodia	3840.75	4092.50	4184.92	4033.00	4027.25	4037.50
印　度	India	44.94	44.10	45.73	53.44	58.60	61.03
印度尼西亚	Indonesia	8421.78	9704.74	9090.43	9386.63	10461.24	11865.21
伊　朗	Iran	1765.03	8963.96	10254.18	12175.55	18414.45	25941.66
以色列	Israel	4.08	4.49	3.74	3.86	3.61	3.58
日　本	Japan	107.77	110.22	87.78	79.79	97.60	105.95
哈萨克斯坦	Kazakhstan	142.13	132.88	147.35	149.11	152.13	179.19
韩　国	Korea, Rep.	1130.96	1024.12	1156.06	1126.47	1094.85	1052.96
老　挝	Laos	7887.64	10655.17	8258.77	8007.76	7860.14	8048.96
马来西亚	Malaysia	3.80	3.79	3.22	3.09	3.15	3.27
蒙　古	Mongolia	1076.67	1205.25	1357.06	1357.58	1523.93	1817.94
缅　甸	Myanmar	6.52	5.82	5.64	640.65	933.57	984.35
巴基斯坦	Pakistan	53.65	59.51	85.19	93.40	101.63	101.10
菲律宾	Philippines	44.19	55.09	45.11	42.23	42.45	44.40
新加坡	Singapore	1.72	1.66	1.36	1.25	1.25	1.27
斯里兰卡	Sri Lanka	77.01	100.50	113.06	127.60	129.07	130.57
泰　国	Thailand	40.11	40.22	31.69	31.08	30.73	32.48
越　南	Viet Nam	14167.75	15858.92	18612.92	20828.00	20933.42	21148.00
埃　及	Egypt	3.47	5.78	5.62	6.06	6.87	7.08
尼日利亚	Nigeria	101.70	131.27	150.30	157.50	157.31	
南　非	South Africa	6.94	6.36	7.32	8.21	9.65	10.85
加拿大	Canada	1.49	1.21	1.03	1.00	1.03	1.11
墨西哥	Mexico	9.46	10.90	12.64	13.17	12.77	13.29
美　国	United States	1.00	1.00	1.00	1.00	1.00	1.00
阿根廷	Argentina	1.00	2.90	3.90	4.54	5.46	8.07
巴　西	Brazil	1.83	2.43	1.76	1.95	2.16	2.35
委内瑞拉	Venezuela	0.68	2.09	2.58	4.29	6.05	6.28
捷　克	Czech Rep.	38.60	23.96	19.10	19.58	19.57	20.76
法　国	France	1.09	0.80	0.76	0.78	0.75	0.75
德　国	Germany	1.09	0.80	0.76	0.78	0.75	0.75
意大利	Italy	1.09	0.80	0.76	0.78	0.75	0.75
荷　兰	Netherlands	1.09	0.80	0.76	0.78	0.75	0.75
波　兰	Poland	4.35	3.24	3.02	3.26	3.16	3.16
俄罗斯	Russia	28.13	28.28	30.37	30.84	31.84	38.38
西班牙	Spain	1.09	0.80	0.76	0.78	0.75	0.75
土耳其	Turkey	0.63	1.34	1.50	1.80	1.90	2.19
乌克兰	Ukraine	5.44	5.13	7.94	7.99	7.99	11.89
英　国	United Kingdom	0.66	0.55	0.65	0.63	0.64	0.61
澳大利亚	Australia	1.73	1.31	1.09	0.97	1.04	1.11
新西兰	New Zealand	2.20	1.42	1.39	1.23	1.22	1.21

14-18 国际旅游收支

Expenditures and Receipts of International Tourism

资料来源：世界银行WDI数据库。
Source: World Bank WDI Database.

单位：亿美元 (100 million USD)

国家或地区	Country or Area	国际旅游支出 International Tourism Expenditures			国际旅游收入 International Tourism Receipts		
		2000	2010	2013	2000	2010	2013
世　界	**World**	**5384.9**	**10184.3**	**12749.4**	**5691.5**	**11190.8**	**13811.1**
中　国	China	141.7	598.4	1383.0	173.2	501.5	564.0
中国香港	Hong Kong, China	125.0	173.6	212.2	82.0	272.1	425.7
中国澳门	Macao, China		12.4	18.2	32.1	282.1	523.3
孟加拉国	Bangladesh	4.7	8.5	13.0	0.5	1.0	1.3
柬埔寨	Cambodia	0.5	2.7	4.7	3.5	16.7	29.0
印　度	India	36.9	104.9	138.4	36.0	144.9	190.4
印度尼西亚	Indonesia	32.0	84.3	102.8	49.8	76.2	103.0
伊　朗	Iran	6.7	105.7		6.8	26.3	
以色列	Israel	37.3	47.3	51.8	46.1	58.2	64.5
日　本	Japan	426.4	393.1	322.4	59.7	153.6	168.7
哈萨克斯坦	Kazakhstan	4.8	14.9	20.3	4.0	12.4	17.2
韩　国	Korea, Rep.	79.5	207.9	240.1	85.3	143.7	192.9
老　挝	Laos	0.1	2.2	4.0	1.1	3.9	6.1
马来西亚	Malaysia	25.4	83.2	119.5	58.7	181.5	210.3
蒙　古	Mongolia	0.5	3.2	4.6	0.4	2.9	2.3
缅　甸	Myanmar	0.3	0.5	1.3	2.0	0.9	9.3
巴基斯坦	Pakistan	5.7	13.7	16.2	5.5	10.0	9.3
菲律宾	Philippines	18.4	59.6	84.0	23.3	34.4	56.0
新加坡	Singapore	45.4	187.0	245.8	51.4	141.8	190.6
斯里兰卡	Sri Lanka	3.8	8.3	18.1	3.9	10.4	25.1
泰　国	Thailand	32.2	71.5	83.9	99.4	238.1	460.4
越　南	Viet Nam		14.7	20.5		44.5	75.3
埃　及	Egypt	12.1	27.0	34.7	46.6	136.3	72.5
尼日利亚	Nigeria	6.1	83.8		1.9	7.4	
南　非	South Africa	26.8	81.4	64.9	33.4	103.1	104.7
加拿大	Canada	151.3	369.8	351.7	130.4	184.4	176.6
墨西哥	Mexico	63.7	90.0	119.7	91.3	126.3	143.1
美　国	United States	914.7	1100.5	1367.1	1209.1	1680.0	2147.7
阿根廷	Argentina	54.6	63.8	81.5	32.0	56.3	50.3
巴　西	Brazil	45.5	193.4	293.6	19.7	59.6	70.2
委内瑞拉	Venezuela	16.5	22.4		4.7	7.9	
捷　克	Czech Rep.	12.8	41.7	46.6	29.7	80.2	78.0
法　国	France	267.0	461.6	531.6	385.3	561.4	660.6
德　国	Germany	576.0	908.8	1052.7	249.4	491.3	551.7
意大利	Italy	181.7	330.5	335.0	287.1	400.6	461.9
荷　兰	Netherlands	136.5	197.7	207.6	112.9	186.9	226.7
波　兰	Poland	34.2	91.0	94.1	61.3	99.9	124.8
俄罗斯	Russia	88.5	301.7	595.0	34.3	132.4	202.0
西班牙	Spain	77.1	227.3	225.7	326.6	590.4	676.1
土耳其	Turkey	17.1	58.2	52.7	76.4	263.2	348.6
乌克兰	Ukraine	5.6	41.3	63.0	5.6	47.0	59.5
英　国	United Kingdom	470.1	613.7	680.9	299.8	407.5	494.0
澳大利亚	Australia	87.8	278.5	350.0	130.2	310.6	333.8
新西兰	New Zealand	12.4	30.4	38.5	22.7	65.2	75.0

14-19 国际旅游人数

Number of Arrivals and Departures of International Tourism

资料来源：世界银行WDI数据库。
Source: World Bank WDI Database.
单位：万人 (10 000 persons)

国家或地区	Country or Area	入境(过夜)旅游人数 Number of Arrivals			出境旅游人数 Number of Departures		
		2000	2010	2013	2000	2010	2013
世　界	**World**	**70648**	**97989**	**112320**	**85035**	**109870**	**121497**
高收入国家	**High Income**	**50135**	**60208**	**65836①**	**56655**	**67424**	**70331①**
中等收入国家	**Middle Income**	**18153**	**35309**	**38389①**	**16234**	**26824**	**32874①**
低收入国家	**Low Income**	**771**	**1599**	**1979①**			
中　国	China	3123	5566	5569	1047	5739	9819
中国香港	Hong Kong, China	881	2009	2566	461	8444	8441
中国澳门	Macao, China	520	1193	1427	14	75	145
孟加拉国	Bangladesh	20	30	15	113		
文　莱	Brunei Darussalam	98	21	23			
柬埔寨	Cambodia	47	251	421	4	51	87
印　度	India	265	578	697	442	1299	1663
印度尼西亚	Indonesia	506	700	880	221	624	797
伊　朗	Iran	134	294	477	229		
以色列	Israel	242	280	296	353	427	476
日　本	Japan	476	861	1036	1782	1664	1747
哈萨克斯坦	Kazakhstan	147	320	493	125	602	1014
韩　国	Korea, Rep.	532	880	1218	551	1249	1485
老　挝	Laos	19	167	251			
马来西亚	Malaysia	1022	2458	2572	3053		
蒙　古	Mongolia	14	46	42			
缅　甸	Myanmar	42	79	204			
菲律宾	Philippines	199	352	468	167		
新加坡	Singapore	606	916	1190	444	734	865
斯里兰卡	Sri Lanka	40	65	128	52	112	126
泰　国	Thailand	958	1594	2655	191	545	597
越　南	Viet Nam	214	505	757			
埃　及	Egypt	512	1405	917	296	462	578
尼日利亚	Nigeria	81	156	60			
南　非	South Africa	587	807	954	383	517	517
加拿大	Canada	1963	1622	1659	1918	2868	3298
墨西哥	Mexico	2064	2329	2415	1108	1433	1591
美　国	United States	5124	6001	6977	6133	6106	6157
阿根廷	Argentina	291	533	557	495	531	754
巴　西	Brazil	531	516	581	323	650	867
委内瑞拉	Venezuela	47	53	99	95	148	193
捷　克	Czech Rep.	477	819	900		867	530
法　国	France	7719	7765	8473	1989	2504	2624
德　国	Germany	1898	2688	3155	7440		
意大利	Italy	4118	4363	4770	2199	2982	2780
荷　兰	Netherlands	1000	1088	1278	1390	1837	1809
波　兰	Poland	1740	1247	1580	5668	4276	1005
俄罗斯	Russia	2117	2228	3079	1837	3932	5407
西班牙	Spain	4640	5268	6066	410	1238	1125
土耳其	Turkey	959	3136	3780	528	656	753
乌克兰	Ukraine	643	2120	2467	1342	1718	2376
英　国	United Kingdom	2321	2830	3117	5684	5556	5851
澳大利亚	Australia	493	579	638	350	710	877
新西兰	New Zealand	178	244	263	128	203	219

注：①2012年数据。
Note: ①Data refer to 2012.

主要统计指标解释

出口 即货物离开一国的统计疆界。在通常的贸易体系中，一国的统计疆界与它的经济领土是一致的。在特殊的贸易体系中，一国的统计疆界只包括一部分经济领土，一般这部分与货物自由贸易区是一致的。自由贸易地区是一国经济疆界的一部分，在此间货物可以无进口税限制地流通。

进口 货物进入一国统计疆界。

数量指数 基于诸如数量或权数这样的货物单位的指数。

服务贸易 服务(原为非要素服务)指无形商品的经济产出。它可以在同一时间产生、转让和消费。商品服务的出口（贷方和收入）和进口（借方和支付）来自于国际收支统计中的国际服务交易统计，其概念、定义和分类与国际货币基金组织1993年《国际收支手册》第五版一致。

官方汇率 是指由国家机关或货币金融机构公布的汇率。年平均汇率是以月均价为基础计算的。

国际旅游支出 是指出境游客在他国的旅游消费，包括在国际旅行时，搭乘他国运输工具所支付的交通费（有些国家不包括这项交通费）。除非特别声明外，国际旅游支出包括境外一日游客（不过夜游客）在访问地的消费。

国际旅游收入 是指入境游客（过夜旅客）在本国的旅游消费，包括国际旅行时，入境游客搭乘本国运输工具所付给本国的交通费（有些国家不包括这项交通费）。国际旅游收入包括目的地国接受的所有商品和服务的支付。除特别声明外，国际旅游收入可以包括入境一日游游客（不过夜游客）在本国的消费。

Explanatory Notes on Main Statistical Indicators

Exports Goods leaving the statistical territory of a country. In the general trade system, the definition of the statistical territory of a country coincides with its economic territory. In the special trade system, the definition of the statistical territory comprises only a particular part of the economic territory, mainly that part which coincides with the free circulation area for goods. The free circulation area is a part of the economic territory of a country within which goods may be disposed of without customs restrictions.

Imports Goods entering the statistical territory of a country.

Quantum Index An index based on quantity units of goods such as number or weight.

Commercial Service Exports/Commercial Service Imports Services(previously no factor services) refer to economic output of intangible commodities that may be produced, transferred, and consumed at the same time. Exports (credits or receipts) and imports (debits or payments) of commercial services derived from statistics on international service transactions are included in the balance of payments statistics, in conformity with the concepts, definitions and classification of the fifth (1993) edition of the IMF Balance of Payments Manual.

Official Exchange Rate refers to the exchange rate determined by national authorities or to the rate determined in the legally sanctioned exchange market. It is calculated as an annual average based on monthly averages (local currency units relative to the U.S. dollar).

International Tourism Expenditures are expenditures of international outbound visitors in other countries, including payments to foreign carriers for international transport. These expenditures may include those by residents traveling abroad as same-day visitors, except in cases where these are important enough to justify separate classification. For some countries they do not include expenditures for passenger transport items.

International Tourism Receipts are expenditures by international inbound visitors, including payments to national carriers for international transport. These receipts include any other prepayment made for goods or services received in the destination country. They also may include receipts from same-day visitors, except when these are important enough to justify separate classification. For some countries they do not include receipts for passenger transport items..

国际收支和外债

Balance of Payments and External Debts

15-1 世界国际收支
Summary of International Transactions

资料来源：国际货币基金组织BOP数据库。
Source: IMF BOP Database.
单位：亿美元 (100 million USD)

		2005	2010	2011	2012	2013
经常帐户	**Current Account(net)**	**663**	**3600**	**4226**	**4314**	**4678**
货物	Goods	1021	3813	4475	4681	6010
贷方	Credits	101223	148719	179094	180789	185391
借方	Debits	100202	144906	174619	176108	179381
服务	Services	369	463	736	636	631
贷方	Credits	25490	37805	42398	43730	46039
借方	Debits	25122	37342	41662	43093	45408
收入	Income	-555	-352	-510	-388	-1176
贷方	Credits	24436	32205	36606	36154	36357
借方	Debits	24991	32557	37117	36542	37533
资本帐户	**Capital Account(net)**	**248**	**315**	**95**	**-24**	**141**
贷方	Credits	1138	1377	1337	1355	1404
借方	Debits	888	1063	1242	1379	1263
金融帐户	**Financial Account**					
直接投资	Direct Investment	-1185	-870	-1416	-1774	-2412
贷方	Credits	13169	17131	21843	18139	18559
借方	Debits	14353	18001	23259	19913	20971
证券投资	Portfolio Investment	-6050	-10002	-10557	-4615	-4173
资产	Assets	25817	13663	531	14956	16162
负债	Liabilities	31867	23665	11087	19571	20336
金融衍生工具和股票期权	Financial Derivatives and Employee Stock Options	113	-1066	63	-618	429
资产	Assets	-4525	-11487	-14324	-13056	-13893
负债	Liabilities	-4638	-10421	-14387	-12438	-14322
储备资产	**Reserves Assets**	**6336**	**11813**	**11034**	**7345**	**7136**
净误差与遗漏	**Net Errors and Omissions**	**-183**	**-2687**	**-2646**	**-1820**	**-1024**

15-2 分国别(地区)的国际收支(2013年)

资料来源：国际货币基金组织BOP数据库。
Source:IMF BOP Database.
单位：亿美元

国家或地区	Country or Area	经常帐户 Current Account, Net	货物 Goods	
			贷方 Credit	借方 Debit
中　国	China	1828.1	21475.3	17957.6
中国香港	Hong Kong, China	51.0	5086.8	5348.9
中国澳门	Macao, China	207.6	16.4	118.2
孟加拉国	Bangladesh	23.7	286.2	350.0
柬埔寨	Cambodia	-16.1	65.3	94.9
印　度	India	-492.3	3191.1	4337.6
印度尼西亚	Indonesia	-291.3	1820.9	1762.6
以色列	Israel	68.9	619.6	712.9
日　本	Japan	340.7	6949.4	7845.9
哈萨克斯坦	Kazakhstan	-1.2	834.1	497.2
韩　国	Korea, Rep.	798.8	6171.3	5365.6
老　挝	Laos	-3.8	22.6	30.2
马来西亚	Malaysia	117.3	2192.0	1867.1
蒙　古	Mongolia	-31.9	42.7	55.7
缅　甸	Myanmar	-11.3	90.2	94.6
巴基斯坦	Pakistan	-43.3	251.8	411.4
菲律宾	Philippines	103.9	445.1	622.1
新加坡	Singapore	545.6	4375.4	3697.5
斯里兰卡	Sri Lanka	-25.4	103.9	180.0
泰　国	Thailand	-37.8	2254.2	2186.9
越　南	Viet Nam	94.7	1321.4	1234.1
南　非	South Africa	-205.1	949.2	1025.9
加拿大	Canada	-585.8	4655.0	4725.3
墨西哥	Mexico	-262.8	3807.4	3816.4
美　国	United States	-3767.6	15920.4	22946.3
阿根廷	Argentina	-47.0	816.7	705.4
巴　西	Brazil	-813.7	2421.8	2396.2
委内瑞拉	Venezuela	53.3	889.6	529.9
捷　克	Czech Rep.	-28.5	1296.8	1206.7
法　国	France	-402.3	5808.4	6373.0
德　国	Germany	2560.2	14401.3	11606.6
意大利	Italy	208.8	5016.9	4535.9
荷　兰	Netherlands	870.9	5508.9	4844.9
波　兰	Poland	-66.4	2074.7	2041.9
俄罗斯	Russia	341.4	5232.8	3413.4
西班牙	Spain	106.7	3114.1	3264.6
土耳其	Turkey	-646.6	1617.9	2417.0
乌克兰	Ukraine	-165.2	591.1	812.3
英　国	United Kingdom	-1202.2	4797.3	6558.6
澳大利亚	Australia	-499.6	2542.3	2499.5
新西兰	New Zealand	-59.3	397.3	386.7

Balance of Payments by Country or Area(2013)

(100 million USD)

服务 Services		收入 Income		资本帐户 Capital Account, Net		
贷方 Credit	借方 Debit	贷方 Credit	借方 Debit		贷方 Credit	借方 Debit
2151.1	3314.9	1855.1	2293.4	30.5	44.5	14.0
1054.6	769.2	1453.9	1399.6	-2.1	…	2.1
536.1	118.9	27.5	106.8	…		…
29.5	63.9	1.5	24.0	7.3	7.3	
34.9	17.6	0.7	8.3	3.4	3.4	
1486.5	1262.6	112.3	330.1	9.6	21.2	11.6
229.4	350.2	26.0	294.5	0.5	0.5	
337.3	202.4	81.1	144.4	2.5	2.5	8.5
1354.0	1708.8	2223.0	529.9	-76.8	11.9	88.7
52.7	121.5	23.2	276.7	-0.1	0.1	0.1
1015.1	1094.4	312.1	197.8	-0.3	0.6	0.9
7.8	5.3	0.7	1.8			
398.1	445.8	150.3	262.0	-0.2	0.1	0.3
7.1	20.4	0.5	7.5	1.3	1.3	…
22.7	14.8	2.4	25.3	64.6	64.7	0.1
49.0	79.1	5.0	44.5	3.3	3.3	…
226.4	162.1	83.4	76.6	1.3	1.5	0.2
1301.0	1293.3	654.7	726.5			
46.9	35.1	1.5	19.9	0.7	0.9	0.2
590.0	552.7	71.5	304.8	2.9	2.9	2.9
105.0	119.0	2.8	76.2			
141.8	164.5	67.2	140.9	0.3	0.4	0.2
840.3	1078.1	698.0	952.5	-0.5	2.9	3.4
201.2	321.4	96.6	451.4			
6874.1	4621.4	7801.2	5804.7	-4.1		4.1
142.8	183.4	26.6	136.5	0.3	0.6	0.2
391.2	866.4	100.7	498.4	0.4	0.8	0.4
22.0	198.5	19.5	137.4			
230.5	197.5	67.9	216.6	42.2	42.9	0.7
2549.6	2307.2	2053.4	1533.2	24.0	31.2	7.2
2610.1	3245.3	2768.0	1791.1	14.8	211.8	197.0
1132.3	1083.5	655.2	784.6	3.0	86.8	83.8
1168.3	982.4	1090.0	882.8	8.5	52.3	43.7
399.2	331.9	74.2	291.4	119.6	126.2	6.6
701.2	1284.0	423.4	1225.8	-4.0	5.3	9.3
1454.3	916.6	490.5	693.4	91.5	115.8	24.3
469.1	240.2	45.2	138.8	-1.0	0.1	1.1
226.1	161.2	77.7	108.0	-0.6	2.0	2.6
2975.0	1826.6	2301.9	2472.6	6.9	31.4	24.6
533.4	674.0	459.1	836.2	-4.6		4.6
135.0	125.9	57.3	132.8	…	0.1	0.1

15-2 续表

单位：亿美元

国家或地区	Country or Area	金融帐户 Financial Account,Net	直接投资 Direct Investments		证券投资 Portfolio Investment	
			资产 Assets	负债 Liabilities	资产 Assets	负债 Liabilities
中　国	China	1082.3	1628.8	3478.5	53.5	659.0
中国香港	Hong Kong, China	109.2	833.3	768.6	663.7	165.8
中国澳门	Macao, China	173.6	13.2	37.1	122.6	-1.8
孟加拉国	Bangladesh	14.7	0.1	16.0	3.6	5.0
柬 埔 寨	Cambodia	-13.1	0.5	13.5	0.2	
印　度	India	-481.0	17.7	281.5	1.7	70.3
印度尼西亚	Indonesia	-292.5	111.1	232.8	12.7	121.5
以 色 列	Israel	95.2	55.0	124.5	93.5	17.7
日　本	Japan	-95.0	1472.0	74.1	-896.2	1850.3
哈萨克斯坦	Kazakhstan	-59.5	19.5	97.4	85.0	25.4
韩　国	Korea, Rep.	801.1	283.6	127.7	274.9	181.5
老　挝	Laos	-8.5		4.3		0.1
马来西亚	Malaysia	91.1	130.0	115.8	101.3	94.0
蒙　古	Mongolia	-31.9	0.4	21.5	0.1	-1.4
缅　甸	Myanmar	61.4		22.6		
巴基斯坦	Pakistan	-46.2	2.1	13.3	0.5	0.8
菲 律 宾	Philippines	73.2	36.5	37.4	-6.4	3.6
新 加 坡	Singapore	542.4	288.1	647.9	636.0	-22.9
斯里兰卡	Sri Lanka	-30.6	0.7	9.3	…	20.7
泰　国	Thailand	-7.7	124.0	143.1	33.5	-14.7
越　南	Viet Nam	7.1	19.6	89.0	-0.8	13.9
南　非	South Africa	-135.7	65.2	82.3	12.6	72.3
加 拿 大	Canada	-539.7	502.7	707.5	283.5	417.7
墨 西 哥	Mexico	-478.0	131.4	446.3	16.2	502.7
美　国	United States	-3958.3	3992.0	2871.6	4762.4	5019.8
阿 根 廷	Argentina	-103.0	11.0	113.0	0.2	0.9
巴　西	Brazil	-789.8	133.5	808.4	89.8	346.6
委内瑞拉	Venezuela	19.7	20.4	69.3	-18.3	-12.9
捷　克	Czech Rep.	35.3	77.4	73.6	1.0	48.2
法　国	France	-192.0	-3.8	64.8	868.9	1809.0
德　国	Germany	2764.9	701.0	590.2	1897.4	-283.2
意 大 利	Italy	147.0	242.4	195.3	272.5	475.1
荷　兰	Netherlands	788.6	5644.8	5254.5	444.5	237.5
波　兰	Poland	-68.1	-33.3	0.1	21.6	23.3
俄 罗 斯	Russia	241.4	865.1	692.2	117.6	7.5
西 班 牙	Spain	542.2	258.2	417.5	-216.8	394.3
土 耳 其	Turkey	-619.6	36.3	124.6	-26.0	213.9
乌 克 兰	Ukraine	-172.2	4.3	45.1	-0.1	87.8
英　国	United Kingdom	-1033.1	-199.4	411.4	-74.0	428.4
澳大利亚	Australia	-503.0	-53.3	521.1	308.0	806.8
新 西 兰	New Zealand	18.1	-15.8	-5.1	77.6	52.2

continued

(100 million USD)

金融衍生工具 Financial Derivatives,n.i.e		其他投资 Other Investment		储备资产 Reserves Assets	净误差和遗漏 Net Errors and Omissions
资产 Assets	负债 Liabilities	资产 Assets	负债 Liabilities		
		1365.3	2141.6	4313.8	-776.3
-547.8	-477.4	824.3	1281.8	74.6	69.8
-0.8		184.6	104.9	-5.7	-50.0
		18.1	41.6	55.5	-13.1
		9.6	13.6	3.6	-0.5
80.8	58.3	228.3	510.2	110.8	1.7
-3.5	-6.8	34.3	26.5	-73.2	-1.9
-4.6		41.8	-8.1	46.7	13.1
-2084.5	-2666.8	1850.8	1567.0	387.8	-429.5
…	-1.1	47.0	65.1	-24.1	-58.3
-298.0	-253.9	371.0	-61.8	144.6	-10.2
		1.1	4.5	-0.8	-4.8
				43.4	-26.0
		14.6	7.4	-19.6	-1.3
			-57.8	26.2	8.1
…		-7.9	-24.2	-51.1	-5.3
-3.1	-2.2	36.4	2.3	50.9	-42.0
-98.4	33.2	1107.6	914.4	181.0	1.5
		-1.9	10.5	11.1	-5.9
-69.2	-72.6	109.5	98.4	-51.3	27.3
		120.1	34.5	5.6	-87.6
-203.6	-195.6	-2.2	52.7	5.0	76.0
		-94.1	154.0	47.5	7.5
	-4.7	272.8	132.0	177.8	-173.6
		-2284.3	2528.2	-30.9	-186.6
	0.3	107.1	-11.3	-118.2	-56.3
-3.8	-2.7	398.7	196.3	-59.2	20.9
		167.7	50.6	-43.2	-33.6
-12.5	-10.1	43.5	58.4	98.1	4.2
-2873.3	-2649.8	-87.1	-1147.5	-19.8	186.1
323.3	-214.1	-2467.4	-2605.9	11.6	326.9
-36.6	-76.4	-377.2	-619.7	20.0	-57.3
-5505.4	-5318.4	-522.5	-825.3	-1.3	-169.6
	5.2	3.3	38.1	9.5	-117.9
-84.9	-88.3	808.2	632.6	-220.8	-102.7
		-738.7	-2029.4	6.2	249.8
		-23.7	366.8	99.2	28.0
		-17.2	-9.2	-35.5	-6.4
	6.5	-3262.1	-3045.2	69.4	162.2
-431.5	-593.1	496.2	142.7	55.1	1.2
-5.4	3.5	-25.3	-46.1	-8.4	77.4

15-3 经常项目差额占GDP的比重

Current Account Balance as Percentage of GDP

资料来源：世界银行WDI数据库。
Source: World Bank WDI Database.
单位：% (%)

国家或地区	Country or Area	2000	2005	2009	2010	2011	2012	2013
中　　国	China	1.7	5.8	4.8	3.9	1.8	2.6	1.9
中国香港	Hong Kong, China	4.1	11.9	9.9	7.0	5.6	1.6	1.5
中国澳门	Macao, China		25.1	31.3	42.7	43.3	41.9	43.6
孟加拉国	Bangladesh	-0.7	0.7	3.7	1.0	0.3	2.4	1.6
文　　莱	Brunei Darussalam		42.3	37.1			33.5	
柬 埔 寨	Cambodia	-3.7	-5.1	-3.8	-3.7	-3.7	-7.4	-10.6
印　　度	India	-1.0	-1.2	-1.9	-3.2	-3.4	-5.0	-2.6
印度尼西亚	Indonesia	4.8	0.1	2.0	0.7	0.2	-2.7	-3.2
以 色 列	Israel	-1.7	2.9	3.9	3.4	1.5	0.8	2.4
日　　本	Japan	2.5	3.7	2.9	4.0	2.1	1.0	0.7
哈萨克斯坦	Kazakhstan	2.0	-1.8	-3.6	1.0	5.4	0.5	-0.1
韩　　国	Korea, Rep.	2.8	1.4	3.7	2.6	1.6	4.2	6.2
老　　挝	Laos	-0.5	-6.4	-1.0	0.4	-2.5	-4.4	-3.4
马来西亚	Malaysia	9.1	13.9	15.7	10.9	11.6	6.1	3.8
蒙　　古	Mongolia	-6.2	3.3	-7.5	-12.3	-26.5	-27.4	-25.4
巴基斯坦	Pakistan	-0.1	-3.3	-2.4	-0.8	-1.0	-1.0	-1.9
菲 律 宾	Philippines	-2.8	1.9	5.0	3.6	2.5	2.8	4.2
新 加 坡	Singapore	10.7	21.9	16.8	23.7	22.0	17.2	17.9
斯里兰卡	Sri Lanka	-6.4	-2.7	-0.5	-2.2	-7.8	-6.8	-3.9
泰　　国	Thailand	7.6	-4.3	8.3	3.1	2.6	-0.4	-1.0
越　　南	Viet Nam	3.6	-1.0	-6.2	-3.7	0.2	5.8	5.5
埃　　及	Egypt	-1.0	2.4	-1.8	-2.1	-2.3	-2.7	
尼日利亚	Nigeria	16.2	32.5	8.2	3.9	3.1	4.4	
南　　非	South Africa	-0.1	-3.1	-2.7	-1.5	-2.2	-5.0	-5.8
加 拿 大	Canada	2.7	1.9	-2.9	-3.5	-2.7	-3.3	-3.0
墨 西 哥	Mexico	-3.2	-1.0	-0.9	-0.5	-1.1	-1.3	-2.4
美　　国	United States	-4.2	-5.7	-2.6	-3.0	-3.0	-2.9	-2.4
阿 根 廷	Argentina	-3.2	2.4	2.2	0.3	-0.4	-0.2	-0.8
巴　　西	Brazil	-3.8	1.6	-1.5	-2.1	-2.0	-2.3	-3.4
委内瑞拉	Venezuela	10.1	17.2	0.7	2.2	7.7	2.9	1.4
捷　　克	Czech Rep.	-4.6	-0.9	-2.4	-3.6	-2.2	-1.5	-0.5
法　　国	France	1.5	0.0	-0.8	-0.8	-1.0	-1.6	-1.4
德　　国	Germany	-1.7	4.6	5.8	5.7	6.1	6.8	6.5
意 大 利	Italy	-0.5	-1.6	-1.9	-3.5	-3.1	-0.4	0.9
荷　　兰	Netherlands	1.9	6.9	4.9	6.9	8.4	8.9	10.2
波　　兰	Poland	-6.0	-2.4	-3.9	-5.6	-5.2	-3.6	-1.3
俄 罗 斯	Russia	18.0	11.1	4.1	4.4	5.1	3.5	1.7
西 班 牙	Spain	-4.0	-7.2	-4.7	-4.4	-3.6	-1.2	0.8
土 耳 其	Turkey	-3.7	-4.4	-2.0	-6.2	-9.7	-6.2	-7.9
乌 克 兰	Ukraine	4.7	2.9	-1.5	-2.2	-6.3	-8.2	-9.0
英　　国	United Kingdom	-2.6	-1.3	-2.8	-2.6	-1.7	-3.7	-4.5
澳大利亚	Australia	-3.5	-6.3	-5.3	-3.9	-3.2	-4.4	-3.2
新 西 兰	New Zealand	-4.7	-7.0	-2.5	-2.4	-2.9	-4.0	-3.2

15-4 外商直接投资

Foreign Direct Investment

资料来源：联合国贸发会议FDI数据库。
Source: UNCTAD FDI Database .

单位：亿美元 (100 million USD)

国家或地区	Country or Area	外商直接投资 FDI Inflows			对外直接投资 FDI Outflows		
		2000	2010	2013	2000	2010	2013
世　界	**World**	**14150.0**	**14222.6**	**14519.7**	**12412.2**	**14675.8**	**14108.1**
中　国	China	407.2	1147.3	1239.1	9.2	688.1	1010.0
中国香港	Hong Kong, China	705.1	827.1	766.3	700.1	984.1	915.3
中国澳门	Macao, China	0.0	28.3	23.3		-4.4	0.5
孟加拉国	Bangladesh	5.8	9.1	16.0		0.2	0.3
文　莱	Brunei Darussalam	5.5	6.3	9.0	0.3	0.1	-1.4
柬埔寨	Cambodia	1.5	7.8	14.0	0.1	0.2	0.4
印　度	India	35.9	274.3	282.0	5.1	159.3	16.8
印度尼西亚	Indonesia		137.7	184.4		26.6	36.8
伊　朗	Iran	1.9	36.5	30.5	0.2	3.5	3.8
以色列	Israel	69.6	55.1	118.0	33.4	86.6	49.3
日　本	Japan	83.2	-12.5	23.0	315.6	562.6	1357.5
哈萨克斯坦	Kazakhstan	12.8	74.6	97.4		37.9	19.5
韩　国	Korea, Rep.	115.1	95.0	122.2	48.4	282.8	291.7
老　挝	Laos	0.3	2.8	3.0			-0.1
马来西亚	Malaysia	37.9	90.6	123.1	20.3	134.0	136.0
蒙　古	Mongolia	0.5	16.9	20.5		0.6	0.5
缅　甸	Myanmar	2.1	12.9	26.2			
巴基斯坦	Pakistan	3.1	20.2	13.1	0.1	0.5	2.4
菲律宾	Philippines	22.4	10.7	38.6	1.3	27.1	36.4
新加坡	Singapore	155.2	550.8	637.7	66.5	333.8	269.7
斯里兰卡	Sri Lanka	1.7	4.8	9.2		0.4	0.7
泰　国	Thailand	34.1	91.5	129.5	-0.2	44.7	66.2
越　南	Viet Nam	12.9	80.0	89.0		9.0	19.6
埃　及	Egypt	12.4	63.9	55.5	0.5	11.8	3.0
尼日利亚	Nigeria	13.1	61.0	56.1	1.7	9.2	12.4
南　非	South Africa	8.9	36.4	81.9	2.7	-0.8	56.2
加拿大	Canada	668.0	284.0	623.3	446.8	347.2	426.4
墨西哥	Mexico	183.0	233.5	382.9	3.6	150.5	129.4
美　国	United States	3140.1	1980.5	1875.3	1426.3	2777.8	3383.0
阿根廷	Argentina	104.2	113.3	90.8	9.0	9.7	12.3
巴　西	Brazil	327.8	485.1	640.5	22.8	115.9	-35.0
委内瑞拉	Venezuela	47.0	18.5	70.4	5.2	17.8	21.5
捷　克	Czech Rep.	49.9	61.4	49.9	0.4	11.7	32.9
法　国	France	432.5	336.3	48.8	1774.5	645.8	-25.6
德　国	Germany	1982.8	656.2	267.2	565.6	1263.1	575.5
意大利	Italy	133.8	91.8	165.1	66.9	326.6	316.6
荷　兰	Netherlands	638.6	-73.2	243.9	756.3	683.4	374.3
波　兰	Poland	94.5	138.8	-60.4	0.2	72.3	-48.5
俄罗斯	Russia	27.1	431.7	792.6	31.8	526.2	949.1
西班牙	Spain	395.8	398.7	391.7	582.1	378.4	260.4
土耳其	Turkey	9.8	90.6	128.7	8.7	14.6	31.1
乌克兰	Ukraine	6.0	65.0	37.7		7.4	4.2
英　国	United Kingdom	1219.0	496.2	371.0	2354.0	394.2	194.4
澳大利亚	Australia	153.6	358.0	498.3	40.3	196.1	63.6
新西兰	New Zealand	13.5	4.3	9.9	6.1	4.5	6.9

15-5 外汇储备与黄金储备

Foreign Exchange and Gold Reserves

资料来源：国际货币基金组织IFS数据库。
Source: IMF IFS Database.

国家或地区	Country or Area	外汇储备（亿美元） Foreign Exchange(100 million USD)			黄金储备（万盎司） Gold Reserves(10000 fine troy ounces)		
		2000	2010	2014	2000	2010	2014
世　界	**World**	**19358.6**	**92652.9**	**115889.1**	**106603.9**	**99153.8**	**102975.6**
发达国家	**Developed Countries**	**12191.9**	**31054.0**	**38564.1**	**81731.8**	**70449.8**	**70681.0**
发展中国家	**Developing Economies**				**14028.4**	**17541.9**	
中　国	China	1655.7	28473.4	38430.2	1270.0	3389.0	3389.0
中国香港	Hong Kong, China	1075.4	2686.5	3283.8	6.7	6.7	6.7
中国澳门	Macao, China	33.2	237.3	164.4			
孟加拉国	Bangladesh	14.9	99.0	208.0	10.9	43.4	44.3
文　莱	Brunei Darussalam	3.6	12.1	31.4			14.7
柬埔寨	Cambodia	5.0	31.5	55.3	40.0	40.0	40.0
印　度	India	372.6	2678.1	2959.5	1150.2	1793.2	1793.2
印度尼西亚	Indonesia	282.8	899.7	1060.7	310.1	235.0	251.0
以色列	Israel	231.6	692.7	843.4			
日　本	Japan	3472.1	10362.6	12001.6	2454.7	2460.2	2460.2
哈萨克斯坦	Kazakhstan	15.9	246.9	210.2	184.0	216.4	616.6
韩　国	Korea, Rep.	958.6	2869.3	3536.0	43.9	46.4	335.8
老　挝	Laos	1.4	6.3	8.0	1.7	28.5	28.5
马来西亚	Malaysia	274.3	1023.3	1117.7	117.0	117.0	115.0
蒙　古	Mongolia	1.8	21.2	14.8	8.5	6.5	9.2
缅　甸	Myanmar	2.2	57.1	69.64①	23.1	23.4	23.37①
巴基斯坦	Pakistan	15.0	131.2	110.5	209.1	207.0	207.3
菲律宾	Philippines	129.8	539.9	702.6	722.9	495.4	627.9
新加坡	Singapore	795.1	2236.8	2545.6	409.6	409.6	409.6
斯里兰卡	Sri Lanka	9.8	66.3	72.4	33.7	34.6	74.2
泰　国	Thailand	319.3	1656.6	1490.6	236.7	320.0	490.0
越　南	Viet Nam	34.2	120.5	338.0			
埃　及	Egypt	129.1	323.5	108.0	243.2	243.1	243.1
尼日利亚	Nigeria	99.1	323.4	342.4	68.7	68.7	68.7
南　非	South Africa	57.9	354.2	414.9	590.0	401.6	402.5
加拿大	Canada	290.2	448.9	627.6	118.4	10.9	9.6
墨西哥	Mexico	351.4	1148.8	1851.8	24.9	22.7	394.6
美　国	United States	312.4	520.8	419.4	26161.1	26149.9	26149.9
阿根廷	Argentina	244.1	466.2	260.4	1.9	176.0	198.5
巴　西	Brazil	324.3	2805.7	3548.1	211.8	108.1	216.1
委内瑞拉	Venezuela	126.3	91.9	20.64②	1024.0	1176.0	1182.0②
捷　克	Czech Rep.	130.2	403.4	523.5	44.6	40.8	34.0
法　国	France	321.1	362.1	286.6	9724.5	7830.1	7830.0
德　国	Germany	496.7	373.6	372.1	11151.9	10934.4	10880.5
意大利	Italy	224.2	356.8	333.1	7882.9	7882.9	7882.9
荷　兰	Netherlands	70.0	89.0	97.6	2931.5	1969.1	1969.1
波　兰	Poland	263.2	863.2	940.6	330.6	330.9	330.9
俄罗斯	Russia	242.6	4329.5	3277.3	1235.9	2535.5	3884.5
西班牙	Spain	295.2	133.1	328.9	1682.9	905.4	905.3
土耳其	Turkey	223.1	790.5	1053.4	373.9	373.3	1701.1
乌克兰	Ukraine	11.0	333.2	66.2	45.4	88.5	76.0
英　国	United Kingdom	341.6	493.4	764.0	1567.4	997.5	997.5
澳大利亚	Australia	167.8	327.9	446.8	256.3	256.7	256.7
新西兰	New Zealand	36.2	151.3	140.7			

注：①2012年数据。②2013年数据。
Note:①Data refer to 2012.②Data refer to 2013.

15-6 外债及其构成(2013年)

External Debts by Type(2013)

资料来源：世界银行WDI数据库。
Source: World Bank WDI Database.

单位：亿美元 (100 million USD)

国家或地区	Country or Area	外债总额 Total External Debt	长期外债 Long-term Debt	私人非担保外债 Private Nonguaranteed Debt	政府及政府担保外债 Public and Publicly Guaranteed Debt	国际货币基金组织贷款 Use of IMF Credit
中等收入国家	**Middle Income**	**53594.15**	**37333.93**	**18945.51**	**18388.42**	**1094.27**
低收入国家	**Low Income**	**1469.57**	**1209.54**	**36.36**	**1173.19**	**118.12**
中　国	China	8744.63	2389.81	1607.71	782.11	107.64
孟加拉国	Bangladesh	278.04	248.50		248.50	14.96
柬埔寨	Cambodia	64.27	50.64		50.64	1.29
印　度	India	4275.62	3287.28	1966.19	1321.09	61.27
印度尼西亚	Indonesia	2590.69	2086.39	945.65	1140.74	30.50
伊　朗	Iran	76.47	38.42		38.42	22.04
哈萨克斯坦	Kazakhstan	1484.56	1385.26	1262.80	122.46	5.29
老　挝	Laos	86.15	77.33	33.98	43.35	0.78
马来西亚	Malaysia	2131.29	1072.26	368.61	703.65	20.73
蒙　古	Mongolia	189.21	172.17	136.50	35.68	1.40
缅　甸	Myanmar	73.67	60.95		60.95	3.70
巴基斯坦	Pakistan	564.61	494.26	61.23	433.03	51.13
菲律宾	Philippines	606.09	481.06	94.10	386.97	12.90
斯里兰卡	Sri Lanka	251.68	224.97	1.00	223.97	26.65
泰　国	Thailand	1353.79	739.27	399.13	340.14	14.94
越　南	Viet Nam	654.61	544.04	114.86	429.18	4.85
埃　及	Egypt	444.30	402.30	0.12	402.18	13.84
尼日利亚	Nigeria	137.92	112.11	24.25	87.86	25.80
南　非	South Africa	1398.45	1098.46	490.53	607.93	27.50
墨西哥	Mexico	4430.12	3308.44	1024.80	2283.64	43.91
阿根廷	Argentina	1362.72	1109.95	435.33	674.62	31.11
巴　西	Brazil	4824.70	4445.17	3092.55	1352.62	44.46
委内瑞拉	Venezuela	1187.58	907.42	451.35	456.07	39.17
土耳其	Turkey	3882.43	2574.86	1521.30	1053.56	16.50
乌克兰	Ukraine	1477.12	1056.99	728.40	328.59	71.90

15-7　外债风险指标(2013年)
Risk Indicators on Foreign Debts(2013)

资料来源：世界银行WDI数据库。
Source: World Bank WDI Database.
单位：%　　(%)

国家或地区	Country or Area	政府及政府担保外债占出口比重 PPG debt service as Percentage of exports	债务率 Present value of debt as percentage of exports of goods and services and Income	短期债务比重 Short-term debt as percentage of total external debt	偿债率 Total debt service as percentage of exports of goods, services and income)	外债本息占GNI比重 Total debt service as percentage of GNI
中等收入国家	**Middle Income**	**3.18**		**28.30**	**10.60**	**3.13**
低收入国家	**Low Income**	**4.34**		**9.66**	**5.79**	**1.44**
中　国	China	0.35	32.96	71.44	1.52	0.42
孟加拉国	Bangladesh	5.13	34.67	5.24	5.18	1.01
柬埔寨	Cambodia	1.11	33.63	19.20	1.53	1.07
印　度	India	3.05	70.87	21.68	8.59	2.22
印度尼西亚	Indonesia	4.72	102.86	18.29	19.40	4.79
伊　朗	Iran	0.37	3.10	20.92	0.38	0.11
哈萨克斯坦	Kazakhstan	0.60	135.64	6.33	33.96	14.96
老　挝	Laos	4.93	176.06	9.33	9.73	2.86
马来西亚	Malaysia	1.07	59.71	48.72	3.50	3.18
蒙　古	Mongolia	4.48	358.79	8.26	27.87	13.04
缅　甸	Myanmar	8.18	12.48	12.24	8.18	
巴基斯坦	Pakistan	20.35	118.66	3.40	26.27	3.29
菲律宾	Philippines	7.19	74.23	18.50	7.75	1.79
斯里兰卡	Sri Lanka	11.85	104.75	0.02	11.86	2.76
泰　国	Thailand	0.53	40.63	44.29	4.42	3.57
越　南	Viet Nam	1.86	25.06	16.15	3.55	3.09
埃　及	Egypt	6.03①	66.53①	6.34	6.62①	1.30
尼日利亚	Nigeria	0.39	3.19		0.49	0.10
南　非	South Africa	4.09	60.43	19.49	8.31	2.70
墨西哥	Mexico	5.46	94.68	24.33	10.29	3.44
阿根廷	Argentina	5.61	105.03	16.27	13.66	2.26
巴　西	Brazil	7.61	140.48	6.95	28.61	3.78
委内瑞拉	Venezuela			20.29		4.59
土耳其	Turkey	4.88	164.47	33.25	28.86	7.58
乌克兰	Ukraine	14.97	134.25	23.58	42.28	20.91

注：①2012年数据
Note:①Data refer to 2012.

主要统计指标解释

经常账户 为货物、服务、收入差额与经常转移的贷方、借方之和。

货物进口FOB和货物出口FOB 是指以出口国离岸价格计算的货物进口值或出口值。货物项目包括：一般货物、用于加工的货物、用于维修的货物、各种运输工具在港口购买的货物和非货币用黄金。

贸易差额 出口FOB与进口FOB的差额。贸易差额为正表示货物出口大于进口。反之，差额为负表示进口大于出口。

服务 包括运输、旅游、通讯服务、建筑服务、保险服务、金融服务、计算机和信息服务、专有权力使用费和特许费、体育、文化和娱乐服务、别处未提及的政府服务和其它商业服务。

货物和服务差额 为货物差额与服务借方、贷方之和。

收入 包括投资收益（包括直接投资收益、证券投资收益和其他投资收益）和职工报酬。

货物、服务、收入差额 货物和服务差额与收入借方、贷方之和。

经常转移 经常转移包括政府间的经常转移和其他转移如雇员汇款等。贷方是指报告经济体接受的所有经常转移。借方是指由报告经济体提供的经常转移。

资本账户 资本账户贷方、借方之和。资本账户贷方包括：固定资产的获取，非生产、非金融资产的出让（但不包括债务减免）。资本账户借方包括：固定资产的出让，非生产、非金融资产的购买。

金融账户 为直接投资、证券投资、金融衍生工具和其他投资之和。

证券投资 包括股本证券和债务证券投资。

股本证券 包括股票和可以表明股本所有权的类似文件（如美国的存股证）。

债务证券 包括短期、中期和长期债券以及货币市场工具（一种期限为一年获一年以下的债券），以及各种可兑现的债券工具。

金融衍生工具 是同其他金融工具、指数、商品挂钩的一种金融工具。通过金融衍生工具，可以在金融市场中就具体的金融风险（如利率风险、外汇风险、股票和商品风险、信贷风险等）本身进行交易。

经常项目差额占GDP的比重 经常帐户差额是货物和服务的净出口，净收入，净经常转移的总和。

黄金储备（货币黄金） 一国当局拥有的、作为储备资产的黄金。参见国际储备。

外债总额 指欠非本地居民的，可用外币、货物或服务偿还的债务。它是长期公共债务、公共担保债务和私人非担保长期债务、IMF贷款和短期外债的总和。

长期债务 指初始到期日或宽限期在一年以上的债务。它有三个构成部分：公共债务、公共担保债务和私人非担保债务。用现价美元表示。

短期债务 包括初始到期日为一年及一年期以下的所有债务和长期债务到期未付的利息。用现价美元表示。

Explanatory Notes on Main Statistical Indicators

Current Account is the sum of the balance on goods, services, and income, plus current transfers: credit, plus current transferse: debit.

Goods: Exports f.o.b. and Goods: Imports f.o.b. are both measured on the "free-on-board" (f.o.b.) basis—that is, by the value of the goods at the border of the exporting economy. The goods item covers general merchandise, goods for processing, repairs on goods, goods procured in ports by carriers, and nonmonetary gold.

Trade Balance is the balance of exports f.o.b. and imports f.o.b. A positive trade balance shows that merchandise exports are larger than merchandise imports, whereas a negative trade balance shows that merchandise imports are larger than merchandise exports.

Services comprise services in transportation, travel, communication, construction, insurance, finance, computer and information, royalties and license fees, other business, personal, cultural and recreational, and government, n.i.e.

Balance on Goods and Services is the sum of the balance on goods, plus services: credit, plus services: debit.

Income comprise (1) investment income (consisting of direct investment income, portfolio investment income, and other investment income), and (2) compensation of employees.

Balance on Goods, Services, and Income is the sum of the balance on goods and services, plus income: credit, plus income: debit.

Current Transfers. Credit comprise all current transfers received by the reporting economy. Current transfers comprise (1) general government transfers and (2) other sector transfers, including workers' remittances.

Current Transfers，Debit comprise all current transfers paid by the reporting economy.

Capital Account, n.i.e is the balance on the capital account (capital account, n.i.e.: credit, plus capital account: debit). Capital account, n.i.e.: credit covers (1) transfers linked to the acquisition of a fixed asset and (2) the disposal of nonproduced, nonfinancial assets. Capital account: debit covers (1) transfers linked to the disposal of fixed assets, and (2) acquisition of nonproduced, nonfinancial assets.

Financial Account, n.i.e. is the net sum of direct investment, portfolio investment, financial derivatives, and other investment.

Portfolio Investment includes Equity Securities and Debt Securities.

Equity Securities include shares, stocks, participation, and similar documents (such as American depository receipts) that usually denote ownership of equity.

Debt Securities covers (1) bonds, debentures, notes, etc., and (2) money market or negotiable debt instruments.

Financial Derivatives cover financial instruments that are linked to other specific financial instruments, indicators, or commodities, and through which specific financial risks (such as interest rate risk, foreign exchange risk, equity and commodity price risks, credit risk, etc.) can, in their own right, be traded in financial markets.

Current Account Blance as percentage of GDP Current account balance is the sum of net exports of goods, services, net income, and net current transfers.

Gold Reserves (Monetary Gold) Gold owned by the authorities and held as a reserve asset. See also international reserves.

External Debt Total Total external debt is debt owed to nonresidents repayable in foreign currency, goods, or services. Total external debt is the sum of public, publicly guaranteed, and private no guaranteed long-term debt, use of IMF credit, and short-term debt.

Long-term Debt Long-term debt is debt that has an original or extended maturity of more than one year. It has three components: public, publicly guaranteed, and private no guaranteed debt. Data are in current U.S. dollars.

Short-term Debt includes all debt having an original maturity of one year or less and interest in arrears on long-term debt. Data are in current U.S. dollars.

教育、科技、文化和卫生

Education, Science and Technology, Culture and Health

16-1 15岁及以上成人识字率

Adult Literacy Rate(As Percentage of People Ages 15 and Above)

资料来源：世界银行WDI数据库。
Source: World Bank WDI Database.
单位：%　　(%)

国家或地区	Country or Area	总计 Total		男性 Male		女性 Female	
		2000	2012	2000	2012	2000	2012
世　界	**World**	**81.8**	**84.3①**	**86.9**	**88.6①**	**76.9**	**80.2①**
高收入国家	**High Income**	**98.1**	**98.3①**	**98.6**	**98.7①**	**97.7**	**97.9①**
中等收入国家	**Middle Income**	**80.4**	**83.1①**	**86.3**	**88.3①**	**74.5**	**78.1①**
低收入国家	**Low Income**	**57.5**	**60.8①**	**66.0**	**68.1①**	**49.4**	**53.9①**
中　国	China	90.9	95.1①	95.1	97.5①	86.5	92.7①
中国澳门②	Macao, China②		95.6		97.8		93.7
孟加拉国	Bangladesh		58.8		62.5		55.1
文　莱	Brunei Darussalam		95.4		97.1		93.7
柬埔寨	Cambodia	67.3③	73.9④	79.5③	82.8④	57.0③	65.9④
印　度⑤	India⑤		66.0		76.9		54.5
印度尼西亚②	Indonesia②		92.8		95.6		90.1
伊　朗	Iran		84.3		89.4		79.2
以色列②	Israel②		97.8		98.7		96.8
哈萨克斯坦	Kazakhstan	99.5⑥	99.7④	99.8⑥	99.8④	99.3⑥	99.7④
老　挝	Laos	69.6		81.4		58.5	
马来西亚	Malaysia	88.7	93.1①	92.0	95.4①	85.4	90.7①
蒙　古	Mongolia	97.8	98.3①	98.0	98.2①	97.5	98.3①
缅　甸	Myanmar	89.9	92.6	93.9	95.0	86.4	90.5
巴基斯坦	Pakistan	42.7③	54.7②	55.3③	67.0②	29.0③	42.0②
菲律宾	Philippines	92.6	95.4⑦	92.5	95.0⑦	92.7	95.8⑦
新加坡	Singapore	92.5	96.4	96.6	98.5	88.6	94.4
斯里兰卡①	Sri Lanka①		91.2		92.6		90.0
泰　国	Thailand	92.6	94.1⑤	94.9	95.9⑤	90.5	92.6⑤
越　南	Viet Nam	90.2	93.5④	93.9	95.8④	86.6	91.4④
埃　及	Egypt		73.9		81.7		65.8
尼日利亚④	Nigeria④		60.8		72.0		49.8
南　非	South Africa		93.7		95.0		92.6
墨西哥	Mexico	90.5	94.2	92.6	95.4	88.7	93.2
阿根廷	Argentina		97.9		97.9		98.0
巴　西	Brazil	86.4	91.3	86.2	91.0	86.5	91.6
委内瑞拉④	Venezuela④		95.5		95.7		95.4
意大利	Italy		99.0		99.3		98.8
波　兰	Poland		99.7		99.9		99.6
俄罗斯①	Russia①		99.7		99.7		99.6
西班牙	Spain		97.9		98.6		97.2
土耳其	Turkey		94.9		98.3		91.6
乌克兰	Ukraine		99.7		99.8		99.7

注：①2010年数据。②2011年数据。③1998年数据。④2009年数据。⑤2007年数据。⑥1999年数据。⑦2008年数据。
Note:①Data refer to 2010.②Data refer to 2011.③Data refer to 1998.④Data refer to 2009.⑤Data refer to 2007.⑥Data refer to 1999.⑦Data refer to 2008.

16-2 入学率

School Enrollment Ratio

资料来源：世界银行WDI数据库。
Source: World Bank WDI Database.

单位：% (%)

国家或地区	Country or Area	高等教育粗入学率 School enrollment, tertiary		中等教育粗入学率 School enrollment, secondary		初等教育粗入学率 School enrollment, primary	
		2005	2013	2005	2013	2005	2013
世　界	**World**	**24.1**	**32.9**	**63.8**	**75.2**	**105.0**	**108.0**
高收入国家	**High Income**	**66.4**	**73.5**	**97.9**	**104.2**	**100.5**	**101.5**
中等收入国家	**Middle Income**	**18.7**	**29.5**	**62.7**	**76.8**	**107.8**	**109.5**
低收入国家	**Low Income**	**5.3**	**9.1**	**34.6**	**44.6**	**96.5**	**106.7**
中　国	China	18.3	29.7	60.2①	92.4	111.8①	126.4
中国香港	Hong Kong, China	32.1	66.8	79.6	99.3	96.1	104.6
中国澳门	Macao, China	63.6	62.6	105.2	96.0	104.6	
孟加拉国	Bangladesh	6.2	13.2②	45.0	53.7②	98.5	114.2③
文　莱	Brunei Darussalam	17.7	25.4	93.6	105.9	111.3	94.4
柬埔寨	Cambodia	3.3	15.8③	31.2④		133.5	124.5
印　度	India	11.0	24.7	55.1	71.5②	105.4①	114.1②
印度尼西亚	Indonesia	17.7	31.5②	61.7	83.1	109.8	108.5②
伊　朗	Iran	22.9	57.9	76.3	86.3②	101.1	118.6
以色列	Israel	58.1	66.5	104.8	102.2	103.6	104.4
日　本	Japan	55.0	61.5②	101.0	101.8②	101.9	102.3②
哈萨克斯坦	Kazakhstan	52.9	55.3	96.5	100.5	104.2	106.3
韩　国	Korea, Rep.	93.5	98.4	97.5	97.2	101.6	102.7
老　挝	Laos	7.8	17.7	43.1	50.5	109.1	121.3
马来西亚	Malaysia	27.9	37.2②	68.7	70.8②	101.4	
蒙　古	Mongolia	44.7	62.3	90.3	103.5②	98.0	108.8
缅　甸	Myanmar		13.4②	44.0	50.2⑤	103.5	114.2⑤
巴基斯坦	Pakistan	4.7	9.8	25.3	38.3	83.7	92.1
菲律宾	Philippines	27.5	33.8	83.0	85.4	106.5	107.0
斯里兰卡	Sri Lanka		18.8		99.2	97.9	98.3
泰　国	Thailand	44.2	51.2	71.4	85.9	98.1	95.8
越　南	Viet Nam	15.9	24.6			97.3	104.9
埃　及	Egypt	31.6	32.9	87.6④	89.0	105.5	114.9
尼日利亚	Nigeria	10.4		34.7	43.8⑤	100.9	84.8⑤
南　非	South Africa		19.7②	91.0	110.8	107.0	100.8
加拿大	Canada			101.1	111.2②	97.1	99.1②
墨西哥	Mexico	23.3	29.9	78.8	87.6	102.3	104.8
美　国	United States	81.3	89.1	94.8	94.0	99.6	97.9
阿根廷	Argentina	64.0	80.3②	84.9	107.3②	113.1	123.8②
委内瑞拉	Venezuela	41.5④		74.2	93.0	104.6	102.4
捷　克	Czech Rep.	48.9	63.1	95.0	103.4	99.5	99.3
法　国	France	53.9	59.5	110.4	108.9	107.7	107.5
德　国	Germany		60.0	99.3	101.1	101.5	100.3
意大利	Italy	64.0	62.5②	98.8	99.2②	101.4	99.0②
荷　兰	Netherlands	58.7	77.3②	119.1	130.6	106.4	104.2
波　兰	Poland	63.6	71.6	99.1	108.8	96.8	101.2
俄罗斯	Russia	72.6	76.1②	83.2	97.2	95.3	99.7
西班牙	Spain	66.6	85.9	118.7	130.6	103.4	104.5
土耳其	Turkey	32.8	79.3	83.4	102.2	103.8	109.2
乌克兰	Ukraine	68.7	79.0	92.0	98.9	107.1	105.5
英　国	United Kingdom	58.7	59.8	105.4	129.1	106.5	108.9
澳大利亚	Australia	71.2	88.5	147.6	135.8	101.5	105.1
新西兰	New Zealand	80.6	79.0	120.2	118.6	99.8	98.1

注：①2003年数据。②2012年数据。③2011年数据。④2004年数据。⑤2010年数据。
Note:①Data refer to 2003.②Data refer to 2012.③Data refer to 2011.④Data refer to 2004.⑤Data refer to 2010.

16-3 每个学生教育支出占人均国内生产总值比重

Expenditure per Student as Percentage of GDP per Capita

资料来源：世界银行WDI数据库。
Source: World Bank WDI Database.

单位：% (%)

国家或地区	Country or Area	大学生教育支出占人均国内生产总值比重 Tertiary School Student		中学生教育支出占人均国内生产总值比重 Secondary School Student		小学生教育支出占人均国内生产总值比重 Primary School Student	
		2000	2013	2000	2013	2000	2013
高收入国家	**High Income**	**26.8**	**26.1①**	**21.5**	**24.0①**	**17.3**	**20.8①**
中国香港	Hong Kong, China		30.4②		19.0		14.7
孟加拉国	Bangladesh	43.1	17.4①	10.8	12.1①		
柬埔寨	Cambodia	77.4③	27.8④	10.9③	6.8④	5.7	6.9④
印度	India	94.0	54.9②	24.6	15.2②	14.4	9.0②
伊朗	Iran		14.8		15.9②		9.4
以色列	Israel	27.7	19.4①	17.9	15.5①	20.3	22.7①
日本	Japan	17.4	25.5②	20.9	25.8②	21.3	23.8②
哈萨克斯坦③	Kazakhstan③			22.0			
老挝	Laos	70.6		5.5		3.9	
马来西亚	Malaysia	81.7	60.9①	21.9	19.8①	12.6	17.1①
菲律宾	Philippines	14.4		10.3		12.0	
泰国	Thailand	36.0	19.5②	18.9④	19.7②	17.8	29.4②
南非	South Africa	55.1	38.7	17.3	20.9②	13.5	18.8②
加拿大	Canada	50.0			18.3①		
墨西哥	Mexico	42.1⑤	37.3①	12.5⑤	15.9①	11.7	14.6①
美国	United States	25.8⑤	20.1①	21.9	22.8②	18.3	20.6②
阿根廷	Argentina	17.3	15.4②	17.6	19.6②	12.8	13.8②
巴西	Brazil	55.6	28.5②	10.3	24.3②	10.7	22.6②
白俄罗斯	Belarus		15.6				
捷克	Czech Rep.	28.1	26.0①	19.5	23.9①	10.6	15.5①
法国	France	29.4	35.3②	28.3	26.8②	17.4	18.4②
德国	Germany			21.6	23.3①	15.3	17.4①
意大利	Italy	25.6	24.2①	25.6	22.6②	22.3	20.5②
荷兰	Netherlands	42.3	33.5②	21.2	24.2②	14.4	17.2②
波兰	Poland	17.5	20.6①	10.9④	23.8①		26.2①
俄罗斯	Russia	11.0					
西班牙	Spain	20.0	23.2②	22.7	25.8①	17.1	18.8②
土耳其	Turkey	32.1		9.6		9.8	
乌克兰	Ukraine	36.5	41.2②	11.2	30.1②	7.6	32.2②
英国	United Kingdom	22.1	32.0①	23.4	30.0①	13.6	25.1①
澳大利亚	Australia	26.0	20.0①	14.0	16.5②	16.8	18.3②
新西兰	New Zealand	39.2⑤	31.5②	22.2	25.0②	19.8	24.2②

注：①2011年数据。②2012年数据。③1998年数据。④2010年数据。⑤1999年数据。
Note:①Data refer to 2011.②Data refer to 2012.③Data refer to 1998.④Data refer to 2010.⑤Data refer to 1999.

16-4 研究与开发经费支出和公共教育经费支出占国内生产总值比重
Research and Development Expenditure and Public Spending on Education as Percentage of GDP

资料来源：世界银行WDI数据库。
Source: World Bank WDI Database.
单位：% (%)

国家或地区	Country or Area	研究与开发经费支出占国内生产总值比重 Research and Development Expenditure as of GDP			公共教育经费支出占国内生产总值比重 Public Spending on Education, Total as of GDP		
		2000	2005	2013	2000	2005	2013
世界	**World**	**2.1**	**2.0**	**2.1①**	**4.0**	**4.2**	**4.7①**
高收入国家	**High Income**	**2.3**	**2.2**	**2.3②**	**4.6**	**4.9**	**5.1①**
中等收入国家	**Middle Income**	**0.6**	**0.8**	**1.3①**	**3.8**	**4.1**	**4.4③**
中　国	China	0.9	1.3	2.0②	1.9④		
中国香港	Hong Kong, China	0.5	0.8	0.7③		4.1	3.8
中国澳门	Macao, China		0.1	…①	3.7	2.3	3.3②
孟加拉国	Bangladesh				2.4	2.2⑤	
文　莱	Brunei Darussalam		…⑤		3.7		3.5
柬埔寨	Cambodia		0.1⑥		1.7	1.7	2.6③
印　度	India	0.7	0.8	0.8①	4.3	3.1	3.9②
印度尼西亚	Indonesia	0.1			1.1⑦	2.9	3.6②
伊　朗	Iran		0.7		4.4	4.7	3.7
以色列	Israel	4.2	4.3	3.9②	6.2	5.8	5.6①
日　本	Japan	3.0	3.3	3.4①	3.6	3.5	3.8
哈萨克斯坦	Kazakhstan	0.2	0.3	0.2①	3.3	2.3	
韩　国	Korea, Rep.	2.3	2.8	4.0①	3.4④	3.9	4.6②
老　挝	Laos		0.0⑥		1.5	2.4	2.8③
马来西亚	Malaysia	0.5	0.6⑤	1.1①	6.0	7.5	5.9①
蒙　古	Mongolia	0.2	0.2	0.3①	5.6	4.3⑤	5.5①
缅　甸	Myanmar	0.1	0.2⑥		0.6		0.8①
巴基斯坦	Pakistan	0.1	0.4	0.3①	1.8	2.3	2.5
菲律宾	Philippines		0.1		3.3	2.4	3.4
新加坡	Singapore	1.9	2.2	2.1②	3.3	3.2	2.9
斯里兰卡	Sri Lanka	0.1	0.2⑤	0.2③	3.1⑧		1.7②
泰　国	Thailand	0.3	0.2		5.4	4.2	4.9②
越　南	Viet Nam		0.2⑥				6.3②
埃　及	Egypt	0.2	0.2	0.4①		4.8	
南　非	South Africa	0.6⑦	0.9	0.8③	5.4	5.1	6.0
加拿大	Canada	1.9	2.0	1.7②	5.5	4.8	5.3①
墨西哥	Mexico	0.3	0.4	0.4①	4.1	4.9	5.1①
美　国	United States	2.6	2.5	2.8②	4.8④	5.1	5.2①
阿根廷	Argentina	0.4	0.5	0.6①	4.6	3.5	5.1②
巴　西	Brazil	1.0	1.0	1.2①	4.0	4.5	6.3②
委内瑞拉	Venezuela	0.4	0.2				
捷　克	Czech Rep.	1.2	1.2	1.9②	3.7	3.9	4.3①
法　国	France	2.2	2.1	2.3②	5.5	5.5	5.5②
德　国	Germany	2.5	2.5	2.9②	4.5	4.5	4.8①
意大利	Italy	1.0	1.1	1.3②	4.3	4.2	4.1①
荷　兰	Netherlands	1.9	1.9	2.2②	4.6	5.2	5.5②
波　兰	Poland	0.6	0.6	0.9②	5.0	5.5	4.9①
俄罗斯	Russia	1.1	1.1	1.1②	2.9	3.8	
西班牙	Spain	0.9	1.1	1.3②	4.2	4.1	4.4②
土耳其	Turkey	0.5	0.6	0.9①	2.6	3.1⑤	
乌克兰	Ukraine	1.0	1.2	0.7①	4.2	6.1	6.7②
英　国	United Kingdom	1.8	1.7	1.7②	4.4	5.2	5.8①
澳大利亚	Australia	1.6	1.9⑤	2.4③	4.9	4.9	4.9②
新西兰	New Zealand	1.0④	1.1	1.3①	6.7④	6.3	7.4②

注：①2011年数据。②2012年数据。③2010年数据。④1999年数据。⑤2004年数据。⑥2002年数据。⑦1997年数据。⑧1998年数据。
Note:①Data refer to 2011.②Data refer to 2012.③Data refer to 2010.④Data refer to 1999.⑤Data refer to 2004.⑥Data refer to 2002.⑦Data refer to 1997.⑧Data refer to 1998.

16-5 每百万人中研究人员和技术人员

Researchers and Technicians in R&D (per Million People)

资料来源：世界银行WDI数据库。
Source: World Bank WDI Database.

单位：人 (person)

国家或地区	Country or Area	每百万人中研究人员数 Researchers in R&D (per million people)			每百万人中技术人员数 Technicians in R&D (per million people)		
		2000	2005	2012	2000	2005	2012
高收入国家	**High Income**	**3011.7**	**3338.5**	**3680.5①**			
中等收入国家	**Middle Income**	**340.1**	**474.8**	**555.8②**			
中　　国	China	542.8	848.7	1019.6			
中国香港	Hong Kong, China	1130.6	2613.4	2925.3②	201.0	340.2	306.3②
印　　度	India	111.2	137.4	159.9②	86.4	93.9	103.0②
印度尼西亚	Indonesia	215.3		89.9③			
日　　本	Japan	5151.1	5360.2	5157.5①	628.0	564.9	564.3①
哈萨克斯坦	Kazakhstan	602.4	783.0	651.8①	79.1	83.5	57.8①
韩　　国	Korea, Rep.	2357.0	3823.1	5928.3①	461.1	558.6	1064.9①
马来西亚	Malaysia	274.2		1642.7①	39.3		158.2①
巴基斯坦	Pakistan		80.3	148.9①		41.0	58.5①
新 加 坡	Singapore	4245.0	5291.8	6437.7	347.1	528.2	462.0
斯里兰卡	Sri Lanka	134.6		103.1②			89.2②
南　　非	South Africa		358.7	363.8②		108.8	105.1②
加 拿 大	Canada	3515.0	4238.4	4562.8①	1236.3	1637.8	1481.1①
墨 西 哥	Mexico	214.0	396.7	386.4①	90.7	233.0	171.6①
美　　国	United States	3454.8	3692.8	3978.7①			
阿 根 廷	Argentina	715.9	824.6	1236.0①	158.1	201.5	258.3①
巴　　西	Brazil	423.3	587.8	710.3②	338.8	466.7	656.0②
委内瑞拉	Venezuela	61.3	121.5	290.0	7.3	2.4	
捷　　克	Czech Rep.	1351.4	2362.4	3111.5	714.0	1346.2	1723.4
法　　国	France	2905.9	3295.7	3917.6①		1711.6	1868.3①
德　　国	Germany	3087.9	3246.2	4138.9		1128.1	1683.0①
意 大 利	Italy	1160.1	1405.9	1820.2			
荷　　兰	Netherlands	2660.4	2935.4	3506.0	1520.6	1427.1	2026.2①
波　　兰	Poland	1438.6	1627.0	1753.4	355.9	234.2	420.7
俄 罗 斯	Russia	3450.6	3227.7	3096.1	568.9	515.9	478.0
西 班 牙	Spain	1903.3	2528.8	2719.1	636.1	919.7	1258.9①
土 耳 其	Turkey	365.4	577.8	987.0①	37.4	70.2	173.2①
英　　国	United Kingdom	2893.1	4123.3	4024.2		688.2	1168.6
澳大利亚	Australia	3427.0					
新 西 兰	New Zealand		3141.2	3692.9①		774.0	1019.5①

注：①2011年数据。②2010年数据。③2009年数据。
Note:①Data refer to 2011.②Data refer to 2010.③Data refer to 2009.

16-6 高技术产品出口额占制成品出口额的比重

High-technology Exports as Percentage of Manufactured Exports

资料来源：世界银行WDI数据库。
Source: World Bank WDI Database.
单位：%　　(%)

国家或地区	Country or Area	1990	2000	2005	2010	2012	2013
世界	**World**	**18.2**	**24.5**	**20.7**	**17.6**	**17.0**	**17.1**
高收入国家	**High Income**	**18.8**	**25.3**	**20.8**	**17.3**	**16.7**	**16.4**
中等收入国家	**Middle Income**		**20.6**	**20.4**	**18.5**	**17.7**	**18.8**
低收入国家	**Low Income**		**2.3**	**3.6**			**5.5**
中　国	China		19.0	30.8	27.5	26.3	27.0
中国香港	Hong Kong, China		23.4	15.6	16.1	16.2	12.3
中国澳门	Macao, China	1.6	0.9	0.7			
孟加拉国	Bangladesh	0.5	0.2	0.3	0.2		
文　莱	Brunei Darussalam					12.8	15.2
柬埔寨	Cambodia		0.1	0.1	0.1	0.1	0.2
印　度	India	3.9	6.3	5.8	7.2	6.6	8.1
印度尼西亚	Indonesia	1.6	16.4	16.6	9.8	7.3	7.1
伊　朗	Iran		0.6	2.5	4.5		
以色列	Israel	10.7	19.4	14.0	14.7	15.9	15.6
日　本	Japan	24.2	28.7	23.0	18.0	17.4	16.8
哈萨克斯坦	Kazakhstan		3.6	11.3	34.2	30.0	36.9
韩　国	Korea, Rep.	18.0	35.1	32.5	29.5	26.2	27.1
马来西亚	Malaysia	38.2	59.6	54.7	44.5	43.7	43.6
蒙　古	Mongolia		0.5	0.1			15.9
巴基斯坦	Pakistan	0.1	0.4	1.4	1.7	1.7	1.9
菲律宾	Philippines		72.6	70.8	55.3	48.9	47.1
新加坡	Singapore	39.9	62.8	56.9	49.9	45.3	47.0
斯里兰卡	Sri Lanka	0.6	3.1	2.3	1.0	0.9	1.0
泰　国	Thailand	20.9	33.4	26.7	24.0	20.5	20.1
越　南	Viet Nam		11.1	5.4	8.6	20.5	28.2
埃　及	Egypt		0.3	0.4	0.9	0.6	0.5
尼日利亚	Nigeria		0.6		1.1	1.9	2.7
南　非	South Africa		7.0	6.7	4.6	5.4	5.5
加拿大	Canada	13.8	18.7	13.1	14.1	11.4	14.1
墨西哥	Mexico	8.4	22.5	19.6	16.9	16.3	15.9
美　国	United States	32.5	33.8	29.9	19.9	17.8	17.8
阿根廷	Argentina		9.4	6.8	7.5	7.7	9.8
巴　西	Brazil	6.5	18.7	12.8	11.2	10.5	9.6
委内瑞拉	Venezuela	3.9	2.9	2.3	5.1		1.1
捷　克	Czech Rep.		8.5	13.0	15.3	16.1	14.7
法　国	France	16.7	24.6	20.3	24.9	25.4	25.8
德　国	Germany	12.0	18.6	17.4	15.3	15.8	16.1
意大利	Italy	7.8	9.5	8.0	7.2	7.1	7.3
荷　兰	Netherlands	16.5	35.8	30.9	21.3	20.1	20.4
波　兰	Poland		3.4	3.8	6.7	7.0	7.7
俄罗斯	Russia		16.1	8.4	9.1	8.4	10.0
西班牙	Spain	6.7	8.0	7.3	6.4	7.0	7.7
土耳其	Turkey	1.2	4.8	1.5	1.9	1.8	1.9
乌克兰	Ukraine		5.2	3.7	4.3	6.3	5.9
英　国	United Kingdom	23.6	32.4	28.0	21.0	21.7	7.7
澳大利亚	Australia	8.1	15.4	12.8	11.9	12.7	12.9
新西兰	New Zealand	4.4	9.7	10.2	9.0	9.8	10.3

16-7 专利申请数量

Patent Applications

资料来源：世界银行WDI数据库。
Source: World Bank WDI Database.
单位：件 (unit)

国家或地区	Country or Area	居民专利申请数量 Residents			非居民专利申请数量 Non-residents		
		2000	2010	2013	2000	2010	2013
世界	**World**	**824055**	**1160738**	**1624969**	**447513**	**668881**	**770304**
高收入国家	**High Income**	**777903**	**815982**	**871553**	**351952**	**466523**	**530138**
中等收入国家	**Middle Income**	**46137**	**336717**	**753383**	**95481**	**202259**	**240029**
低收入国家	Low Income	928			1559		
中国	China	25346	293066	704936	26560	98111	120200
中国香港	Hong Kong, China	51	133	226	8244	11569	13690
中国澳门	Macao, China		4	6		58	54
孟加拉国	Bangladesh	70	66	60	248	276	243
文莱	Brunei Darussalam				21	42①	11
柬埔寨	Cambodia			1		26	74
印度	India	2206	8853	10669	6332	30909	32362
印度尼西亚	Indonesia	157	508	663	3733	5122	6787
伊朗	Iran	410	11108	11305	206	528	338
以色列	Israel	1599	1450	1201	5203	5856	4984
日本	Japan	384201	290081	271731	35342	54517	56705
哈萨克斯坦	Kazakhstan	1399	1691	1824	116	273	378
韩国	Korea, Rep.	72831	131805	159978	29179	38296	44611
马来西亚	Malaysia	206	1231	1199	6021	5152	6006
蒙古	Mongolia	148②	110	133	32②	69	132
巴基斯坦	Pakistan	46	114	151	1149	980	783
菲律宾	Philippines	154	170	220	3482	3223	3065
新加坡	Singapore	516	895	1143	7720	8878	8579
斯里兰卡	Sri Lanka	71	225	328	250	235	188
泰国	Thailand	561	1214	1572	4488	723	5832
越南	Viet Nam	34	306	443	1205	3276	3552
埃及	Egypt	534	605	641	1081	1625	1416
尼日利亚	Nigeria			50			869
南非	South Africa	895	821	638	2400	5562	6657
加拿大	Canada	4187	4550	4567	35435	30899	30174
墨西哥	Mexico	431	951	1210	12630	13625	14234
美国	United States	164795	241977	287831	131100	248249	283781
阿根廷	Argentina	1062	801③	643	5574	4781③	4129
巴西	Brazil	3179	4228	4959	14104	20771	25925
委内瑞拉	Venezuela	56		33④	2292		1565④
捷克	Czech Rep.	555	868	984	4384	114	97
法国	France	13870	14748	14690	3483	1832	2196
德国	Germany	51736	47047	47353	10406	12198	15814
意大利	Italy	7877	8877	8307	1396	846	905
荷兰	Netherlands	2465	2527	2315	529	240	449
波兰	Poland	2404	3203	4237	4899	227	174
俄罗斯	Russia	23377	28722	28765	8960	13778	16149
西班牙	Spain	2710	3566	3026	484	213	218
土耳其	Turkey	277	3180	4392	3156	177	269
乌克兰	Ukraine	5620	2556	2856	1604	2756	2556
英国	United Kingdom	22050	15490	14972	10697	6439	7966
澳大利亚	Australia	1928	2409	3061	20073	22478	26656
新西兰	New Zealand	1463	1585	1614	5585	5051	5167

注：①2009年数据。②1998年数据。③2008年数据。④2011年数据。
Note:①Data refer to 2009.②Data refer to 1998.③Data refer to 2008.④Data refer to 2011.

16-8 享有卫生设施和清洁饮用水源人口占总人口比重
Percentage of Population with Access to Improved Sanitation Facilities and Water Source

资料来源：世界银行WDI数据库。
Source: World Bank WDI Database.
单位：% (%)

国家或地区	Country or Area	享有卫生设施人口占总人口比重 Percentage of Population with Access to Improved Sanitation Facilities			享有清洁饮用水源人口占总人口比重 Percentage of Population with Access to Improved Water Source		
		2000	2005	2012	2000	2005	2012
世　界	**World**	**55.6**	**59.6**	**63.6**	**82.5**	**85.6**	**89.3**
高收入国家	**High Income**	**99.5**	**95.8**	**96.2**	**99.2**	**98.9**	**99.2**
中等收入国家	**Middle Income**	**49.9**	**55.6**	**60.2**	**82.5**	**86.6**	**90.3**
低收入国家	**Low Income**	**30.5**	**33.6**	**37.1**	**58.1**	**62.2**	**68.7**
中　国	China	44.0	54.9	65.3	80.0	86.3	91.9
孟加拉国	Bangladesh	47.0	49.9	57.0	79.0	79.8	84.8
柬埔寨	Cambodia	17.0	24.7	36.8	44.0	53.9	71.3
印　度	India	25.0	29.9	36.0	81.0	85.7	92.6
印度尼西亚	Indonesia	44.0	52.1	58.8	78.0	80.9	84.9
伊　朗	Iran	90.0	83.8	89.4	93.0	95.1	95.9
以色列	Israel	100.0	100.0	100.0	100.0	100.0	100.0
日　本	Japan	100.0	100.0	100.0	100.0	100.0	100.0
哈萨克斯坦	Kazakhstan	97.0	97.1	97.5	96.0	93.5	93.1
韩　国	Korea, Rep.	100.0	100.0	100.0	93.0	96.1	97.8
老　挝	Laos	26.0	43.4	64.6	45.0	56.8	71.5
马来西亚	Malaysia	92.0	95.6	95.7	97.0	99.5	99.6
蒙　古	Mongolia	49.0	52.1	56.2	65.0	75.8	84.6
缅　甸	Myanmar	62.0	67.7	77.4	67.0	74.8	85.7
巴基斯坦	Pakistan	37.0	42.4	47.6	89.0	89.7	91.4
菲律宾	Philippines	65.0	69.9	74.3	89.0	89.7	91.8
新加坡	Singapore	100.0	100.0	100.0	100.0	100.0	100.0
斯里兰卡	Sri Lanka	82.0	84.3	92.3	80.0	85.3	93.8
泰　国	Thailand	94.0	93.6	93.4	92.0	94.3	95.8
越　南	Viet Nam	56.0	63.0	75.0	77.0	85.0	95.0
埃　及	Egypt	86.0	92.6	95.9	96.0	97.7	99.3
尼日利亚	Nigeria	34.0	30.5	27.8	53.0	58.9	64.0
南　非	South Africa	75.0	69.2	74.4	86.0	90.5	95.1
加拿大	Canada	100.0	99.8	99.8	100.0	99.8	99.8
墨西哥	Mexico	75.0	79.7	85.3	90.0	91.3	94.9
美　国	United States	100.0	99.8	100.0	99.0	99.0	99.2
阿根廷	Argentina	91.0	94.1	97.2	96.0	97.5	98.7
巴　西	Brazil	74.0	77.5	81.3	94.0	95.3	97.5
委内瑞拉	Venezuela	89.0	90.6		92.0	92.8	
捷　克	Czech Rep.	98.0	100.0	100.0	100.0	99.8	99.8
法　国	France	100.0	100.0	100.0	100.0	100.0	100.0
德　国	Germany	100.0	100.0	100.0	100.0	100.0	100.0
意大利	Italy				100.0	100.0	100.0
荷　兰	Netherlands	100.0	100.0	100.0	100.0	100.0	100.0
波　兰	Poland	90.0	89.5		100.0	100.0	
俄罗斯	Russia	72.0	71.2	70.5	95.0	96.0	97.0
西班牙	Spain	100.0	100.0	100.0	100.0	100.0	100.0
土耳其	Turkey	87.0	88.9	91.2	93.0	96.4	99.7
乌克兰	Ukraine	95.0	94.6	94.3	97.0	97.5	98.0
英　国	United Kingdom	100.0	100.0	100.0	100.0	100.0	100.0
澳大利亚	Australia	100.0	100.0	100.0	100.0	100.0	100.0

16-9 医疗支出占国内生产总值比重及人均医疗支出

Health Expenditure as Percentage of GDP and Health Expenditure per Capita

资料来源：世界银行WDI数据库。
Source: World Bank WDI Database.

国家或地区	Country or Area	医疗支出占国内生产总值的比重(%) Health Expenditure, Total as Percentage of GDP(%)			人均医疗支出(美元) Health Expenditure per Capita(USD)		
		2000	2005	2013	2000	2005	2013
世　界	**World**	**9.1**	**9.9**	**9.9**	**494.7**	**710.9**	**1047.8**
高收入国家	**High Income**	**9.9**	**10.9**	**11.9**	**2161.7**	**3181.9**	**4462.8**
中等收入国家	**Middle Income**	**5.0**	**5.3**	**5.8**	**59.9**	**95.6**	**256.5**
低收入国家	**Low Income**	**4.4**	**5.6**	**6.4**	**12.5**	**17.1**	**37.6**
中　国	China	4.6	4.7	5.6	43.0	79.7	366.9
孟加拉国	Bangladesh	2.6	3.1	3.7	9.1	12.4	31.6
文　莱	Brunei Darussalam	3.0	2.6	2.5	543.4	671.4	973.6
柬埔寨	Cambodia	5.8	5.8	7.5	17.5	27.2	75.8
印　度	India	4.3	4.3	4.0	20.1	32.0	61.4
印度尼西亚	Indonesia	2.0	2.8	3.1	15.5	35.5	106.6
伊　朗	Iran	4.6	5.3	6.7	229.0	155.2	432.3
以色列	Israel	7.1	7.4	7.2	1490.1	1515.1	2598.9
日　本	Japan	7.6	8.2	10.3	2865.0	2927.7	3965.6
哈萨克斯坦	Kazakhstan	4.2	4.1	4.3	52.1	153.9	580.1
韩　国	Korea, Rep.	4.5	5.7	7.2	504.4	992.8	1880.1
老　挝	Laos	3.3	4.3	2.0	10.7	20.4	32.4
马来西亚	Malaysia	3.0	3.3	4.0	121.6	182.8	423.4
蒙　古	Mongolia	4.7	6.0	6.0	22.1	59.8	243.8
缅　甸	Myanmar	2.1	2.1	1.8	3.1	4.7	14.4
巴基斯坦	Pakistan	3.0	3.2	2.8	15.0	22.0	36.9
菲律宾	Philippines	3.2	3.9	4.4	33.5	47.0	121.6
新加坡	Singapore	2.7	3.7	4.6	661.8	1057.8	2507.4
斯里兰卡	Sri Lanka	3.7	4.0	3.2	32.4	49.2	102.5
泰　国	Thailand	3.4	3.6	4.6	66.8	95.5	264.4
越　南	Viet Nam	4.9	5.4	6.0	20.3	36.5	111.2
埃　及	Egypt	5.4	5.1	5.1	80.4	66.6	151.3
尼日利亚	Nigeria	2.8	4.1	3.9	17.2	53.1	115.0
南　非	South Africa	8.3	8.8	8.9	245.6	450.5	593.5
加拿大	Canada	8.7	9.6	10.9	2099.8	3474.4	5718.0
墨西哥	Mexico	5.1	5.9	6.2	328.5	478.4	664.3
美　国	United States	13.1	15.2	17.1	4817.9	6775.9	9145.8
阿根廷	Argentina	9.2	6.9	7.3	709.9	394.8	1074.1
巴　西	Brazil	7.2	8.4	9.7	264.7	396.2	1084.6
委内瑞拉	Venezuela	5.7	5.4	3.6	273.1	295.5	519.6
捷　克	Czech Rep.	6.3	6.9	7.2	361.2	884.4	1367.0
法　国	France	10.1	10.9	11.7	2209.2	3721.1	4863.6
德　国	Germany	10.4	10.8	11.3	2386.7	3624.2	5006.5
意大利	Italy	7.9	8.7	9.1	1527.2	2698.7	3154.9
荷　兰	Netherlands	8.0	10.9	12.9	1931.8	4261.2	6144.9
波　兰	Poland	5.5	6.2	6.7	247.1	494.7	894.9
俄罗斯	Russia	5.4	5.2	6.6	96.0	276.3	956.9
西班牙	Spain	7.2	8.3	8.9	1045.5	2164.7	2581.0
土耳其	Turkey	5.0	5.5	5.6	197.2	367.5	607.7
乌克兰	Ukraine	5.6	6.4	7.8	35.6	117.5	312.7
英　国	United Kingdom	6.9	8.1	9.1	1761.4	3135.4	3597.9
澳大利亚	Australia	8.1	8.5	9.4	1713.6	3139.7	6109.8
新西兰	New Zealand	7.6	8.3	9.7	1056.1	2307.1	4063.2

16-10 每千人口医生数和病床数
Physician and Hospital Bed per 1000 Persons

资料来源：世界银行WDI数据库。
Source: World Bank WDI Database.

国家或地区	Country or Area	每千人口医生数 Physicians per 1000 Persons(person)			每千人口病床数 Hospital Beds per 1000 Persons(unit)		
		2000	2005	2012	2000	2005	2012
高收入国家	**High Income**	**2.7**	**2.6①**	**3.0②**	**6.5**	**6.4**	**5.7③**
中等收入国家	**Middle Income**	**1.4④**	**1.3**	**1.3②**		**2.4**	**2.3⑤**
中　　国	China	1.7	1.6	1.9	2.5	2.5	3.8⑤
孟加拉国	Bangladesh	0.2⑥	0.3	0.4⑤	0.3⑦	0.3	0.6⑤
文　　莱	Brunei Darussalam	1.0	1.1①	1.5⑤	2.6	3.0	2.8
柬 埔 寨	Cambodia	0.2		0.2		0.1⑧	0.7⑤
印　　度	India	0.5④	0.6	0.7		0.9	0.7⑤
印度尼西亚	Indonesia	0.2	0.1⑨	0.2	0.6④	0.6①	0.9
伊　　朗	Iran	1.0④	0.9	0.9②		1.7	0.1
以 色 列	Israel	3.8	3.8⑨	3.3⑤	6.1	6.3	3.3
日　　本	Japan	1.9	2.1⑧	2.3②	14.7	14.1	13.7③
哈萨克斯坦	Kazakhstan	3.3	3.7	3.6	7.2	7.7	7.2
韩　　国	Korea, Rep.	1.3	1.7⑧	2.1	6.1	8.6⑧	10.3③
老　　挝	Laos		0.3	0.2		1.2	1.5
马来西亚	Malaysia	0.7	0.7①	1.2②		1.8	1.9
蒙　　古	Mongolia	2.5⑦	2.6①	2.8②		6.0⑧	6.8
缅　　甸	Myanmar	0.3	0.4⑧	0.6	0.7	0.6①	
巴基斯坦	Pakistan	0.6⑥	0.8	0.8②		1.2	0.6
菲 律 宾	Philippines	0.6	1.2⑧			0.5①	1.0⑤
新 加 坡	Singapore	1.3⑦	1.5⑨	1.9②		3.2	2.0⑤
斯里兰卡	Sri Lanka	0.4	0.6⑧	0.7②	2.9	3.1⑧	3.6
泰　　国	Thailand	0.3	0.3	0.4②	2.2	2.2①	2.1②
越　　南	Viet Nam	0.5⑦	0.6①	1.2⑤	1.7⑥	2.6	2.0②
埃　　及	Egypt	2.1	2.4	2.8②	2.1⑥	2.2	0.5
尼日利亚	Nigeria	0.3	0.3⑨	0.4②	1.2	0.5⑧	
南　　非	South Africa		0.8⑧	0.8⑤		2.8	
加 拿 大	Canada	2.1	2.1⑨	2.1②	3.4	3.4	2.7②
墨 西 哥	Mexico	2.0	2.9⑧	2.1⑤	1.1	1.0⑧	1.5⑤
美　　国	United States	2.6	2.7⑧	2.5⑤	3.5	3.2	2.9⑤
阿 根 廷	Argentina	3.0④	3.2	3.2②	4.1	4.0	4.7
巴　　西	Brazil	1.2		1.8②		2.4	2.3
委内瑞拉	Venezuela	2.0⑥				0.9⑨	0.9⑤
捷　　克	Czech Rep.	3.4	3.5⑨	3.6⑤	8.8	8.4	6.8⑤
法　　国	France	3.3	3.4⑧	3.2	8.1	7.3	6.4⑤
德　　国	Germany	3.3	3.4⑨	3.8⑤	9.1	8.4	8.2⑤
意 大 利	Italy	4.2	4.2⑧	4.1⑤	4.7	4.0	3.4⑤
荷　　兰	Netherlands	3.2	3.7	2.9②	4.8	5.0⑨	4.7③
波　　兰	Poland	2.2	2.0	2.2⑤	4.9	5.2	6.5⑤
俄 罗 斯	Russia	4.2	4.0	4.3②	10.9	9.7	
西 班 牙	Spain	3.2	3.3⑨	3.7	4.1	3.4	3.1⑤
土 耳 其	Turkey	1.3	1.3	1.7⑤	2.6	2.6	2.5⑤
乌 克 兰	Ukraine	3.0	3.0⑨	3.5	8.8	8.7	9.0
英　　国	United Kingdom	1.9	2.2⑨	2.8	4.2	3.9⑧	2.9⑤
澳大利亚	Australia	2.5	2.5①	3.3⑤	7.8	4.0	3.9②
新 西 兰	New Zealand	2.2	2.2⑨	2.7②	6.2④	6.2①	2.3⑤

注：①2002年数据。②2010年数据。③2009年数据。④1998年数据。⑤2011年数据。⑥1997年数据。⑦1999年数据。⑧2004年数据。⑨2003年数据。

Note:①Data refer to 2002.②Data refer to 2010.③Data refer to 2009.④Data refer to 1998.⑤Data refer to 2011.⑥Data refer to 1997.⑦Data refer to 1999.⑧Data refer to 2004.⑨Data refer to 2003.

主要统计指标解释

成人识字率 是指15岁及以上人口中有一定理解、阅读、使用文字能力的人口占总人口的百分比。

粗入学率 是指入学总人数(不考虑年龄)与适龄入学人数之比。

研究与发展经费支出 是经常性和资本性支出（包括超前支出）,目的在于增加知识存量的创造性、系统性活动。具体包括基础研究、应用研究和目的在于寻求新型设备，产品和工艺的科学实验活动。

研究与发展技术人员 是指专门从事研究与发展活动，在知识或技术某一分支领域接受过职业或技术培训的人员。

高技术出口产品 是指技术含量密集的出口产品。它包括的高技术产品有：航空、计算机、医药、科学仪器和电气设备等。

Explanatory Notes on Main Statistical Indicators

Adult Literacy Rate is the percentage of people ages 15 and above who can, with understanding, read and write a short, simple statement on their everyday life.

Gross Enrollment Ratio is the ratio of total enrollment, regardless of age, to the population of the age group.

Expenditures for Research and Development are current and capital expenditures (including overhead) on creative, systematic activity intended to increase the stock of knowledge. Included are fundamental and applied research and experimental development work leading to new devices, products, or processes.

Technicians in R&D are people engaged in professional R&D activity who have received vocational or technical training in any branch of knowledge or technology.

High-technology Exports are products with high R&D intensity. They include high-technology products such as in aerospace, computers, pharmaceuticals, scientific instruments, and electrical machinery.

经济社会综合评价指标

Comprehensive Evaluation Indicators

17-1 人文发展指数(2013年)

Human Development Index in 2013

资料来源：联合国开发计划署《2014年人文发展报告》。
Source:UNDP Human Development Report 2014.

排名 Rank	国家或地区	Country or Area	人文发展指数 Human Development Index (HDI)	出生时预期寿命(岁) Life Expectancy at Birth (years)	平均受教育年限(年) Mean Years of Schooling (years)	预期受教育年限(年) Expected Years of Schooling (years)	人均国民总收入(美元，2011年PPP) Gross National Income per Capita (2011 PPP $)
	世界	**World**	**0.702**	**70.8**	**7.7**	**12.2**	**13723**
超高人文发展国家		**Very High Human Development**	**0.890**	**80.2**	**11.7**	**16.3**	**40046**
1	挪威	Norway	0.944	81.5	12.6	17.6	63909
2	澳大利亚	Australia	0.933	82.5	12.8	19.9	41524
3	瑞士	Switzerland	0.917	82.6	12.2	15.7	53762
4	荷兰	Netherlands	0.915	81.0	11.9	17.9	42397
5	美国	United States	0.914	78.9	12.9	16.5	52308
6	德国	Germany	0.911	80.7	12.9	16.3	43049
7	新西兰	New Zealand	0.910	81.1	12.5	19.4	32569
8	加拿大	Canada	0.902	81.5	12.3	15.9	41887
9	新加坡	Singapore	0.901	82.3	10.2	15.4	72371
10	丹麦	Denmark	0.900	79.4	12.1	16.9	42880
11	爱尔兰	Ireland	0.899	80.7	11.6	18.6	33414
12	瑞典	Sweden	0.898	81.8	11.7	15.8	43201
13	冰岛	Iceland	0.895	82.1	10.4	18.7	35116
14	英国	United Kingdom	0.892	80.5	12.3	16.2	35002
15	中国香港	Hong Kong, China	0.891	83.4	10.0	15.6	52383
15	韩国	Korea Rep.	0.891	81.5	11.8	17.0	30345
17	日本	Japan	0.890	83.6	11.5	15.3	36747
18	列支敦士登	Liechtenstein	0.889	79.9	10.3	15.1	87085
19	以色列	Israel	0.888	81.8	12.5	15.7	29966
20	法国	France	0.884	81.8	11.1	16.0	36629
21	奥地利	Austria	0.881	81.1	10.8	15.6	42930
21	比利时	Belgium	0.881	80.5	10.9	16.2	39471
21	卢森堡	Luxembourg	0.881	80.5	11.3	13.9	58695
24	芬兰	Finland	0.879	80.5	10.3	17.0	37366
25	斯洛文尼亚	Slovenia	0.874	79.6	11.9	16.8	26809
26	意大利	Italy	0.872	82.4	10.1	16.3	32669
27	西班牙	Spain	0.869	82.1	9.6	17.1	30561
28	捷克	Czech Republic	0.861	77.7	12.3	16.4	24535
29	希腊	Greece	0.853	80.8	10.2	16.5	24658
30	文莱	Brunei Darussalam	0.852	78.5	8.7	14.5	70883
31	卡塔尔	Qatar	0.851	78.4	9.1	13.8	119029
32	塞浦路斯	Cyprus	0.845	79.8	11.6	14.0	26771
33	爱沙尼亚	Estonia	0.840	74.4	12.0	16.5	23387
34	沙特阿拉伯	Saudi Arabia	0.836	75.5	8.7	15.6	52109
35	立陶宛	Lithuania	0.834	72.1	12.4	16.7	23740
35	波兰	Poland	0.834	76.4	11.8	15.5	21487
37	安道尔	Andorra	0.830	81.2	10.4	11.7	40597
37	斯洛伐克	Slovakia	0.830	75.4	11.6	15.0	25336
39	马耳他	Malta	0.829	79.8	9.9	14.5	27022
40	阿联酋	United Arab Emirates	0.827	76.8	9.1	13.3	58068
41	智利	Chile	0.822	80.0	9.8	15.1	20804
41	葡萄牙	Portugal	0.822	79.9	8.2	16.3	24130
43	匈牙利	Hungary	0.818	74.6	11.3	15.4	21239
44	巴林	Bahrain	0.815	76.6	9.4	14.4	32072
44	古巴	Cuba	0.815	79.3	10.2	14.5	19844

17-1 续表 1 continued

排名 Rank	国家或地区	Country or Area	人文发展指数 Human Development Index (HDI)	出生时预期寿命(岁) Life Expectancy at Birth (years)	平均受教育年限(年) Mean Years of Schooling (years)	预期受教育年限(年) Expected Years of Schooling (years)	人均国民总收入(美元，2011年PPP) Gross National Income per Capita (2011 PPP $)
46	科威特	Kuwait	0.814	74.3	7.2	14.6	85820
47	克罗地亚	Croatia	0.812	77.0	11.0	14.5	19025
48	拉脱维亚	Latvia	0.810	72.2	11.5	15.5	22186
49	阿根廷	Argentina	0.808	76.3	9.8	16.4	17297
高人文发展国家		**High Human Development**	**0.735**	**74.5**	**8.1**	**13.4**	**13231**
50	乌拉圭	Uruguay	0.790	77.2	8.5	15.5	18108
51	巴哈马	Bahamas	0.789	75.2	10.9	12.6	21414
51	黑山共和国	Montenegro	0.789	74.8	10.5	15.2	14710
53	白俄罗斯	Belarus	0.786	69.9	11.5	15.7	16403
54	罗马尼亚	Romania	0.785	73.8	10.7	14.1	17433
55	利比亚	Libya	0.784	75.3	7.5	16.1	21666
56	阿曼	Oman	0.783	76.6	6.8	13.6	42191
57	俄罗斯	Russia	0.778	68.0	11.7	14.0	22617
58	保加利亚	Bulgaria	0.777	73.5	10.6	14.3	15402
59	巴巴多斯	Barbados	0.776	75.4	9.4	15.4	13604
60	帕劳群岛	Palau	0.775	72.4	12.2	13.7	12823
61	安提瓜和巴布达	Antigua and Barbuda	0.774	76.0	8.9	13.8	18800
62	马来西亚	Malaysia	0.773	75.0	9.5	12.7	21824
63	毛里求斯	Mauritius	0.771	73.6	8.5	15.6	16777
64	特立尼达和多巴哥	Trinidad and Tobago	0.766	69.9	10.8	12.3	25325
65	黎巴嫩	Lebanon	0.765	80.0	7.9	13.2	16263
65	巴拿马	Panama	0.765	77.6	9.4	12.4	16379
67	委内瑞拉	Venezuela	0.764	74.6	8.6	14.2	17067
68	哥斯达黎加	Costa Rica	0.763	79.9	8.4	13.5	13012
69	土耳其	Turkey	0.759	75.3	7.6	14.4	18391
70	哈萨克斯坦	Kazakhstan	0.757	66.5	10.4	15.0	19441
71	墨西哥	Mexico	0.756	77.5	8.5	12.8	15854
71	塞舌尔	Seychelles	0.756	73.2	9.4	11.6	24632
73	圣基茨和尼维斯	Saint Kitts and Nevis	0.750	73.6	8.4	12.9	20150
73	斯里兰卡	Sri Lanka	0.750	74.3	10.8	13.6	9250
75	伊朗	Iran	0.749	74.0	7.8	15.2	13451
76	阿塞拜疆	Azerbaijan	0.747	70.8	11.2	11.8	15725
77	乔丹	Jordan	0.745	73.9	9.9	13.3	11337
77	塞尔维亚	Serbia	0.745	74.1	9.5	13.6	11301
79	巴西	Brazil	0.744	73.9	7.2	15.2	14275
79	格鲁吉亚	Georgia	0.744	74.3	12.1	13.2	6890
79	格林纳达	Grenada	0.744	72.8	8.6	15.8	10339
82	秘鲁	Peru	0.737	74.8	9.0	13.1	11280
83	乌克兰	Ukraine	0.734	68.5	11.3	15.1	8215
84	伯利兹	Belize	0.732	73.9	9.3	13.7	9364
84	马其	Macedonia	0.732	75.2	8.2	13.3	11745
86	波黑	Bosnia and Herzegovina	0.731	76.4	8.3	13.6	9431
87	亚美尼亚	Armenia	0.730	74.6	10.8	12.3	7952
88	斐济	Fiji	0.724	69.8	9.9	15.7	7214
89	泰国	Thailand	0.722	74.4	7.3	13.1	13364
90	突尼斯	Tunisia	0.721	75.9	6.5	14.6	10440
91	中国	China	0.719	75.3	7.5	12.9	11477
91	圣文森特和格林纳丁斯	Saint Vincent and the Grenadines	0.719	72.5	8.6	13.3	10339
93	阿尔及利亚	Algeria	0.717	71.0	7.6	14.0	12555
93	多米尼加	Dominica	0.717	77.7	7.7	12.7	9235
95	阿尔巴尼亚	Albania	0.716	77.4	9.3	10.8	9225

17-1 续表 2 continued

排名 Rank	国家或地区	Country or Area	人文发展指数 Human Development Index (HDI)	出生时预期寿命(岁) Life Expectancy at Birth (years)	平均受教育年限(年) Mean Years of Schooling (years)	预期受教育年限(年) Expected Years of Schooling (years)	人均国民总收入(美元，2011年PPP) Gross National Income per Capita (2011 PPP $)
96	牙买加	Jamaica	0.715	73.5	9.6	12.5	8170
97	圣露西亚	Saint Lucia	0.714	74.8	8.3	12.8	9251
98	哥伦比亚	Colombia	0.711	74.0	7.1	13.2	11527
98	厄瓜多尔	Ecuador	0.711	76.5	7.6	12.3	9998
100	苏里南	Suriname	0.705	71.0	7.7	12.0	15113
100	汤加	Tonga	0.705	72.7	9.4	14.7	5316
102	多米尼加	Dominican Republic	0.700	73.4	7.5	12.3	10844
中等人文发展国家		**Medium Human Development**	0.614	67.9	5.5	11.7	5960
103	马尔代夫	Maldives	0.698	77.9	5.8	12.7	10074
103	蒙古	Mongolia	0.698	67.5	8.3	15.0	8466
103	土库曼斯坦	Turkmenistan	0.698	65.5	9.9	12.6	11533
106	萨摩亚	Samoa	0.694	73.2	10.3	12.9	4708
107	巴勒斯坦	Palestine	0.686	73.2	8.9	13.2	5168
108	印度尼西亚	Indonesia	0.684	70.8	7.5	12.7	8970
109	博茨瓦纳	Botswana	0.683	64.4	8.8	11.7	14792
110	埃及	Egypt	0.682	71.2	6.4	13.0	10400
111	巴拉圭	Paraguay	0.676	72.3	7.7	11.9	7580
112	加蓬	Gabon	0.674	63.5	7.4	12.3	16977
113	玻利维亚	Bolivia	0.667	67.3	9.2	13.2	5552
114	摩尔多瓦	Moldova	0.663	68.9	9.8	11.8	5041
115	萨尔瓦多	El Salvador	0.662	72.6	6.5	12.1	7240
116	乌兹别克斯坦	Uzbekistan	0.661	68.2	10.0	11.5	5227
117	菲律宾	Philippines	0.660	68.7	8.9	11.3	6381
118	南非	South Africa	0.658	56.9	9.9	13.1	11788
118	叙利亚	Syrian Arab Republic	0.658	74.6	6.6	12.0	5771
120	伊拉克	Iraq	0.642	69.4	5.6	10.1	14007
121	圭亚那	Guyana	0.638	66.3	8.5	10.7	6341
121	越南	Viet Nam	0.638	75.9	5.5	11.9	4892
123	佛得角	Cape Verde	0.636	75.1	3.5	13.2	6365
124	密克罗尼西亚	Micronesia	0.630	69.0	8.8	11.4	3662
125	瓜地马拉	Guatemala	0.628	72.1	5.6	10.7	6866
125	吉尔吉斯斯坦	Kyrgyzstan	0.628	67.5	9.3	12.5	3021
127	纳米比亚	Namibia	0.624	64.5	6.2	11.3	9185
128	东帝汶	Timor-Leste	0.620	67.5	4.4	11.7	9674
129	洪都拉斯	Honduras	0.617	73.8	5.5	11.6	4138
129	摩洛哥	Morocco	0.617	70.9	4.4	11.6	6905
131	瓦努阿图	Vanuatu	0.616	71.6	9.0	10.6	2652
132	尼加拉瓜	Nicaragua	0.614	74.8	5.8	10.5	4266
133	基里巴斯	Kiribati	0.607	68.9	7.8	12.3	2645
133	塔吉克斯坦	Tajikistan	0.607	67.2	9.9	11.2	2424
135	印度	India	0.586	66.4	4.4	11.7	5150
136	不丹	Bhutan	0.584	68.3	2.3	12.4	6775
136	柬埔寨	Cambodia	0.584	71.9	5.8	10.9	2805
138	加纳	Ghana	0.573	61.1	7.0	11.5	3532
139	老挝	Laos	0.569	68.3	4.6	10.2	4351
140	刚果	Congo	0.564	58.8	6.1	11.1	4909
141	赞比亚	Zambia	0.561	58.1	6.5	13.5	2898
142	孟加拉国	Bangladesh	0.558	70.7	5.1	10.0	2713
142	圣多美和普林西比	Sao Tome and Principe	0.558	66.3	4.7	11.3	3111
144	赤道几内亚	Equatorial Guinea	0.556	53.1	5.4	8.5	21972

17-1 续表 3 continued

排名 Rank	国家或地区	Country or Area	人文发展指数 Human Development Index (HDI)	出生时预期寿命(岁) Life Expectancy at Birth (years)	平均受教育年限(年) Mean Years of Schooling (years)	预期受教育年限(年) Expected Years of Schooling (years)	人均国民总收入(美元，2011年PPP) Gross National Income per Capita (2011 PPP $)
低人文发展国家		**Low Human Development**	**0.493**	**59.4**	**4.2**	**9.0**	**2904**
145	尼泊尔	Nepal	0.540	68.4	3.2	12.4	2194
146	巴基斯坦	Pakistan	0.537	66.6	4.7	7.7	4652
147	肯尼亚	Kenya	0.535	61.7	6.3	11.0	2158
148	斯威士兰	Swaziland	0.530	49.0	7.1	11.3	5536
149	安哥拉	Angola	0.526	51.9	4.7	11.4	6323
150	缅甸	Myanmar	0.524	65.2	4.0	8.6	3998
151	卢旺达	Rwanda	0.506	64.1	3.3	13.2	1403
152	喀麦隆	Cameroon	0.504	55.1	5.9	10.4	2557
152	尼日利亚	Nigeria	0.504	52.5	5.2	9.0	5353
154	也门	Yemen	0.500	63.1	2.5	9.2	3945
155	马达加斯加	Madagascar	0.498	64.7	5.2	10.3	1333
156	津巴布韦	Zimbabwe	0.492	59.9	7.2	9.3	1307
157	巴布亚新几内亚	Papua New Guinea	0.491	62.4	3.9	8.9	2453
157	所罗门群岛	Solomon Islands	0.491	67.7	4.5	9.2	1385
159	科摩罗	Comoros	0.488	60.9	2.8	12.8	1505
159	坦桑尼亚	Tanzania	0.488	61.5	5.1	9.2	1702
161	毛里塔尼亚	Mauritania	0.487	61.6	3.7	8.2	2988
162	莱索托	Lesotho	0.486	49.4	5.9	11.1	2798
163	塞内加尔	Senegal	0.485	63.5	4.5	7.9	2169
164	乌干达	Uganda	0.484	59.2	5.4	10.8	1335
165	贝宁	Benin	0.476	59.3	3.2	11.0	1726
166	苏丹	Sudan	0.473	62.1	3.1	7.3	3428
166	多哥	Togo	0.473	56.5	5.3	12.2	1129
168	海地	Haiti	0.471	63.1	4.9	7.6	1636
169	阿富汗	Afghanistan	0.468	60.9	3.2	9.3	1904
170	吉布提	Djibouti	0.467	61.8	3.8	6.4	3109
171	科特迪瓦	Côte d'Ivoire	0.452	50.7	4.3	8.9	2774
172	冈比亚	Gambia	0.441	58.8	2.8	9.1	1557
173	埃塞俄比亚	Ethiopia	0.435	63.6	2.4	8.5	1303
174	马拉维	Malawi	0.414	55.3	4.2	10.8	715
175	利比里亚	Liberia	0.412	60.6	3.9	8.5	752
176	马里	Mali	0.407	55.0	2.0	8.6	1499
177	几内亚-比绍	Guinea-Bissau	0.396	54.3	2.3	9.0	1090
178	莫桑比克	Mozambique	0.393	50.3	3.2	9.5	1011
179	几内亚	Guinea	0.392	56.1	1.6	8.7	1142
180	布隆迪	Burundi	0.389	54.1	2.7	10.1	749
181	布基纳法索	Burkina Faso	0.388	56.3	1.3	7.5	1602
182	厄立特里亚	Eritrea	0.381	62.9	3.4	4.1	1147
183	塞拉利昂	Sierra Leone	0.374	45.6	2.9	7.5	1815
184	乍得	Chad	0.372	51.2	1.5	7.4	1622
185	中非	Central African Republic	0.341	50.2	3.5	7.2	588
186	刚果(金)	Congo Dem. Rep.	0.338	50.0	3.1	9.7	444
187	尼日尔	Niger	0.337	58.4	1.4	5.4	873

17-2 世界主要国家和地区全球化指数排名(2015年)

资料来源：KOF瑞士经济学会。
Source: KOF Swiss Economic Institute.

排名	全球化指数 Globalization Index			经济全球化 Economic Globalization		
Rank	国家或地区	Country or Area	数值 Score	国家或地区	Country or Area	数值 Score
1	爱尔兰	Ireland	91.30	新加坡	Singapore	95.69
2	荷兰	Netherlands	91.24	爱尔兰	Ireland	92.59
3	比利时	Belgium	91.00	卢森堡	Luxembourg	91.12
4	奥地利	Austria	90.24	荷兰	Netherlands	90.33
5	新加坡	Singapore	87.49	马耳他	Malta	90.31
6	瑞典	Sweden	86.59	比利时	Belgium	87.99
7	丹麦	Denmark	86.30	阿联酋	United Arab Emirates	87.77
8	葡萄牙	Portugal	86.29	爱沙尼亚	Estonia	87.39
9	瑞士	Switzerland	86.04	匈牙利	Hungary	86.35
10	芬兰	Finland	85.64	芬兰	Finland	84.77
11	匈牙利	Hungary	85.49	巴林	Bahrain	84.71
12	加拿大	Canada	85.03	捷克	Czech Republic	84.59
13	捷克	Czech Republic	84.10	毛里求斯	Mauritius	84.50
14	西班牙	Spain	83.71	奥地利	Austria	84.16
15	卢森堡	Luxembourg	83.56	瑞典	Sweden	83.21
16	塞浦路斯	Cyprus	83.54	斯洛伐克	Slovak Republic	83.20
17	斯洛伐克	Slovak Republic	83.52	葡萄牙	Portugal	82.73
18	挪威	Norway	83.30	丹麦	Denmark	81.77
19	英国	United Kingdom	82.96	格鲁吉亚	Georgia	81.04
20	法国	France	82.65	新西兰	New Zealand	80.92
21	澳大利亚	Australia	81.64	塞浦路斯	Cyprus	80.90
22	意大利	Italy	79.51	巴拿马	Panama	80.36
23	波兰	Poland	79.43	拉脱维亚	Latvia	80.31
24	爱沙尼亚	Estonia	79.35	马来西亚	Malaysia	80.30
25	希腊	Greece	79.08	卡塔尔	Qatar	80.10
26	马来西亚	Malaysia	79.05	特立尼达和多巴哥	Trinidad and Tobago	79.18
27	德国	Germany	78.86	智利	Chile	77.94
28	新西兰	New Zealand	78.29	阿曼	Oman	77.45
29	阿联酋	United Arab Emirates	76.71	立陶宛	Lithuania	77.28
30	斯洛文尼亚	Slovenia	76.34	蒙古	Mongolia	76.86
31	保加利亚	Bulgaria	76.11	挪威	Norway	76.17
32	克罗地亚	Croatia	75.69	西班牙	Spain	76.08
33	马耳他	Malta	75.48	黑山	Montenegro	76.00
34	美国	United States	74.81	冰岛	Iceland	75.82
35	立陶宛	Lithuania	72.71	瑞士	Switzerland	75.72
36	以色列	Israel	72.41	加拿大	Canada	75.48
37	罗马尼亚	Romania	72.27	保加利亚	Bulgaria	74.88
38	卡塔尔	Qatar	72.25	斯洛文尼亚	Slovenia	74.45
39	智利	Chile	71.08	澳大利亚	Australia	74.33
40	拉脱维亚	Latvia	71.06	以色列	Israel	73.89
41	泰国	Thailand	71.02	波兰	Poland	73.79
42	乌克兰	Ukraine	69.50	秘鲁	Peru	73.10
43	巴林	Bahrain	69.34	克罗地亚	Croatia	73.07
44	土耳其	Turkey	69.02	纳米比亚	Namibia	72.77
45	科威特	Kuwait	68.40	文莱	Brunei Darussalam	72.06
46	约旦	Jordan	68.08	泰国	Thailand	71.55
47	冰岛	Iceland	67.96	斯威士兰	Swaziland	71.20
48	黑山	Montenegro	67.27	英国	United Kingdom	70.53
49	巴拿马	Panama	66.84	巴巴多斯	Barbados	70.26
50	波黑	Bosnia and Herzegovina	66.18	哈萨克斯坦	Kazakhstan	69.69

The Ranking of Globalization Index in 2015

排名	社会全球化 Social Globalization			政治全球化 Political Globalization		
Rank	国家或地区	Country or Area	数值 Score	国家或地区	Country or Area	数值 Score
1	奥地利	Austria	91.54	意大利	Italy	97.52
2	新加坡	Singapore	90.83	法国	France	97.51
3	瑞士	Switzerland	90.80	奥地利	Austria	96.76
4	荷兰	Netherlands	90.53	比利时	Belgium	96.51
5	爱尔兰	Ireland	90.50	西班牙	Spain	96.17
6	比利时	Belgium	90.05	英国	United Kingdom	95.93
7	塞浦路斯	Cyprus	88.41	瑞典	Sweden	94.86
8	加拿大	Canada	88.36	巴西	Brazil	94.23
9	丹麦	Denmark	86.79	荷兰	Netherlands	93.52
10	法国	France	86.50	埃及	Egypt, Arab Rep.	93.46
11	英国	United Kingdom	85.84	瑞士	Switzerland	93.40
12	葡萄牙	Portugal	84.77	葡萄牙	Portugal	93.39
13	瑞典	Sweden	84.10	加拿大	Canada	93.39
14	挪威	Norway	84.10	土耳其	Turkey	92.97
15	德国	Germany	83.75	阿根廷	Argentina	92.83
16	斯洛伐克	Slovak Republic	82.63	美国	United States	92.41
17	芬兰	Finland	82.46	德国	Germany	92.17
18	西班牙	Spain	82.36	挪威	Norway	91.99
19	澳大利亚	Australia	82.11	丹麦	Denmark	91.84
20	捷克	Czech Republic	81.90	印度	India	91.74
21	阿联酋	United Arab Emirates	80.77	芬兰	Finland	91.42
22	科威特	Kuwait	80.72	匈牙利	Hungary	91.40
23	匈牙利	Hungary	80.59	希腊	Greece	91.29
24	希腊	Greece	79.84	澳大利亚	Australia	91.03
25	列支敦士登	Liechtenstein	79.57	尼日利亚	Nigeria	90.95
26	卢森堡	Luxembourg	79.39	爱尔兰	Ireland	90.67
27	波兰	Poland	77.98	韩国	Korea, Rep.	90.37
28	美国	United States	77.95	日本	Japan	90.10
29	意大利	Italy	77.79	罗马尼亚	Romania	90.09
30	摩纳哥	Monaco	77.12	摩洛哥	Morocco	90.08
31	以色列	Israel	75.95	智利	Chile	89.48
32	安道尔	Andorra	75.79	巴基斯坦	Pakistan	89.38
33	马耳他	Malta	75.37	波兰	Poland	89.30
34	马来西亚	Malaysia	74.65	塞内加尔	Senegal	88.43
35	爱沙尼亚	Estonia	74.36	印度尼西亚	Indonesia	87.57
36	沙特阿拉伯	Saudi Arabia	74.18	南非	South Africa	87.53
37	新西兰	New Zealand	73.59	约旦	Jordan	86.63
38	圣马力诺	San Marino	73.43	捷克	Czech Republic	86.59
39	波多黎各	Puerto Rico	73.06	秘鲁	Peru	86.56
40	斯洛文尼亚	Slovenia	72.81	乌克兰	Ukraine	86.01
41	拉脱维亚	Latvia	71.54	克罗地亚	Croatia	85.99
42	克罗地亚	Croatia	71.06	菲律宾	Philippines	85.34
43	保加利亚	Bulgaria	71.00	中国	China	85.32
44	阿鲁巴	Aruba	70.40	斯洛伐克	Slovak Republic	85.22
45	关岛	Guam	70.39	保加利亚	Bulgaria	85.17
46	新喀里多尼亚	New Caledonia	70.24	突尼斯	Tunisia	85.16
47	冰岛	Iceland	69.60	加纳	Ghana	84.94
48	巴哈马	Bahamas	68.91	俄罗斯	Russia	84.91
49	巴林	Bahrain	68.85	乌拉圭	Uruguay	84.33
50	罗马尼亚	Romania	68.06	危地马拉	Guatemala	84.29

17-2 续表 1

排名 Rank	全球化指数 Globalization Index 国家或地区	Country or Area	数值 Score	经济全球化 Economic Globalization 国家或地区	Country or Area	数值 Score
51	摩洛哥	Morocco	65.97	希腊	Greece	69.43
52	毛里求斯	Mauritius	65.90	刚果（布）	Congo, Rep.	69.35
53	俄罗斯	Russia	65.90	巴布亚新几内亚	Papua New Guinea	68.78
54	日本	Japan	65.87	意大利	Italy	68.25
55	乌拉圭	Uruguay	65.68	法国	France	67.85
56	塞尔维亚	Serbia	65.49	乌克兰	Ukraine	67.52
57	文莱	Brunei Darussalam	65.38	马其顿	Macedonia	67.16
58	沙特阿拉伯	Saudi Arabia	65.27	牙买加	Jamaica	66.88
59	秘鲁	Peru	65.09	约旦	Jordan	66.01
60	黎巴嫩	Lebanon	64.85	黎巴嫩	Lebanon	65.72
61	南非	South Africa	64.82	圭亚那	Guyana	65.05
62	韩国	Korea, Rep.	64.65	南非	South Africa	65.04
63	格鲁吉亚	Georgia	63.84	德国	Germany	64.10
64	特立尼达和多巴哥	Trinidad and Tobago	63.56	亚美尼亚	Armenia	64.09
65	摩尔多瓦	Moldova	62.45	洪都拉斯	Honduras	63.99
66	哥斯达黎加	Costa Rica	62.16	乌拉圭	Uruguay	63.88
67	阿曼	Oman	61.58	罗马尼亚	Romania	63.76
68	多米尼加	Dominican Republic	61.50	瓦努阿图	Vanuatu	63.72
69	萨尔瓦多	El Salvador	61.00	柬埔寨	Cambodia	63.62
70	危地马拉	Guatemala	60.99	哥斯达黎加	Costa Rica	62.67
71	墨西哥	Mexico	60.77	越南	Vietnam	62.64
72	白俄罗斯	Belarus	60.70	墨西哥	Mexico	62.14
73	牙买加	Jamaica	60.64	阿塞拜疆	Azerbaijan	62.10
74	马其顿	Macedonia, FYR	60.34	阿尔巴尼亚	Albania	61.81
75	中国	China	60.15	莱索托	Lesotho	61.52
76	哈萨克斯坦	Kazakhstan	60.06	波黑	Bosnia and Herzegovina	61.49
77	巴西	Brazil	59.74	赞比亚	Zambia	61.21
78	巴拉圭	Paraguay	59.29	科威特	Kuwait	60.78
79	纳米比亚	Namibia	59.23	塞尔维亚	Serbia	60.73
80	哥伦比亚	Colombia	59.17	摩尔多瓦	Moldova	60.62
81	洪都拉斯	Honduras	58.68	尼加拉瓜	Nicaragua	60.26
82	突尼斯	Tunisia	58.64	尼日利亚	Nigeria	60.07
83	亚美尼亚	Armenia	57.76	萨尔瓦多	El Salvador	59.83
84	蒙古	Mongolia	57.57	印度尼西亚	Indonesia	59.65
85	阿根廷	Argentina	57.48	安哥拉	Angola	59.37
86	印度尼西亚	Indonesia	57.39	韩国	Korea, Rep.	59.30
87	阿塞拜疆	Azerbaijan	57.19	毛里塔尼亚	Mauritania	59.22
88	菲律宾	Philippines	57.13	危地马拉	Guatemala	59.03
89	斐济	Fiji	57.06	东帝汶	Timor-Leste	58.96
90	巴巴多斯	Barbados	56.88	美国	United States	58.77
91	埃及	Egypt, Arab Rep.	56.33	摩洛哥	Morocco	58.41
92	厄瓜多尔	Ecuador	54.68	多米尼加	Dominican Republic	58.28
93	加纳	Ghana	54.32	沙特阿拉伯	Saudi Arabia	57.99
94	巴哈马	Bahamas	54.27	也门	Yemen, Rep.	57.88
95	格林纳达	Grenada	54.16	巴拉圭	Paraguay	57.69
96	尼加拉瓜	Nicaragua	54.09	吉尔吉斯共和国	Kyrgyz Republic	57.43
97	尼日利亚	Nigeria	54.05	哥伦比亚	Colombia	57.10
98	塞内加尔	Senegal	54.00	玻利维亚	Bolivia	57.03
99	吉尔吉斯共和国	Kyrgyz Republic	53.91	博茨瓦纳	Botswana	56.99
100	玻利维亚	Bolivia	53.76	突尼斯	Tunisia	56.66

continued

排名 Rank	社会全球化 Social Globalization			政治全球化 Political Globalization		
	国家或地区	Country or Area	数值 Score	国家或地区	Country or Area	数值 Score
51	中国澳门	Macao, China	67.86	斯洛文尼亚	Slovenia	84.06
52	立陶宛	Lithuania	67.17	马来西亚	Malaysia	83.70
53	多米尼加	Dominican Republic	66.69	埃塞俄比亚	Ethiopia	83.62
54	日本	Japan	66.58	肯尼亚	Kenya	83.48
55	黎巴嫩	Lebanon	66.14	阿尔及利亚	Algeria	82.04
56	文莱	Brunei Darussalam	65.76	泰国	Thailand	81.99
57	土耳其	Turkey	65.23	新西兰	New Zealand	81.45
58	塞尔维亚	Serbia	65.05	厄瓜多尔	Ecuador	81.13
59	俄罗斯	Russia	64.80	哥伦比亚	Colombia	80.38
60	美属维尔京群岛	Virgin Islands (U.S.)	64.23	塞浦路斯	Cyprus	80.16
61	哥斯达黎加	Costa Rica	63.40	萨尔瓦多	El Salvador	79.65
62	卡塔尔	Qatar	63.25	卢森堡	Luxembourg	79.16
63	泰国	Thailand	62.93	巴拉圭	Paraguay	78.35
64	毛里求斯	Mauritius	62.77	波黑	Bosnia and Herzegovina	77.73
65	波黑	Bosnia and Herzegovina	62.67	斯里兰卡	Sri Lanka	77.47
66	白俄罗斯	Belarus	61.58	玻利维亚	Bolivia	76.72
67	马其顿	Macedonia, FYR	60.90	孟加拉国	Bangladesh	76.68
68	安提瓜和巴布达	Antigua and Barbuda	60.67	布基纳法索	Burkina Faso	76.36
69	乌克兰	Ukraine	59.95	马里	Mali	76.15
70	百慕大群岛	Bermuda	59.44	爱沙尼亚	Estonia	75.46
71	摩尔多瓦	Moldova	59.15	卡塔尔	Qatar	74.44
72	黑山	Montenegro	58.85	立陶宛	Lithuania	74.40
73	法罗群岛	Faeroe Islands	58.42	贝宁	Benin	74.36
74	巴拿马	Panama	57.87	科特迪瓦	Cote d'Ivoire	74.24
75	约旦	Jordan	57.22	尼日尔	Niger	74.07
76	阿曼	Oman	57.02	赞比亚	Zambia	74.06
77	格鲁吉亚	Georgia	56.90	多哥	Togo	73.42
78	摩洛哥	Morocco	56.50	几内亚	Guinea	73.27
79	萨摩亚	Samoa	55.52	牙买加	Jamaica	72.97
80	特立尼达和多巴哥	Trinidad and Tobago	55.25	塞尔维亚	Serbia	72.67
81	塞舌尔	Seychelles	55.23	喀麦隆	Cameroon	72.37
82	巴巴多斯	Barbados	54.99	洪都拉斯	Honduras	72.30
83	格林纳达	Grenada	54.71	墨西哥	Mexico	72.24
84	开曼群岛	Cayman Islands	54.53	蒙古	Mongolia	72.17
85	乌拉圭	Uruguay	54.48	新加坡	Singapore	71.37
86	斐济	Fiji	53.73	尼泊尔	Nepal	71.19
87	法属波利尼西亚	French Polynesia	53.71	乌干达	Uganda	70.96
88	西岸和加沙	West Bank and Gaza	53.46	卢旺达	Rwanda	70.77
89	帕劳	Palau	52.75	斐济	Fiji	70.45
90	中国	China	52.61	津巴布韦	Zimbabwe	70.36
91	圣露西亚	St. Lucia	52.36	哈萨克斯坦	Kazakhstan	70.10
92	阿根廷	Argentina	52.07	摩尔多瓦	Moldova	69.75
93	韩国	Korea, Rep.	51.95	伊朗	Iran, Islamic Rep.	68.51
94	智利	Chile	51.80	亚美尼亚	Armenia	68.03
95	墨西哥	Mexico	51.52	黑山	Montenegro	67.43
96	阿塞拜疆	Azerbaijan	50.61	马达加斯加	Madagascar	67.04
97	委内瑞拉	Venezuela, RB	49.92	吉尔吉斯共和国	Kyrgyz Republic	66.91
98	苏里南	Suriname	49.90	也门	Yemen, Rep.	66.80
99	萨尔瓦多	El Salvador	49.22	白俄罗斯	Belarus	66.67
100	南非	South Africa	48.89	塞拉利昂	Sierra Leone	66.65

17-2 续表 2

排名 Rank	全球化指数 Globalization Index 国家或地区	Country or Area	数值 Score	经济全球化 Economic Globalization 国家或地区	Country or Area	数值 Score
101	冈比亚	Gambia	52.96	塞拉利昂	Sierra Leone	56.40
102	阿尔巴尼亚	Albania	52.95	伯利兹	Belize	56.33
103	萨摩亚	Samoa	52.90	加纳	Ghana	56.05
104	斯威士兰	Swaziland	52.29	加蓬	Gabon	55.94
105	委内瑞拉	Venezuela, RB	51.83	土耳其	Turkey	55.63
106	斯里兰卡	Sri Lanka	51.56	白俄罗斯	Belarus	55.43
107	巴基斯坦	Pakistan	50.99	冈比亚	Gambia	55.24
108	赞比亚	Zambia	50.86	菲律宾	Philippines	54.57
109	印度	India	50.77	苏里南	Suriname	54.53
110	安提瓜和巴布达	Antigua and Barbuda	50.30	俄罗斯	Russia	53.27
111	圭亚那	Guyana	50.11	科特迪瓦	Cote d'Ivoire	51.61
112	吉布提	Djibouti	50.00	乌干达	Uganda	51.40
113	科特迪瓦	Cote d'Ivoire	49.69	塞内加尔	Senegal	51.04
114	津巴布韦	Zimbabwe	49.61	巴西	Brazil	50.96
115	伯利兹	Belize	49.54	斐济	Fiji	50.85
116	多哥	Togo	49.47	佛得角	Cape Verde	50.49
117	阿尔及利亚	Algeria	49.36	多哥	Togo	50.32
118	巴布亚新几内亚	Papua New Guinea	49.18	津巴布韦	Zimbabwe	50.07
119	柬埔寨	Cambodia	49.17	莫桑比克	Mozambique	49.94
120	越南	Vietnam	49.13	中国	China	49.80
121	加蓬	Gabon	49.01	缅甸	Myanmar	49.74
122	塞舌尔	Seychelles	48.66	马里	Mali	49.67
123	苏里南	Suriname	48.49	海地	Haiti	49.31
124	也门	Yemen, Rep.	47.82	刚果（金）	Congo, Dem. Rep.	49.07
125	帕劳	Palau	47.59	塔吉克斯坦	Tajikistan	48.48
126	莱索托	Lesotho	47.41	日本	Japan	47.57
127	毛里塔尼亚	Mauritania	47.10	叙利亚	Syrian Arab Republic	45.98
128	圣露西亚	St. Lucia	46.75	马拉维	Malawi	45.50
129	博茨瓦纳	Botswana	46.13	厄瓜多尔	Ecuador	44.09
130	肯尼亚	Kenya	46.04	埃及	Egypt, Arab Rep.	43.83
131	莫桑比克	Mozambique	45.91	卢旺达	Rwanda	43.72
132	马里	Mali	45.85	几内亚	Guinea	43.54
133	乌干达	Uganda	45.81	巴哈马	Bahamas	43.39
134	塞拉利昂	Sierra Leone	45.75	委内瑞拉	Venezuela, RB	43.15
135	叙利亚	Syrian Arab Republic	45.34	印度	India	42.84
136	古巴	Cuba	45.15	斯里兰卡	Sri Lanka	41.78
137	塔吉克斯坦	Tajikistan	45.02	马达加斯加	Madagascar	41.35
138	刚果（布）	Congo, Rep.	45.00	喀麦隆	Cameroon	40.83
139	佛得角	Cape Verde	43.76	阿尔及利亚	Algeria	40.49
140	几内亚	Guinea	43.75	肯尼亚	Kenya	39.16
141	卢旺达	Rwanda	43.68	坦桑尼亚	Tanzania	39.10
142	布基纳法索	Burkina Faso	43.55	巴基斯坦	Pakistan	37.91
143	瓦努阿图	Vanuatu	43.52	阿根廷	Argentina	37.52
144	阿鲁巴	Aruba	43.47	布基纳法索	Burkina Faso	37.23
145	马拉维	Malawi	43.45	乍得	Chad	36.58
146	利比亚	Libya	43.44	尼日尔	Niger	36.09
147	喀麦隆	Cameroon	43.30	孟加拉国	Bangladesh	35.28
148	新喀里多尼亚	New Caledonia	42.59	贝宁	Benin	34.66
149	乌兹别克斯坦	Uzbekistan	42.34	中非共和国	Central African Republic	33.90
150	中国澳门	Macao, China	42.08	比绍	Guinea-Bissau	32.60

continued

排名	社会全球化 Social Globalization			政治全球化 Political Globalization		
Rank	国家或地区	Country or Area	数值 Score	国家或地区	Country or Area	数值 Score
101	圣基茨和尼维斯	St. Kitts and Nevis	47.97	委内瑞拉	Venezuela, RB	66.56
102	圣文森特和格林纳丁斯	St. Vincent and the Grena	47.75	吉布提	Djibouti	66.37
103	巴拉圭	Paraguay	47.62	莫桑比克	Mozambique	66.10
104	危地马拉	Guatemala	46.73	马拉维	Malawi	65.41
105	伯利兹	Belize	46.69	以色列	Israel	65.25
106	厄瓜多尔	Ecuador	46.48	毛里塔尼亚	Mauritania	65.22
107	哥伦比亚	Colombia	46.46	纳米比亚	Namibia	64.83
108	牙买加	Jamaica	46.14	冈比亚	Gambia	64.66
109	尼加拉瓜	Nicaragua	45.43	古巴	Cuba	64.04
110	马尔代夫	Maldives	45.20	刚果（金）	Congo, Dem. Rep.	63.57
111	亚美尼亚	Armenia	44.61	塔吉克斯坦	Tajikistan	63.13
112	格陵兰岛	Greenland	44.56	沙特阿拉伯	Saudi Arabia	62.44
113	斯威士兰	Swaziland	44.41	乍得	Chad	61.97
114	巴西	Brazil	44.24	巴布亚新几内亚	Papua New Guinea	61.79
115	多米尼克	Dominica	44.20	黎巴嫩	Lebanon	61.78
116	洪都拉斯	Honduras	44.19	柬埔寨	Cambodia	61.67
117	哈萨克斯坦	Kazakhstan	43.92	巴拿马	Panama	61.17
118	斯里兰卡	Sri Lanka	42.97	科威特	Kuwait	61.09
119	冈比亚	Gambia	42.69	中非共和国	Central African Republic	61.04
120	秘鲁	Peru	42.60	布隆迪	Burundi	61.00
121	埃及	Egypt, Arab Rep.	42.58	利比里亚	Liberia	60.94
122	阿尔巴尼亚	Albania	42.56	坦桑尼亚	Tanzania	60.05
123	纳米比亚	Namibia	42.42	阿塞拜疆	Azerbaijan	59.92
124	突尼斯	Tunisia	42.17	哥斯达黎加	Costa Rica	59.65
125	吉尔吉斯共和国	Kyrgyz Republic	41.56	多米尼加	Dominican Republic	58.43
126	佛得角	Cape Verde	41.24	尼加拉瓜	Nicaragua	58.10
127	乌兹别克斯坦	Uzbekistan	40.46	拉脱维亚	Latvia	57.60
128	加蓬	Gabon	40.41	伊拉克	Iraq	55.93
129	菲律宾	Philippines	40.04	越南	Vietnam	55.78
130	叙利亚	Syrian Arab Republic	40.00	阿尔巴尼亚	Albania	55.75
131	博茨瓦纳	Botswana	39.47	文莱	Brunei Darussalam	55.62
132	圭亚那	Guyana	38.94	阿联酋	United Arab Emirates	55.60
133	吉布提	Djibouti	38.67	莱索托	Lesotho	55.28
134	土库曼斯坦	Turkmenistan	37.69	苏丹	Sudan	55.20
135	利比亚	Libya	37.10	马耳他	Malta	55.17
136	巴基斯坦	Pakistan	36.91	冰岛	Iceland	54.78
137	汤加	Tonga	35.71	特立尼达和多巴哥	Trinidad and Tobago	54.03
138	阿尔及利亚	Algeria	35.21	格林纳达	Grenada	53.36
139	津巴布韦	Zimbabwe	34.82	利比亚	Libya	52.59
140	玻利维亚	Bolivia	34.76	叙利亚	Syrian Arab Republic	52.20
141	印度尼西亚	Indonesia	34.36	加蓬	Gabon	51.88
142	瓦努阿图	Vanuatu	33.52	格鲁吉亚	Georgia	50.15
143	不丹	Bhutan	33.51	马其顿	Macedonia, FYR	50.09
144	密克罗尼西亚	Micronesia, Fed. Sts.	33.43	阿富汗	Afghanistan	49.28
145	伊朗	Iran, Islamic Rep.	33.29	萨摩亚	Samoa	49.11
146	塞内加尔	Senegal	33.02	巴林	Bahrain	48.85
147	圣多美和普林西比	Sao Tome and Principe	32.49	海地	Haiti	48.23
148	多哥	Togo	32.10	巴哈马	Bahamas	48.10
149	古巴	Cuba	32.08	安哥拉	Angola	47.56
150	越南	Vietnam	31.64	阿曼	Oman	46.30

17-2 续表 3

排名	全球化指数 Globalization Index			经济全球化 Economic Globalization		
Rank	国家或地区	Country or Area	数值 Score	国家或地区	Country or Area	数值 Score
151	安哥拉	Angola	42.05	伊朗	Iran, Islamic Rep.	30.18
152	孟加拉国	Bangladesh	41.92	苏丹	Sudan	28.05
153	尼日尔	Niger	41.61	尼泊尔	Nepal	26.77
154	伊朗	Iran, Islamic Rep.	41.38	埃塞俄比亚	Ethiopia	25.99
155	多米尼克	Dominica	41.15	布隆迪	Burundi	21.79
156	贝宁	Benin	40.90	阿富汗	Afghanistan	
157	马达加斯加	Madagascar	40.76	美属萨摩亚	American Samoa	
158	海地	Haiti	40.70	安道尔	Andorra	
159	圣文森特和格林纳丁	St. Vincent and the Grena	40.69	安提瓜和巴布达	Antigua and Barbuda	
160	东帝汶	Timor-Leste	40.42	阿鲁巴	Aruba	
161	刚果（金）	Congo, Dem. Rep.	40.35	百慕大群岛	Bermuda	
162	伊拉克	Iraq	40.22	不丹	Bhutan	
163	圣基茨和尼维斯	St. Kitts and Nevis	39.55	开曼群岛	Cayman Islands	
164	利比里亚	Liberia	39.55	海峡群岛	Channel Islands	
165	尼泊尔	Nepal	38.54	科摩罗	Comoros	
166	马尔代夫	Maldives	38.07	古巴	Cuba	
167	土库曼斯坦	Turkmenistan	37.96	吉布提	Djibouti	
168	乍得	Chad	37.62	多米尼克	Dominica	
169	埃塞俄比亚	Ethiopia	37.43	赤道几内亚比绍	Equatorial Guinea	
170	坦桑尼亚	Tanzania	37.17	厄立特里亚	Eritrea	
171	百慕大群岛	Bermuda	36.77	法罗群岛	Faeroe Islands	
172	法罗群岛	Faeroe Islands	35.83	法属波利尼西亚	French Polynesia	
173	中非共和国	Central African Republic	34.95	格陵兰岛	Greenland	
174	西岸和加沙	West Bank and Gaza	34.46	格林纳达	Grenada	
175	开曼群岛	Cayman Islands	33.53	关岛	Guam	
176	比绍	Guinea-Bissau	33.41	伊拉克	Iraq	
177	缅甸	Myanmar	33.01	马岛	Isle of Man	
178	圣多美和普林西比	Sao Tome and Principe	32.86	基里巴斯	Kiribati	
179	法属波利尼西亚	French Polynesia	32.82	朝鲜	Korea, Dem. Rep.	
180	布隆迪	Burundi	32.26	老挝	Lao PDR	
181	汤加	Tonga	31.89	利比里亚	Liberia	
182	苏丹	Sudan	31.54	利比亚	Libya	
183	科摩罗	Comoros	31.15	列支敦士登	Liechtenstein	
184	阿富汗	Afghanistan	30.62	中国澳门	Macao, China	
185	不丹	Bhutan	29.30	马尔代夫	Maldives	
186	赤道几内亚比绍	Equatorial Guinea	27.49	马绍尔群岛	Marshall Islands	
187	厄立特里亚	Eritrea	27.13	密克罗尼西亚	Micronesia, Fed. Sts.	
188	老挝	Lao PDR	26.91	摩纳哥	Monaco	
189	基里巴斯	Kiribati	26.00	荷属安的列斯群岛	Netherlands Antilles	
190	索马里	Somalia	25.39	新喀里多尼亚	New Caledonia	
191	所罗门群岛	Solomon Islands	25.26	北马里亚纳群岛	Northern Mariana Islands	
192	美属萨摩亚	American Samoa		帕劳	Palau	
193	安道尔	Andorra		波多黎各	Puerto Rico	
194	海峡群岛	Channel Islands		萨摩亚	Samoa	
195	格陵兰岛	Greenland		圣马力诺	San Marino	
196	关岛	Guam		圣多美和普林西比	Sao Tome and Principe	
197	马岛	Isle of Man		塞舌尔	Seychelles	
198	朝鲜	Korea, Dem. Rep.		所罗门群岛	Solomon Islands	
199	列支敦士登	Liechtenstein		索马里	Somalia	
200	马绍尔群岛	Marshall Islands		圣基茨和尼维斯	St. Kitts and Nevis	

continued

排名	社会全球化 Social Globalization			政治全球化 Political Globalization		
Rank	国家或地区	Country or Area	数值 Score	国家或地区	Country or Area	数值 Score
151	加纳	Ghana	31.48	东帝汶	Timor-Leste	46.24
152	科特迪瓦	Cote d'Ivoire	30.87	圭亚那	Guyana	45.64
153	印度	India	29.98	比绍	Guinea-Bissau	45.63
154	基里巴斯	Kiribati	29.41	乌兹别克斯坦	Uzbekistan	45.05
155	伊拉克	Iraq	29.34	毛里求斯	Mauritius	44.79
156	塔吉克斯坦	Tajikistan	29.19	伯利兹	Belize	44.30
157	蒙古	Mongolia	29.05	刚果（布）	Congo, Rep.	41.92
158	莱索托	Lesotho	28.49	巴巴多斯	Barbados	41.14
159	科摩罗	Comoros	28.40	博茨瓦纳	Botswana	40.79
160	莫桑比克	Mozambique	28.11	帕劳	Palau	40.14
161	海地	Haiti	27.27	塞舌尔	Seychelles	39.16
162	尼泊尔	Nepal	27.17	圣露西亚	St. Lucia	38.64
163	布基纳法索	Burkina Faso	26.87	土库曼斯坦	Turkmenistan	38.36
164	柬埔寨	Cambodia	26.74	苏里南	Suriname	38.14
165	肯尼亚	Kenya	26.70	佛得角	Cape Verde	38.11
166	马拉维	Malawi	26.29	斯威士兰	Swaziland	37.61
167	比绍	Guinea-Bissau	25.73	多米尼克	Dominica	36.73
168	喀麦隆	Cameroon	25.54	安提瓜和巴布达	Antigua and Barbuda	35.31
169	也门	Yemen, Rep.	25.09	圣马力诺	San Marino	35.16
170	赞比亚	Zambia	24.93	缅甸	Myanmar	35.14
171	卢旺达	Rwanda	24.89	科摩罗	Comoros	35.14
172	利比里亚	Liberia	24.74	老挝	Lao PDR	33.97
173	尼日尔	Niger	24.43	圣多美和普林西比	Sao Tome and Principe	33.39
174	厄立特里亚	Eritrea	24.33	安道尔	Andorra	33.35
175	孟加拉国	Bangladesh	24.21	赤道几内亚比绍	Equatorial Guinea	32.98
176	所罗门群岛	Solomon Islands	24.21	摩纳哥	Monaco	32.90
177	刚果（布）	Congo, Rep.	23.89	厄立特里亚	Eritrea	31.17
178	赤道几内亚比绍	Equatorial Guinea	23.69	圣文森特和格林纳丁	St. Vincent and the Grena	30.49
179	贝宁	Benin	23.69	瓦努阿图	Vanuatu	30.12
180	几内亚	Guinea	23.53	索马里	Somalia	28.95
181	乌干达	Uganda	23.06	列支敦士登	Liechtenstein	28.94
182	毛里塔尼亚	Mauritania	23.00	马尔代夫	Maldives	27.75
183	索马里	Somalia	22.93	圣基茨和尼维斯	St. Kitts and Nevis	27.40
184	尼日利亚	Nigeria	22.77	朝鲜	Korea, Dem. Rep.	26.94
185	布隆迪	Burundi	22.37	所罗门群岛	Solomon Islands	26.77
186	马达加斯加	Madagascar	22.03	汤加	Tonga	26.37
187	老挝	Lao PDR	22.02	不丹	Bhutan	23.20
188	乍得	Chad	21.76	美属萨摩亚	American Samoa	22.77
189	巴布亚新几内亚	Papua New Guinea	21.75	基里巴斯	Kiribati	21.06
190	安哥拉	Angola	21.72	马绍尔群岛	Marshall Islands	18.98
191	马里	Mali	21.24	密克罗尼西亚	Micronesia, Fed. Sts.	17.97
192	塞拉利昂	Sierra Leone	21.12	西岸和加沙	West Bank and Gaza	6.99
193	坦桑尼亚	Tanzania	19.51	荷属安的列斯群岛	Netherlands Antilles	5.90
194	东帝汶	Timor-Leste	18.68	中国澳门	Macao, China	4.81
195	苏丹	Sudan	18.51	阿鲁巴	Aruba	4.54
196	中非共和国	Central African Republic	17.91	百慕大群岛	Bermuda	3.99
197	阿富汗	Afghanistan	17.71	开曼群岛	Cayman Islands	3.18
198	埃塞俄比亚	Ethiopia	16.38	法罗群岛	Faeroe Islands	3.18
199	刚果（金）	Congo, Dem. Rep.	15.98	波多黎各	Puerto Rico	3.18
200	缅甸	Myanmar	15.56	法属波利尼西亚	French Polynesia	2.63

17-3 世界主要国家和地区全球竞争力指数排名(2014年)

The Ranking of the Global Competitiveness Index in 2014

资料来源：世界经济论坛《全球竞争力报告2014-2015》。
Source: World Economic Forum The Global Competitiveness Report 2014-2015.

国家或地区	Country or Area	总指数 Overall Index		分类指数 Subindexes					
				基础设施 Basic Requirements		效率增强 Efficiency Enhancers		创新与成熟度 Innovation and Sophistication Factors	
		排名 Rank	数值 Score	排名 Rank	数值 Score	排名 Rank	数值 Score	排名 Rank	数值 Score
瑞士	Switzerland	1	5.70	4	6.17	5	5.49	1	5.74
新加坡	Singapore	2	5.65	1	6.34	2	5.68	11	5.13
美国	United States	3	5.54	33	5.15	1	5.71	5	5.54
芬兰	Finland	4	5.50	8	5.97	10	5.27	3	5.57
德国	Germany	5	5.49	11	5.91	9	5.28	4	5.56
日本	Japan	6	5.47	25	5.47	7	5.35	2	5.68
中国香港	Hong Kong SAR	7	5.46	3	6.19	3	5.58	23	4.75
荷兰	Netherlands	8	5.45	10	5.95	8	5.28	6	5.41
英国	United Kingdom	9	5.41	24	5.49	4	5.51	8	5.21
瑞典	Sweden	10	5.41	12	5.86	12	5.25	7	5.38
挪威	Norway	11	5.35	6	6.05	13	5.24	16	5.08
阿联酋	United Arab Emirates	12	5.33	2	6.20	14	5.24	21	4.83
丹麦	Denmark	13	5.29	13	5.85	17	5.11	9	5.19
中国台湾	Taiwan, China	14	5.25	14	5.75	16	5.14	13	5.11
加拿大	Canada	15	5.24	18	5.70	6	5.37	24	4.72
卡塔尔	Qatar	16	5.24	5	6.12	20	4.98	15	5.09
新西兰	New Zealand	17	5.20	9	5.96	11	5.26	25	4.61
比利时	Belgium	18	5.18	22	5.53	18	5.07	12	5.11
卢森堡	Luxembourg	19	5.17	7	6.02	22	4.97	18	4.93
马来西亚	Malaysia	20	5.16	23	5.53	24	4.95	17	4.95
奥地利	Austria	21	5.16	16	5.71	23	4.96	14	5.11
澳大利亚	Australia	22	5.08	17	5.71	15	5.16	26	4.55
法国	France	23	5.08	26	5.42	19	5.07	19	4.86
沙特阿拉伯	Saudi Arabia	24	5.06	15	5.72	33	4.64	32	4.19
爱尔兰	Ireland	25	4.98	31	5.19	21	4.97	20	4.85
韩国	Korea, Rep.	26	4.96	20	5.55	25	4.83	22	4.78
以色列	Israel	27	4.95	36	5.12	26	4.75	10	5.16
中国	China	28	4.89	28	5.34	30	4.68	33	4.14
爱沙尼亚	Estonia	29	4.71	21	5.54	27	4.73	34	4.14
冰岛	Iceland	30	4.71	27	5.39	35	4.60	28	4.43
泰国	Thailand	31	4.66	40	5.01	39	4.53	54	3.84
波多黎各	Puerto Rico	32	4.64	68	4.62	28	4.72	27	4.52
智利	Chile	33	4.60	30	5.25	29	4.68	49	3.88
印度尼西亚	Indonesia	34	4.57	46	4.91	46	4.38	30	4.20
西班牙	Spain	35	4.55	42	4.98	31	4.67	39	4.06
葡萄牙	Portugal	36	4.54	41	5.00	37	4.57	31	4.19
捷克	Czech Republic	37	4.53	39	5.02	34	4.62	36	4.07

17-3 续表 1 continued

国家或地区	Country or Area	总指数 Overall Index		分类指数 Subindexes					
				基础设施 Basic Requirements		效率增强 Efficiency Enhancers		创新与成熟度 Innovation and Sophistication Factors	
		排名 Rank	数值 Score	排名 Rank	数值 Score	排名 Rank	数值 Score	排名 Rank	数值 Score
阿塞拜疆	Azerbaijan	38	4.53	45	4.93	71	4.08	72	3.59
毛里求斯	Mauritius	39	4.52	38	5.04	59	4.24	53	3.85
科威特	Kuwait	40	4.51	32	5.16	83	3.89	95	3.38
立陶宛	Lithuania	41	4.51	37	5.08	38	4.54	44	3.97
拉脱维亚	Latvia	42	4.50	34	5.14	36	4.60	61	3.68
波兰	Poland	43	4.48	55	4.80	32	4.64	63	3.66
巴林	Bahrain	44	4.48	29	5.31	40	4.51	55	3.83
土耳其	Turkey	45	4.46	56	4.76	45	4.43	51	3.86
阿曼	Oman	46	4.46	19	5.66	49	4.32	58	3.76
马耳他	Malta	47	4.45	35	5.13	44	4.43	41	4.03
巴拿马	Panama	48	4.43	53	4.82	55	4.29	46	3.95
意大利	Italy	49	4.42	54	4.82	47	4.35	29	4.26
哈萨克斯坦	Kazakhstan	50	4.42	51	4.85	48	4.33	89	3.45
哥斯达黎加	Costa Rica	51	4.42	62	4.70	56	4.28	35	4.13
菲律宾	Philippines	52	4.40	66	4.63	58	4.27	48	3.90
俄罗斯	Russia	53	4.37	44	4.94	41	4.49	75	3.54
保加利亚	Bulgaria	54	4.37	59	4.71	52	4.31	106	3.27
巴巴多斯	Barbados	55	4.36	43	4.96	54	4.30	47	3.92
南非	South Africa	56	4.35	89	4.30	43	4.45	37	4.07
巴西	Brazil	57	4.34	83	4.40	42	4.46	56	3.82
塞浦路斯	Cyprus	58	4.31	58	4.73	57	4.28	38	4.06
罗马尼亚	Romania	59	4.30	77	4.48	50	4.32	78	3.53
匈牙利	Hungary	60	4.28	60	4.71	53	4.30	67	3.62
墨西哥	Mexico	61	4.27	69	4.59	60	4.20	59	3.73
卢旺达	Rwanda	62	4.27	67	4.62	91	3.77	66	3.64
马其顿	Macedonia, FYR	63	4.26	64	4.64	69	4.09	76	3.53
约旦	Jordan	64	4.25	73	4.53	70	4.08	42	4.02
秘鲁	Peru	65	4.24	74	4.52	62	4.19	99	3.34
哥伦比亚	Colombia	66	4.23	78	4.45	63	4.17	64	3.65
黑山	Montenegro	67	4.23	61	4.71	73	3.99	77	3.53
越南	Vietnam	68	4.23	79	4.44	74	3.99	98	3.35
格鲁吉亚	Georgia	69	4.22	48	4.88	79	3.92	118	3.10
斯洛文尼亚	Slovenia	70	4.22	49	4.86	64	4.17	50	3.88
印度	India	71	4.21	92	4.25	61	4.19	52	3.86
摩洛哥	Morocco	72	4.21	57	4.74	78	3.92	82	3.50
斯里兰卡	Sri Lanka	73	4.19	75	4.51	75	3.97	43	4.00
博茨瓦纳	Botswana	74	4.15	72	4.53	84	3.87	110	3.22

17-3 续表 2 continued

国家或地区	Country or Area	总指数 Overall Index		分类指数 Subindexes					
				基础设施 Basic Requirements		效率增强 Efficiency Enhancers		创新与成熟度 Innovation and Sophistication Factors	
		排名 Rank	数值 Score	排名 Rank	数值 Score	排名 Rank	数值 Score	排名 Rank	数值 Score
斯洛伐克	Slovak Republic	75	4.15	70	4.58	51	4.31	73	3.59
乌克兰	Ukraine	76	4.14	87	4.36	67	4.11	92	3.41
克罗地亚	Croatia	77	4.13	63	4.66	68	4.11	87	3.47
危地马拉	Guatemala	78	4.10	84	4.39	76	3.95	62	3.68
阿尔及利亚	Algeria	79	4.08	65	4.64	125	3.34	133	2.91
乌拉圭	Uruguay	80	4.04	47	4.90	72	4.01	85	3.47
希腊	Greece	81	4.04	76	4.50	65	4.15	74	3.55
摩尔多瓦	Moldova	82	4.03	90	4.30	88	3.82	129	2.94
伊朗	Iran, Islamic Rep.	83	4.03	71	4.57	98	3.70	102	3.33
萨尔瓦多	El Salvador	84	4.01	80	4.41	96	3.71	45	3.96
亚美尼亚	Armenia	85	4.01	82	4.40	87	3.82	100	3.34
牙买加	Jamaica	86	3.98	99	4.11	77	3.95	71	3.60
突尼斯	Tunisia	87	3.96	85	4.38	94	3.74	93	3.40
纳米比亚	Namibia	88	3.96	81	4.40	97	3.71	91	3.41
特立尼达和多巴哥	Trinidad and Tobago	89	3.95	52	4.83	81	3.90	88	3.47
肯尼亚	Kenya	90	3.93	115	3.82	66	4.12	40	4.03
塔吉克斯坦	Tajikistan	91	3.93	94	4.20	111	3.53	81	3.50
塞舌尔	Seychelles	92	3.91	50	4.85	105	3.58	69	3.62
老挝	Lao PDR	93	3.91	98	4.13	107	3.58	80	3.51
塞尔维亚	Serbia	94	3.90	101	4.10	80	3.90	121	3.05
柬埔寨	Cambodia	95	3.89	103	4.09	100	3.65	116	3.15
赞比亚	Zambia	96	3.86	109	3.88	86	3.85	57	3.76
阿尔巴尼亚	Albania	97	3.84	97	4.14	95	3.72	114	3.17
蒙古	Mongolia	98	3.83	105	3.99	92	3.76	112	3.20
尼加拉瓜	Nicaragua	99	3.82	96	4.15	118	3.38	125	2.98
洪都拉斯	Honduras	100	3.82	107	3.97	99	3.65	70	3.61
多明尼加	Dominican Republic	101	3.82	106	3.98	90	3.77	90	3.44
尼泊尔	Nepal	102	3.81	100	4.11	115	3.43	124	2.98
不丹	Bhutan	103	3.80	88	4.33	123	3.35	111	3.22
阿根廷	Argentina	104	3.79	104	4.08	93	3.75	96	3.37
玻利维亚	Bolivia	105	3.77	93	4.21	116	3.40	94	3.38
加蓬	Gabon	106	3.74	95	4.15	119	3.37	131	2.93
莱索托	Lesotho	107	3.73	102	4.09	130	3.21	117	3.12
吉尔吉斯共和国	Kyrgyz Republic	108	3.73	110	3.87	104	3.59	126	2.96
孟加拉国	Bangladesh	109	3.72	113	3.84	103	3.60	122	3.02
苏里南	Suriname	110	3.71	86	4.36	121	3.35	123	3.00
加纳	Ghana	111	3.71	123	3.68	89	3.78	68	3.62

17-3 续表 3 continued

国家或地区	Country or Area	总指数 Overall Index		分类指数 Subindexes					
				基础设施 Basic Requirements		效率增强 Efficiency Enhancers		创新与成熟度 Innovation and Sophistication Factors	
		排名 Rank	数值 Score	排名 Rank	数值 Score	排名 Rank	数值 Score	排名 Rank	数值 Score
塞内加尔	Senegal	112	3.70	120	3.75	102	3.62	65	3.65
黎巴嫩	Lebanon	113	3.68	127	3.55	85	3.86	101	3.33
佛得角	Cape Verde	114	3.68	91	4.27	127	3.29	109	3.23
科特迪瓦	Côte d'Ivoire	115	3.67	119	3.75	108	3.58	86	3.47
喀麦隆	Cameroon	116	3.66	116	3.79	113	3.48	84	3.47
圭亚那	Guyana	117	3.65	118	3.76	109	3.55	60	3.69
埃塞俄比亚	Ethiopia	118	3.60	117	3.78	120	3.37	119	3.09
埃及	Egypt	119	3.60	121	3.73	106	3.58	113	3.18
巴拉圭	Paraguay	120	3.59	112	3.85	112	3.53	132	2.92
坦桑尼亚	Tanzania	121	3.57	124	3.67	114	3.43	107	3.26
乌干达	Uganda	122	3.56	126	3.59	110	3.53	104	3.30
斯威士兰	Swaziland	123	3.55	108	3.92	126	3.32	108	3.25
津巴布韦	Zimbabwe	124	3.54	114	3.83	133	3.12	127	2.95
冈比亚市	Gambia, The	125	3.53	125	3.60	117	3.40	79	3.52
利比亚	Libya	126	3.48	111	3.86	137	3.03	143	2.49
尼日利亚	Nigeria	127	3.44	140	3.18	82	3.89	103	3.30
马里	Mali	128	3.43	128	3.54	129	3.25	97	3.36
巴基斯坦	Pakistan	129	3.42	134	3.28	101	3.64	83	3.48
马达加斯加	Madagascar	130	3.41	129	3.52	128	3.25	105	3.27
委内瑞拉	Venezuela	131	3.32	131	3.36	124	3.35	135	2.71
马拉维	Malawi	132	3.25	139	3.20	122	3.35	115	3.17
莫桑比克	Mozambique	133	3.24	133	3.29	131	3.19	120	3.05
缅甸	Myanmar	134	3.24	132	3.36	134	3.11	139	2.62
布基纳法索	Burkina Faso	135	3.21	135	3.25	132	3.16	128	2.95
东帝汶	Timor-Leste	136	3.17	122	3.71	141	2.84	136	2.69
海地	Haiti	137	3.14	136	3.23	135	3.08	140	2.61
塞拉利昂	Sierra Leone	138	3.10	141	3.14	136	3.06	130	2.93
布隆迪	Burundi	139	3.09	130	3.40	144	2.62	137	2.68
安哥拉	Angola	140	3.04	137	3.21	140	2.84	144	2.36
毛里塔尼亚	Mauritania	141	3.00	138	3.21	143	2.69	138	2.63
也门	Yemen	142	2.96	142	3.03	139	2.86	134	2.77
乍得	Chad	143	2.85	143	2.93	142	2.74	141	2.55
几内亚	Guinea	144	2.79	144	2.76	138	2.88	142	2.55

17-4 世界主要国家和地区信息化发展指数(IDI)排名(2013年)

资料来源：国际电信联盟《衡量信息社会发展2014》。
Source: International Telecommunication Union - Mesuring the Information Society 2014.

排名 Rank	总指数 IDI			接入 Access		
	国家或地区	Country or Area	数值 Score	国家或地区	Country or Area	数值 Score
1	丹麦	Denmark	8.86	卢森堡	Luxembourg	9.46
2	韩国	Korea (Rep.)	8.85	瑞士	Switzerland	9.36
3	瑞典	Sweden	8.67	冰岛	Iceland	9.28
4	冰岛	Iceland	8.64	中国香港	Hong Kong, China	9.24
5	英国	United Kingdom	8.50	德国	Germany	9.19
6	挪威	Norway	8.39	英国	United Kingdom	9.18
7	荷兰	Netherlands	8.38	马耳他	Malta	8.98
8	芬兰	Finland	8.31	韩国	Korea (Rep.)	8.94
9	中国香港	Hong Kong, China	8.28	瑞典	Sweden	8.93
10	卢森堡	Luxembourg	8.26	荷兰	Netherlands	8.93
11	日本	Japan	8.22	丹麦	Denmark	8.80
12	澳大利亚	Australia	8.18	法国	France	8.65
13	瑞士	Switzerland	8.11	新加坡	Singapore	8.61
14	美国	United States	8.02	日本	Japan	8.40
15	摩纳哥	Monaco	7.93	挪威	Norway	8.36
16	新加坡	Singapore	7.90	以色列	Israel	8.31
17	德国	Germany	7.90	摩纳哥	Monaco	8.31
18	法国	France	7.87	奥地利	Austria	8.28
19	新西兰	New Zealand	7.82	比利时	Belgium	8.26
20	安道尔	Andorra	7.73	爱尔兰	Ireland	8.24
21	爱沙尼亚	Estonia	7.68	澳大利亚	Australia	8.23
22	中国澳门	Macao, China	7.66	卡塔尔	Qatar	8.09
23	加拿大	Canada	7.62	加拿大	Canada	8.01
24	奥地利	Austria	7.62	斯洛文尼亚	Slovenia	7.91
25	比利时	Belgium	7.57	中国澳门	Macao, China	7.88
26	爱尔兰	Ireland	7.57	巴巴多斯	Barbados	7.86
27	巴林	Bahrain	7.40	安道尔	Andorra	7.84
28	西班牙	Spain	7.38	爱沙尼亚	Estonia	7.82
29	以色列	Israel	7.29	芬兰	Finland	7.80
30	马耳他	Malta	7.25	新西兰	New Zealand	7.79
31	斯洛文尼亚	Slovenia	7.13	美国	United States	7.78
32	阿联酋	United Arab Emirates	7.03	巴林	Bahrain	7.72
33	拉脱维亚	Latvia	7.03	西班牙	Spain	7.70
34	卡塔尔	Qatar	7.01	葡萄牙	Portugal	7.67
35	巴巴多斯	Barbados	6.95	阿联酋	United Arab Emirates	7.67
36	意大利	Italy	6.94	意大利	Italy	7.62
37	克罗地亚	Croatia	6.90	希腊	Greece	7.53
38	白俄罗斯	Belarus	6.89	白俄罗斯	Belarus	7.39
39	希腊	Greece	6.85	匈牙利	Hungary	7.32
40	立陶宛	Lithuania	6.74	克罗地亚	Croatia	7.31

The Ranking of Information Communication Technology Development Index(IDI)in 2013

排名 Rank	使用 Use			技术 Skill		
	国家或地区	Country or Area	数值 Score	国家或地区	Country or Area	数值 Score
1	丹麦	Denmark	8.71	希腊	Greece	9.90
2	瑞典	Sweden	8.29	韩国	Korea (Rep.)	9.81
3	韩国	Korea (Rep.)	8.26	芬兰	Finland	9.75
4	芬兰	Finland	8.09	白俄罗斯	Belarus	9.69
5	挪威	Norway	8.07	美国	United States	9.56
6	英国	United Kingdom	7.88	澳大利亚	Australia	9.50
7	日本	Japan	7.80	斯洛文尼亚	Slovenia	9.43
8	卢森堡	Luxembourg	7.66	安道尔	Andorra	9.41
9	冰岛	Iceland	7.65	西班牙	Spain	9.41
10	美国	United States	7.50	冰岛	Iceland	9.32
11	澳大利亚	Australia	7.48	新西兰	New Zealand	9.28
12	荷兰	Netherlands	7.43	丹麦	Denmark	9.28
13	中国香港	Hong Kong, China	7.36	乌克兰	Ukraine	9.23
14	摩纳哥	Monaco	7.29	爱沙尼亚	Estonia	9.21
15	新加坡	Singapore	7.19	荷兰	Netherlands	9.20
16	新西兰	New Zealand	7.10	立陶宛	Lithuania	9.12
17	巴林	Bahrain	7.06	挪威	Norway	9.09
18	中国澳门	Macao, China	7.01	俄罗斯	Russian Federation	9.03
19	安道尔	Andorra	6.79	波兰	Poland	9.01
20	爱沙尼亚	Estonia	6.77	比利时	Belgium	8.99
21	瑞士	Switzerland	6.75	奥地利	Austria	8.96
22	法国	France	6.74	阿根廷	Argentina	8.94
23	加拿大	Canada	6.63	爱尔兰	Ireland	8.92
24	阿联酋	United Arab Emirates	6.51	瑞典	Sweden	8.90
25	奥地利	Austria	6.28	加拿大	Canada	8.85
26	爱尔兰	Ireland	6.24	以色列	Israel	8.78
27	德国	Germany	6.21	葡萄牙	Portugal	8.77
28	比利时	Belgium	6.18	拉脱维亚	Latvia	8.75
29	西班牙	Spain	6.04	智利	Chile	8.72
30	卡塔尔	Qatar	5.95	意大利	Italy	8.71
31	拉脱维亚	Latvia	5.91	德国	Germany	8.68
32	克罗地亚	Croatia	5.62	日本	Japan	8.67
33	以色列	Israel	5.53	巴巴多斯	Barbados	8.65
34	马耳他	Malta	5.48	捷克	Czech Republic	8.65
35	意大利	Italy	5.38	蒙古	Mongolia	8.64
36	立陶宛	Lithuania	5.29	克罗地亚	Croatia	8.63
37	斯洛伐克	Slovakia	5.28	匈牙利	Hungary	8.62
38	捷克	Czech Republic	5.22	委内瑞拉	Venezuela	8.62
39	斯洛文尼亚	Slovenia	5.21	法国	France	8.57
40	巴巴多斯	Barbados	5.20	中国澳门	Macao, China	8.53

17-4 续表 1

排名 Rank	总指数 IDI 国家或地区	Country or Area	数值 Score	接入 Access 国家或地区	Country or Area	数值 Score
41	捷克	Czech Republic	6.72	圣基茨和尼维斯	St. Kitts and Nevis	7.29
42	俄罗斯	Russia	6.70	拉脱维亚	Latvia	7.29
43	葡萄牙	Portugal	6.67	捷克	Czech Republic	7.26
44	波兰	Poland	6.60	俄罗斯	Russia	7.25
45	斯洛伐克	Slovakia	6.58	文莱	Brunei Darussalam	7.24
46	匈牙利	Hungary	6.52	塞尔维亚	Serbia	7.22
47	沙特阿拉伯	Saudi Arabia	6.36	阿曼	Oman	7.12
48	乌拉圭	Uruguay	6.32	乌拉圭	Uruguay	7.05
49	保加利亚	Bulgaria	6.31	波兰	Poland	7.04
50	塞尔维亚	Serbia	6.24	沙特阿拉伯	Saudi Arabia	7.04
51	塞浦路斯	Cyprus	6.11	斯洛伐克	Slovakia	7.03
52	阿曼	Oman	6.10	安提瓜和巴布达	Antigua & Barbuda	7.02
53	哈萨克斯坦	Kazakhstan	6.08	立陶宛	Lithuania	7.00
54	圣基茨和尼维斯	St. Kitts and Nevis	6.01	塞浦路斯	Cyprus	6.93
55	哥斯达黎加	Costa Rica	5.92	圣文森特和格林纳丁斯	St. Vincent and the Gren.	6.85
56	智利	Chile	5.92	哈萨克斯坦	Kazakhstan	6.84
57	安提瓜和巴布达	Antigua & Barbuda	5.89	保加利亚	Bulgaria	6.77
58	罗马尼亚	Romania	5.83	黑山	Montenegro	6.74
59	阿根廷	Argentina	5.80	罗马尼亚	Romania	6.62
60	马其顿	Macedonia	5.77	阿根廷	Argentina	6.62
61	摩尔多瓦	Moldova	5.72	马来西亚	Malaysia	6.58
62	黎巴嫩	Lebanon	5.71	摩尔多瓦	Moldova	6.56
63	黑山	Montenegro	5.67	马其顿	Macedonia	6.55
64	阿塞拜疆	Azerbaijan	5.65	塞舌尔	Seychelles	6.46
65	巴西	Brazil	5.50	黎巴嫩	Lebanon	6.45
66	文莱	Brunei Darussalam	5.43	多巴哥和特立尼达	Trinidad & Tobago	6.36
67	多巴哥和特立尼达	Trinidad & Tobago	5.29	智利	Chile	6.35
68	土耳其	Turkey	5.29	毛里求斯	Mauritius	6.32
69	波黑	Bosnia and Herzegovina	5.23	哥斯达黎加	Costa Rica	6.27
70	毛里求斯	Mauritius	5.22	乌克兰	Ukraine	6.16
71	马来西亚	Malaysia	5.20	巴西	Brazil	6.14
72	圣文森特和格林纳丁斯	St. Vincent and the Gren.	5.17	格林纳达	Grenada	6.07
73	乌克兰	Ukraine	5.15	阿塞拜疆	Azerbaijan	6.07
74	亚美尼亚	Armenia	5.08	马尔代夫	Maldives	6.05
75	塞舌尔	Seychelles	4.97	格鲁吉亚	Georgia	5.99
76	格林纳达	Grenada	4.96	多米尼克	Dominica	5.86
77	哥伦比亚	Colombia	4.95	土耳其	Turkey	5.83
78	格鲁吉亚	Georgia	4.86	圣露西亚	St. Lucia	5.68
79	圣露西亚	St. Lucia	4.81	亚美尼亚	Armenia	5.64
80	委内瑞拉	Venezuela	4.81	摩洛哥	Morocco	5.63
81	泰国	Thailand	4.76	波黑	Bosnia and Herzegovina	5.63
82	巴拿马	Panama	4.75	伊朗	Iran (I.R.)	5.53

continued

排名 Rank	使用 Use			技术 Skill		
	国家或地区	Country or Area	数值 Score	国家或地区	Country or Area	数值 Score
41	白俄罗斯	Belarus	4.99	保加利亚	Bulgaria	8.46
42	俄罗斯	Russia	4.97	摩纳哥	Monaco	8.45
43	波兰	Poland	4.94	英国	United Kingdom	8.41
44	沙特阿拉伯	Saudi Arabia	4.77	古巴	Cuba	8.41
45	保加利亚	Bulgaria	4.77	乌拉圭	Uruguay	8.39
46	匈牙利	Hungary	4.67	格林纳达	Grenada	8.38
47	阿曼	Oman	4.65	瑞士	Switzerland	8.34
48	希腊	Greece	4.65	土耳其	Turkey	8.34
49	葡萄牙	Portugal	4.61	斯洛伐克	Slovakia	8.28
50	乌拉圭	Uruguay	4.56	中国香港	Hong Kong, China	8.24
51	哥斯达黎加	Costa Rica	4.48	沙特阿拉伯	Saudi Arabia	8.17
52	阿塞拜疆	Azerbaijan	4.40	罗马尼亚	Romania	8.17
53	塞尔维亚	Serbia	4.34	黑山	Montenegro	8.15
54	塞浦路斯	Cyprus	4.34	哥斯达黎加	Costa Rica	8.13
55	黎巴嫩	Lebanon	4.33	塞尔维亚	Serbia	8.07
56	哈萨克斯坦	Kazakhstan	4.33	哈萨克斯坦	Kazakhstan	8.06
57	马其顿	Macedonia	4.22	亚美尼亚	Armenia	8.04
58	圣基茨和尼维斯	St. Kitts and Nevis	4.21	塞浦路斯	Cyprus	7.99
59	智利	Chile	4.08	新加坡	Singapore	7.90
60	巴西	Brazil	4.01	阿尔巴尼亚	Albania	7.82
61	安提瓜和巴布达	Antigua & Barbuda	3.99	泰国	Thailand	7.81
62	摩尔多瓦	Moldova	3.94	约旦	Jordan	7.74
63	罗马尼亚	Romania	3.87	哥伦比亚	Colombia	7.71
64	波黑	Bosnia and Herzegovina	3.71	吉尔吉斯斯坦	Kyrgyzstan	7.62
65	多巴哥和特立尼达	Trinidad & Tobago	3.60	巴勒斯坦	Palestinian Authority	7.59
66	阿根廷	Argentina	3.42	摩尔多瓦	Moldova	7.57
67	黑山	Montenegro	3.37	秘鲁	Peru	7.53
68	阿尔巴尼亚	Albania	3.26	伊朗	Iran (I.R.)	7.52
69	土耳其	Turkey	3.24	毛里求斯	Mauritius	7.51
70	马来西亚	Malaysia	3.16	波黑	Bosnia and Herzegovina	7.50
71	泰国	Thailand	3.12	巴林	Bahrain	7.44
72	斐济	Fiji	3.08	安提瓜和巴布达	Antigua & Barbuda	7.41
73	哥伦比亚	Colombia	3.07	阿塞拜疆	Azerbaijan	7.33
74	博茨瓦纳	Botswana	3.03	巴拿马	Panama	7.32
75	圣露西亚	St. Lucia	3.02	马耳他	Malta	7.32
76	亚美尼亚	Armenia	3.02	文莱	Brunei Darussalam	7.32
77	中国	China	2.99	厄瓜多尔	Ecuador	7.29
78	毛里求斯	Mauritius	2.97	马其顿	TFYR Macedonia	7.29
79	佛得角	Cape Verde	2.90	圣文森特和格林纳丁斯	St. Vincent and the Gr.	7.23
80	埃及	Egypt	2.87	巴西	Brazil	7.22
81	多米尼克	Dominica	2.79	格鲁吉亚	Georgia	7.14
82	南非	South Africa	2.75	卢森堡	Luxembourg	7.08

17-4 续表 2

排名 Rank	总指数 IDI			接入 Access		
	国家或地区	Country or Area	数值 Score	国家或地区	Country or Area	数值 Score
83	多米尼克	Dominica	4.72	巴拿马	Panama	5.53
84	阿尔巴尼亚	Albania	4.72	约旦	Jordan	5.47
85	马尔代夫	Maldives	4.71	哥伦比亚	Colombia	5.44
86	中国	China	4.64	苏里南	Suriname	5.38
87	约旦	Jordan	4.62	委内瑞拉	Venezuela	5.36
88	厄瓜多尔	Ecuador	4.56	厄瓜多尔	Ecuador	5.16
89	埃及	Egypt	4.45	中国	China	5.10
90	南非	South Africa	4.42	埃及	Egypt	5.09
91	斐济	Fiji	4.40	泰国	Thailand	4.88
92	蒙古	Mongolia	4.32	南非	South Africa	4.82
93	佛得角	Cape Verde	4.30	墨西哥	Mexico	4.80
94	伊朗	Iran (I.R.)	4.29	蒙古	Mongolia	4.79
95	墨西哥	Mexico	4.29	巴勒斯坦	Palestine	4.77
96	摩洛哥	Morocco	4.27	萨尔瓦多	El Salvador	4.76
97	牙买加	Jamaica	4.26	阿尔巴尼亚	Albania	4.62
98	苏里南	Suriname	4.26	斐济	Fiji	4.60
99	突尼斯	Tunisia	4.23	牙买加	Jamaica	4.58
100	巴勒斯坦	Palestine	4.16	突尼斯	Tunisia	4.56
101	越南	Viet Nam	4.09	佛得角	Cape Verde	4.55
102	多米尼加	Dominican Rep.	4.06	秘鲁	Peru	4.54
103	菲律宾	Philippines	4.02	叙利亚	Syria	4.50
104	博茨瓦纳	Botswana	4.01	巴拉圭	Paraguay	4.49
105	秘鲁	Peru	4.00	越南	Viet Nam	4.48
106	印度尼西亚	Indonesia	3.83	加纳	Ghana	4.47
107	玻利维亚	Bolivia	3.78	阿尔及利亚	Algeria	4.46
108	吉尔吉斯斯坦	Kyrgyzstan	3.78	危地马拉	Guatemala	4.35
109	巴拉圭	Paraguay	3.71	印度尼西亚	Indonesia	4.32
110	萨尔瓦多	El Salvador	3.61	菲律宾	Philippines	4.30
111	圭亚那	Guyana	3.48	多米尼加	Dominican Rep.	4.15
112	叙利亚	Syria	3.46	玻利维亚	Bolivia	4.11
113	加纳	Ghana	3.46	博茨瓦纳	Botswana	4.06
114	阿尔及利亚	Algeria	3.42	吉尔吉斯斯坦	Kyrgyzstan	4.05
115	乌兹别克斯坦	Uzbekistan	3.40	圭亚那	Guyana	4.04
116	斯里兰卡	Sri Lanka	3.36	尼加拉瓜	Nicaragua	3.98
117	纳米比亚	Namibia	3.24	洪都拉斯	Honduras	3.94
118	危地马拉	Guatemala	3.20	纳米比亚	Namibia	3.93
119	洪都拉斯	Honduras	3.18	加蓬	Gabon	3.88
120	尼加拉瓜	Nicaragua	2.96	斯里兰卡	Sri Lanka	3.85
121	津巴布韦	Zimbabwe	2.89	柬埔寨	Cambodia	3.73
122	苏丹	Sudan	2.88	马里	Mali	3.55
123	不丹	Bhutan	2.85	苏丹	Sudan	3.46
124	肯尼亚	Kenya	2.79	冈比亚	Gambia	3.39

Continued

排名 Rank	使用 Use			技术 Skill		
	国家或地区	Country or Area	数值 Score	国家或地区	Country or Area	数值 Score
83	塞舌尔	Seychelles	2.74	圣基茨和尼维斯	St. Kitts and Nevis	7.03
84	巴拿马	Panama	2.70	中国	China	7.02
85	文莱	Brunei Darussalam	2.68	黎巴嫩	Lebanon	6.99
86	马尔代夫	Maldives	2.66	南非	South Africa	6.98
87	多米尼加	Dominican Rep.	2.65	玻利维亚	Bolivia	6.97
88	牙买加	Jamaica	2.62	墨西哥	Mexico	6.96
89	突尼斯	Tunisia	2.59	卡塔尔	Qatar	6.95
90	格鲁吉亚	Georgia	2.58	阿曼	Oman	6.95
91	厄瓜多尔	Ecuador	2.58	乌兹别克斯坦	Uzbekistan	6.94
92	摩洛哥	Morocco	2.50	菲律宾	Philippines	6.93
93	越南	Viet Nam	2.50	斯里兰卡	Sri Lanka	6.91
94	圣文森特和格林纳	St. Vincent and the Gren.	2.47	牙买加	Jamaica	6.89
95	墨西哥	Mexico	2.45	印度尼西亚	Indonesia	6.89
96	委内瑞拉	Venezuela	2.36	突尼斯	Tunisia	6.86
97	菲律宾	Philippines	2.28	阿联酋	United Arab Emirates	6.79
98	约旦	Jordan	2.22	阿尔及利亚	Algeria	6.72
99	格林纳达	Grenada	2.14	多米尼加	Dominican Rep.	6.69
100	乌克兰	Ukraine	2.11	圣露西亚	St. Lucia	6.67
101	乌兹别克斯坦	Uzbekistan	2.09	斐济	Fiji	6.64
102	苏里南	Suriname	2.06	佛得角	Cape Verde	6.62
103	津巴布韦	Zimbabwe	1.92	巴拉圭	Paraguay	6.59
104	玻利维亚	Bolivia	1.86	圭亚那	Guyana	6.59
105	巴勒斯坦	Palestine	1.84	马来西亚	Malaysia	6.54
106	印度尼西亚	Indonesia	1.80	多巴哥和特立尼达	Trinidad & Tobago	6.54
107	加纳	Ghana	1.76	越南	Viet Nam	6.50
108	秘鲁	Peru	1.69	塞舌尔	Seychelles	6.44
109	蒙古	Mongolia	1.69	苏里南	Suriname	6.40
110	纳米比亚	Namibia	1.67	埃及	Egypt	6.33
111	不丹	Bhutan	1.67	多米尼加	Dominica	6.31
112	苏丹	Sudan	1.65	叙利亚	Syria	6.17
113	尼日利亚	Nigeria	1.60	马尔代夫	Maldives	6.12
114	吉尔吉斯斯坦	Kyrgyzstan	1.59	萨尔瓦多	El Salvador	6.00
115	巴拉圭	Paraguay	1.50	洪都拉斯	Honduras	5.96
116	伊朗	Iran (I.R.)	1.44	博茨瓦纳	Botswana	5.86
117	肯尼亚	Kenya	1.41	尼加拉瓜	Nicaragua	5.49
118	圭亚那	Guyana	1.36	所罗门群岛	Solomon Islands	5.44
119	萨尔瓦多	El Salvador	1.27	危地马拉	Guatemala	5.37
120	塞内加尔	Senegal	1.25	缅甸	Myanmar	5.22
121	斯里兰卡	Sri Lanka	1.10	印度	India	5.20
122	叙利亚	Syria	1.07	摩洛哥	Morocco	5.07
123	安哥拉	Angola	1.06	纳米比亚	Namibia	5.02
124	洪都拉斯	Honduras	1.03	斯威士兰	Swaziland	4.96

17-4 续表 3

排名 Rank	总指数 IDI 国家或地区	Country or Area	数值 Score	接入 Access 国家或地区	Country or Area	数值 Score
125	古巴	Cuba	2.77	肯尼亚	Kenya	3.29
126	加蓬	Gabon	2.66	塞内加尔	Senegal	3.23
127	柬埔寨	Cambodia	2.61	科特迪瓦	Côte d'Ivoire	3.19
128	斯威士兰	Swaziland	2.60	不丹	Bhutan	3.18
129	印度	India	2.53	津巴布韦	Zimbabwe	3.12
130	塞内加尔	Senegal	2.46	老挝	Lao P.D.R.	3.10
131	尼泊尔	Nepal	2.37	毛里塔尼亚	Mauritania	3.08
132	莱索托	Lesotho	2.36	印度	India	3.05
133	尼日利亚	Nigeria	2.35	巴基斯坦	Pakistan	3.03
134	老挝	Lao P.D.R.	2.35	莱索托	Lesotho	3.02
135	冈比亚	Gambia	2.31	斯威士兰	Swaziland	3.02
136	所罗门群岛	Solomon Islands	2.29	乌兹别克斯坦	Uzbekistan	2.95
137	刚果（布）	Congo (Rep.)	2.24	贝宁	Benin	2.94
138	也门	Yemen	2.18	喀麦隆	Cameroon	2.75
139	安哥拉	Angola	2.17	尼泊尔	Nepal	2.70
140	喀麦隆	Cameroon	2.10	赞比亚	Zambia	2.68
141	吉布提	Djibouti	2.08	也门	Yemen	2.66
142	巴基斯坦	Pakistan	2.05	刚果（布）	Congo (Rep.)	2.65
143	马里	Mali	2.04	孟加拉国	Bangladesh	2.57
144	赞比亚	Zambia	2.02	尼日利亚	Nigeria	2.53
145	孟加拉国	Bangladesh	1.97	安哥拉	Angola	2.52
146	乌干达	Uganda	1.94	比绍	Guinea-Bissau	2.50
147	毛里塔尼亚	Mauritania	1.91	布基纳法索	Burkina Faso	2.46
148	卢旺达	Rwanda	1.86	所罗门群岛	Solomon Islands	2.45
149	贝宁	Benin	1.84	阿富汗	Afghanistan	2.44
150	缅甸	Myanmar	1.82	卢旺达	Rwanda	2.43
151	科特迪瓦	Côte d'Ivoire	1.80	坦桑尼亚	Tanzania	2.37
152	坦桑尼亚	Tanzania	1.76	吉布提	Djibouti	2.36
153	利比里亚	Liberia	1.70	利比里亚	Liberia	2.36
154	比绍	Guinea-Bissau	1.67	几内亚	Guinea	2.28
155	阿富汗	Afghanistan	1.67	莫桑比克	Mozambique	2.21
156	布基纳法索	Burkina Faso	1.56	乌干达	Uganda	2.18
157	刚果（金）	Congo (Dem. Rep.)	1.56	尼日尔	Niger	1.95
158	马拉维	Malawi	1.52	马拉维	Malawi	1.89
159	莫桑比克	Mozambique	1.52	埃塞俄比亚	Ethiopia	1.87
160	马达加斯加	Madagascar	1.42	古巴	Cuba	1.87
161	几内亚	Guinea	1.42	缅甸	Myanmar	1.85
162	埃塞俄比亚	Ethiopia	1.31	刚果（金）	Congo (Dem. Rep.)	1.72
163	厄立特里亚	Eritrea	1.20	马达加斯加	Madagascar	1.68
164	乍得	Chad	1.11	乍得	Chad	1.65
165	尼日尔	Niger	1.03	中非	Central African Rep.	1.32
166	中非	Central African Rep.	0.96	厄立特里亚	Eritrea	1.27

Continued

排名 Rank	使用 Use			技术 Skill		
	国家或地区	Country or Area	数值 Score	国家或地区	Country or Area	数值 Score
125	斯威士兰	Swaziland	0.99	吉布提	Djibouti	4.84
126	危地马拉	Guatemala	0.96	加纳	Ghana	4.82
127	尼泊尔	Nepal	0.92	加蓬	Gabon	4.82
128	古巴	Cuba	0.86	刚果	Congo	4.77
129	乌干达	Uganda	0.83	莱索托	Lesotho	4.66
130	也门	Yemen	0.73	尼泊尔	Nepal	4.61
131	阿尔及利亚	Algeria	0.73	肯尼亚	Kenya	4.54
132	尼加拉瓜	Nicaragua	0.68	不丹	Bhutan	4.54
133	印度	India	0.68	老挝	Lao P.D.R.	4.53
134	刚果（布）	Congo (Rep.)	0.57	柬埔寨	Cambodia	4.49
135	莱索托	Lesotho	0.55	喀麦隆	Cameroon	4.45
136	所罗门群岛	Solomon Islands	0.55	津巴布韦	Zimbabwe	4.36
137	柬埔寨	Cambodia	0.55	孟加拉国	Bangladesh	4.18
138	赞比亚	Zambia	0.54	苏丹	Sudan	4.18
139	冈比亚	Gambia	0.51	也门	Yemen	4.11
140	老挝	Lao P.D.R.	0.50	冈比亚	Gambia	3.76
141	卢旺达	Rwanda	0.49	刚果（金）	Congo (Dem. Rep.)	3.76
142	布基纳法索	Burkina Faso	0.45	乌干达	Uganda	3.66
143	吉布提	Djibouti	0.43	安哥拉	Angola	3.65
144	巴基斯坦	Pakistan	0.42	赞比亚	Zambia	3.64
145	毛里塔尼亚	Mauritania	0.40	马达加斯加	Madagascar	3.55
146	加蓬	Gabon	0.35	坦桑尼亚	Tanzania	3.55
147	马拉维	Malawi	0.31	尼日利亚	Nigeria	3.51
148	刚果（金）	Congo (Dem. Rep.)	0.30	卢旺达	Rwanda	3.49
149	喀麦隆	Cameroon	0.28	厄立特里亚	Eritrea	3.41
150	孟加拉国	Bangladesh	0.27	巴基斯坦	Pakistan	3.36
151	坦桑尼亚	Tanzania	0.24	塞内加尔	Senegal	3.35
152	莫桑比克	Mozambique	0.24	利比里亚	Liberia	3.32
153	埃塞俄比亚	Ethiopia	0.24	马拉维	Malawi	3.21
154	阿富汗	Afghanistan	0.24	比绍	Guinea-Bissau	3.12
155	利比里亚	Liberia	0.21	阿富汗	Afghanistan	2.98
156	贝宁	Benin	0.18	贝宁	Benin	2.96
157	科特迪瓦	Côte d'Ivoire	0.16	马里	Mali	2.85
158	马里	Mali	0.14	莫桑比克	Mozambique	2.71
159	中非	Central African Rep.	0.12	毛里塔尼亚	Mauritania	2.58
160	比绍	Guinea-Bissau	0.10	几内亚	Guinea	2.44
161	马达加斯加	Madagascar	0.09	埃塞俄比亚	Ethiopia	2.35
162	尼日尔	Niger	0.09	科特迪瓦	Côte d'Ivoire	2.32
163	缅甸	Myanmar	0.08	乍得	Chad	2.08
164	乍得	Chad	0.08	布基纳法索	Burkina Faso	1.97
165	几内亚	Guinea	0.05	中非	Central African Rep.	1.91
166	厄立特里亚	Eritrea	0.03	尼日尔	Niger	1.10

17-5 世界主要国家和地区可持续经济发展评估指数排名(2015年)
The Ranking of Sustainable Economic Development Assessment (SEDA) index in 2015

资料来源：波士顿咨询公司。
Source: The Boston Consulting Group.

排名 Rank	国家或地区	Country or Area	可持续经济发展评估指数 SEDA	分类指数 Sub-indices		
				经 济 Economics	投 资 Investments	可持续 Sustainability
1	挪威	Norway	100.0	94.1	85.7	91.9
2	卢森堡	Luxembourg	94.9	85.7	85.2	82.4
3	冰岛	Iceland	94.4	75.7	91.0	95.9
4	瑞士	Switzerland	94.4	84.6	91.0	84.7
5	芬兰	Finland	93.3	69.8	94.8	91.9
6	瑞典	Sweden	93.3	74.5	89.0	93.5
7	丹麦	Denmark	92.0	80.9	90.1	87.4
8	荷兰	Netherlands	91.8	79.9	92.5	83.8
9	奥地利	Austria	90.2	80.7	91.3	81.3
10	新加坡	Singapore	89.9	87.8	88.1	70.1
11	德国	Germany	89.8	80.5	91.1	82.8
12	澳大利亚	Australia	89.5	84.2	90.2	77.6
13	新西兰	New Zealand	88.1	76.3	85.3	89.4
14	加拿大	Canada	86.4	81.6	85.0	79.9
15	比利时	Belgium	85.7	71.3	88.7	78.7
16	爱尔兰	Ireland	84.6	68.0	84.4	79.3
17	美国	United States	83.5	80.1	84.7	70.0
18	日本	Japan	81.9	76.1	89.9	71.5
19	法国	France	81.6	71.5	85.7	79.5
20	英国	United Kingdom	81.1	74.2	83.0	78.6
21	中国香港	Hong Kong, China	80.4	69.0	92.9	56.9
22	卡塔尔	Qatar	78.6	83.9	77.0	58.6
23	斯洛文尼亚	Slovenia	77.8	62.1	83.9	79.7
24	韩国	South Korea	77.1	74.4	92.1	60.6
25	西班牙	Spain	77.0	49.8	89.3	75.0
26	爱沙尼亚	Estonia	75.6	54.8	84.9	73.6
27	捷克	Czech Republic	75.1	65.2	83.1	72.5
28	马耳他	Malta	74.4	69.0	78.3	70.9
29	阿联酋	United Arab Emirates	74.1	80.8	77.4	59.0
30	意大利	Italy	74.0	63.4	85.4	67.0
31	葡萄牙	Portugal	73.9	47.2	85.9	74.2
32	科威特	Kuwait	72.3	89.1	72.9	49.5
33	匈牙利	Hungary	71.6	60.0	83.2	69.8
34	波兰	Poland	71.6	61.2	82.5	66.8
35	立陶宛	Lithuania	71.3	53.6	84.2	68.4
36	斯洛伐克	Slovakia	70.9	55.0	79.8	72.1

17-5 续表 1 continued

排名 Rank	国家或地区	Country or Area	可持续经济发展评估指数 SEDA	分类指数 Sub-indices 经 济 Economics	投 资 Investments	可持续 Sustainability
37	塞浦路斯	Cyprus	68.6	58.9	76.3	65.9
38	拉脱维亚	Latvia	67.0	46.9	78.6	69.0
39	希腊	Greece	65.5	29.1	88.2	57.4
40	阿曼	Oman	65.2	74.5	70.3	59.9
41	沙特阿拉伯	Saudi Arabia	65.0	68.7	75.3	50.0
42	乌拉圭	Uruguay	64.9	62.6	73.0	65.9
43	以色列	Israel	64.1	68.8	81.6	45.8
44	克罗地亚	Croatia	64.0	49.8	80.1	62.3
45	智利	Chile	62.3	61.7	72.6	58.2
46	巴林	Bahrain	61.9	75.5	77.2	45.2
47	毛里求斯	Mauritius	60.0	58.6	69.1	62.5
48	白俄罗斯	Belarus	58.0	45.5	80.2	56.1
49	马来西亚	Malaysia	57.6	64.0	75.6	50.5
50	保加利亚	Bulgaria	56.9	50.5	73.4	58.0
51	哈萨克斯坦	Kazakhstan	56.5	62.3	73.0	54.2
52	哥斯达黎加	Costa Rica	55.9	53.3	67.0	61.6
53	古巴	Cuba	54.8	57.7	73.7	48.5
54	俄罗斯	Russia	54.7	63.7	75.1	47.0
55	罗马尼亚	Romania	54.5	53.4	65.3	56.0
56	特立尼达和多巴	Trinidad and Tobago	53.0	61.4	59.2	52.9
57	乌克兰	Ukraine	52.8	39.8	73.1	58.0
58	塞尔维亚	Serbia	51.5	35.8	69.8	52.6
59	阿根廷	Argentina	51.4	52.3	70.0	50.2
60	土耳其	Turkey	50.5	47.4	70.4	45.0
61	阿尔巴尼亚	Albania	49.1	43.7	65.4	53.7
62	亚美尼亚	Armenia	47.8	28.3	66.8	57.2
63	巴西	Brazil	47.7	60.8	60.2	50.6
64	巴拿马	Panama	47.0	58.8	62.6	46.0
65	格鲁吉亚	Georgia	46.8	26.9	71.9	47.0
66	约旦	Jordan	46.7	32.9	65.8	49.0
67	泰国	Thailand	46.6	48.3	66.9	44.1
68	突尼斯	Tunisia	46.5	41.4	64.7	50.7
69	摩尔多瓦	Moldova	44.9	34.6	60.0	56.3
70	苏里南	Suriname	44.8	43.9	62.4	41.4
71	波黑	Bosnia and Herzegovina	44.0	27.2	68.7	43.4
72	墨西哥	Mexico	43.6	60.6	58.4	42.3
73	斯里兰卡	Srilanka	43.5	48.0	61.9	47.0

17-5 续表 2 continued

排名 Rank	国家或地区	Country or Area	可持续经济发展评估指数 SEDA	分类指数 Sub-indices 经 济 Economics	投 资 Investments	可持续 Sustainability
74	阿塞拜疆	Azerbaijan	43.4	35.4	63.0	44.8
75	蒙古	Mongolia	43.1	35.7	55.5	49.7
76	中国	China	42.9	52.1	71.1	31.9
77	马其顿	Macedonia	42.5	24.2	67.7	38.2
78	不丹	Bhutan	42.4	47.0	51.2	51.0
79	越南	Vietnam	42.4	50.0	62.4	45.0
80	萨尔瓦多	El Salvador	42.2	49.7	55.3	52.4
81	伯利兹	Belize	42.0	48.8	56.8	48.1
82	厄瓜多尔	Ecuador	41.5	53.7	59.1	46.2
83	委内瑞拉	Venezuela	41.4	36.2	62.7	42.6
84	印度尼西亚	Indonesia	40.7	49.1	52.8	48.7
85	牙买加	Jamaica	40.6	39.9	54.1	47.8
86	秘鲁	Peru	40.0	56.1	54.5	41.2
87	阿尔及利亚	Algeria	39.3	46.9	56.7	41.1
88	黎巴嫩	Lebanon	39.3	37.5	63.7	31.3
89	伊朗	Iran	39.2	25.3	64.6	39.9
90	哥伦比亚	Colombia	38.8	51.1	56.9	38.6
91	摩洛哥	Morocco	38.8	44.1	55.4	48.1
92	埃及	Egypt	37.7	40.9	57.0	41.5
93	加蓬	Gabon	37.5	44.1	41.2	49.5
94	巴拉圭	Paraguay	36.2	48.2	50.7	43.8
95	多米尼加	Dominican Republic	36.1	41.8	46.0	47.3
96	菲律宾	Philippines	36.0	51.7	49.3	45.6
97	吉尔吉斯斯坦	Kyrgyzstan	35.7	38.0	54.2	45.4
98	尼加拉瓜	Nicaragua	35.5	42.1	49.9	48.6
99	乌兹别克斯坦	Uzbekistan	34.7	44.8	57.9	39.2
100	博茨瓦纳	Botswana	34.4	44.4	33.1	48.6
101	玻利维亚	Bolivia	33.6	48.6	47.6	42.6
102	危地马拉	Guatemala	32.6	55.4	46.7	42.7
103	加纳	Ghana	32.3	38.3	35.2	51.7
104	圭亚那	Guyana	32.1	37.8	46.6	41.1
105	尼泊尔	Nepal	32.1	57.8	42.1	41.4
106	塔吉克斯坦	Tajikistan	32.1	41.6	46.1	47.4
107	利比亚	Libya	31.1	34.2	41.7	43.8
108	柬埔寨	Cambodia	30.9	41.0	37.1	50.7
109	塞内加尔	Senegal	30.4	50.4	32.5	50.8
110	印度	India	30.0	36.8	41.6	37.1

17-5 续表 3 continued

排名 Rank	国家或地区	Country or Area	可持续经济发展评估指数 SEDA	分类指数 Sub-indices 经 济 Economics	投 资 Investments	可持续 Sustainability
111	老挝	Laos	29.2	54.9	39.7	39.7
112	洪都拉斯	Honduras	29.0	46.8	47.3	34.5
113	坦桑尼亚	Tanzania	28.5	57.2	24.4	53.4
114	纳米比亚	Namibia	27.7	38.3	33.1	43.7
115	南非	South Africa	27.2	35.5	38.3	34.9
116	贝宁	Benin	26.6	56.9	26.3	45.4
117	卢旺达	Rwanda	26.4	59.2	36.4	36.4
118	孟加拉国	Bangladesh	25.5	56.9	38.6	30.9
119	伊拉克	Iraq	25.4	13.6	45.2	29.3
120	肯尼亚	Kenya	24.1	45.9	30.4	43.4
121	刚果(布)	Republic of the Congo	23.7	53.2	26.9	42.9
122	马达加斯加	Madagascar	22.1	56.5	21.6	40.3
123	多哥	Togo	22.0	42.4	25.5	42.8
124	埃塞俄比亚	Ethiopia	21.1	47.3	21.8	44.7
125	莱索托	Lesotho	20.3	35.3	19.7	44.0
126	喀麦隆	Cameroon	20.2	45.3	25.4	38.2
127	科特迪瓦	Cote D'ivoire	20.1	51.7	24.8	38.9
128	马拉维	Malawi	20.0	38.8	21.8	40.1
129	布基纳法索	Burkina Faso	19.2	38.6	20.3	41.5
130	乌干达	Uganda	18.3	42.2	24.4	34.4
131	布隆迪	Burundi	18.2	45.2	23.3	37.0
132	斯威士兰	Swaziland	18.1	33.1	26.2	33.2
133	马里	Mali	18.0	30.6	22.3	41.1
134	赞比亚	Zambia	17.9	47.4	16.5	41.1
135	安哥拉	Angola	17.6	29.8	20.4	38.6
136	也门	Yemen	17.6	23.3	29.9	32.5
137	几内亚	Guinea	16.8	47.0	16.6	40.6
138	莫桑比克	Mozambique	16.7	52.6	9.8	44.3
139	巴基斯坦	Pakistan	16.7	37.6	28.8	27.3
140	尼日尔	Niger	16.4	40.1	12.5	42.5
141	苏丹	Sudan	16.3	19.9	31.9	31.8
142	尼日利亚	Nigeria	16.1	43.8	21.3	33.1
143	毛里塔尼亚	Mauritania	15.7	26.7	20.8	36.6
144	厄立特里亚	Eritrea	14.8	42.6	14.9	41.6
145	津巴布韦	Zimbabwe	13.9	35.8	23.6	33.0
146	刚果(金)	Democratic Republic Of Congo	8.3	43.1	14.2	28.0
147	海地	Haiti	6.3	41.5	13.4	22.7
148	乍得	Chad	6.1	37.6	7.1	27.7
149	中非	Central African Republic		30.2	6.9	22.0

17-6 世界主要国家和地区全球创新指数(GII)排名(2014年)

资料来源：《全球创新指数2014》。
Source:The Global Innovation Index 2014

排名 Rank	全球创新指数 Global Innovation Index			创新投入分指数 Innovation Input Sub-Index		
	国家或地区	Country or Area	数值 Score	国家或地区	Country or Area	数值 Score
1	瑞士	Switzerland	64.78	新加坡	Singapore	73.60
2	英国	United Kingdom	62.37	中国香港	Hong Kong (China)	68.57
3	瑞典	Sweden	62.29	英国	United Kingdom	68.21
4	芬兰	Finland	60.67	美国	United States of America	67.92
5	荷兰	Netherlands	60.59	芬兰	Finland	67.53
6	美国	United States of America	60.09	瑞典	Sweden	67.46
7	新加坡	Singapore	59.24	瑞士	Switzerland	66.44
8	丹麦	Denmark	57.52	加拿大	Canada	66.27
9	卢森堡	Luxembourg	56.86	丹麦	Denmark	65.52
10	中国香港	Hong Kong (China)	56.82	澳大利亚	Australia	64.57
11	爱尔兰	Ireland	56.67	荷兰	Netherlands	63.46
12	加拿大	Canada	56.13	爱尔兰	Ireland	63.31
13	德国	Germany	56.02	新西兰	New Zealand	62.47
14	挪威	Norway	55.59	挪威	Norway	62.37
15	以色列	Israel	55.46	日本	Japan	62.21
16	韩国	Korea, Republic of	55.27	韩国	Korea, Republic of	62.17
17	澳大利亚	Australia	55.01	以色列	Israel	61.80
18	新西兰	New Zealand	54.52	奥地利	Austria	61.33
19	冰岛	Iceland	54.05	德国	Germany	60.31
20	奥地利	Austria	53.41	法国	France	59.51
21	日本	Japan	52.41	卢森堡	Luxembourg	58.78
22	法国	France	52.18	比利时	Belgium	58.23
23	比利时	Belgium	51.69	爱沙尼亚	Estonia	56.81
24	爱沙尼亚	Estonia	51.54	冰岛	Iceland	56.77
25	马耳他	Malta	50.44	阿联酋	United Arab Emirates	56.23
26	捷克	Czech Republic	50.22	西班牙	Spain	55.94
27	西班牙	Spain	49.27	捷克	Czech Republic	53.59
28	斯洛文尼亚	Slovenia	47.23	斯洛文尼亚	Slovenia	53.07
29	中国	China	46.57	葡萄牙	Portugal	52.56
30	塞浦路斯	Cyprus	45.82	马来西亚	Malaysia	52.46
31	意大利	Italy	45.65	塞浦路斯	Cyprus	51.73
32	葡萄牙	Portugal	45.63	意大利	Italy	51.21
33	马来西亚	Malaysia	45.60	马耳他	Malta	50.57
34	拉脱维亚	Latvia	44.81	卡塔尔	Qatar	50.38
35	匈牙利	Hungary	44.61	拉脱维亚	Latvia	49.21
36	阿联酋	United Arab Emirates	43.25	立陶宛	Lithuania	48.73
37	斯洛伐克	Slovakia	41.89	智利	Chile	48.44
38	沙特阿拉伯	Saudi Arabia	41.61	巴巴多斯	Barbados	48.32
39	立陶宛	Lithuania	41.00	沙特阿拉伯	Saudi Arabia	47.85
40	毛里求斯	Mauritius	40.94	波兰	Poland	47.31
41	巴巴多斯	Barbados	40.78	匈牙利	Hungary	47.04
42	克罗地亚	Croatia	40.75	毛里求斯	Mauritius	46.89
43	摩尔多瓦	Moldova	40.74	斯洛伐克	Slovakia	46.75
44	保加利亚	Bulgaria	40.74	希腊	Greece	45.94
45	波兰	Poland	40.64	中国	China	45.79
46	智利	Chile	40.64	黑山	Montenegro	45.61
47	卡塔尔	Qatar	40.31	南非	South Africa	45.60

The Ranking of Global Innovation Index(GII) in 2014

排名 Rank	创新产出分指数 Innovation Output Sub-Index			效率指数 Efficiency Ratio		
	国家或地区	Country or Area	数值 Score	国家或地区	Country or Area	数值 Score
1	瑞士	Switzerland	63.11	摩尔多瓦	Moldova	1.07
2	荷兰	Netherlands	57.73	中国	China	1.03
3	瑞典	Sweden	57.13	马耳他	Malta	0.99
4	英国	United Kingdom	56.52	印度尼西亚	Indonesia	0.96
5	卢森堡	Luxembourg	54.94	瑞士	Switzerland	0.95
6	芬兰	Finland	53.82	越南	Viet Nam	0.95
7	美国	United States of America	52.27	委内瑞拉	Venezuela	0.95
8	德国	Germany	51.74	尼日利亚	Nigeria	0.94
9	冰岛	Iceland	51.33	卢森堡	Luxembourg	0.93
10	马耳他	Malta	50.31	土耳其	Turkey	0.93
11	爱尔兰	Ireland	50.04	科特迪瓦	Côte d'Ivoire	0.93
12	丹麦	Denmark	49.52	荷兰	Netherlands	0.91
13	以色列	Israel	49.11	冰岛	Iceland	0.90
14	挪威	Norway	48.82	匈牙利	Hungary	0.90
15	韩国	Korea, Republic of	48.37	乌克兰	Ukraine	0.90
16	中国	China	47.35	巴基斯坦	Pakistan	0.89
17	捷克	Czech Republic	46.85	捷克	Czech Republic	0.87
18	新西兰	New Zealand	46.57	斯里兰卡	Sri Lanka	0.87
19	爱沙尼亚	Estonia	46.27	德国	Germany	0.86
20	加拿大	Canada	45.99	瑞典	Sweden	0.85
21	奥地利	Austria	45.49	巴拿马	Panama	0.85
22	澳大利亚	Australia	45.46	多米尼加	Dominican Republic	0.85
23	比利时	Belgium	45.15	塞内加尔	Senegal	0.85
24	中国香港	Hong Kong (China)	45.08	保加利亚	Bulgaria	0.84
25	新加坡	Singapore	44.88	罗马尼亚	Romania	0.84
26	法国	France	44.85	肯尼亚	Kenya	0.84
27	日本	Japan	42.61	英国	United Kingdom	0.83
28	西班牙	Spain	42.60	白俄罗斯	Belarus	0.83
29	匈牙利	Hungary	42.18	亚美尼亚	Armenia	0.83
30	摩尔多瓦	Moldova	42.06	马里	Mali	0.83
31	斯洛文尼亚	Slovenia	41.38	拉脱维亚	Latvia	0.82
32	拉脱维亚	Latvia	40.41	印度	India	0.82
33	意大利	Italy	40.09	安哥拉	Angola	0.82
34	塞浦路斯	Cyprus	39.92	爱沙尼亚	Estonia	0.81
35	马来西亚	Malaysia	38.74	克罗地亚	Croatia	0.81
36	葡萄牙	Portugal	38.70	哥斯达黎加	Costa Rica	0.81
37	保加利亚	Bulgaria	37.13	加纳	Ghana	0.81
38	斯洛伐克	Slovakia	37.02	菲律宾	Philippines	0.81
39	土耳其	Turkey	36.74	芬兰	Finland	0.80
40	克罗地亚	Croatia	36.40	约旦	Jordan	0.80
41	沙特阿拉伯	Saudi Arabia	35.37	喀麦隆	Cameroon	0.80
42	巴拿马	Panama	35.20	爱尔兰	Ireland	0.79
43	毛里求斯	Mauritius	34.99	以色列	Israel	0.79
44	罗马尼亚	Romania	34.80	斯洛伐克	Slovakia	0.79
45	俄罗斯	Russia	34.50	俄罗斯	Russia	0.79
46	乌克兰	Ukraine	34.37	塞尔维亚	Serbia	0.79
47	越南	Viet Nam	34.02	阿根廷	Argentina	0.79

17-6 续表 1

排名 Rank	全球创新指数 Global Innovation Index			创新投入分指数 Innovation Input Sub-Index		
	国家或地区	Country or Area	数值 Score	国家或地区	Country or Area	数值 Score
48	泰国	Thailand	39.28	巴林	Bahrain	45.45
49	俄罗斯	Russia	39.14	斐济	Fiji	45.21
50	希腊	Greece	38.95	克罗地亚	Croatia	45.10
51	塞舌尔	Seychelles	38.56	蒙古	Mongolia	44.76
52	巴拿马	Panama	38.30	泰国	Thailand	44.75
53	南非	South Africa	38.25	塞舌尔	Seychelles	44.45
54	土耳其	Turkey	38.20	保加利亚	Bulgaria	44.34
55	罗马尼亚	Romania	38.08	文莱	Brunei Darussalam	44.30
56	蒙古	Mongolia	37.52	俄罗斯	Russia	43.77
57	哥斯达黎加	Costa Rica	37.30	马其顿	Macedonia	43.45
58	白俄罗斯	Belarus	37.10	哥伦比亚	Colombia	43.45
59	黑山	Montenegro	37.01	阿曼	Oman	42.82
60	马其顿	Macedonia	36.93	秘鲁	Peru	42.82
61	巴西	Brazil	36.29	黎巴嫩	Lebanon	42.22
62	巴林	Bahrain	36.26	墨西哥	Mexico	42.19
63	乌克兰	Ukraine	36.26	巴西	Brazil	41.74
64	约旦	Jordan	36.21	巴拿马	Panama	41.40
65	亚美尼亚	Armenia	36.06	罗马尼亚	Romania	41.36
66	墨西哥	Mexico	36.02	哥斯达黎加	Costa Rica	41.30
67	塞尔维亚	Serbia	35.89	博茨瓦纳	Botswana	41.20
68	哥伦比亚	Colombia	35.50	格鲁吉亚	Georgia	41.10
69	科威特	Kuwait	35.19	哈萨克斯坦	Kazakhstan	41.10
70	阿根廷	Argentina	35.13	白俄罗斯	Belarus	40.51
71	越南	Viet Nam	34.89	阿尔巴尼亚	Albania	40.51
72	乌拉圭	Uruguay	34.76	约旦	Jordan	40.29
73	秘鲁	Peru	34.73	乌拉圭	Uruguay	40.26
74	格鲁吉亚	Georgia	34.53	卢旺达	Rwanda	40.19
75	阿曼	Oman	33.87	塞尔维亚	Serbia	40.06
76	印度	India	33.70	不丹	Bhutan	39.76
77	黎巴嫩	Lebanon	33.60	突尼斯	Tunisia	39.75
78	突尼斯	Tunisia	32.94	土耳其	Turkey	39.66
79	哈萨克斯坦	Kazakhstan	32.75	科威特	Kuwait	39.44
80	圭亚那	Guyana	32.48	摩尔多瓦	Moldova	39.42
81	波黑	Bosnia and Herzegovina	32.43	亚美尼亚	Armenia	39.39
82	牙买加	Jamaica	32.41	波黑	Bosnia and Herzegovina	39.36
83	多米尼加	Dominican Republic	32.29	阿根廷	Argentina	39.18
84	摩洛哥	Morocco	32.24	牙买加	Jamaica	39.17
85	肯尼亚	Kenya	31.85	佛得角	Cabo Verde	38.89
86	不丹	Bhutan	31.83	特立尼达和多巴哥	Trinidad and Tobago	38.64
87	印度尼西亚	Indonesia	31.81	莱索托	Lesotho	38.58
88	文莱	Brunei Darussalam	31.67	乌克兰	Ukraine	38.15
89	巴拉圭	Paraguay	31.59	摩洛哥	Morocco	37.99
90	特立尼达和多巴哥	Trinidad and Tobago	31.56	吉尔吉斯斯坦	Kyrgyzstan	37.92
91	乌干达	Uganda	31.14	阿塞拜疆	Azerbaijan	37.35
92	博茨瓦纳	Botswana	30.87	圭亚那	Guyana	37.28
93	危地马拉	Guatemala	30.75	印度	India	36.97
94	阿尔巴尼亚	Albania	30.47	危地马拉	Guatemala	36.69

continued

排名 Rank	创新产出分指数 Innovation Output Sub-Index			效率指数 Efficiency Ratio		
	国家或地区	Country or Area	数值 Score	国家或地区	Country or Area	数值 Score
48	波兰	Poland	33.98	赞比亚	Zambia	0.79
49	泰国	Thailand	33.81	津巴布韦	Zimbabwe	0.79
50	白俄罗斯	Belarus	33.68	挪威	Norway	0.78
51	哥斯达黎加	Costa Rica	33.31	韩国	Korea, Republic of	0.78
52	立陶宛	Lithuania	33.27	比利时	Belgium	0.78
53	巴巴多斯	Barbados	33.24	斯洛文尼亚	Slovenia	0.78
54	智利	Chile	32.84	意大利	Italy	0.78
55	亚美尼亚	Armenia	32.73	科威特	Kuwait	0.78
56	塞舌尔	Seychelles	32.68	美国	United States of America	0.77
57	约旦	Jordan	32.13	塞浦路斯	Cyprus	0.77
58	希腊	Greece	31.95	丹麦	Denmark	0.76
59	塞尔维亚	Serbia	31.73	西班牙	Spain	0.76
60	印度尼西亚	Indonesia	31.20	泰国	Thailand	0.76
61	阿根廷	Argentina	31.07	埃及	Egypt	0.76
62	科威特	Kuwait	30.94	冈比亚	Gambia	0.76
63	南非	South Africa	30.90	新西兰	New Zealand	0.75
64	巴西	Brazil	30.84	法国	France	0.75
65	印度	India	30.42	毛里求斯	Mauritius	0.75
66	马其顿	Macedonia	30.42	巴拉圭	Paraguay	0.75
67	蒙古	Mongolia	30.28	奥地利	Austria	0.74
68	阿联酋	United Arab Emirates	30.27	葡萄牙	Portugal	0.74
69	卡塔尔	Qatar	30.24	马来西亚	Malaysia	0.74
70	墨西哥	Mexico	29.86	沙特阿拉伯	Saudi Arabia	0.74
71	多米尼加	Dominican Republic	29.64	塞舌尔	Seychelles	0.74
72	乌拉圭	Uruguay	29.27	巴西	Brazil	0.74
73	肯尼亚	Kenya	29.01	圭亚那	Guyana	0.74
74	黑山	Montenegro	28.41	柬埔寨	Cambodia	0.74
75	格鲁吉亚	Georgia	27.95	乌拉圭	Uruguay	0.73
76	圭亚那	Guyana	27.67	波兰	Poland	0.72
77	哥伦比亚	Colombia	27.55	墨西哥	Mexico	0.71
78	塞内加尔	Senegal	27.55	乌干达	Uganda	0.71
79	巴拉圭	Paraguay	27.18	布基纳法索	Burkina Faso	0.71
80	巴林	Bahrain	27.08	缅甸	Myanmar	0.71
81	斯里兰卡	Sri Lanka	27.04	澳大利亚	Australia	0.70
82	加纳	Ghana	27.03	希腊	Greece	0.70
83	尼日利亚	Nigeria	26.95	马其顿	Macedonia	0.70
84	菲律宾	Philippines	26.80	摩洛哥	Morocco	0.70
85	秘鲁	Peru	26.65	玻利维亚	Bolivia	0.70
86	摩洛哥	Morocco	26.49	加拿大	Canada	0.69
87	突尼斯	Tunisia	26.14	日本	Japan	0.69
88	科特迪瓦	Côte d'Ivoire	26.04	巴巴多斯	Barbados	0.69
89	埃及	Egypt	26.01	立陶宛	Lithuania	0.68
90	乌干达	Uganda	25.96	智利	Chile	0.68
91	牙买加	Jamaica	25.65	南非	South Africa	0.68
92	波黑	Bosnia and Herzegovina	25.51	蒙古	Mongolia	0.68
93	冈比亚	Gambia	25.15	格鲁吉亚	Georgia	0.68
94	委内瑞拉	Venezuela	24.99	危地马拉	Guatemala	0.68

17-6 续表 2

排名 Rank	全球创新指数 Global Innovation Index			创新投入分指数 Innovation Input Sub-Index		
	国家或地区	Country or Area	数值 Score	国家或地区	Country or Area	数值 Score
95	斐济	Fiji	30.39	纳米比亚	Namibia	36.67
96	加纳	Ghana	30.26	莫桑比克	Mozambique	36.42
97	佛得角	Cabo Verde	30.09	萨尔瓦多	El Salvador	36.42
98	塞内加尔	Senegal	30.06	乌干达	Uganda	36.32
99	埃及	Egypt	30.03	巴拉圭	Paraguay	36.01
100	菲律宾	Philippines	29.87	越南	Viet Nam	35.75
101	阿塞拜疆	Azerbaijan	29.60	多米尼加	Dominican Republic	34.95
102	卢旺达	Rwanda	29.31	洪都拉斯	Honduras	34.84
103	萨尔瓦多	El Salvador	29.08	肯尼亚	Kenya	34.69
104	冈比亚	Gambia	29.03	埃及	Egypt	34.05
105	斯里兰卡	Sri Lanka	28.98	厄瓜多尔	Ecuador	33.71
106	柬埔寨	Cambodia	28.66	加纳	Ghana	33.50
107	莫桑比克	Mozambique	28.52	伊朗	Iran	33.24
108	纳米比亚	Namibia	28.47	尼加拉瓜	Nicaragua	33.22
109	布基纳法索	Burkina Faso	28.18	马拉维	Malawi	32.97
110	尼日利亚	Nigeria	27.79	菲律宾	Philippines	32.93
111	玻利维亚	Bolivia	27.76	冈比亚	Gambia	32.92
112	吉尔吉斯斯坦	Kyrgyzstan	27.75	布基纳法索	Burkina Faso	32.87
113	马拉维	Malawi	27.61	柬埔寨	Cambodia	32.85
114	喀麦隆	Cameroon	27.52	塔吉克斯坦	Tajikistan	32.82
115	厄瓜多尔	Ecuador	27.50	玻利维亚	Bolivia	32.74
116	科特迪瓦	Côte d'Ivoire	27.02	塞内加尔	Senegal	32.56
117	莱索托	Lesotho	27.01	印度尼西亚	Indonesia	32.42
118	洪都拉斯	Honduras	26.73	尼日尔	Niger	32.35
119	马里	Mali	26.18	斯威士兰	Swaziland	32.21
120	伊朗	Iran	26.14	坦桑尼亚	Tanzania	31.98
121	赞比亚	Zambia	25.76	尼泊尔	Nepal	31.83
122	委内瑞拉	Venezuela	25.66	阿尔及利亚	Algeria	31.65
123	坦桑尼亚	Tanzania	25.60	马达加斯加	Madagascar	31.41
124	马达加斯加	Madagascar	25.50	乌兹别克斯坦	Uzbekistan	31.26
125	尼加拉瓜	Nicaragua	25.47	斯里兰卡	Sri Lanka	30.92
126	埃塞俄比亚	Ethiopia	25.36	布隆迪	Burundi	30.63
127	斯威士兰	Swaziland	25.33	喀麦隆	Cameroon	30.59
128	乌兹别克斯坦	Uzbekistan	25.20	埃塞俄比亚	Ethiopia	30.36
129	孟加拉国	Bangladesh	24.35	贝宁	Benin	30.28
130	津巴布韦	Zimbabwe	24.31	孟加拉国	Bangladesh	29.00
131	尼日尔	Niger	24.27	赞比亚	Zambia	28.74
132	贝宁	Benin	24.21	马里	Mali	28.65
133	阿尔及利亚	Algeria	24.20	尼日利亚	Nigeria	28.63
134	巴基斯坦	Pakistan	24.00	多哥	Togo	28.31
135	安哥拉	Angola	23.82	科特迪瓦	Côte d'Ivoire	28.01
136	尼泊尔	Nepal	23.79	津巴布韦	Zimbabwe	27.18
137	塔吉克斯坦	Tajikistan	23.73	委内瑞拉	Venezuela	26.32
138	布隆迪	Burundi	22.43	安哥拉	Angola	26.21
139	几内亚	Guinea	20.25	巴基斯坦	Pakistan	25.44
140	缅甸	Myanmar	19.64	几内亚	Guinea	25.14
141	也门	Yemen	19.53	也门	Yemen	24.36
142	多哥	Togo	17.65	苏丹	Sudan	23.20
143	苏丹	Sudan	12.66	缅甸	Myanmar	23.03

continued

排名 Rank	创新产出分指数 Innovation Output Sub-Index			效率指数 Efficiency Ratio		
	国家或地区	Country or Area	数值 Score	国家或地区	Country or Area	数值 Score
95	黎巴嫩	Lebanon	24.98	孟加拉国	Bangladesh	0.68
96	阿曼	Oman	24.92	马拉维	Malawi	0.67
97	危地马拉	Guatemala	24.82	埃塞俄比亚	Ethiopia	0.67
98	特立尼达和多巴哥	Trinidad and Tobago	24.49	中国香港	Hong Kong (China)	0.66
99	柬埔寨	Cambodia	24.46	突尼斯	Tunisia	0.66
100	喀麦隆	Cameroon	24.46	波黑	Bosnia and Herzegovina	0.65
101	哈萨克斯坦	Kazakhstan	24.40	牙买加	Jamaica	0.65
102	不丹	Bhutan	23.89	哥伦比亚	Colombia	0.63
103	马里	Mali	23.71	特立尼达和多巴哥	Trinidad and Tobago	0.63
104	布基纳法索	Burkina Faso	23.49	厄瓜多尔	Ecuador	0.63
105	赞比亚	Zambia	22.79	黑山	Montenegro	0.62
106	玻利维亚	Bolivia	22.78	秘鲁	Peru	0.62
107	巴基斯坦	Pakistan	22.57	马达加斯加	Madagascar	0.62
108	马拉维	Malawi	22.25	新加坡	Singapore	0.61
109	阿塞拜疆	Azerbaijan	21.84	乌兹别克斯坦	Uzbekistan	0.61
110	萨尔瓦多	El Salvador	21.73	几内亚	Guinea	0.61
111	津巴布韦	Zimbabwe	21.45	卡塔尔	Qatar	0.60
112	安哥拉	Angola	21.44	巴林	Bahrain	0.60
113	厄瓜多尔	Ecuador	21.28	不丹	Bhutan	0.60
114	佛得角	Cabo Verde	21.28	萨尔瓦多	El Salvador	0.60
115	莫桑比克	Mozambique	20.61	坦桑尼亚	Tanzania	0.60
116	博茨瓦纳	Botswana	20.54	贝宁	Benin	0.60
117	阿尔巴尼亚	Albania	20.43	也门	Yemen	0.60
118	埃塞俄比亚	Ethiopia	20.35	黎巴嫩	Lebanon	0.59
119	纳米比亚	Namibia	20.28	哈萨克斯坦	Kazakhstan	0.59
120	孟加拉国	Bangladesh	19.70	阿曼	Oman	0.58
121	马达加斯加	Madagascar	19.58	阿塞拜疆	Azerbaijan	0.58
122	坦桑尼亚	Tanzania	19.21	莫桑比克	Mozambique	0.57
123	乌兹别克斯坦	Uzbekistan	19.14	伊朗	Iran	0.57
124	文莱	Brunei Darussalam	19.04	斯威士兰	Swaziland	0.57
125	伊朗	Iran	19.04	佛得角	Cabo Verde	0.55
126	洪都拉斯	Honduras	18.62	纳米比亚	Namibia	0.55
127	斯威士兰	Swaziland	18.45	阿联酋	United Arab Emirates	0.54
128	卢旺达	Rwanda	18.43	洪都拉斯	Honduras	0.53
129	贝宁	Benin	18.13	尼加拉瓜	Nicaragua	0.53
130	尼加拉瓜	Nicaragua	17.72	阿尔及利亚	Algeria	0.53
131	吉尔吉斯斯坦	Kyrgyzstan	17.58	博茨瓦纳	Botswana	0.50
132	阿尔及利亚	Algeria	16.74	阿尔巴尼亚	Albania	0.50
133	缅甸	Myanmar	16.25	尼日尔	Niger	0.50
134	尼日尔	Niger	16.20	尼泊尔	Nepal	0.49
135	尼泊尔	Nepal	15.74	卢旺达	Rwanda	0.46
136	斐济	Fiji	15.56	吉尔吉斯斯坦	Kyrgyzstan	0.46
137	莱索托	Lesotho	15.45	布隆迪	Burundi	0.46
138	几内亚	Guinea	15.35	塔吉克斯坦	Tajikistan	0.45
139	也门	Yemen	14.70	文莱	Brunei Darussalam	0.43
140	塔吉克斯坦	Tajikistan	14.65	莱索托	Lesotho	0.40
141	布隆迪	Burundi	14.23	斐济	Fiji	0.34
142	多哥	Togo	6.98	多哥	Togo	0.25
143	苏丹	Sudan	2.11	苏丹	Sudan	0.09

17-7 按营业额排序的世界最大500家企业(2013年)

资料来源：美国《财富》杂志2014年。
Source: United States Fortune, 2014.

排名 Rank		企业名称	Company Name	国家	Country
2013	2012				
1	2	沃尔玛	Wal-Mart Stores	美国	U.S.
2	1	荷兰皇家壳牌石油公司	Royal Dutch Shell	荷兰	Netherlands
3	4	中国石油化工集团公司	Sinopec Group	中国	China
4	5	中国石油天然气集团公司	China National Petroleum	中国	China
5	3	埃克森美孚	Exxon Mobil	美国	U.S.
6	6	英国石油公司	BP	英国	Britain
7	7	国家电网公司	State Grid	中国	China
8	9	大众公司	Volkswagen	德国	Germany
9	8	丰田汽车公司	Toyota Motor	日本	Japan
10	12	嘉能可国际	Glencore International	瑞士	Switzerland
11	10	道达尔公司	Total	法国	France
12	11	雪佛龙	Chevron	美国	U.S.
13	14	三星电子	Samsung Electronics	韩国	South Korea
14	18	伯克希尔-哈撒韦公司	Berkshire Hathaway	美国	U.S.
15	19	苹果公司	Apple	美国	U.S.
16	20	安盛	Axa	法国	France
17	21	俄罗斯天然气工业股份公司	Gazprom	俄罗斯	Russia
18	15	意昂集团	E.On	德国	Germany
19	16	Phillips 66公司	Phillips 66	美国	U.S.
20	23	戴姆勒股份公司	Daimler	德国	Germany
21	22	通用汽车公司	General Motors	美国	U.S.
22	17	埃尼石油公司	Eni	意大利	Italy
23	13	日本邮政控股公司	Japan Post Holdings	日本	Japan
24	26	EXOR集团	Exor Group	意大利	Italy
25	29	中国工商银行	Industrial & Commercial Bank Of China	中国	China
26	28	福特汽车公司	Ford Motor	美国	U.S.
27	24	通用电气公司	General Electric	美国	U.S.
28	25	巴西国家石油公司	Petrobras	巴西	Brazil
29	42	麦克森公司	Mckesson	美国	U.S.
30	27	瓦莱罗能源公司	Valero Energy	美国	U.S.
31	31	安联保险集团	Allianz	德国	Germany
32	30	鸿海精密工业股份有限公司	Hon Hai Precision Industry	中国台湾	TaiWan
33	61	法国兴业银行	SOCIÉTÉGÉNÉRALE	法国	France
34	34	美国电话电报公司	At&T	美国	U.S.
35	40	CVS Caremark公司	Cvs Caremark	美国	U.S.
36	36	墨西哥石油公司	Pemex	墨西哥	Mexico
37	35	房利美	Fannie Mae	美国	U.S.
38	50	中国建设银行	China Construction Bank	中国	China
39	51	联合健康集团	Unitedhealth Group	美国	U.S.
40	41	法国巴黎银行	Bnp Paribas	法国	France
41	38	委内瑞拉国家石油公司	Pdvsa	委内瑞拉	Venezuela
42	48	威瑞森电信	Verizon Communications	美国	U.S.
43	46	卢克石油公司	Lukoil	俄罗斯	Russia
44	37	苏伊士集团	Gdf Suez	法国	France
45	45	本田汽车	Honda Motor	日本	Japan
46	99	俄罗斯石油公司	Rosneft Oil	俄罗斯	Russia
47	64	中国农业银行	Agricultural Bank Of China	中国	China
48	49	意大利忠利保险公司	Assicurazioni Generali	意大利	Italy
49	33	荷兰国际集团	Ing Group	荷兰	Netherlands
50	43	惠普	Hewlett-Packard	美国	U.S.

The 500 Largest Companies in the World Sorted by Revenue in 2013

营业额 Revenues		利润额 Profits		资产额 (百万美元) Assets (mil.USD)	雇员人数 (人) Employees (person)
百万美元 (mil.USD)	比上年增长% % Change from 2012	百万美元 (mil.USD)	比上年增长% % Change from 2012		
476294.0	1.5	16022.0	-5.7	204751.0	2200000
459599.0	-4.6	16371.0	-38.4	357512.0	92000
457201.1	6.8	8932.1	8.6	352982.9	961703
432007.7	5.7	18504.8	1.7	620651.1	1602898
407666.0	-9.4	32580.0	-27.4	346808.0	84800
396217.0	2.0	23451.0	102.5	305690.0	83900
333386.5	11.7	7982.8	-35.2	424531.5	867836
261539.1	5.6	12071.5	-56.7	446866.0	572800
256454.8	-3.5	18198.2	57.1	402422.8	338875
232694.0	8.5	-7402.0	-837.3	154932.0	110378
227882.7	-2.7	11204.6	-18.5	239035.9	98799
220356.0	-5.8	21423.0	-18.2	253753.0	64600
208938.4	17.0	27245.3	32.4	202876.2	286000
182150.0	12.1	19476.0	31.4	484931.0	302000
170910.0	9.2	37037.0	-11.3	207000.0	84400
165893.5	7.3	5950.1	11.5	1043191.6	93146
165016.7	7.5	35769.4	-6.1	409205.9	429000
162560.0	-4.2	2843.6	-0.2	180112.9	62239
161175.0	-4.9	3726.0	-9.7	49798.0	13500
156628.4	6.6	9083.2	16.0	232184.1	274616
155427.0	2.1	5346.0	-13.6	166344.0	219000
154108.7	-8.2	6850.2	-31.6	190606.2	82289
152125.8	-20.3	4782.1	-29.4	2838171.0	228000
150996.9	6.2	2768.0	441.2	182806.5	305963
148802.6	11.3	42718.1	13.0	3124886.9	441902
146917.0	9.4	7155.0	26.3	202026.0	181000
146231.0	-0.4	13057.0	-4.3	656560.0	307000
141462.0	-1.8	11094.0	0.5	321423.0	86111
138030.0	12.7	1263.0	-5.6	51759.0	42800
137758.0	-0.4	2720.0	30.6	47260.0	10007
134636.1	3.0	7960.1	19.8	980346.0	147627
133161.7	0.8	3594.8	12.3	77599.4	1110000
132711.1	26.3	2887.4	190.3	1701944.0	153458
128752.0	1.0	18249.0	151.2	277787.0	243360
126761.0	2.9	4592.0	18.4	71526.0	169000
125943.9	0.6	-13302.7	-6276.9	156334.7	145898
125696.0	-1.2	83963.0	387.6	3270108.0	7400
125397.7	10.6	34912.5	14.0	2537737.7	368410
122489.0	10.7	5625.0	1.8	81882.0	156000
121939.2	-0.9	6414.8	-23.8	2480231.5	173334
120979.0	-2.8	12933.0	382.9	218196.0	111342
120550.0	4.1	11497.0	1213.9	274098.0	176800
119118.0	2.4	7832.0	-28.8	109439.0	150000
118551.3	-4.9	-12331.7	-719.1	219912.0	223012
118210.5	-0.6	5730.7	29.6	151714.4	190338
117079.3	47.1	17111.4	55.8	229572.8	228000
115392.1	11.5	27050.0	17.6	2405408.6	496365
115224.4	1.3	2542.3	2098.0	619536.0	77185
114295.1	-11.0	6076.3	45.1	1483342.2	83690
112298.0	-6.7	5113.0	-	105676.0	317500

17-7 续表 1

排名 Rank		企业名称	Company Name	国家	Country
2013	2012				
51	44	JX控股公司	Jx Holdings	日本	Japan
52	80	中国建筑工程总公司	China State Construction Engineering Corporation	中国	China
53	32	日本电报电话公司	Nippon Telegraph & Telephone	日本	Japan
54	39	挪威国家石油公司	Statoil	挪威	Norway
55	71	中国移动通信集团公司	China Mobile Communications	中国	China
56	52	意大利国家电力公司	Enel	意大利	Italy
57	55	摩根大通	J.P. Morgan Chase & Co.	美国	U.S.
58	53	西门子	Siemens	德国	Germany
59	70	中国银行	Bank Of China	中国	China
60	67	好市多	Costco Wholesale	美国	U.S.
61	47	日产汽车	Nissan Motor	日本	Japan
62	74	美国快捷药方控股公司	Express Scripts Holding	美国	U.S.
63	63	乐购	Tesco	英国	Britain
64	57	SK集团	Sk Holdings	韩国	South Korea
65	59	家乐福	Carrefour	法国	France
66	66	美国银行	Bank Of America Corp.	美国	U.S.
67	56	康德乐	Cardinal Health	美国	U.S.
68	68	宝马	BMW	德国	Germany
69	75	马来西亚国家石油公司	Petronas	马来西亚	Malaysia
70	77	法国电力公司	ÉLECTRICITÉ DE FRANCE	法国	France
71	62	国际商业机器公司	International Business Machines	美国	U.S.
72	69	雀巢公司	NESTLÉ	瑞士	Switzerland
73	58	西班牙国家银行	Banco Santander	西班牙	Spain
74	72	克罗格	Kroger	美国	U.S.
75	65	巴斯夫公司	Basf	德国	Germany
76	76	来宝集团	Noble Group	中国	China
77	60	汇丰银行控股公司	Hsbc Holdings	英国	Britain
78	54	日立	Hitachi	日本	Japan
79	93	中国海洋石油总公司	China National Offshore Oil	中国	China
80	100	中国铁道建筑总公司	China Railway Construction	中国	China
81	101	马拉松原油公司	Marathon Petroleum	美国	U.S.
82	79	花旗集团	Citigroup	美国	U.S.
83	73	法国农业信贷银行	CRÉDIT AGRICOLE	法国	France
84	81	泰国国家石油有限公司	PTT	泰国	Thailand
85	103	上海汽车集团股份有限公司	Saic Motor	中国	China
86	102	中国中铁股份有限公司	China Railway Group	中国	China
87	82	ADM公司	Archer Daniels Midland	美国	U.S.
88	98	美源伯根公司	Amerisourcebergen	美国	U.S.
89	78	美国富国银行	Wells Fargo	美国	U.S.
90	95	波音	Boeing	美国	U.S.
91	87	麦德龙	Metro	德国	Germany
92	89	宝洁公司	Procter & Gamble	美国	U.S.
93	92	慕尼黑再保险公司	Munich Re Group	德国	Germany
94	85	英国劳埃德银行集团	Lloyds Banking Group	英国	Britain
95	84	英国保诚集团	Prudential	英国	Britain
96	88	印度石油公司	Indian Oil	印度	India
97	96	房地美	Freddie Mac	美国	U.S.
98	111	中国人寿保险(集团)公司	China Life Insurance	中国	China
99	105	德国电信	Deutsche Telekom	德国	Germany
100	104	现代汽车	Hyundai Motor	韩国	SourthKorea

continued

营业额 Revenues 百万美元 (mil.USD)	营业额 Revenues 比上年增长% % Change from 2012	利润额 Profits 百万美元 (mil.USD)	利润额 Profits 比上年增长% % Change from 2012	资产额 (百万美元) Assets (mil.USD)	雇员人数 (人) Employees (person)
111014.1	-7.1	1068.5	-44.4	75573.2	26616
110811.6	22.3	1853.2	43.5	130558.9	216729
109054.3	-15.4	5844.1	-7.4	196998.6	239750
108459.4	-12.8	6789.3	-42.7	146025.4	23413
107647.3	11.1	9197.9	-22.4	232012.7	235688
106915.2	-2.0	4294.7	286.3	226163.1	71394
106283.0	-1.8	17923.0	-15.8	2415689.0	251196
106124.0	-2.6	5620.0	-2.8	137970.3	362000
105622.6	7.3	25520.5	15.5	2291795.3	305675
105156.0	6.1	2039.0	19.3	30283.0	143500
104635.8	-	3883.3	-5.8	142793.1	142925
104620.0	10.8	1844.6	40.5	53548.2	29975
103278.1	-1.1	1534.8	680.5	84054.8	391868
102122.1	-3.9	258.2	-72.3	87716.0	79251
101790.8	-4.0	1676.7	5.8	60022.5	364795
101697.0	1.6	11431.0	172.9	2102273.0	242117
101093.0	-6.0	334.0	-68.8	25819.0	33600
100971.7	2.2	7054.7	7.7	190643.4	110351
100744.9	6.9	17180.8	7.4	161472.2	49183
100355.7	7.4	4669.0	9.6	353820.4	158467
99751.0	-4.6	16483.0	-0.7	126223.0	463785
99453.6	1.0	10807.8	-4.5	135465.1	333000
98506.4	-7.1	5801.4	104.7	1537126.0	182958
98375.0	1.7	1519.0	1.5	29281.0	375000
98203.8	-2.9	6428.1	2.5	88705.5	112206
97878.3	4.1	243.5	-48.3	19712.1	15649
97529.0	-7.4	16204.0	15.5	2671318.0	268795
95988.2	-11.8	2645.0	25.3	106991.4	320725
95971.5	15.0	7700.8	-0.4	172062.6	108646
95746.8	24.1	986.5	21.0	93161.2	297239
93991.0	22.4	2112.0	-37.7	28385.0	29865
93629.0	3.2	13673.0	81.3	1880382.0	251000
93618.4	-1.6	3325.5	-	2117503.6	75529
92556.6	2.9	3081.8	-8.5	54846.9	25251
92024.8	20.7	4034.1	22.7	61719.0	93905
91152.6	18.8	1524.7	30.8	103767.9	289547
89804.0	0.9	1342.0	9.7	43752.0	31100
89140.4	11.8	433.7	-39.7	18918.6	12500
88069.0	-3.5	21878.0	15.8	1527015.0	264900
86623.0	6.0	4585.0	17.6	92663.0	168400
86347.3	0.7	504.5	12984.9	45175.3	238266
84167.0	-1.1	11312.0	5.2	139263.0	121000
83844.8	-0.2	4398.2	7.1	350358.0	44665
83149.5	-4.3	-1309.9	-	1402681.0	88977
81867.7	-6.9	2103.9	-39.6	539743.1	18801
81323.9	-4.9	1171.7	43.3	44658.6	35702
81221.0	0.7	48668.0	343.2	1966061.0	5083
80909.4	9.8	594.8	-	397614.4	146002
79829.0	6.8	1234.6	-	162784.3	230000
79766.1	6.4	7804.0	2.7	126441.9	104731

17-7 续表 2

排名 Rank		企业名称	Company Name	国家	Country
2013	2012				
101	91	安赛乐米塔尔	Arcelormittal	卢森堡	Luxembourg
102	106	家得宝	Home Depot	美国	U.S.
103	114	空中客车集团	Airbus Group	荷兰	Netherlands
104	110	微软	Microsoft	美国	U.S.
105	94	索尼	Sony	日本	Japan
106	83	松下	Panasonic	日本	Japan
107	119	中国中化集团公司	Sinochem Group	中国	China
108	118	三菱商事株式会社	Mitsubishi	日本	Japan
109	97	西班牙电话公司	TELEFÓNICA	西班牙	Spain
110	108	德国邮政	Deutsche Post	德国	Germany
111	141	中国第一汽车集团公司	China Faw Group	中国	China
112	149	亚马逊	Amazon.Com	美国	U.S.
113	146	东风汽车集团	Dongfeng Motor Group	中国	China
114	107	信实工业公司	Reliance Industries	印度	India
115	134	中国南方电网有限责任公司	China Southern Power Grid	中国	China
116	113	塔吉特公司	Target	美国	U.S.
117	120	沃尔格林公司	Walgreen	美国	U.S.
118	123	苏黎世保险集团	Zurich Insurance Group	瑞士	Switzerland
119	121	标致	Peugeot	法国	France
120	147	Wellpoint公司	Wellpoint	美国	U.S.
121	132	强生	Johnson & Johnson	美国	U.S.
122	-	国家开发银行	China Development Bank	中国	China
123	122	印尼国家石油公司	Pertamina	印度尼西亚	Indonesia
124	160	丸红株式会社	Marubeni	日本	Japan
125	116	巴西银行	Banco Do Brasil	巴西	Brazil
126	112	雷普索尔公司	Repsol	西班牙	Spain
127	125	美国国际集团	American International Group	美国	U.S.
128	181	中国平安保险(集团)股份有限公	Ping An Insurance	中国	China
129	138	州立农业保险公司	State Farm Insurance Cos.	美国	U.S.
130	139	莱茵集团	Rwe	德国	Germany
131	129	大都会人寿	Metlife	美国	U.S.
132	86	日本生命保险公司	Nippon Life Insurance	日本	Japan
133	192	中国五矿集团公司	China Minmetals	中国	China
134	140	美国邮政	U.S. Postal Service	美国	U.S.
135	257	软银	Softbank	日本	Japan
136	133	法国BPCE银行集团	Groupe Bpce	法国	France
137	137	百事公司	Pepsico	美国	U.S.
138	-	伊利塔乌联合银行控股公司	Itau Unibanco Holding	巴西	Brazil
139	117	东京电力公司	Tokyo Electric Power	日本	Japan
140	135	联合利华	Unilever	英国/荷兰	Britain/ Netherlands
141	124	沃达丰集团	Vodafone Group	英国	Britain
142	115	必和必拓	Bhp Billiton	澳大利亚	Australia
143	187	中国华润总公司	China Resources National	中国	China
144	175	法切莱公司	Foncière Euris	法国	France
145	126	东芝	Toshiba	日本	Japan
146	145	美国康卡斯特电信公司	Comcast	美国	U.S.
147	151	荷兰全球保险集团	Aegon	荷兰	Netherlands
148	127	日本永旺集团	Aeon	日本	Japan
149	152	欧尚集团	Groupe Auchan	法国	France
150	-	路易达孚	Louis Dreyfus Commodities	荷兰	Netherlands

continued

营业额 Revenues 百万美元 (mil.USD)	比上年增长% % Change from 2012	利润额 Profits 百万美元 (mil.USD)	比上年增长% % Change from 2012	资产额 (百万美元) Assets (mil.USD)	雇员人数 (人) Employees (person)
79440.0	-5.7	-2545.0	-	112308.0	232000
78812.0	5.4	5385.0	18.7	40518.0	365000
78666.0	8.4	1944.9	23.2	128563.9	144061
77849.0	5.6	21863.0	28.8	142431.0	99000
77532.3	-5.3	-1281.4	-347.3	148914.5	140900
77225.6	-12.2	1202.2	-	50626.3	271789
75939.0	5.7	755.1	-7.2	52491.6	50199
75755.4	5.4	4439.9	2.4	148506.4	68383
75752.0	-5.5	6097.5	20.8	163768.1	126730
75732.1	2.2	2775.9	30.3	48881.6	435285
75005.6	15.6	3263.6	24.5	49768.8	91646
74452.0	21.9	274.0	-	40159.0	117300
74008.2	19.9	1448.4	8.6	48777.5	184635
73332.4	-1.5	3719.5	-3.1	71815.0	23853
72697.1	9.0	1325.5	29.9	96507.7	309114
72596.0	-1.0	1971.0	-34.3	44553.0	366000
72217.0	0.8	2450.0	15.2	35481.0	210500
72045.0	2.3	4028.0	3.9	415053.0	55102
71807.8	0.8	-3076.0	-	82205.1	198885
71458.2	15.8	2489.7	-6.2	59574.5	48200
71312.0	6.1	13831.0	27.4	132683.0	128100
71305.6	11.3	12949.8	30.0	1352390.7	8468
71102.1	0.3	3061.6	10.9	49341.9	24781
70429.5	20.3	2105.6	-	70461.1	39465
69642.7	-3.4	7302.0	26.8	552764.2	112216
69148.7	-5.9	258.9	-90.2	89675.5	30296
68678.0	-2.1	9085.0	164.3	541329.0	64000
68508.8	27.4	4579.1	44.1	555065.7	203366
68291.3	4.6	5189.2	64.3	224694.1	72276
68227.4	4.6	-3522.0	-295.5	111765.8	66341
68202.0	0.0	3368.0	154.4	885296.0	65000
68168.9	-21.4	2467.1	-17.4	554435.7	73578
67440.2	30.2	402.0	-42.9	48576.6	118030
67318.0	3.2	-4977.0	-	21641.0	554365
66546.0	63.6	5850.9	67.9	162037.5	24598
66428.6	-0.8	3543.3	28.4	1547985.9	115360
66415.0	1.4	6740.0	9.1	77478.0	274000
66217.2	-12.8	7610.6	17.7	435498.5	95696
66194.4	-8.0	4378.5	-	143741.9	45744
66108.6	0.2	6428.1	11.6	62707.8	174000
65986.5	-6.0	94132.0	13794.5	203095.1	89146
65968.0	-8.7	10876.0	-29.5	138109.0	49496.0
65959.9	25.8	2029.5	6.5	140218.4	432834
65463.4	19.4	119.5	-49.5	60256.7	333723
64907.9	-7.1	507.3	-45.7	60615.9	200260
64657.0	3.3	6816.0	9.9	158813.0	136000
64293.8	6.0	1298.4	-34.0	487389.9	26891
64240.5	-7.3	458.1	-49.7	66783.4	221701
63825.2	5.8	1018.2	20.8	41655.0	302535
63596.2	9.1	640.1	-36.2	19174.6	17593

17-7 续表 3

排名 Rank		企业名称	Company Name	国家	Country
2013	2012				
151	154	联合技术公司	United Technologies	美国	U.S.
152	161	中国兵器工业集团公司	China North Industries Group	中国	China
153	143	邦吉公司	Bunge	美国	U.S.
154	182	中国电信集团公司	China Telecommunications	中国	China
155	131	博世公司	Robert Bosch	德国	Germany
156	158	美洲电信	América Móvil	墨西哥	Mexico
157	109	英杰华集团	Aviva	英国	Britain
158	153	西农	Wesfarmers	澳大利亚	Australia
159	173	英国法通保险公司	Legal & General Group	英国	Britain
160	172	中国中信集团有限公司	Citic Group	中国	China
161	159	澳大利亚伍尔沃斯公司	Woolworths	澳大利亚	Australia
162	189	谷歌	Google	美国	U.S.
163	130	德意志银行	Deutsche Bank	德国	Germany
164	142	日本第一生命保险	Dai-Ichi Life Insurance	日本	Japan
165	178	神华集团	Shenhua Group	中国	China
166	_	太平洋建设集团	Pacific Construction Group	中国	China
167	144	康菲石油公司	Conocophillips	美国	U.S.
168	196	中国邮政集团公司	China Post Group	中国	China
169	209	中国南方工业集团公司	China South Industries Group	中国	China
170	162	诺华公司	Novartis	瑞士	Switzerland
171	177	巴克莱	Barclays	英国	Britain
172	157	马士基集团	A.P. Møller-Mærsk Group	丹麦	Denmark
173	156	三井物产株式会社	Mitsui	日本	Japan
174	166	陶氏化学	Dow Chemical	美国	U.S.
175	169	法国国家人寿保险公司	Cnp Assurances	法国	France
176	150	Seven & I 控股公司	Seven & I Holdings	日本	Japan
177	167	韩国浦项制铁公司	Posco	韩国	Sourth Korea
178	212	中国航空工业集团公司	Aviation Industry Corp. of China	中国	China
179	176	奥地利石油天然气集团	Omv Group	奥地利	Austria
180	171	圣戈班集团	Saint-Gobain	法国	France
181	136	卡特彼勒	Caterpillar	美国	U.S.
182	179	联合包裹速递服务公司	United Parcel Service	美国	U.S.
183	174	日本伊藤忠商事株式会社	Itochu	日本	Japan
184	185	新日本制铁株式会社	Nippon Steel	日本	Japan
185	343	天津市物资集团总公司	Tewoo Group	中国	China
186	228	俄罗斯联邦储蓄银行	Sberbank	俄罗斯	Russia
187	213	中国交通建设股份有限公司	China Communications Construction	中国	China
188	203	万喜集团	Vinci	法国	France
189	170	Orange公司	Orange	法国	France
190	184	雷诺	Renault	法国	Britain
191	148	辉瑞制药有限公司	Pfizer	美国	U.S.
192	198	美国劳氏公司	Lowes	美国	U.S.
193	194	拜耳集团	Bayer	德国	Germany
194	225	LG电子	LG Electronics	韩国	SouthKorea
195	183	英特尔公司	Intel	美国	U.S.
196	197	瑞士罗氏公司	Roche Group	瑞士	Switzerland
197	155	蒂森克虏伯	Thyssenkrupp	德国	Germany
198	199	德国联邦铁路公司	Deutsche Bahn	德国	Germany
199	163	三菱日联金融集团	Mitsubishi Ufj Financial Group	日本	Japan
200	221	意大利联合圣保罗银行	Intesa Sanpaolo	意大利	Italy

continued

营业额 Revenues 百万美元 (mil.USD)	营业额 Revenues 比上年增长% % Change from 2012	利润额 Profits 百万美元 (mil.USD)	利润额 Profits 比上年增长% % Change from 2012	资产额 (百万美元) Assets (mil.USD)	雇员人数 (人) Employees (person)
62935.0	5.3	5721.0	11.5	90594.0	212400
62659.1	8.0	715.5	6.0	49296.2	258186
62564.0	-1.5	306.0	378.1	26781.0	35000
62046.8	16.2	1555.8	45.9	111323.3	414673
61632.1	-8.6	1455.0	-49.9	76777.9	281381
61562.2	4.5	5844.1	-15.9	78312.2	173174
61447.3	-16.8	3138.7	-	461818.4	27718
61355.7	2.4	2318.6	5.7	39491.1	200000
61353.5	10.7	1395.9	8.3	601399.3	11163
61005.7	10.0	6154.3	28.8	710232.7	176175
60826.2	3.8	2316.9	23.7	20361.2	197000
60629.0	16.1	12920.0	20.3	110920.0	47756
60571.4	-10.2	884.2	190.3	2220186.9	98254
60340.3	-5.2	777.9	99.2	366176.4	59512
59823.0	9.7	5940.1	-3.4	145799.7	214233
59622.2	40.0	2772.6	47.0	30154.0	297816
59433.0	-6.2	9156.0	8.6	118057.0	18400
58964.6	15.8	4114.9	0.8	949358.9	954419
58837.1	22.7	22.6	-89.7	51505.5	242430
58831.0	2.2	9175.0	-3.5	126254.0	135696
57689.6	5.6	844.1	-	2173113.1	139600
57523.7	-2.6	3450.8	-7.8	74499.6	118000
57302.7	-3.1	4214.0	13.6	106839.5	48090
57080.0	0.5	4787.0	305.0	69501.0	52731
56590.3	1.2	1367.7	11.9	504252.3	4809
56572.8	-7.1	1764.9	4.8	47147.3	55364
56520.8	0.1	1257.5	-42.5	80037.3	34713
56472.1	19.3	746.4	-26.9	113152.5	507306
56308.2	2.7	1593.5	-11.5	43795.1	26863
55790.8	0.5	789.9	-19.8	63001.3	187071
55656.0	-15.5	3789.0	-33.3	84896.0	125928
55438.0	2.4	4372.0	441.8	36212.0	304105
55209.0	0.1	3097.1	-8.2	76220.7	102376
55062.1	4.2	2423.1	-	68780.1	84361
54963.7	67.2	227.9	99.5	18960.3	18451
54778.3	22.2	11422.2	1.7	554602.0	306123
54609.8	15.4	1335.8	8.4	88931.0	110140
54420.8	7.4	2604.7	5.7	86906.1	190704
54404.8	-2.7	2486.5	136.0	118260.7	165488
54339.8	2.5	778.0	-65.8	103324.0	121807
53785.0	-12.2	22003.0	51.0	172101.0	77700
53417.0	5.7	2286.0	16.7	32732.0	214500
53310.9	4.3	4233.6	34.7	70704.6	113200
53118.3	17.4	161.5	172.4	33669.5	85905
52708.0	-1.2	9620.0	-12.6	92358.0	107600
52460.3	3.7	12047.8	18.4	69921.3	85080
52247.3	-12.2	-1831.4	-	47783.9	156856
51917.0	2.8	872.2	-53.9	72877.4	295653
51667.5	-9.9	9830.7	-4.3	2506865.8	85854
51506.8	12.3	-6040.4	-392.8	862892.7	93845

17-7 续表 4

排名 Rank		企业名称	Company Name	国家	Country
2013	2012				
201	195	力拓集团	Rio Tinto Group	英国	Britain
202	202	西班牙ACS集团	Acs	西班牙	Spain
203	168	巴西布拉德斯科银行	Banco Bradesco	巴西	Brazil
204	188	联合信贷集团	Unicredit Group	意大利	Italy
205	201	沙特基础工业公司	Sabic	沙特阿拉伯	Saudi Arabia
206	193	西班牙对外银行	Banco Bilbao Vizcaya Argentaria	西班牙	Spain
207	204	国际石油投资公司	International Petroleum Investment	阿联酋	UAE
208	256	中国人民保险集团股份有限公司	People's Insurance Co. of China	中国	China
209	206	韩国现代重工集团	Hyundai Heavy Industries	韩国	SouthKorea
210	258	中国联合网络通信股份有限公司	China United Network Communications	中国	China
211	222	宝钢集团有限公司	Baosteel Group	中国	China
212	235	韩国电力公司	Korea Electric Power	韩国	SouthKorea
213	_	Energy Transfer Equity公司	Energy Transfer Equity	美国	U.S.
214	220	思科公司	Cisco Systems	美国	U.S.
215	230	南苏格兰电力	Sse	英国	Britain
216	205	澳大利亚国民银行	National Australia Bank	澳大利亚	Australia
217	243	交通银行	Bank of Communications	中国	China
218	210	巴西淡水河谷公司	Vale	巴西	Brazil
219	164	日本明治安田生命保险公司	Meiji Yasuda Life Insurance	日本	Japan
220	246	EPP公司	Enterprise Products Partners	美国	U.S.
221	231	中国华能集团公司	China Huaneng Group	中国	China
222	186	富士通	Fujitsu	日本	Japan
223	304	安泰保险	Aetna	美国	U.S.
224	208	可口可乐公司	Coca-Cola	美国	U.S.
225	190	日本三井住友金融集团	Sumitomo Mitsui Financial Group	日本	Japan
226	207	澳洲联邦银行	Commonwealth Bank of Australia	澳大利亚	Australia
227	273	中国铝业公司	Aluminum Corp. Of China	中国	China
228	241	斯伦贝谢公司	Schlumberger	美国	U.S.
229	216	洛克希德-马丁	Lockheed Martin	美国	U.S.
230	226	百思买	Best Buy	美国	U.S.
231	215	日本出光兴产株式会社	Idemitsu Kosan	日本	Japan
232	248	华特迪士尼公司	Walt Disney	美国	U.S.
233	259	CHS公司	CHS	美国	U.S.
234	247	西斯科公司	Sysco	美国	U.S.
235	240	法国布伊格集团	Bouygues	法国	France
236	245	联邦快递	Fedex	美国	U.S.
237	250	德国大陆集团	Continental	德国	Germany
238	219	赛诺菲	Sanofi	法国	France
239	224	丰益国际	Wilmar International	新加坡	Singapore
240	223	利安德巴塞尔工业公司	Lyondellbasell Industries	荷兰	Netherlands
241	214	默沙东	Merck	美国	U.S.
242	229	巴拉特石油公司	Bharat Petroleum	印度	India
243	128	国际资产控股公司	Intl Fcstone	美国	U.S.
244	234	Iberdrola公司	Iberdrola	西班牙	Spain
245	191	MS&AD保险集团控股有限公司	Ms&Ad Insurance Group Holdings	日本	Japan
246	252	起亚汽车	Kia Motors	韩国	SouthKorea
247	249	荷兰皇家阿霍德集团	Royal Ahold	荷兰	Netherlands
248	336	北京汽车集团	Beijing Automotive Group	中国	China
249	233	日本KDDI电信公司	Kddi	日本	Japan
250	264	安海斯-布希英博	Anheuser-Busch Inbev	比利时	Belgium

continued

营业额 Revenues		利润额 Profits		资产额（百万美元）Assets (mil.USD)	雇员人数（人）Employees (person)
百万美元 (mil.USD)	比上年增长% % Change from 2012	百万美元 (mil.USD)	比上年增长% % Change from 2012		
51171.0	0.4	3665.0	-	111025.0	66331
50941.9	1.7	931.3	-	54796.7	157689
50838.7	-9.1	5744.1	-0.6	355378.3	84682
50800.7	-2.8	-18539.2	-1767.9	1165396.2	147864
50405.8	0.0	6740.6	2.3	90411.6	40000
49966.8	-3.5	2957.8	37.3	802671.8	109305
49714.7	0.4	1917.6	26.8	68386.8	20078
49563.6	21.5	1320.8	22.0	124765.7	108006
49507.4	1.4	254.6	-70.9	50421.7	41965
49399.2	21.6	560.0	49.2	87772.3	222529
49297.3	7.9	925.0	0.7	85806.2	140421
49072.9	12.5	54.8	-	147391.3	40599
48750.0	182.0	196.0	-35.1	50330.0	13573
48607.0	5.5	9983.0	24.2	101191.0	75049
48587.9	8.7	513.3	-23.7	35028.7	19779
48444.8	-1.2	5411.7	28.9	755717.5	42164
48321.2	12.1	10131.9	9.5	984644.1	101664
48050.0	0.7	584.0	-89.4	124597.0	83286
47727.8	-16.2	2401.8	-15.7	333437.5	37129
47727.0	12.1	2596.9	7.3	40138.7	6685
47681.1	7.5	426.6	395.5	141267.5	143555
47538.4	-9.9	485.2	-	29907.1	162393
47294.6	29.2	1913.6	15.4	49871.8	48600
46854.0	-2.4	8584.0	-4.8	90055.0	130600
46334.9	-11.1	8338.5	-12.8	1568752.1	66475
46009.6	-5.5	7872.5	7.7	689871.9	44969
45445.7	17.1	-1142.9	-	77022.3	169338
45368.0	5.2	6732.0	22.6	67100.0	123000
45358.0	-3.9	2981.0	8.6	36188.0	115000
45225.0	0.3	532.0	-	14013.0	140000
45103.6	-4.6	362.3	-40.0	29086.8	8749
45041.0	6.5	6136.0	8.0	81241.0	175000
44479.9	9.6	992.4	-21.3	13504.3	10716
44411.2	4.8	992.4	-11.5	12663.9	48100
44395.0	2.6	-1005.0	-223.5	47264.1	128067
44287.0	3.8	1561.0	-23.2	33567.0	291129
44249.0	5.2	2553.0	5.5	36953.7	177762
44215.8	-4.3	4934.5	-22.7	132358.4	112128
44085.0	-3.0	1318.9	5.1	46631.8	90000
44071.0	-3.4	3857.0	35.4	27298.0	13300
44033.0	-6.8	4404.0	-28.6	105645.0	76000
43954.8	-1.9	646.7	87.1	14864.0	14079
43768.3	-35.6	19.3	50.8	2848.0	1094
43554.6	-0.9	3414.2	-6.5	127323.8	30678
43548.7	-16.2	932.8	-7.4	163913.3	37055
43486.4	3.7	3487.3	1.6	34289.3	48089
43483.0	3.0	3368.0	216.9	20862.6	123000
43323.9	29.8	918.2	-14.5	35337.0	106000
43258.0	-1.9	3214.6	10.5	48031.0	27073
43195.0	8.6	14394.0	98.7	141666.0	154587

17-7 续表 5

排名 Rank		企业名称	Company Name	国家	Country
2013	2012				
251	275	巴西JBS公司	JBS	巴西	Brazil
252	232	美国西夫韦公司	Safeway	美国	U.S.
253	238	法国国营铁路公司	Sncf	法国	France
254	251	江森自控有限公司	Johnson Controls	美国	U.S.
255	211	苏格兰皇家银行集团	Royal Bank of Scotland Group	英国	Britain
256	285	美国英格雷姆麦克罗公司	Ingram Micro	美国	U.S.
257	–	Plains GP Holdings公司	Plains GP Holdings	美国	U.S.
258	227	沃尔沃汽车公司	Volvo	瑞典	Sweden
259	268	瑞士ABB集团	ABB	瑞士	Switzerland
260	239	GS加德士	Gs Caltex	韩国	SouthKorea
261	218	东京海上日动火灾保险公司	Tokio Marine Holdings	日本	Japan
262	272	全球燃料服务公司	World Fuel Services	美国	U.S.
263	284	英国森特理克集团	Centrica	英国	Britain
264	90	保德信金融集团	Prudential Financial	美国	U.S.
265	253	英国葛兰素史克公司	Glaxosmithkline	英国	Britain
266	270	哈门那公司	Humana	美国	U.S.
267	319	中国建筑材料集团有限公司	China National Building Materials Group	中国	China
268	359	绿地控股集团有限公司	Greenland Holding Group	中国	China
269	242	电装公司	Denso	日本	Japan
270	254	高盛	Goldman Sachs Group	美国	U.S.
271	269	河北钢铁集团	Hebei Iron & Steel Group	中国	China
272	255	瑞士信贷	Credit Suisse Group	瑞士	Switzerland
273	244	三菱电机股份有限公司	Mitsubishi Electric	日本	Japan
274	263	瑞士联合银行	UBS	瑞士	Switzerland
275	271	汉莎集团	Lufthansa Group	德国	Germany
276	355	中国化工集团公司	Chemchina	中国	China
277	266	怡和集团	Jardine Matheson	中国	China
278	326	中国机械工业集团有限公司	Sinomach	中国	China
279	388	山东魏桥创业集团有限公司	Shandong Weiqiao Pioneering Group	中国	China
280	348	Tesoro公司	Tesoro	美国	U.S.
281	296	美国利宝互助保险集团	Liberty Mutual Insurance Group	美国	U.S.
282	276	森科能源公司	Suncor Energy	加拿大	Canada
283	287	霍尼韦尔国际公司	Honeywell International	美国	U.S.
284	260	印度斯坦石油公司	Hindustan Petroleum	印度	India
285	315	华为投资控股有限公司	Huawei Investment & Holding	中国	China
286	329	联想集团	Lenovo Group	中国	China
287	316	印度塔塔汽车公司	Tata Motors	印度	India
288	237	西太平洋银行	Westpac Banking	澳大利亚	Australia
289	288	迪奥	Christian Dior	法国	France
290	403	山西焦煤集团有限责任公司	Shanxi Coking Coal Group	中国	China
291	293	美国联合大陆控股有限公司	United Continental Holdings	美国	U.S.
292	236	佳能	Canon	日本	Japan
293	300	森宝利	J. Sainsbury	英国	Britain
294	301	HCA公司	Hca Holdings	美国	U.S.
295	387	正威国际集团	Amer International Group	中国	China
296	282	加拿大皇家银行	Royal Bank Of Canada	加拿大	Canada
297	299	中国国电集团公司	China Guodian	中国	China
298	307	迪尔公司	Deere	美国	U.S.
299	303	达美航空	Delta Air Lines	美国	U.S.
300	305	台湾中油股份有限公司	CPC	中国台湾	TaiWan

continued

营业额 Revenues		利润额 Profits		资产额（百万美元）Assets (mil.USD)	雇员人数（人）Employees (person)
百万美元 (mil.USD)	比上年增长% % Change from 2012	百万美元 (mil.USD)	比上年增长% % Change from 2012		
43049.7	11.1	429.5	16.7	29111.1	185000
42981.8	-2.8	3507.5	488.0	17219.5	138000
42790.0	-1.5	-239.0	-148.5	54868.1	244570
42730.0	1.8	1178.0	-3.9	31518.0	170000
42586.9	-10.6	-13438.0	-	1702165.1	118600
42553.9	12.5	310.6	1.5	11791.2	21800
42249.0	11.8	15.0	400.0	21453.0	4900
41863.1	-6.7	550.2	-66.3	53710.9	102930
41848.0	6.4	2787.0	3.1	48064.0	147700
41715.7	-3.9	341.4	-47.6	21119.5	4495
41586.0	-10.5	1837.8	17.8	184014.8	33310
41561.9	6.7	203.1	7.3	4739.3	2758
41533.3	9.5	1485.0	-26.4	38826.6	36966
41471.0	-51.1	-667.0	-242.2	731781.0	47355
41430.2	-1.1	8497.1	17.5	69694.4	99451
41313.0	5.6	1231.0	0.7	20735.0	52000
41027.9	19.1	435.3	-7.6	60195.2	179421
41015.7	29.2	1331.3	11.2	60734.1	27939
40885.2	-5.2	2868.7	31.1	43143.7	139842
40874.0	-1.9	8040.0	7.6	911507.0	32900
40829.2	3.9	-138.2	-	54247.6	124031
40501.0	-2.4	2510.1	74.4	981673.6	46000
40470.3	-5.8	1532.0	83.0	35087.6	124305
39898.9	0.3	3643.3	-	1135822.8	60205
39864.0	2.1	415.5	-67.3	40071.9	118214
39690.9	24.2	-139.4	-	45014.1	110005
39465.0	-0.3	1566.0	-7.2	63835.0	390000
39418.4	16.1	249.4	-65.2	38752.5	121274
39259.9	32.8	1102.9	2.7	20965.4	132091
39193.0	20.7	412.0	-44.5	13389.0	7008
39133.0	5.9	1743.0	110.3	121282.0	50000
39116.1	1.2	3796.4	36.3	73722.1	13946
39055.0	3.7	3924.0	34.1	45435.0	131000
38958.3	-2.4	178.7	93.9	16196.7	10858
38875.8	11.4	3402.3	39.7	38245.1	150000
38707.1	14.3	817.2	28.7	18357.1	54000
38502.3	10.9	2313.6	27.2	36841.4	60000
38496.0	-11.6	6765.6	10.2	651184.5	35597
38431.9	-	1840.5	-	73232.6	98299
38398.1	34.0	74.7	24.3	37592.2	221283
38279.0	3.0	571.0	-	36812.0	87000
38247.2	-12.3	2362.5	-16.0	40372.2	194151
38045.8	3.4	1137.5	17.3	27570.5	107000
38040.0	3.4	1556.0	-3.1	28831.0	188500
38030.2	28.5	833.3	46.4	17142.8	16720
38016.6	-0.5	8170.0	10.3	825567.4	74247
37857.5	2.7	571.3	166.3	129838.2	138614
37795.4	4.5	3537.3	15.4	59521.3	67044
37773.0	3.0	10540.0	944.6	52252.0	77755
37689.7	3.3	110.9	-	29494.3	14819

17-7 续表 6

排名 Rank		企业名称	Company Name	国家	Country
2013	2012				
301	280	哥伦比亚国家石油公司	Ecopetrol	哥伦比亚	Colombia
302	_	Talanx公司	Talanx	德国	Germany
303	298	印度国家银行	State Bank Of India	印度	India
304	311	冀中能源集团	Jizhong Energy Group	中国	China
305	373	山东能源集团有限公司	Shandong Energy Group	中国	China
306	294	甲骨文公司	Oracle	美国	U.S.
307	309	联合博姿	Alliance Boots	瑞士	Switzerland
308	318	江苏沙钢集团	Jiangsu Shagang Group	中国	China
309	390	山西煤炭运销集团有限公司	Shanxi Coal Transportation & Sales Group	中国	China
310	328	武汉钢铁(集团)公司	Wuhan Iron & Steel	中国	China
311	334	瑞士再保险股份有限公司	Swiss Re	瑞士	Switzenland
312	350	摩根士丹利	Morgan Stanley	美国	U.S.
313	354	中国电力建设集团有限公司	Power China	中国	China
314	277	中国航空油料集团公司	China National Aviation Fuel Group	中国	China
315	279	美国阿美拉达赫斯公司	Hess	美国	U.S.
316	278	日本钢铁工程控股公司	Jfe Holdings	日本	Japan
317	283	普利司通	Bridgestone	日本	Japan
318	332	二十一世纪福克斯	Twenty-First Century Fox	美国	U.S.
319	281	意大利电信	Telecom Italia	意大利	Italy
320	267	杜邦公司	Dupont	美国	U.S.
321	339	德国艾德卡公司	Edeka Zentrale	德国	Germany
322	262	西尔斯控股	Sears Holdings	美国	U.S.
323	297	波兰国营石油公司	Pkn Orlen Group	波兰	Poland
324	324	美国纽约人寿保险公司	New York Life Insurance	美国	U.S.
325	289	法国维旺迪集团	Vivendi	法国	France
326	335	德国中央合作银行	Dz Bank	德国	Germany
327	_	渤海钢铁集团	Bohai Steel Group	日本	Japan
328	404	河南煤业化工集团有限责任公司	Henan Coal & Chemical	中国	China
329	_	Alimentation Couche-Tard公司	Lenovo Group	加拿大	Canada
330	411	中国民生银行	China Minsheng Banking Group	中国	China
331	_	韩华集团	Hanwha	韩国	SouthKorea
332	313	亿滋国际	Mondelez International	美国	U.S.
333	331	美国运通公司	American Express	美国	U.S.
334	290	三菱化学控股	Mitsubishi Chemical Holdings	日本	Japan
335	333	爱立信	L.M. Ericsson	瑞典	Sweden
336	368	意大利邮政集团	Poste Italiane	意大利	Italy
337	370	麦格纳国际	Magna International	加拿大	Canada
338	428	兴业银行	Industrial Bank	中国	China
339	308	俄罗斯Sistema公司	Sistema	俄罗斯	Russia
340	365	韩国天然气公司	Korea Gas	韩国	SouthKorea
341	217	加拿大鲍尔集团	Power Corp. Of Canada	加拿大	Canada
342	200	住友生命保险公司	Sumitomo Life Insurance	日本	Japan
343	377	美国全国保险公司	Nationwide	美国	U.S.
344	337	好事达	Allstate	美国	U.S.
345	364	浙江物产集团	Zhejiang Materials Industry Group	中国	China
346	338	泰森食品	Tyson Foods	美国	U.S.
347	314	荷兰合作银行	Rabobank Group	荷兰	Netherlands
348	322	首钢集团	Shougang Group	中国	China
349	_	中国华信能源有限公司	CFFC China	法国	France
350	412	招商银行	China Merchants Bank	中国	China

continued

营业额 Revenues		利润额 Profits		资产额（百万美元）Assets (mil.USD)	雇员人数（人）Employees (person)
百万美元 (mil.USD)	比上年增长% % Change from 2012	百万美元 (mil.USD)	比上年增长% % Change from 2012		
37684.3	-1.7	7012.9	-14.8	68633.3	10988
37547.4	8.8	1011.6	24.9	183058.6	20004
37528.4	1.8	2343.8	-28.8	401236.2	291407
37392.2	5.9	-254.8	-	26597.8	141106
37362.9	21.7	223.0	-76.5	37267.9	231186
37180.0	0.2	10925.0	9.5	81812.0	120000
37121.3	4.9	1486.9	33.2	29132.4	76769
37095.3	7.3	172.9	83.0	27528.8	40797
37085.6	26.5	-2.4	-124.9	30312.6	122547
36927.8	9.0	12.2	-62.4	39634.3	124155
36902.0	9.7	4444.0	5.8	213520.0	11574
36848.0	13.9	2932.0	4211.8	832702.0	55794
36806.9	15.1	832.8	21.7	57951.1	202850
36729.8	-4.5	152.7	20.4	6437.1	10793
36694.0	-4.4	5052.0	149.5	42754.0	12225
36602.3	-4.7	1022.0	114.3	41193.6	57210
36573.4	-4.0	2071.1	-3.7	34037.9	145029
36566.0	8.5	7097.0	502.0	50944.0	25600
36493.4	-4.7	-894.8	-	96749.1	82196
36475.0	-7.7	4848.0	73.9	51499.0	64000
36225.7	9.1	239.2	31.9	8540.2	327900
36188.0	-9.2	-1365.0	-	18261.0	249000
36037.9	-2.4	55.7	-92.3	17121.6	21565
36026.3	5.0	1326.4	-0.5	236749.0	10855
35873.4	-3.7	2611.3	1139.0	67760.2	52440
35860.1	6.7	1551.9	74.8	533178.3	26371
35795.6	14.1	64.3	-9.9	35452.0	68407
35761.8	24.9	-372.1	-	44509.3	241230
35543.4	54.6	572.8	25.2	10546.2	78500
35474.5	24.8	6876.2	15.5	532914.3	54927
35379.9	11.8	118.8	-53.3	107394.4	42400
35299.0	0.8	3915.0	27.6	72557.0	107000
34932.0	3.3	5359.0	19.6	153375.0	62848
34925.1	-6.1	321.9	43.7	33790.0	56031
34915.3	3.8	1843.5	116.1	41929.3	114587
34872.7	12.7	1334.0	0.5	184523.1	143655
34835.0	13.0	1561.0	8.9	17990.0	125150
34808.6	27.7	6702.7	21.8	607448.9	47841
34792.0	1.4	2257.5	138.4	43249.0	167544
34774.9	11.8	-183.4	-156.3	41382.1	3202
34734.3	-26.3	1406.4	9.4	27376.0	80996
34571.0	-31.5	1224.9	-5.7	258236.3	42109
34542.0	5.5	797.2	6.5	171233.5	33239
34507.0	3.6	2280.0	-1.1	123520.0	39100
34500.7	10.6	59.2	28.2	10793.9	18608
34482.0	3.6	778.0	33.4	12177.0	115000
34349.3	-1.7	1233.3	7.0	928828.7	56870
34292.2	-0.1	-144.1	-208.7	64714.8	117180
34133.6	58.9	345.5	71.1	6531.7	20000
34121.5	21.7	8415.7	17.3	663440.0	68078

17-7 续表 7

排名 Rank		企业名称	Company Name	国家	Country
2013	2012				
351	340	法国航空－荷兰皇家航空集团	Air France-Klm Group	法国	France
352	291	澳新银行集团	Australia & New Zealand Banking Group	澳大利亚	Australia
353	352	美国教师退休基金会	Tiaa-Cref	美国	U.S.
354	302	中国冶金科工集团有限公司	China Metallurgical Group	中国	China
355	327	日本三菱重工业股份有限公司	Mitsubishi Heavy Industries	日本	Japan
356	342	万通互惠理财	Massachusetts Mutual Life Insurance	美国	U.S.
357	446	中国医药集团	Sinopharm	中国	China
358	320	关西电力	Kansai Electric Power	日本	Japan
359	317	弗朗茨海涅尔公司	Franz Haniel	德国	Germany
360	353	西班牙天然气公司	Gas Natural Fenosa	西班牙	Spain
361	378	多伦多道明银行	Toronto-Dominion Bank	加拿大	Canada
362	306	住友商事	Sumitomo	日本	Japan
363	363	和记黄埔有限公司	Hutchison Whampoa	中国	China
364	349	法国邮政	La Poste	法国	France
365	406	新兴际华集团	Xinxing Cathay International Group	中国	China
366	483	广州汽车工业集团	Guangzhou Automobile Industry Group	中国	China
367	344	加拿大乔治威斯顿公司	George Weston	加拿大	Canada
368	389	中国华电集团公司	China Huadian	中国	China
369	432	大同煤矿集团有限责任公司	Datong Coal Mine Group	中国	China
370	347	荷兰皇家飞利浦电子公司	Royal Philips Electronics	荷兰	Netherlands
371	393	信诺	Cigna	美国	U.S.
372	430	潞安集团	Shanxi LuAn Mining Group	中国	China
373	380	荷兰GasTerra能源公司	Gasterra	荷兰	Netherlands
374	375	英国标准人寿保险公司	Standard Life	英国	Britain
375	384	和硕	Pegatron	中国台湾	TaiWan
376	265	法国威立雅环境集团	Veolia Environnement	法国	France
377	_	Enbridge公司	Enbridge	加拿大	Canada
378	180	德国巴登-符腾堡州银行	Landesbank Baden-Württemberg	德国	Germany
379	386	DirecTV公司	Directv	美国	U.S.
380	491	CFE公司	Cfe	墨西哥	Mexico
381	414	江西铜业集团公司	Jiangxi Copper	中国	China
382	395	中国电子信息产业集团有限公司	China Electronics	中国	China
383	460	上海浦东发展银行股份有限公司	Shanghai Pudong Development Bank	中国	China
384	429	中国太平洋保险(集团)股份有限公司	China Pacific Insurance (Group)	中国	China
385	379	台塑石化股份有限公司	Formosa Petrochemical	中国台湾	TaiWan
386	435	山西晋城无烟煤矿业集团有限责任公司	Shanxi Jincheng Anthracite Coal Mining	中国	China
387	372	施耐德电气	Schneider Electric	法国	France
388	426	现代摩比斯公司	Hyundai Mobis	韩国	SouthKorea
389	361	通用动力	General Dynamics	美国	U.S.
390	362	菲利普-莫里斯国际公司	Philip Morris International	美国	U.S.
391	407	山西阳泉煤业(集团)有限责任公司	Yangquan Coal Industry Group	中国	China
392	274	诺基亚	Nokia	芬兰	finland
393	408	中国电力投资集团公司	China Power Investment	中国	China
394	415	开滦集团	Kailuan Group	中国	China
395	_	Achmea公司	Achmea	荷兰	Netherlands
396	376	中国大唐集团公司	China Datang	中国	China
397	346	英国奢卫保险公司	Old Mutual	英国	Britain
398	482	中国有色矿业集团有限公司	China Nonferrous Metal Mining (Group)	中国	China
399	382	3M公司	3m	美国	U.S.
400	345	科斯莫石油	Cosmo Oil	日本	Japan

continued

营业额 Revenues		利润额 Profits		资产额 (百万美元) Assets (mil.USD)	雇员人数 (人) Employees (person)
百万美元 (mil.USD)	比上年增长% % Change from 2012	百万美元 (mil.USD)	比上年增长% % Change from 2012		
34091.8	3.4	-2425.5	-	35027.8	95961
34061.0	-8.4	6225.6	6.9	657156.0	47512
33817.4	5.2	1722.1	-16.4	498728.4	9058
33697.7	-8.3	-754.4	-	54917.0	127148
33435.4	-1.5	1601.4	36.6	47451.1	80583
33350.1	1.5	193.4	-82.6	241178.3	11000
33271.6	27.0	343.8	0.2	27805.9	88250
33214.7	-3.5	-972.3	-	75531.9	33657
33198.3	-4.3	200.5	-	18444.6	39234
33147.9	3.6	1918.3	3.6	61925.2	14982
33146.6	1.6	6430.2	1.4	827210.2	78748
33114.1	-8.8	2226.6	-20.5	84187.0	74638
33035.2	5.4	4011.1	19.1	105181.1	260000
32936.8	1.5	832.4	35.2	295782.0	266369
32789.8	14.7	385.8	27.1	16885.6	69649
32775.6	35.7	207.9	214.9	24651.8	53965
32597.9	-0.5	597.9	23.0	23178.0	140000
32548.7	10.9	800.7	66.3	107928.8	115000
32458.1	20.3	-267.2	-	31611.5	160660
32449.6	-0.4	1551.9	434.3	36593.0	116681
32380.0	11.2	1476.0	-9.1	54336.0	36500
32332.4	19.3	-182.2	-10850.9	25157.8	100205
32250.2	7.3	47.8	3.3	5433.1	186
32114.0	5.6	728.4	-34.1	305705.7	8224
31999.1	7.3	321.9	55.9	13956.2	187300
31989.7	-19.5	-179.6	-135.5	49934.4	142429
31978.6	29.4	610.6	-13.7	54191.9	8607
31809.7	-40.9	455.4	-11.2	376860.0	11308
31754.0	6.8	2859.0	-3.1	21905.0	29950
31652.7	7.3	-2940.9	-	85911.8	95594
31638.1	13.5	92.8	-66.9	18375.4	28288
31517.8	8.6	282.2	19.5	30065.2	120926
31440.8	23.7	6655.7	22.8	607893.3	38976
31412.5	15.6	1506.2	87.2	119515.2	86893
31333.2	3.8	904.9	884.1	16072.8	6507
31324.3	17.1	169.5	-49.1	35401.3	169384
31265.4	1.6	2506.4	6.0	50962.1	152784
31244.5	14.3	3126.0	-1.1	32629.2	20534
31218.0	-0.9	2357.0	-	35448.0	96000
31217.0	-0.5	8576.0	-2.5	38168.0	91100
31193.5	9.1	-38.6	-212.8	26406.0	150469
31123.4	-19.7	-816.5	-	34708.2	86462
31066.6	8.8	465.7	157.2	102090.7	126154
31062.9	11.6	-26.5	-121.8	11531.1	67637
30986.6	-4.5	460.7	-20.7	130014.7	20007
30980.2	1.9	199.2	-	115297.1	102777
30965.2	-5.3	1102.0	-40.7	232388.0	56812
30903.7	28.0	-67.9	-181.6	18606.4	36335
30871.0	3.2	4659.0	4.8	33550.0	88667
30863.6	-5.8	43.4	-	16478.9	6491

17-7 续表 8

排名 Rank		企业名称	Company Name	国家	Country
2013	2012				
401	357	中粮集团有限公司	Cofco	中国	China
402	396	欧莱雅	L'Oréal	法国	France
403	417	中国船舶重工集团公司	China Shipbuilding Industry	中国	China
404	385	埃森哲	Accenture	爱尔兰	Ireland
405	295	日本电气公司	Nec	日本	Japan
406	325	日本NKSJ控股	Nksj Holdings	日本	Japan
407	391	德尔海兹集团	Delhaize Group	比利时	Belgium
408	402	时代华纳	Time Warner	美国	U.S.
409	321	广达电脑	Quanta Computer	中国台湾	TaiWan
410	424	Onex公司	Onex	加拿大	Canada
411	330	Medipal控股公司	Medipal Holdings	日本	Japan
412	410	哈里伯顿公司	Halliburton	美国	U.S.
413	399	英美资源集团	Anglo American	英国	Britain
414	367	铃木汽车	Suzuki Motor	日本	Japan
415	405	曼弗雷集团	Mapfre Group	西班牙	Spain
416	312	日本瑞穗金融集团	Mizuho Financial Group	日本	Japan
417	383	夏普	Sharp	日本	Japan
418	418	大众超级市场公司	Publix Super Markets	美国	U.S.
419	409	Coop集团	Coop Group	瑞士	Switzenland
420	416	国际纸业	International Paper	美国	U.S.
421	394	英国电信集团	BT Group	英国	Britain
422	425	PHOENIX PHARMAHANDEL公司	Phoenix Pharmahandel	德国	Germany
423	438	Migros集团	Migros Group	瑞士	Switzenland
424	369	印度石油天然气公司	Oil & Natural Gas	印度	India
425	341	加拿大鲍尔集团	Power Corp. Of Canada	加拿大	Canada
426	431	加拿大丰业银行	Bank Of Nova Scotia	加拿大	Canada
427	371	S-OIL公司	S-Oil	韩国	SouthKorea
428	356	日本中部电力	Chubu Electric Power	日本	Japan
429	433	达能	Danone	法国	France
430	420	Ultrapar控股公司	Ultrapar Holdings	巴西	Brazil
431	374	爱信精机	Aisin Seiki	日本	Japan
432	464	陕西延长石油（集团）有限责任公司	Shaanxi Yanchang Petroleum (Group)	中国	China
433	423	麦当劳	Mcdonald'S	美国	U.S.
434	419	梅西百货	Macy'S	美国	U.S.
435	397	威廉莫里森超市连锁公司	Wm. Morrison Supermarkets	英国	Britain
436	453	TJX公司	Tjx	美国	U.S.
437	439	金巴斯集团	Compass Group	英国	Britain
438	422	福陆公司	Fluor	美国	U.S.
439	_	Unipol公司	Unipol	意大利	Italy
440	472	巴登-符滕堡州能源公司	Energie Baden-Württemberg	德国	Germany
441	448	阿尔斯通	Alstom	法国	France
442	292	中国铁路物资股份有限公司	China Railway Materials	中国	China
443	_	VTB Bank公司	VTB Bank	俄罗斯	Russia
444	470	费森尤斯集团	Fresenius	德国	Germany
445	351	东日本旅客铁道株式会社	East Japan Railway	日本	Japan
446	452	西北互助人寿保险公司	Northwestern Mutual	美国	U.S.
447	481	大和房建	Daiwa House Industry	日本	Japan
448	421	米其林公司	Michelin	法国	France
449	440	马自达汽车株式会社	Mazda Motor	日本	Japan
450	463	Tech Data公司	Tech Data	美国	U.S.

continued

营业额 Revenues		利润额 Profits		资产额（百万美元）Assets (mil.USD)	雇员人数（人）Employees (person)
百万美元 (mil.USD)	比上年增长% % Change from 2012	百万美元 (mil.USD)	比上年增长% % Change from 2012		
30748.0	-3.2	41.6	-92.9	46966.9	107271
30502.9	5.7	3927.2	6.6	43122.8	77452
30478.8	9.8	1158.3	12.9	61287.3	162421
30394.3	2.1	3281.9	28.5	16867.0	275000
30376.1	-17.9	336.8	-8.1	24330.7	100914
30029.0	-12.3	440.9	-16.1	92257.9	35904
29818.4	2.0	237.6	76.1	15977.0	120606
29795.0	3.7	3691.0	22.3	67994.0	34000
29662.6	-13.8	627.3	-19.5	18727.7	121917
29637.0	8.0	-354.0	-	36867.0	232000
29424.7	-13.1	254.4	13.2	13603.9	10930
29402.0	3.2	2125.0	-19.4	29223.0	77000
29342.0	2.0	-961.0	-	71165.0	98000
29330.0	-5.5	1072.9	10.8	27911.8	57749
29264.1	2.3	1049.4	22.7	78294.5	36280
29224.7	-16.7	6871.7	1.8	1707515.8	54911
29219.0	-2.1	115.4	-	21187.5	50253
29147.5	5.2	1654.0	6.6	13546.6	166000
29101.8	2.1	498.6	3.4	19477.0	64399
29080.0	4.5	1395.0	75.7	31528.0	69000
29051.1	-0.1	3205.8	-2.9	41502.5	87800
28988.7	6.0	66.7	-65.6	9924.0	23850
28853.6	8.2	845.4	-20.3	66144.9	81571
28850.5	-6.5	4383.2	-1.5	54410.2	35709
28773.3	-12.7	998.8	13.2	324771.8	33200
28534.5	5.7	6297.9	1.3	713328.9	83874
28467.1	-7.7	264.6	-49.1	11297.1	2749
28370.5	-11.1	-652.1	-	56154.0	30847
28274.4	5.4	1887.8	-12.1	42612.6	104642
28238.8	2.3	567.7	9.7	6943.3	9235
28171.1	-7.5	899.3	-3.7	25129.9	89531
28146.3	11.1	1580.7	-35.3	39730.9	144955
28105.7	2.0	5585.9	2.2	36626.3	440000
27931.0	0.9	1486.0	11.3	21634.0	172500
27704.8	-3.7	-372.9	-136.3	17629.9	90264
27422.7	6.0	2137.4	12.1	10201.0	191000
27390.0	2.8	669.3	-29.8	14780.1	506699
27351.6	-0.8	667.7	46.3	8323.9	38129
27349.1	45.2	-104.3	-127.2	116154.5	14516
27268.5	10.2	67.7	-88.9	49794.4	18373
27160.6	4.1	745.0	-27.8	41932.8	94432
27151.5	-27.0	-1255.8	-1554.9	12276.0	11266
27001.4	16.2	3186.8	15.3	267048.2	103808
26990.7	8.9	1342.2	12.8	45134.0	178337
26980.3	-16.1	1995.8	-5.5	72140.5	73551
26978.0	3.9	802.0	2.4	217106.0	4963
26954.4	11.5	1019.1	27.7	25890.5	32628
26879.2	-2.6	1496.2	-25.8	28495.7	105724
26873.7	1.2	1354.5	227.9	21812.5	40892
26821.9	5.8	179.9	2.1	7169.7	9134

17-7 续表 9

排名 Rank		企业名称	Company Name	国家	Country
2013	2012				
451	401	中国远洋运输(集团)总公司	China Ocean Shipping	中国	China
452	469	美国航空	Amr	美国	U.S.
453	444	澳大利亚电信	Telstra	澳大利亚	Australia
454	473	Vattenfall公司	Vattenfall	瑞典	Sweden
455	441	BAE系统公司	Bae Systems	英国	Britain
456	442	哈特福德金融服务集团	Hartford Financial Services Group	美国	U.S.
457	454	Travelers Cos.公司	Travelers Cos.	美国	U.S.
458	427	三星人寿保险	Samsung Life Insurance	韩国	SouthKorea
459	492	伟创力	Flextronics International	新加坡	Singapore
460	-	三星C&T公司	SAMSUNG C&T	韩国	SouthKorea
461	443	德科集团	Adecco Group	瑞士	Netherlands
462	484	耐克	Nike	美国	U.S.
463	458	喜力控股公司	Heineken Holding	荷兰	Netherlands
464	-	乐天百货	Lotte Shopping	韩国	SouthKorea
465	-	中国能源建设集团有限公司	China Energy Engineering Group	中国	China
466	477	浙江吉利控股集团	Zhejiang Geely Holding Group	中国	China
467	480	西方石油公司	Occidental Petroleum	美国	U.S.
468	413	阿斯利康	Astrazeneca	英国	Britain
469	-	中国通用技术（集团）控股有限责任公司	China General Technology	中国	China
470	434	渣打集团	Standard Chartered Group	英国	Britain
471	450	住友电工	Sumitomo Electric Industries	日本	Japan
472	445	Surgutneftegas公司	Surgutneftegas	俄罗斯	Russia
473	461	来德爱	Rite Aid	美国	U.S.
474	457	安富利公司	Avnet	美国	U.S.
475	493	鞍钢集团公司	Ansteel Group	中国	China
476	436	昭和壳牌石油公司	Showa Shell Sekiyu	日本	Japan
477	-	Perusahaan Listrik Negara公司	Perusahaan Listrik Negara	印度尼西亚	Indonesia
478	400	阿弗瑞萨控股公司	Alfresa Holdings	日本	Japan
479	495	Exelon公司	Exelon	美国	U.S.
480	-	高通	Qualcomn	美国	U.S.
481	447	LG DISPLAY公司	LG Display	韩国	SouthKorea
482	478	艾默生电气	Emerson Electric	美国	U.S.
483	465	美国诺斯洛普格拉曼公司	Northrop Grumman	美国	U.S.
484	497	国际航空集团	International Airlines Group	英国	Britain
485	-	杜克能源	Duke Energy	美国	U.S.
486	471	塔塔钢铁	Tata Steel	印度	India
487	437	富士胶片控股株式会社	Fujifilm Holdings	日本	Japan
488	-	AntarChile公司	AntarChile	智利	Antarchile
489	-	罗尔斯·罗伊斯公司	Rolls-Royce Holdings	英国	Britain
490	488	途易	Tui	德国	Germany
491	-	中国农业发展银行	Agricultural Development Bank of China	中国	China
492	489	第一资本金融公司	Capital One Financial	美国	U.S.
493	487	索迪斯	Sodexo	法国	France
494	-	富士重工	Fuji Heavy Industries	日本	Japan
495	459	日本烟草	Japan Tobacco	日本	Japan
496	462	美国家庭人寿保险公司	Aflac	美国	U.S.
497	486	CRH公司	Crh	爱尔兰	Ireland
498	-	俄罗斯电网公司	Russian Grids	俄罗斯	Russia
499	485	英美烟草集团	British American Tobacco	英国	Britain
500	479	雷神公司	Raytheon	美国	U.S.

continued

营业额 Revenues		利润额 Profits		资产额 (百万美元) Assets (mil.USD)	雇员人数 (人) Employees (person)
百万美元 (mil.USD)	比上年增长% % Change from 2012	百万美元 (mil.USD)	比上年增长% % Change from 2012		
26805.5	-6.7	-373.2	-	56466.1	74312
26743.0	7.6	-1834.0	-	42278.0	110400
26641.6	1.3	3910.1	11.3	35256.1	37721
26363.4	6.7	-2098.8	-183.9	75766.1	31819
26360.2	-0.3	262.6	-84.5	32591.7	78000
26341.0	-0.3	176.0	-	277884.0	18800
26191.0	1.8	3673.0	48.5	103812.0	30800
26167.4	-4.0	832.6	-5.7	182855.6	6550
26108.6	10.6	365.6	32.0	12500.2	150000
25977.3	15.5	221.5	-44.6	24133.7	8714
25891.4	-1.9	739.5	52.6	12853.5	31329
25836.0	7.1	2485.0	11.8	17584.0	48000
25793.2	0.9	906.7	-52.2	45931.7	80933
25774.8	15.9	720.3	-24.9	36933.8	26943
25769.0	16.4	256.4	26.4	30926.2	140130
25767.5	5.0	118.1	125.4	20839.7	41579
25736.0	6.1	5903.0	28.4	69443.0	12900
25711.0	-8.1	2556.0	-59.4	55899.0	51500
25702.0	14.6	446.7	11.6	18843.8	42020
25694.0	-4.2	4090.0	-16.3	674380.0	86640
25641.4	-1.4	666.3	45.8	24811.3	225484
25563.0	-2.7	8053.8	55.4	64112.5	102742
25526.4	0.5	249.4	111.2	6944.9	69420
25458.9	-1.0	450.1	-20.6	10474.7	18500
25230.5	7.0	-1031.4	-	47008.1	192500
25151.9	-5.7	618.0	4768.6	12330.7	5829
25026.3	0.6	-2874.4	-938.2	49003.1	63204
24999.8	-13.0	255.2	2.0	11358.1	10936
24888.0	6.0	1719.0	48.2	79924.0	25829
24866.0	30.0	6853.0	12.2	45516.0	31000
24697.9	-5.5	389.3	88.0	20579.3	51205
24669.0	0.7	2004.0	1.8	24711.0	131600
24661.0	-2.2	1952.0	-1.3	26381.0	65300
24651.5	5.4	162.0	-	28626.6	60089
24598.0	25.3	2665.0	50.7	114779.0	27948
24575.3	-0.7	594.5	-	28743.9	80000
24355.4	-8.7	808.5	23.7	31338.9	78595
24346.0	6.9	458.6	97.2	22941.4	23194
24248.5	25.8	2136.8	-40.9	38192.3	55200
24239.8	2.0	5.6	-	18210.4	74445
24213.3	12.4	2299.2	1.5	433222.1	52238
24176.0	1.7	4159.0	18.3	297048.0	41951
24060.5	1.2	574.1	-16.1	16623.6	427921
24037.8	4.3	2062.4	43.2	18339.0	28545
23955.0	-6.2	4272.1	3.2	44784.3	51563
23939.0	-5.6	3158.0	10.2	121307.0	9141
23937.3	-0.2	-393.0	-155.4	28147.1	75642
23854.8	19.2	-4147.9	-842.1	59267.4	221200
23853.0	-0.9	6102.4	0.3	44514.9	57730
23706.0	-2.9	1996.0	5.7	25967.0	63000

主要统计指标解释

人文发展指数 是人类发展的一项综合指标，它测量了人类发展的三个方面的平均成就：寿命，教育程度以及体面的生活。人文发展指数是对这三个方面的指标标准化后的几何平均值。

期望受教育年限 是指在现有入学率保持不变的情况下适龄儿童预期获得的受教育年限。

平均受教育年限 是指25岁及以上人口已经获得的文化程度转换成理论教育年限的平均值。

KOF 全球化指数 包括经济,社会和政治三个方面的全球化，是 23 个具体指标标准化后的加权平均值。全球化被定义为突破国家的界限，融合国家的经济、文化、技术和管理，并产生相互依存的复杂关系的过程。经济全球化是指商品、资本和服务以及伴随着市场交流的信息与观念的长途流动;政治全球化是指政府政策的扩散；社会全球化是指思想、信息、图像和人的传播。

全球竞争力指数（GCI)，通过测算一个国家的经济、社会、政治、文化教育等各方面情况来评价国家竞争力。全球竞争力的指标体系由三个层次构成：第一层次包括基本条件、效率增强及创新与成熟度三大板块；第二层次是 12 个竞争力“支柱”，包括制度、基础设施、宏观经济环境、健康与初等教育、高等教育与培训、商品市场效率、劳动力市场效率、金融市场发展、技术就绪度、市场规模、商业成熟度和创新等；第三层次是具体指标

ICT 发展指数（IDI） 是衡量和跟踪各国在迈向信息社会的过程中所取得总体进展的有用工具，是一项由涵盖 ICT 获取、使用和技能三个方面的 11 个指标组成的综合指数，旨在根据发达国家和发展中国家的情况来衡量长期以来 ICT 发展的水平和变化。ICT 发展指数包括的具体指标有：每百人固定电话用户数、每百人移动电话用户数、互联网用户的平均带宽、拥有计算机家庭所占百分比、接入互联网家庭所占百分比、使用互联网个人所占百分比、每百人固定宽带用户数、每百人移动宽带用户、成人识字率、中等教育和高等教育综合入学率。

可持续经济发展评估（SEDA） 指数通过经济、投资和可持续性三大基本要素、十个维度来测量民生福祉。经济要素包括收入、经济稳定性和就业；投资要素包括健康、教育和基础设施；可持续性要素包括环境、收入平等、社会包容性和政府管理。

全球创新指数（GII） 是通过对创新的制度与政策、人力资本与研究、基础设施、市场成熟度、企业成熟度、知识与技术产出以及创新产出等方面的综合评价来衡量一个国家的经济创新能力。

Explanatory Notes on Main Statistical Indicators

The Human Development Index (HDI) is a summary measure of human development. It measures the average achievements in a country in three basic dimensions of human development: a long and healthy life, access to knowledge and a decent standard of living. The HDI is the geometric mean of normalized indices measuring achievements in each dimension.

Expected years of schooling Number of years of schooling that a child of school entrance age can expect to receive if prevailing patterns of age-specific enrolment rates were to stay the same throughout the child' s life.

Mean years of schooling Average number of years of education received by people ages 25 and older in their lifetime based on education attainment levels of the population converted into years of schooling based on theoretical durations of each level of education attended.

The KOF Index of Globalization covers the economic, social and political dimensions of globalization and is the weighted average value of standardized twenty-three indicators. Globalization is conceptualized as a process that erodes national boundaries, integrates national economies, cultures, technologies and governance and produces complex relations of mutual interdependence. economic globalization, characterized as long distance flows of goods, capital and services as well as information and perceptions that accompany market exchanges; political globalization, characterized by a diffusion of government policies; and social globalization, expressed as the spread of ideas, information, images and people

Global Competitiveness Index (GCI) assess national competitiveness by measuring a country's economic, social, political, cultural, educational and other aspects. GCI system consists of three layers: The first level includes three plates of Basic requirements, Efficiency enhancers and Innovation and sophistication factors; The second level is the competitiveness of 12 major "pillars", including Institutions, Infrastructure, Macroeconomic environment, Health and primary education, Higher education and training, Goods market efficiency, Labor market efficiency, Financial market development, Technological readiness, Market size, Business sophistication, and Innovation; The third level is the specific indicators.

The ICT Development Index (IDI) is a useful tool to benchmark and track the overall progress countries are making towards becoming information societies. The IDI is a composite index made up of 11 indicators covering ICT access, use and skills. It has been constructed to measure the level and evolution over time of ICT developments, taking into consideration the situations of both developed and developing countries. IDI includes the following indicators: Fixed-telephone subscriptions per 100 inhabitants, Mobile-cellular telephone subscriptions per 100 inhabitants, International Internet bandwidth (bit/s) per Internet user, Percentage of households with a computer, Percentage of households with Internet access at home, Percentage of individuals using the Internet, Fixed (wired)-broadband Internet subscriptions per 100 inhabitants, Active mobile-broadband subscriptions per 100 inhabitants, Adult literacy rate, Gross enrolment ratio of secondary and tertiary level.

Sustainable Economic Development Assessment (SEDA) is designed to measure well-being through three fundamental elements that comprise ten dimensions. The first element, economics, comprises income, economic stability and employment. The investments element includes health, education and infrastructure. The third element, sustainability, comprises environment, income quality, civil-society and governance.

Global Innovation Index(GII) evaluates a country's economic innovation ability based on measuring innovation institutions, human capital and research, infrastructure, market sophistication, business sophistication, knowledge and technology outputs, and creative outputs.

附　录

Appendix

附录1 主要国际组织及缩写

一、主要国际组织及其组成成员

经济合作与发展组织（经合组织，OECD）， 成员国有34个：澳大利亚、 奥地利、比利时、冰岛、丹麦、德国、法国、芬兰、加拿大、荷兰、卢森堡、美国、葡萄牙、日本、挪威、瑞典、瑞士、爱尔兰、西班牙、希腊、意大利、新西兰、土耳其、英国、墨西哥、捷克、匈牙利、波兰、韩国、斯洛伐克、以色列（2010）、斯洛文尼亚、智利（2010）、爱沙尼亚（2010）。

欧洲联盟（欧盟，EU）， 成员国有28个：法国、德国、意大利、荷兰、比利时、卢森堡、丹麦、爱尔兰、英国、希腊、西班牙、葡萄牙、奥地利、芬兰、瑞典、塞浦路斯、捷克、爱沙尼亚、匈牙利、拉脱维亚、立陶宛、马耳他、波兰、斯洛伐克、斯洛文尼亚、保加利亚、罗马尼亚和克罗地亚。

欧洲货币联盟（欧元区，Euro Area）， 成员国有19个：德国、比利时、奥地利、荷兰、法国、意大利、西班牙、葡萄牙、卢森堡、爱尔兰、芬兰、希腊、斯洛文尼亚、塞浦路斯、马耳他、斯洛伐克、爱沙尼亚、拉脱维亚和立陶宛。

东南亚国家联盟（东盟，ASEAN）， 成员国有10个：菲律宾、马来西亚、泰国、新加坡、印度尼西亚、文莱（1984年）、越南（1995年）、缅甸（1997年）、老挝（1997年）和柬埔寨（1999年）。

北美自由贸易区（NAFTA）： 成立于1994年1月1日，成员国有3个，加拿大、墨西哥和美国。

西方七国（G7）： 包括美国、日本、英国、德国、法国、意大利和加拿大。

二、主要国家(地区)分类

按收入分组国家： 按照世界银行2014年分组标准，高收入国家指按图表集法计算的人均国民总收入12736美元及以上的国家，中等偏上收入国家指人均国民总收入4126美元至12735美元的国家，中等偏下收入国家指人均国民总收入1046美元至4125美元的国家，低收入国家指人均国民总收入1045美元及以下的国家。

发达国家与发展中国家：联合国统计司对“发达国家”及“发展中国家”没有一个明确的划分标准。通常是把亚洲的日本、北美的加拿大和美国、大洋洲的澳大利亚和新西兰、欧洲（除前南斯拉夫、东欧、独联体外）都列入发达国家。在国际贸易统计中，南部非洲关税联盟和以色列被认为是发达地区和国家；前南斯拉夫为发展中国家，东欧国家和在欧洲的独联体国家既不是发达国家，也不是发展中国家。

国际货币基金组织指出“发达经济体”包括35个国家或地区，他们是：澳大利亚、奥地利、比利时、加拿大、塞浦路斯、捷克、丹麦、爱沙尼亚、芬兰、法国、德国、希腊、中国香港、冰岛、爱尔兰、以色列、意大利、日本、韩国、卢森堡、马耳他、荷兰、新西兰、挪威、葡萄牙、圣马力诺、新加坡、斯洛伐克、斯洛文尼亚、西班牙、瑞典、瑞士、中国台湾、英国及美国。其他为新兴市场及发展中经济体。

三、本年鉴中使用的缩写及含义如下：

sq.km（square kilometer）＝平方公里

ha（hectare）＝公顷

kwh（kilowatt-hour）＝千瓦时

g（gram）＝克

kg（kilogram）＝千克

TJ （terojoule）＝1012焦耳

TCE（ ton of standard coal equivalent）＝吨标准煤当量

TOE（ton of standard oil equivalent）＝吨标准油当量

UNSD（Statistics Division of the United Nations）＝联合国统计司

IMF（International Monetary Fund）＝国际货币基金组织

FAO（Food and Agriculture Organization of the United Nations）＝联合国粮食及农业组织

UNCTAD（United Nations Conference on Trade and Development）＝联合国贸易和发展会议

UNDP（United Nations Development Program）＝联合国开发计划署

ILO （International Labor Organization）＝国际劳工组织

WHO（World Health Organization）＝世界卫生组织

Appendix1 International Organizations and Abbreviations

I.Some international organizations and the members included are as following,

Organization for Economic Co-operation and Development (OECD), has 34 members, i.e., Australia, Austria, Belgium, Iceland, Denmark, Germany, France, Finland, Canada, Netherlands, Luxembourg, United States, Portugal, Japan, Norway, Sweden, Switzerland, Ireland, Spain, Greece, Italy, New Zealand, Turkey, United Kingdom, Mexico, Czech Republic, Hungary, Poland, Korea, Slovakia, Israel (2010), Slovenia, Chile (2010), Estonia (2010).

European Union (EU), it expanded to 28 members, i.e., France, Germany, Italy, Netherlands, Belgium, Luxembourg, Denmark, Ireland, United Kingdom, Greece, Spain, Portugal, Austria, Finland, Sweden, Cyprus, the Czech Republic, Estonia, Hungary, Latvia, Lithuania, Malta, Poland, Slovakia and Slovenia, Bulgaria, Romania and Croatia.

European Monetary Union (Euro Area), it has 19 members and member countries are Germany, Belgium, Austria, Netherlands, France, Italy, Spain, Portugal, Luxembourg, Ireland, Finland, Greece, Slovenia, Cyprus, Malta, Slovak, Estonia, Latvia and Lithuania.

Association of South East Asian Countries (ASEAN), it has 10 members, i.e., the Philippines, Malaysia, Thailand, Singapore, Indonesia, Brunei Darussalam (1984), Viet Nam (1995), Myanmar (1997), Lao People's Democratic Republic (1997) and Cambodia (1999).

North American Free Trade Area(NAFTA), was founded on January 1, 1994, with members unchanged hitherto, i.e., Canada, Mexico and the United States.

Group 7, includes the United States, Japan, the United Kingdom, Germany, France, Italy and Canada.

II. Countries (territory) groups and their meanings are as following,

Countries by Income Group According to the criteria by the World Bank, countries and territories (referred to as economies) are classified into high income (higher than $12736), higher middle income (between $4126 and $12735), lower middle income (between $1046 and $4125) and low income ($1045 and below) groups by their per capita GNI (calculated by Atlas method)in the year 2014.

Developed and Developing Countries There is no established convention for the designation of "developed" and "developing" countries or areas in the United Nations system. In common practice, Japan in Asia, Canada and the United States in northern America, Australia and New Zealand in Oceania, and Europe are considered "developed" regions or areas. In international trade statistics, the Southern African Customs Union is also treated as a developed region and Israel as a developed country; countries emerging from the former Yugoslavia are treated as developing countries; and countries of eastern Europe and of the Commonwealth of Independent States in Europe are not included under either developed or developing regions.

Advanced economies in International Monetary Fund (IMF) are composed of 35 countries: Australia, Austria, Belgium, Canada, Cyprus, Czech Republic, Denmark, Estonia, Finland, France, Germany, Greece, Hong Kong SAR, Iceland, Ireland, Israel, Italy, Japan, Korea, Luxembourg, Malta, Netherlands, New Zealand, Norway, Portugal, San Marino, Singapore, Slovak Republic, Slovenia, Spain, Sweden, Switzerland, Taiwan Province of China, United Kingdom, and United States. Others are emerging market and developing economies.

III. The abbreviations used in this book and their meanings are as following,

Sq.km=square kilometer
ha = hectare
kwh = kilowatt-hour
g = gram
kg = kilogram
TJ = terojoule (10^{12} joule)
TCE = ton of standard coal equivalent
TOE = ton of standard oil equivalent
UNSD = Statistics Division of the United Nations
IMF = International Monetary Funds
FAO = Food and Agriculture Organization of the United Nations
UNCTAD = United Nations Conference on Trade and Development
UNDP = United Nations Development Program
ILO = International Labor Organization
WHO = World Health Organization

附录2　各国(地区)货币单位①

Appendix1　Local Currency Units of Countries or Area①

资料来源：德国《国外统计年鉴》2006年；世界知识出版社《世界知识年鉴》2008年；国际货币基金组织《国际金融统计月报》。
Source: Statistical Yearbook 2006 for Foreign Countries of Germany; World Knowledge Publishing House World Knowledge Yearbook 2008; IMF International Financial Statistics Dec.

国家和地区	Country or Area	货币	Local Currency	国际标准组织编码 ISO-Code
亚　洲	**Asia**			
中　国	China	1元=10角=100分	1 Chinese Yuan=10 Jiao=100 Fen	CNY
中国香港	Hong Kong, China	1港元=100仙	1 Hongkong Dollar=100 Cents	HKD
中国澳门	Macao, China	1澳门元=100分	1 Macao Pataca=100 Aves	MOP
阿富汗	Afghanistan	1阿尼(新)=1000阿尼(旧)	1 Afghani(new)=1000Afghani(old)	AFA
亚美尼亚	Armenia	1德拉姆=100鲁马	1 Dram=100 Luma	AMD
阿塞拜疆	Azerbaijan	1马纳特=100开比克	1 Azerbaijan Manat=100 Gepik	AZM
巴　林	Bahrain	1巴林第纳尔=1000费尔斯	1 Bahrain Dinar=1000 Fils	BHD
孟加拉国	Bangladesh	1塔卡=100波依夏	1 Taka=100 Poisha	BDT
不　丹	Bhutan	1努扎姆=100吉扎姆	1 Ngultrum=100 Chhetrum	BTN
文　莱	Brunei Darussalam	1文莱元=100分	1 Brunei Dollar=100 Cents	BND
柬埔寨	Cambodia	1瑞尔=10角=100仙	1 Riel=10 Kak=100 Sen	KHR
塞浦路斯	Cyprus	1塞浦路斯镑=1000米尔	1 Cyprus Pound=1000 Mils	CYP
格鲁吉亚	Georgia	1拉里=100 秦特勒	1 Lari=100 Tetri	GEL
印　度	India	1印度卢比=100 派萨	1 Indian Rupie=100 Paise	INR
印度尼西亚	Indonesia	1印度尼西亚盾=100分	1 Rupiah=100 Sen	IDR
伊　朗	Iran	1里亚尔=100第纳尔	1 Rial=100 Dinars	IRR
伊拉克	Iraq	1伊拉克第纳尔=1000菲尔斯	1 Iraq Dinar=1000 Fils	JOD
以色列	Israel	新谢克尔	New Shekel	ILS
日　本	Japan	1日元=100钱	1 Yen=100 Sen	JPY
约　旦	Jordan	1约旦第纳尔=1000费尔斯	1 Jordan Dinar=1000 Fils	JOD
哈萨克斯坦	Kazakhstan	1坚戈=100特因	1 Tenge=100 Tiin	KZT
朝　鲜	Korea, Dem.	1朝鲜元=100钱	1 Won=100 Chon	KPW
韩　国	Korea, Rep.	1韩圆=100钱	1 Won=100 Chon	KRW
科威特	Kuwait	1科威特第纳尔=1000菲尔斯	1 Kuwaiti Dinar=1000 Fils	KWD
吉尔吉斯斯坦	Kyrgyzstan	1索姆=100特因	1 Kyrgyz Som=100 Tyin	KGS
老　挝	Laos	1基普=100阿特	1 Kip=100 Ats	LAK
黎巴嫩	Lebanon	1黎巴嫩镑=100比索	1 Lebanese Pound=100 Piasters	LBP
马来西亚	Malaysia	1林吉特=100分	1 Ringgit=100 Sen	MYR
马尔代夫	Maldives	1拉菲亚=100拉里	1 Rufiyaa=100 Laari	MVR
蒙　古	Mongolia	1图格里克=100蒙戈	1 Togrog=100 Mongo	MNT
缅　甸	Myanmar	1缅元=100分	1 Kyat=100 Pyas	MMK
尼泊尔	Nepal	1尼泊尔卢比=100派萨=2摩赫	1 Rupee=100 Paisa=2 Mohur	NPR
阿　曼	Oman	1里亚尔=1000比索	1 Rial Omani=100 Baizas	OMR

附录2 续表 1 continued

国家和地区	Country or Area	货币	Local Currency	国际标准组织编码 ISO-Code
巴基斯坦	Pakistan	1巴基斯坦卢比=100派萨	1 Pakistani Rupee=100 Paisa	PKR
菲 律 宾	Philippines	1比索=100分	1 Philippine Peso=100 Centavos	PHP
卡 塔 尔	Qatar	1卡塔尔里亚尔=100迪姆拉	1 Qatar Riyal=100 Dirhams	QAR
留 尼 汪	Reunion	1欧元=6.5596法郎,	1 Euro=6.5596 Franc	EUR
		1法郎=100 生丁	1 Franc=100 Centimes	FRF
沙特阿拉伯	Saudi Arabia	1沙特里亚尔=100哈拉拉	1 Saudi Arabian Riyal=100 Hallalas	SAR
新 加 坡	Singapore	1新加坡元=100分	1 Singapore Dollar=100 Cents	SGD
斯里兰卡	Sri Lanka	1卢比=100分	1 Sri Lanka Rupee =100 Sri Lanka Cents	LKR
叙 利 亚	Syrian Arab Rep.	1叙利亚镑=100比索	1 Syrian Pound=100 Piastres	SYP
塔吉克斯坦	Tajikistan	索莫尼	Somoni	TJS
泰 国	Thailand	1铢=100萨当	1 Baht=100 Satang	THB
土 耳 其	Turkey	1土耳其里拉=100库鲁	1 Turkish Lira=100 Kurus	TRL
土库曼斯坦	Turkmenistan	1马纳特=100坚戈	1 Turkmenistan Manat =100 Tenge	TMM
阿 联 酋	United Arab Emirates	1迪尔汗=100菲尔斯	1 Dirham=100 Fils	AED
乌兹别克斯坦	Uzbekistan	1苏姆=100蒂因	1 Usbekistan Sum=100 Tijin	UZS
越 南	Vietnam	1越南盾=10角=100分	1 Dong=10 Hao=100 Xu	VND
也 门	Yemen	1里亚尔=100费尔斯	1 Yemeni Rial=100 Fils	YER
非 洲	**Africa**			
阿尔及利亚	Algeria	1阿尔及利亚第纳尔=100生丁	1 Algerian Dinar=100 Centines	DZD
安 哥 拉	Angola	宽扎	Kwanza	AOA
贝 宁	Benin	非洲法郎	CFA Franc	XOF
博茨瓦纳	Botswana	1普拉=100生丁	1 Pula=100 Centimes	DZD
布基纳法索	Burkina Faso	非洲法郎	CFA Franc	XOF
布 隆 迪	Burundi	1布隆迪法郎=100生丁	1 Burundi Franc=100 Centimes	BIF
喀 麦 隆	Cameroon	非洲法郎	CFA Franc	XOF
佛 得 角	Cape Verde	1埃斯库多=100分	1 Cape Verde Escudo=100 Centavo	CVE
中非共和国	Central African Rep.	非洲法郎	CFA Franc	XOF
乍 得	Chad	非洲法郎	CFA Franc	XOF
科 摩 罗	Comoros	科摩罗法郎	Comoran Franc	KMF
刚 果(金)	Congo, Dem. Rep.	刚果法郎	Congo Franc	GNF
刚 果(布)	Congo	非洲法郎	CFA Franc	XOF
科特迪瓦	Cote D`Ivoire	非洲法郎	CFA Franc	XOF
吉 布 提	Djibouti	吉布提法郎	Djibouti Franc	DJF
埃 及	Egypt	1埃及镑=100比索=1000米利姆	1 Egypt Pound=100 Piasters=1000 Milliemes	EGP
赤道几内亚	Equatorial Guinea	非洲法郎	CFA Franc	XOF
厄里特尼亚	Eritrea	1纳克法=100分	1 Nakfa=100 Cents	ERN
埃塞俄比亚	Ethiopia	1埃塞俄比亚比尔=100分	1 Birr=100 Cents	ETB
加 蓬	Gabon	非洲法郎	CFA Franc	XOF
冈 比 亚	Gambia	1达拉西=布图	1 Dalasi=Bututs	GMD

附录2 续表 2 continued

国家和地区	Country or Area	货币	Local Currency	国际标准组织编码 ISO-Code
加 纳	Ghana	1塞地=100比塞瓦	1 Cedi=100 Pesewas	GHC
几 内 亚	Guinea	几内亚法郎	Guinean Franc	GNF
几内亚比绍	Guinea-Bissau	非洲法郎	CFA Franc	XOF
肯 尼 亚	Kenya	1肯尼亚先令=100分	1 Kenya Shilling=100 Cents	KES
莱 索 托	Lesotho	1洛蒂(复数为马洛蒂)=100分	1 Loti(Pl.:Maloti)=100 Lisente	LSL
利比里亚	Liberia	1利比里亚元=100分	1 Liberian Dollar=100 Cents	LRD
利 比 亚	Libya	1第纳尔=1000迪拉姆	1 Dinar=1000 Dirhams	LYD
马达加斯加	Madagascar	1马达加斯加法郎=100生丁	1 Madagascar Franc=100 Centimes	MGF
马 拉 维	Malawi	1马拉维克瓦查=100塔姆巴拉	1 Malawi Kwacha=100 Tambala	MWK
马 里	Mali	非洲法郎	CFA Franc	XOF
毛里塔尼亚	Mauritania	1乌吉亚=5库姆斯	1 Ouguiya=5 Khoums	MRO
毛里求斯	Mauritius	卢比	Rupee	MUR
摩 洛 哥	Morocco	迪拉姆	Dirham	MAD
莫桑比克	Mozambique	1梅蒂卡尔=100分	1 Metical=100 Centavos	MZM
纳米比亚	Namibia	1纳米比亚元=100分	1 Namibia Dollar=100 Cents	NAD
尼 日 尔	Niger	非洲法郎	CFA Franc	XOF
尼日利亚	Nigeria	1奈拉=100克布	1 Naria=100 Kobo	NGN
卢 旺 达	Rwanda	1卢旺达法郎=100生丁	1 Rwanda Franc=100 Centimes	RWF
圣多美和普林西比	Sao Tome & Principe	1多布拉=100分	1 Dobra=100 Centimos	STD
塞内加尔	Senegal	非洲法郎	CFA Franc	XOF
塞 舌 尔	Seychelles	1塞舌尔卢比=100分	1 Seychelles Rupee =100 Cents	SCR
塞拉利昂	Sierra Leone	1利昂=100分	1 Leone=100 Cents	SLL
索 马 里	Somali	1索马里先令=100分	1 Somali Shilling=100 Centesimi	SOS
南 非	South Africa	1兰特=100分	1 Rand=100 Cents	ZAR
圣赫勒拿	St Helena	1圣赫勒拿镑=100便士	1 St Helena Pound=100 Pennies	SHP
苏 丹	Sudan	1第纳尔=100比索	1 Sudanese Dinar=100 Piastres	SDD
斯威士兰	Swaziland	1埃马兰吉尼=100分	1 Lilangeni=100 Cents	ZAR
坦桑尼亚	Tanzania	1坦桑尼亚先令=100分	1 Tanzanian Shilling=100 Cents	TZS
多 哥	Togo	非洲法郎	CFA Franc	XOF
突 尼 斯	Tunisia	1第纳尔=1000米利姆	1 Dinar=1000 Millimes	TND
乌 干 达	Uganda	乌干达先令	Uganda Shilling	UGX
赞 比 亚	Zambia	1克瓦查=100恩韦	1 Kwacha=100 Ngwee	ZMK
津巴布韦	Zimbabwe	1津巴布韦元=100分	1 Zimbabwe Dollar=100 Cents	ZWD
美 洲	**America**			
阿 根 廷	Argentina	1比索=100分	1 Argentine Peso=100 Centavos	ARS
阿 鲁 巴	Aruba	1阿鲁巴弗罗林=100分	1 Aruba Florin=100 Cents	AWG
安 圭 拉	Anguilla	1东加勒比元=100分	1 East Caribbean Dollar =100 Cents	XCD
安提瓜和巴布达	Antigua And Barbuda	1东加勒比元=100分	1 East Caribbean Dollar =100 Cents	XCD
巴 西	Brazil	1雷亚尔=100分	1 Real=100 Centavos	BRL
巴 哈 马	Bahamas	1巴哈马元=100分	1 Bahamian Dollar=100 Cents	BSD

附录2 续表 3 continued

国家和地区	Country or Area	货币	Local Currency	国际标准组织编码 ISO-Code
巴 拉 圭	Paraguay	1瓜拉尼=100分	1 Guarani=100 Centimos	PYG
巴 拿 马	Panama	1巴波亚=100分	1 Balboa=100 Centesimos	PAB
巴巴多斯	Barbados	1巴巴多斯元=100分	1 Barbados Dollar=100 Cents	BBD
百 慕 大	Bermuda	1百慕大元=100分	1 Bermuda Dollar=100 Cents	BMD
波多黎各	Porto rico	1美元=100分	1 Dollar=100 Cents	USD
玻利维亚	Bolivia	1玻利维亚诺=100分	1 Bolivariano=100 Centavos	BOB
伯 利 兹	Belize	1伯利兹元=100分	1 Belize Dollar=100 Cents	BZD
多米尼加	Dominican Rep.	1比索=100分	1 Peso=100 Centavos	DOP
多米尼克	Dominica	1东加勒比元=100分	1 East Caribbean Dollar =100 Cents	XCD
厄瓜多尔	Ecuador	1美元=100分	1 Dollar=100 Cents	USD
法属圭亚那	Guayane Francaise	1欧元=6.5596法郎	1 Euro=6.5596 Franc	EUR
		1法国法郎=100生丁	1 Franc=100 Centimes	FRF
哥伦比亚	Colombia	1比索=100分	1 Peso=100 Centavos	COP
哥斯达黎加	Costa Rica	1科朗=100分	1 Colon=100 Centimos	CRC
格 陵 兰	Greenland	1丹麦克朗=100欧尔	1 Danish Kroon=100 Ore	DKK
格林纳达	Grenada	1东加勒比元=100分	1 East Caribbean Dollar =100 Cents	XCD
古 巴	Cuba	1可兑换比索=100分	1 Peso convertible=100 Centavos	CUP
瓜德罗普	Guadeloupe	1法国法郎=100生丁	1 Franc=100 Centimes	FRF
圭 亚 那	Guyana	1圭亚那元=100分	1 Guyana Dollar=100 Cents	GYD
海 地	Haiti	1古德=100生丁	1 Gourde=100 Centimes	HTG
荷属安的列斯	The Netherlands Antilles	荷属安的列斯盾或弗罗林, 1盾=100分	Netherlands Antilles Guildar / Florin 1 Guildar=100 Cents	ANG
洪都拉斯	Honduras	1伦皮拉=100分	1 Lempira=100 Centavos	HNL
加 拿 大	Canada	1加拿大元=100分	1 Canadian Dollar=100 Cents	CAD
开曼群岛	The Cayman Islands	1开曼元=100分	1 Cayman Dollar=100 Cents	KYD
马提尼克	Martinique	1欧元=6.5596法郎	1 Euro=6.5596 Franc	EUR
		1法国法郎=100生丁	1 Franc=100 Centimes	FRF
美 国	United States	1美元=100分	1 Dollar=100 Cents	USD
蒙特塞拉特	Montserrat	1东加勒比元=100分	1 East Caribbean Dollar=100 Cents	XCD
秘 鲁	The Rep. of Peru	1新索尔=100分	1 New Sol=100 Centimos	PEN
墨 西 哥	Mexico	1比索=100分	1 Mexican Peso=100 Centavos	MXN
尼加拉瓜	Nicaragua	1科多巴=100分	1 Cordoba=100 Centavos	NIO
萨尔瓦多	El Salvador	1科朗=100分	1 El Salvadoran Colon=100 Centavos	SVC
圣基茨和尼维斯	St. Kitts And Nevis	1东加勒比元=100分	1 East Caribbean Dollar=100 Cents	XCD
圣卢西亚	St. Lucia	1东加勒比元=100分	1 East Caribbean Dollar=100 Cents	XCD
圣文森特和格林纳丁斯	St. Vincent & Grens.	1东加勒比元=100分	1 East Caribbean Dollar=100 Cents	XCD
苏 里 南	Suriname	1苏里南盾=100分	1 Suriname Guilder=100 Cents	SRG
特克斯和凯科斯群岛	The Turks and Caicos Islands	1美元=100分	1 Dollar=100 Cents	USD
特立尼达和多巴哥	Trinidad And Tobago	1特立尼达和多巴哥元=100分	1 Trinidad And Tobago Dollar =100 Cents	TTD

附录2　续表 4　continued

国家和地区	Country or Area	货币	Local Currency	国际标准组织编码 ISO-Code
危地马拉	Guatemala	1格查尔=100分	1 Quetzal=100 Centavos	GTQ
委内瑞拉	Venezuela	1玻利瓦尔=100分	1 Bolivar=100 Centimos	VEB
乌 拉 圭	Uruguay	1乌拉圭比索=100分	1 Uruguayan Peso=100 Centesimos	UYU
牙 买 加	Jamaica	1牙买加元=100分	1 Jamaica Dollar=100 Cents	JMD
英属维尔京群岛	The British Virgin Islands	1美元=100分	1 Dollar=100 Cents	USD
智　　利	Chile	1比索=100分	1 Peso=100 Centavos	CLP
欧　　洲	**Europe**			
阿尔巴尼亚	Albania	1列克=100昆塔	1 Lek=100 Qindarka	ALL
奥 地 利	Austria	1欧元=13.7603奥地利先令，	1 Euro=13.7603 Austrian Schillings	EUR
		1奥地利先令=100格罗申	1 Schilling=100 Groschen	ATS
白俄罗斯	Belarus	1白俄罗斯卢布=100戈比	1 Belarus Ruble=100 Kopeken	
比 利 时	Belgium	1欧元=40.3399比利时法郎，	1 Euro=40.3399 Belgian Francs,	EUR
		1比利时法郎=100生丁	1 Belgian Franc=100 Centimes	BEF
波　　黑	Bosnia And Hercegovinia	1可兑换马克=100芬尼	1 Konvertible Mark=100 Fening	BAM
保加利亚	Bulgaria	1列弗=100斯托丁卡	1 Lev=100 Stótinki	BGN
克罗地亚	Croatia	1库纳=100利珀	1 Kuna=100 Lipa	HRK
捷　　克	Czech Republic	1捷克克郎=100哈莱士	1 Czech Krouna=100 Hellers	CZK
丹　　麦	Denmark	1丹麦克郎=100欧尔	1 Danish Krone=100 Ore	DKK
爱沙尼亚	Estonia	1爱沙尼亚克郎=100 分	1 Estonian Kroon =100 Cents	EEK
芬　　兰	Finland	1欧元=5.94873芬兰马克，	1 Euro=5.94873 Finnish Markka,	EUR
		1芬兰马克=100分	1 Finnish Markka=100 Pennies	FIM
法　　国	France	1欧元=6.5596法郎,	1 Euro=6.5596 Franc,	EUR
		1法郎=100生丁	1 Franc=100 Centimes	FRF
德　　国	Germany	1欧元=1.95583德国马克，	1 Euro=1.95583 Deutsche Mark,	EUR
		1德国马克=100芬尼	1 Deutsche Mark=100 Deutsche Pfennig	
希　　腊	Greece	1欧元=340.75德拉克马,	1 Euro= 340.75 Drachma,	EUR
		1德拉克马=100雷普塔	1 Drachma=100 Lepta	GRD
匈 牙 利	Hungary	1福林=100菲列	1 Forint=100 Fillér	
冰　　岛	Iceland	1冰岛克郎=100分	1 Icelandic Krona=100 Cents	ISK
爱 尔 兰	Ireland	1欧元=0.787564爱尔兰镑，	1 Euro=0.787564 Irish Pounds,	EUR
		1爱尔兰镑=100便士	1 Irish Pound=100 Pennies	IEP
意 大 利	Italy	1欧元=1936.27里拉，	1 Euro=1936.27 Italian Lire Italian Lire,	EUR
		1里拉=100分	1 Italian Lire=100 Centesimi	ITL
拉脱维亚	Latvia	1拉特=100拉分	1 Lats=100 Centas	LVL
立 陶 宛	Lithuania	1立特=100立分	1 Litas=100 Centas	LTL
卢 森 堡	Luxembourg	1欧元= 40.3399卢森堡法郎，	1 Euro= 40.3399 LUF,	EUR
		1卢森堡法郎(卢郎)=100分	1 Luxemburg Franc=100 Cents	LUF
马 其 顿	Macedonia	1代纳尔=100代尼	1 Denar=100Deni	MKD
马 耳 他	Malta	1马耳他镑=100分=1000米尔	1 Malta Lira=100 Cents=1000 Mils	MTL
摩尔多瓦	Moldova	1摩尔多瓦列伊=100巴尼	1 Moldova Leu=100 Bani	MDL

附录2 续表 5 continued

国家和地区	Country or Area	货币	Local Currency	国际标准组织编码 ISO-Code
摩纳哥	Monaco	1欧元=6.5596法国法郎，	1 Euro=6.5596 Franc,	EUR
		1法国法郎=100生丁	1 Franc=100 Centimes	FRF
荷兰	Netherlands	1欧元=2.2037荷兰盾，	1 Euro=2.2037 Dutch Guilders,	EUR
		1荷兰盾=100分	1 Dutch Guilder=100 Cents	NLG
挪威	Norway	1挪威克朗=100欧尔	1 Norwegian Krone =100 Ore	NOK
波兰	Poland	1兹罗提=100格罗什	1 Zloty=100 Gloszes	PLN
葡萄牙	Portugal	1欧元=200.482埃斯库多，	1 Euro=200.482 Portugal Escudos,	EUR
		1埃斯库多=100分	1 Escudo=100 Centavos	PTE
罗马尼亚	Romania	1列伊=100班尼	1 Leu=100 Bani	ROL
俄罗斯联邦	Russian Federation	1卢布=100戈比	1 Ruble=100 Kopeken	RUB
圣马力诺	San Marino	1欧元=1936.27意大利里拉	1 Euro=1936.27 Italian Lire	ITL
斯洛伐克	Slovak Rep.	1斯洛伐克克郎=100哈莱士	1 Slovak Koruna=100 Helles	SKK
斯洛文尼亚	Slovenia	1托拉尔=100斯托丁	1 Tolar=100 Stotin	SIT
西班牙	Spain	1欧元=166.386比赛塔，	1 Euro=166.386 Spanish,	EUR
		1比赛塔=100分	1 Pecetas=100 Centimos	ESP
瑞典	Sweden	瑞典克朗	Swedish Krona	SEK
瑞士	Switzerland	1瑞士法郎=100生丁	1 Switzerland Franc=100 Centimes	CHF
列支敦示登	Liechtenstein	1瑞士法郎=100生丁	1 Switzerland Franc=100 Centimes	CHF
乌克兰	Ukraine	1格里夫尼亚=100戈比	1 Hryvnia=100 Kopeken	UAH
英国	United Kingdom	1英镑=100便士	1 Pound=100 Pennies	GBP
大洋洲	**Oceania**			
澳大利亚	Australia	1澳元=100分	1 Australian Dollar=100 Cents	AUD
斐济	Fiji	1斐济元=100分	1 Fiji Dollar=100 Cents	FJD
法属波利尼西亚	French Polynesia	1欧元=119.33太平洋法郎	1 Euro=119.33 Franc CFP	EUR
基里巴斯	Kiribati	1澳元/吉布提=100分	1 Australian Dollar/Kiribati=100 Cents	AUD
马绍尔群岛	Marshall Islands	1美元=100分	1 Dollar=100 Cents	USD
密克罗尼西亚	Micronesia, Fed States of	1美元=100分	1 Dollar=100 Cents	USD
新喀里多尼亚	New Caledonia	1欧元=119.33太平洋法郎	1 Euro=119.33 CFP	EUR
新西兰	New Zealand	1新西兰元=100分	1 New Zealand Dollar=100 Cents	NZD
巴布亚新几内亚	Papua New Guinea	1基那=100托伊	1 Kina=100 Toea	PGK
萨摩亚	Samoa	1塔拉=100分	1 Tala=100 Sene	WST
所罗门群岛	Solomon Islands	1所罗门群岛元=100分	1 Solomon Islands Dollar=100 Cents	SBD
汤加	Tonga	1潘加=100分	1 Pa'anga=100 Senti	TOP
图瓦卢	Tuvalu	1澳元=100分	1 Australian Dollar=100 Cents	AUD
瓦努阿图	Vanuatu	瓦图	Vatu	VUV
瓦利斯和富图纳	Wallis and Futuna	太平洋法郎	Franc CFP	XPF

注：①对于欧元区成员国，为方便用户，除了列示欧元以外，同时列示了相应国家原货币单位。

Note: ①For the member countries of Euro Area, the original currencies of the relevant countries have been recorded besides the euro to facilitate the readers to use the materials.

附录3　索引

Appendix 3　Index

New Statistical Yearbooks Published by China Statistics Press

National Statistical Yearbook

China Statistical Yearbook-2015
China Statistical Abstract-2015
China Development Report-2015
China Economic Census Yearbook-2013
International Statistical Yearbook-2015
BRICS Joint Statistical Publication-2015
Statistical Manual of China-ASEAN Countries-2015
China Statistical Yearbook for Regional Economy-2015
China County Statistical Yearbook-2015
China City Statistical Yearbook-2015
China Rural Statistical Yearbook-2015
China Regional Economic Monitoring Report-2015
China Trade and External Economics Statistical Yearbook-2015
2014 Statistical Bulletin of China's Outward Foreign Direct Investment
Statistical Yearbook of China Commodity Exchange Market-2015
Statistical Yearbook of Large and Medium-sized Enterprises of Wholesale & Retail Trades and Hotels & Catering Services-2015
Statistical Yearbook of China Chain Stores of Retail Trades and Catering Services-2015
China Yearbook of Household Survey-2015
China Price Yearbook-2015
China Yearbook of Agricultural Price Survey-2015
China Agricultural Production Cost and Yield Data-2015
China Environment Statistical Yearbook-2015
China Energy Statistical Yearbook-2015
Statistical Compilation of Foreign Resources, Energy and Environment-2013
China Industry Economy Statistical Yearbook-2015
China Statistical Yearbook on Construction-2015
China Real Estate Statistics Yearbook-2015
China Urban Construction Statistical Yearbook-2014
China Urban-Rural Construction Statistical Yearbook-2014
China Statistical Yearbook of the Tertiary Industry-2015
China Securities and Futures Statistical Yearbook-2015
China Science and Technology Statistical Yearbook-2015
China Statistics Yearbook on High Technology Industry-2015
Statistics on Science and Technology Activity of Industry Enterprises-2015
China Labour Statistical Yearbook-2015
China Population and Employment Statistics Yearbook-2015
China Human Resources Report-2013
China Social Statistical Yearbook-2015
China Statistical Yearbook on Culture and Related Industries-2014
China Educational Finance Statistical Yearbook-2015
China Civil Affairs' Statistical Yearbook-2015
China's Ethnic Statistical Yearbook-2014
Chinese Trade Unions Statistics Yearbook-2013
China Statistical Yearbook on the Work for Persons with Disabilities-2015
2014 Statistics on Women and Children in China
The Brochure of Administrative Divisions of Township in P. R. China-2015

Provincial Statistical Yearbook in 2015

Beijing Tianjin Hebei Shanxi Inner Mongolia Liaoning Jilin Heilongjiang Shanghai Jiangsu Zhejiang Anhui Fujian Jiangxi Shandong Henan Hubei Hunan Guangdong Guangxi Hainan Chongqing Sichuan Guizhou Yunnan Tibet Shaanxi Gansu Qinghai Ningxia Xinjiang Xinjiang PC Corps

City (or County) Statistical Yearbook in 2015

Tianjin Binhai New Area Shijiazhuang Tangshan Handan Taiyuan Datong Changzhi Yangquan Jincheng Shuozhou Jinzhong Yuncheng Xinzhou Linfen Hohhot Tongliao Baotou Shenyang Dalian Changchun Jilin Siping Harbin Heilongjiang Shanghai Pudong Nanjing Suzhou Wuxi Changzhou Xuzhou Nantong Taizhou Suqian LianyunGang Yancheng Zhenjiang Jiangyin Danyang Hangzhou Ningbo Shaoxing Taizhou Wenzhou Jinhua Jiaxing Quzhou Zhoushan Fuzhou Fuzhou Ningde Xiamen Nanchang Shangrao Jinan Qingdao Weifang Zaozhuang Zhengzhou Luoyang Sanmenxia Nanyang Shangqiu Wuhan Yichang Shiyan Jingzhou Xianning Changsha Guangzhou Dongguan Huizhou Shenzhen Guilin Nanning Liuzhou Laibin Hechi Haikou Sanya Chengdu Mianyang Guiyang Kunming Qingyang Xi'an Lanzhou Yinchuan Urumqi

Data on Population Census in 2010

Tabulation on the 2010 Population Census of China
Beijing Tianjin Hebei Shanxi Inner Mongolia Liaoning Jilin Heilongjiang Shanghai Jiangsu Zhejiang Anhui Fujian Jiangxi Shandong Henan Hubei Hunan Guangdong Guangxi Hainan Chongqing Sichuan Guizhou Yunnan Tibet Shaanxi Gansu Qinghai Ningxia Xinjiang Xinjiang PC Corps Ningbo Kunming
Tabulation on the 2010 Population Census by County
Tabulation on the 2010 Population Census by Township
Guangdong Cities Series
Shanxi Cities Series
Henan Cities Series

Address: No.57 Yuetan Nanjie, Sanlihe, Beijing 100826, P. R. China
China Statistics Press, National Bureau of Statistics of China
Editorial Department: Tel: 008610-63376877, 63376861
E-mail: yearbook@gj.stats.cn
Distribution Department: Tel: 008610-63376907, 68783171
Website http://www.zgtjcbs.com